U0649565

江西交通年鉴

2023

江西省交通运输厅交通史志编审委员会　编

中国年鉴全文数据库
收录年鉴

江西人民出版社
Jiangxi People's Publishing House
全国百佳出版社

图书在版编目（CIP）数据

江西交通年鉴.2023 / 江西省交通运输厅交通史志编审委员会编 .-- 南昌：江西人民出版社，2023.12

ISBN 978-7-210-15131-9

Ⅰ.①江… Ⅱ.①江… Ⅲ.①交通运输业—江西—2023—年鉴 Ⅳ.① F512.756-54

中国国家版本馆 CIP 数据核字（2024）第 021945 号

江西交通年鉴（2023）
JIANGXI JIAOTONG NIANJIAN（2023）　　江西省交通运输厅交通史志编审委员会　编

责 任 编 辑：蒲　浩
装 帧 设 计：同异文化传媒

江西人民出版社　出版发行
Jiangxi People's Publishing House
全国百佳出版社

地　　　　址：江西省南昌市三经路 47 号附 1 号（邮编：330006）
网　　　　址：www.jxpph.com
电 子 信 箱：jxpph @tom.com
编辑部电话：0791-86898965
发行部电话：0791-86898815
承　印　厂：江西新华九江印刷有限公司

开　　本：889 毫米 ×1194 毫米　1/16
印　　张：24.25　插　页：5
字　　数：787 千字
版　　次：2023 年 12 月第 1 版
印　　次：2023 年 12 月第 1 次印刷
书　　号：ISBN 978-7-210-15131-9
定　　价：280.00 元
赣版权登字 -01-2023-655

版权所有　侵权必究

赣人版图书凡属印刷、装订错误，请随时与江西人民出版社联系调换。

服务电话：0791-86898820

1 月 13 日，全省交通运输工作暨安全生产工作会议召开

1 月 26 日，全省水路交通运输工作会议暨党风廉政建设工作、安全生产工作

视频会议召开

2 月 8 日，全省高速公路、水运项目前期工作推进会召开

4月21日，全省公路交通疫情防控和保通保畅调度会召开

7月14日至15日，全省交通运输年中工作会议暨打造"让党放心、人民满意"的模范机关工作推进会召开

11月18日，全省推动"四好农村路"高质量发展现场会召开

10月23日，江西省首座单洞四车道隧道——吉康改扩建项目晓沅隧道建成通车

12月，宜春至遂川高速公路建设项目、德州至上饶高速公路赣皖界至婺源段建设项目、寻乌至龙川高速公路（江西境内段）项目、宜春至井冈山高速公路三阳至新田段项目通过交工验收

11 月 14 日，九江红光国际港湖口银砂湾码头工程开工建设

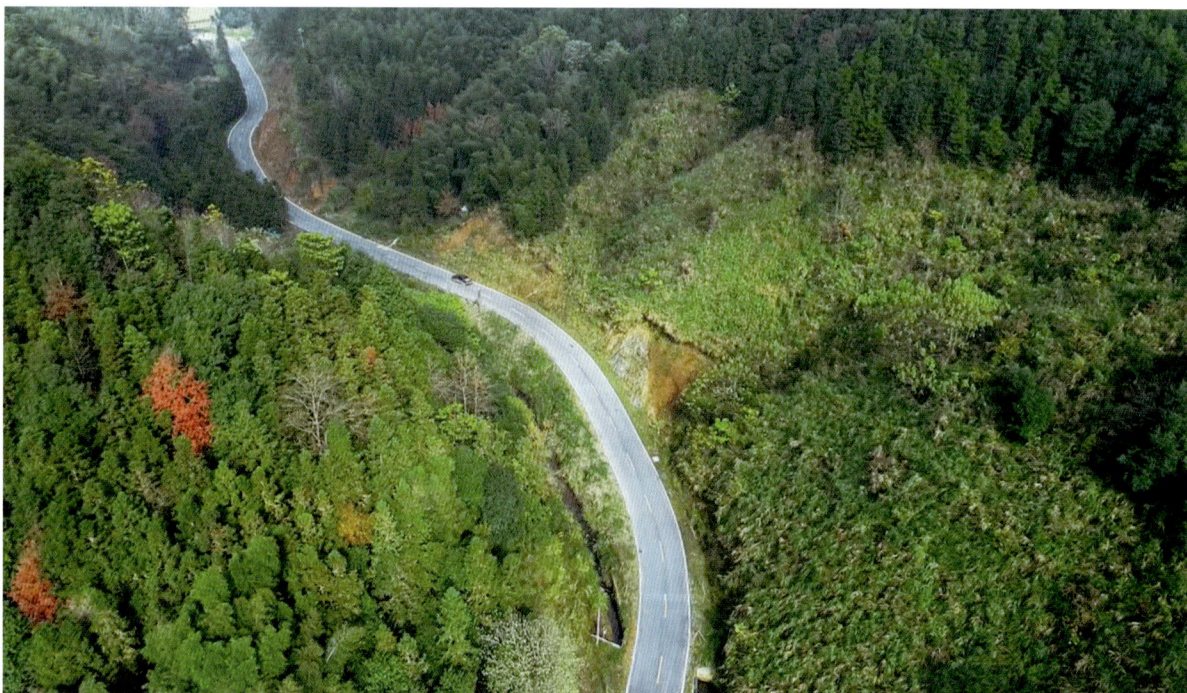

鹰潭市余江区大桥至司马源公路入选 2021 年度 "十大最美农村路"

大件运输护送

12月，"九江—岳阳"集装箱航线开通

安远：修通致富路　业兴幸福来

九江港口型国家物流枢纽入选 2022 年国家物流枢纽建设名单

江西省交通运输执法系统推行全程说理式执法

严查超限超载行为

运用无人机开展高速公路路面巡查

开展水上执法，保障水路运输畅通

6月16日，省交通运输执法局开展高速公路服务区危化品运输车辆泄漏事故应急处置演练

6月16日，省交通运输执法局开展高速公路服务区危化品运输车辆泄漏事故应急处置演练

11月4日，省综合交通中心举行2022年普通国省公路应急演练

6月17日至18日，江西41个县遭遇暴雨，公路部门奋力抢修保畅

省交通运输厅直属机关团委"喜迎二十大 永远跟党走 奋进新征程"主题教育实践系列活动丰富多彩

交通风采
JIAOTONG FENGCAI

全厅各单位形式多样庆"七一"

9月15日，省交通运输厅走进九江市都昌县开展"文明赣鄱行动"示范活动

江西省交通投资集团有限责任公司宜春管理中心新余收费所春风志愿队、吉安市公路建设和养护中心泰和分中心老营盘道班退休职工吴新沙、江西省交通投资集团有限责任公司上饶管理中心鄱阳养护所"啄木鸟"养护工匠室获评 2021 年"最美公路人"

宜春公路建设集团有限公司桥隧工程师涂文胜、江西省赣州方通客运股份有限公司于都客运站副站长张金莲（女）入选"2021 年感动交通年度人物"

《江西交通年鉴》编审委员会

主　任：谢德强

副主任：刘震华

委　员：熊华武　陈鹏程　娄鸿雁　谢兼法　张春晓

　　　　徐重财　艾志茂　雷　毅　舒小平　王绍卿

　　　　陈秋玲　彭辉勇　梁　波　廖晓峰　瞿　强

　　　　谈　勇　徐华兴　胡建强　彭　嵘　刘恒明

　　　　曾　敏　邹爱华　崔建林　涂序龙　廖　辉

　　　　张慧颖　王亲勇

《江西交通年鉴》编辑部

主　编：彭辉勇

副主编：潘　婧　江志强

主　任：甘红缨

编　辑：（按姓氏笔画排序）

　　　　田　慧　宋　喻　张伟红　梁　爽

《江西交通年鉴（2023）》提供资料单位主笔

（以姓氏笔画为序）

万 鹏	王 俊	王文瀚	王若羊	龙 婧
卢 敏	田 慧	冯文涛	刘 强	刘 颖
刘珍君	刘挚朴	杜平平	李 康	李 想
肖付平	何冬冬	邹 勇	邹玉博	张洪波
陈维民	陈景鹏	范志奇	罗乐平	金紫骏
周民贵	胡 莎	胡 晓	胡 菁	钟德武
洪耀祖	徐 婷	郭 俊	涂智琴	黄 云
黄柳琴	龚仁平	韩晓艺	傅骥川	曾 进
鄢自康	熊贻辉	潘 婧		

编 辑 说 明

一、《江西交通年鉴（2023）》是江西省交通运输厅交通史志编审委员会主持编修的第27卷省级交通年鉴。载录江西交通系统2022年1月1日至12月31日的资料。出版年鉴的宗旨是为江西交通运输高质量发展服务，为社会提供江西交通运输各类信息。

二、本年鉴以马克思列宁主义、毛泽东思想、邓小平理论、"三个代表"重要思想、科学发展观、习近平新时代中国特色社会主义思想为指导，坚持实事求是的编撰原则。在充分反映成绩、总结经验的同时，对工作中存在的困难、问题和缺点也作了如实记述；同时注意时代特征、地方特色、行业特点，力求全面准确地展示江西交通运输系统广大干部职工在物质文明、政治文明、精神文明、社会文明和生态文明建设中的成果和风貌，满足多方面、多层次读者的需要。

三、本年鉴的体例采用分类条目法，以交通专业分工立目，内容由特载、专记、大事记、便览、交通基础设施建设、运输生产、交通管理、科技教育卫生、党群工作、市县交通运输、交通统计资料、先进集体和个人、文献文件、附录和索引组成，并附录相关图片。

四、本年鉴文稿由省交通运输厅机关各处室、厅直属各单位、各设区市及县交通运输局提供，并经有关人员审核。条目文后括号内的人名或单位名为撰稿者。

五、本年鉴选录的统计资料，主要依据江西省交通运输厅规划处编印的《2022年江西省交通运输行业发展统计公报》，部分由厅直属单位和设区市交通运输局提供，统计口径不一的以厅规划处统计数字为准。

六、本年鉴对获省、部级以上奖励的先进个人设简介；对厅级以上的先进集体、先进个人列表记述。

七、本年鉴的计算单位、数字用法、语言文字等均依照国家现行有关规定执行。

目 录

1

交通基础设施建设

规划与勘察设计

站场（厂）房屋建设

运输生产

道路运输

水路运输概况

交通运输附属产业（含服务区）

建设经营

交通管理

法治交通建设

行政管理

财务审计

公路交通管理

高速公路管理与收费

科技　教育　卫生

科　技

卫生

学会协会

党群工作

党建工作

纪检监察工作

精神文明创建

行风建设

工会工作

共青团工作

老龄工作

防汛救灾工作

乡村振兴帮扶工作

市县交通运输

南昌市

景德镇市

萍乡市

九江市

新余市

鹰潭市

赣州市

吉安市

交通统计资料

人物简介

2022 年度全省交通运输
系统先进个人

文献文件

附　录

航空运输

铁路

索　引

特　载

踔厉奋发　勇毅前行

奋力推动交通强省建设实现新跨越

——在2023年全省交通运输工作会议上的讲话（摘录）

王爱和

（2023年2月16日）

一、过去五年和 2022 年工作回顾

过去的五年，是我国、江西省发展进程中极不寻常、极不平凡的五年，也是江西交通运输发展极为精彩、极为难忘的五年。五年来，我们坚持以习近平新时代中国特色社会主义思想为指导，在省委、省政府的坚强领导下，乘势而上、攻坚克难，推动交通强省建设阔步前行，公路路网持续完善，水运短板加快补齐，运输服务保障能力稳步提升，综合交通运输体系加快构建，开路先锋作用尤为彰显，为建设社会主义现代化江西提供了有力支撑。

——这是路网结构最好的五年。省委、省政府提出建设交通强省战略，交通发展首次上升为省级重大发展战略。累计完成投资 4139 亿元，是全省交通发展史上建设投资规模最大的五年，交通投资及风险防控工作获国务院督查激励、通报表扬。五年来，全省高速公路新开工规模达 1483 千米，新增通车里程 815 千米，总里程达 6731 千米，打通了 30 个出省大通道，八车道建设规模走在全国前列。按照"一年一提升、五年大跨步"的扎实步伐，科学有序推进国省干线公路养护管理，路况水平实现了从追跑到并跑，再到领跑的华丽转变，2022 年全省国省干线路况整体水平获评全国第一，创历史最好成绩。在全国率先实现 25 户以上自然村"村村通"和"组组通"水泥路，所有乡镇、建制村 100% 通客车和邮车。全省功能清晰、层次分明、衔接顺畅的综合交通运输网基本形成。

——这是水运发展最快的五年。我们主动扛起重振千年赣鄱黄金水道辉煌的重任，推动省政府出台《关于加快水运改革发展的实施意见》等一系列利好政策，加快补齐水运发展短板，支持水运发展力度空前，全省航道、港口、集疏运等基础设施建设累计完成投资 330 亿元，超过了全省水运历史投资总额。内河高等级航道里程达到 960.6 千米，赣江全线六个梯级枢纽船闸全部建成，赣江、信江加快实现全域三级通航。全省"两横一纵"内河高等级航道网、"两主五重"现代化港口体系加快形成。做大做强全省水运投融资平台，组建省港口集团，推动全省港口资源整合基本完成。江西省首部水路交通综合性地方法规《江西省水路交通条例》出台实施。全省内河高等级航道里程数和港口吞吐量持续增长，内河水运综合发展水平进入全国第一方阵。

——这是改革力度最大的五年。我们坚持先立后破、不立不破，大力开展系统性、重塑性的体制机制变革，行业发展的内生动力不断增强。理顺全省综合交通运输规划、运输综合协调等职能，蹄疾步稳推进承担行政职能事业单位改革，厅属单位行政职能划归厅机关，系统组建了"一局两中心"，厅属涉改事业单位由 176 个精简至 12 个，创造了交通运输领域改革的"江西经验"。深化综合行政执法改革，全省 11 个设区市、76 个涉改县全部组建综合执法机构，全省综合行政执法改革进度全国第一。深化交通运输"放管服"改革，全面推行"证照分离"改革，统一行政权力清单，承接、取消、下放一批省级行政许可事项，向社会释放巨大改革红利，ETC 办理一次不跑被国务院作为经验典型推广。在全国率先提前完成取消省界收费站工作。作为 6 家省直单位之一获评全省首批"五型"政府先进单位。

——这是治理体系最优的五年。我们系统谋划"三大攻坚行动、三大提升工程"和水运改革发展（6+1）、"管理提升年"活动，构建形成了支撑行业持续发展的"四梁八柱"。以科技赋能行业治理，系统整合行业 30 个信息化项目，建成以"一中心、三平台"为核心的智慧交通管理体系。创新

开展治超非现场执法，全省 429 个不停车检测点全部建成并运行，普通公路超限超载率大幅下降，高速公路超限超载治理成效保持全国第一。强化科技兴安，全省所有"两客一危"车辆全部安装 4G 视频实时监控和主动预警设备，实现车辆运行动态实时监控，车辆事故发生率大幅降低。先后出台或修订《江西省交通建设工程质量与安全生产监督管理条例》《江西省道路运输条例》等政策法规，连续五年获评法治江西、法治政府、社会信用体系建设优秀单位。先后被评为全国"信用交通省"典型省份、全国法治交通先进集体。2018—2020 年连续三年绩效考核优秀并被授予集体三等功。

——这是管党治党最实的五年。全厅各级党组织始终把党的政治建设作为管党治党的首要任务，交通基层党建工作始终走在省直机关前列。在中央"不忘初心、牢记使命"主题教育总结大会上，习近平总书记对江西集中解决群众出行难问题给予充分肯定。信江项目办党建引领品质工程做法被中央组织部在全国推广。我们压实管党治党主体责任，着力规范权力运行，健全完善内控机制，特别是针对工程建设领域案件查找出来的问题，持续出台一系列廉政监管制度，从源头上堵塞漏洞，五年来未发生一起工程建设领域的严重违纪违法案件，交通运输政治生态持续向上向好。我们围绕"提升行业软实力、凝聚发展正能量"主题，加强意识形态和思想政治建设，干部职工的成就感、幸福感、归属感和自豪感持续增强。

刚刚过去的 2022 年，是党和国家历史上极为重要的一年，也是江西交通运输行业尤为特殊的一年。2022 年，全省交通运输系统坚持以迎接和学习宣传贯彻党的二十大为主线，深入贯彻中央"疫情要防住、经济要稳住、发展要安全"要求，严格落实省委省政府和交通运输部各项工作部署，高效统筹疫情防控、保通保畅和交通运输发展，以开展"管理提升年"活动为抓手，全力以赴加快交通强省建设，全年各项目标任务取得明显成效，全省交通运输事业加快实现进位赶超、跨越发展。

一是服务全省大局，交通强省建设稳步推进。顶层设计不断完善。推动《江西省综合立体交通网规划》以省委、省政府名义印发，积极推进《江西省内河航道与港口布局规划（2021—2050 年）》获省政府批复，成为全省水运发展史上首个获批的省级内河航道与港口布局规划。赣粤运河成功纳入

国家重大战略，7个专题研究如期完成并形成阶段性成果。有效投资持续扩大。深入实施"大交通"攻坚行动，推动全省公路水路交通重点项目建设掀起新高潮。全省公路水路交通固定资产投资完成931.6亿元，同比增长9.4%，提前一个月超额完成年度投资计划，为全省扩投资稳增长提供了有力支撑。高速公路方面，东西、南北"大十字"八车道项目全部落地，开工建设樟吉改扩建、梨东改扩建、昌金改扩建、昌樟二期、萍乡绕城等5个项目，大广高速南康至龙南扩容段、宜春至遂川、德州至上饶（赣皖界至婺源段）、寻乌至龙川（江西境内段）、宜春至井冈山（三阳至新田段）5条高速公路提前建成通车，新增通车里程达422千米。普通国省道方面，建设完成212.4千米，养护完成2460千米，超额完成1000千米年度目标任务。农村公路方面，新改建完成4730千米，危桥改造414座，安防工程完成2581千米。水运建设方面，新增高等级航道里程89.6千米，界牌至双港、双港至褚溪河口航道整治、万安枢纽二线船闸、信江八字嘴航电枢纽4个航道项目建成投运，都昌宏升、丰城尚庄、九宏综合码头3个港口项目建成投运。综合客货运枢纽方面，九江庐山、吉安峡江2个综合客运枢纽加快推进，南城综合客运枢纽开工建设。试点任务稳步推进，成功争取安远县城乡交通一体化发展试点纳入交通强国建设试点，试点任务总数增加到7个。江西省在交通强国建设试点工作推进会议上作典型经验交流。交通强省建设试点全面启动，首批16项交通强省建设试点任务有序推进。政策资金保障有力。创新投融资模式，出台《江西省交通强省基金管理办法》。萍乡绕城高速公路新建项目成为首个交通强省子基金试点项目。全年累计争取上级补助及债券资金近300亿元。

二是深化为民情怀，服务供给质量不断提高。重点民生实事取得实效。有序推进城市公交向乡村延伸，贵溪成功创建全国城乡交通一体化示范县。因地制宜发展定制客运，全省定制客运线路开通110条。健全县乡村三级物流体系，分宜县、安福县、安远县等5县（区）先后入选全国农村物流服务品牌。推动道路运输高频服务事项"跨省通办"提质增效，业务办理成功率达97%，位居全国前列。建成15个"司机之家"，超额完成交通运输部下达任务。组织实施网约车平台抽查"阳光行动"，全省网约车双合规化率达到66%。积极推进289家车辆综检机构实现"三检合一"。12328热线平稳运行，连续多年被评为全国成绩突出的服务中心，月度考评持续稳居全国第一方阵。改渡便民工程提速推进，全省累计完成撤渡179道，超额完成年度撤渡目标任务。公路通行条件明显提升。2022年度全国干线公路养护管理评价取得历史性突破，位列全国第一，获得交通运输部通报表扬和省政府主要领导、分管领导批示肯定。持续深化"四好农村路"示范创建，11个县（市、区）成功入选2022年"四好农村路"全国示范县创建单位名单。全省累计创建"四好农村路"全国市域建设突出单位2个、全国示范县13个、省级示范市4个、省级示范县61个，示范创建工作得到交通运输部充分肯定。江西省在全国推动"四好农村路"高质量发展会议上作典型经验交流。高速公路服务区加快升级改造，完成信丰西、永新东等6对服务区建设，重点打造了庐山西海、庐山、南康北3对复合功能型服务区和金溪、三百山等13对中心服务区，服务区服务能力得到显著改善。行业改革成效显著。高效完成省级下达的35项重点任务，厅本级88项依申请类政务服务事项进驻省政务服务中心，全年共办结依申请政务服务事项9万余件。双随机检查事项由60项精简为23项，改革涉企经营许可事项27项，进一步激发市场主体活力。支持赣江新区和"强省会"战略实施，下放赣江新区部分省级经济管理权限8项，下放南昌市及所辖县（区）实施权力清单22项。驻省政务服务中心窗口被评为"先进窗口"。水路运输提速发展。制定出台《江西省高等级航道养护管理办法》，聚焦"四好"目标，航道管养工作制度化、精细化、科学化水平明显提升。制定印发赣江、信江通航保障方案，建立健全两江船闸统一调度和水情信息发布机制，全面做好极枯水情下航道通航保障工作。船舶运力规模持续扩大，全省水运企业239家，运输船舶2239艘。全省水路运输完成货运量1.34亿吨，港口完成货物吞吐量2.26亿吨，货物周转量414亿吨千米，其中，集装箱吞吐量和货物周转量同比分别增长13.3%、16.9%，分列全国第4位和第3位。船闸货运量迅猛增长，全年过闸船舶总吨位、过闸货运量同比分别增长208%、328%。运输结构调整逐步推进。提请省政府印发《贯彻落实推进多式联运发展优化调整运输结构工作实施方案（2021—2025）》，九江港"一带一路"集装箱多式联运示范工程等5家省级多式联运示范工程建设持续推进，赣州国际陆港成功获批"国家多式联运示范工程"。推动省政府将"鼓励对水运物流企业予以适当补贴"纳入稳住经济发展若干措施，印发《江西省促进赣江航运业发展扶持方案》，推动九江、吉安、丰城等市县出台水运扶持政策。2条航线成功入选全国水路旅游客运精品航线。促成省港口集团和上港集团达成合作，助力江西货物借船出赣、出海。保通保畅坚强有力。提请省政府印发《江西省物流保通保畅工作方案》，积极发挥统筹协调作用，严格落实疫情防控工作部署。及时开发上线全省高速公路跨区域车辆防疫监测系统，累计向全省各地推送中高风险区来车信息逾300万辆次。建立重点物资运输通行证制度并搭建线上办理平台，累计发放通行证15.9万张，有效保障了重点物资运输车辆的正常通行。向金融机构推送贷款"白名单"企业358家，推动金融机构发放助企纾困贷款逾9亿元。落实高速公路通行费减免优惠政策，全年累计减免优惠41.6亿元，切实降低物流成本，缓解市场主体压力。

三是坚持转型升级，行业治理能力持续增强。执法能力不断加强。做好深化事业单位改革"后半篇"文章，完成各高速路政支队优化整合。11个设区市综合行政执法改革全部完成，实现全省"一盘棋"。持续推进"三化七统一"建设，同步推进92个基层执法站所"四基四化"建设。深化源头治超监管，明确重点源头单位516家，494家重点源头企业监测数据接入省治超综合管理平台。大力推广科技治超新模式，不停车检测点作用得到有效发挥，普通公路超限超载率由2.76%下降为1.78%，降幅达35.5%，高速公路治超工作排位保持全国第一。交通运输综合执法检查、执法考试成绩、交通运输综合执法改革进度获得三个"全国第一"，得到省政府主要领导批示肯定。工程品质持续提升。坚持以优质工程、示范案例、创新成果、先进工艺工法引领塑造行业标杆，推动一批省内重点公路水运项目相继取得国家级和省级奖项，鄱阳湖二桥项目荣获中国建筑行业工程质量的最高荣誉奖——"鲁班奖"，抚州东外环王安石特大桥等2个项目获得省杜鹃花奖，昌九改扩建等3个项目荣获交通运输部、应急管理部、中华全国总工会联合冠名的"平安工程"。数字交通稳步实施。BIM+物联网助推江西信江航运枢纽数字建造等2个项目入选第五届数字中国建设峰会。深化与数字经济头部企业战略合作，与江西电信签订战略合作协议。积极参加第五届"绽放杯"5G应用征集大赛，荣获省赛二等奖3项、三等奖2项。智慧航道、智慧船闸建设持续推进，已制作完成512千米电子航道图并接入长江数字航道图，实现干支联动。科教水平不断攀升。制定印发《省交通运输科技示范工程管理办法》。8项科技项目获省部级科技进步奖，2个科普基地成功入选国家交通运输科普基地，1项科研成果入选2022年度交通运输重大科技创新成果库；2人入选交通运输青年科技英才，1人入选中国科协"科技智库青年人才计划"。江西交通职业技术学院在国家"双高计划"中期绩效评价中被评定为"优秀"。省交通高级技工学校稳步推进水运类专业建设并完成首批招生。绿色交通加快推进。统筹推进全省运输结构调整、绿色出行创建、绿色基础设施建设、交通运输污染防治等工作。船舶及港口水污染物闭环管理工作持续推进，全省船舶生活垃圾、污水转运处置率达到90%以上。在全国内河省份率先启动船舶水污染物"零排放"。全面完成全省125个泊位岸电设施提升改造，使用次数达到2.7万艘次，同比增长11.4%。完成265艘运输船舶岸电系统受电设施改造安装，提前半年在长江经济带十一省市中率先完成年度改造任务。全省新增与更换公交车中新能源车辆占比96%，新增新能源出租车占比83%。

四是坚持底线思维，行业总体保持安全稳定。持续开展安全整治。认真贯彻落实国务院安委会安全生产十五条措施和省五十条具体举措，扎实推进安全生产专项整治三年行动巩固提升、安全生产强化年和大检查。部署开展交通运输安全生产工作包保指导，全力保障党的二十大期间行业安全稳定。集中开展安全生产"打非治违"专项行动，严肃查处各类违法违规行为。深入开展船舶碰撞桥梁隐患治理三年行动和公路水运工程建设领域施工现场安全隐患大排查大整治专项行动。全年全省交通运输领域事故起数和死亡人数实现"双下降"，行业安全生产形势总体平稳。创新安全监管手段。提请省政府印发《江西省处置水上突发事件应急预案》《江西省加强危化品道路运输安全监管工作方案》。建成危化品运输车辆智能管理平台，实现了对省域内危货车辆"一网监控"，累计监测危化品道路运输车辆3.1万辆。在全国率先出台《汛期恶劣天气等条件下船舶禁限航管理参考指南》。制定公布《江西省交通运输安全生产举报管理办法》。组织研编《安规e码通—公路水运工程施工现场安全标准化工具书》，被交通运输部作为典型在全国进行推广。严守平安建设底线。聚焦道路运输、水路运输、工程建设、行业执法等重点领域，大力开展矛盾纠纷集中排查化解专项行动，行业稳定得到有力保障。建立交通运输新业态协同监管联席会议制度，保障货车司机合法权益。坚持不懈抓好网络安全，全系统未发生重大网络安全事件。全面落实信访工作目标责任制，群众合理诉求得到有效解决。

五是坚持全面从严，党的建设不断走深走实。党建引领不断加强。深入学习贯彻习近平新时代中国特色社会主义思想和党的二十大精神，把学习习近平总书记系列重要讲话特别是视察江西重要讲话精神作为党委会"第一议题"。制定党委中心组理论学习列席旁听制度，加强对厅属单位党委中心组学习的指导。常态化开展党史学习教育，持续巩固拓展党史学习教育成果。认真落实支部"三化"建设要求，持续推进基层党组织标准化规范化信息化建设。制定下发全厅创建"四强"党支部工作方案，扎实开展"四强"党支部创建。充分发挥基层党组织战斗堡垒和党员先锋模范作用，动员广大党员积极参与社区治理，主动服务疫情防控工作，在大战大考中锤炼党性。作风纪律更加严实。树立选人用人正确导向，选优配强厅属单位领导班子，选拔忠诚干净担当的高素质专业化干部。运用政治谈话等抓手，持续加大对厅属单位"一把手"监督，加大对违反中央八项规定精神监督检查，扎实开展岗位廉政风险排查，持续强化工程建设等重点领域监督，不断堵塞制度漏洞，规范权力运行。深刻汲取省纪委通报的违法违纪典型案例教训，全面做好以案促改、以案促治、以案促建工作。深入开展落实中央八项规定精神十周年"回头看"活动。严肃监督执纪问责，全年共立案16件，组织处理16人次，党纪处分14人次，行政处分8人次。开展"六个一"廉洁文化建设活动，持续营造风清气正的政治生态。模范创建扎实推进。印发实施《关于打造让党放心、人民满意的模范机关工作方案》，深入开展处长办事流程"大体验""走实地、查实情、抓实效"和"大督查、大调研"活动。"五型"政府建设推进有力，政务公开标准化规范化水平持续向好，被评为2022年度全省政务公开工作优秀单位，且考核成绩位列所有省直单位第一。大力开

展"珍惜荣誉、立足岗位、再立新功""喜迎二十大、永远跟党走、奋进新征程"主题教育实践等系列活动，全系统广大干部职工成就感、幸福感、归属感和自豪感不断增强。全系统40家单位获评第十八届省级文明单位，39个集体成功创建省级"青年文明号"，4个集体、1名个人荣获全省五一劳动奖章和"工人先锋号"。

一年来，交通运输各项工作齐头并进。交通战备、内部审计、驻村帮扶、工青团妇、老干部、机要保密、档案史志等工作稳步推进，有力地促进了全省交通运输事业平稳健康发展。

二、当前发展形势和工作思路

2023年是全面贯彻落实党的二十大精神的开局之年，是实施"十四五"规划承上启下的关键一年。当前，世界百年未有之大变局加速演进，疫情影响广泛深远。站在新的历史方位，当好江西现代化开路先锋，必须准确研判大局发展态势和行业发展大势，科学把握行业发展机遇挑战，咬定目标，保持定力，团结奋斗，奋力推动交通强省建设实现新跨越。

从发展机遇看：一是重大政策红利加速释放。党的二十大描绘了全面建设社会主义现代化国家的宏伟蓝图，明确提出要加快建设交通强国，势必带来新一轮政策红利。与此同时，适度超前开展交通基础设施投资的利好信息持续释放，积极的财政政策将有效推动政策性金融重点支持重大交通项目建设，交通基础设施逆周期调节、稳经济增长的作用将更为凸显。2022年，江西省成功争取1.4万余千米国家公路、1486千米国家高等级航道纳入国家"大盘子"，必将进一步助推江西省"四面逢源"的区位优势转化为"四通八达"的发展优势。二是交通运输经济加快复苏。中央经济工作会议释放出"全力拼经济"的强烈信号，强调把扩大内需作为稳增长的重中之重，加快建设现代化产业体系，确保国民经济循环畅通。省委经济工作会议也明确，要积极有效扩大内需，千方百计促进经济快速复苏。随着疫情防控政策调整优化，运输业即将告别煎熬的"寒冬"、迎接复苏的"暖春"。交通运输行业必将更加深度嵌入社会生产、流通、消费各个环节，进一步激发交通运输市场主体活力、提升交通运输服务品质、推进交通运输跨业融合发展。三是改革发展动能蓄势待发。通过近年来的改革攻坚和发展蓄能，我们如期争创了一批全国先进，打

造了一批江西品牌，建设了一批模范机关，多项工作走在了全国、全省前列。高速公路"省市共建"、项目要素"专班推进"、新业态"联合监管"等发展模式和体制机制已经优化成熟，"江西123出行交通圈"正加快形成，全省交通发展正架起"腾飞之翼"、形成"腾飞之势"。

从发展挑战看：一是建设要素制约复杂多变。要素制约的问题始终存在，但主要矛盾和矛盾的主要方面正在不断演变，矛盾集聚区由收费公路向公益性项目转移。"三区三线"划定虽为普通公路腾出了建设空间，但占补平衡指标、临时用地选址等矛盾日益突出。经济全面回暖尚需时日，部分地方政府财政存在一定压力，普通公路、部分高速公路和港口码头融资难问题掣肘项目实施。二是综合流通效率亟待提升。目前江西省公路、水路、铁路等各种运输方式的比较优势亟待发挥、组合效率仍需提升、安全水平尚显不足，港口码头及物流园集疏运体系有待完善，水运在大宗货物运输方面的综合优势发挥不够，"大通道＋大枢纽＋大融合"的现代物流体系仍有待健全，运输行业稳定因素复杂，支撑供应链产业链稳定、服务内陆双向高水平开放的能力还需进一步提高。三是行业治理深层次问题不容忽视。全行业正处于改革升级的关键时期，港口资源整合"后半篇"文章要做的还很多，综合执法改革有待向深水区攻坚，综合交通运输体制改革仍需磨合完善。农村公路建管养运协调发展仍存短板，源头治超形成合力尚需时日，数字交通应用水平有待提升，行业人才队伍建设有待加强。安全基层基础仍不够稳固，尤其是运输业回暖复苏，对保障行业安全生产提出新挑战。

总的来说，全省交通运输发展已迎来"后疫情时代"的历史机遇期，连年接续奋斗积蓄的规模优势将进一步转化为发展胜势。虽然前进路上仍面临一些困难和问题，但困难年年都有，发展绝不能止步。我们要进一步提振发展信心、坚定必胜决心，一心一意谋发展，一张蓝图绘到底，同心同德奋力干，不断开创全省交通运输高质量发展的新局面。做好今年工作，要重点把握好以下四个方面。

第一，在目标设定上，要把握好发展的"高度"。关键是要确保"十四五"规划目标圆满完成。当前规划落实的"进度条"已经明朗，必须牢固树立目标导向、问题导向，坚持以时间刻度标注发展高度，不待扬鞭自奋蹄、认清差距向前追。工作上要提标，

要认真对照党的二十大精神以及省委省政府工作部署，科学提高预期、对标提升标准，把"过得去"的目标转变为"过得硬"的目标。节奏上要提速，要以"开局就是决战、起步就是冲刺"的奋斗姿态，用迅速"干起来、跑起来、冲起来"的开局起势，把疫情耽误的时间抢回来，尊重建设规律，打好提前量，特别是规划完工项目要确保2023年开工，为后续建设争得空间。发展上要提质，要聚焦作示范、勇争先，坚持以质取胜，正确处理好速度和质量、发展和安全、建设和管理等关系，提高工作的精准率、完成率、优秀率，实现质的有效提升和量的合理增长。

第二，在方式方法上，要把握好攻坚的"准度"。关键是要集中力量攻坚重点板块和难点环节。要持续扬优势、补短板、守底线，巩固扩大交通有效投资建设良好势头，全力提速公路水路项目建设，更好发挥投资主力军和压舱石作用。要积极抢抓新一轮政策窗口期、项目机遇期，吃透中央政策，强化项目储备，加强工作对接，努力在中央转移支付、专项债券资金争取中抢占先机，力争更多项目纳入国家计划盘子。要聚焦工作重点，全力开展攻坚，顶格推进、严格考核，确保不拖后腿、不留遗憾。要持续稳行业、稳预期，继续推进纾困解难政策落实，深入推进结构优化调整行动，逐步引导运输市场回暖，保障产业链供应链稳定，切实服务实体经济发展。

第三，在发展导向上，要把握好服务的"深度"。要始终将建设人民满意交通作为出发点和落脚点。交通运输服务千企万业、千家万户，发展得好不好，人民群众最有获得感，也最有发言权。要关注人民群众急难愁盼的问题，关切从业人员利益诉求，在农村公路安防设施提升、农村物流体系建设、改渡便民工程、司机之家建设、适老化交通出行服务、城乡交通运输一体化等方面持续发力、精准施策。要关注行业安全稳定风险，着力防范化解道路运输、水上交通、金融债务等风险，常态化推进平安交通建设，全面提升交通运输服务效率、品质和安全水平，让人民群众获得感、幸福感、安全感更加充实、更有保障。

第四，在精神状态上，要把握好落实的"力度"。关键是要进一步激发干部干事创业活力。要坚定坚决强信心，信心比黄金更重要，有信心才有勇气，有信心才有力量。要始终保持"困难不容低估，信

心不可动摇，干劲不能松懈"的状态，共同凝聚战胜困难、踔厉奋发的自信和勇气。要持之以恒强作风，作风建设只有起点、没有终点，为民办实事、为企优环境只有进行时、没有完成时，必须时刻保持永远在路上的坚韧和执着。要坚决反对形式主义、官僚主义，着力解决干部大局意识不强、工作标准不高、改革创新能力不足等问题，提升全行业干部人才队伍能力素养。要奋发有为强担当，完善干部考核激励和选拔任用机制，充分调动广大干部干事创业积极性，引导全系统干部职工争当奋勇争先、笃行不息、真抓实干、狠抓落实的模范，让"敢为、敢闯、敢干、敢首创"成为全系统干部职工的鲜明特质。

三、2023 年工作打算

2023 年全省交通运输工作的总体思路是：以习近平新时代中国特色社会主义思想为指导，全面贯彻落实党的二十大精神，聚焦"作示范、勇争先"的目标定位，按照省委十五届三次全会和省委经济工作会议部署，以交通强省建设为核心，准确把握新发展阶段，深入贯彻新发展理念，加快构建新发展格局，全力实施"大交通"攻坚行动，着力深化改革创新，着力加强党的建设，一张蓝图干到底，一以贯之抓落实，努力实现更高质量、更加强劲、更有温度、更可持续、更为安全、更加健康的发展，奋力推动交通强省建设实现新跨越。

围绕上述要求，重点抓好六方面的工作：

（一）持续推进交通强省建设，实现更高质量的发展。加快推动规划落地。全面推进《江西省综合立体交通网规划》贯彻实施，发布《江西省交通强省建设蓝皮书》，构建交通强国江西省域指标体系，推动江西省交通运输总体发展水平进入全国前列。压茬推进试点任务。积极推进赣州革命老区交通运输高质量发展等 7 个交通强国建设试点工作，加强对江西省 16 项交通强省建设试点的统筹调度，确保试点各项任务顺利推进。力争形成 2—3 个成熟成果，形成一批可复制、可推广的经验和成果。推进赣粤运河研究。加快茅店枢纽、极富水库等先导性工程前期工作，逐步完善运河大通道基础设施建设。密切跟踪国家层面相关决策部署，配合交通运输部完善相关研究。依托前期研究成果，会同广东省积极向国家争取支持，力争赣粤运河早日规划建设。积极策应战略实施。主动服务江西省对接"一带一路"、长江经济带、革命老区振兴发展、赣湘

鄂三省协同发展、粤港澳大湾区等国家重大战略实施，积极策应"强省会"战略，支持南昌打造"一枢纽四中心"，促进大南昌都市圈从局部融合向全面融合迈进，支持九江高标准建设长江经济带重要节点城市。

（二）全力扩大交通项目投资，实现更加强劲的发展。深入贯彻落实省委省政府项目建设"四大攻坚"行动部署要求，持续推进"大交通"攻坚行动，全面加快公路水路项目建设，积极扩大交通有效投资，全年完成公路水路固定资产投资 850 亿元以上。高速公路方面，加快大广高速吉安至南康段改扩建、通山（赣鄂界）至武宁等 13 个项目建设，开工通城（赣鄂界）至铜鼓、弋阳至南丰等 8 个项目，推进信丰至南雄（赣粤界）等高速公路项目建成通车。普通国省道方面，完成升级改造建设 260 千米、路面养护工程 1000 千米。农村公路方面，完成新改建 3000 千米，推动全省县道三级及以上比例达到 64% 以上，建制村通双车道比例达到 58% 以上；实施农村公路危桥改造 160 座，完成村道安防工程建设 1300 千米。水运方面，加快推进赣江新干枢纽－南昌二级航道建设工程、九江港湖口银砂湾码头等 18 个项目建设，开工建设昌江航道提升、袁河航道提升、乐安河航道整治等航道项目和吉安港天玉码头等一批码头项目，建成赣州港五云、鄱阳角子口和樟树河西等码头项目。客货运枢纽方面，开工鄱阳东和赣州西综合客运枢纽，建成安福等一批县级客运站。推动一批公路水路省级平安百年品质创建示范项目，努力打造行业领先的样板工程。

（三）不断提高服务保障能力，实现更有温度的发展。始终坚持人民交通为人民，全力以赴打造人民满意交通，让行业发展更有温度。助推乡村振兴发展。以推动"四好农村路"高质量发展为抓手，持续推出一批示范市县，进一步构建和完善便捷高效的农村公路基础网络，不断提升农民群众便捷出行的获得感和满意度。推动具备条件的普通国省干线公路服务区（站）能够提供基本充电服务。稳步推进改渡便民品牌工程，继续推进建桥撤渡等项目建设，撤销渡口数累计达到"十四五"撤渡总目标 70%。推进水运提效增量。推动赣江信江通航保障方案落地见效，全力以赴攻坚做好两江常态化通航保障工作。聚焦"五化四好"目标，总结推广信江智慧航道建设试点经验做法，逐步探索形成具有江西特色的航道管养模式。积极推动省级航线补

贴政策实施，扶持赣江散杂货、集装箱航线发展，推进船舶运力结构和运输组织优化，持续提升水路货运量、货运周转量和水路运输占比。推动高速服务区提质升级。加快推进服务区运营管理标准体系建设，健全规范化、标准化、精细化、常态化的管理机制，完成七里岗、万安、龙腾等3对复合功能型服务区的建设，完成仙女湖、盘古山等4对中心服务区的改造，推动全省高速公路复合、中心服务区占比达30%以上，服务区发展水平进入全国第一方阵。增强运输服务能力。大力实施交通物流枢纽建设行动，支持南昌、赣州、九江、鹰潭等国家物流枢纽建设。稳步推进交通运输结构优化调整行动，提升综合运输效率，降低社会物流成本。推进农村客货邮融合发展，打造经典线路服务品牌，扩大全国农村物流服务品牌覆盖面。制定农村客运服务质量考核办法，确保农村客运"开得通、留得住、服务好"。持续开展"司机之家"建设，不断扩大"司机之家"服务覆盖面。

（四）加强行业治理能力建设，实现更可持续的发展。提升公路管养水平。树立高速公路建养全寿命周期理念，推动常态化预防养护全覆盖，持续推进公路长大桥梁结构健康监测系统试点建设，开展交通安全设施精细化专项提升行动，实施高速公路路面预防性养护里程不少于单车道1000千米，实现高速公路、国道、省道PQI均值分别达到93、90、85以上，确保国省干线公路管养水平走在全国前列。深化数字交通建设。推动数字交通布局优化和结构调整，力争开工建设省交通运输资产核查与建养业务支撑系统升级工程、大件运输并联许可系统升级改造等信息化项目。制定信息化系统应用工作评价方案，科学评价信息系统应用水平，切实推动以评促改、以评促用。提升科技创新能力。加强科技资源汇集、共享及应用力度，制定国家级科技平台创建三年行动方案。引导重大项目、重点工程积极开展科技攻关，提升标准体系建设水平，提高科技成果与标准转化产出率。充分发挥江西省国家交通运输科普基地示范引领作用，推动立体式科普阵地建设。强化执法能力建设。深入实施全省交通运输综合行政执法队伍素质能力提升三年行动，建立全省执法监督常态化机制。深入推进执法"三化七统一"，推动全省"四基四化"达标基层站所达80%以上。打造一流营商环境。大力实施优化营商环境"一号改革工程"，持续深化"放管服"

改革，深入推进简政放权，进一步取消和下放行政许可事项。加强驻省政务服务中心窗口建设，全面推行"不见面"办事，深入开展"互联网＋政务服务"，推动"一网通办"和"跨省通办"。强化人才队伍建设。树立实绩导向，充分挖掘交通运输行业干部队伍潜力，真正做到人岗相适、人尽其才。依托专业院校和科研机构选育高端人才，重点培育与交通强省建设相适应的急需紧缺人才队伍。扎实推进江西交通职业技术学院"双高"建设。稳步提升省交通高级技工学校办学水平，力争升格为省交通技师学院。

（五）坚持不懈守牢发展底线，实现更为安全的发展。紧绷安全责任之弦，以"时时放心不下"的责任感做实做细做好安全生产各项工作，确保行业始终保持安全稳定。加强重点领域安全监管。深刻汲取南昌"1·8"重大道路交通事故教训，紧盯"两客一危"、重型货车运输、农村客运班线、城市公交、水上交通、工程建设等重点领域，持续开展风险隐患大排查大整治，推广实施交通运输安全生产网格化服务管理，进一步压紧压实部门监管责任和企业主体责任，全力防范化解各类风险隐患。完善重大交通基础设施、网络、数据等安全保障体系。提升隐患排查治理能力。紧盯涉及安全生产体制机制方面存在的突出问题和薄弱环节，推动行业各级企事业单位加快构建安全风险分级管控和隐患排查治理双重预防机制。督促行业企业严格落实岗前培训和继续教育有关规定，强化典型事故案例警示教育，提升从业人员职业安全素养和安全意识。创新运用"安规e码通"微信小程序，助力行业企业快捷、便利地开展安全教育培训和安全文化推广。保障行业环境平安稳定。持续开展平安建设分析研判，重点排查化解各领域矛盾纠纷，强化与政法机关协调联动，进一步做好行业重点目标安全防范。持续做好护路护线工作。及时处置出租车、网约车、货车司机等重点群体不稳定苗头隐患，加强教育引导，畅通利益诉求渠道。

（六）纵深推进全面从严治党，实现更加健康的发展。始终把党的政治建设摆在首位，坚决捍卫"两个确立"、坚定做到"两个维护"。加强基层党建工作。围绕学习宣传贯彻党的二十大精神，深入推进党委理论学习中心组学习，不断夯实思想政治根基。强化党建责任制落实，层层传导压力，推动基层党组织全面进步、全面过硬。持续推进新形势下"五型"政府建设，打造让党放心、人民满意的模范机关。深化"三不腐"一体推进。认真落实全面从严治党"两个责任"，紧盯重点时段、重点人员、关键岗位，严肃监督执纪问责。持之以恒纠治"四风"，常态化开展警示教育，扎实推进新时代廉洁文化建设。坚持将"三不腐"一体推进贯穿监督执纪全过程、各方面，助推全省交通运输系统政治生态持续向上向好。抓牢意识形态工作。突出围绕学习宣传党的二十大精神这条主线，聚焦建设交通强省、当好开路先锋等宣传重点，加强行业宣传和舆论引导，传播交通正能量、唱响交通好声音，为推进交通强省建设、推动全省交通运输高质量跨越式发展提供坚强的思想保证和强大的精神力量。

专　记

在省交通运输厅2023年度
全面从严治党工作会上的讲话（摘录）

蓝丽红

（2023年3月6日）

2022年，在省纪委省监委的坚强领导和对口联系室的指导帮助下，在省交通运输厅党委的大力支持下，驻省交通运输厅纪检监察组坚持以习近平新时代中国特色社会主义思想为指导，深入学习贯彻党的二十大精神和中央纪委二次全会、省纪委三次全会精神，认真落实省纪委各项工作部署，围绕驻在部门职责使命加强监督，较好地发挥了监督保障执行、促进完善发展作用。

一、找准切入点，在推进政治监督具体化、精准化、常态化上持续发力

一是以实地督导、个别约谈等方式，加强对各级党组织和党员领导干部学习贯彻党的二十大精神、落实"三新一高"要求等情况的监督检查。二

是与各级"一把手"开展政治谈话50余人次，与厅直单位纪委书记开展"一对一"政治谈话18人次，及时指出问题、督促整改，有力推动全面从严治党政治责任落实落地。三是加强对交通运输疫情防控等工作的监督，特别是南昌突发疫情后，采取线上调取视频监控和线下实地督查相结合的方式，压实疫情防控和保通保畅工作主体责任。

二、提高精准度，在做深做实日常监督上持续发力

一是加强对"一把手"和领导班子等"关键少数"的监督，对落实全面从严治党责任不力，导致单位党风廉政建设问题多发频发的"一把手"，及时提出岗位调整建议。加强对执行民主集中制情况

的监督检查,列席相关单位党委会等重要会议86次,监督"三重一大"事项420余项,指出问题4个,否决事项1项。二是加强对交通运输系统优化营商环境情况的监督,对涉及某厅直单位舆情问题的2名责任人进行问责,通过省纪委党风室将全省治超"黄牛"问题线索转相关职能单位,推动治超工作更加规范。三是驰而不息纠治"四风",紧盯重大时间节点,发出工作提醒函3次,督促各单位组织党员干部学习上级纪委公开通报的典型案例,明察暗访发现问题24个并督促整改。四是严把党风廉政意见回复关,全年回复意见285人次,对1名处级干部提出暂缓试用期转正意见,对1名基层单位"一把手"和1家处级单位年度考核评优提出否决意见。

三、增强系统性,在一体推进"三不腐"上持续发力

一是强化"不敢腐"的震慑,组本级全年处置问题线索22件,立案4件,给予党纪政务处分4人,问责3人。持续聚焦交通项目建设招投标领域加强监督提醒。对2起酒驾醉驾问题进行提级查办。二是扎牢"不能腐"的笼子,注重以案促改、以案促治,针对日常监督和查办案件中发现的问题,发出纪律检查建议书1份、监察建议书2份,推动相关单位健全制度机制、强化日常监管。三是增强"不想腐"的自觉,推动在全系统组织开展"六个一"廉洁文化建设活动,组织厅直单位纪委拍摄廉洁微视频,《古桥"留衣"》在"廉洁江西"微信公众号展播。印发酒驾醉驾典型问题通报,推动各级党组织用身边事教育身边人。

回顾一年来的工作,在省纪委省监委的坚强领导下,驻厅纪检监察组各项工作取得较好成效,省纪委马森述书记在我组呈报的有关报告上作出批示:纪检组做了大量工作,监督工作取得新成效,展现了新担当。这些成绩的取得,离不开厅党委的大力支持,离不开全厅各级党委和纪委的支持配合,更离不开广大党员干部特别是党员领导干部对纪检监察工作的理解、认同和支持。过去的一年,大家同频共振、同向发力,全厅全面从严治党工作取得新的成效,政治生态更加风清气正,党员领导干部落实全面从严治党责任的意识正在逐渐加强,特别是厅党委以上率下、率先垂范,坚决扛起管党治党政治责任,有力推动厅直单位党委抓实抓细全面从严治党各项工作,为交通运输工作高质量发展提供了坚强有力保障。但也要深刻认识和把握当前全面从严治党、党风廉政建设和反腐败斗争的阶段性特征,坚持问题导向,坚定信心决心,以更加鲜明的态度、强烈的担当、务实的作风,一刻不停推进全面从严治党工作。

一是增强政治自觉,坚定不移深入推进全面从严治党。党的十八大以来,以习近平同志为核心的党中央坚持把全面从严治党纳入"四个全面"战略布局,始终站在党和国家事业发展全局的高度,推动管党治党实现系统性谋划、整体性推进、协同性发力,为党和国家各项事业取得历史性成就、发生历史性变革,发挥了政治引领和政治保障作用。习近平总书记在中央纪委二次全会上强调,要把全面从严治党作为党的长期战略、永恒课题,始终坚持问题导向,保持战略定力,发扬彻底的自我革命精神,把严的基调、严的措施、严的氛围长期坚持下去,把党的伟大自我革命进行到底。习近平总书记的重要讲话精神,为深入推进新时代党的建设新的伟大工程提供了根本遵循,为新征程坚定不移推进全面从严治党提供了根本指引。我们要深入学习领会习近平总书记关于全面从严治党的重要论述,特别是深刻领会习近平总书记在中央纪委全会上分析的大党独有难题的形成原因、主要表现和破解之道,坚决贯彻落实习近平总书记关于深入推进全面从严治党作出的战略部署,与贯彻落实党的二十大有关战略部署结合起来,科学谋划、统筹推进本单位全面从严治党各项工作,以全面从严治党永远在路上、党的自我革命永远在路上的坚定和执着,以忠诚捍卫"两个确立"、坚决做到"两个维护"的自觉和担当,努力推动全面从严治党工作取得新的更大成效。

二是坚定履职担当,高质量落实全面从严治党政治责任。习近平总书记在中央纪委全会上深刻阐述了健全全面从严治党体系的目标任务、实践要求,他强调,要坚持责任上全链条,压实各级党委全面从严治党主体责任、各级纪委的监督责任,推动各级党委书记扛起第一责任人责任、班子成员切实担负"一岗双责",巩固发展全党动手一起抓的良好局面。习近平总书记的这些重要论述,对各级党组织和党员领导干部落实落细全面从严治党责任提出了明确要求,我们要认真领会、坚决落实。要坚持把落实全面从严治党责任作为履职担当的重要体现,各级党组织切实履行党内监督的主体责任，着力加强对下级"一把手"和领导班子等"关键少数"的监督，推动党员领导干部认真履行第一责任人责任和"一岗双责"，主动加强对分管单位和部门党员干部职工的日常教育监督管理，特别是各级"一把手"要坚决扛起管党治党的政治责任，在抓好业务工作的同时，督促班子成员和下级"一把手"认真履职、主动作为，持续营造敢抓敢管、真抓真管、严抓严管的浓厚氛围。各级纪检部门要认真履行全面从严治党监督专责和协助职责，紧盯本单位贯彻落实习近平总书记重要指示批示要求、党中央和省委决策部署以及厅党委具体工作要求情况，推进政治监督具体化、精准化、常态化，特别是要将学习贯彻党的二十大精神作为今年监督工作的主题主线，推动党的二十大精神落地生根。要坚持问题导向，把能否精准发现问题、敢于善于推动解决问题作为衡量监督工作成效的重要标尺，积极向党委提出监督工作建议，督促责任单位强化问题整改，合力推动全面从严治党责任落地见效。

三是坚持标本兼治，以"全周期管理"方式一体推进"三不腐"。一体推进"三不腐"，是新时代全面从严治党的重要方略。习近平总书记强调，必须深化标本兼治、系统治理，一体推进不敢腐、不能腐、不想腐。我们要深入贯彻落实习近平总书记重要讲话和重要指示批示精神，自觉把"全周期管理"的理念和方式贯穿反腐败斗争全过程，坚持惩治震慑、制度约束、提高觉悟一体发力，有效贯通不敢腐、不能腐、不想腐，推动各项措施在政策取向上相互配合、在实施过程中相互促进、在工作成效上相得益彰，不断取得更多制度性成果和更大治理效能。要强化不敢腐的震慑力，保持惩治这一手不松劲，紧盯本单位重要岗位重点人员关键环节，从严查处工程建设、招标采购、审批监管等领域存在的腐败和作风问题，特别是要下大力气纠治易发多发的"四风"问题，坚持以严的基调正风肃纪，持续形成强大震慑；要增强不能腐的约束

力，前移反腐关口，深化源头治理，注重通过查办案件和监督检查中发现的问题，查找背后深层次的原因，通过制发纪检监察建议书，推动相关责任单位健全完善制度机制，补齐日常监管短板；要提高不想腐的感召力，更加注重正本清源、固本培元，深入推进新时代廉洁文化建设，用好江西省丰富的廉洁文化滋养党员干部身心，常态化组织开展具有针对性和实效性的党性教育、纪律教育、警示教育，特别是用通报曝光的典型案例教育警醒党员干部，持续做好以"身边事教育身边人"这篇文章，推动党员干部特别是领导干部进一步养成在监督和约束的环境中工作生活的习惯。

四是强化自身建设，从严从实锻造高素质专业化的纪检干部队伍。习近平总书记强调，纪检监察机关是推进全面从严治党的重要力量，使命光荣、责任重大，必须忠诚于党、勇挑重担，敢打硬仗、善于斗争，在攻坚战持久战中始终冲锋在最前面。打铁必须自身硬。全厅各级纪检部门要坚持把"监督别人首先武装好自己"的理念贯穿队伍建设始终，带头强化政治理论学习，教育引导纪检干部跟进学习习近平总书记重要讲话和重要指示批示精神，不断提高政治判断力、政治领悟力、政治执行力，推动纪检干部在坚定捍卫"两个确立"、做到"两个维护"上走在前、作表率。要增强法治意识、程序意识、证据意识，加强对各类政策法规和纪检监察业务知识的学习，严格落实请示报告制度，依规依纪依法履职用权，不断提高纪检监察工作的规范化、法治化、正规化水平。要坚决杜绝"灯下黑"，结合当前党中央、中央纪委部署开展的全国纪检监察干部队伍教育整顿，切实加强对纪检干部的教育管理，对不符合岗位要求的及时调整。各级党委要进一步加强对纪检工作的领导和监督，重视和关心纪检干部队伍建设工作，选优配强纪检干部，大力支持纪检部门履行职责，注重激发纪检干部干事创业热情。

2023年全省交通运输安全生产工作报告（摘录）

江西省交通运输厅

（2023年2月16日）

一、2022年全省交通运输安全生产工作回顾

2022年，全省各级交通运输部门深入学习贯彻习近平总书记关于安全生产重要论述，扎实推进三年行动巩固提升、安全生产强化年和大检查，全力防风险、除隐患、遏事故，行业安全生产形势保持总体稳定。2022年，全行业共发生安全生产事故25起、死亡41人，同比下降24.2%和22.6%，未发生重大及以上安全生产事故。

（一）安全发展理念进一步树立。督促各级交通运输部门把习近平总书记关于安全生产重要论述纳入党委理论学习中心组的学习内容和干部培训课程，及时跟进学习习近平总书记关于安全生产重要指示批示精神，结合工作实际加深理解领悟和转化应用。在全系统组织开展安全风险防范大讨论活动，推动行业干部职工不断增强忧患意识和风险防范意识。制作并组织全行业观看《江西省交通运输安全生产典型事故警示录》，用身边的案例警示提醒行业监管部门、企业及从业人员树牢安全发展理念，强化履职尽责意识。

（二）安全责任链条进一步压实。推动各级交通运输部门制定并公布安全生产权责清单和领导干部年度安全生产责任清单，安全生产"三管三必须""一岗双责"得到更加深入贯彻。制定下发《全省交通运输安全生产网格化服务管理实施方案（试行）》，探索压实部门监管责任、打通监管压力有效传导到企业的管用办法，着力构建责任到人、服务到位、管理有效的安全生产网格体系。组织编制道路运输、港口航运、公路养护、交通工程建设等4个领域生产经营单位落实一线从业人员安全生产责任实施细则，督促指导企业压实生产班组负责人、岗位员工等一线从业人员安全生产责任。制定公布《江西省交通运输安全生产举报管理办法》，

联合江西交通广播推广道路客运安全隐患随手拍微信小程序，发动社会力量参与行业安全生产监督。

（三）重点领域监管进一步强化。扎实推进安全生产专项整治三年行动巩固提升，继续加大"百项整治任务""8项重点、5项难点"攻坚力度，持续动态更新"两个清单"。制定印发安全生产强化年实施方案，以"八个强化、三十条工作举措"，深化落实安全生产十五条硬措施和江西省五十条具体举措。组织开展危险货物运输安全风险集中治理、燃气安全排查整治、打非治违、安全生产大检查等专项行动，党的二十大召开前后在全行业部署开展安全生产驻点包保和督导帮扶，有效保障特殊重要时段行业安全稳定。2022年，全行业共辨识管控重大安全风险190余项，排查整治各类安全隐患32608个，建立制度措施50余项。道路运输领域，加强"两客一危"重点车辆4G动态监管，提请省政府印发危化品道路运输安全监管工作方案，建成危化品车辆智能管理平台，完成常压液体危险货物在用罐车隐患整改，800千米以上长途班线数量减少53%。水上交通领域，严厉打击船舶超载运输、非法载客、非法夹带危险品、违章冒险航行等行为，建立防治内河船非法涉海运输长效机制，加强危险货物港口作业管理。公路运营领域，深入推进科技治超、源头治超，加强公路路域环境整治，强化公路安全隐患排查治理。公路水运工程建设领域，研编出版《安规e码通——公路水运工程施工现场安全标准化工具书》，并上线微信小程序，为公路水运工程建设领域从业人员提供了一个智能便捷、形象直观、新颖生动的安全教育平台，获评2022年度全国公路优秀科普作品图书类一等奖。推行网格化管理和重点监管名单制度，在交通重点工程试点

"人脸识别＋定位"信息化监管和"五差工地"认定活动，对存在安全生产违规行为的66个施工标段、24个监理标段给予信用评价扣分处理。铁路沿线安全环境治理领域，开展铁路沿线安全环境隐患排查整治回头看，建立涉航铁路桥梁联防联控机制。

（四）本质安全水平进一步提升。大力推进公路水运平安百年品质工程示范创建，昌九改扩建、抚州东外环、红光码头等三个项目获交通运输部、应急管理部、全国总工会联合冠名"平安工程"。统筹推进安全生命防护工程、危旧桥梁改造、公路安全设施精细化提升等专项行动，2022年共完成农村公路安防工程2581千米和危桥改造414座，国省干线公路安全设施精细化提升里程860千米。稳步推进国省干线长大桥梁及公跨铁桥梁健康监测，已对19座长大桥梁实施健康监测。有力推进自然灾害综合风险公路水路承灾体普查工作，进一步摸清风险隐患底数，提升自然灾害防治能力。扎实推进船舶碰撞桥梁隐患治理，12座公路桥梁加装主动预警装置。持续推进改渡便民工程，2022年全省累计撤渡179道，超额完成年度140道撤渡目标任务，渡船和渡口标识全部拆解、拆除到位。开工14座桥梁和21条公路，其中4个通路项目已完工。

（五）应急处突能力进一步增强。制修订《江西省城市轨道交通运营突发事件应急预案》《江西省处置水上突发事件应急预案》，并报请省政府办公厅印发实施。组织开展普通国省道应急抢险、高速服务区危化品运输车辆泄漏应急处置、高速公路改扩建项目和隧道突发事件处置、水上船舶救助等综合应急演练，进一步检验完善应急预案、锻炼应急救援队伍。开工建设国家区域性公路交通应急装备物资储备中心，不断提升完善国省干线公路养护及应急保障综合基地。加强与气象、应急、水利等部门的沟通协调，组织行业各单位认真抓好雨雪冰冻、暴雨、台风等自然灾害防御应对工作，对于达不到安全通行和作业保障条件的，严格执行"四个坚决"措施，切实保障全省交通运输总体安全畅通。

二、清醒认识当前安全生产面临的形势和问题

2022年成绩的取得，是行业全体干部职工共同努力的结果，来之不易，值得肯定。但在看到成绩的同时，我们更要清醒地认识到，行业安全生产依然存在不少问题短板，行业安全生产形势依然严峻复杂，集中体现为道路客运风险高位运行，道路货运事故高频发生，水上交通事故偶有发生，个别重点建设项目安全事故不时冒头。特别是发生在今年年初的南昌县幽兰镇"1.8"重大道路交通事故，打破了江西省连续58个月未发生重特大事故的良好势头，给人民群众生命财产造成重大损失，影响恶劣，教训深刻。分析反思日常安全生产暗访检查发现的问题和安全生产事故集中暴露出来的问题，行业安全生产还存在一些深层次矛盾和问题，需要我们采取有力措施加以解决。

一是安全发展理念树得不够牢。有的地方和单位安全生产红线意识不强、底线思维不够，有的"好了伤疤忘了疼"，有的因长期不出大事而麻痹大意、盲目乐观，对存在的问题心中无数、手中无策；有的企业重发展、轻安全，一些运输企业甚至是"只管发展、不顾安全"。所以，我们任何时候都绝对不能过高估计交通运输系统企事业单位、干部职工对安全生产重要性的认识，任何时候都绝对不能过高估计交通运输领域保障安全生产的能力和水平。

二是企业主体责任压得不够实。一些企业履行主体责任的能力参差不齐，尤其是不少运输企业组织化程度低、安全基础差、培训走过场、风险管控能力弱的状况还没有根本改变。所属一线员工习惯性违章，所属客货运车辆、船舶动态监控长期不在线，或故意关闭定位终端设备以逃避监管，企业却未掌握情况、不清楚去向，或者发现了问题长期不处理，"挂而不管、一包了之"，挂靠车辆、运输船"带病运行"以及一线员工违章操作、冒险蛮干导致的事故多发。1月份以来，在外省已发生2起涉江西籍营运货车的较大事故。

三是行业监管作风抓得不够紧。有的地方和单位履行监管职责不到位，层级监管上下一般粗，习惯以会议落实会议、文件落实文件，没有根据地方和单位实际落实落细安全监管。有的地方和单位监管执法"宽松软"，执法不严、选择性执法，只检查不处罚或者以整改代替处罚，甚至存在"管理比较规范的企业重复接受检查、问题隐患突出的企业反而长期未被检查"的现象，"不想管、不敢管、不会管"的问题不同程度存在，压力在传导至企业、基层一线的过程中层层递减。

四是安全生产难题破解不够好。对长期影响和困扰行业安全发展的顽症痼疾，虽然采取了一些措施,取得了一定成效,但还需要进一步深化破题。如,如何有效发挥不停车检测点作用,强化源头治超,进一步提升治超成效;如何推动重点营运车辆第三方安全监测月度通报问题的整改落实,如何运用第三方通报数据梳理出中高风险企业,开展针对性执法监管,避免同类问题纸面整改、屡整屡犯。

面对今年安全生产工作开局不利的形势,我们必须从中汲取深刻教训,时刻保持清醒头脑,以对人民群众生命安全极端负责的态度,采取务实举措,拿出过硬作风,全面做好交通运输安全生产各项工作。

大事记

2022 年

1 月

4 日 交通运输部召开 2022 年部安委会第一次全体会议暨交通运输安全生产视频会议，总结 2021 年工作，部署 2022 年重点工作。

7 日 国务院联防联控机制春运工作专班在交通运输部召开 2022 年春运疫情防控和运输服务保障工作电视电话会议。江西省交通运输厅党委书记、厅长，省联防联控机制春运工作专班组长王爱和，省应急管理厅党委委员、副厅长徐何明，团省委副书记易军，省疫情防控指挥部春运工作专班其他成员、联络员，厅机关有关处室主要负责同志在省交通运输厅分会场参会。

10 日 江西省交通运输厅党委书记、厅长王爱和主持召开厅党委党史学习教育专题民主生活

会会前学习研讨暨党委理论学习中心组学习（扩大）会议。

11 日 抚州市公路事业发展中心、市国资委、市城市建设集团有限公司举行市公路系统企业脱钩划转交接仪式，抚州市公路系统 12 家企业脱钩划转。

13 日 全省交通运输工作暨安全生产工作会议召开，总结 2021 年交通运输工作，分析当前发展形势，部署 2022 年重点工作。江西省交通运输厅党委书记、厅长王爱和作全省交通运输工作报告。

是日 九江港彭泽港区红光作业区综合枢纽物流园一期工程通过交工验收，标志着江西省内最大的临港物流园已具备投运条件。

14 日 江西省交通运输厅党委召开党史学习教育总结会议，总结全厅党史学习教育做法和成效，巩固拓展党史学习教育成果。

是日 江西省社会组织发展促进会通报表扬

2020—2021 年度先进会员单位和个人，江西省机动车驾驶员培训行业协会荣获"有您更有力量"项目"最具爱心单位"荣誉称号。

18 日 祁婺高速公路 A1 标南山路特大桥实现双幅贯通。

20 日 江西省交通运输厅党委书记、厅长王爱和出席"厅长通道"集中采访活动。

21 日 江西省交通运输厅召开 2021 年度机关公务员考核述职会。

23 日 江西省交通运输厅党委召开党史学习教育专题民主生活会。

是日 樟树市京九汽车站开通南昌火车站、南昌西高铁站至樟树的定制客运春运晚班车。

25 日 九江开往老挝的首趟中老国际班列开行。

26 日 全省水路交通运输工作会议召开。江西省交通运输厅党委委员、副厅长丁光明出席会议并讲话。

是日 吉安赣江大桥顺利实现合龙。

27 日 江西省交通运输厅党委书记、厅长王爱和走访慰问生活困难职工和离退休老干部，厅直有关单位、厅机关有关处室负责同志一同走访。

是月 江西省委办公厅、省政府办公厅印发《关于 2020 年度省直机关绩效考核结果的通报》。省交通运输厅考核等次为"优秀"，并作为唯一的省政府组成部门被记集体三等功一次。

是月 江西省交通运输厅直属机关党委（宣传处）被评为 2016—2020 年全省普法工作先进单位。

是月 江西省交通科学研究院有限公司与省综合交通运输事业发展中心、上海联茵信息技术有限公司联合申报的科研项目《移动物联网 5G 技术下的智慧交通智能识别系统研发及产业化》列入交通运输部《2021 年度交通运输行业重点科技项目清单》。

是月 江西省交通运输厅荣获科技部 2021 年全国科技活动周暨重大示范活动优秀单位。

是月 江西省公路水运工程质量监督管理系统项目通过验收，将应用于省内工程质量监督管理单位加强对公路水运工程建设活动的质量行为实施监督管理，为江西省公路水路工程质量保驾护航，此项目由省交通科学研究院有限公司承担。

是月 江西省交通科学研究院有限公司主编的地方标准《基于振动测试法桥梁检测技术规程》经省市场监督管理局批准发布，于 2022 年 6 月 1 日起正式实施。

是月 全省 23 个普通国省干线公路服务设施获评星级，包括：九江市公路发展中心武宁分中心澧溪服务区等 18 个服务区（公路驿站）为 2021 年度"星级服务区（星级公路驿站）"，抚州市公路事业发展中心宜黄分中心雷湾停车区等 5 个停车区为 2021 年度"星级停车区"。

是月 交通运输部发布 2021 年全年全国港口货物、集装箱吞吐量数据，九江港跻身全国内河港口 top9，九江港 2021 年 1—12 月以吞吐量 15175 万吨（不含鄱阳湖港区），增长 26% 的成绩位列第九名。

是月 信雄高速 A2 标笔架山隧道顺利实现左幅贯通。

是月 寻龙高速项目主线桥梁工程黄田特大高架桥完成全幅架通施工任务。

2 月

1 日 江西省委副书记、省长叶建春到省交通运输厅应急指挥大厅，调研春节期间通行保畅、运力保障、疫情防控和重点工程项目施工等工作，慰问全省交通运输系统广大干部职工。

是日 江西高速公路通行费票据全面实现电子化。

8 日 江西省推进交通强省建设领导小组办公室在南昌组织召开全省高速公路、水运项目前期工作推进会。省交通运输厅党委书记、厅长王爱和出席会议并讲话。会议由领导小组办公室副主任、省交通运输厅副厅长刘震华主持。省发展和改革委员会、省自然资源厅、省生态环境厅、省水利厅、省林业局等有关负责同志参加会议。会议通报了"十四五"高速公路、水运相关规划、政策及前期工作初步安排。各单位负责同志作了发言。

15 日 江西省交通运输厅党委书记、厅长王爱和主持召开江西省交通运输厅党委理论学习中心组学习（扩大）会议。学习习近平总书记系列重要讲话精神和中央、省委重要会议精神，研究省交通运输厅贯彻落实意见。

16 日　江西省交通运输厅召开全省普通公路建设及前期工作推进会，省交通运输厅有关处室负责同志，省综合交通中心、各设区市交通运输局、公路中心、赣江新区城乡建设和交通局、省直管县（市）交通运输局主要领导、分管领导及相关科室负责同志参加会议。

21 日　全省贯彻实施《江西省水路交通条例》新闻发布会在南昌召开。省人大常委会党组成员、副主任曾文明等出席会议并讲话。全省 11 个设区市以视频形式参会。

22 日　祁婺高速 A2 标十亩特大桥双幅贯通。

23 日　交通运输部召开推动长江经济带交通运输发展部省联席第九次会议。江西省交通运输厅党委书记、厅长王爱和，厅机关有关处室负责同志在省厅分会场参加会议。

25 日　省公路学会召开十届七次常务理事会。省交通运输厅党委书记、厅长王爱和出席会议并讲话。厅一级巡视员、直属机关党委书记胡钊芳，中国公路学会、省公路学会负责同志，受表彰代表、各设区市公路学会代表共计 100 余人参加会议。

是日　省交通运输厅召开全省 12328 热线工作调度会，通报全国 12328 热线 1 月份评分成绩、全省 12328 热线 1 月份工作情况，部署有关工作。厅党委委员、副厅长丁光明出席会议并讲话。

是月　省交通运输厅获 2021 年全省机关党建创新案例征集活动优秀组织奖。

是月　2021 年交通运输部联网收费系统网络安全信息通报工作考评结果出炉，江西省高速公路联网收费系统以 399 分的总分排名全国第一。

是月　交通运输部印发《关于公布 2021 年度"十大最美农村路"等名单的通知》，江西省鹰潭市余江区大桥至司马源公路上榜 2021 年度"十大最美农村路"。

是月　"九江智慧港航一张图"项目获批立项。

3 月

1 日　信江双港船闸通航所挂牌仪式在鄱阳县双港船闸举行。

1 日　宜丰县 207 个行政村实现"一元公交"村村通。

2 日　宜春至遂川高速公路项目在宜春召开第二阶段总结表彰暨第三阶段施工动员大会，宜遂项目转入第三阶段施工。

4 日　全省船舶碰撞桥梁隐患治理集中整治阶段工作视频调度会召开。会议通报了各地工作推进调研情况，省综合交通中心，南昌、上饶、鹰潭、吉安市交通运输局负责同志作了发言。

7 日　樟吉高速改扩建项目红线挖沟放样工作全面启动，现场施工分为六组在吉州、峡江、吉水三个县（区）同步展开，标志着樟吉高速改扩建项目正式进入开工建设阶段。

11 日　省交通运输厅召开国家区域性公路交通应急装备物资（江西九江）储备中心项目建设推进会议，厅党委委员、副厅长王昭春出席会议并讲话，省交通投资集团、厅机关有关处室负责同志，北京交科公路勘察设计院相关人员参加会议。

14 日　省交通运输厅召开会议学习贯彻全国两会精神、部署疫情防控等工作，全国人大代表、省交通运输厅党委书记、厅长王爱和主持会议。

16 日　省交通运输厅全面从严治党工作会议暨打造模范机关动员部署会召开。

17 日　省交通运输厅召开数字交通建设推进会。厅党委委员、副厅长王昭春出席会议并讲话，厅总工程师及厅机关有关处室、厅直有关单位负责同志参加会议。

21 日　信江八字嘴西大河航电枢纽工程船闸闸首封顶，标志着该工程由结构混凝土施工向金属结构安装成功转序。

28 日　全省交通运输系统疫情防控视频调度会召开，传达落实省委应对新冠肺炎疫情工作领导小组会议精神，研究部署交通运输行业疫情防控工作。厅党委委员、副厅长、厅疫情防控指挥部第一副指挥长丁光明主持会议。厅直属各单位负责同志，厅疫情防控指挥部各工作组组长，厅机关相关处室负责同志在主会场参加会议；各设区市交通运输局，各地方高速公路经营管理单位负责同志在分会场参加会议。

31 日　满载焦炭箱的"赣荣 8 号"及"赣南昌货 1755 号"集装箱货轮到达九江红光国际港，标志九江红光国际港开启首批"散改集"业务。

是月　交通运输部办公厅 2021 年度国家公路网技术状况监测结果显示，江西干线公路养护管理创历史最好成绩，综合评分全国第 4 名（含直辖市），高速公路、普通国道路面状况分别排第1、第3。

是月 为深入贯彻落实《江西省水路交通条例》，3月1日起至11月底，省交通运输执法局开展"救生衣守护生命"专项整治，进一步保障船员生命安全，保持水上交通安全形势稳定。

是月 省高航中心印发《江西省航道养护管理考核办法（试行）》，在考核内容、考核方式、评分标准及结果运用等方面进行了明确，航道养护管理考核有了新标准。

是月 江西省住房和城乡建设厅公布2021年度江西省优质建设工程奖入选工程名单，王安石抚河特大桥获江西省优质建设工程（市政工程）杜鹃花奖，江西省高速公路赣东应急中心获江西省优质建设工程（房建工程）杜鹃花奖。

是月 江西交通职业技术学院在江西省高水平高等职业院校和优势特色专业建设项目验收中被认定为"优秀学校"。

是月 赣西航道事务中心赣江辖区航标完成升级更新。

是月 2022年第一季度，九江港集装箱吞吐量完成13.96万标准箱，同比增长15.95%。

是月 九江港2022年一季度靠港使用岸电船舶5187艘次，使用岸电时间65075.89小时，用电量74311.22kWh，岸电使用率达到67%，与去年同期相比增长16%。

4月

1日 省交通运输厅党委书记、厅长王爱和主持召开厅安委会第二次全体成员会议，厅党委委员、副厅长王昭春及厅安委会各成员单位、厅机关有关处室主要负责同志参加会议。

2日 省交通运输厅组织召开《江西省交通运输科技示范工程管理办法（讨论稿）》研讨会。厅一级巡视员、厅直属机关党委书记胡钊芳出席会议并讲话，厅科教处、厅直属各单位科技管理负责同志、业务部门负责人和交通运输部科技示范工程实施单位代表参加会议。

6日 江西交通职业技术学院获批4项教育部供需对接就业育人项目，分别为信息工程学院"定向人才培养培训""就业实习基地""人才资源提升"以及路桥工程学院"定向人才培养培训"等4个项目。

7日 省交通运输厅安委会道路运输安全专业委员会召开2022年第一次专题会议，学习习近平总书记关于做好安全生产工作重要指示批示精神，传达中央、省委省政府近期系列安全生产工作会议精神和省道专委年度工作安排，研究部署全省道路运输安全工作。

11日起 省交通运输执法局在全省范围内开展为期两个月的道路危险货物运输行业专项执法工作，重点对道路危险货物运输企业经营资质、安全生产状况及危险化学品生产企业托运情况进行执法检查。

12日 省交通运输厅召开扩大交通运输有效投资推进会，贯彻落实省委省政府和交通运输部关于扩大有效投资的决策部署，加快推进公路水路交通基础设施建设。厅党委书记、厅长王爱和主持会议并讲话。

是日 省交通运输厅公路水运工程建设安全专委会召开2022年第一次工作例会，传达近期中央、部、省有关安全生产的工作精神，研究部署今年公路水运工程建设领域安全生产各项工作。厅党委委员、副厅长刘震华出席会议并讲话，厅二级巡视员、厅直相关单位分管领导和工程建设部门负责人、厅有关处室主要负责同志等参会。

20日 省交通运输厅党委书记、厅长王爱和主持召开厅党委（扩大）会议和厅党委理论学习中心组学习（扩大）会议，学习习近平总书记系列重要讲话精神，时任中央政治局常委、国务院总理李克强在江西考察调研时的重要讲话要求，中央、省委有关文件、会议精神，研究贯彻落实意见。

是日 省交通运输厅召开厅党委会，专题传达学习全省老干部局长会议精神，研究部署2022年全厅老干部工作。厅党委书记、厅长王爱和主持会议，并就贯彻落实好全省老干部局长会议精神，做好下一步老干部工作提出要求。

21日 省交通运输厅召开全省公路交通疫情防控和保通保畅调度会，贯彻落实全国保障物流畅通促进产业链供应链稳定电视电话会议精神，专项调度和部署全省公路交通疫情防控和保通保畅工作。

是日 宜春至遂川高速公路、寻乌至龙川高速公路两个项目房建工程施工通过"重点公路工程不见面开标系统"完成开评标程序，这标志着江西交通重点项目全面实现"不见面开标"。

22日 九江指挥部九宏综合码头项目首榀36米钢引桥安装完成，标志着该项目主体工程建设又取得了阶段性突破。

23日 "江西省重点物资运输车辆通行证线上办理平台"于2022年4月23日8时正式上线，跨省运输的企业和货运司乘人员可通过手机扫描二维码登录该平台快速办理跨省使用的《江西省重点物资运输车辆通行证》。自4月25日16时30分起，省内重点物资运输车辆通行证电子版并入该平台申领。

24日 国务院物流保通保畅工作领导小组召开总指挥（全体）调度会议，省政府副秘书长刘晓艺、省交通运输厅厅长王爱和，省物流保通保畅工作领导小组全体成员及办公室成员在江西分会场参加会议。

是日 国道220万载至袁州段（宜万同城）改建工程跨320国道桥最后一片预制箱梁完成架设，标志着该桥全幅贯通。至此，国道220万载至袁州段18座桥已有16座实现贯通目标。

29日 九江指挥部都昌宏升货运码头项目HS-W1标4座钢引桥全部吊装完成，标志着都昌宏升货运码头项目主体工程已基本完工。

30日 省交通运输厅党委书记、厅长王爱和调度"五一"期间保通保畅和应急值班值守情况。

是月 江西省交通科学研究院有限公司自主研发的桥梁转体施工实时监测系统，首次对跨越既有铁路桥双幅对转施工进行全程自动化监测，助力国道320沪瑞线玉山段上跨沪昆铁路桥成功转体。

是月 江西省高速公路跨区域车辆防疫监测子系统上线小程序版和后台网页版，可按防疫要求将车辆相关信息推送给各级防疫部门和高速公路收费站等，做到前端预警和后台监测。

是月 受省交通运输厅委托，按照《港口危险货物安全管理规定》要求，省高航中心组织开展2022年危险货物港口经营资质年度核查。

是月 江西省发改委正式批复沪昆高速昌傅至金鱼石（赣湘界）段改扩建项目可行性研究报告，标志着国家"十四五"综合立体交通规划网中明确的沪昆高速江西境内路段升级改造项目将全部落地实施，江西京九、沪昆"大十字"高速公路主骨架的八车道进入全面提速阶段。该项目基本沿原有老路进行扩容，路线全长约179千米，总投资约227亿元。

是月 江西省启动为期两年的船舶进出港报告专项整治行动，重点整治船舶不按规定进出港报告、虚报谎报瞒报进出港报告等违法行为。

是月 江西省交通科学研究院有限公司作为第一完成单位承担的《隧道多尺度精细化地质预报及服役状态管控关键技术》项目，荣获2021年度中国交通运输协会科技进步奖一等奖。

是月 遂川至大余高速公路项目入选国家档案局第三批建设项目电子文件归档和电子档案管理试点项目。

是月 省交通运输执法局开展公路水运工程建设领域工程车辆治超专项行动。

5月

5日 省交通运输厅召开监管企业董事会年度工作述职暨外部董事任职会议。厅党委书记、厅长王爱和出席会议并讲话，省交投集团、省港口集团董事会全体成员及其董事会工作部门、组织人事部门主要负责同志，厅机关有关处室主要负责同志参加会议。

6日 2021年度全省综合考核总结暨积极践行"孺子牛、拓荒牛、老黄牛"精神干部表扬通报会召开。省交通运输厅荣获2021年度省直机关绩效考核优秀等次，省交通运输厅领导班子荣获2021年度省管领导班子考核优秀等次。至此，省交通运输厅已连续4年荣获省直机关绩效考核优秀等次。

是日 兴国县交通运输局发放首张、赣州市（县、区）第二张"网络货运"运营牌照，即《网络货运道路运输经营许可证》，标志着兴国县货运领域正式迈入全国"互联网+"智慧物流新阶段。

8日 鄱阳城区至鄱阳湖国家湿地公园旅游公交班线开通。

9日 江西首批学员拿到轻型牵引挂车（C6）驾驶证。

9日—12日 省交通运输厅在南昌组织召开2022年度厅第一批科技项目大纲评审会。

10日 全省铁路沿线安全环境治理工作调度

会召开，省交通运输厅副厅长王昭春主持召开全省铁路沿线安全环境治理工作调度会，省发展和改革委员会副主任李光东，中铁南昌局集团公司副总经理杜永明，以及省发展和改革委员会、省交通运输厅、中铁南昌局集团公司相关部门负责同志参加会议。

11 日 省交通运输厅组织召开《江西省处置水上突发事件应急预案》编制工作会议。省交通运输厅党委委员、副厅长丁光明出席会议。厅机关有关处室、省高航中心、省交通执法局、省水上救助服务中心有关同志参加会议。

12 日 省交通运输厅召开学习贯彻习近平总书记在庆祝中国共产主义青年团成立 100 周年大会上重要讲话精神座谈会。

13 日 江西省交通运输厅党委书记、厅长王爱和主持召开厅党委（扩大）会议和厅党委理论学习中心组学习（扩大）会议，学习习近平总书记系列重要讲话精神，研究贯彻落实意见。厅党委委员，厅一级巡视员、二级巡视员、总工程师，厅机关各处室、厅直属各单位主要负责同志参加会议。

13 日—14 日 吉康改扩建项目首座跨线桥——大广高速（G45）泰和枢纽互通泉南高速（G72）右幅跨线桥拆除。

14 日 祁婺项目王家座大桥完成架设。

是日 石虎塘航电枢纽单日发电量 303.82 万度，继 3 月 28 日单日发电量 300.19 万度，再次突破 300 万度，单日发电量再创新高。

18 日 国务院物流保通保畅工作领导小组总指挥、交通运输部部长李小鹏主持召开总指挥（全体）调度会议，江西省交通运输厅党委书记、厅长王爱和，省物流保通保畅工作领导小组全体成员及办公室成员在江西分会场参加会议。

是日 泰和沿溪综合货运码头投产运营。

19 日 遂大高速项目首个钢筋加工厂建设完成。

21 日 国道 220 万载至袁州段（宜万同城）改建工程跨沪昆高速桥全幅贯通。

24 日 景德镇市交通运输局"全域公交"推进专题会召开，全力推进"公交城市"建设。

26 日 G45 大广高速吉安至南康段改扩建项目 C2 标下湾隧道实现双幅贯通。

27 日 由省委网信办主办、省交通运输厅承办的江西省第二期网络安全"流动课堂"开讲，省

交通运输厅一级巡视员、厅直属机关党委书记胡钊芳出席并致辞，省直各有关单位网络安全应急响应队成员参加。

30 日 交通运输部举行线上视频报告会，揭晓"2021 年感动交通年度特别致敬人物""2021 年感动交通十大年度人物""2021 年感动交通年度人物"获奖名单，江西省赣州方通客运股份有限公司于都客运站副站长张金莲（女）、宜春公路建设集团有限公司桥隧工程师涂文胜荣获"2021 年感动交通年度人物"称号。

31 日 抚州东外环高速公路连接线通过环境保护专项验收。

是日 省高航中心印发《赣江、信江航道水环境保护专项督查工作方案》，拟对赣江赣州—吴城段、信江红卫坝—龙口段航道及水域进行督查。

是月 江西省加强客渡安全执法检查，全省交通运输执法机构出动执法人员 455 人次，检查客运企业 20 家次、客渡船 331 艘次，责令整改客渡船相关问题缺陷 28 个，查处违法行为 3 起，有效遏制了客渡运安全事故，保障了人民群众水路交通安全和便捷出行。

是月 江西交通职业技术学院获评"江西省平安校园"称号。

是月 省交通运输厅获 2021 年度全面依法治省考评优秀等次、2021 年度法治政府建设优秀单位。

是月 江西省开展驾培机构专项执法检查全覆盖。此次专项执法行动到 2022 年 6 月底前，各地交通运输执法机构对辖区内机动车驾驶员培训机构开展一次专项执法检查，重点检查驾培机构是否存在通过视频截图、停车打卡、副驾打车、后排打卡、教练员照片打卡、教练车车载 GPS 虚拟围栏等方式进行学时造假，以及超越许可事项经营、异地培训等违法违规行为。

是月 《安规 e 码通——公路水运工程施工现场安全标准化工具书》正式出版发行。

是月 省港口集团所属省港投集团单月总发电量首次突破 2 亿度大关，创月度历史新高。

1 月—5 月 信江过闸船舶货运量增长强劲，信江船闸总计过闸 1099 次，过闸船舶 2050 艘，货物通过量 176.44 万吨，过闸船舶数与去年同期相比增长了近 25 倍，货物通过量是 2021 年全年的 3.42 倍。

是月　九江市港口航运管理局签发了省内首本《旅游排筏质量检验证书》，填补旅游排筏检验"无规可依"空白，标志着九江市旅游排筏规范化管理拉开序幕。

是月　吉康改扩建项目 C2 标下湾隧道左外线贯通，成为项目全线首座贯通的长隧道，标志着项目施工取得又一节点性突破。

是月　江西省印发《江西省航道执法行政检查事项清单（试行）》和《江西省航道执法行政处罚事项清单（试行）》。

6 月

8 日—9 日　江西省交通运输厅党委书记、厅长王爱和调研宜春三阳至新田工程项目、宜春至遂川高速公路新建工程项目、G45 大广高速吉安至南康段改扩建工程项目，并在吉安召开高速公路项目建设推进会。

10 日　省交通运输厅召开防汛工作部署会，会议决定从 2022 年 6 月 10 日 17 时启动防汛 IV 级防御响应。

是月　赣江万安枢纽二线船闸主体土建工程土坝复建工程完工。

13 日　上饶市广信区东台路县道 005 铅湖公路洪家村至清水段改建工程开工。

14 日　九宏综合码头项目房建工程完成混凝土主体结构封顶。

15 日—21 日　交通运输部 2022 年国家公路网技术状况监测项目（江西站）首次会议举行，省交通运输厅党委委员、副厅长王昭春主持会议并作公路养护管理重点工作情况汇报。部监测工作组负责人简述了监测工作内容和流程。厅机关有关处室、省综合交通中心、省交通执法局、省交通投资集团相关负责人参会。

16 日　省交通运输厅召开交通运输 2021 年度科普统计工作业务交流会，厅直属各单位、省交投集团、省港口集团近 30 名科技工作者参会。

18 日—19 日　2022 年度公路水运工程试验检测专业技术人员职业资格考试（江西考区）举行。

20 日　由江西省交通设计研究院有限公司承担设计的南昌市最宽高架快速路——桃新大道高架快速路全线通车。

22 日　省交通运输厅、南昌市政府开展深入实施强省会战略工作对接活动。

22 日—24 日　省交通运输厅举办"打造让党放心、人民满意的模范机关"支部书记培训班。

24 日　江西省交通运输厅党委书记、厅长王爱和主持召开厅党委（扩大）会议和厅党委理论学习中心组学习（扩大）会议，学习习近平总书记系列重要讲话精神，研究贯彻落实意见。厅党委委员、总工程师，厅机关各处室主要负责同志参加会议。

26 日　祁婺高速公路建设项目月岭大桥双幅贯通。

27 日　省交通运输厅机关举行"光荣在党 50 年"纪念章颁发仪式。厅一级巡视员、厅直机关党委书记胡钊芳为光荣在党 50 年老党员颁发纪念章，并同他们合影留念。

29 日　江西省交通运输厅党委书记、厅长王爱和来到基层联系点——省交通投资集团南昌北管理中心信息分中心党支部，调研基层网络信息化建设情况，参加狠抓工作落实专题组织生活会。

是日　泰和沿溪码头迎来 9 艘千吨级货船停靠，分别为 5 艘装载小麦和 4 艘装载煤炭的运输船。

30 日　吉安市"赣华 9168"轮船舶岸电系统受电设施改造安装到位，至此，江西省 2022 年 265 艘运输船舶全部完成受电设施改造安装，在长江经济带 11 省市中率先完成 2022 年改造任务。

是日　大广高速吉安至南康段改扩建项目最长隧道——佛子岭隧道顺利贯通，至此，大广高速吉安至南康段改扩建项目全线 6 座隧道全部贯通。

是月　江西省高速公路 ETC 综合服务站开通。

是月　省交通运输执法局在全省开展为期 6 个月的以涉水工程为重点的水上水下作业通航安全大检查活动。

是月　江西省加快港口岸电设施标准化改造，推动港口绿色发展，计划在 2022 年实现长江干线、"五河一湖"流域千吨级以上码头泊位（油气化工码头泊位除外）标准化岸电设施基本全覆盖。

是月　江西省综合交通运输发展研究中心、江西交通职业技术学院参与编写的《桥隧工职业培训包》由交通运输部职业资格中心正式发布。

是月　省交通运输执法局印发《推行全程说理式执法指导意见（试行）》，江西省交通运输执法系统推行全程说理式执法。

是月 省港口集团全资子公司江西省港航建设投资集团有限公司发行超短期融资券5亿元，期限270天，发行利率为2.69%，全场认购倍数3.62倍。

是月 全省交通运输系统开展"安全生产月"活动，部署策划了"安全风险防范'大家谈'""水上交通安全知识进校园""安规e码通进工地""全国安全宣传咨询日"等活动。

是月 祁婺高速首推沥青试验数据实时采集。

7月

1日 江西省交通运输厅党委书记、厅长王爱和到省港口集团调研，并主持召开座谈会，了解水运建设发展和企业运营管理情况，看望慰问一线干部职工。厅党委委员、副厅长丁光明，省高航中心主任易宗发，厅机关有关处室负责同志等参加。

是日 省交通运输厅召开数字交通建设年中调度会，贯彻落实数字经济"一号发展工程"，聚焦"管理提升年"活动智慧交通示范应用目标任务，总结上半年数字交通建设推进情况，研究解决存在的问题和困难，以实际行动加快交通运输行业数字化转型。

10日 宜春至遂川高速公路永新石桥隧道左幅顺利贯通。

14日 樟树河西综合码头3号货运引桥箱梁架设工作完成。

14日—15日 全省交通运输年中工作会议暨打造"让党放心、人民满意"的模范机关工作推进会召开，厅党委书记、厅长王爱和作全省交通运输年中工作报告和总结讲话，厅党委委员、副厅长王昭春主持会议，厅一级巡视员、厅直机关党委书记胡钏芳作打造"让党放心、人民满意"的模范机关工作讲话，厅领导蓝丽红、丁光明、周慧锋出席会议。

21日 省交通运输厅召开疫情防控工作视频会，贯彻落实省委应对新冠肺炎疫情工作领导小组会议精神，对厅疫情防控工作进行再动员、再部署、再推进。厅党委委员、副厅长丁光明出席会议并讲话。

是日 《赣州革命老区交通运输高质量发展示范区建设实施方案》出台。

27日 江西省交通投资集团与华为公司共建智慧高速联合创新中心揭牌仪式在湖南长沙举行。仪式现场双方共同发布了首个联创成果——"智慧隧道解决方案"。

29日 厅党委召开全面从严治党形势分析会暨党委理论学习中心组学习（扩大）会议，学习贯彻习近平总书记关于党自我革命的战略思想，分析全面从严治党形势，进一步压紧压实管党治党责任。厅党委委员，厅一级巡视员、二级巡视员、总工程师，厅直属各单位党政主要负责同志，驻厅纪检监察组、厅机关有关处室及厅整改工作专班负责同志参加会议。

是月 省交通运输厅申报的"江西交通投资集团数字大脑""BIM+物联网助推江西信江航运枢纽项目数字建造"两个项目入选"第五届数字中国建设峰会"成果展。

是月 省交通运输厅开展全省危货港口夏季作业安全大检查。

是月 沪昆高速梨园（赣浙界）至东乡段改扩建工程项目打造省内首个在建交通项目产业工人社区。

是月 省交通运输厅获评2021年度省直部门应急管理综合考核优秀等次。

是月 《江西省交通运输执法人员着装管理规定（试行）》出台。

是月 杭瑞高速（G56）景婺黄段的蛟岭隧道和赣皖隧道广场处，江西省首批高速公路救援保畅综合服务亭投入使用。

8月

3日—5日 江西交通职业技术学院在省第八届"互联网+"大学生创新创业大赛获佳绩，取得了1金7银11铜的好成绩，奖牌总数位居全省职业院校第一。

5日 "宇航669号"集装箱货轮装载首批集装箱从九江红光国际港鸣笛出港开往海口，标志着九江红光国际港正式开通至海南海口港集装箱航线。

8日 赣江万安枢纽二线船闸试通航，历经3年多建设的万安二线船闸顺利完成试通航。

8 日起　江西省道路运输"三类十证"全面启用道路运输电子证照，全省启动"掌上办理"道路运输电子证照相关业务。

9 日　江西省交通投资集团与萍乡市人民政府在萍乡签署萍乡绕城高速项目、沪昆高速萍乡互通移址新建合作协议。省交通运输厅党委书记、厅长王爱和出席并致辞，萍乡市委书记陈敏，省交通投资集团党委副书记、副董事长、总经理谢兼法出席，萍乡市委副书记、市长刘烁出席并致辞，萍乡市委常委、常务副市长黄强，副市长刘仁羿出席。

10 日　省交通运输厅主办第五届"绽放杯"5G应用征集大赛江西交通运输行业赛决赛，本次决赛涉及行业内 30 余家企事业单位，100 余人到场参赛。

20 日　省交通运输厅在井冈山召开离退休干部形势报告会，厅党委书记、厅长王爱和出席会议并作形势报告。厅机关 40 余名离退休干部及厅办公室、厅老干处负责人参加会议。

22 日—24 日　2022 年全省交通运输安全应急管理人员培训班在井冈山举办。省交通运输厅党委委员、副厅长王昭春出席开班式并讲话，各设区市交通运输局、赣江新区城乡建设和交通运输局、九江市港口航运管理局和厅直属各单位分管领导、安全应急部门负责同志，厅机关有关处室相关同志参加培训。1200 余人观看直播。

25 日　江西省委宣传部、省交通运输厅联合召开"江西这十年"系列主题新闻发布会（交通强省专题）。省委宣传部对外新闻处副处长徐承主持新闻发布会。省交通运输厅党委委员、副厅长刘震华介绍"江西这十年"交通运输事业取得的进展和成就。省交通运输厅执法监督处处长梁波，省交通运输厅规划处处长彭辉勇，省交通运输厅高速公路管理处处长谈勇，省交通运输厅公路管理处处长徐华兴，省交通运输厅运输处处长曾敏出席新闻发布会，并回答记者提问。

30 日　江西省交通运输厅获交通运输部 2022年交通运输科普讲解大赛优秀组织奖。

是日　大广高速吉安至南康段改扩建项目关键控制性工程晓沅隧道主体全部完成，作为江西省首个单洞四车道隧道，它的建成，开创了江西省四车道隧道设计施工的先河，为后续四车道隧道施工积累了经验。

是月　《江西省港口集团智慧工地建设技术指南（试行版）》正式发布实施。

是月　为全面掌握全厅 6 个驻村帮扶点工作成效，江西省交通运输厅开展全厅驻村帮扶工作交叉检查，重点从组织领导、工作纪律、发挥作用、干群评价和负面情形等方面开展检查。

是月　江西省出台《江西省普通公路路政巡查管理办法（试行）》，该办法就各级交通运输综合执法机构及路政巡查人员违反规定、未认真履行路政巡查职责的具体处理措施予以了明确。

是月　江西省 12328 电话服务中心 2021 年度成绩突出获交通运输部通报表扬。

是月　宜遂高速公路 3 座特长隧道全部贯通。

是月　国家开发银行江西省分行向沪昆高速梨园至东乡段改扩建工程建设项目投放了江西省高速公路项目中首笔开发性金融工具资金 10 亿元。

是月　S213 宜黄棠阴至徐兰公路改建工程交工验收。

9 月

1 日　省委常委、南昌市委书记李红军率队走访省交通运输厅并召开座谈会。省交通运输厅党委书记、厅长王爱和，副厅长刘震华，南昌市政府副市长江新洪等参加。

5 日　2022 年江西省"振兴杯"职业技能大赛交通运输行业职业技能竞赛开赛。本届竞赛共设 5 个工种 7 个组别，分别是：城市轨道交通行车值班员（职工组、学生组）、城市轨道交通站务员（职工组、学生组）、城市轨道交通信号工（职工组）、电动港机装卸机械司机（职工组）、公路养护工（学生组）。

6 日　梨东改扩建项目首座桥梁拆除完成。

9 日　省交通运输厅召开疫情防控工作会。厅党委委员、副厅长丁光明出席会议并讲话，省综合交通中心、省高航中心、省交投集团、江西交通职业技术学院相关负责同志汇报疫情防控工作开展情况。厅直属各单位疫情防控指挥部、厅疫情防控指挥部各工作组和厅机关各处室负责同志参会。

14 日　修订后的《江西省处置水上突发事件应急预案》施行。

是日　新余地区首家 4000 型环保沥青拌合站设备安装一次性试产成功，标志着新余地区最大的集沥青拌合、沥青深加工为一体的沥青综合生产线正式建成投产。

15日 2022年全国推动"四好农村路"高质量发展会议以视频形式召开,江西省交通运输厅党委书记、厅长王爱和以《以路为媒促发展 加快融合助振兴》为题代表江西作交流发言。

17日 九江星子沙山码头项目通过大临设施总体验收。

20日 赣江小港口滩、龙务洲滩航道抢通工程完成首次清礁爆破。

22日 江西省印发的《项目建设"四大攻坚行动"方案》提出,将重点推进65个高速和港航项目,其中有61个是高速公路和港航项目,总投资4228.2亿元。

是月 江西交通职业技术学院获2022年全国职业院校技能大赛四项大奖。建筑工程识图代表队获团体一等奖,建筑装饰技术应用代表队、智慧物流作业方案设计与实施代表队获团体二等奖,汽车技术代表队获个人三等奖。

是月 梨东改扩建项目全线第一批3个"数智中心"开馆并正式投入使用。

是月 祁婺高速钢混叠合梁桥全部架设完成,标志着江西省高速在建工程国内跨度最大的π型钢混组合梁桥全线贯通。

是月 江西省16对高速公路服务区ETC客服网点开通运行。

是月 省交通运输厅召开普通国省道建设和前期工作调度会。厅党委委员、副厅长刘震华出席会议并讲话,省综合交通中心,吉安、抚州等地市公路中心相关负责同志汇报公路清单项目进展情况,省发展和改革委员会、省自然资源厅有关处室负责同志、省交通运输厅有关处室负责同志参会。

是月 沪昆高速梨东改扩建项目全线首批现代化智能钢筋加工配送中心建成投产。

是月 省交通运输厅建立全省交通运输经济运行分析会商联席会议工作机制,统筹协调解决经济运行中存在的困难和问题,推动交通运输经济运行分析工作制度化、常态化、规范化。

是月 大广高速南龙扩容项目3项自主研发产品——高速公路不停车治超智慧机器人、提升高速公路隧道安全行车的诱导集成设备、高速公路车道级行车安全诱导通过现场测试

是月 江西省完成2022年度农村公路建设质量技术服务志愿帮扶工作。

10月

1日 省委常委、常务副省长梁桂走访江西省交通运输厅,了解国庆假期第一天全省交通运输运行情况,看望慰问应急值班干部职工,并向全省交通运输系统干部职工致以节日问候。

8日 井冈山航电枢纽分公司2#机组完成首次自主C级检修。

9日 省交通投资集团召开领导干部大会。省委组织部副部长(正厅长级)傅世平出席会议,宣布省委关于省交通投资集团主要负责同志职务调整的决定。谢兼法同志任省交通投资集团党委书记。省交通运输厅党委书记、厅长王爱和主持会议并讲话。

11日 省交通运输厅党委书记、厅长王爱和主持召开厅党委理论学习中心组学习(扩大)会议。省直机关工委委员、省直机关纪检监察工委书记程新生同志作专题辅导。省直机关工委宣传部负责同志到会指导。在家厅领导、厅机关四级调研员及以上干部、青年干部理论学习小组代表参加。

是日 省交通运输厅党委书记、厅长王爱和主持召开厅党委作风建设专题会暨"七个有之"专项治理工作会。厅党委委员,厅一级巡视员、二级巡视员、总工程师,厅直属各单位党政主要负责同志,厅机关有关处室主要负责同志参加会议。

12日 沪昆高速昌傅至金鱼石(赣湘界)段改扩建工程、南昌至樟树高速改扩建二期工程开工动员会在宜春召开。省交通运输厅党委书记、厅长王爱和出席并讲话,省交通投资集团党委书记谢兼法介绍项目概况。

13日 省交通运输厅召开优化大件运输服务惠企座谈会。

16日 中国共产党第二十次全国代表大会在人民大会堂开幕,全省交通运输系统干部职工认真收听收看党的二十大开幕会盛况。

17日 《中国交通报》7版整版刊发报道《加油赣 当先锋》,报道了党的十八大以来江西交通运输事业发展辉煌成就。

是日 江西交通职业技术学院首个学生思政

类社团青年马克思主义者知行协会成立。

20日 2022年"一带一路"暨金砖国家技能发展与技术创新大赛城市轨道交通赛项（江西赛区）启动,启动仪式在江西交通职业技术职院举行。省交通运输厅科教处、组织人事处,省综合交通运输发展研究中心相关人员出席启动仪式。

21日 省交通运输厅召开2022年度综合考核暨打造模范机关推进会,系统调度省委2022年度综合考核和打造模范机关两项重点任务以及省厅"管理提升年"活动有关情况,部署推进下一步工作。厅党委书记、厅长王爱和主持会议并讲话。厅领导,厅直属各单位主要领导、分管领导和部门负责人,厅机关各处室主要负责同志参加会议。

23日 江西省首座单洞四车道隧道——吉康改扩建项目晓沅隧道建成通车。

24日 全省里程最长、跨径最大的公路桥——鄱余高等级公路建设工程鄱余特大桥项目主桥合龙。

27日 省交通运输厅举行干部荣誉退休仪式,6位退休同志厅党委书记、厅长王爱和出席仪式并讲话。

是日 省交通运输厅召开全厅领导干部会议,传达学习党的二十大精神,研究部署贯彻落实意见。厅党委书记、厅长王爱和主持会议并讲话。厅领导,厅直各单位、厅机关各处室主要负责同志参加会议。

27日—28日 宜春港丰城港区尚庄货运码头一期工程通过省交通质监局实体交工质量核验及验证性检测,标志着该工程主体建设任务基本完成。

28日 信江八字嘴西大河水库通过蓄水前、通航前阶段验收。

30日 铜万宜丰联络线专项验收全部完成。

是月 交通运输部公路局公布全国15个农村公路"路长制"典型案例,吉安市新干县榜上有名。

是月 2022年度中国公路学会"天工杯"数字交通及智能建造技术应用大赛评审结果公布,祁婺高速项目《正向设计与BIM+GIS+IOT数字建管平台创新应用》获得银奖。

是月 江西省建立交通运输新业态协同监管联席会议制度,由江西省交通运输厅牵头。

是月 信江八字嘴西大河枢纽全面开展机电安装。

是月 祁婺高速公路建设项目在第二届"新基建杯"中国智能建造及BIM应用大赛中以"BIM+GIS+IOT数字建管平台创新应用"和"祁婺高速60m跨π型钢混组合梁装配化设计及智能化建造"获得大赛03组一等奖、04组三等奖。

是月 宜遂高速全线最长特大桥——袁河特大桥合龙。

是月 继2020年、2021年分别突破100万、200万大关后,2022年九江船舶运力首次突破300万载重吨,连续三年年增百万运力。

是月 江西2条航线入选首批国内水路旅游客运精品航线试点,分别为九江庐山西海云海轮船有限公司的"司马码头—云居岛—明珠岛—桑田岛"航线,入选类型为自然景观游;南昌滕王阁游轮客运有限公司的"八一大桥—朝阳大桥"航线,入选类型为城市景观游。

是月 中国水运建设行业协会公布了2022—2023年度第一批水运工程优秀咨询成果奖获奖项目名单,其中江西省高等级航道事务中心组织编制的《江西省水运"十四五"发展规划》《江西省内河航道与港口布局规划（2021—2050年）环境影响报告书》分别获得一等奖和三等奖,南昌市水路运输服务中心组织编制的《南昌港总体规划（2035年）》获得一等奖。

18日 江西省推动"四好农村路"高质量发展现场会在宜春樟树召开。省交通运输厅党委书记、厅长王爱和通报全省"四好农村路"建设情况并部署工作,宜春市市长严允致辞,省交通运输厅党委委员、副厅长王昭春主持第一阶段会议。省直有关单位负责同志,各设区市分管副市长、交通运输局局长参会。受疫情影响,部分地区以视频分会场形式参会。

11月

4日 上海国际港务（集团）、江西省港口集团合资组建江西集装箱码头运营管理公司协议在南昌举行签约仪式。省交通运输厅党委书记、厅长王爱和,上海国际港务（集团）副总裁张欣,九江市政府党组成员、副市长容长贵分别致辞,省交通运输厅党委委员、副厅长丁光明主持签约仪式,省交通运输厅机关有关处室、上港国际港务（集团）有关部门以及省港口集团负责同志见证签约。

6日 祁婺高速公路建设项目主线南山路特大桥至沱川互通段（原钢混叠合梁场）760米（K5+140-K5+900）路基通过交工验收，这是该项目最后一段交验的主线路基，标志着全线路基交验收官。

9日 全省道路运输行业党委成立大会暨道路运输行业党建工作现场推进会在高安召开。

10日—12日 第十三届全国交通运输行业职业技能大赛城市轨道交通列车司机等4个赛项全国总决赛在四川成都举行，江西代表队参加比赛并取得成绩，分别为江西交通职业技术学院王星宇、胡宏、舒煜茹获城市轨道交通列车司机（学生组）二等奖，王亿、刘文杰获公路养护工（学生组）二等奖；九江职业技术学院彭彬、李锐、邬润华获城市轨道列车司机（学生组）三等奖。

14日 九江红光国际港湖口银砂湾码头工程开工仪式在九江市湖口县举行。九江市委常委、统战部部长邵九思出席仪式并下达项目开工令。

15日 厅党委书记、厅长王爱和主持召开厅党委理论学习中心组学习（扩大）会议，专题学习党的二十大精神。

15日—16日 首届全国公路交通低碳发展论坛在宜春举办。全国人大常委会委员、中国公路学会理事长翁孟勇出席论坛开幕式并讲话。省交通运输厅一级巡视员胡钊芳，宜春市委常委、副市长龚法生分别致辞。

21日 省委常委、副省长任珠峰到省交通科学研究院有限公司调研，宣讲党的二十大精神。

是月 遂（川）大（余）高速72个洞口全面推行"零开挖"进洞施工。遂大高速全长127千米，全线18座隧道共29120米、占比23%，超过全线总长五分之一，洞口多达70余个，其中有4座为特长隧道，平均约7千米就有一座隧道。

25日 广昌公路发展历程陈列馆建成。

是月 交通运输部发布《关于命名江西省贵溪市等8个县（市、区）城乡交通运输一体化示范县的通知》，命名江西省贵溪市为全国城乡交通运输一体化示范县称号。

是月 国家发展改革委印发《关于做好2022年国家物流枢纽建设工作的通知》，将天津商贸服务型等25个国家物流枢纽纳入2022年度建设名单，九江港口型国家物流枢纽入选2022年国家物流枢纽建设名单。

12月

7日 江西省交通运输厅党委书记、厅长王爱和到厅定点帮扶村上饶市广信区清水乡洪家村调研，宣讲党的二十大精神。上饶市委常委、常务副市长饶清华及市县交通运输部门、广信区、清水乡政府负责同志陪同调研。

9日 江西省交通运输厅党委书记、厅长王爱和主持召开2022年度厅机关处室主要负责同志述职述廉会议。厅领导蓝丽红、刘震华、周慧锋、胡钊芳，厅二级巡视员、总工程师、厅机关各处室主要负责同志参加会议，厅机关公务员、借用（实践锻炼）人员以视频分会场形式参会。

是日 樟吉高速改扩建项目"小晴创新创优工作室"及科技服务站揭牌。

10日 宜春国道220万载至袁州段改建工程、国道320上高墨山至万载段改建工程通车。

14日 赣江船闸通航中心成立维护专班。

16日 省平安建设第二考评组对省交通运输厅进行2022年度平安建设工作现场考评。厅党委书记、厅长王爱和主持考评述职大会并作述职报告。第二考评组组长、省法院二级高级法官熊春安出席会议并讲话。厅一级巡视员、厅直机关党委书记胡钊芳参加会议。

21日 江西提前一个月超额完成年度公路水路年度投资计划，2022年1月至11月，共完成公路水路交通固定资产投资870.5亿元，同比增长14%。

26日 江西省公路学会以排名第一的成绩获评"2022年省本级精品社会组织"，系全省唯一获此殊荣的学术类社会组织。

是日 省道428绕上高县城区段一级公路敖山大桥合龙。

29日 宜春至遂川高速公路、德州至上饶高速公路赣皖界至婺源段、寻乌至龙川高速公路（江西境内段）、宜春至井冈山高速公路三阳至新田段通车仪式和萍乡绕城高速公路新建工程开工动员会分别在宜春市、萍乡市举行。

30 日 南昌至共青城、南昌至庐山西海两条城际公交线路开通。

是月 赣江新干枢纽—南昌Ⅱ级航道建设工程初步设计文件获江西省发展和改革委员会批复。

是月 宜遂高速公路路面、交安合同段完成交工验收质量检测工作。

是月 "九江—岳阳"集装箱航线开通。

是月 江西省内在建公路特大桥——鄱余高等级公路鄱余特大桥实现全桥双幅贯通。

是月 宜春至遂川高速公路建设项目、德州至上饶高速公路赣皖界至婺源段建设项目、寻乌至龙川高速公路（江西境内段）项目、宜春至井冈山高速公路三阳至新田段项目顺利通过交工验收，标志着四个项目主线已具备通车条件。

是月 2022 年九江港集装箱吞吐量累计完成 76.86 万标箱，同比增长 18.14%，其中 12 月完成 10.73 万标准箱，单月完成量突破 10 万，创两项历史新高。

是月 宜春市国省干线首条智慧公路省道 224 宜慈公路（山区路段 K32+000–K46+600）投入使用。

便　览

历　史

第一个五年计划时期（1953—1957 年）江西省水路运输的发展

1953 年，国家开始执行发展国民经济第一个五年计划（以下简称"一五"计划），进行有计划的大规模经济建设。"一五"时期，江西航运管理体制进一步得到调整和完善，各项规章制度趋于健全；完成了对私营轮船运输业和个体木帆船运输业的社会主义改造，使江西内河航运初步形成了以国营与集体两种公有制为主的社会主义运输市场，港口、航道、水运工业相应地得到了发展，运输生产继续稳步上升。从而开创了江西航运业历史上从未有过的新局面，适应了国民经济的发展对交通运输的需要。

1953 年 1 月，江西省水上民主改革试点工作开始，全省由南昌港、吉安港、赣州港、樟树港、景德镇港、都昌港、浒湾港先行试点。参加试点工作的干部 425 名（不包括地方抽调的干部），试点港共有船只 27940 艘。2 月 20 日，江西省人民政府公布施行《江西省内河船舶登记实施办法》。3 月 17 日，江西省财政经济委员会发布了《关于航路运输中几个问题的决定》。3 月 23 日，江西省人民政府作出了《关于内河引水人员统一由航运部门接管领导的决定》。4 月，全省民船民改工作全面铺开。6 月 2 日，江西省交通厅公布试行《江西省民船进出口暂行管理办法》及《江西省内河港务统管理暂行办法》。6 月 26 日江西省人民政府作出了《关于减轻民船费税负担和简化运输手续的决定》。8 月，江西省人民政府决定在南昌、赣州、吉安、景德镇、抚州、鄱阳设立水上区人民政府。民船民主改革工作结束。10 月，江西省航运局成立测量队，开始测量赣州至万安航道。又在赣江大湖江设立安全指挥站，指挥来往船舶过滩。12 月 12 日，江西省交通厅制订了《海事处理委员会组织章程》。12 月 23 日，江西省航运局制订《江西省内河航线轮船客货运输办法》。

1954 年 2 月 27 日，江西省人民政府颁发《江西省搬运暂行办法》。4 月，江西省航运局组织签订了《船岸和科室联系合同》，纠正了科室之间分工不明，互相推诿的现象，使各部门工作纳入了统一轨道。4 月，江西省人民政府作出《关于各级搬运工作领导问题的决定》。5 月，江西省航运局在南昌、波阳、吴城、湖口、大矶山、棠荫、龙口 7 处设立了风信站。5 月，江西省航运局颁发《江西省内河轮船货物运输暂行办法》《江西省趸船管理暂行办法》。6 月，江西省航运局开始对木帆船实行"三统"（统一配载、统一调度、统一运价）管理。10 月，江西省航运局成立打捞队。12 月 10 日，江西省交通厅转发交通部《内河港航监督组织工作章程》。是年，江西省航运局和所属航管处重点整治了石凤河、潦河、耶溪河、秀水、杜市、水晶架、烂泥滩、上清至余江河、铅山的石塘、五都、石溪河、鹰潭东西南滩。并整治了赣州至上犹航道。是年，江西省航运局对赣江的赣州—万安段进行了大规模的炸礁清障工作。

1955 年 2 月，江西省人民政府交通厅航运局改称江西省交通厅内河航运管理局。6 月 10 日，江西省人民委员会颁发《江西省内河木帆船建造管理暂行办法》。8 月，乐安河疏浚工程开工，工程拨款 170623 元，1956 年 3 月竣工。是年，江西省人民委员会决定重点整治赣江"十八滩"，工程以炸礁清障为主结合建坝导航。

1956 年 3 月，江西全省私营轮船运输业（轮船 24 艘，1038 马力）实行定值定息合营（年息 5%），与国营航运企业合并统一经营。3 月，江西全省个体木帆船基本实现了合作化。入社船只 16895 艘，占全省帆船总数的 92.3%，载重量 161205 吨，占全省帆船总吨数的 81.76%。3 月，赣江的樟树—万安段开始设置航行标志。4 月 27 日，中共江西省委发出《关于当前江西省木帆船运输业社会主义改造工作的几个问题的处理意见》。5 月 1 日，赣州航运管理处将赣江新庙前、大湖江和桃江 3 处 64 名引水员组织起来，成立引水队。5 月 19 日，江西省人民委员会决定在原省内河航运管理局的基础上成立江西省航运厅，航运厅下设江西省航运公司，实行政企分开。6 月 11 日江西省航运厅发出《关于私营木帆船实行定息合营的通知》。《通知》决定全省 30 吨以上适合轮船拖带的木帆船（含资本主义性质和个体性质）全部实行公私合营（计

562 艘，29326 吨），并随文颁发了《江西省对木帆船实行定息合营工作的各项规定》。

8 月，江西省航运厅决定将原南昌船舶修理厂更名为江西船舶修建厂，原吉安帆船修理厂更名为吉安船舶修理厂，原赣州帆船修理厂更名为赣州船舶修理厂，原波阳帆船修理厂更名为波阳船舶修理厂，原抚州帆船修理厂更名为抚州船舶修理厂。10 月，江西省航运厅颁发《江西省内河拖运木（竹）排计费暂行办法》。10 月，赣江全线助航标志设置完成。其中南昌至樟树段为一等标，樟树至万安段为二等标。12 月 7 日，交通部在南昌召开推广船用煤气机座谈会。是年，鄱阳湖航道开始设助航标志。是年，江西省航运部门由于船舶运输通信联系需要，配有无线电收发报机 5 套，在南昌、九江、湖口、波阳和鄱阳湖区流动点 5 处设台。是年，江西省航运厅建成 52 艘煤气机拖轮。该轮吃水较浅，航速较快，成本较低，是当时江西内河主要运输力量。

1957 年 2 月 9 日，江西省人民委员会发出《江西省公路、航运物资执行月度计划暂行规定》。5 月 19 日，江西省航运厅公布施行《江西省内河港口管理暂行规则》。5 月，江西省人民委员会发出《关于组织船舶防洪抢险的通知》。6 月 14 日，江西省人民委员会发出《内河货运征收调船费和回空费以及调整轮船运价的通知》。6 月 21 日，南昌铁路局与九江港务局协商，制定《水陆货物联运试行办法》。8 月 8 日，江西省财政厅、航运厅颁发《关于码头管理费等由省航运厅统一监督使用的联合通知》。是年，袁河袁惠渠大坝建成，投资 50 万元。是年，江西省水电厅及宜春专署在锦河钟家渡处建锦惠渠拦河坝。是年，整治赣州至会昌段航道 170 千米和琴江 52 千米的航道。是年，江西省航运厅颁发《江西省内河港口管理暂行办法》。是年，江西省首次航道普查，据查全省航道通航里程共 9652 千米。其中通机动船航道里程 1946.3 千米，通木帆船航道里程 7705.7 千米。

（江航史）

表1:　　　　　　　　　　　1953—1957年全省水运客货运输量完成情况表

年份	客运		货运		其中													
					省直船舶				地市									
							其中排运		合计		机动船小计		集体		木帆船小计		集体	
	万人	万人千米	万吨	万吨千米	万吨	万吨千米	万吨	万吨千米	万吨	万吨千米	万吨	万吨千米	万吨	万吨千米	万吨	万吨千米	万吨	万吨千米
1953	3.9	425.5	96.53	19439.20	30.1	12322	4.5	2015	66.42	7117.20					66.42	7117.20	23.88	2931.80
1954	8.9	1239	175.79	36271.50	68.5	26917.1	28.4	13208.3	107.29	935					107.29	935	49.39	5262
1955	11.1	1328.6	202.64	38337.20	81.9	28419.4	14	5173.5	120.74	9917.80					120.74	9917.80	56.14	4938.50
1956	26.9	2605	321.76	44371.41	106.3	31782	20.9	8626	215.46		5	111.20	5	111.2	210.46	12478.21	137.66	7721.21
1957	33	2691	532.89	78024.76	159.4	51597.2	49.1	17795	373.49		54.63	1263.36	54.63	1263.36	318.86	25164.20	205.06	13163

（江航史）

地　理

【鹰潭市】　江西省辖地级市，因“涟漪旋其中，雄鹰舞其上”而得名，是长江中游城市群重要成员。鹰潭市辖贵溪市、余江区、月湖区、龙虎山风景名胜区、鹰潭高新技术产业开发区和信江新区，共34个乡镇和9个街道办事处。少数民族有畲、回、蒙、满、侗、壮、苗等民族，以畲族人口最多，设有贵溪市樟坪畲族乡，是江西省七个畲族乡之一。

鹰潭市位于江西省东北部，信江中下游。地处北纬27°35′—28°41′、东经116°41′—117°30′，面向珠江、长江、闽南三个“三角洲”，是内地连接东南沿海的重要通道之一。辖区东接弋阳县、铅山县，西连东乡县，南临金溪县、资溪县，北靠万年县、余干县，东南一隅与福建省光泽县毗邻。境域南北长约81千米，东西宽约38千米。距省会南昌市143千米（铁路里程）。全市总面积3556.7平方千米，占江西省总面积的2.15%。

鹰潭市地处武夷山脉向鄱阳湖平原过渡的交接地带，地势东南高西北部低。地形可分为东南部中山地带，北部中高丘陵地带，西部中低丘陵地带，中部贵溪盆地地带。主要山峰有阳际坑、青茅境、鲥鱼峰、唐家山、天华山、郎岗山等。境内最高峰阳际坑位于贵溪樟坪乡，海拔1540.9米，最低点位于余江区锦江镇团湖村信江河谷，海拔16米。

鹰潭市辖区属亚热带湿润季风温和气候，雨量充沛，光线充足，无霜期长，四季分明，平均气温18℃，极端最低气温-9.3℃，极端最高气温41.0°C，相对湿度为76%，常年主导风向为东风、东北风。年均降雨量为1750毫米，最大日降雨量为214.4毫米。无霜期长达262天。最低月均气温3.3℃，最高月均气温34.9℃。平均气温年较差23.3℃，生长期年平均317天，无霜期年平均267天，最长达317天，最短为240天。年平均日照时数1749.9小时，年平均降雨日数为187.7天。

鹰潭市境内河道属长江流域鄱阳湖水系。主要河道有一级河信江，长72千米；二级河12条，总长425千米；三级河3条，总长44.5千米；境内最大的河流为信江，从贵溪流口经境内贵溪市、月湖区、余江区，从余江区的锦江镇炭埠村流出，长72千米；主要支流有白塔河、罗塘河、童家河、白露河、泗沥河等。

鹰潭市多年平均地表水资源量41.22亿立方米，年平均地下水资源量（浅层地下水）为6.29亿立方米，全市全年地表水源供水量为10.47亿立方米，地下水源供水量为0.22亿立方米，全市总用水量为10.69亿立方米，其中地下水0.22亿立方米。

鹰潭市境内已探明地下矿藏有金属矿岩金、砂金、银矿、铅锌矿4种，非金属矿瓷土矿、硅石矿、石膏矿、石灰石矿、耐火黏土矿、滑石、脉石英、松脂岩8种及铀矿、矿泉水等共17种，在全国和省内具有优势的矿有银、铅、锌和石膏。其中银保有资源储量5454吨，铅155.8万吨，锌223.3万吨，石膏4522.6万吨。已经开发的有银、铅、锌共生矿，位于贵溪市冷水镇，矿区面积35平方千米，银地质储量9400吨，铅锌350万吨、硫370.3万吨，镉 1.3 万吨、金 10.8 吨。日处理矿石 500 吨，年产白银 23 吨。

鹰潭市境内已查明的脊椎动物有 4 纲 33 目（含亚目）94 科 364 种，其中，鱼类 3 目 9 科 18 种，两栖类 2 目 7 科 33 种，爬行类 3 目 10 科 56 种，鸟类 17 目 49 科 207 种，哺乳动物 8 目 19 科 50 种。其中，陆生脊椎动物有国家一级保护野生动物 5 种，二级保护野生动物 34 种。无脊椎动物 1568 种，其中，陆生贝类 13 科 27 属 47 种，昆虫 20 目 169 科 952 属 1281 种，蜘蛛 30 科 102 属 240 种。当地珍贵品种有黑麂、豹、中华秋沙鸭、黄腹角雉、白颈长尾雉等 5 种。

鹰潭市境内已查明的高等植物有 244 科 848 属 1847 种，其中，苔藓植物 61 科 151 属 266 种，蕨类植物 27 科 59 属 123 种，裸子植物 5 科 10 属 13 种，被子植物 151 科 628 属 1445 种。其中有南方红豆杉、伯乐树、榧树、福建柏、樟树、闽楠、浙江楠、金荞麦、花榈木、蛛网萼、野大豆、榉树、毛红椿、喜树、香果树等 15 种国家重点保护野生植物。

鹰潭市境内已形成铁路、公路、水路等三种运输方式构成的交通运输网络，浙赣、皖赣、鹰厦 3 条铁路干线过境；沪（上海）昆（明）高速、济（南）广（州）高速公路过境；国道 320、国道 206 过境；省道 207、省道 208 过境。有县道 11 条，总长 490 千米；乡道 128 条，总长 890 千米。鹰潭市境内有境内通航河道 2 条，总长 140 千米。信江河流口至浮水滩 64 千米，白塔河长度 76 千米。

鹰潭旅游资源十分丰富。位于市区南郊 16 千米处的龙虎山，是中国道教的发祥地，是中国古典名著《水浒传》开篇描绘的名山，被誉为"华夏道都"。它集国家级重点风景名胜区、国家 4A 级旅游区、国家森林公园、国家地质公园、国家重点文物保护单位、国家重点保护宫观和国家农业旅游示范点等众多品牌于一身，被世人称为"洞天福地、人间仙境"。

（于滔网）

人　口

按照国家统计局统一部署，2022 年江西省 5‰ 人口变动抽样调查以全省为总体，以 11 个设区市为子总体，采取多阶段、分层、概率比例的抽样方法，全省共抽取 2473 个村级单位为调查样本，调查人口 32 万余人。根据 5‰ 人口变动抽样调查数据推算的全省 2022 年常住人口主要数据如下：

2022 年末，全省常住人口 4527.98 万人，比 2021 年末的 4517.40 万人增加 10.58 万人，增长 0.23%。

2022 年末全省常住人口中，城镇常住人口 2810.52 万人，比 2021 年末的 2776.40 万人增加 34.12 万人；乡村常住人口 1717.46 万人，比 2021 年末的 1741.01 万人减少 23.55 万人，常住人口城镇化率（城镇常住人口占全部常住人口的比重）62.07%，比 2021 年的 61.46% 提高 0.61 个百分点。

2022 年末全省常住人口中，0~15 岁人口 975.60 万人，占总人口的 21.55%；16~59 岁劳动年龄人口 2745.87 万人，占 60.64%；60 岁及以上人口 806.51 万人，占 17.81%，其中 65 岁及以上人口 590.11 万人，占 13.03%。与 2021 年末相比，0~15 岁人口减少 45.49 万人，占比下降 1.05 个百分点；16~59 岁人口增加 18.63 万人，占比提高 0.27 个百分点；60 岁及以上人口增加 37.44 万人，占比提高 0.79 个百分点，其中 65 岁及以上人口增加 30.06 万人，占比提高 0.63 个百分点。

2022 年末全省常住人口中，男性人口 2339.75 万人，比 2021 年末的 2335.21 万人增加 4.54 万人，女性人口 2188.23 万人，比 2021 年末的 2182.19 万人增加 6.04 万人，男性人口比女性人口多 151.52 万人；总人口性别比（女性 =100）为 106.92，比 2021 年末的 107.01 下降 0.09。

2022 年全省出生人口 32.50 万人，比 2021 年的 37.70 万人减少 5.20 万人；死亡人口 31.40 万人，比 2021 年的 30.30 万人增加 1.10 万人。人口出生率 7.19‰，比 2021 年的 8.34‰ 下降 1.15 个千分点；人口死亡率 6.94‰，比 2021 年的 6.71‰ 上升 0.23 个千分点；人口自然增长率 0.25‰，比 2021 年的 1.63‰ 下降 1.38 个千分点。

全省 11 个设区市中，常住人口超过 350 万人的有 7 个，在 100 万人至 200 万人之间的有 4 个，全省人口分布总体仍然呈现"七大四小"的格局。

（于滔网）

经济与社会发展

2022年，全省地区生产总值32074.7亿元，比上年增长4.7%。其中，第一产业增加值2451.5亿元，增长3.9%；第二产业增加值14359.6亿元，增长5.4%；第三产业增加值15263.7亿元，增长4.2%。三次产业结构为7.6∶44.8∶47.6，三次产业对GDP增长的贡献率分别为6.9%、49.9%和43.2%。人均地区生产总值70923元，增长4.6%。

全年城镇新增就业45.2万人，失业人员再就业15.0万人，就业困难人员就业5.0万人，新增转移农村劳动力58.3万人。

全年居民消费价格比上年上涨2.0%。工业生产者出厂价格上涨3.5%。工业生产者购进价格上涨9.4%。农产品生产者价格下降2.5%。

全年居民人均可支配收入32419元，比上年增长5.9%。按常住地分，城镇居民人均可支配收入43697元，增长4.8%；农村居民人均可支配收入19936元，增长6.7%。城乡居民人均可支配收入比值为2.19，比上年缩小0.04。

全年居民人均消费支出21708元，比上年增长7.0%。按常住地分，城镇居民人均消费支出25976元，增长5.6%；农村居民人均消费支出16984元，增长8.4%。全省居民恩格尔系数为32.0%，其中城镇为31.2%，农村为33.4%。

年末参加城镇职工基本养老保险人数1362.0万人，比上年末增加114.5万人。参加城乡居民基本养老保险人数2081.1万人，增加6.7万人。参加基本医疗保险人数4648.2万人，其中，参加职工基本医疗保险人数646.1万人，参加城乡居民基本医疗保险人数4002.2万人。参加失业保险人数357.5万人，增加49.6万人。领取失业保险金人数5.5万人。参加工伤保险人数558.1万人，减少5.3万人。参加生育保险人数403.9万人，增加23.5万人。城市居民纳入最低生活保障人数29.6万人，农村居民纳入最低生活保障人数144.3万人，农村居民纳入特困供养人数12.4万人，全年临时救助18.1万人次。

年末共有普通高等学校（含普通、职业本专科）106所，普通高中561所，中等职业学校263所，初中阶段学校2233所，小学6324所。民办学校7739所。特殊教育在校生3.9万人，学前教育在园幼儿150.9万人。高中阶段毛入学率为93.5%，普通高考录取率为81.1%。

（于滔网）

交通概况

2022年，江西省完成公路水路固定资产投资931.6亿元，比上年增长9.4%。其中，公路建设投资841.6亿元，比上年增长11.6%；水运建设投资90亿元，比上年下降5.9%。

年末江西省公路总里程210710.62千米，比上年减少390.55千米。其中：高速公路里程6728.29千米，普通国省道里程18685.27千米（其中普通国道里程7711.16千米，普通省道里程10974.12千米），农村公路里程185297.06千米（县道里程21246.85千米，乡道里程40504.78千米，村道里程123545.43千米）。

年末全省通公路的乡（镇）占全省乡（镇）总数100%，其中通硬化路面的乡（镇）占全省乡（镇）总数100%；通公路的建制村占全省建制村总数100%，其中通硬化路面的建制村占全省建制村总数100%。

年末全省公路桥梁28196座共1970895.89延米，比上年增加335座、163219.57延米，其中特大桥梁98座共204910.02延米，大桥4061座共1053900.55延米。全省公路隧道372座共386702.94延米，增加39座、56257.78延米，其中特长隧道19座共77598.46延米，长隧道116座共197387.1延米。

年末全省营运车辆拥有量达到421194辆，比上年增长13.6%，其中载客汽车10821辆、333089客位，分别下降7.9%、8.3%。拥有载货汽车410373辆、5171201吨位，分别增长14.3%、12.8%。

年末全省拥有城市公交汽电车15863辆，比上年增长1.7%；拥有巡游出租汽车17174辆，下降1.8%；拥有城市轨道交通线网配属车辆144列，比上年增加8列。

截至2022年底，全省完成公路客运量0.97亿人次，旅客周转量 61.3 亿人千米，同比分别减少35% 和 37.3%；完成货运量 17.8 亿吨，货运周转量 4086.4 亿吨千米，同比分别下降 1.5% 和增加3.2%。

年末城市公交完成客运量 65499.6 万人，比上年减少 30.24%，日均运送乘客 179.5 万人；营运线路 2462 条，增长 6.5%。营运线路总长度 57690.7 千米，增长 11.4%。全省巡游出租汽车完成客运量35410.39 万人次，比上年下降 13.8%，日均运送乘客 97 万人次；营运里程达 142842.9 万千米，增长3.2%。其中载客里程达 79461.8 万千米，同比下降9.1%。南昌轨道交通共开通了 4 条运营线路，开通运营里程 128.5 千米，与上年持平；完成客运量23897.03 万人次（含 4 号线），同比下降 6.7%，日均运送乘客 65.47 万人次，减少 4.63 万人次；旅客周转量 139085.57 万人千米，同比下降 15.8%。

年末全省内河航道通航里程 5716 千米。等级航道里程 2427 千米，占总里程 42.5%。三级及以上航道里程 960.6 千米，占总里程 16.8%。各等级内河航道通航里程分别为：一级航道 156 千米，二级航道 175 千米，三级航道 629.6 千米，四级航道87 千米，五级航道 89 千米，六级航道 223.3 千米，七级航道 1067 千米。等外航道 3289 千米。

年末全省港口拥有生产用码头泊位 487 个，比上年减少 30 个。拥有千吨级以上深水泊位 199 个，比上年增加 15 个。千吨级泊位中，专业化泊位 52个，通用散货泊位 82 个，通用件杂货泊位 52 个，多用途泊位 5 个。

年末全省拥有水上运输船舶 2426 艘，比上年增长 1.0%；净载重量 652.41 万吨，增长 19.9%；载客量 14566 客位，增长 4.4%；集装箱箱位 7776标准箱，增长 12.6%。

全年完成营业性客运量 97 万人、旅客周转量1426 万人千米，比上年分别下降 39.1% 和 40.8%。完成营业性货运量 1.34 亿吨、货物周转量 414.2 亿吨千米，比上年分别增长 4.0% 和 16.9%。其中，内河运输完成营业性货运量 1.25 亿吨、货物周转量 258.4 亿吨千米；沿海运输完成营业性货运量891.3 万吨、货物周转量 155.9 亿吨千米。

全省港口完成货物吞吐量 2.26 亿吨，比上年下降 1.4%；完成集装箱吞吐量 88.5 万 TEU，比上年增长 13.3%。

（厅规划处）

交通机构及领导人名录

[2022 年江西省交通运输厅党组织领导成员]

中共江西省交通运输厅委员会

党委书记：王爱和

委员：王爱和、王昭春、蓝丽红、刘震华、丁光明、周慧锋

党委办公室主任：毛茂

党委办公室副主任：涂序龙、潘婧

中共江西省交通运输厅直属机关委员会

书记：胡钊芳

专职副书记：贺一军

副书记：席骁

中共江西省交通运输厅直属机关纪律检查委员会

书记：贺一军

副书记：席骁

省纪律检查委员会、省监察委员会驻省交通运输厅纪检监察组

组长：蓝丽红

副组长：陈秋玲

[2022 年江西省交通运输厅行政领导]

一、厅领导

厅　长：王爱和

副厅长：王昭春、刘震华、丁光明、周慧锋

一级巡视员：胡钊芳

二级巡视员：彭瑜、王继东、张春晓

总工程师：朱晗

二、处室领导

办公室主任：毛茂

办公室副主任：涂序龙、潘婧

执法监督处（政策法规处）处长：梁波

执法监督处（政策法规处）副处长：赖春游、姜小平（2022.01 任）

规划处处长：彭辉勇

规划处副处长：张建明、张志辉

基本建设监管处处长：廖晓锋

基本建设监管处副处长：瞿强

高速公路管理处处长：谈勇

高速公路管理处副处长：郭十亿

公路管理处处长：徐华兴

公路管理处副处长：肖振发

港口与航道管理处处长：胡建强

港口与航道管理处副处长：杨辉

财务处处长：彭嵘

审计处处长：刘恒明

运输处处长：曾敏

运输处副处长：吴欣

水路运输处处长：邹爱华

水路运输处副处长：刘晔

安全监督处处长：崔建林

安全监督处副处长：肖慧莎

组织人事处处长：贺一军

组织人事处副处长：杨曦

科技教育处处长：廖辉

科技教育处副处长：刘华

省交通战备办公室副主任（正处）：张慧颖

离退休干部管理处处长：王亲勇

直属机关党委专职副书记、纪委书记：贺一军

厅直属机关党委副书记、纪委专职副书记：席骁

表2： 2022年江西省交通运输厅直属机构及党政领导班子成员

序号	单位名称	单位级别	党组织名称	党组织领导成员	行政领导成员
1	江西省综合交通运输事业发展中心	副厅	中共江西省综合交通运输事业发展中心委员会	党委书记：熊华武 委　员：范年福、傅友华、刘红生、王林水、邓小俭 纪委书记：王林水	局长：曾晓文 副局长：范年福、傅友华、刘红生、王林水、邓小俭
2	江西省高等级航道事务中心	副厅	中共江西省高等级航道事务中心委员会	党委书记：陈鹏程 委　员：徐良、熊慎文（2022.10免）、刘维文、张黎 纪委书记：张黎	局长：易宗发 副局长：徐良、熊慎文（2022.10免）、刘维文、张黎
3	江西省交通运输综合行政执法监督局	副厅	中共江西省交通运输综合行政执法监督局委员会	党委书记：娄鸿雁 党委副书记：龚文峰 党委委员：罗志明、黄强、龚文峰、朱国英、项军（2022.1免）、唐晓鸣（2022.1免） 纪委书记：龚文峰	局长：毛茂（2022.12任）、杜一峰（2022.12免） 副局长：罗志明、黄强、朱国英
4	江西交通职业技术学院	副厅	中共江西交通职业技术学院委员会	党委书记：吴克绍（2022.9免） 党委副书记：黄明忠、洪芙蓉 委　员：江志强、刘勇（2022.8免）、高东升（2022.12免）、刘学斌、金明盛、王敏军、徐佩英、贺美兰 纪委书记：高东升（2022.12免）	院长：黄明忠 副院长：江志强、刘勇（2022.8免）、刘学斌、金明盛
5	江西省综合交通运输发展研究中心	正处	中共江西省综合交通运输发展研究中心委员会	党委书记：艾志茂（2022.4任） 委　员：陈强（2022.10免）、余明华、练崇田	主任：艾志茂 副主任：陈强（2022.10免）、余明华、练崇田
6	江西省交通监控指挥中心	正处	中共江西省高速公路联网管理中心委员会	党委书记：雷毅 委　员：雷茂锦（2022.9免）、莫宇蓉、郭昌、何耀忠、王玉、傅瑾（2022.1任） 纪委书记：傅瑾（2022.1任）	主任：雷茂锦（2022.9免） 副主任：莫宇蓉、郭昌、何耀忠、王玉
7	江西省交通高级技工学校	正处	中共江西省交通高级技工学校委员会	党委书记：王绍卿 党委委员：欧阳娜、秦昊、周绍芹 纪委书记：周绍芹	校长：欧阳娜 副校长：张文凯、廖胜文、秦昊

（涂智琴）

表 3 ：　　　　　　　　　2022 年各设区市交通运输机构及党政领导班子成员

单位名称	党组织名称	党组织领导成员	行政领导成员
南昌市交通运输局	中共南昌市交通运输局党组	党组书记：熊保良 党组成员：俞剑平、阮亦彬（2022.11 免）、黄挽澜（2022.11 任）、车小琴、严晓群、罗宁、谌跃勇（2022.5 任） 市纪委市监委驻局纪检监察组组长：谌跃勇（2022.5 任）	局长：熊保良 副局长、二级调研员：俞剑平、严晓群 副局长：阮亦彬（兼）（2022.11 免）、黄挽澜（兼）（2022.11 任）、车小琴、罗宁 四级调研员：肖洪辉
景德镇市交通运输局	中共景德镇市交通运输局党组	党组书记：陈振中 党组成员：陈景明、陈树生、袁孔斌、徐忠良（2022.4 免）、宁足祥、吴群明、邹文俊、程振伟（2022.2 任）、邵景刚（2022.4 任） 派驻纪检组组长：邵景刚（2022.4 任）	局长、二级巡视员：陈振中（2022.4 任二级巡视员） 副局长：陈景明、陈树生（2022.5 免）、袁孔斌、程振伟（2022.2 任） 三级调研员：汪卫民、方景萍、黎庭敏（2022.8 任）
萍乡市交通运输局	中共萍乡市交通运输局党组	党组书记：钟帮元 党组成员：陈芬、肖健、阳梅芳、丁洋、卢江宜、刘红星（2022.4 免）、邱斌（2022.4 任） 市纪委市监委驻市交通运输局纪检监察组组长：刘红星（2022.4 免）、邱斌（2022.4 任）	局长：钟帮元 副局长：陈芬、肖健、丁洋、卢江宜、童立红（2022.7 挂职） 总工程师：阳梅芳 二级调研员：朱小东、曹砺白 四级调研员：杨虎萍
九江市交通运输局	中共九江市交通运输局委员会	党委书记：杨小明 党委委员：黄晓华、曹达会、孔祥云、周裔南、董坚	局长：杨小明 副局长：黄晓华、曹达会、孔祥云、董坚 一级调研员：江彪 二级调研员：喻小明、刘赛喜、朱汉练、柳江（2022.5 任，2022.7 免、退休） 四级调研员：周裔南、胡民礼 副县级干部：丁芳华、胡平根
新余市交通运输局	中共新余市交通运输局党组	党组书记：邱绍辉 党组成员：黄昕、龚军保、温小容、朱孜戈	局长：邱绍辉 副局长：黄昕、龚军保、温小容、朱孜戈 二级巡视员：张有红 二级调研员：陈卓、樊国华、潘会君、陈仕斌 三级调研员：王慎刚 四级调研员：王伟力
鹰潭市交通运输局	中共鹰潭市交通运输局委员会	党委书记：费尚恒（2022.3 免）、张平来（2022.3 任） 党委委员：洪晓明、许智先、邱岸龙、林卫东 驻局纪检组组长：邱岸龙	局长：费尚恒（2022.3 免）、张平来（2022.3 任） 副局长：洪晓明、许智先、林卫东
赣州市交通运输局	中共赣州市交通运输局党组	党组书记：谢文才 党组成员：胡超星、李干荣、黄志云（2022.1 任）、李鑫（2022.11 任）、肖祥斌（市邮政管理局局长）、刘荣林（2022.6 免）、李建光（2022.10 任） 驻局纪检监察组组长：刘荣林（2022.6 免）、李建光（2022.10 任）	局长：谢文才 副局长：胡超星、李干荣（2022.10 任）、黄志云（2022.1 任）、李鑫（2022.11 任） 一级调研员：朱洪波（2022.9 免） 二级调研员：彭炎明、章广麟（2022.5 免）

续表

单位名称	党组织名称	党组织领导成员	行政领导成员
吉安市交通运输局	中共吉安市交通运输局委员会	党委书记：刘治平 党委副书记：唐定华 党委委员：黄坚勇（2022.6免）、张志刚、周云、江涛达、罗锡杰、罗兵（兼）、罗四平（2022.6任） 驻局纪检监察组组长：周云	局长：刘治平 副局长：黄坚勇（2022.6免）、张志刚、江涛达、罗兵（兼）、罗四平（2022.7任）
宜春市交通运输局	中共宜春市交通运输局党组	党组书记：曾文军（2023.10.25，涉嫌严重违纪违法，接受宜春市纪委市监委纪律审查和监察调查） 党组成员：晏国繁、赵万里、林晶、梁荣斌、冯晖如、游犁（市交通运输综合行政执法支队支队长） 市纪委监委驻局纪检监察组组长：冯晖如	局长：曾文军（2023.10.25，涉嫌严重违纪违法，接受宜春市纪委市监委纪律审查和监察调查） 副局长：晏国繁、赵万里、林晶（2021.10任）、梁荣斌（宜春市邮政管理局局长） 市交通运输综合行政执法支队支队长：游犁 二级调研员：曾义城（2022.3任） 四级调研员：刘毅明、陈宜林
抚州市交通运输局	中共抚州市交通运输局党组	党组书记：丁国华 党组成员：丁国华、陈峰、罗维（2022.6免）、汪云峰、华河辉（2022.4免）、徐相生（2022.6任）、肖泉明（2022.6任）	局长：丁国华 副局长：陈峰、罗维（2022.6免）、华河辉（2022.4免）、徐相生（2022.6任）
上饶市交通运输局	中共上饶市交通运输局党组	党组书记：李荣良 党组成员：徐江华（2022.1免）、赖　勇（2022.1免）、方扬、刘光锌、周厚军、冯学军 市纪委驻局纪检组组长：张波	局长：李荣良 副局长：徐江华（2022.1免）、赖勇（2022.1免）、方扬、刘光锌、周厚军、冯学军 徐江华（2022.1任三级调研员、2022.2任二级调研员）、赖勇（2022.1任三级调研员、2022.2任二级调研员）

（各设区市交通运输局）

交通基础设施建设

【综述】 2022 年，江西省完成公路水路固定资产投资 931.6 亿元。其中，公路建设投资 841.6 亿元，水运建设投资 90 亿元。

截至 2022 年底，全省公路总里程为 21.07 万千米，公路密度每百平方千米 126.2 千米。高速公路打通了 30 个出省大通道，是全国继河南、辽宁后第三个实现全省县县通高速的省份，全面实现了县县通高速、县城半小时上高速，"四纵六横八射十七联"高速公路规划网基本建成，形成了"纵贯南北、横跨东西、覆盖全省、连接周边"的高速公路网络。全省一级公路 3246 千米、二级公路 12700 千米、三级公路 19481 千米、四级公路 164053 千米。普通国道 7711 千米，二级及以上公路比例达 93.3%；普通省道 10974 千米，二级及以上公路比例达 62.3%。普通国省道覆盖了全省 86% 以上的乡镇。农村公路里程 185297 千米，其中县道 21247 千米，乡道 40505 千米，村道 123545 千米，县道三级及以上比例 62.6%，100% 的乡镇和 100% 的行政村通了水泥（油）路。

全省以赣江及鄱阳湖航道为主，联通抚、信、饶、修等 101 条主要通航河流，全省航道通航总里程 5716 千米，其中一级航道 156 千米（长江江西段），二级航道 175 千米，三级航道 629.6 千米，四级航道 87 千米，五级航道 89 千米，六级航道 223.4 千米，七级航道 1067 千米，等外航道 3289 千米。2000 吨级船舶可从长江直达南昌港，全省高等级航道里程达 960.6 千米。沿江环湖有南昌、九江两个全国内河主要港口和一批区域性重要港口。截至 2022 年底，全省有内河港口生产用码头泊位 487 个，千吨以上深水泊位 199 个，集装箱码头泊位 11 个；全省港口吞吐能力达到 1.94 亿吨，其中集装箱 134.9 万标准箱。基本形成了大中小结合、内外沟通的港口群体。2022 年，全省完成港口吞吐量 2.26 亿吨，集装箱吞吐量 88.5 万标准箱，同比下降 1.4% 和增长 13.3%。其中，九江港完成货物吞吐量 18061.3 万吨，同比增长 19%，继续保持亿吨大港行列；完成集装箱吞吐量 76.9 万标准箱，同比增长 18.6%。南昌港完成货物吞吐量 2823.6 万吨，同比下降 23.7%；完成集装箱吞吐量 11.6 万标准箱，同比下降 12.2%。

公路建设

高速公路建设

【概况】 2022 年，江西省高速公路建设完成投资 451.7 亿元，东西、南北"大十字"八车道项目全部落地，开工建设樟吉改扩建、梨东改扩建、昌金改扩建、昌樟二期、萍乡绕城等 5 个项目，大广高速南康至龙南扩容段、宜春至遂川、德州至上饶（赣皖界至婺源段）、寻乌至龙川（江西境内段）、宜春至井冈山（三阳至新田段）5 条高速公路提前建成通车，新增通车里程达 422 千米。

（史志）

【大广高速南康至龙南扩容项目岐岭隧道双向正式贯通】 5 月，大广高速南龙扩容项目全线最长隧道岐岭隧道双向正式贯通。

岐岭隧道全长 2.2 千米，地处构造剥蚀低山地貌区，其中最长连续Ⅴ级围岩约 310 米，围岩岩体破碎，主要为花岗岩残积土与全风化花岗岩，无黏结能力，地下水丰富，自稳性及承载力极差，是全线里程最长、地质条件最复杂、技术难度最大的"卡脖子"工程。

国家重点工程大广高速扩容工程项目全线长 142.843 千米，是国家高速公路网大庆至广州高速的重要组成部分，也是江西省赣州市对接粤港澳大湾区的主要通道。

（熊璐）

【沪昆高速梨园至东乡段改扩建项目办公室正式揭牌】 6 月 28 日，省交通投资集团沪昆高速梨园至东乡段改扩建项目办公室举行揭牌仪式。集团党委书记、董事长王江军，上饶市副市长郭峰，集团党委副书记李建红，集团党委委员、副总经理李柏殿出席仪式并共同揭牌，集团总经理助理袁细斌出席。集团党委委员、副总经理李柏殿致辞。

梨东改扩建项目全长约 201.158 千米，概算总投资约 273.146 亿元，是江西省截至目前里程最长、投资最大的改扩建项目，也是国家沪昆高速公路和江西省高速公路网"大十字"主骨架中东西向重要组成部分。

（省交通投资集团）

【江西省首座超大跨径单洞四车道隧道贯通】 6 月，由省交通投资集团所属交通设计研究院桥隧设计研究所设计的江西省首座单洞四车道隧道——晓沅隧道顺利贯通，标志着江西省单洞四车道施工关键技术在大广高速吉安至南康段改扩建项目的成功应用，开创了江西省四车道隧道设计施工的先河，为后续省内四车道隧道施工积累了宝贵经验。

晓沅隧道位于赣州市南康区，全长 390 米，是大广高速吉安至南康段改扩建项目的关键控制性工程，主体经过由残坡积层土和全风化花岗岩组成的洞口浅埋地质段，具有开挖断面面积大、跨度大、施工工序复杂、地质条件复杂等特点。该项目首次采用全寿命周期监测，充分掌握隧道在施工建设、投入运行期间的结构受力、变形等发展状况，能及时预报险情，保障隧道施工和运行安全。

（省交通投资集团）

【祁婺项目实现主线全线贯通】 9 月 20 日，祁婺高速公路三望源特大桥跨九景衢铁路段最后一片梁安全就位，该桥双幅顺利架设完成，标志着祁婺项目实现主线全线贯通（除界沱川隧道外）。

祁婺高速总长 40.7 千米，项目桥隧比高达 53%（特大桥 5 座、隧道 6 座，共有主线桥 24 座、匝道桥 16 座），项目于 2020 年 6 月开工建设。三望源特大桥为左右线双幅设计，全桥共 41 跨，总长 1637 米。该桥所处地理位置偏僻，山高坡陡，且所跨铁路线行车密度大，施工难度较大。为减少桥梁施工对既有铁路运行的影响，该桥全部桩基均采用水磨钻施工，相较于常规桩基施工增加了约三分之二的施工周期。施工期间，祁婺项目办积极与江西地方铁路开发公司沟通协调，在保证施工安全质量的前提下，有序推进了施工进度，为祁婺项目实现年底主体工程基本建成通车奠定了坚实基础。

（省交通投资集团）

【大广高速南康至龙南段扩容工程建成通车】 9 月 28 日，大广高速南康至龙南段扩容工程通车仪式在赣州市举行。省政府办公厅正厅级督查专员刘晓艺出席，省交通运输厅党委书记、厅长王爱和主持通车仪式并讲话，赣州市委副书记、市长李克坚致辞，省交通运输厅党委委员、副厅长王昭春宣读项目建设表扬通报，省交通投资集团党委副书记、副董事长、总经理谢兼法介绍项目建设情况，省交通投资集团党委委员、副总经理李柏殿出席。

大广高速南龙扩容工程全长 142.672 千米（含小江联络线 9.996 千米），途经赣州市南康区、信丰县、全南县、龙南市 4 个县（市）区 23 个乡镇，项目起自赣州市南康区十八塘乡，接已建成的大广高速公路吉安至南康段，止于龙南市杉树下，接已建成的大广国家高速公路龙南至杨村段。项目建成通车后，新旧高速一起从双向 4 车道变成双向 10 车道，缓解大广高速江西境内南段的车流压力，进一步优化江西省高速公路路网布局，对于江西省深度融入"一带一路"、粤港澳大湾区等国家战略、纵深推进赣南等原中央苏区振兴发展具有十分重要的意义。

（省交通投资集团）

【江西省两条高速公路改扩建项目开工建设】 10 月 12 日，沪昆高速昌傅至金鱼石（赣湘界）段改扩建工程、南昌至樟树高速改扩建二期工程开工动员会在宜春召开。省政府办公厅正厅级督查专员刘晓艺主持开工仪式，省交通运输厅党委书记、厅长王爱和出席并讲话，省交通投资集团党委书记谢兼法介绍项目概况。宜春市委副书记、市长严允，南昌市政府副市长江新洪及两项目参建单位代表分别作表态发言。省交通投资集团党委委员、副总经理李柏殿，省直有关单位和两项目沿线市、县（市、

区）政府负责同志，项目参建单位代表参加动员会。

沪昆高速昌傅至金鱼石（赣湘界）段是江西高速路网"10 纵 10 横 21 联"规划中第 5 横的重要组成部分，路线全长约 179.4 千米。项目起点位于樟树市昌傅镇，途经宜春、新余、萍乡 3 个设区市的 11 个县区、36 个乡镇，终点位于湘赣省界处金鱼石。该项目除了新建的复线路段采用双向六车道标准外，其余利用既有高速公路改扩建的路段采用双向八车道标准，设计速度为每小时 100 千米。

南昌至樟树高速公路改扩建二期工程位于南昌市赣江西侧区域，属于南昌市"十纵十横"干线路网规划中"五横三纵"的重要组成部分，路线全长 9.92 千米。路线北起李庄山高铁桥南端，终于昌西南枢纽，顺接昌樟高速（一期改扩建）起点。全线增设龙兴大街互通 1 处，抚州大街、萍乡大街枢纽互通 2 处。项目全线采用双向六车道高速公路标准建设，设计速度为每小时 80 千米。

（省交通投资集团）

【昌九高速德安南互通工程开工】 11 月 1 日上午，在昌九高速德安南互通施工现场举行德安南互通开工仪式。昌九高速德安南互通项目总投资 3 亿元，用地面积 208.23 亩，收费管理站为四进三出 + 三出，互通主线段长 1.36 千米，匝道长合计 2.113 千米，桥梁 2 座。预计 2023 年底建成通车。

（九江市交通运输局）

【樟吉改扩建项目办揭牌】 12 月 14 日，省交通投资集团樟树至吉安高速公路改扩建工程建设项目办举行揭牌仪式。集团党委书记、董事长谢兼法，吉安市副市长胡海洋，集团党委委员、副总经理李柏殿出席仪式并共同揭牌，集团总经理助理袁细斌出席。集团有关部门、单位，沿线政府有关部门负责同志及樟吉改扩建项目参建代表参加。

樟吉改扩建项目全长 104.845 千米，途经宜春市樟树市，新余市渝水区，吉安市峡江县、吉水县、吉州区。

（省交通投资集团）

【寻乌至龙川高速公路（江西境内段）顺利通过交工验收】 12 月 22 日，寻乌至龙川高速公路（江西境内段）项目（以下简称寻龙高速）顺利通过交工验收，标志着历经二年多建设的寻龙高速已具备

通车条件。

寻龙高速全长约 26.815 千米。在省内首次推广使用了移动梁底座＋蒸汽养生、T 梁和箱梁负弯矩智能张拉施工、跨高速防落物挂篮施工、植物纤维毯绿化、斜交梁横隔板后浇施工等新工艺。2021年 9 月，寻龙项目"薄壁墩液压推挽同步爬模系统"，获得全国公路学会第二届全国公路微创新大赛银奖荣誉。2022 年 5 月，"新型 T 梁流水线快速制梁施工工艺"获得全国公路学会第三届全国公路微创新大赛铜奖。

（省交通投资集团）

【江西省四条高速公路通车、一条高速公路开工建设】 12 月 29 日，宜春至遂川高速公路、德州至上饶高速公路赣皖界至婺源段、寻乌至龙川高速公路（江西境内段）、宜春至井冈山高速公路三阳至新田段通车仪式和萍乡绕城高速公路新建工程开工动员会分别在宜春市、萍乡市举行。

宜春至遂川高速公路全线位于原中央苏区，主线呈南北走向，起点位于宜春市袁州区，与同步通车的宜春三阳至新田高速相连，终点位于吉安市遂川县，与正在建设的遂川至大余高速相接，途经宜春市袁州区和吉安市安福县、井冈山市、永新县、遂川县等 5 个县区的 28 个乡镇。项目全长约 194.5千米，位于起点的 16 千米共线段采用双向六车道高速公路标准，其余路段采用双向四车道高速公路标准，概算投资为 280.8 亿元。

赣皖界至婺源高速公路全线位于上饶市婺源县境内，主线呈南北走向，路线起点位于赣皖省界，终点接婺源枢纽互通，途经 5 个乡镇。项目全长约40.7 千米，全线采用双向四车道高速公路标准，概算投资为 68.3 亿元。

寻乌至龙川高速公路全线位于赣州市寻乌县境内，主线呈南北走向，路线起点位于寻乌县南桥镇，与 G35 济广高速相接，终点位于赣粤省界，途经 3 个乡镇。项目全长 26.8 千米，全线采用双向四车道高速公路标准，概算投资为 35.7 亿元。

宜春至井冈山高速公路三阳至新田段项目全长 18.423 千米，起于宜春市三阳镇长岭背附近的万宜高速上，经湖田镇、洪塘镇、西塘村、罗家塘、上河背，在新田镇杨芽村跨沪昆高速，终于新田镇汉塘里，接宜遂高速起点，是江西省"10 纵 10 横21 联"高速公路路网第 9 纵通城（赣鄂界）至大余（赣

粤界）高速公路的重要组成部分，也是宜春市自主筹资建设的第一条高速公路。

萍乡绕城高速公路是江西省规划建设的一条重要地方加密高速公路，全线位于萍乡市境内，起点与沪昆高速公路（昌金段）相接，终点与萍莲高速公路相连。全线途经芦溪、湘东 2 个县区 6 个乡镇，全长约 36.4 千米，采用双向四车道高速公路标准，设计行车速度为每小时 100 千米。项目概算投资为 64.2 亿元。全线共有 43 座桥梁、2 座隧道、5 处互通立交、1 个服务区，建设工期为 36 个月。

（省交通投资集团）

国省干线公路建设

【概况】 2022 年，江西省普通国省干线公路建设项目完成投资 182.5 亿元，建成通车 212.4 千米，完成路面养护工程 2460 千米，完成危旧桥改造714 座，完成安全精细化提升工程 750 千米，完成灾害防治 387 千米。2022 年底，普通国省干线公路总里程 18685.273 千米，二级及以上公路里程14033.125 千米。

（省综交中心）

【抚州市省道 213 宜黄棠阴至徐兰段公路改建工程建成通车】 省道 213 宜黄棠阴至徐兰段公路改建工程，2020 年 7 月 15 日开工，2022 年 1 月 28 日完工。项目建设单位为抚州市公路事业发展中心宜黄分中心，设计单位为南昌公路勘察设计院，施工单位为江西省建工集团有限责任公司，监理单位为抚州市博信公路工程监理有限公司。该项目起点始于宜黄县棠阴镇雷湾村，终点位于宜黄与南城交界处。路线全长 21.281 千米。该项目按二级公路沥青混凝土路面建设，设计速度 60 千米 / 小时。

（曹昆）

【萍乡市省道 311 武功山蔡家村至麻田村段公路改建工程建成通车】 6 月，省道 311 武功山蔡家村至麻田村段公路改建工程建成通车。该项目位于武功山风景名胜区北麓，连接熙谷小镇、景区游客中心和武功山景区行政中心，是外界通往武功山景区的主要道路，也是武功山景区内的重要公路。

该项目起点位于蔡家村熙谷小镇前，途经景区游客中心，终点位于麻田村，项目路线长 3.51 千米，按一级公路标准建设，设计速度 60 千米/小时，双向 4 车道，路基宽度 32 米，总投资 2 亿元。武功山景区作为国家 5A 级旅游景区、国家森林公园、国家地质公园、国家自然遗产，旅游资源丰富，在旅游旺季，交通量激增，原有道路为二级公路，难以满足旅游交通需要。

（刘倞文）

【上饶市省道 203 郑五线灵山至上饶公路（石人杉树至清水常埠段）建成通车】 10 月 1 日，省道 203 郑五线灵山至上饶公路（石人杉树至清水常埠段）全线建成通车。

省道 203 郑五线灵山至上饶公路（石人杉树至清水常埠段）项目全长 17.416 千米，总投资 4.26 亿元，按二级公路标准建设，途经石人乡、煌固镇、清水乡三乡（镇）八村，设计时速 60 千米/小时。随着项目建成通车，广信区北部四个乡镇通往中心城区缩短了 20 千米 30 分钟的路程，极大方便了群众出行，为环灵山周边乡镇更好地融入中心城区，加速经济社会发展提供坚实的基础。同时也缩短了灵山、望仙谷、灵山工匠小镇等景区的交通路程，实现了"内畅外连、快达慢游"，推动文旅产业高质量发展。

（吴彩丽）

【上饶市省道 207 万年县城外环改建工程建成通车】 省道 207 万年县城外环改建工程项目起于万盛大道与省道 207 交会处，接国道 353K197+250 处，经永安社区、里程村、高墩村、上坊村、杨民桥，终于上屋村与原省道 207（k138+100）和上万高速连接线相接；项目全长 12.5 千米，一级公路，路基宽 24.5 米。项目开工时间为 2020 年 7 月，完工时间为 2022 年 10 月。

（吴彩丽）

【鹰潭市省道 206 贵溪虹桥至黄思段公路改建工程完工】 11 月 11 日，省道 206 贵溪虹桥至黄思段公路改建工程顺利完工。该项目全长 9.495 千米，公路二级，沥青混凝土路面，路基宽 10 米，路面宽 8.5 米，工程概算总投资 20216.16 万元，概算建安费 14878.24 万元，该项目于 2020 年 4 月开工建设。

作为花桥水利枢纽工程的组成部分，被江西省列为"全省重大推进项目"、鹰潭市政府列为"保民生"工程，鹰潭市公路发展中心在年初就将该项目列为"我为群众办实事"的具体完工项目。

（龚敏虎）

【景德镇市省道 404 浮梁东港至黄坛段公路改建工程建成通车】 11 月 14 日，省道 404 浮梁东港至黄坛段公路改建工程建成通车。该项目起点位于黄坛乡东港村东港小学西北侧约 500 米，起点桩号为 K0+000，路线由北向南延伸，途经东港、黄港、毛田畈、新屋里、港口、坦竹畈、龙潭等重要村落，其中下穿济广高速四次。终点位于黄坛乡敬老院附近处，与后段黄坛至三龙段二级公路衔接，终点桩号 K13+306.346。全长约 13.306 千米（K0+000 ～ K13+306.346），采用双向两车道三级公路标准建设，设计速度 30 千米/小时，该项目于 2020 年 10 月 12 日开工。

（孙羽）

【宜春市国道 220 万载至袁州段（宜万同城）快速通道全线通车】 12 月 10 日上午 8 时，由宜春公路建设集团承建的宜万同城快速通道工程项目全线通车。项目通车后，宜春中心城区途经万载到上高墨山乡通行时间由 70 分钟缩短至 40 分钟左右，沿线地区交通更加便捷畅快。

宜万同城项目由国道 220 万载至袁州段改建工程和国道 320 上高墨山至万载段改建工程两个项目组成，全长 53.55 千米。其中，主线国道 220 万载至袁州段改建工程起于国道 220 与锦绣大道交叉口，终于万载县马步乡布城村，路基宽度 33.5 米，双向 6 车道，设计时速 80 千米/小时；连接线国道 320 上高墨山至万载段改建工程起于万载县马步乡布城村，终于上高县墨山乡石水村，路基宽度 25.5 米，双向 4 车道，设计时速 60 千米/小时。项目于 2020 年 3 月全面开工建设，2022 年 11 月 28 日完成交工验收。

（肖道辉）

【赣州市国道 319 瑞金至兴国（宁都段）改线工程建成通车】 国道 319 瑞金至兴国（宁都段）改线工程（瑞兴于快速交通走廊）项目，于 2020 年 5 月按二级公路标准开工建设，路线全长 21.27 千米，其中新建路段 11.05 千米，完全利用路段 10.22 千米，总投资 2.96 亿元，2022 年 12 月建成通车。路线起于宁都与瑞金交界处的老国道 319，完全利用国道 319 老路至对坊乡对坊村派出所附近，折向西偏采用新线建设，由东向西经对坊乡兔子岭、下屋、黄石镇王元丘村，经黄石下，跨高坑水库库尾，经土围、新屋、中村，终于条石下宁都与瑞金交界处，与国道 319 瑞金至兴国改线工程瑞金瑞林段起点相接，全线共设置大桥 292.16 米 / 2 座，涵洞 46 道、通道 2 道。

（罗建新）

【上饶市省道 306 玉山新蓬村至螺蛳村改建工程建成通车】 省道 306 玉山新蓬村至螺蛳村改建工程项目起点为原省道 202 白东线（K89+650）处，路线自南向北，途经新蓬、林江山、莲湖村、梅弄场、周柱、经开区、螺蛳，终点衔接新 G320 国道。道路建设总长 6965 米，全线设计行车速度为 60 千米 / 小时。路基宽采用 30 米标准。项目开工时间为 2018 年 7 月，完工时间为 2022 年 12 月。

（吴彩丽）

【上饶市国道 236 芜湖至汕尾公路鄱阳县城至余干乌泥段改建工程建成通车】 国道 236 芜湖至汕尾公路鄱阳县城至余干乌泥段改建工程路线总体走向由北至南，经过七个乡镇，鄱阳县的鄱阳镇、三庙前乡、饶丰镇，余干县的信丰乡、石口镇、乌泥镇和鹭鸶港乡。路线起点位于鄱阳县城洪迈南大道（国道 236）与大桥路交叉口中（省道 205），跨昌江、乐安何、角丰圩、鄱阳湖、经信丰垦殖场、石口镇、乌泥镇，终于鹭鸶港乡三湖村鄱余公路与余干连接线交叉口（省道 208）。路线全长约 34.597 千米。国道 236 芜湖至汕尾公路鄱阳县城至余干乌泥段改建工程项目设计速度 80 千米 / 小时、路基宽度 24.5 米；设计荷载为公路一级，双向四车道。项目开工时间为 2018 年 12 月，完工时间为 2022 年 12 月。

（吴彩丽）

【吉安市国道 105 吉水县醪桥至青原区草坪桥段改建工程全线完工】 国道 105 吉水县醪桥至青原区草坪桥段改建工程，项目全长 28.33 千米（吉水段 24.256 千米，青原区段 4.078 千米），总投资 13.41 亿元（吉水段 12.03 亿，青原区段 1.38 亿）。设计

公路等级为一级公路，双向四车道，路基宽 25.5 米，沥青混凝土路面，设计速度 80 千米 / 小时。该项目入选了交通运输部第一批"平安百年品质工程"示范创建项目。该项目于 2020 年 1 月开工，2022 年 12 月完工。

吉水段路线长 24.256 千米，总投资 120359 万元，投资资金为中央车购税补助资金、社会资本金及银行贷款。该项目作为"平安百年品质工程"示范创建项目，顺利推进"预制梁场智能化施工""推广滑模排水沟施工工艺""路缘石滑模施工工艺""隧道初支湿喷机械手施工工艺"，均取得了良好的质量安全效果。

青原区段路线长 4.078 千米，总投资 13822 万元，项目投资为上级补助及地方配套资金。施工内容主要包括路基工程、路面工程、桥涵工程、交安工程、绿化工程。项目于 2020 年 1 月开工，2021 年 12 月完成主体工程建设，并于 2022 年 7 月办理了交工验收，质量验收为合格工程。

（吴剑敏）

【吉安市省道 219 峡江县长排桥至巴邱镇出口段公路改建工程主体工程完工】 吉安市省道 219 峡江县长排桥至巴邱镇出口段公路改建工程位于吉安市峡江县境内，路线起点位于省道 219 新干县界埠镇，终点位于峡江县巴邱镇，路线全长 22.48 千米，项目总投资 28722 万元，投资资金为上级补助资金及地方配套资金。施工内容主要包括路基工程、路面工程、桥涵工程、交安工程、绿化工程。项目于 2021 年 4 月开工，在县政府的大力支持下于 2022 年 12 月完成主体工程建设，且该项目在 2022 年峡江县重点工程评比中获得二等奖。目前项目正在缺陷扫尾阶段，主要施工的只有绿化植树及仁和街道人行道施工，其余全部完成。

（吴剑敏）

【九江市国道 220 瑞昌武穴大桥南互通至金丝村段改建工程顺利完工】 12 月底，连接瑞昌和湖北武穴的国道 220 瑞昌武穴大桥南互通至金丝村段改建工程完工。国道 220 瑞昌武穴大桥南互通至金丝村段起点位于武穴大桥富池互通连接线，沿长江南岸线布线，跨下巢湖西北部入江州造船厂及码头作业区，终于沿江大道，与国道 220 老路顺接，路线全长 2.176 千米。项目有特大桥 1 座（1297 米）、

大桥 1 座（297 米），全线均按一级公路标准建设，采用双向四车道，设计速度为 60 千米 / 小时。

（戴宏）

【新余市省道 221 线付家圩至加山段一级公路改建工程、省道 222 线金鸡布至峡石段二级公路改建工程分宜段建成通车】 省道 221 线付家圩至加山段一级公路改建工程，项目全长 16.484 千米，总投资约 51721 万元。该项目按一级公路沥青混凝土路面建设，设计速度 60 千米 / 小时，路基宽度 25.5 米。2021 年 1 月开工建设，2022 年 12 月底全面建成通车。项目建设单位为新余市公路事业发展中心渝水分中心，施工单位为江西省现代路桥工程集团有限公司，监理单位为江西省公路工程监理有限公司。

省道 222 线金鸡布至峡石段二级公路改建工程，项目全长 18.1 千米，总投资 34390 万元。该项目分宜段 12.7 千米按二级公路沥青混凝土路面建设，设计速度 60 千米 / 小时，路基宽度 12 米。分宜段 12.7 千米于 2020 年 3 月开工建设，2022 年 12 月底建成通车。项目建设单位为新余市公路事业发展中心分宜分中心，施工单位为江西省四通路桥建设集团有限公司，监理单位为新余市智通工程咨询有限公司。

省道 221 线付家圩至加山段一级公路改建工程和省道 222 线金鸡布至峡石段二级公路改建工程（分宜段）的建成通车，打通了低等级"肠梗阻"路段，打造了新余—上高机电、苎麻纺织、绿色食品等产业合作带，为发展蒙山—上高会战遗址—九峰禅宗文化，武功山—仙女湖景区—明月山等旅游景点提供有力支撑，促进新宜吉六县跨行政区转型合作。

（张小剑）

农村公路建设

【概况】 2022 年，全省农村公路完成投资 196.1 亿元，增长 2.9%。全省县道升级改造 443 千米，窄路面拓宽改造 237 千米，建制村通双车道 461 千米，县乡道路面改造 51 千米，旅游路、资源路、产业路、公益事业路、路网联通路 392 千米，其他新改建农村公路 3146 千米，危桥改造 414 座，安全生命防护工程 2581 千米。2022 年底，全省农村公路总里程 185297 千米，县道 21247 千米，乡道 40505 千米，村道 123545 千米，县道三级及以上等级公路比例达 62.6%，较上年度提升 5.4 个百分点，行政村通双车道比例达 57.6%，较上年度提升 6.1 个百分点。鹰潭市、萍乡市获评"四好农村路"省级示范市，永新县、景德镇市、昌江区、共青城市、德安县、分宜县、上犹县、吉安市、吉州区、奉新县、铜鼓县、广昌县、乐安县等 11 个县（市、区）获评省级示范县。积极创建"四好农村路"全国示范县，南昌县、浮梁县、上栗县、湖口县、新余市渝水区、鹰潭市余江区、会昌县、樟树市、资溪县、弋阳县、鄱阳县等 11 个县（市、区）入围交通运输部创建单位名单并将在 2023 年迎接交通运输部复核。累计获评全国"四好农村路"建设市域突出单位 2 个、示范县 13 个；创建"四好农村路"省级示范市 4 个、示范县 61 个。江西省"四好农村路"高质量发展取得的成效得到交通运输部的高度认可，并在 2022 年全国"四好农村路"现场会上作典型经验介绍。以省政府名义在宜春市樟树市召开 2022 年全省"四好农村路"高质量发展现场会。落实《江西省关于深化农村公路管理养护体制改革实施方案》，全省 100% 的设区市、县（市、区）完成改革任务。全省具备条件的农村公路路面自动化检测比例达到 45%。

（刘欣）

【南昌市 2022 年农村公路建设概况】 2022 年，南昌市完成农村公路新改建 608.9 千米，安防工程 206.825 千米，完成总投资 13.81 亿元，同比增长 154%。完成农村公路安全隐患整治 1022 千米，安排市级补助资金 4000 万元，其中安装波形钢护栏建设项目合计 718.816 千米，其余路段已采取警示标志、警示牌等方式完成整治。完成农村公路路面改造 369 千米。

（南昌市交通运输局）

【九江市超额完成农村公路年度目标任务】 2022 年，九江市完成农村公路建设投资 32.5 亿元，占年度目标任务的 153.3%，完成新改建农村公路 760.121 千米，占年度目标任务的 172.83%，完成危桥改造 80 座，占年度目标任务的 169.23%，完成安防工程 273.434 千米，占年度目标任务的 116.85%。印发九江市《创建"四好农村路"示范市三年行动方案》，并督促指导 13 个涉农县(市、区)研究出台了本区域的"三年行动方案"，召开全市"四好农村路"高质量发展现场会。湖口县为 2022 年四好农村路全国示范县创建单位，共青城市、德安县评为省第七批四好农村路示范县。

（九江市交通运输局）

【庐山市完成"四好农村路"升级改造】 2022 年，庐山市投入 3.5 亿元进行农村道路升级改造工作，本项目共由 50 个路段组成，位于 9 个乡（镇、处）道路建设，里程约 79.284 千米，合同工期 12 个月。设计标准：三级公路 4 条，千米数 6.181 千米；四级公路 46 条，千米数 73.103 千米，总千米数 79.284 千米。路面结构为沥青混凝土路面。建设内容主要包括路基、路面、防护、排水、桥涵、平交、交安设施、绿化工程。着力打造庐山市"四好农村路"。

（九江市交通运输局）

【赣州市全力推进农村公路建设】 2022 年，赣州市交通运输局深入贯彻习近平总书记关于"四好农村路"重要指示批示精神，紧紧围绕建成全国革命老区交通运输高质量发展试点这一目标，勇于创新，合力攻坚，加快推进"四好农村路"建设，全面提升交通运输服务水平，为打造革命老区高质量发展示范区提供坚实的交通运输保障。全市 2022 年度完成新改建农村公路 1004.8 千米，占省厅下达目标任务的 133.09%；完成投资 41.43 亿元，占省厅下达目标任务的 122.22%，危桥改造完成 56 座，占省厅下达目标任务的 116.7%，均超额完成目标任务。会昌县被评为全国"四好农村路"示范县，上犹县被评为全省"四好农村路"示范县。

（赣州市交通运输局）

【宜春市大力推进农村公路建设】 2022 年，完成农村公路总投资 24.4 亿元，实施县道升级改造项目 160.1 千米，窄路面拓宽项目 10.3 千米，乡道双车道改造项目 114.8 千米，旅游路、资源路、产业路、公益事业路、路网联通路项目 175.9 千米，危桥改造项目 59 座，县、乡、村道安全生命防护工程项目 397 千米。乡（镇）通三级公路比例 100%，基

本实现乡镇、3A 级（含）以上旅游景点通三级公路，25 户以上自然村基本实现通水泥路，村民小组所在的自然村通一条水泥路达到 100%，基本完成乡道及以上行政等级公路安全隐患治理，基本形成"路网完善、畅通高效、安全可靠、服务优质"的农村公路网络。2022 年宜春市已完成深化农村公路管理养护体制改革任务。农村公路路面自动化检测目标任务顺利完成，共计完成 7526 千米，农村公路养护管理水平稳步提升，列养率达到 100%，优良中路率达到 85% 以上。2022 年宜春市申报美丽生态文明农村路建设项目 50 个，打造里程 439.5 千米。其中县乡道改造项目 43 个 /370.3 千米，省级文明示范路 7 个 /69.2 千米。2022 年江西省推动"四好农村路"高质量发展现场会在樟树市顺利召开。宜春市"四好农村路"示范创建工作持续推进，樟树市成功创建 2022 年度"四好农村路"全国示范县；奉新县、铜鼓县成功创建江西省第七批"四好农村路"省级示范县。

（宜春市交通运输局）

【樟树市 2022 年农村公路安全生命防护工程建设完工】 2022 年，樟树市交通运输局总共投资 180.7 万元，下达农村公路安全生命防护工程项目计划 17 个，隐患里程合计 14.7 千米，项目实施地点为樟树市有关乡镇，主要是在农村公路临水临崖及高边坡危险路段安装波形梁钢护栏，项目的建设实施完成，有效的消除了农村公路安全隐患，公路安全防护水平得到大幅提高，建立了农村公路通行安全"屏障"，筑牢了人民群众安全生命"盾牌"，为群众出行系上了"安全带"。

（钟毅）

【丰城市交通运输局扎实推进农村公路建设工作】 2022 年，丰城市共申报了县道升级项目 120.6 千米，建制村通双车道 112.2 千米，旅游路产业路资源路路网联通路公益事业路五路申报了 45 千米，通路撤渡项目 16.8 千米，村道生命安全防护工程申报了 109 个，危桥改造申报了 23 座。到年底，所有项目全部完成了设计批复和财审，80% 以上的项目完成了招投标，35% 以上的项目已开工。2022 年全市共完成县道升级和产业路、资源路等 11 个 49.2 千米，建制村通双车道 5 个 31.3 千米，安防工程 46 个 50 千米，危桥改造完成 15 座；技

术鉴定危桥出库 13 座，鉴定危桥入库 9 座。

（陈盟）

【宜丰县做好"四好农村路"建设】 2022 年度，宜丰公路水路交通运输基础设施建设总投资完成 2.125 亿元，完成比率 106.3%。完成芳溪至打石塘、长桥至甘坊县道升级改造、邓家垅至竹丛专项公路、天沐温泉主线及专线项目建设和党田至敖桥破损路面修复。新改建农村公路 65.5 千米，完成比率 187.42%；危桥改造 2 座，完成比率 100%。生命安全防护工程目标任务 20 千米，实际完成 20.4 千米，完成比例 102%。工业园至火车站公路新建工程 12 月开工建设，启动 S221 找桥至潭山公路升级改造和黄岗至黄檗县道升级改造项目前期工作。

（漆志勇）

【江西省"四好农村路"示范创建获佳绩】 1 月，交通运输部、财政部、农业农村部、国家乡村振兴局联合印发《关于命名"四好农村路"全国示范县的通知》（交公路发〔2022〕12 号）和《关于通报表扬"四好农村路"建设市域突出单位的通知》（交公路发〔2022〕13 号），对"四好农村路"全国示范县名单进行了公布，并对"四好农村路"建设市域突出单位予以了通报表扬。全省共计 8 个单位上榜。其中南昌市、上饶市等 2 市获"四好农村路"建设市域突出单位通报表扬；安义县、寻乌县、新干县、安福县、靖安县、玉山县等 6 县（市、区）被命名为"四好农村路"全国示范县。

（史志）

【上高县县乡道升级改造项目通车】 上高县 2022 年完成县乡道改造 18.8 千米，完成总投资 3950.2 万元。其中完成徐家渡至九峰县道升级改造项目 12.3 千米；完成坑林至国道 320、国道 320 至麻塘建制村通双车道项目 2 个 6.5 千米。具体如下：

徐家渡至九峰县道升级改造项目位于上高县徐家渡镇，路线编号为 X404360923，起点桩号为 K0+000，终点桩号为 K12+300，全长 12.3 千米。路线起于徐家渡镇（接国道 320），途经万坑村、红卫水库、寨里、曹下、九峰寺，终于白土村。该项目公路等级采用三级公路技术标准，计算行车速度 30 千米 / 小时。桥涵设计荷载：公路 - Ⅱ 级，小桥涵设计洪水频率 1/25，路基宽度 7.5 米，路面宽度 6.5 米，总投资约 3180 万元，其中省投资 1044 万元，该项目于 2020 年 10 月开工，2022 年 11 月完工通车。

国道 320 至麻塘建制村通双车道项目位于上高县徐家渡镇麻塘村，路线编号为 Y022360923，起点桩号为 K0+000，终点桩号为 K5+000，全长 5 千米。路线起于国道 320，途经廖家、寮里，终于麻塘村。该项目公路等级采用四级公路技术标准，计算行车速度 20 千米 / 小时。桥涵设计荷载：公路 - Ⅱ 级，小桥涵设计洪水频率 1/25，路基宽度 7 米，路面宽度 6 米，总投资约 600 万元，其中省投资 300 万元，该项目于 2021 年 11 月开工建设，2022 年 4 月完工通车。

坑林至国道 320 建制村通双车道项目位于上高县墨山乡坑林村，路线编号为 Y048360923，起点桩号为 K2+100，终点桩号为 K3+600，全长 1.5 千米。路线起于黄田线，途经坑林村至终点 320 国道。该项目公路等级采用四级公路技术标准，计算行车速度 20 千米 / 小时。桥涵设计荷载：公路 - Ⅱ 级，小桥涵设计洪水频率 1/25，路基宽度 6.5 米，路面宽度 6 米，总投资约 170 万元，其中省投资 90 万元，该项目于 2021 年 11 月开工建设，2022 年 4 月完工通车。

（吴琴霜）

【九江市交通运输局与九江市农发行签订政策性金融支持"四好农村路"框架协议】 7 月 8 日，在九江市"四好农村路"高质量发展现场推进会上，市交通运输局与市农发行签订了政策性金融支持"四好农村路"框架协议，对该市乡镇通三级公路、建制村双车道拓宽改造、渡改桥、危桥改造、安全生命防护工程、乡村运输服务站点和养护生产等方面提供 38 亿元的政策性金融支持。

（九江市交通运输局）

【井冈山红色之路智慧提升工程二期竣工】 项目全长约 10.5 千米，主要建设内容为在井冈山茨坪镇 1928 井冈山标志至大井旧居路段和井冈山茨坪镇 220 国道中泰来国际大酒店至下庄王佐故居路段安装照明设施。通过公开招标，由良业路灯方面全部完成路灯安装调试 222 套，护栏灯 320 套，安装配电箱柜 11 台，敷设各种管线及电缆 4 万余米；

电力配套方面已全部完成新增变压器 11 台的安装调试并接火工作,敷设高压电缆 2000 余米,低压电缆 500 余米。计划总投资为 1500 万元,实际完成投资约 1340.5 万元。2022 年 8 月 18 日由建设单位组织市住建局质监站、施工单位、设计单位、监理单位等相关部门进行工程竣工验收,工程质量评定为合格。开工时间:2022 年 4 月 25 日,竣工时间:2022 年 8 月 18 日。

(吉安市交通运输局)

【新余市"四好农村路"示范创建捷报频传】 11 月,分宜县成功获评江西省第七批"四好农村路"示范县,渝水区"四好农村路"全国示范县创建已完成公示。"四好农村路"创建工作捷报频传,令人振奋,标志着新余市"四好农村路"示范创建工作迈上新台阶。

2022 年,新余市累计新改建农村公路 118.14千米,总投资达 3.52 亿元。全市农村公路总里程达 4519.6 千米,其中县道 535 千米、乡道 1394 千米、村道 2589 千米;县道三级公路以上里程为 392 千米占比 73.2%,通双车道建制村比例为 70.3%,全市 3295 个自然村全部通了水泥路,打通了群众出行的"最后 1 千米"。大力实施农村公路交通安全保障工程,2022 年完成安全生命防护工程 30 千米,危桥改造 5 座,农村公路交通安全设施精细化提升路段 219.14 千米。以上项目的实施为新余市"四好农村路"高质量发展和助力乡村振兴战略奠定了坚实的基础。

(彭玉翔)

【奉新县交通运输局 2022 年农村公路建制村通双车道改造计划项目完成】 奉新县交通运输局根据江西省综合交通运输事业发展中心关于 2022 年农村公路建设项目省级补助资金计划编制工作的通知(赣综交农字〔2022〕10 号)精神,奉新 2022年乡道改造项目 5 个,里程 19.5 千米于 5 月获批准。即:罗市镇曾家坪至竹溪村委会 2.5 千米;上富镇金港至坑口金港村委会 2.5 千米;干洲镇至洪川长青村委会 5.6 千米;柳溪乡柳溪至双坝村委会2.2 千米,甘坊镇大埠桥至横潭长坪村委会 6.7 千米,共计 19.5 千米,获省级补助 682.5 万元,地方自筹资金 1398.5 万元。因旧路线形极差,弯道多、半径小,夹直线短,会车非常困难,存在事故多发等

交通盲点。2022 年 6 月动工改造,主要采取路基拼宽,采用单侧或两侧加宽拼宽等方式,尽可能裁弯取直,优化平曲线,调整夹直线长度,降低了工程造价,技术标准得到了提升,2022 年 5 个乡道双车道改造项目,年底全部竣工完成。

(温之泗)

【广昌县提前实现乡镇通三级公路目标】 赤水清潭至杨溪乡县道升级改造是广昌县公路工程 PPP项目中的一个子项目。为解决农村公路改造升级的资金问题,广昌县人民政府决定采用政府和社会资本合作(PPP)模式,筹资 5.37 亿元,对 1 条 4.5千米的国道按一级公路标准进行改造、对清潭至杨溪、长桥至尖峰黄坊等 11 条 111.8 千米的县道按三级沥青公路标准进行"白改黑"升级改造。该项目 2019 年 2 月开工建设,2022 年 12 月底全面建成通车。至此,广昌县 11 个乡镇全面建成三级沥青公路,提前实现了省交通运输厅提出的 2025 年乡镇通三级以上公路的目标。

(广昌县交通运输局)

桥梁建设

【概况】 2022 年,全省普通国省干线公路桥梁累计为 314109.340 延米 /5406 座,较去年增加7355.170 延米 /16 座。其中一、二类桥梁 5155 座,占比 95.36%;危桥 78 座(普通国道危桥 40 座、省道危桥 38 座),占比 1.4%。

(裴麟成 张子越)

【寻龙高速黄田特大高架桥全面贯通】 1 月,寻龙高速项目主线桥梁工程黄田特大高架桥顺利完成全幅架通施工任务。

黄田高架桥位于赣州市寻乌县留车镇圆墩下村附近,中心桩号 ZK19+892/YK19+871,该桥为分离式桥梁,左幅桥梁全长 1489 米,右幅桥梁全长 1449 米。下部结构左幅桥墩采用双柱式桥墩,柱径 1.6—2.2 米;桩基深度为 24—45 米范围内,均为嵌岩桩;薄壁式墩身,壁厚 2.2 米,实体承台配群桩基础,桩径 1.8 米;桩基深度为 20—45 米范围内,均为嵌岩桩;桥台采用桩径 2.0 米两柱式

柱台，钻孔灌注桩基础和桩径 1.5 米两肋式肋板台接承台配桩基础，钻孔灌注桩基础，按嵌岩桩设计。桥墩采用墩梁固结；右幅桥墩采用双柱式桥墩，柱径 1.6—2.2 米和薄壁式墩身，壁厚 2.2 米，实体承台配群桩基础，桩径 1.8 米；桥台均采用两柱式柱台＋桩基础，桩径 2.0 米，嵌岩桩设计，桥墩采用墩梁固结。

（省交通投资集团）

【上高县完成 4 座危桥改造】 上高县 2022 年完成江背桥、罗家桥、枧头桥、大垣桥危桥改造项目 4 座 144.22 延米，完成总投资 700 万元。

江背桥位于上高县芦洲乡儒里村，为村道 C287360923 江背至上分线上的一座四类危桥，跨越江背河。该桥全长 55.06 米，宽 8.5 米，上部结构采用 3 孔 16 米预应力钢筋砼空心板，下部结构桥墩采用桩基柱式墩，桥台桩基接盖梁。设计荷载等级为公路－Ⅱ级，设计洪水频率 1/50，不通航。总投资约 266 万元，其中省投资 140 万元，该项目于 2021 年 11 月开工建设，2022 年 4 月完工。

罗家桥位于上高县镇渡乡罗家村，为县道 X817360923 瓦棚山下至罗家公路上的一座四类危桥，跨越黄田河。该桥全长 39.06 米，宽 10 米，上部结构采用 2 孔 16 米预应力钢筋砼空心板，下部结构桥墩采用桩基柱式墩，桥台桩基接盖梁。设计荷载等级为公路－Ⅱ级，设计洪水频率 1/50，不通航。总投资约 204 万元，其中省投资 117 万元，该项目于 2022 年 2 月开工建设，2022 年 7 月完工。

枧头桥。位于上高县田心镇枧头村，为县道 X949360923 田心至芳山公路上的一座四类危桥，该桥全长 23.04 米，宽 7.5 米，上部结构采用 1 孔 16 米预应力混凝土空心板，下部结构桥台采用 U 形桥台，扩大基础。设计荷载等级为公路－Ⅱ级，设计洪水频率 1/25，不通航。总投资约 93 万元，其中省投资 52 万元，该项目于 2022 年 1 月开工建设，2022 年 5 月完工。

大垣桥位于上高县芦洲乡大垣村，为县道 X402360923 田背至徐家渡公路上的一座四类危桥，跨越大垣河。该桥全长 27.06 米，宽 8.5 米，上部结构采用 1 孔 20 米预应力钢筋砼空心板，下部结构桥台采用桩基接盖梁。设计荷载等级为公路－Ⅱ级，设计洪水频率 1/50，不通航。总投资约 137 万元，其中省投资 69 万元，该项目于 2020 年 11 月开工

建设，2022 年 2 月完工。

（吴琴霜）

【"玉山—上饶"快速通道（国道 320 沪瑞线玉山段）唯一上跨沪昆铁路桥成功转体】 3 月 4 日 12 时 48 分，由中铁二十四局集团西南公司承建的玉山县国道 320 沪瑞线玉山段上跨沪昆铁路桥正式开始转体。转体过程中，在牵引系统的牵引下，桥梁将同步按逆时针方向缓缓旋转 36.5 度，经过 42 分钟的牵引，桥梁精准到达设计线位置，顺利完成转体，完美"转身"跨越沪昆铁路，为"玉山－上饶"快速通道全线按计划建成通车创造了条件。

新建桥梁工程上跨沪昆线，桥梁全长 480 米，其中桥梁重难点控制性转体部分为 140 米，转体过程复杂、技术难度大、精度要求高。项目采用 BIM 技术和三维可视化交底等新技术、新工艺。

（吴彩丽）

【广昌县高洲大桥建成通车】 高洲大桥新建工程是广昌县重点建设工程之一，项目起于县委党校场前路 K0+370，跨盱江终于滨江东路 K0+765，路线全长 395 米，其中桥长 268 米，桥宽 25 米。桥梁结构设计基准期为 100 年；汽车设计荷载等级为桥梁－城市 A 级；设计洪水频率为 1/100；设计时速为 30 千米 / 小时；桥梁结构为主桥采用现浇 40 米跨径等截面预应力连续箱梁，引桥采用 30 米装配式预应力小箱梁，先简支后连续。项目批准总投资 4075.83 万元。经公开招投标确定由四川盛锋建筑工程有限公司承建；江西省公路工程监理有限公司负责监理。该项目于 2021 年 4 月 26 日正式开工建设，工期 12 个月。于 2022 年 4 月 12 日建成正式通车，并举行了通车典礼。

（广昌县交通运输局）

【宜春市国道 220 万载至袁州段（宜万同城）改建工程跨 320 国道桥顺利贯通】 4 月 24 日，国道 220 万载至袁州段（宜万同城）改建工程跨 320 国道桥最后一片预制箱梁完成架设，标志着该桥全幅顺利贯通，至此，该项目 18 座桥已有 16 座实现贯通目标。

跨 320 国道桥位于万载县马步乡，上跨 320 国道与万宜高速连接线相接，桥长 279.5 米，全桥 7 跨共有 42 片预制箱梁。国道 320 车流量大是制约

该工程施工进度、质量、安全的主要因素，为确保上部构造施工安全，防止施工过程中物体坠落对过往车辆和行人造成损伤，该项目办根据实际情况，制定了环桥绕行方案并获得交通主管部门的批准。在架梁施工前，用围挡将施工作业面与国道 320 有效隔离，道路两侧设置明显的安全警示标志、方向指示牌、反光贴纸、爆闪灯等标识标牌，在即将改道处设立水马和指示牌引导车辆进行改道绕行。

（肖道辉）

【高速公路"桥（隧）长制"在江西省 9 座特大桥、5 座特长隧道实施】 5 月，省交通投资集团对所辖道路正式实施高速公路桥（隧）长制，首批认定的 14 名桥长、隧长资格名单及梅岭隧道隧长责任公示牌揭牌，并在瑞赣高速会昌白鹅贡水特大桥、武吉高速潭山特大桥、九景高速鄱阳湖特大桥等 9 座特大桥和赣崇高速尖峰岭隧道、石吉高速老营盘四号隧道、井睦高速井冈山隧道等 5 座特长隧道实施。

高速公路桥（隧）长制是一项从江西高速公路养护实际出发，针对桥梁、隧道养护管理责任落实、养护水平提高、养护品质升级的创新性举措和有益尝试。该制度重点针对通车 10 年以上的国家高速公路特大桥、特长隧道，特殊结构或经特殊处置的桥梁、隧道，以及其他特殊情况的桥隧，实行两级管理。其中，一级桥隧的桥（隧）长由具有丰富桥隧养护经验的高级工程师担任，二级桥隧的桥（隧）长由具备工程师及以上资格的工程师担任，并配备 1 名具有助理工程师及以上资格的技术人员作为桥（隧）长助理。通过"一桥一桥长、一隧一隧长"，做好桥隧的技术状况认定、病害处治、风险防控、预防养护、养护新技术应用等，确保重要桥隧重点监测、重点评价和重点管理。

（省交通投资集团）

【万载县农村公路 7 座桥梁竣工通车】 2022 年万载县农村公路危桥改造计划、批复的项目，共计 7 座，全长由老危桥的 171.5 米，改造新建为 265 米，先后于 4 至 6 月相继开工，8 至 12 月竣工通车。

株树桥位于万载县赤兴乡镜山村，为村 C119360922（株数—长布）四级公路上的一座危桥，老桥全长约 32.0 米，桥面宽 3.5 米，上部结构为 3 孔钢筋砼土板桥，下部构造为重力式墩、桥台为重

力式桥台。新建株树桥，桥梁全长 40.0 米。桥面宽度为净 6.0 米，两侧 2×0.5 米（防撞墙），全宽 7.0 米。上部结构采用 3 孔 10 米装配式普通钢筋砼空心板梁；下部结构桥墩采用柱式墩、桥台采用重力式台，基础均采用扩大基础。原老桥经第三机构认定为危桥，为保障群众出行安全而新建。株树桥项目于 2022 年 4 月开工，同年 8 月建成通车。

哇坑桥位于万载县仙源乡双溪村，位于县道公路淖源至界岭（X693360922）公路上。老桥全长约 10 米，桥面宽 4 米，上部结构为 1×8.0 米的板拱，下部构造为重力式桥台。新建哇坑桥，桥梁全长 42 米。桥面宽度为净宽 7.5 米，两侧 2×0.5 米（防撞栏），全宽 8.5 米。上部结构采用 2 孔 16 米预应力砼简支空心板；下部结构采用扩基 U 形桥台。老桥经第三机构认定为危桥。新建哇坑桥项目于 2022 年 4 月份开工建设，同年 8 月份建成通车。

株树二桥位于万载县赤兴乡镜山村，位于村道公路村部—丰田（CPR5360922）公路上。老桥全长约 13 米，桥面宽 4 米，上部结构为 1×8.0 米的板拱，下部构造为重力式桥台。新建株树二桥，桥梁全长 20 米。桥面宽度为净宽 6 米，两侧 2×0.5 米（防撞栏），全宽 7 米。上部结构采用 1 孔 13 米预应力砼简支空心板；下部结构采用扩基 U 形桥台。老桥经第三机构认定为危桥。新建株树二桥项目于 2022 年 4 月份开工建设，同年 9 月份建成通车。

万拱桥位于万载县赤兴乡镜山村，位于村道公路村部—丰田（CPR5360922）公路上。老桥全长约 13 米，桥面宽 4 米，上部结构为 1×8.0 米的板拱，下部构造为重力式桥台。新建万拱桥，桥梁全长 21 米。桥面宽度为净宽 6 米，两侧 2×0.5 米（防撞栏），全宽 7 米。上部结构采用 1 孔 13 米预应力砼简支空心板；下部结构采用扩基 U 形桥台。老桥经第三机构认定为危桥。新建万拱桥项目于 2022 年 4 月份开工建设，同年 9 月份建成通车。

黄泥湾桥位于万载县仙源乡新市村，位于县道公路淖源至界岭（X693360922）公路旁。老桥全长约 8 米，桥面宽 4 米，上部结构为 1×6.0 米的板拱，下部构造为重力式桥台。新建黄泥湾桥，桥梁全长 18 米。桥面宽度为净宽 6.5 米，两侧 2×0.5 米（防撞栏），全宽 7.5 米。上部结构采用 1 孔 10 米预应力砼简支空心板；下部结构采用扩基 U 形桥台。老桥经第三机构认定为危桥。新建黄泥

湾桥项目于 2022 年 6 月份开工建设，2022 年 12 月份建成通车。

大岭下桥位于万载县潭埠镇濠田村，为村道濠田至下新屋四级公路上的一座危桥，桥梁位于路线 K0+955.0 处。老桥全长约 31.5 米，桥面宽 3.5 米，老桥为 3×9.5 米上承式石拱桥。由于老桥荷载较低，新建大岭下桥，桥梁全长 48.0 米。桥面宽度为净宽 5.0 米，2×1.5 米（人行道），全宽 8.0 米。上部结构采用 3 孔 13 米装配式预应力砼空心板梁；下部结构桥墩采用柱式墩、桥台采用重力式台，基础均为扩大基础。老桥经第三机构认定为危桥。新建大岭下桥项目于 2022 年 7 月份开工，同年 11 月份建成通车。

浩石大桥位于万载县双桥镇，为乡道 Y215360922（马冲—兰田）四级公路上的一座危桥，桥梁中心桩号为 K0+717.0。老桥全长约 64.0 米，桥面宽 5.0 米，上部结构为 3 孔钢筋砼拱桥，下部构造为重力式桥墩台。新建浩石大桥，桥梁全长 76.0 米。桥面宽度为净宽 7.0 米（防撞墙），两侧 2×0.5 米（防撞墙），全宽 8.0 米。上部结构采用 4 孔 16 米装配式预应力砼空心板梁；下部结构桥墩采用柱式墩、桥台采用重力式桥台，基础均采用扩大基础。老桥经第三机构认定为危桥，为保障群众的出行而新建。浩石桥项目于 2022 年 8 月份开工，同年 12 月建成通车。

（辛鹏远）

【丰城紫云大桥同日完成"双节点"】 9 月 18 日，由中铁大桥局承建的江西省丰城市紫云大桥新建工程项目首片盖梁浇筑完成、南岸 S0 号主墩首根桩基顺利开钻，同一天完成两个节点。紫云大桥新建工程项目位于丰城市中心城区，为主要过江通道，线路为南北走向，北接丰厚一级公路，南接丰乐一级公路，全长约 4.2 千米，主线桥梁约为 3.7 千米，主桥采用（60+80+180+80+60）米双塔双索面组合梁自锚式悬索桥，主塔采用水滴型钢 - 混组合桥塔，道路等级为一级公路兼城市主干路。项目南岸主墩位于赣江主航道，地质情况复杂，对桩基施工工艺要求较高。

紫云大桥的建设对拉开"一江两岸、一城七区"的城市发展框架、加速丰城融入南昌半小时经济圈、打造滨江生态宜居宜业城市、推进城市高质量发展和提升城市综合竞争力发挥重要支撑作用。大

桥预计于 2024 年 6 月建成通车，通车后向北可连接龙津洲街道莲花路，向南可直达府佑路，是丰城市中心城区南北客货运交通快速通道的重要组成部分。

（胡健）

【宜遂项目最长特大桥顺利合龙】 10 月，宜遂项目最长特大桥——袁河特大桥顺利合龙，标志着该项目重要控制性工程取得了重大突破，为实现宜遂项目主线建成通车奠定了坚实基础。

袁河特大桥全长 1130 米，全桥共 8 联，33 孔，横跨新国道 320 及袁河，全桥桩基 288 根，实体墩 16 根，30 米 T 梁 378 片，为项目关键控制性工程，由宜遂 SSA 标承建。施工过程中，按照要求将施工废渣及表土集中堆放、整平，做好防排水设施，设立桩基施工泥浆废渣处理示范点，对覆盖表土进行绿化处理。施工后期，做好桥下整治、绿化工作，实现文明施工。

（省交通投资集团）

【泰和县澄江大桥正式开工建设】 11 月 26 日，泰和县澄江大桥正式开工建设。项目起于泰和大道与澄江大道平交口向东南方向延伸，之后上跨晓渡路、滨江大道，跨越赣江后上跨赣江东大堤，并继续向南，终于规划省道 221，全长 1750 米，其中桥长 1310 米。项目总投资约 9.76 亿元，其中工程建设费 7.53 亿元。采用城市干道标准，设计时速 50 千米 / 小时，近期采用双向四车道断面，并预留远期双向六车道宽度。根据道路横断面的不同，项目分为四段，交叉口至西桥头断面宽度 60 米，引桥段断面宽度 32.5 米，主桥段断面宽度 43 米，东桥头至规划省道 221 断面宽度 32.5 米。澄江大桥采用双塔自锚式悬索桥，其跨径布置为 48+85+210+85+45=473 米，索塔采用镂空稻谷造型的混凝土结构，全高 83.9 米，桥面以上塔高约 58 米，主跨缆索矢跨比为 1/5。加劲主梁采用分离式双钢主梁截面形式，梁高 3.5 米，大桥引桥采用现浇连续箱梁桥。

（吉安市交通运输局）

【省交通投资集团两项工程获评江西省优质建设工程"杜鹃花奖"】 2022 年，2021 年度江西省优质建设工程"杜鹃花奖"入选工程名单公布，王安石

抚河特大桥、江西省高速公路赣东应急中心榜上有名，获评江西省优质建设工程——"杜鹃花奖"。

王安石抚河特大桥是省地共建模式下建设的大型特殊结构桥梁，也是江西省高速公路建设史上的第一座飞燕式钢混组合系杆拱桥，被誉为"江西高速第一拱"。大桥跨抚河而建，是抚州东外环高速公路连接线控制性工程。全长 1417 米，为双向 6 车道，设计时速 80 千米/小时，主孔为跨度（60 米 +168 米 +60 米）飞燕式钢管混凝土系杆拱桥，引桥采用 40 米先简支后连续装配式预应力 T 梁。此外，大桥设计新颖独特，采用提篮造型，寓意"才子摇篮"。

江西省高速公路赣东应急中心位于抚州市迎宾大道 1288 号，隶属于江西省交通投资集团抚州管理中心，项目于 2018 年竣工，主要包含单体综合楼、室外广场及大型综合运动场，综合楼建筑高度 98.3 米，共 21 层，总建筑面积 28286.57 平方米，其中地上 22866.57 平方米，地下 5420 平方米，建筑造型大气典雅，已成为抚州市高新技术区新的标志性建筑。

（省交通投资集团）

【吉安市国道 322 峡江县赣江大桥扩建工程建成通车】 国道 322 瑞安至友谊关公路峡江县赣江大桥扩建工程位于峡江县境内，在既有峡江赣江大桥下游侧，东起赣江东岸国道 322K917+125 处，西至 G322 国道 K918+620，路线全长 1495 米（桥梁长 1037 米，东西引道长 458 米），项目总投资 13002 万，投资资金为上级补助及地方配套资金。该项目的施工内容包括路基工程、路面工程、桥梁工程、交安工程、绿化工程。孔跨布置为 9×40 米预应力小箱梁 +（85+140+85）梁拱组合体系 +9×40 米预应力小箱梁。合同工期 24 个月，施工合同金额 11045 万元，项目于 2020 年 9 月 1 日开工，于 2022 年 12 月建设完工。

（吴剑敏）

公路养护及绿化

【概况】 2022 年，全省高速公路日常养护完成投资 36511.62 万元，预防性养护完成投资 27931.42 万元，修复养护完成投资 65053.38 万元（其中路面工程完成投资 49692 万元，桥梁工程完成投资 9648.62 万元，隧道工程完成投资 4700.2 万元），专项养护完成投资 21140.93 万元，应急养护完成投资 2489.02 万元，本年绿化投入资金 3566.93 万元。

普通国省道日常养护完成投资 106688.2841 万元，预防性养护完成投资 134207.2425 万元（其中路面工程完成投资 134207.2425 万元，完成车道里程 2834.079 千米），养护修复完成投资 328662.9821 万元（其中路面工程完成投资 269833.7759 万元，完成车道里程 2294.678 千米，桥梁工程完成投资 58829.2062 万元，完成长度 28784.71 延米），专项养护完成投资 97342.609 万元，应急养护完成投资 6819.549 万元，绿化投入资金 2302.368 万元，公路废旧沥青路面材料循环利用率 95.9%。

农村公路日常养护完成投资 65198.7887 万元，完成里程 183551.982 千米；修复养护完成投资 190796.6031 万元，完成里程 4268.358 千米；专项养护完成投资 136111.7942 万元，完成里程 4133.075 千米；应急养护完成投资 35615.6564 万元，完成里程 3285.728 千米；绿化投入资金 18337.2 万元。

（裴麟成）

养护管理

【江西干线公路养护管理综合评分排名全国第 1 名】 12 月，交通运输部办公厅印发《关于公布 2022 年度国家公路网技术状况监测结果的通知》（交办公路函〔2022〕1810 号），江西干线公路养护管理综合评分排名全国第 1 名，创历史性突破。江西省省长叶建春批示："这个历史性突破很有意义，值得肯定，这是全省干线公路养护管理系统同志们努力的结果，更是交通运输部的关心支持和鼓励，我们要继续努力，扎实做好全省公路养护管理工作，不辜负交通运输部的关心支持，为全省高质量跨越式发展做出更大贡献。"

（省综合交通中心）

【"高科技＋大数据"——以数字化引领高速公路养护管理转型升级】 6月，依托"高科技＋大数据"，江西省交通投资集团立足高速公路养护管理实际业务需求，构建了省内首个智慧管养系统——江西省交通投资集团养护管理系统。这是江西高速公路养护管理数字化转型发展的重要实践，助力高速公路养护工作高质量开展。

每一条高速公路从修建时的原始图纸到每年的养护维修方案，都需留存大量数据资料。养护管理系统内设的养护数据中心收录了江西交投所辖的5367千米高速公路路产基础数据，近10年的路面、桥梁、隧道养护历史数据和检测评定数据，以及近6年的交通量数据和高速公路运行期间的业务数据，形成了数据完整、资源共享的高速公路养护数据库。

（省交通投资集团）

【江西"高速公路养护智能巡查及路面科学决策技术"获批交通运输部在役干线公路基础设施与安全应急数字化试点项目】 11月，省交通投资集团"高速公路养护智能巡查及路面科学决策技术试点"项目通过交通运输部专家答辩评审，获批"在役干线公路基础设施与安全应急数字化试点项目"，成为全国14个智能养护试点项目之一。

该试点项目以智能养护为主题，基于人工智能自动化巡查技术和路面养护科学决策技术两个方向开展试点。2021年以来，该技术已在全省86%的高速公路开展应用。智能巡检技术对养护病害识别准确率达90%以上，巡检速度提升60倍以上，同时降低养护人员的安全风险。科学决策技术基于养护管理系统的大数据分析建立路面养护投入评估模型，预测养护效果和养护资金投入，经过试点，养护决策资金与实际匹配度超过90%，多次通过国家公路网技术状况监测的检验。

（省交通投资集团）

【省交通投资集团两个品牌获评"第四届交通运输优秀文化品牌"】 12月，由中国交通报社与中国交通报刊协会联合举办的"交通强国　品牌力量"第四届交通运输优秀品牌推选获奖名单揭晓。赣州管理中心大道行和南昌东管理中心"啄木鸟"养护工匠室文化品牌榜上有名，分别荣获"创新力文化品牌"和"优秀文化品牌"称号。

（省交通投资集团）

【赣州市持续深化农村公路管理养护体制改革】 2022年，印发了《关于做好赣州市2022年度农村公路管理养护工作的通知》。继续加强农村公路安全隐患的排查整治工作。市县级督办道路交通隐患排查整治196处，全部整治完成；开展全市普通国省道与农村道路平交路口隐患排查治理工作，对系统导出3402处平交路口隐患整治进行全面摸查整治。开展农村公路安全设施和交通秩序管理精细化提升工作。

（赣州市交通运输局）

【井冈山市交通运输局全面落实日常养护责任制】 2022年底，农村公路总里程1103.8千米，县道166.908千米，乡道250.669千米，村道686.223千米。井冈山认真贯彻落实习近平总书记关于"四好农村路"建设的重要指示批示精神，一是建立健全养护检查考核制度，及时组织公路巡查并处置各类公路安全隐患，目前负责管养县道达17条，每月均组织对所有的县道开展一次养护检查考核，每季对所有乡道开展一次养护检查考核、每半年对所有乡道村道开展一次养护检查考核；二是采用人工＋自动化检测评定方式，对农村公路路面、路基进行检测，2022年自动化检测长度达495千米，检测比例45%。三是明确日常养护主要任务及养护经费标准，养护经费标准按县道每年每千米10000元，乡道每年每千米5000元，村道每年每千米3000元，并设立3%的增长机制，财政本级按照"1∶1∶8"比例纳入财政预算434.676万元。

（吉安市交通运输局）

【峡江县扎实推进"路长制"管养模式】 峡江县全面推行"路长制"管养模式，建立县乡村三级"路长制"管理体系。将农村公路养护岗纳入扶贫专岗范围，开发岗位168个，确保每条村道都有2名以上养路工，做到"有路必养"。大力实施水利枢纽右岸公路、油陂庙至仁和、国道105至洲上等道路"美丽生态文明示范路"改造，以点带面提升该县农村公路面貌，做到"养必养好"。

（吉安市交通运输局）

【吉州区探索农村公路养护市场化改革】 吉州区坚持创新引领，积极探索推进全区农村公路养护市场化体制改革，重点通过三项措施着力破解难题。

建立健全体制机制。该区按照"县道县管、乡村道乡村管"的要求，建立健全县、乡、村三级管养机构。全面实行"路长制"，将村组公路养护纳入村规民约管理，调动群众积极参与，对全区农村公路实施有效管护。建立了"县为主体、乡村参与、各方支持、多方监督、政府考核"的农村公路管理养护体制机制。

强化资金保障。该区通过提高养护资金标准，区财政预算养护资金从之前的200万元提高到现在的500万元，资金标准较改革前提高了2.5倍，资金筹集方式从原来区级财政全额承担调整为省、市、县三级财政按照1：1：8的比例共同承担，确保管养资金得到有效保障。

创新管养模式。该区加快推进农村公路养护市场化改革，建立政府与市场合理分工、专群结合的养护模式，通过引进社会企业、鼓励家庭承包、带动沿线群众参与，并优先选择脱贫户开展养护工作，增加就业岗位和收入，实现公路管养工作市场化、机械化、信息化、规范化。

（吉安市交通运输局）

【袁州区交通运输局加强农村公路养护工作】 2022年，袁州区交通运输局建立以"区为主体、行业指导、部门协作、社会参与"的养护工作机制，推进有路必养。在养护模式上，按照县道县养、乡道乡养、村道村养的养护机制，分级分类养护标准、结合养护＋扶贫模式，推行公司主体养护、群众参与、帮扶贫困户等养护模式，农村公路列养率达到100%。推进农村公路养护市场化改革，对于日常保洁、绿化等非专业项目，鼓励通过分段承包、定额包干等办法；大中修等专业性工程，逐步通过招投标方式交由专业化养护企业承担。按照《袁州区农村公路养护管理实施办法》，促进资金投入科学化，养护队伍专业化，养护管理日常化，提升

农村公路养护水平。强化养护成果监督考核，以解决问题为考核导向，以农村公路养护成果为结论依据，定期开展乡村道路的监督考核，并将考核结果作为分配各乡镇场农村公路养护补助资金的重要依据，以考核促管理，提升全区乡村道路的养护水平。

（袁州区养护中心）

【万载县完善农村公路养护管理】 2022年，万载县交通运输局建立健全农村公路管养体制，出台《万载县深化农村公路管理养护体制改革实施方案》，养护机构标准化建设基本形成，落实日常养护县级配套资金，统一制定各养护机构制度牌、养护线路图表等相关制度，制定日常养护检查考核制度，实行县道月检季通报、乡村道季检季通报机制，并列入各乡镇（街道）年终高质量发展考评的依据。推进农村公路市场化改革，日常养护成效逐渐提高。按照区域划分将县道分包给两个养护公司，鼓励乡镇实行分级分类管养，整合资源、开发公益性"护路员"岗位，助力乡村公路养护。每年开发公益性岗位"护路员"180名，爱路、护路村规民约出台制定率100%，实行"门前三包"，提倡政府主导、群众共养，竭力构建齐抓共管、人人参与公路养护的良好局面。

（胡会仙）

【广昌县农村公路养护体制改革成效显著】 2022年，广昌县深化农村公路养护体制改革：全县1421千米农村公路全部纳入日常管理养护范围，列养率达到100%；优良中路率达到80%以上；农村公路养护工程县财政投入达到773万元，占全县农村公路养护工程总投资的52.95%。广昌县农村公共基础设施管理"五位一体"改革举措，多次受到省市领导好评，并被推荐参与2022年度江西省全面深化改革优秀案例评选。

（广昌县交通运输局）

养护工程

【省交通投资集团全力抗旱保绿】 针对7月以来江西省持续高温酷暑天气，省交通投资集团及时成立

抗旱领导小组，落实防汛抗旱责任，组织开展抗旱保绿工作，为高速公路绿化苗木"解渴降温"。

细化方案，人机结合抗旱。针对管辖高速公路里程长、沿线绿化苗木品种多等情况，提前对沿线绿化苗木旱情进行"地毯式"摸底，组织相关技术人员进行"抗旱保绿"技能学习，采取定时、定车、定路段、定责任的"四定"措施，有针对性地制定抗旱保绿工作方案，科学调配浇水人员和车辆物资。

科学安排，提高浇灌效率。根据天气和通行条件制定相应浇灌计划，合理安排浇水时间段，采用每天清晨提前作业、晚上延长作业时间等办法，以及早晚两班轮流作业方式，运用洒水车、自吸泵、中分带滴灌系统等设施设备，结合人工洒水方式，每天进行不少于2次浇灌，提高浇灌效率，确保该高速公路沿线未出现绿植连续枯死情况。

统筹整合，同步实施作业。积极探索抗旱保绿"集约化"养护新模式，将中分带绿植洒水与其他日常工作充分融合，实现了"一次封道"解决中分带乔木修剪打草、缝隙式排水沟清理、桥梁泄水孔清理、防眩板更换及贴反光膜等多项工作，让抗旱保绿工作更安全、更高效。

集团高速公路抗旱保绿共投入水车2945台班、其他保障车2314台班，累计投入金额约1000万元，浇灌中分带绿植约20653.4千米、路侧绿植约11744.7千米。

（省交通投资集团）

【南昌公路分中心公路路面养护工程全面完成】
11月，南昌公路分中心2022年公路路面养护工程相继完工，累计完成南昌县境内省道517、省道104等路段共8.68千米"白改黑"路面改造，完成投资2228万元。南昌公路分中心紧扣时间节点和任务要求，科学组织，倒排工期，以建设人民群众满意的"优质工程"为目标，严把工程质量关，全力推进工程进度。

（史志）

【宜丰县路面养护大中修工程三个项目完工】 12月，宜丰县路面养护大中修工程三个项目完工。宜丰县党田至洞山路面养护大中修工程完工。该项目系2022年农村公路养护工程（路面大修）计划项目，位于宜丰县同安乡，全长5.4千米，路基宽8米，

路面宽7米，总投资2490万，路面采用处置不合格混凝土路面+4厘米厚AC-16中粒式沥青混凝土+4厘米厚AC-13细粒式沥青混凝土，12月，公路大中修工程全面完工。宜丰县金家湾至一级站路面养护大中修工程完工。12月，县道X457360924金家湾至一级站公路大中修工程全面完工。该工程位于宜丰县双峰林场，全长1千米，路基宽7.5米，路面宽6.5米，总投资235万，路面采用处置不合格沥青混凝土路面+5厘米厚AC-16中粒式沥青混凝土。宜丰县芳溪至下屋路面养护大中修工程完工。12月13日，县道X804360924芳溪至下屋公路大中修工程全面完工。该工程位于宜丰县芳溪镇，全长1.2千米，路基宽6米，路面宽5米，总投资300万，路面采用处置不合格混凝土路面+6厘米厚AC-20中粒式沥青混凝土+4厘米厚AC-16细粒式沥青混凝土。

（章丹）

【宜丰县完成澄清线—楼湾等村道安全生命防护工程建设】 12月，澄清线-楼湾等村道安全生命防护工程建设竣工。澄清线-楼湾等村道安全生命防护工程项目全长15千米，主要包括减速带、警示标志、护栏及反光镜等，总投资约375万。

（章丹）

【奉新县完成乡村道17个大、中修养护工程项目】
2022年，奉新县完成农村公路乡村道路面大修项目6个，大修里程4.438千米，工程概算305万元：1.会埠镇建新—谭埠1千米水泥砼路面重浇18厘米厚面板。路基宽7米，路面宽6米，总投资62万元。2.宋埠镇安观线—邓家0.438千米砼路面，处理不合格面板还加铺5厘米厚沥青砼面层，路基宽6米，路面宽5米，总投资45万元。3.天工大道—跃进水库1.6千米砼路面，处理不合格的路面后，路基宽7.5米，路面宽3.5米，总投资83万元。4.澡下镇上里河—茶园0.4千米水泥砼路面，重浇18厘米厚水泥砼路面，加铺5厘米厚沥青砼面层，路基宽7.5米，路面宽6.5米，总投资22万元。5.会埠镇赤带线—周家0.3千米水泥砼路面，重浇18厘米厚砼面层，路基宽4.5米，路面宽3.5米，总投资11万元。6.石溪乡石溪—石溪中学0.7千米水泥砼路面，处理不合格面板后，加铺5厘米厚沥青砼面层，路基宽6.5米，路面宽6米，总投

资 52 万元。

路面中修项目 11 个，中修里程 8.398 千米，工程概算 214 万元：1. 上富镇港口—白源 0.6 千米水泥砼路面重浇 18 厘米厚面板，路基宽 5.5 米，路面宽 4.5 米，总投资 21 万元。2. 澡下镇富溪—汪家 0.6 千米水泥砼路面重浇 18 厘米厚面板，路基宽 5.5 米，路面宽 4.5 米，总投资 7 万元。3. 赤田镇夏泽—高岗 0.6 千米水泥砼路面打板重浇 18 厘米厚面板，路基宽 5.5 米，路面宽 4.5 米，总投资 22 万元。4. 澡溪乡寺棠线—官田 0.8 千米水泥砼路面打板重浇 18 厘米厚面板，路基宽 5.5 米，路面宽 4.5 米，总投资 11 万元。5. 罗市镇曾家坪—葵湖 0.9 千米水泥砼路面打板重浇 18 厘米厚面板，路基宽 5.5 米，路面宽 4.5 米，总投资 15 万元。6. 柳溪乡港尾—小沙坪 0.8 千米水泥砼路面打板重浇 18 厘米厚面板，路基宽 5 米，路面宽 4 米，总投资 13 万元。7. 会埠镇胡塘—田南 1.176 千米水泥砼路面打板重浇 18 厘米厚面板，路基宽 5.5 米，路面宽 4.5 米，总投资 17 万元。8. 柳溪乡坳上—上坪 0.754 千米水泥砼路面重浇 18 厘米厚面板，路基宽 5.5 米，路面宽 4 米，总投资 32 万元。9. 澡下镇株梓—兰田 0.768 千米水泥砼路面，打板重浇 18 厘米厚面板，路基宽 5 米，路面宽 4 米，总投资 33 万元。10. 会埠镇赤渣线—王东组 0.8 千米水泥砼路面，打板重浇 18 厘米厚面板，路基宽 5 米，路面宽 4 米，总投资 21 万元。11. 赤岸镇下坑—小获 0.6 千米水泥砼路面，打板重浇 18 厘米厚面板，路基宽 5 米，路面宽 4 米，总投资 22 万元。所有项目 11 月底全部完成。

（叶飞球）

【抚州市公路养护概况】 2022 年，抚州市完成养护工程项目 141 个，完成投资约 4.9 亿元。其中 2021 年续建路面养护工程 18 个 159.54 千米、灾毁恢复重建工程 2 个 26.015 千米、危旧桥改造 19 座、服务设施 3 座、示范路 6 个 100.5 千米；2022 年路面养护工程 26 个 246 千米、危旧桥改造 2 座、灾害防治 6 个 63.6 千米，安全生命防护工程 29 个，完成国家公路网技术状况监测路线整治工程 19 千米及 G236 芜汕线南辽河大桥整治工程；服务设施 3 座，危桥 14 座，灾害防治完成 5 个 1 千米，安全精细化提升 18 个 83.551 千米。资溪高田服务区、临川封家边驿站、昌驿前驿站、崇仁宝水驿站 4 个服务设施评为星级服务设施。全市普通国省干线公路实现国道 PQI 达到 92 以上，优良路率 93.93% 以上，省道 PQI 达到 85 以上，优良路率 88.36% 以上。

（抚州市交通运输局）

【上高县公路养护概况】 2022 年，上高县农村公路养护里程 1686.858 千米，其中县道 241.721 千米，乡道 470.406 千米，村道 974.731 千米。出台《上高县深化农村公路管理养护体制改革实施方案》，构建"县为主体、乡村参与、各方支持、多方监督、政府考核"的农村管理养护体制机制。

上高县交通运输局对列养的 1686.858 千米农村公路进行管理养护。共出动养护人员 8000 余人次，各类养护机械设备 900 余台次，清运垃圾、杂物 3 万立方米，清除路肩杂草长草 1032 千米，整修路肩 623.5 千米，清理边沟 534.2 千米，清理塌方土方 1200 多方，夯填塌陷路面、路肩等 25 处，维修水毁病害路段 35 处，对列养桥梁进行了巡查检查和维修养护。

2022 年上高县农村公路日常养护投入经费 616.24 万元。督促各养护管养单位与 274 名养护人员签订农村公路日常养护合同，其中贫困户 56 人。着力从建档立卡零就业家庭中选聘公路护路员，让受聘的建档立卡群众就近分段参与公路日常养护、开展爱路护路宣传和安全隐患排查等，给每一条农村公路都配上"保姆"，实现农村公路管理养护全覆盖。为加强农村公路养护监督管理，县交通运输局每季度组织对本辖区内的农村公路管理养护工作进行一次检查和考评，确保农村公路安全畅通，路容路貌整洁干净。

（喻锟）

航道建设

【概况】 2022年，江西省赣江全线8个梯级已建成6个，象山枢纽已开工建设、鄱阳湖水利枢纽正推进前期工作，信江全线三个梯级枢纽已建成，赣江、信江基本实现三级通航，三级及以上航道里程达到960.6千米（其中长江江西段156千米，赣江572千米，信江232.6千米），已形成"两横一纵"高等级航道主骨架。

（省高航中心）

【信江高等级航道整治工程主体土建工程顺利通过交工验收】 6月29日，信江高等级航道整治工程通过主体土建工程交工验收，标志着作为江西"两横一纵五支"高等级航道网络主通道之一的信江，全面具备三级通航条件。信江高等级航道整治工程项目于2019年11月开工，包含界牌至双港渠化航道配套整治工程和双港至褚溪河Ⅲ级航道整治工程2个项目，全长198千米。

（赵文戬　魏巍）

【省高航中心召开全省智慧船闸建设工作推进会】 8月25日，省高航中心在南昌召开全省智慧船闸建设工作推进会。会议集体通过了江西省高等级航道事务中心成立智慧船闸建设工作专班事宜，听取了省赣江、信江智慧船闸建设工作开展情况，与会各单位就如何加快推进智慧船闸落地提出了建设性意见。

会议就智慧船闸建设模式和建设重点方向进行了研究部署。会议强调：要提高站位，深刻认识智慧船闸建设工作重要意义。要凝聚合力，加快推进两江智慧船闸如期达标建成。要统一标准，着力打造便民内河智慧船闸江西标杆。

（万澍）

【信江航运枢纽工程通过交工验收】 12月13日，信江航运枢纽项目BW2标、BG1标和BG14标通过交工验收。

（艾毅　谢玉堂）

【万安枢纽二线船闸工程项目通过交工验收】 12月14日，万安枢纽二线船闸工程通过交工验收，实现了赣江高等级航道真正意义上的全线贯通。万安枢纽二线船闸总投资29.2亿元，船闸等级为Ⅲ级，设计最大工作水头32.5米，闸室有效尺度为180米×23米×4.5米（有效长度×有效宽度×门槛水深），设计水平年（2050年）单向通过能力为988万吨。

（周小敏）

港口建设

【概况】 2022年，省港口集团全年在建项目18个，建成项目7个，新开工项目3个，完成年度投资70亿元。信江界牌至双港、双港至褚溪河口航道整治、八字嘴航电枢纽西大河、赣江万安枢纽二线船闸4个航道项目，都昌宏升、丰城尚庄、九江九宏3个码头项目建成投产。宋家滩航道整治项目完成交工验收。赣州五云、樟树河西、鄱阳角子口 3 个码头项目开通临时通道。贵溪九牛滩码头水工主体交工验收。吉州砂石水工主体和引桥基本完工，南昌龙头岗二期、星子沙山、安信物流、湖口银砂湾等码头建设稳步推进。泽诚公用码头、赣江新干枢纽—南昌Ⅱ级航道建设工程、龙头山枢纽二线船闸工程 3 个项目如期开工。积极推进袁河航道提升、昌江航道提升、吉安天玉码头工程等项目前期工作。

（方子锐）

【九江港 2022 年港口建设情况】 2022 年，九江港共推进 11 个港口码头项目建设，其中续建项目 7 个，分别为城西赤湖作业区公用码头一期工程、彭泽华亿石油化工物流公用码头工程、都昌宏升货运码头工程、濂溪区九宏综合码头工程、瑞昌金丝作业区码头整合工程、九江电厂煤码头干灰泊位改建工程、城西安信物流公用码头工程；新开工项目 4 个，2022 年 1 月九江港庐山港区姑塘作业区赛诚综合码头工程开工建设、2022 年 9 月湖口港区银砂湾作业区综合码头工程和庐山市沙山作业区综合码头一期工程开工建设、2022 年 12 月彭泽泽诚公用码头工程取得施工图批复。2022 年 6 月都昌宏升货运码头工程、2022 年 12 月九江港庐山港区姑塘作业区九宏综合码头工程等 2 个项目通过交工验收；2022 年 6 月中石化九江分公司 89 万吨 / 年芳烃项目系统配套第二油品码头改造工程、2022 年 6 月城西砂石集散中心码头、2022 年 12 月九江港彭泽港区矶山作业区九江华亿石油化工物流公用码头 1#、2# 泊位等 3 个项目通过竣工验收。

（九江市港口航运管理局）

【中石化九江分公司 89 万吨 / 年芳烃项目系统配套第二油品码头改造工程顺利通过竣工验收】 6 月 14 日，九江石化芳烃项目系统配套第二油品码头改造工程竣工验收会在九江石化大厦召开，顺利通过竣工验收。九江石化芳烃项目系统配套第二油品码头改造工程建设规模为改造 1 个 5000 吨级化学品泊位，年吞吐量 110 万吨，设计年通过能力 115 万吨，使用长江岸线 150 米。该工程于 2021 年 1 月 21 日开工建设，2022 年 1 月 20 日实现与芳烃主装置同步中交，2022 年 6 月 14 日顺利通过竣工验收。九江石化芳烃项目是国家产业布局的重要建

设项目之一。

（廖云）

【都昌宏升货运码头通过交工验收】 6 月 30 日，都昌宏升货运码头通过交工验收并具备投运条件。都昌宏升码头是全省港口资源整合以来建设的第一个浮码头，共建设 4 个 2000 吨级散货泊位码头，岸线总长 465 米，设计吞吐量为 2400 万吨 / 年。该码头项目积极打造绿色环保码头，物料到达码头后，经过皮带机可直接传送到船舶，避免了传统车辆运输带来的扬尘污染。

（黄团冲　徐勇斌）

【九江港首座海底电缆生产企业配套码头工程通过竣工验收】 7 月，九江港瑞昌港区吉恩重工配套码头工程通过竣工验收，标志着瑞昌港区新增 1 个 5000 吨级大型泊位，也标志着九江港首座海底电缆生产企业配套码头正式建成。

九江港吉恩重工配套码头工程位于瑞昌港区下游，使用岸线 140 米，建成 1 个 5000 吨级件杂货泊位，设计年吞吐量 64 万吨。

（宋崇平　詹永宁）

【樟树港区五码头改扩建工程顺利通过竣工验收】 7 月 22 日，宜春港樟树港区河东作业区五码头改扩建工程竣工验收评审会在樟树召开。樟树港区河东作业区五码头改扩建工程于 2017 年 6 月开工建设，共建有 4 个千吨级泊位，设计年吞吐量 382 万吨，总投资约 1.5 亿元。宜春市交通运输局、交通运输综合行政执法支队、赣西航道事务中心、樟树市交通运输局、生态环境局、水利局等相关单位代表参与评审。此次竣工验收评审会分别听取并审核了项目建设单位、设计单位、施工单位、监理单位的汇报情况和相关材料，专家组和行业管理部门对评审报告提出了意见建议。专家组和行业管理部门一致认为该项目总体质量合格，符合验收标准，一致同意该工程通过竣工验收。

（宜春市港航事业发展中心　樟树市交通运输局）

【铜鼓天柱峰景区旅游码头（浮平台）竣工并投入使用】 宜春港铜鼓县大塅水库旅游码头（浮平台）工程于 2022 年 5 月 20 日开工，历经三个余月，于 2022 年 8 月 31 日完工。本工程建设浮平台呈垂直

线布置,长84.0米,宽4.0米,铝制引桥尺寸长6.0米,宽1.5米;共17个泊位,浮平台分为上船泊位及下船泊位,设置3座支浮桥,上船区布置5个小型游艇泊位,3个中型游艇泊位和4个大型游船泊位,下客区布置3个小型游艇泊位,1个中型游船泊位和1个大型游船泊位。日均人流量约800人次。码头浮平台采用浮箱、铝合金桁架、塑木面板、防撞条结构。拉索采用12毫米镀锌钢丝绳,主浮平台采用2吨手动绞盘、支浮桥采用1吨手动绞盘。主浮平台锚块4组,支浮桥锚块3组。2022年10月26日上午在天柱峰景区,由江西天柱峰旅游发展有限公司邀请了参与建设的相关单位、行业管理部门及专家,共计15人共同参加竣工验收会,浮平台在竣工验收合格后,将竣工验收报告报铜鼓县交通运输局备案,于2022年11月21日取得铜鼓县交通运输局发放的竣工验收合格证,正式投入使用。

（刘卫英）

【**丰城尚庄码头一期工程交工验收**】 11月10日,宜春港丰城港区城区作业区丰城尚庄货运码头一期工程通过交工验收。该码头于2021年3月28日开工建设,总投资约5.5亿元。建设6个1000吨级散货泊位,设计年吞吐量616万吨。

（杨学位）

【**九宏综合码头工程通过交工验收**】 12月14日,九江港庐山港区姑塘作业区九宏综合码头工程标通过交工验收。九宏综合码头总投资4.15亿元,岸线总长342米,工程拟建设2个2000吨级通用泊位和1个2000吨级化工泊位。

（雷声猛）

【**九江华亿石油化工物流公用码头一期工程顺利通过竣工验收**】 12月15日,九江港彭泽港区矶山作业区九江华亿石油化工物流公用码头1#、2#泊位竣工验收会在九江华亿石油化工物流公司召开,九江华亿石油化工物流公用码头1#、2#泊位顺利通过竣工验收。九江华亿石油化工物流公用码头工程位于长江下游的九江彭泽段,长江下游马当南水道右岸侧,长江航道里程下游718千米处。一期工程码头新建2个5000吨泊位,年吞吐量为200万吨,设计通过能力215万吨/年。

（廖云）

【**樟树港区河西作业区综合码头主体工程顺利交工验收**】 2022年12月21日,樟树港区河西作业区综合码头主体工程交工验收在樟树温德姆酒店召开。此次交工涉及码头1#—15#泊位及码头前沿疏浚单位工程,项目于2021年8月正式桩基建设,于2022年12月基本完工。省交通建设工程质量监督管理局于12月12日—16日对工程进行检测和质量核验。16个单位工程、90个分部工程、466个分项目工程质量均合格。竣工验收现场核查组专家组一致认为工程总体质量合格,符合验收标准,经验收核查组形成一致意见同意该工程通过交工验收。

（李劲然）

【**南昌港口岸电设施建设改造全面完成**】 截至2022年12月,南昌港有11座码头已安装港口岸电设施共34套,实现了港口岸电设施全覆盖。为强化船港岸电技术衔接匹配,进一步提升船港岸电设施技术匹配度,国网电力公司和港口企业已按计划对南昌港码头港口岸电设施接插件按照国家标准进行了改造。在优化提升岸电服务水平方面,南昌市加强船岸信息共享,要求港口企业将码头岸电设施技术参数信息、收费标准等通过网站、码头前沿指示牌等渠道向社会公开。

（南昌市交通运输局）

规划与勘察设计

【江西省水运"十四五"发展规划正式发布】 1月7日，江西省交通运输厅正式印发《江西省水运"十四五"发展规划》（以下简称《规划》）。

《规划》总结"十三五"时期全省水运发展的主要成绩，结合江西水运发展实际和特色，描绘未来5年的工作蓝图和实施路径，提出江西水运"到2025年进入全国内河省份先进行列"的发展目标，以基础设施保障有力、运输服务畅通高效、运营管理安全智慧、发展方式生态绿色为重点，按照"1234"的发展路径，实施加强高等级航道建设、打造现代化港口体系、培育现代航运服务体系、夯实智慧绿色平安水运基础、提升行业现代化治理水平等5大主要任务，推动水运在"十四五"期加快补齐短板、实现高质量发展的新跨越，水运在江西综合交通运输中的地位实现较大提升，对江西经济社会发展和全方位对外开放支撑作用显著增强。

（邹斌 黎植强）

【《南昌港总体规划（2035年）》获省部联合批复】

2月24日，《南昌港总体规划（2035年）》获交通运输部、江西省人民政府联合批复，南昌港将划分为市汊、龙头岗、姚湾、厚田、城区、南新、樵舍、北郊、昌东和进贤10个港区。本次规划的现状基础年为2019年，规划水平年为2025和2035年。

本次规划的范围包括南昌市境内赣江（包括赣江西支、中支、东支）、抚河等河流。共规划港口岸线24.53千米，含已开发利用港口岸线3.95千米。其中赣江规划港口岸线22.79千米，已开发利用3.95千米；抚河规划港口岸线1.74千米。南昌港规划为市汊、龙头岗、姚湾、厚田、城区、南新、樵舍、北郊、昌东、进贤10个港区，其中市汊港区和龙头岗港区为核心港区。

港口功能：南昌港以干散货、集装箱、件杂货、液体散货和商品汽车滚装为主，兼有旅游客运功能，逐步发展成为设施先进、功能完善、运行高效、安全环保的现代化综合性港口。

（省高航中心）

【《江西省内河航道与港口布局规划（2021—2050年）》获得江西省人民政府的批复】 5月16日，《江西省内河航道与港口布局规划（2021—2050年）》获得江西省人民政府的批复。

《江西省内河航道与港口布局规划（2021—2050年）》是指导全省水路交通运输中长期发展的顶层设计，对指导加快完善江西省水运多层次网络布局、重振"赣鄱千年黄金水道"辉煌具有重要意义。

（省高航中心）

【《南昌市"十四五"交通运输专项规划》出台】

6月3日，南昌市人民政府印发《南昌市"十四五"交通运输专项规划》。该计划由南昌市交通运输局牵头起草。规划分拟建、争取开工建设、前期研究谋划三类共85个项目建设。明确"十四五"南昌市交通运输发展的目标和任务，擘画"十四五"交通新图景。

（南昌市交通运输局）

【宜丰县交通运输局做好锂电产业道路规划编制】

6月，宜丰县交通运输局针对花桥同安的现状，规划矿区专项公路，保障群众的基本出行，做到矿区道路与群众出行的道路分开。加强矿运道路的运营管理和交通运输超载管制，为宜丰打造全国最大的锂资源开发利用基地和碳酸锂生产基地提供坚实的道路交通保障。会同相关部门对国道354花桥苦竹坳至新昌镇荷舍段和国道354新昌镇荷舍至省道（小水源）221澄塘清水桥2条公路提升改造为一级公路进行了规划和前期准备。对花桥、同安境内矿区路网建设，江西国轩、永兴新能源、江特锂业等头部骨干企业建设运输专线以及强化矿运交通安全等方面进行规划。

（漆志勇）

【宜春港四大港区之一袁州港区列入《宜春港总体规划》】 10 月，根据宜春交通运输局编制的《宜春港总体规划》及其环境影响报告书。宜春港将设樟树港区、丰城港区、袁州港区和高安港区四大港区，将建设货运码头、旅游客运码头以及工作码头等。

（袁州区交通运输局）

【江西 2 个水运规划项目获水运工程优秀咨询成果奖】 11 月 1 日，中国水运建设行业协会公布了2022—2023 年度第一批水运工程优秀咨询成果奖获奖项目名单，江西省高等级航道事务中心组织编制的《江西省水运"十四五"发展规划》《江西省内河航道与港口布局规划（2021—2050 年）环境影响报告书》分别获得一等奖和三等奖。

《江西省水运"十四五"发展规划》总结了"十三五"时期全省水运发展的主要成绩，结合江西水运发展实际和特色，根据"十四五"期国家战略、区域经济和行业发展等新形势、新要求，明确江西水运"十四五"期发展思路、主要目标、重点任务和政策导向，是指导今后五年江西水运发展的纲领性文件。

《江西省内河航道与港口布局规划（2021—2050 年）环境影响报告书》识别航道与港口布局规划涉及的环境敏感目标，分析规划与相关规划的协调性，对规划实施在水生态、水环境、大气环境、生态敏感区等方面可能产生的影响进行分析和预测，开展环境风险分析，在此基础上提出规划的优化调整方案和避免、减轻不良环境影响的措施建议，为实现全省内河水运可持续绿色发展提供支撑，为下一步江西省内河航道与港口布局规划获得批复奠定了基础。

中国水运建设行业协会水运工程优秀咨询成果奖是对水运建设行业工程咨询、设计单位完成的在国内同类成果中具有先进水平的工程咨询成果授予的奖励，是全国水运工程咨询行业的最高奖励。

（省高航中心）

【赣江龙头山枢纽二线船闸工程初步设计文件获江西省发展和改革委员会批复】 11 月 21 日，赣江龙头山枢纽二线船闸工程初步设计文件获江西省发展和改革委员会批复。赣江龙头山枢纽二线船闸位于江西省丰城市境内，布置于龙头山枢纽右岸，二线船闸距与一线船闸中心线 100 米。该项目工程概算为 204693.86 万元，新建二线 Ⅱ 级船闸 1 座、跨闸桥梁 1 座，复建连接坝；配套建设相应的生产及辅助建筑物，船闸有效尺度为 300 米 × 34 米 × 5.6 米，设计单向通过能力 3753 万吨，项目总工期 36 个月，建设单位为江西省港口集团有限公司。

（姜毅）

【赣江新干枢纽—南昌 Ⅱ 级航道建设工程初步设计获批】 12 月 12 日，赣江新干枢纽—南昌 Ⅱ 级航道建设工程初步设计文件获江西省发展和改革委员会批复。该工程河段位于赣江下段，上起于新干航电枢纽，沿赣江自上而下，经樟树、丰城，下止于南昌姚湾，航道全长 96 千米。该项目工程概算为 81515.57 万元，采用内河 Ⅱ 级航道标准建设，航道设计尺度 3.8 米 × 75 米 × 550 米，通航保证率 98%，主要建设内容包含疏浚挖槽、清礁、护岸、锚地、老坝维修、碍航丁坝拆除和部分岸标拆除等，同步配布相应的通航标识，项目总工期为 25 个月，建设单位为江西省港口集团有限公司。

（李萌）

站场（厂）房屋建设

【概况】 2022 年，江西省累计完成道路客货运输场站基础设施建设投资 113052 万元，占全年计划的 100%。其中，客运站场完成投资 103769 万元（其中综合客运枢纽站完成投资 86020 万元，市县级客运站完成投资 16432 万元，乡镇客运综合服务站完成投资 1317 万元），货运枢纽（物流园区）完成投资 9283 万元。

（朱玲）

【汽车客货运站场建设】 2022 年，江西省汽车客货运站场建设累计新增固定资产 56755 万元，竣工房屋建筑面积 96514 平方米，其中：泰和汽车客运总站已完工并投入运营，累计新增固定资产 10400 万元，新增房屋建筑面积 15794.6 平方米。芦溪客运站已完工并投入运营，累计新增固定资产 9500 万元，新增房屋建筑面积 23166.3 平方米。上栗县汽车客运中心站完工并投入运营，累计新增固定资产 4601 万元，新增房屋建筑面积 7021.52 平方米。德兴市南门综合汽车站已完工并投入运营，累计新增固定资产 11443 万元，新增房屋建筑面积 16303.95 平方米。新余市城东汽车客运枢纽站已完工并投入运营，累计新增固定资产 3297 万元，新增房屋建筑面积 6995 平方米。鹰西客运综合枢纽已完工并投入运营，累计新增固定资产 7714 万元，新增房屋建筑面积 10131.04 平方米。资溪县综合客运中心完工并投入运营，累计新增固定资产 9800 万元，新增房屋建筑面积 17101.5 平方米。本年度，新开工建设南城县综合客运枢纽中心、昌九高铁庐山站综合客运枢纽，以及 5 个乡镇客运综合服务站。

（朱玲）

【综合客运枢纽建设】 2022 年，全省综合客运枢纽站建设完成投资 86020 万元。本年度，继续推进峡江县高铁新区汽运站、鹰潭北客运综合枢纽站续建工作；新开工建设南城县综合客运枢纽中心、昌九高铁庐山站综合客运枢纽。截至年底，峡江县高铁新区汽运站主体已完工，正在进行售票大厅装修施工。鹰北客运枢纽站主体工程基本完工，待内装修招投标。庐山综合客运枢纽八条高架匝道及五条地面道路已实现通车，地下空间开挖完成，主体结构完成，精装修、弱电智等项目正在启动招标中。南城县综合客运枢纽中心土方开挖基本完成，箱涵完成，1# 综合办公楼基础开挖完成 52%，垫层完成 48%，防水完成 45%。

（朱玲）

【市县级客运站建设】 2022 年，完成市县级客运站建设投资 16432 万元。调度督导市县级客运站 10 个，其中 7 个已完工，3 个在建。截至年底，泰和县汽车客运站、德兴市南门综合汽车站、资溪县综合客运中心、芦溪县城市客运站、上栗县汽车客运中心站、新余市城东汽车站、鹰西客运站已完工。吉水客运中心主体已基本完工，正在进行室内装修及附属工程施工。武功山风景名胜区金顶汽车站主体已基本完工，正在对外立面进行施工改造。永新仰山车站已完成 1、2 号楼屋面防水，开始内墙粉刷。

（朱玲）

【乡镇客运综合服务站建设】 2022 年，完成乡镇客运综合服务站建设投资 1317 万元。调度督导乡镇客运综合服务站 8 个，其中 3 个已完工，5 个正在建设。截至年底，崇仁县航埠站、石城县小松站、芦溪县南坑站已完工。安远县天心站、鹤子站、长沙站、寻乌县澄江站、芦溪县银河站在建。

（朱玲）

【红光物流园通过交工验收】 九江红光国际港物流园位于九江市彭泽县定山镇澎湖湾工业园，占地面积 974.4 亩，仓储面积共计 120489.8 平方米，共建设 17 个标准仓库，其中高台仓库 5 个，普通仓库 11 个，集装箱拆装专用仓库 1 个，仓库火灾危险等级为丙类 2 项，建筑高度为 10—12.5 米。该物流园是省内规模最大的集装箱码头九江红光码头的配套工程，属江西省水运重点工程、省"两主五重一中心"港口发展格局的重要组成部分，定位为服务九江、辐射赣北的全省性现代物流产业发展重要集聚平台，也是江西省迄今规模最大、功能最为齐全的临港物流园，于 2022 年 1 月 13 日通过交工验收。

（九江长江港口集团）

【瑞金综合客运枢纽站和公交指挥中心及旅游集散中心项目完成施工图设计单位招标】 瑞金综合客运枢纽站和公交指挥中心及旅游集散中心项目总占地面积 89282.58 平方米（约 134 亩），总建筑面积 68367.19 平方米，其中：地上建筑面积 53157.72 平方米，包括综合服务中心 11890.65 平方米，汽车客运站 4981.76 平方米，游客集散中心 6112.16 平方米，公交调度中心 3124.26 平方米，智慧交通大数据中心 12597.10 平方米，立体车库汽车养护中心 14451.79 平方米；地下建筑面积全部为地下车库，面积为 15209.47 平方米。投资概算 7 亿元（其中建安费 5.2 亿元）。该项目完成施工图设计单位招标，正在开展施工图设计，土石方工程已完成工程量 95%。

（赣州市交通运输局）

【定南南站综合客运枢纽项目场地平整基本完成】 定南南站综合客运枢纽项目建设地点位于定南县历市镇高铁新区高铁站站前广场北面。定南南站综合客运枢纽项目已列入交通运输部"十四五"综合客运枢纽项目库，总概算为 12000 万元。总建筑面积为 8682.59 平方米，计容面积为 6806.92 平方米，不计容面积为 1875.67 平方米。其中综合服务大楼 5929.64 平方米、汽车维修站 675.28 平方米、城市驿站及公厕 76.86 平方米、地下通道 554.09 平方米、地上连廊 528 平方米，建筑系数 13.6%，容积率 0.22，绿地率 31.12%，机动车停车位 283 个、非机动车 218 个。目前该项目场地平整基本完成。

（赣州市交通运输局）

【赣州西综合客运枢纽项目工可报告与设计方案编制完成】 赣州西综合客运枢纽项目总用地面积 26666.80 平方米（约 40 亩），总建筑面积约 31625.96 平方米。主要建设内容为：新建一级客运大楼 13200 平方米，客运汽车检修室 680 平方米、立体停车场 8500 平方米、公交办公综合楼 2700 平方米、公交车检修室 540 平方米、门卫室 80 平方米、地下室 5925.96 平方米等，并配套建设室外照明工程、弱电工程、给排水工程、道路硬化工程、消防、绿化工程及 144 个机动车充电桩等。该项目总投资估算金额为 15000.00 万元；其中工程费用 10247.03 万元，工程建设其他费用 2846.30 万元（含土地费用 1960.00 万元），预备费用 556.67 万元，建设期利息 1350.00 万元。该项目工可报告已编制完成，项目设计方案也已编制完成，赣州市自然资源局正在进行设计方案初审工作。

（赣州市交通运输局）

【吉州区曲濑镇城乡客运中心完成工程建设】 吉州区曲濑镇城乡客运中心位于吉州区曲濑镇 B–11–4 地块（曲濑镇加油站旁），本工程用地西侧为规划支路，南侧为罗汉松路，东面为加油站，项目占地面积 2541 平方米，项目立项总投资 1250 万元；站内设有 1 栋 2 层客运物流用房，一楼主要为物流仓库、候车室、公交检测、值班室等；二楼主要为物流办公室、商贸办公室、邮政办公室，总建筑面积为 710.24 平方米，同时场内设有公交停车场、公交充电棚、物流（快递）候车区、小车停车场、非机动车停车棚等；合同工期 180 天，2022 年 12 月份完成工程建设。

（吉安市交通运输局）

【万安县长途汽车站整体搬迁项目开工建设】 万安县长途汽车站整体搬迁项目规划用地面积 30 亩，预计总投资 6500 万元。项目于 2022 年 12 月全面开工建设。截至目前，项目施工单位已进场并完成了桩基检测单位选取、协调县城管局完成了车站进出站口的行道树移植，协调县自来水公司完成了自来水安装。施工单位完成了围挡、门架搭建以及场地平整，项目驻地搭建，目前正在办理施工许可、驻地办公房装修、施工便道及部分排水施工。

（吉安市交通运输局）

【宜春公交集团推进站台惠民工程建设及改造】
2022 年，宜春公交集团大力开展公交出行保障，提质惠民工程，积极推进列入市政府民生实事项目的 4 个公交首末站项目，如期完成建设。通过新建经开区公交首末站、袁州区医药园公交首末站，形成三纵四横、衔接有序、换乘便捷的园区公交线网格局，保障宁德时代、国轩高科等园区企业员工的出行，园区规模以上企业公交覆盖率从 60% 提升至 100%，此项惠民举措受到省级媒体"社会传真"的宣传报道；源仙台公交站和杨家坊公交站的建设，解决宜春学院及大数据产业园周边群众安全候车、站内换乘等公交出行服务需求，获得广大群众一致好评。在 4 个公交首末的建设完成的同时，公交集团还完善相关便民服务设施的建设，并对宜春大道 8 座公交站台进行改造，进一步优化群众安全候车、站内换乘的便捷性、舒适性。

（王丽红）

【袁州区积极推动慈化客运站项目建设】 袁州区慈化客运站项目位于慈化镇，用地面积 20001 平方米，其中建筑面积 950.42 平方米，总投资为 510 万元，其中工程费用 334.91 万元，工程建设其他费用 140.81 万元，预备费用 24.28 万元。项目前期工作于 2017 年 3 月启动，2022 年 11 月开工建设，施工单位已经进场，计划建设工期 1 年。该站集农村公路建、管、养、运等多种功能于一体，辐射管养慈化镇，惠及人口 10 万余人。

（袁州区交通执法大队）

【南昌龙行港口集团设立码头"温馨驿站"】 2022 年，省港口集团所属南昌龙行港口集团龙头岗、国际集装箱码头设立码头"温馨驿站"，完善服务设施，为船员、驾驶员提供便捷暖心服务。

2022 年，南昌龙头岗码头对"温馨驿站"设施进行改造，为船员、司机和码头工人提供饮水、休息、充电等服务，根据疫情防控要求配备口罩、酒精等防疫物资和应急药品。国际集装箱码头在"温馨驿站"安装空调、配备桌椅、饮水机、便民工具箱等便民服务设施，免费提供临时休息场所。

（南昌龙行港口集团）

运输生产

公路运输概况

【概况】 2022 年，江西省完成公路客运量 0.97 亿人次，旅客周转量 61.3 亿人千米，同比分别减少 35% 和 37.26%；完成货运量 17.8 亿吨，货运周转量 4086.4 亿吨千米，同比分别下降 1.47% 和增长 3.19%。客运平均运距 62.97 千米，货运平均运距 229.1 千米。城市公交客运量 65663.5 万人次，巡游出租汽车客运量 35410.39 万人次，南昌轨道交通线网开通 4 条运营线路，运营里程 128.5 千米，拥有车站 94 座（含换乘站 9 座，不重复计算）；客运量 23897.03 万人次，日均运送乘客 65.47 万人次；旅客周转量 139085.57 万人千米。

（朱玲）

运输企业

【概况】 截至 2022 年底，全省共有道路旅客运输经营业户（不含公交和出租）410 户，同比减少 2.8%。其中，企业 379 户，同比减少 4.3%；个体户 31 户，同比增加 19.2%。道路旅客运输经营业户中企业占 92.4%。全省共有道路货物运输经营业户 6.89 万户，比上年末减少 15.6%。其中，企业 1.93 万户，同比减少 2.0%；个体户 4.96 万户，同比减少 19.7%。截至 2022 年底，道路运输行业共有从业人员 49.84 万人，比上年末减少 15.52%。其中道路旅客运输从业人员 3.12 万人、道路货物运输从业人员 37.28

万人，同比减少 23.1%、15.2%。   （朱玲）

表4：   2022 年全省道路运输经营业户数（一）

单位名称	道路旅客运输经营业户数合计	班车客运	旅游包车客运	道路货物运输经营业户数合计	普通货运	货物专用运输	大型物件运输	危险货物运输
	户	户	户	户	户	户	户	户
全省合计	410	344	198	68850	68265	1242	620	421
南昌市	17	2	15	3866	3783	408	30	26
景德镇市	15	14	8	2880	2822	368	27	24
萍乡市	22	21	12	1511	1488	0	21	25
九江市	50	41	28	4396	4300	1	67	42
新余市	18	15	3	2028	2005	2	1	20
鹰潭市	18	14	9	3558	3544	174	102	14
赣州市	89	89	67	14879	14825	88	28	61
吉安市	37	37	18	7260	7214	190	97	26
宜春市	11	3	8	19840	19740	0	153	97
抚州市	30	22	9	4563	4526	11	13	32
上饶市	103	86	21	4069	4018	0	81	54

（省综合交通中心）

表5：   2022 年全省道路运输经营业户数（二）   计量单位：户

单位名称	道路运输相关业务经营业户	站场	客运站	货运站（场）	机动车维修	汽车综合性能检测	机动车驾驶员培训	汽车租赁
全省合计	9814	609	606	3	7763	294	824	107
南昌市	852	58	58	0	622	25	95	51
景德镇市	325	13	13	0	288	12	18	3
萍乡市	309	57	57	0	220	11	21	0
九江市	1297	197	197	0	979	31	87	2
新余市	287	8	8	0	256	11	27	0
鹰潭市	136	6	6	0	99	5	23	3
赣州市	1901	30	30	0	1586	48	189	34
吉安市	1406	61	59	2	1149	39	84	1
宜春市	773	52	52	0	569	48	128	0
抚州市	615	45	44	1	407	26	41	4
上饶市	1913	82	82	0	1588	38	111	9

（省综合交通中心）

表6：

2022年全省道路运输从业人员数

计量单位：人

单位名称	从业人员数合计	道路旅客运输	客运驾驶员	乘务员	道路货物运输	道路货物运输驾驶员	危险货物运输驾驶员	危险货物运输押运员	危险货物运输装卸管理员	站（场）经营	客运站经营	货运站场经营	机动车维修经营	技术负责人	质量检验员	汽车综合性能检测站	机动车驾驶员培训	汽车租赁	其他相关业务经营
全省合计	498438	31202	24106	3668	372765	316227	41521	23164	2072	6443	6406	37	53660	6379	5013	3518	29470	266	1114
南昌市	49500	3806	3806	0	25923	24266	1244	1569	88	367	367	0	14967	620	493	360	4077	0	0
景德镇市	26311	1020	510	0	21023	18103	17618	706	629	0	0	0	3108	120	168	92	1068	0	0
萍乡市	20709	1180	567	285	15788	13219	2513	1648	369	0	0	0	2579	111	296	179	983	0	0
九江市	41267	4704	3702	582	27147	26002	967	832	42	883	883	0	5232	783	522	303	2987	11	0
新余市	26112	377	295	1	23178	12184	880	965	29	167	167	0	1178	288	133	48	1164	0	0
鹰潭市	19234	3881	3585	296	13826	12675	2013	301	301	87	87	0	318	80	72	30	1092	0	0
赣州市	56948	6286	4203	1177	35643	31594	1366	1289	113	834	834	0	7114	1120	1083	421	5738	176	736
吉安市	60676	3832	2920	589	48193	40361	2788	2812	52	786	750	36	4979	933	550	428	2325	3	130
宜春市	102249	1202	1202	0	91064	80470	8076	10556	38	1826	1826	0	3521	665	697	930	3706	0	0
抚州市	55785	1491	1139	317	47539	39565	2857	1441	333	573	572	1	3443	473	427	289	2190	22	238
上饶市	39647	3423	2177	421	23441	17788	1199	1045	78	920	920	0	7221	1186	572	438	4140	54	10

（省综合交通中心）

表7：　　　　　　　　　　2022年宜春市公路客运企业情况

企业总数（个）	经济性质				经济性质				从业人数（个）	车辆保有量					运输收入（万元）	税收（万元）	利润（万元）
	国有（个）	集体（个）	民营（个）	中外合资（个）	一级（个）	二级（个）	三级（个）	四级（个）		总数（辆/座）	座位						
											高（辆/座）	中（辆/座）	普（辆/座）				
11	6	/	5	/	4	3	4	/	1698	673/20769	371/13814	234/3933	122/3199		/	/	/

（伍可）

表8：　　　　　　　　　　2022年宜春市公路货运业户情况

业户总数	经济性质			经营资质			危货企业（户）	从业人数（人）	运输收入（万元）	税收（万元）
	国有（户）	集体（户）	民营（户）	一级	二级	三级				
19740	/	/	19740	/	/	/	97	91064	/	/

（赵云海）

表9：　　　　　　　　　　2022年宜春市出租车企业情况

企业总数（个）	经济性质				经营资质			从业人数（人）	出租车数（辆）	营业收入（万元）	税收（万元）	利润（万元）	驾驶员（人）
	国有（户）	集体（户）	民营（户）	中外合资（户）	一级	二级	三级						
17	4		13					1789	1463		30.9	-10.6	2015

（杜昕）

【南昌市道路运输企业概况】　截至2022年底，南昌市道路运输及相关业务经营户5936家，其中：道路货运3866家道路客运企业17家，公交企业5家，巡游出租汽车业户1115家，网约车平台81家，小微型客车租赁企业51家，定制客运电子商务平台1家。

（南昌市交通运输局）

【萍乡市道路运输企业概况】　截至2022年底，萍乡市共有道路货运企业408家，其中危货企业25家，货运车辆11782辆（其中危货车辆1882辆）。共有公交企业12家，巡游出租汽车企业6家，网络预约出租汽车企业7家。

（萍乡市交通运输局）

【赣州市道路运输企业概况】　2022年，赣州市全市共有道路客运企业84家，普货运输企业378家，危险货运运输企业62家。

（赣州市交通运输局）

【上高县货运及物流企业概况】　2022年，上高县新增货运及物流企业41家，全县4.5吨以上营运普通货车总数为3791台，吨位54844.9吨，年货运量998.17万吨，新增4.5吨以上货运车辆376台，吨位5778.963吨，车辆总质量12吨以上的车辆为2100台。全县危险货物运输企业4家，分别为上高县拓远物流运输有限公司、上高县瑞恒安物流有限公司、江西佳坤物流有限公司、江西圣道物流有限公司。共有危货车辆158台。远林物流依托上高本地优质丰富的石灰石骨料外销运输需求，通过近年业务的不断拓展，业务合作对象包括央企、国企、私企等一大批大、中、小型公司，客户群体遍布上高周边宜春、万载、高安、宜丰、新余、省城南昌等地。恒定物流主要依托上高县的鞋业市场，运往国内一些港口。

（涂娟）

【新余市交通物流专项再贷款政银企对接会召开】　6月13日，新余市交通运输局联合人民银行新余市中心支行在工商银行新余分行5楼会议室组织召开了新余市交通物流专项再贷款政银企对接会。工商银行新余分行、中国银行新余分行等7家银行机构、56家交通运输货运企业负责同志参加会议。会议由人民银行新余市中心支行党委委员、副行长徐岗主持，市交通运输局党组成员、副局长龚军保出席会议并讲话。

黄成莲对交通物流专项再贷款进行政策解读。宇福物流、三体供应链等3家交通运输货运企业代表作了交流发言，工商银行新余分行、农业银行新余分行等6家银行机构在对接会上宣讲推介本行服务交通运输货运企业相关信贷产品，并现场分别与文鸿物流、富源物流等6家交通运输货运企业签订了意向性贷款协议。

会议强调各企业要把握难得的机会，积极主动与金融机构对接，充分了解金融纾困政策，解决当前疫情下企业资金难的问题，确保该市物流企业健康发展。

（陈新）

【抚州市交通运输局组织物流企业赴抚州佳斌现代物流园有限公司参观学习】 9月29日，抚州市物流专班办公室主任、市交通运输局党组成员、副局长陈峰，全市20家物流企业代表、各县（区）交通运输局、东临新区分管物流同志到抚州佳斌现代物流园有限公司参观学习。

抚州佳斌现代物流园有限公司总经理龚苏芳介绍公司情况和发展方向，对5G智慧物流、网络货运等做了介绍，为参观企业发展提供了宝贵的参考经验。参观后，召开了座谈会。提出企业要顺应物流行业发展趋势，进行转型升级，各县（区）交通运输局要积极为企业纾困解难，提供针对、有效的帮扶措施，共同推进抚州市现代物流业高质量发展。

（抚州市交通运输局）

【宜丰县交通运输局着力为交通运输企业纾困解难】 10月，宜丰县交通运输局开展辖区运输企业纾困解难走访调研工作。深入汽运公司、粤通汽车运输公司、松正汽车运输有限公司、车金喜汽车修理等企业走访调研，对宜丰县交通运输行业纾困解难政策有关内容进行宣传、讲解，并倾听企业诉求。调研结束后，该局与县政府有关部门协调，要求金融系统向道路运输企业加大信贷支持力度，合理降

低融资利率。帮助交通运输企业享受减税降费、财政资金支持。其一是实施交通物流企业税收优惠。2022年免征公交客运、出租车、长途客运、班车等公共交通运输服务增值税。其二是实施交通物流业疫情防控补贴。对城市、城乡公交、出租车、物流等企业免费开展员工定期核酸检测。2022年原则上给予相关企业员工定期核酸检测不低于50%比例的补贴支持。保障交通运行。争取财政资金扶持，保障城市公共交通、城乡公交一体化正常运营。

（漆志勇）

【抚州长运生产安全平稳发展】 2022年，江西抚州长运有限公司拥有车辆902辆（其中：客车185辆、公交车548辆、出租车149辆、驾培车20辆），线路206条、日均发班班次2980个，客运班线通达粤、琼、闽、浙、沪四省一市和省内所有地级市，区乡班线已基本覆盖了抚州市所有乡镇。跨省线路35条、跨市区线路35条、区内线路20条、城际公交线路17条、城市公交线路27条、城乡公交线路72条、里程总长7.14万千米。年完成客运量1332.27万人次，比上年下降6.63%，完成客运周转量40011.18万人千米，比上年下降26.65%；实现售票收入8732.92万元，比上年同期减少3442.19万元，减幅为28.27%。拥有在职员工1219人，从业人员1417人，其中：全日制员工511人，劳务派遣员工570人，非全日制员工138人。

公司推行"班线限速控时"活动并出台工作方案，要求所有客运班线及城际、城乡、城市公交班线按照"分段限速，总体控时"的工作要求，制定"班线限速控时"实施细则，完成216条班线的路段限速及路况排查工作。经统计，燃油车降低油耗4.5%以上，纯电动车降低电耗8%以上。

（抚州长运）

运输线路

【概况】 截至2022年底，全省共开通客运班线5809条，同比增加10.1%。线路平均日发班次22667班次/日，同比增加1.6%。全省共有一类客运班线652条、二类客运班线738条、三类客运班

线 650 条、四类客运班线 3769 条。一类客运班线、二类客运班线、三类客运班线和四类客运班线的平均日发班次分别为 880 班次 / 日、2483 班次 / 日、2473 班次 / 日和 16832 班次 / 日。

（朱玲）

表 10：　2022 年全省道路客运线路班次

单位名称	道路客运线路班次合计		定制客运班线	一类客运班线		二类客运班线		三类客运班线		四类客运班线	
	条	平均日发班次	条	条	平均日发班次	条	平均日发班次	条	平均日发班次	条	平均日发班次
全省合计	5809	22667	139	652	880	738	2483	650	2473	3769	16832
南昌市	249	990	17	55	12	174	944	19	33	1	1
景德镇市	252	396	2	39	62	79	83	35	112	99	139
萍乡市	108	1005	6	29	31	14	26	55	745	10	203
九江市	627	2852	1	42	18	57	127	139	294	389	2413
新余市	113	974	3	8	8	25	71	0	0	80	895
鹰潭市	226	777	5	9	7	33	31	1	1	183	739
赣州市	1565	4062	57	240	426	51	143	215	296	1059	3197
吉安市	616	2912	6	70	93	60	159	61	181	425	2480
宜春市	1027	2201	25	34	56	99	292	37	267	857	1586
抚州市	288	2125	4	61	100	59	345	28	210	140	1470
上饶市	738	4375	13	65	68	87	263	60	335	526	3709

（省综合交通中心）

表 11：　2022 年全省客运班车通达情况

单位名称	客运站平均日发班次	一级站	二级站
	班次	班次	班次
全省合计	22243	3606	10534
南昌市	423	342	72
景德镇市	361	361	0
萍乡市	3116	56	41
九江市	3024	654	1028
新余市	383	49	334

续表

单位名称	客运站平均日发班次	一级站	二级站
	班次	班次	班次
鹰潭市	510	0	64
赣州市	3733	228	2982
吉安市	2663	194	2385
宜春市	2549	821	1221
抚州市	1116	315	721
上饶市	4366	586	1687

（省综合交通中心）

表 12：　　　　　　　　　　2022 年宜春市道路旅客运输班线情况（一）

合计		按区域分								按类别分			
		跨省		跨设区市		设区市内		县内		一类	二类	三类	四类
条	千米	条	千米	条	千米	条	千米	条	千米	条	条	条	条
1027	50148	34	10268	99	15246	35	2975	859	21659	34	99	35	859

（伍可）

表 13：　　　　　　　　　　　　　　　　2022 年宜春市道路旅客运输班线情况（二）

线路		跨省线路		跨设区市线路		设区市内线路		县内线路	
条	年平均日发班次	条	年平均日发班次	条	年平均日发班次	条	年平均日发班次	条	年平均日发班次
1027	6659	34	52	99	446	35	148	859	6013

（伍可）

【九江道路运输线路概况】 2022 年，九江市有客运班线 1337 条：一类班线 36 条，二类班线 184 条，三类班线 141 条，四类班线 976 条，其中农村客运班线 904 条。

（九江市交通运输局）

【赣州市道路运输概况】 2022 年，赣州市客运班线通达 6 个省市，拥有班线 1565 条，其中跨省班线 240 条，跨设区市班线 51 条，跨县班线 215 条，县内班线 1059 条。

（赣州市交通运输局）

【景德镇新增 10 条城乡公交班线】 3 月 24 日，景德镇市高新区、昌江区城乡公交一体化正式运营及新能源公交车发车仪式在景德镇市西客站站前广场举行。景德镇市委常委、常务副市长邓永翔宣布高新区、昌江区城乡公交城市一体化正式运营，新能源公交车正式发车。

“全域公交，城乡融合”是景德镇市委、市政府提出的一项重要惠民工程，景德镇昌江区长运公共交通有限公司对区域范围内的 10 条公交班线进行优化整合，并在原有 13 辆公交车的基础上，投资近千万元新购置 18 辆新能源公交车。此次开通的 10 条城乡公交班线，均是新增线，乘客可以选择上车投币、扫码支付及 IC 充值刷卡等方式支付。票价为每人次 1 元，冬天暖气、夏季冷气开放则为 2 元每人次。班车按照城市公交运营模式，站点停靠，采取直达、环行方式运营，直达高新区、昌江区各乡镇。

（景德镇市交通运输局）

【井冈山开通茨坪城区环城公交】 4 月 29 日，茨坪城区环城公交开通。线路的开通进一步健全井冈山市文旅融合发展机制，推动全市经济旅游发展的长远战略意义，首末班发车时间为：7:20—17:30，班次间隔 30 分钟。

（吉安市交通运输局）

【抚州客运总站 20 条班线恢复营运】 5 月 23 日，随着疫情日益好转，抚州长运客运总站各班线逐步恢复营运，根据当前旅客出行需求，现已恢复抚州至深圳、东莞、珠海、井冈山、萍乡等 20 条班线。

（抚州长运）

【国庆期间景德镇公交开通“高岭·中国村”旅游专线】 为满足和方便广大群众国庆节假日期间前往浮梁县高岭·中国村旅游观光的需求，10 月 1 日至 7 日，景德镇公交有限公司开通了“高岭·中国村”旅游专线。起点站为人民广场公交 7 号站台，发车时间为 8:00、8:30、13:00、13:30、17:00、17:30。终点站为高岭·中国村停车场，返回时间为 11:00、11:30、15:30、16:00、21：15、21:30。中途不设停靠站。营运车辆为 50 坐豪华旅游大巴。游客乘车按 5 元/人次计费，可使用微信、支付宝、银联等扫码支付，不接收现金；优免对象不享受免费乘车服务。

（景德镇市交通运输局）

【上饶至广丰城际公交开通】 11 月 1 日，上饶至广丰城际公交正式开通。开通工作由上饶至广丰县际客运班线经营主体上饶汽运集团有限公司负责。上饶至广丰公交线路起点站为信州区带湖路汽车站，终点站为广丰区白鹤客运站，沿途停靠 23 个站点。公交线路运营里程约为 35 千米，预计单程运行时间为 70 分钟。首班时间为 6:10，末班时间为 19:10，班次间隔时间为 10—15 分钟。夏季开通夜班车，夜班车首发时间为 19:30，末班时间为 21:00，班次间隔时间为 10—15 分钟。票价调整为

5 元，实行全程一票制。对残疾人、现役军人、伤残人民警察、残疾军人、消防救援人员、65 周岁及以上老年人等 6 类群体执行免票政策。

（上饶市交通运输局）

【共青城至昌北机场客运班线开通】 11 月，共青城至昌北机场客运班线正式开通，运营企业为共青城赣江公共交通有限公司，起点站共青城客运中心，终点站昌北机场客运站，途经共青城市人民政府（服装小镇）、南大共青学院、南湖新区科教城、G70 福银高速共青城南路段。班线全程 73 千米，全程耗时 75 分钟，票价 40 元。

（九江市交通运输局）

【靖安县开通靖安至安义城际公交】 12 月 18 日，靖安至安义城际公交正式开通。公交从县汽车站始发、途经香田乡、干洲镇、西路小学、绿能科技园、安义交通局、原国税局、郭家沙、交警大队、大宇学院、抵达安义县顺来客运站。靖安至安义返回时间：9：00、12：30、17：00。安义至靖安发班时间：8：00、11：30、16：00。

（程菱）

【大南昌都市圈首批城际公交开通】 12 月 30 日，江西长运下属江西都市城际公交有限公司（原南昌长运）开行南昌至共青城、南昌至庐山西海两条大南昌都市圈城际公交线路。

两条班线均遵循公交车高密度、低票价运营模式，践行"为民、惠民、便民"服务理念。其中南昌至共青城城际公交，实行 10 元 / 每人一票制。班线从青山客运站始发，每日 7：00—19：00 每 30 分钟一班，每天发 25 个班，全程约 89 千米，运行时间约 1 小时 50 分钟。南昌至庐山西海（司马码头）城际公交，实行 20 元 / 每人一票制。班车由南昌长途汽车站始发，全天往返共 10 个班，全程约 120 千米，运行时间约 2 小时 40 分钟。

（袁科）

【峡江至新余城际公交线路开通】 2022 年，峡江至新余客运班线正式升级为城际公交线路，该线路全程票价为 8 元，可采用自助投币、手机扫码等支付方式。线路全程共需约 110 分钟，其中峡江汽车站至峡江汽车西站区间约 30 分钟，峡江汽车西站至砚溪镇区间约 20 分钟，砚溪镇至渝州大桥区间约 40 分钟，渝州大桥至新余长途汽车站区间约 20 分钟。

（吉安市交通运输局）

【袁州区新增两条客运班线】 2022 年，袁州区交通运输局公路运输管理所依据《江西省道路运输管理条例》和《道路旅客运输及客运站场管理规定》相关规定，经对申请人申报的书面材料与实际情况进行审查、核实，依规办理了宜春市袁州区慈化公交有限公司申请慈化至楠木、慈化至丰顶山两条客运班线的经营许可，新增两条慈化班线，方便慈化、楠木、丰顶山的群众。

（宜春市交通运输局）

【永丰县逐步推进新能源城乡公交化改造】 2022 年，为推进城乡公交化改造，进一步优化经营结构，江西永丰长运有限公司先后投入 7 辆新能源电动公交车，对南线中村、君埠、礼坊三条农村客运班线实行城乡公交化改造，通过加密运行班次，提高车辆档次，提升服务质量，提升车辆实载率，车辆油改电后运行成本减少。

（吉安市交通运输局）

运输站点

【概况】 截至 2022 年底，全省共有三级及以上客运站 146 个，同比减少 17.1%。其中，一级客运站 25 个，二级客运站 70 个，三级客运站 51 个。客运站全年平均日发班次 2.22 万班次 / 日，同比减少 14.3%，其中一级站 3606 班次 / 日，二级站 1.05 万班次 / 日，同比分别减少 10.3%、减少 9.6%。

（朱玲）

表14：　　　　　　　　　　　　　　2022年全省道路客货运站　　　　　　　　　　　　计量单位：个

单位名称	三级及以上客运站数量合计						其他客运站数量合计		货运站数量合计
	客运站数量合计	配备危险品安全检测仪	一级站	二级站	三级站	配备危险品安全检测仪	便捷车站	招呼站	
全省合计	146	116	25	70	51	25	1095	10905	3
南昌市	6	6	3	3	0	0	52	971	0
景德镇市	3	2	2	0	1	0	4	6	0
萍乡市	7	2	1	1	5	0	52	636	0
九江市	18	16	2	4	12	10	174	1170	0
新余市	3	2	1	1	1	0	5	389	0
鹰潭市	4	4	1	2	1	1	550	40	0
赣州市	30	30	3	19	8	8	40	3	0
吉安市	20	14	3	11	6	2	17	2128	2
宜春市	14	14	3	9	2	2	38	2301	0
抚州市	16	14	1	12	3	1	70	1032	1
上饶市	25	12	5	8	12	1	93	2229	0

（省综合交通中心）

表15：　　　　　　　　　　　2022年宜春市汽车站及客运班车通车情况

客运站						客运站服务人员（人）	年平均日发班次（班/次）	年平均日旅客发运量（人/次）	建制村通班情况（个）
合计（个）	一级（个）	二级（个）	三级（个）	四级（个）	乡镇站（个）				
14	3	9	2	\	\	1826	2549	\	2198

（伍可）

【吉水县客运中心投入运营】 2022年，吉水县客运中心项目投入运营。该项目于2020年6月底开工建设，总投资1亿元。2021完成客运综合服务大楼、公交车调度室主体及室内砌体及粉刷工程、人防工程建设、场地雨水管及相关管线铺设、场地平整压实、风雨连廊、充电桩基础和部分绿化等工程。完成信息化、室内装修、站场等配套设施建设并投入运营。

（吉安市交通运输局）

运输工具

【概况】 截至2022年底，全省营运车辆拥有量达到421194辆，比上年增长13.6%，其中载客汽车10821辆、333089客位，分别下降7.9%、8.3%。拥有载货汽车410373辆、5171201吨位，分别增长14.3%、12.8%。

（朱玲）

表 16：　　　　　　　　　　　　　2022 年全省营运载客汽车（合计）

单位名称	合计		汽油车	柴油车	其中：						班车客运客车				旅游客车	包车客车
					卧铺车		小计		大型		中型		小型			
	辆	客位	辆	辆	辆	客位	辆	客位	辆	客位	辆	客位	辆	客位	辆	客位
全省合计	10821	333089	245	9806	7367	196614	2545	104347	3778	82553	1044	9714	3504	138583	3310	133366
南昌市	1152	44178		1145	343	9559	203	8113	34	628	106	818	809	34619	761	32426
景德镇市	294	10638	5	287	177	6242	101	4701	69	1478	7	63	167	6504	127	5023
萍乡市	405	12265		380	260	7067	75	3377	155	3453	30	237	145	5198	160	6162
九江市	2010	54103	132	1820	1321	31380	223	10026	881	19210	217	2144	689	22723	696	22455
新余市	182	6939	7	175	62	1781	17	784	34	889	11	108	120	5158	118	5044
鹰潭市	265	7155	5	257	199	4772	34	1448	149	3265	16	59	66	2383	69	2617
赣州市	2238	70322	19	2065	1769	51899	841	34897	559	13367	369	3635	469	18423	409	18024
吉安市	1215	40301	20	1127	829	23458	372	14664	352	7741	105	1053	386	16843	391	17098
宜春市	673	20946	4	509	457	11889	215	8379	103	2348	139	1162	216	9057	190	8393
抚州市	436	13733	42	316	317	9196	142	5718	161	3333	14	145	119	4537	111	4378
上饶市	1951	52509	11	1725	1633	39371	322	12240	1281	26841	30	290	318	13138	278	11746

（省综合交通中心）

表 17：　　　　　　　　　　　　　2022 年全省营运载货汽车（合计）

单位名称	营运载货汽车		汽油车	柴油车	牵引车	挂车	
	辆	吨位	辆	辆	辆	辆	吨位
全省合计	410373	5171201	1841	166255	113954	126773	3274127
南昌市	30175	430987		15248	9554	5373	162826
景德镇市	12449	147203	91	5664	2441	4253	83132
萍乡市	11105	188649	3	2810	3485	4807	154396
九江市	23103	311270	1	12503	5322	5277	167790
新余市	22291	401822		7103	4991	10197	311046
鹰潭市	16018	306961	2	4299	2619	8792	251988
赣州市	26177	381733	1	16271	4714	5191	206215
吉安市	35593	551935		14108	9849	11635	374913
宜春市	180977	1620707	1742	70362	55874	51756	943473
抚州市	34600	559193	1	10263	11095	13241	430189
上饶市	17885	270740		7624	4010	6251	188159

（省综合交通中心）

表 18：　　　　　　　　　　　　　2022 年宜春市客运车辆情况

汽车合计（辆）	按等级分			按座位分			
	高（辆）	中（辆）	普（辆）	大（辆）	中（辆）	小（辆）	座位（辆）
673	317	234	122	385	145	143	20946

（伍可）

表 19： 2022 年宜春市货运车辆情况

车辆总数（辆）	总吨位数（吨）	按车辆吨位分类							
		大型		中型		小型		重型	
		车辆（辆）	吨位（吨）	车辆（辆）	吨位（吨）	车辆（辆）	吨位（吨）	车辆（辆）	吨位（吨）
183837	2884969	125127	2880911	413	1420	1798	2638	122877	2866916

（傅怡情）

【南昌市网约车合规化工作位居全国前列】 2022 年，共组织出租汽车从业资格考试 259 场，新增出租汽车从业人员 3888 名；累计辅助配发道路运输证 1.4 万本，从业资格证 3 万余本。网约车订单合规率保持在 80% 以上，处于全国主要中心城市的第一方阵，在全省 11 个地市位居首位。实现车载终端设备数据对接全程系统判断，加快数据对接进程；开展合规化专项行动，强化事中、事后监管力度，依法注销 4 家网约车平台公司的道路运输经营许可，注（撤）销 500 余人从业资格证件。

（南昌市交通运输局）

【庐山市加大新能源车辆投入】 2022 年，庐山市购置了 9 辆纯电动车辆投入城乡公交线路运营，方便城乡市民安全便捷舒适出行。后续根据城市规划扩展继续投入新能源车辆满足老百姓出行便利。2022 年度城乡公交车辆共计安全运营 400 余万千米，2022 年公交共计发班 18.88 万个班次，运送旅客 162.87 万人次。

（九江市交通运输局）

【新余公交举行 2022 年首批纯电动公交车运营启动仪式】 2022 年 1 月 2 日，新余市 2022 年首批纯电动公交车运营启动仪式在新余市公交充电场站顺利举行。启动仪式由市人民政府副秘书长卢永宁主持，市人民政府副市长肖秋根出席，市交通运输局、市发展和改革委员会、市公安局、市财政局、市审计局、市投控集团、新余公交等单位领导及工作人员 130 余名参加了启动仪式。

（新余市交通运输局）

客货运价

【萍乡 2022 年客运运价】 县际班线票价计算方式：千米 ×0.204+ 燃油附加费（31 千米以下 1 元，31 千米以上 1.5 元），出租车票价计算方式：起租价 6 元 /2 千米，车千米单价为 1.80 元 / 千米，低速等候费即当时速低于 12 千米每累计 5 分钟加收 1 千米租价；载客行驶 8 千米以外部分，每千米租价加收 50% 空驶费调整为载客行驶 6 千米以外部分，每千米租价加收 50% 空驶费；夜间 23 时至次日 5 时，每千米租价加收 20% 驾驶费维持现行标准。

（萍乡市交通运输局）

【庐山市城乡公交线路票价下调】 2022 年，庐山市加大了安全资金投入和安全生产管理工作，将所有农村客运班线进行公交化运营改造（镇村公交），线路票价下调 20%，对所有车辆外观进行了亮化出新，统一标识，安装了刷卡投币及智能调度系统设备。

（萍乡市交通运输局）

【新干县 1 元公交实现城乡全覆盖】 7 月 1 日以来，新干县启动城乡公交一体化改革，在全县城乡范围内均实行上车 1 元票价制，真正意义上实现公车公营。城乡公交实行大循环、中循环和小循环三种运营模式，构建起"主—干—支—微"城乡客运线路，设有 7 条主线、12 条支线，覆盖全县 134 个建制村、5 个景区、4 个工业园，基本实现了高铁、景区、园区、城区、镇村公交无缝对接，做到了城乡全覆盖。

（吉安市交通运输局）

续表

单位名称	旅客运输量	
	客运量（万人）	旅客周转量（万人千米）
景德镇市	329	21840
萍乡市	1153	24042
九江市	1609	101198
新余市	228	14533
鹰潭市	357	15971
赣州市	1605	130655
吉安市	865	70087
宜春市	759	57691
抚州市	794	39676
上饶市	1488	71678

（省综合交通中心）

公路旅客运输

【概况】 截至 2022 年底，全省完成公路客运量 0.97 亿人次，旅客周转量 61.3 亿人千米，同比分别减少 35% 和 37.26%，客运平均运距 62.97 千米。

（朱玲）

表 20： 2022 年全省公路客运量完成情况

单位名称	旅客运输量	
	客运量（万人）	旅客周转量（万人千米）
全省合计	9735	613036
南昌市	548	65655

表 21： 2022 年全省农村道路客运

单位名称	乡镇总数	通客运车辆的乡镇数	建制村总数	通客运车辆的建制村数	农村客运站数量	三级及以上客运站	农村客运线路	平均日发班次	农村客运车辆
	个	个	个	个	个	个	条	班次／日	辆
全省合计	1400	1400	16916	16913	5385	97	4206	24365	7343
南昌市	80	80	1162	1162	1026	0	168	1344	678
景德镇市	39	39	473	473	1	1	75	388	71
萍乡市	47	47	641	641	687	5	135	3120	605
九江市	179	179	1742	1739	174	18	546	2852	899
新余市	26	26	395	395	4	1	104	528	291
鹰潭市	34	34	342	342	522	0	52	28	312
赣州市	285	285	3461	3461	73	30	975	3342	1357
吉安市	210	210	2518	2518	34	20	414	2714	842
宜春市	160	160	2198	2198	2152	0	859	3626	733
抚州市	153	153	1793	1793	489	9	365	2084	480
上饶市	187	187	2191	2191	223	13	513	4339	1075

（省综合交通中心）

【南昌市春运工作安全有序】 2022 年，春运从 1 月 17 日开始至 2 月 25 日结束，共计 40 天。南昌市春运办按照“安全第一、保障有力、方便快捷、服务至上”的总体要求，切实加强春运工作组织部署，严格春运安全监管，完善应急保障预案，科学统筹调度运力，优化提升服务品质，圆满完成春运各项工作任务。南昌市安全运送旅客 6719.63 万人次，同比增长 11.6%，从旅客出行方式来看，呈现“四增两降”。其中，轨道交通运输 3218.29 万人次，同比增长 35.05%；城市公交运输 2124.9 万人次，同比下降 15.07%；出租车运输 945.2 万人次，同比增长 18.42%；公路运输 20.79 万人次，同比下降 2.81%；铁路运输 306.55 万人次，同比增长 33.76%；民航运输 103.9 万人次，同比增长 19.29%。没有发生一起责任旅客伤亡事故、火灾爆炸事故及重大道路客运交通事故，确保了平安春运；没有发生群体的旅客滞留现象和影响较大的旅客投诉事件。

（南昌市交通运输局）

【宜春市 2022 年春运工作】 为期 40 天的 2022 年春运于 2 月 25 日结束。宜春市认真贯彻落实全国、全省春运工作部署要求，围绕"安全第一、保障有力、方便快捷、服务至上"的总体目标，全面开展春运有关工作及疫情防控工作。全市春运工作平稳有序，没有出现疫情防控突发事件和旅客大面积滞留现象，道路交通安全形势总体平稳，未发生重特大道路交通安全事故，春运工作圆满收官。全市铁路、机场、公路客运、城市公交等部门和运输企业合理制定运输方案，优化运力投放，全力做好运力组织保障。据统计，春运期间道路客运企业投放客运车辆 1181 辆，共运送旅客 338 万人，同比上升 40 万人，涨幅为 11%。其中班线 290 万人，同比上升 34 万人，涨幅为 13%，包车 48 万人，同比上升 6 万人，涨幅为 8%；铁路部门春运完成旅客发送 31.39 万人，同比增长 5.87 万人，增幅 23%；宜春机场共保障航班起降 782 架次，同比增长 3.44%；完成旅客吞吐量 51682 人次（其中进港旅客 11930 人次，出港旅客 39752 人次），同比增长 5.56%；货邮吞吐量 6.1 吨，同比下降 20.78%；宜春公交集团投入各型参运公交车 502 辆，部署机动运力 48 辆，共发出 9.5 万余班次，运送乘客 362.7 万余人次，同比减少 14.3 万人次，减幅 3.8%。

（冯海燕）

【奉新县交通运输局圆满完成春运任务】 2022 年春运工作期间，奉新县交通运输局落实 24 小时值班，落实专人每日到客运站和高速互通路口监督值守，每日早上出车前组织技术人员对客运车辆进行严格检查，严禁"带病上路"，在严格做到"三不进站，六不出站"的前提下，组织专人落实"三品"安检制度，落实了专人负责对客运车辆每班次

消毒，客运站通风、旅客扫健康码、测体温、佩戴口罩进站等措施。该局执法大队加大对客运安全和非法营运车辆的检查力度。春运期间日均投入客运运力 172 辆（含出租车 60 辆），完成客运量 22.6 万人次（出租车客运量 1.5 万人次）。共出动执法人员 246 人次，出动执法车辆 81 辆次。查处 2 家企业 6 条安全隐患，期限及时整改到位，查处"黑的"出租 8 起，当场进行制止和教育，收到较好的效果。40 天的春运工作，做到了安全第一，以客为主，确保春运期间广大旅客走得安全，走得及时，去得有序，走得满意，未发生一起道路安全和疫情传播的事故，顺利完成了 2022 年春运工作任务。

（刘强）

道路货物运输

【概况】 截至 2022 年底，全省完成完成货运量 17.8 亿吨，货运周转量 4086.4 亿吨千米，同比分别下降 1.47% 和增加 3.9%，货运平均运距 229.1 千米。

（朱玲）

表 22：　　2022 年全省公路货运量完成情况

单位名称	货物运输量	
	货运量（万吨）	货物周转量（万吨千米）
全省合计	178367	40864159
南昌市	16538	3159929
景德镇市	2129	582232
萍乡市	5519	1243960
九江市	12862	3094077
新余市	15204	2800451
鹰潭市	7331	1217762
赣州市	22618	1653542
吉安市	11621	3515614
宜春市	50726	14688336
抚州市	15555	4758123
上饶市	18264	4149744

（省综合交通中心）

表 23：　　　　　　　　　　　　2022 年全省道路危险货物运输

单位名称	道路危险货物运输车辆		载货汽车		挂车		道路危险货物运输业户数	
							营业性	非营业性
	辆	吨位	辆	吨位	辆	吨位	户	户
全省合计	13026	259613	7067	64551	5959	195062	421	11
南昌市	588	13323	243	3007	345	10316	26	5
景德镇市	725	12724	410	2353	315	10371	24	0
萍乡市	1184	26470	472	2517	712	23953	25	0
九江市	715	13345	335	4404	380	8941	42	2
新余市	338	6261	166	909	172	5352	20	1
鹰潭市	191	4047	66	422	125	3625	14	0
赣州市	589	16989	236	2930	353	14060	61	0
吉安市	1240	16359	918	6117	322	10242	26	0
宜春市	5471	114627	3093	33296	2378	81331	97	1
抚州市	955	16621	611	5878	344	10743	32	1
上饶市	1030	18847	517	2719	513	16128	54	1

（省综合交通中心）

【网络平台道路货物运输行业高速发展】 2020 年 1 月 1 日《网络平台道路货物运输经营管理暂行办法》正式实施，开启了网络货运时代。伴随着大数据、云计算等新技术革命的迅猛发展，以及在国家和地方政策的大力支持下，网络货运得到各路资本的青睐，网络货运市场规模呈现爆发式增长。截至 2022 年底，江西省获得网络货运经营许可、并正式接入江西省网络货运信息监测系统的企业 128 家，其中 2022 年新增 42 家，共整合社会车辆 106393 辆，驾驶员 105399 人，运单规模 95.22 万单，货运总量 1726.52 万吨，货运周转量 48.09 亿吨每千米，运输费用总额 26.64 亿元。

（谭斯阳）

【全省首张道路运输经营许可证电子证照在新余成功发放】 8 月 3 日上午，全省首张道路运输经营许可证电子证照在新余市交通运输局发放，标志着道路运输电子证照在江西省正式全面启用。

启用道路运输电子证照，是贯彻落实国务院"放管服"改革、推进道路运输管理数字化、提升道路运输安全监管能力的具体举措，也是江西省交通系统便民利民惠民的重点工作。道路运输电子证照与纸质及 IC 卡证照具有同等法律效力，均为合法证件。

江西省全面启用的道路运输电子证照共"三类十证"：道路运输经营许可证、道路危险货物运输许可证、放射性物品道路运输许可证、网络预约出租汽车经营许可证、道路运输从业人员从业资格证、巡游出租汽车驾驶员证、网络预约出租汽车驾驶员证、道路运输证、网络预约出租汽车运输证以及包车客运标志牌。道路运输经营者及从业人员可通过"江西交通"微信公众号免费申领电子证照，在办理相关业务或接受查验时直接亮证使用。

（钟明明　廖小武）

【靖安县推进物流产业快速发展】 2022 年，靖安县交通运输局积极配合县供销社，全力帮扶江西省优而信电商服务有限公司已与靖安县供销合作社达成战略合作协议，同时推进村镇公交带货运行，让全县 76 个行政村全部享受到"互联网＋第四方物流"所带来的快捷便利服务。推进全县营运车辆电子证照申领工作，此项工作全面落实后，做到让数据多跑路，让业户少跑路。针对疫情防控，靖安县配合市、县两级帮助企业纾困解难，协调江西超辉物流有限公司与银行对接 300 万贷款事宜，帮助靖安县三友货运有限公司引进战略合作伙伴。2022 年靖安交通运输局所属五家规上企业营收与去年同期相比有了大幅上升，2022 年 1 至 12 月营收为 15858 万元（2021

年同期为 10114 万元），同比增 56.8%。

（程菱）

【奉新县交通运输局促进农村物流合作优质服务】

年初，奉新县交通运输局在 2021 年 5 月初步开始运营的基础上，组织中国邮政集团有限公司奉新分公司，利用奉新城乡公交一体化网络，与江西省宜春汽车运输股份有限公司奉新分公司开展交邮合作，促进农村物流健康发展，双方在平等互利、合作共赢、友好协商的基础上制定框架协议。在保障农村旅客乘车需求和安全的前提下，重新选择村级村民较集中的交邮点进行改造，共同研究出台公交客运车辆代运邮件快递的邮件安全、时限要求、结算方式、纠纷处理及赔偿办法，开展"定时、定点、定线"的专线服务。年底交邮合作网点已扩大到全县 146 个建制村，并在有条件时再逐步扩大合作覆盖面。

（刘茂盛）

城市公共交通

【概况】 截至 2022 年底，全省城市公交完成客运量 65499.6 万人，同比减少 30.4%，日均运送乘客 179.5 万人次；营运城市公交汽电车 15863 辆，同比增加 1.7%。营运线路 2462 条，同比增长 6.5%。营运线路总长度 57690.7 千米，同比增长 11.4%。

江西省巡游出租汽车完成客运量 35410.39 万人次，同比减少 13.8%，日均运送乘客 97 万人次；共有营运巡游出租汽车 17174 辆，同比减少 1.8%，营运里程达 142842.9 万千米，同比增加 3.2%。其中载客里程达 79461.8 万千米，同比减少 9.1%。

南昌轨道交通线网共开通 4 条运营线路，开通运营里程 128.5 千米，与上年持平；轨道交通线网共计配属列车数 144 列，同比去年同期增加 8 列；共完成客运量 23897 万人次（含 4 号线），同比减少 6.7%，日均运送乘客 65.47 万人次，比去年末减少 4.67 万人次；旅客周转量 139085.6 万人千米，同比减少 15.8%，运营车千米 9036.1 万车千米，同比增加 37.9%。

（朱玲）

表 24：　　　　　　　　　　2022 年全省城市（县城）公共汽电车

地区名称	运营车数（辆）						标准运营车数（标台）	运营线路条数（条）	运营线路总长度（千米）	客运量（万人次）	运营里程（万千米）
	合计	汽油车	柴油车	天然气车	纯电动车	混合动力车					
全省合计	15863	12	2863	1006	10554	1428	17113.1	2462	57690.7	65499.6	63759.68
南昌市	3998	0	1342	424	1792	440	4593.6	458	10881.3	13555.44	14042.57
景德镇市	678	0	102	77	425	74	708.9	112	2889.7	2644.2	2541.64
萍乡市	901	0	45	0	774	82	965.2	116	2097.3	7937.11	3734.79
九江市	1478	0	284	109	969	116	1631	217	4488	6988.21	5529.03
新余市	644	0	33	106	457	48	726.5	94	1801.8	2254.2	2237.72
鹰潭市	315	0	46	0	239	30	325.5	41	512.4	1147.56	701.22
赣州市	1906	0	438	170	1120	178	2018.3	355	8899.8	7167.38	8043.02
吉安市	1344	0	68	0	1216	60	1425	236	5758.4	6958.93	6969.03
宜春市	1699	0	331	60	1203	105	1850.6	261	7824.8	5772.83	7519.47
抚州市	1577	12	97	0	1343	125	1645.2	370	8618.2	7076.93	7691.46
上饶市	1323	0	77	60	1016	170	1223.3	202	3919	3996.81	4749.73

（省综合交通中心）

表 25：   2022 年全省城市（县城）巡游出租汽车

地区名称	运营车数（辆）					客运量	运营里程	载客里程
	合计	汽油车	天然气车	双燃料车	纯电动车辆	万人次	万千米	万千米
全省合计	17174	12833	165	2890	636	35410.39	142842.9	79461.8
南昌市	5649	5549	0	0	100	7274.7	52464.5	24845.7
景德镇市	892	197	0	695	0	2203.74	6860	3670
萍乡市	721	0	4	645	72	2095.5	7931.2	4133.6
九江市	2697	2538	0	0	159	8251.26	22039.4	13106.1
新余市	592	0	0	569	23	1934.11	5744.3	3282.4
鹰潭市	450	374	76	0	0	526.6	2401	1673
赣州市	1531	909	58	393	131	3510.6	12974	7468.5
吉安市	945	855	27	0	63	1373.41	4747.2	2973
宜春市	1348	1064	0	77	27	3075.2	8616.6	6821
抚州市	982	516	0	0	36	2338.87	7379.2	4492.5
上饶市	1367	831	0	511	25	2826.4	11685.5	6996

（省综合交通中心）

【南昌出租"除夕温暖车队"免费接送游客温暖回家路】 2022 年 1 月，南昌市交通运输局挑选 50 辆出租汽车组建"除夕温暖车队"，在南昌火车站免费接送旅客回家。活动主要目的是帮助旅客及时、安全地与家人团聚，让归家的游子感受到南昌"的哥""的姐"的温暖。活动自 2011 年开始，已经连续 12 年坚持举办此项公益活动，深受广大旅客和社会各界的好评。展现新时代出租汽车文明形象，用实际行动为文明南昌增光添彩，用无私爱心把南昌"城市名片"越擦越亮。

（南昌市交通运输局）

【庐山市优先发展城市公交】 2022 年，庐山市进一步优化城乡公交线路，同时为了更好地方便群众和学生出行，先后开通了工业园区通勤车、校园直通车及夜间学生接送专车。为在乡镇工作人员及困难群众办理月票、年票（优惠率达到 50%）；为城区及乡镇优抚对象（残疾人）、现役军人及 65 周岁以上老年人办理免费乘车卡 9000 余张。

（九江市交通运输局）

【永丰县进一步优化公共交通运行规划】 2022 年，永丰县交通运输局不断优化城区公交线路，对县城区现有 9 条公交线路走向进一步调整，增加早、中、晚三个人流高峰时段的运力，方便群众便捷出行。

大力发展定制客运服务，为解决县城乡接合部学生上学乘车难问题，根据群众需求，开通 2 条城南学校至怡心苑、佐龙乡路田村至恩江三小的学生定制公交班线。

（吉安市交通运输局）

【宜丰县大力发展公交便民惠民】 宜丰县从 2022 年 2 月 28 日起开通 3 条城市公交线路，同时实行城乡公交一体化，所有票价均实行 1 元标准。由宜丰汽运公司负责经营、县财政兜底。汽运公司新购 16 台宇通纯电动公交车投入运营，3 条线路均实行双向对开，共设置城区公交站点约 150 个（含原有站点 30 个），基本覆盖县城建成区集中居民点和公立机构，公交运营线路分为 1 路（外线）、2 路（内线）、3 路（工业园区）三条线路。城乡公交汽运公司投入运力 37 辆公交车，共有宜丰—潭山、宜丰—双峰、宜丰—石市、宜丰—石市（老路）、宜丰—芳溪、宜丰—黄岗、宜丰—同安、宜丰—新庄 8 条线路。

（漆志勇）

【宜春公交集团全力推进家校定制公交服务】 2022 年，公交集团秉持"公交为民"的服务理念，大力推进"家校直达定制公交"服务，为学生提供更加专业、安全、便捷的出行体验。一是多方协调，合力解决师生上下学问题。公交集团与袁州区教体局、中心城区中小学进行沟通，多次召开家校定制公交协调会，商讨家校定制公交开通事宜。二是多措并举，共护师生安全乘车。从严检测车辆技术状况、安全消防及服务设施，优选经验丰富、富有爱心的驾驶员，随车配备安全导引员，通过家长微信群、短信提醒等方式让家长及时了解学生乘车状况，确保学生安全乘车。9月至12月，开通家校专线35条，服务中心城区学校20余所，服务人次近40万，解决家长接送孩子的后顾之忧，缓解学校周边交通压力，得到了师生家长的一致好评。

（王丽红）

【高安市大力发展公共交通事业】 2022年，高安市拥有长途客运公司1家，省、市、县际班线车辆69台；城乡客运车辆146台（其中92台城市公交延伸使用公交车辆）；出租车公司2家，共有180辆出租车；城市公交公司3家，共有73辆公交车。高安市坚持推进公共交通事业、满足人民美好出行的需求作为工作重点，落实65岁及以上老年人、现役军人以及优抚对象免票政策，通过城乡公交不断向村组延伸和开通镇村公交，实现全市299个建制村（2千米覆盖）通车率达到100%，同时推动纯电动公交车的使用，城市公交纯电动公交占比达到100%，城乡客运纯电动公交占比达73.5%。

（周列时）

【抚州市城乡公交一体化改革有成效】 抚州市开通市本级与县区、县区与县区之间的城际公交线路10条，金溪至鹰潭跨市城际公交1条。全市11个县区、153个乡镇已全部开通城乡公交线路，全市建制村通客车率达100%。全市已基本形成由市、县、乡、村逐级辐射的城乡公交出行网络和运营体系，城乡客运公共服务均等化的目标已基本实现。城乡公交票价明显下降，如东乡区的城乡公交票价降低幅度达50%，宜黄至抚州城际公交票价原来每人20多元降为10元，下降幅度超50%，改革后全市城乡公交票价平均下降幅度达30%。

（抚州市交通运输局）

【抚州市公共交通有限责任公司开通高考"爱心送考"公交】 6月6日至9日，为给广大高考考生营造方便快捷的出行环境，抚州市公共交通有限责任公司为高考考生提供免费乘坐所属24条线路公交车服务。此外，高考期间市公共交通有限责任公司在上顿渡临川区行政中心安排免费爱心送考专车，免费接送考生往返临川一博中学。今年也是该公司连续10年推出"爱心送考"免费搭乘公交车活动。

（抚州公交）

【抚州市城区开通首条微公交线路】 8月，抚州市公共交通有限责任公司开通"微公交1路"，线路总长7千米，始发站点山水人家，途经抚州一中东门、新春园、田园广场、康达城、专建宿舍、五皇殿家具城、光明眼科医院、万象新城、临川十小、体育馆北门、福满堂、滨湖世纪城二期、梦湖东路口、湖滨壹号、龙凤里小区、梦湖山水城、至未站梦湖公馆。营运时间为07:00至18:00，发车间隔10—15分钟。

（运安科）

【广昌县持续改善市民公交出行条件】 广昌县于2022年9月1日投入两辆新能源公交车，开通了县城至白田、县城至下兰两条公交线路，并按照市民出行规律和学生上下课时间分别开行14个班次，解决了沿线3000余群众和适龄学生乘坐公交出行问题。同年9月，为缓解县职业技术学校公交线路运力不足问题，该县交通运输局会同长运公共交通有限公司将原来运营的3辆公交车增加至6辆，运行班次由原来的每天12班次增加至24班次，有效解决了县职业中学2000多名师生乘坐公交出行的难题，减少了因公交运力不足部分学生选择骑行电动车往返县城带来的安全隐患。该县持续改善市民公交出行条件的举措，得到了广大市民群众的广泛点赞。

（广昌县交通运输局）

公路环保节能

【江西省严把营运车辆技术关】 2022年，江西省认真贯彻执行交通运输部道路运输车辆达标车型核查工作规范，明确核查机构主任责任、工作流程和核查记录，保证准入车辆符合国家对道路运输车辆燃料消耗要求，严禁不满足标准的车辆进入道路运输市场。2022年全省累计核查2.27万辆新进入客货运输车辆，从源头上把好道路运输车辆的节能减排技术关口。

（熊本良）

【江西省落实汽车排放检验与维修制度】 2022年，江西省做好汽车排放性能维护站的资质审查和目录公告，推进汽车排放维护修理的信息化管理。维修企业对排放超标车辆维护修理后，通过汽车维修电子健康档案系统上传汽车排放维护修理信息，并签发出厂合格证，注明是超标排放维护车辆，实现汽车排放超标治理信息的可追溯。

（熊本良）

【永丰县积极推动交通运输低碳行动】 2022年，为推动交通运输领域生态环境问题大排查大整治，永丰县加强对在建交通项目建设工地和县内汽车维修企业环境污染隐患排查，积极推进全县交通运输领域碳达峰实施方案，加快构建碳达峰、碳中和"1+N"政策体系。永丰县在交通运输行业逐步淘汰传统燃油车，全面推广新能源公交车。目前全县共开通10条城市公交线路、2条城市公交客运专线、26条城乡公交（镇村公交）线路、1条城际公交线路（901路），共投放新能源公交车辆118台，占比100%。

（吉安市交通运输局）

【靖安县交通运输局积极推动节能减排】 2022年，靖安县交通运输局积极实施绿色出行全域统筹，不断扩大绿色出行网络覆盖面，加快绿色出行基础设施和信息化建设，不断完善城市绿色出行交通系统。先后投入新能源公交车28辆，巡游出租汽车7辆，定制班车6辆，网约车辆14辆。以"镇村公交"客运一体化为契机，2022年已实现县域公交乡镇全覆盖100%，其次，不断优化公交线路，提高公共交通的出行分担率；同时在汽车站建设充

电桩12个，以保障新能源公交车能源需求，实现绿色公交、低碳出行。

（程菱）

【铜鼓县交通运输局推广运用"四新"技术发展绿色交通】 2022年，铜鼓县交通运输局在公路工程项目建设过程中，大力推广"四新"（新技术、新工艺、新材料、新设备）技术的应用。在棋坪至港口公路路面升级改造建设项目中，为解决路面预算造价过高，地方财政年套有限等问题，应用厂拌冷再生沥青混凝土和路面共振碎石化技术的绿色低碳新技术施工，与传统的沥青路面处理方式相比较，厂拌冷再生技术在不影响路面使用性能的前提下，实现了节能减排与资源的循环利用，节省加热源和减少二氧化碳排放量均在80%以上；该工艺还能有效利用废料，解决旧料堆弃占地及环境污染问题，可大量减少石料开采，节约用于堆放废旧沥青材料的土地，实现资源再生利用和可持续发展。而共振碎石化技术与传统的方式相比，也有着施工时间短、噪声低、不扰民，施工后不产生白色垃圾等优点，不仅减少了工程造价成本，而且低碳环保，减少对环境的污染。"四新"技术在棋港公路中的应用既大幅降低施工成本、缩短施工工期，又简化施工程序、提高施工效率，同时节约新资源的利用、保障低碳环保要求，取得良好的社会效益。此外针对棋港公路应用多项新技术的情况，为了严把工程质量关，项目建设在选择监理服务的基础上，项目经理部设立工地实验室，与新技术合作单位一道对原材料和现场施工进行规范试验检测，并聘请第三方检测单位对各工序全过程监督检测。特别加大新技术结构层试验检测频率，做到每段水泥混凝土路面共振碎石化后必检弯沉，对弯沉不合格的段落进行反挖处理，保证上一道工序检验合格后方可进行下一道工序，确保了工程施工质量。

（梅家驹）

水路运输概况

【概况】 2022 年，围绕交通强国、交通强省建设、双"一号工程"等重点工作，以"管理提升年"活动为抓手，加压奋进、担当实干，全省水路交通运输事业加快实现进位赶超、跨越发展。

支撑经济社会发展能力进一步增强。2022 年，中心应对疫情、旱情双重压力，通过采取强化航道养护、优化营商环境、提升服务质量等一系列措施，水运各项数据不断提升，支撑经济社会发展能力进一步增强。过闸货运量迅猛增长。2022 年全省船闸累计安全运行 2939 闸次、过闸船舶总计 5442 艘次、过闸船舶总吨位 549.4 万吨、过闸货运量 423.8 万吨，同比分别增长 117.7%、101.2%、208.8%、328.9%。船舶运力规模持续扩大。全省水运经营业户 239 家，运输船舶 2239 艘。船舶总运力 582 万载重吨，平均载重吨为 2599 吨，同比分别增长 37.5%、36.5%，其中，船舶总运力增速居全国第三，船舶平均载重吨增速居全国首位，提前 3 年完成"十四五"船舶运力规划目标，船舶大型化趋势明显。水路运输量稳步增长。2022 年全省完成水路货运量 1.34 亿吨、货物周转量 414 亿吨千米、港口吞吐量 2.26 亿吨、集装箱吞吐量 89 万标准箱，同比分别增长 4%、17%、–1.3%、13.2%。水路货运量在全省运输体系中的占比达 6.8%，提升 0.4 个百分点。大宗货物运输保障有力。2022 年矿建材料、煤炭、金属矿石、水泥、非金属矿石等大宗货物港口吞吐量分别为 7305 万吨、5667 万吨、2538 万吨、1419 万吨、932 万吨，各自占全省总量的 32.3%、25.1%、11.2%、6.3%、4.1%，内河水运在江西省大宗物资运输和对外开放中发挥着不可替代的基础保障作用，支撑全省经济社会发展的能力进一步增强。

水运服务品质进一步优化。政策引导力度不断加大。配合省厅推动省政府将"鼓励对水运物流企业予以适当补贴"纳入稳住经济发展若干措施，印发《江西省促进赣江航运业发展扶持方案》，九江、南昌、吉安、宜春、樟树、丰城六地出台水运扶持政策，全面引导江西省水运发展提效增量。大力发展江海联运、铁水联运，配合推动省政府出台《贯彻落实推进多式联运发展优化调整运输结构实施方案（2021—2025 年）》，九江港"一带一路"集装箱多式联运示范工程建设持续推进；促成省港口集团和上港集团达成合作，助力江西货物借船出赣、出海；在常态化开行中欧（亚）班列的基础上，成功开行中老班列；全省完成水铁联运量 5.77 万标准箱，同比增长 36%。"放管服"改革深入推进。梳理全省水路运输行政权力事项，进一步厘清职责边界。推动简政放权，协助省厅下放水路运输审批权限 6 项，受委托行政权力事项全部实现"一次不跑"，国内水路运输经营许可取消、减少提供材料 6 项、审批时限平均缩短 6–7 天。创新审批服务方式，协助省厅派驻省政务服务中心办理水路交通运输具体政务服务事项。推行预约受理和容缺受理，企业办事更加便捷高效。协助省厅完成行政审批事项 132 项，出具各类审查审核与技术咨询意见 84 项。水运品牌加快打造。开展精品水路客运企业评价工作，着力创建江西水运服务品牌。庐山西海和南昌滕王阁两条航线成功入选首批全国水路旅游客运精品航线试点。

通航保障能力进一步提升。航道法制和规划建设不断完善。江西省首部水路交通综合性地方性法规《江西省水路交通条例》于 3 月 1 日施行，《江西省处置水上突发事件应急预案（修订）》于 9 月 14 日由省政府颁布实施，为全省航道事业高质量发展提供了较为完善、权威的法治保障。编制完成了《江西省高等级航道养护管理办法》《江西省航道养护管理考核办法》《江西省高等级航道船闸运行管理办法》等，从制度层面进一步规范了全省航道管养、船闸运维工作。《江西省内河航道与港口布局规划（2021—2050 年）》获省政府批复，成为江西省首个获批的省级内河航道与港口布局规划，全省水运"十四五"乃至中远期发展规划全面完成，为加快全省水运高质量发展、更好地服务地方经济发展战略提供了水运规划引领。赣粤运河前期研究加快推进，9 个专题（其中：江西省牵头开展水资源、生态环境及运河（江西段）基础资料等 3 个专题）有 8 项完成成果验收，为推动项目决策提供了翔实依据。航道管养江西模式初步形成。聚焦航道管养"四好"目标，以信江双港枢纽库区航道为试点，着力推进航道管养"五化"建设，全面规范航道管养工作，逐步探索具有江西特色的航道管养途径，丰富和完善了航道管养江西模式。装备规范化管理水平持续提升。高标准举办装备规范化管理现场会，全面展示中心在航道养护、航道工程、水上救助、船闸通航装备建设等方面取得的新成绩和"四新"技术运用成果，积极推广试点经验，装备标准化、规范化管理水平进一步提升。智能航运体系加快构建。扎实推进交通强国试点——赣都黄金水道智能航运发展项目建设，打造智慧航道、智慧船闸"112"工程，建成智慧航道运行管理平台、航道公共信息服务平台；制作完成 512 千米电子航道图并接入长江数字航道图，实现了干支联动；信江 219 座遥感遥测航标、18 处 CCTV 监控点和 8 座桥梁净空信息采集系统安装到位，航道管养和安全监测工作实现了数字赋能；全省首个船闸智能管控一体化系统和"赣航通"APP 公众服务平台建成试运行，船舶平均过闸时间缩短 40%，船闸运行效率大幅提升。高等级航道运行安全畅通。科学制定年度航道管养计划，统筹解决一批碍航浅滩、碍航桥梁、碍航缆线等涉航问题，有序实施全省高等级航道常态化疏浚和航标配布工作，强化枢纽（船闸）运行管理，建立了两江通航保障方案和船闸统一调度、水情信息发布机制，全面做好了特枯水情下航道通航保障工作，全省航道通航保障能力进一步提升。六是应急保通处置高效。全力做好特枯期的航道保通工作，强化航道巡航、守滩和拖轮守滩，一年来出动人员 2500 余人次、船艇 2800 余艘次，补充和修复航标 6000 余座次，完成维护疏浚工程量约 136 万方、应急抢通疏浚工程量约 30 万方，有效地保障了赣江、信江航道畅通。航道工程局作为施工主体，在赣西中心的配合下，历时四个月如期完成龙务洲滩、小港口滩两个浅滩整治任务，该整治项目在保障赣江航道畅通的基础上，进一步提振了干事创业的信心，成为了锻炼队伍、检验技术、

强化协同的典范，为今后开展航道整治项目打下了坚实基础。积极配合有关部门开展了南昌城区保供水工程前期论证及实施工作，协助省厅编制工程实施后重要物资运输保通保畅方案，强化了重点航段航道维护，较好地保障了重要物资运输。

行业治理进一步深化。水运市场经营秩序进一步规范。完成 2022 年度全省水路运输及辅助业核查，全省水运企业经营资质保持整体良好态势。指导有关地市完成 13 座砂石码头、堆砂场、卸砂点的提升改造任务，非法码头整治工作全面收官，进一步改善了全省港口建设与经营环境。开展了全省水运企业诚信评价和水运工程设计单位信用评价工作，水运市场经营秩序进一步规范。船舶港口污染防治持续深化。在全国内河省份率先启动船舶水污染物"零排放"，完成 1785 艘 100 总吨以上船舶生活污水防污设施改造；全省 113 家已取得经营许可证港口企业和 21 个船舶污染物接收站均已配备船舶污染物接收设施设备，全部注册使用"船 E 行"系统；全省全年接收船舶垃圾 300 吨、生活污水 53365 立方米、油污水 203 立方米，船舶垃圾、污水转运率、处置率均达到了 90% 以上，基本实现了船舶污染物闭环管理。九江市湖口县水上化学品洗舱站建成投入使用，完成洗舱作业 52 艘次，为 2021 年全年的 3 倍。全省淘汰（拆解）高污染高耗能老旧客货运输船舶 82 艘。船舶和港口岸电设施建设有力推进。提前半年完成全省 265 艘运输船舶受电设施改造年度安装任务，改造进度在长江经济带十一省市中位列第一。同步推进码头岸电设施建设和改造，提前三个月完成全省 123 个泊位的码头岸电设施安装任务，港口和船舶岸电设施匹配度显著提升；全省累计使用岸电设施 30226 艘次、使用岸电电量 36 万千瓦时，同比分别增长 11.2%、17.8%。"两江"航道水环境保护专项督查行动取得实效。开展赣江、信江航道水环境保护专项督查行动，共排查两江航道沿线排污口 173 个、码头企业 28 家、航运企业 80 家，摸清了两江航道水环境有关情况，厘清了航道水环境保护责任。

安全维稳工作进一步加强。平安水运稳步推进。平安交通、平安航道、平安港口建设深入人心，风险排查全面推进，各项防范措施严格落实到位。坚持不懈抓好网络安全，全年未发生重大网络安全事件。扎实做好水路运输尤其是旅游客运疫情防控工作，全力守护人民生命财产安全。全面落实信访

工作目标责任制，群众合理诉求得到有效解决。安全生产形势稳定向好。认真贯彻落实国务院安委会安全生产十五条措施和省五十条具体举措，扎实推进安全生产专项整治三年行动巩固提升、安全生产强化年和大检查等活动，梳理各类安全风险点99个，发现并整改各类安全隐患372个。部署开展水路交通运输安全生产工作包保指导，全力保障党的二十大期间行业安全稳定。全面完成船舶碰撞桥梁隐患治理三年行动。完成全省自然灾害综合风险水路承灾体普查工作，工作进度及完成量位列全国第一梯队。开展了散装危险化学品水路运输视频监控系统安装使用检查工作。2022年全省水运项目建设、航道通航、水路运输、港口经营等领域均未发生安全责任事故，行业安全形势稳中向好。应急救助能力持续提升。编制印发《江西省高等级航道事务中心应急救助工作机制（试行）》。完成省内水上应急资源调查，建立了全省水上应急资源台账。配备水上搜救无人机等先进设备，加强了新技术应用。为16支社会力量申请国家海上搜救奖励资金9.8万元，充分调动社会力量参与水上搜救工作的积极性。组织开展了水上应急救助常态化训练200余次，高难度科目训练23次，培训1900余人次，高效处置水上突发事件13起，协调救援力量参与水上救援20次，成功救助遇险船舶8艘、遇险人员8人，有力保障了人民生命财产安全。

（省高航中心）

水路运输企业

【概况】 2022年，全省共有水路运输经营户239家，其中水运企业214家，个体经营户25家。其中，省际危险品水路企业18家（南昌1家，赣州1家，宜春6家，九江4家，抚州5家，上饶1家），省际普货水运企业135家（内河企业120家，沿海企业15家），省内普货水运企业42家，省内旅客运输企业19家。与上年度相比，2022年度水路运输经营主体数量持续增长。全省水路运输企业较去年增长7.0%，其中，省际普货运输企业增长7.14%，省内普货运输企业增长13.51%，个体经营户增长25%。水运企业主体增加集中在九江和吉安地区，近两年全省积极推动各地市出台促进水运业发展

政策，目前已有4个地市陆续出台了支持航运业或物流业扶持政策。

（省高航中心）

【**九江市港口航运管理局完成水运企业年度核查工作**】 2022年，九江市港口航运管理局精心准备、细致分工，圆满完成了全市水路运输及其辅助业和在册营运船舶的年度核查工作。加强组织领导，周密部署。年度核查工作政策性强、工作量大，局领导高度重视，印发《九江市2022年国内水路运输及其辅助业年度核查工作的通知》，并组织局属各单位学习相关文件精神，结合九江市实际情况，明确核查工作的具体做法和工作流程，为顺利完成年度核查工作打下坚实的基础。严明工作纪律，提高服务质量。因受国内疫情影响，本次核查采取线上线下相结合的方式，即对办公场所在辖区内的企业进行上门走访，对办公场所不在辖区内的采取视频连线、线上报送的方式提交核查材料，确保了辖区企业及营运船舶核查全覆盖。核查人员依法行政、文明服务，核查工作达到了预期效果，水运业户的满意度进一步提高。严肃工作流程，督促整改提升。此次核查的重点为水路运输、船舶管理业经营者及所属营运船舶经营资质保持情况等。核查人员对核查中发现的问题依法责令其限期整改，对逾期未整改的报请有许可权限的部门依法吊销其水路运输经营许可证。通过核查，航运企业的规范管理意识和管理水平较去年得到提升。

（杨可）

【**省港航供应链公司大力拓展散杂货运输业务**】 2022年，省港口集团权属省港航供应链公司围绕港口布局，大力拓展散货业务开发，为船东、客户提供港口装卸、物流运输、信息技术、物流咨询等服务。与新钢、萍钢、正邦等省内大宗物流需求企业进行商洽，了解企业运输需求和现有成本。参加地方政府推荐会，与地方政府相关职能部门进行沟通，协同推进水路运输业务的发展。与新钢企业签订进口铁矿全程物流合同。

（省港航供应链公司）

【**省港航供应链公司拓展公铁水多式联运业务合作**】 2022年，省港口集团权属省港航供应链公司加强与中铁集装箱公司的合作，用铁路箱补充自备

空箱的不足，继续发展多式联运业务，引导公路、铁路集装箱货物下水，降低物流成本。

（省港航供应链公司）

【省港口集团与上港集团合资组建江西集装箱码头运营管理公司】 11月4日，上海国际港务（集团）、江西省港口集团合资组建江西集装箱码头运营管理公司协议签约仪式在南昌举行。双方设立合资公司，通过九江城西港区一期集装箱码头和九江红光国际港区一期集装箱码头一体化运营，优化运输结构，推动集装箱业务一体化发展，并将九江作为江西省内长江流域的集装箱枢纽港。

（江西省港口集团）

【九江长江港口集团2022年生产经营概况】 省港口集团所属九江长江港口集团共管理九江地区的7个码头。2022年，共完成集装箱吞吐量89676标准箱，完成件杂货吞吐量30.4万吨，完成散货吞吐量904.1万吨。

（九江长江港口集团）

【樟树港区水运企业货运量增长】 2022年，樟树港区辖区内有水运企业7家（2家危货、5家普货），省际营运船舶总数为101艘，同比增长30.1%；载重吨223121吨，同比增长124.8%；功率50616.8千瓦，同比增长38.2%；总吨位131635吨，同比增长112.6%。其中：化学品船29艘，载重吨24704吨，功率7910.3千瓦，总吨位15326吨。2022年虽受疫情及旱情影响，但辖区内各水运企业吞吐量得到了显著的增长，2022年完成货运量511.52万吨，比去年增加21%，完成周转量223708.7万吨千米，比去年增加38%，主营航线为长江干线运输及樟树水域内，经营业务为煤、矿石、粮食、化工产品、砂石等。

（邓声超　甘郁玲）

水路运输线路

【江西2条航线入选首批国内水路旅游客运精品航线试点】 2022年10月，交通运输部公布了打造国内水路旅游客运精品航线试点单位及试点内容，全国共有50条水路旅游客运航线。江西省2条航线入选，分别是九江庐山西海云海轮船有限公司的"司马码头—云居岛—明珠岛—桑田岛"航线，入选类型为自然景观游、南昌滕王阁游轮客运有限公司的"八一大桥—朝阳大桥"航线，入选类型为城市景观游。

（刘瑞华）

【"九江—岳阳"集装箱航线开通】 12月，"九江—岳阳"集装箱航线开通。该航线在原有重庆港直达九江港集装箱班轮航线外，新增重庆—岳阳—九江中转模式，满足不同企业、不同产品需求，增加九江港服务实体经济韧性。该航线旨在通过承接"海进江"西南方向货物和重庆中欧班列回程商品，加深中部与西部经济互动，是九江港承东启西、强化枢纽的布局之笔，是长江中游港口加强合作发展的积极探索，更是落实国内国际双循环相互促进的重要举措。

（九江港口航运管理局）

水路运价

【概况】 2022年，江西省水路运输价格，经有关部门测算：普通货物0.021元／吨千米，危险品0.104元／吨千米，集装箱运价为南昌至南京以上580元／标准箱，南京以下则680元／标准箱。与公路、铁路、航空等运输工具相比，水路运输价格明显偏低。

（省高航中心）

【九江市水路运价概况】 2022年，九江市水路货物运价：水路货物运输不同种类和不同航区的运输价格存在较大差别，干散货船舶运输价格约为0.025—0.08元／吨千米；液货危险品船舶平均运输价格约为0.15—0.4元／吨千米；集装箱船舶平均运输价格约为0.56元／标准箱千米。

九江市水路客运运价：水路客运均为市内旅（游）客运输，运价与相应景区门票存在一定关联度。根据航线不同，主要区间在20—98元／人。

（杨帆）

港口码头

【2022年南昌龙行港口集团码头吞吐量】 2022年，省港口集团所属南昌龙行港口集团已接管经营赣江、信江流域的码头共9个。全年共完成集装箱吞吐量11.62万标准箱，散杂货吞吐量877万吨、同比增长56%。

（南昌龙行港口集团）

【南昌港货运码头过年不停工保障南昌周边大型企业原材料水路运输的需求】 春节期间，为保障南昌周边大型企业原材料水路运输的需求，南昌港货运码头过年不停工。南昌晨鸣、防汛码头大年初一就开始装卸作业，截至2022年2月8日，两座码头已为方大特钢共输送铁矿石约9.08万吨，保障了方大特钢原材料铁矿石的水路运输需求。南昌厚田金信码头大年初三就开始作业，2022年2月3日至2月8日已为丰城电厂输送电煤约5.26万吨，保障了丰城电厂电煤接卸水运通道的畅通，为江西省生产、民生用电提供能源有力保障。

（南昌市交通运输局）

【樟树港区首次开港】 2月15日，樟树港河东港区迎来了两艘货运船舶靠港，这是樟树港区2022年的首次开港。现场人员第一时间按计划有序指挥着装卸作业两艘靠港船舶。一艘为件杂货船舶、一艘为集装箱船舶。华东诚通物流公司依托赣江航运，结合自身铁路专用线，旨在打造水、公、铁多式联运的大宗物资运输，为樟树市及周边企业降低物流成本，促进地方经济建设和发展。

（李劲然）

【鹰潭余江中童码头具备营运条件】 2月22日，鹰潭市交通运输局向鹰潭余江区赣港码头有限公司颁发中童作业区综合货运码头一期项目港口经营许可证。标志着中童码头已具备营运条件。中童码头是鹰潭市和信江主航道上第一座千吨级货运码头。

（南昌龙行港口集团）

【南昌姚湾综合码头开港运营】 3月31日，南昌

姚湾综合码头一期五个件杂货泊位正式开港陆续投入运营，实现全市水运建设良好开局，为助力南昌水运高质量跨越式发展夯实基础。姚湾综合码头的投产为发展昌南片区的产业集群提供水路运输条件，为充分发挥南昌港作为江西省主要港口的优势和龙头效应，进一步满足南昌及周边大型企业原材料水路运输需求，促进区域内物流降本增效有着积极的促进作用。

（南昌市交通运输局）

【泰和沿溪综合货运码头正式投产运营】 5月18日，省港口集团投资建设的吉安市泰和县沿溪综合货运码头首次迎来千吨级货船靠泊卸货，标志着该码头正式投产运营。

此次泰和沿溪综合货运码头装卸货物是泰和港区14年来第一批由省外港口运输进港的货物，开启吉安港泰和港区水运复苏发展新时代。该码头占地面积111亩，岸线长200米，建有2个1000吨级泊位（其中1个件杂货泊位、1个通用泊位），年设计吞吐量125万吨。

（南昌龙行港口集团）

【新干港区河西综合码头正式投产试运营】 7月27日6时28分，吉安港新干港区河西综合码头开启新余钢铁集团有限公司第一批货物的起吊装船，标志着新干港区河西综合码头正式投产试运营。

新干河西综合码头工程位于赣江左岸、新干赣江大桥上游，建有3个500吨级泊位，设计年吞吐量110万吨。该码头的正式投产试运营，为省港口集团与新余钢铁、赣锋锂业等大型企业携手推进港口物流产业链合作创造了有利条件。

（江西日报）

【南昌龙头岗综合码头率先推广"直装直提"】 10月，南昌龙头岗综合码头率先推广进口"船边直提"、出口"抵港直装"即"直装直提"业务。"直装直提"实行后，出口企业确定了出口计划，可申请抵港直装，这样货物无需在货场堆存，货物在港口的停留时间由原来的48小时压缩60%以上。而像进口货物，货物在途中就可以申请船边直提，货物抵港以后如无需查验即可放行，企业的提货时间由原先的3天，压缩到现在最短的2小时。此项业务的推出，不仅减少物流环节和成本，提升港口通

关便利化服务水平，而且提高了港口办事效率，提升了进出口货物的吞吐量。一经实现，为南昌市水运高质量发展提供"硬支撑"。

（南昌市交通运输局）

【吉安港4座码头正式投入营运】 2022年，吉安市交通运输局向吉安市新干港河西综合码头有限责任公司颁发新干河西综合码头《港口经营许可证》，标志着吉安市吉州石溪头货运码头、泰和沿溪综合货运码头、新干城北货运码头、新干河西综合码头4座已全部具备营运条件。从2月至今新干城北码头总计发出货物3.8万吨；石溪头码头总计发出货物0.4万吨。

这些码头陆续投入运营后，该市大宗货物可通过赣江运输，大幅降低周边钢铁、饲料、矿石等大宗货物的物流成本。石溪头码头到港一艘从江苏宿迁装运化肥至吉州区的船舶，船运费92元/吨，加上港口装卸费及短途公路运费，通过水路运输物流成本约为140元/吨；而采用公路运输运费为290元/吨，通过铁路运输整个物流成本也需要近200元/吨，通过水路运输全年能为该企业降低物流成本近百万元。

（吉安市交通运输局）

水路运输船舶

【概况】 2022年，全省运输船舶2239艘，船舶总运力581.85万载重吨，船舶平均载重吨2599吨，同比分别增长7.0%、0.72%、37.47%、36.50%，运输船舶呈规模化、大型化发展趋势。

（省高航中心）

【南昌市水路运输船舶情况】 2022年，南昌市营运船舶共126艘，407019载重吨，244086总吨。其中普通货船115艘、399682载重吨、238607总吨，客船2艘、398客位，危险品船舶9艘、7337载重吨、4710总吨，多用途船共35艘，4444标准箱。

（南昌市交通运输局）

【吉安市水路运输船舶情况】 2022年，吉安市省际普货船的平均载重吨由2021年的2257吨上升至

2386吨，万吨级货船4艘，多用途船6艘，408标准箱，2022年，全市共有沿海、省际营运船舶254艘，606061载重吨，比上年增长近5.8%。

（吉安市交通运输局）

【抚州市水路运输船舶情况】 2022年，抚州市拥有运输类船舶98艘，其中普通货船59艘、174859载重吨、105962总吨，危险品运输船舶39艘、123413载重吨、79275总吨，年完成水路总货运量343万吨，总周转量251675万吨千米。

（抚州市交通运输局）

【省港航运输公司水路运输自有船舶情况】 2022年，江西省港航运输有限公司自有及期租的集装箱运输船舶共9艘，总运力为1595标准箱，实际载重吨27799吨。自有船舶为赣远31、赣远32、赣远36、赣远37号4艘船舶，总运力548标准箱；期租船舶5艘运力1047标准箱。最大船舶运力箱量282标准箱，最小船舶运力箱量124标准箱。其中"赣远36"轮是江西省内首艘集装箱内河标准化船舶，于2012年4月建造完工，并于同年5月起正式投入运营。设计航速21千米/小时、载重吨2530吨、箱量160标准箱。该船舶运营以来，安全运营388航次、运输外贸箱量49664标准箱，多次评为省交通运输厅、省港航管理局"优秀班组"称号。

（省港航运输公司）

【两万吨级船舶落户南昌】 7月28日，一艘总长149.36米，载重吨为26150吨，名为"鄱湖之星"散货船舶在南昌注册并投入运营，成为落户南昌的最大吨级船舶。

南昌鄱阳湖航运有限公司于2022年6月份从九江市中祥航运有限公司购进该船，之前船名为中祥1号，于2020年8月在南通建成下水。该船来往于江苏及湖北一线，以装载散货为主。

（何景旺　郭明增）

水路旅客运输

【概况】 2022年，全省完成客运量97万人，同比

下降 39.1%，旅客周转量 1426 万人千米，同比下降 40.8%。

（省高航中心）

【吉安市水路旅客运输情况】 2022 年，吉州窑旅游客运码头建成并投入运营，江西赣江通文旅产业发展有限公司完成审批工作并投入运营，投运以来共完成 0.6 万人客运周转量，较往年实现了"零"的突破。

（吉安市交通运输局）

【元旦期间全省水路旅客运输安全畅通、平稳有序】 2022 年"元旦"期间，全省各级港航管理部门严格落实 24 小时值班及领导带班制度，并指定专人负责假日运输的联络、协调及信息报送工作，确保信息数据的完整性、准确性和时效性。全省共投入客船 138 艘、8709 客位；累计完成客运量 14394 人次，较 2021 年同期增长 12.72%。全省水路客运安全、畅通、便捷、有序，实现零安全事故和旅客零投诉。

（省高航中心）

【清明期间全省水路运输安全平稳有序】 4 月 3 日至 5 日，受疫情影响，全省 21 家水路客运企业仅 8 家正常营运，水路旅客完成客运量降幅较大。清明期间，全省共投入客船 130 艘、7820 客位，累计完成客运量 2307 人次，较 2021 年同期下降 83.28%。各级港航管理部门强化组织领导，完善应急预案，科学组织运力，开展水路运输企业经营资质及安全隐患督导检查，对不符合安全生产条件的客运船舶和人员，一律不得从事运输生产。同时，面对当前疫情防控的严峻形势，相关港航管理部门要求辖区内正常营运的客运企业切实做好疫情防控工作，对售票厅、候船室、卫生间、船舶等场所设施进行消毒通风，对乘客进行"三查一戴"，严格落实疫情防控各项措施，严防疫情通过水路客运传播和扩散。全省水路旅客运输安全平稳。

（省高航中心）

【国庆期间全省水路平安运送旅客 90684 人次】 10 月 1 日至 10 月 7 日，全省投入客船 127 艘、8395 客位；共完成旅客运输量 90684 人次，较 2021 年同期下降 56.06%。全省水路客运安全、畅通、便捷、有序，实现零安全事故和旅客零投诉。面对络绎不绝汇集在旅客检票口的上下船旅客，客运企业工作人员坚守工作岗位，维护现场秩序，做好乘船旅客服务工作，并按照疫情防控工作指南要求，严格落实客运船舶、港口客运站通风、消毒、"三查一戴"（查验体温、查验健康码、查验行程轨迹、佩戴口罩）、核酸检测等防控措施，确保全省水路旅客运输安全形势持续稳定。

（王文娟　曹晓慧）

水路货物运输

【概况】 2022 年全省完成水路货运量 1.34 亿吨、货物周转量 414 亿吨千米、港口吞吐量 2.26 亿吨、集装箱吞吐量 89 万标准箱，同比分别增长 4%、17%、-1.3%、13.2%。水路货运量在全省运输体系中的占比达 6.8%，提升 0.4 个百分点。

（省高航中心）

【吉安市水路货物运输情况】 2022 年，全市内河水路货物运输量完成 2726.3 万吨，同比增长 3.62%，货物周转量完成 618467 万吨千米，同比增长 3.54%；沿海货物运输完成 50 万吨，同比减少 51.78%，货物周转量 63714 万吨千米，同比减少 49.38%。

（吉安市交通运输局）

【九江港货物吞吐量迎来"开门红"】 2022 年 1 月份，九江港月度完成港口货物吞吐量 1355 万吨，位列全国港口货物吞吐量排名第 25 位；同比增长率 15.5%，位列全国港口货物吞吐量同比增长率第 5 位，实现新年"开门红"。

（缪康胜）

【赣江黄金水道单日货运量创历史新高】 6 月 29 日，赣江石虎塘船闸单日通过船舶 10 艘次，单日货运量 7285 吨，创单日货物通过量历史新高。当日，4 艘共载 2285 吨小麦和 5 艘共载 5000 吨煤炭的货船顺利通过石虎塘船闸，9 艘货船依次通过赣江龙头山、新干、峡江、石虎塘 4 个船闸最终抵达泰和港区沿溪码头。

（李健　胡灵）

水路节能环保

【概况】 2022 年以来，江西省从船舶港口污染防治、船舶和港口岸电设施建设、"两江"航道水环境保护专项督查等多个方面入手，扎实推进节能绿色水运发展。

船舶港口污染防治持续深化。2022 年，江西省在全国内河省份率先启动船舶水污染物"零排放"，完成 1785 艘 100 总吨以上船舶生活污水防污染设施改造；全省 113 家已取得经营许可证港口企业和 21 个船舶污染物接收站均已配备船舶污染物接收设施设备，全部注册使用"船 E 行"系统；全省全年接收船舶垃圾 300 吨、生活污水 53365 立方米、油污水 203 立方米，船舶垃圾、污水转运率、处置率均达到了 90% 以上，基本实现了船舶污染物闭环管理。九江市湖口县水上化学品洗舱站建成投入使用，完成洗舱作业 52 艘次，为 2021 年全年的 3 倍。全省淘汰（拆解）高污染高耗能老旧客货运输船舶 82 艘。

船舶和港口岸电设施建设有力推进。2022 年 6 月完成全省 265 艘运输船舶受电设施改造年度安装任务，改造进度在长江经济带十一省市中位列第一。同步推进码头岸电设施建设和改造，9 月完成全省 123 个泊位的码头岸电设施安装任务，港口和船舶岸电设施匹配度显著提升；全省累计使用岸电设施 30226 艘次、使用岸电电量 36 万千瓦时，同比分别增长 11.2%、17.8%。

（省高航中心）

【省高航中心开展港口污染防治检查】 6 月初，省高航中心对吉安市、赣州市开展港口污染防治专项检查。检查组现场走访吉安、赣州 6 个船舶污染物接收站和陡水湖客运码头、石溪头码头等港口经营企业，检查船舶污染物接收设施配置、运行维护及日常使用情况，查阅船舶污染物转运处置协议等管理台账资料，对工作员使用"船 E 行"和操作流程进行了解，对检查中发现的问题及时向被检单位进行反馈和指导。

检查组要求吉安市、赣州市港口管理部门要继续坚持港口污染防治的长效管理机制，督促码头

企业和接收站运营单位完善船舶污染物接收设施并保障运行，主动接收船舶污染物，规范使用"船 E 行"系统，增强全省码头船舶污染物"应收尽收"的公共服务能力。

（省高航中心）

【"两江"航道水环境保护专项督查行动取得实效】 8 月 8 日至 8 月 19 日，省高航中心开展赣江、信江航道水环境保护专项督查行动，共排查两江航道沿线排污口 173 个、码头企业 28 家、航运企业 80 家，通过督查，基本摸清了赣江赣州－吴城段、信江红卫坝—龙口段航道排污口的底数、排污口的类别和责任单位，建立了台账，基本掌握了重点排污口水质情况，为今后航道污染事件的应急处置提供了基础性资料；进一步增强航道养护一线人员航道水环境保护意识以及港口和航运企业的港口、船舶污染防治意识，促进航道绿色养护发展。

（省高航中心）

【南昌市港口和船舶污染防治工作成效显著】 南昌市全市 14 家码头全部具备了船舶污染物接收能力。其中 4 个码头（亚力水泥码头、江西国际集装箱码头、富昌油库、滕王阁游轮公司码头）的生活污水已接入市政污水管网，其余采取建设分散式生活污水处理设施或接收、转运设施处理。码头环保设施全部完成整改提升、有效运行。全市船舶水污染物联合监管与服务信息系统平台运行正常，已形成了船舶污染物接收转运和处置的闭环管理。

（南昌市交通运输局）

【新干县免费接收船舶污染物】 2022 年，新干县交通运输部门针对渡船垃圾量较大的采取每一至两天接收处理一次，对于采砂船和运砂船垃圾量较小的则采取每周进行一次接收处理。所有接收到的船舶生活垃圾等污染物都会及时进行转运处理，做好闭环管理。全年共接收并处理船舶生活垃圾 2.988 吨。

（吉安市交通运输局）

【丰城市交通运输局推进船舶港口污染防治】 2022 年，为有效控制和减少船舶污染物的排放，丰城市交通运输局积极作为，坚定贯彻落实长江经济带共抓大保护、不搞大开发方针，发挥职能优势，全面推进船舶和港口污染防治工作，守护赣江一江

清水。该局按照《江西省内河港口和船舶污染物接收、转运和处置设施建设方案》的要求，完成了船舶污染物接收站建设项目，并配备了船舶污染物接收船，为进入赣江（丰城水域）的船舶提供免费的垃圾接收服务。船户通过"船 e 行"APP 进行网上申报后，工作人员会上门接收污水和垃圾，收集后的船舶污染物统一由有资质的企业进行转运处置，进行规范化处理。此举大大便利了船户生活，有效削减赣江污染负荷，提高了生态环境质量，广受群众好评。2022 年认真开展了水路运输企业核查、港口企业经营资质核查，10 家水运企业、2 家港口企业、342 艘船舶合格。完成载重量 137.4 万吨，周转量为 1424232 万吨千米；曲江码头吞吐量 257 万吨，集装箱 7177 标准箱。船舶污染物接收站建设全面完成，总投资 797.07 万元（其中中央财政 315 万元，地方配套资金 482.07 万元）；船舶污染物接收站已开始试运行。2022 年出动专业船舶污染物接收船近 476 船次，累计服务船舶 2422 次、接收船舶垃圾 2.504 吨、生活污水 342.164 立方、残油废油 0.5 立方、含油污水 27.7933 立方。

（胡健）

【樟树市船舶污染物接收站污染物全部转运清零】　12 月 18 日，樟树市船舶污染物接收船完成年度最后一次接收，当天通过接收站相关设备将接收船里的油污水全部抽上岸。船舶污染物生活污水、油污水转运处置实现闭环管理。2022 年樟树港区污染物接收站共接收船舶垃圾 359 单、0.85 吨，生活污水 171 单、245.4 吨，油污水 69 单、提升 1.5 吨，有效保护了当地自然环境。港口船舶污染物接收处置能力。

（李劲然）

【九江市港口航运管理局开展船舶"零排放"治理】　2022 年，为确保船舶满足污染物"船上存储、交岸处置"的"零排放"要求，九江市港口航运管理局压实航运企业主体责任，要求企业建立"零排放"船舶登记清单，对尚未满足"零排放"要求的船舶实施重点监管，船舶水污染物"零排放"签注 534 艘，截至 2022 年 10 月 21 日，九江市内河运输船舶水污染物"零排放签注"达 100%。

（九江市港口航运管理局）

交通运输附属产业（含服务区）

【概况】　截至 2022 年底，全省共有机动车维修经营业户 7763 户，比上年末减少 16.3%。从结构看，一类汽车维修 448 户，同比减少 8 户，占 5.8%；二类汽车维修 1972 户，同比减少 42 户，占 25.4%；三类汽车维修 4443 户，同比减少 1740 户，占 57.2%。

全年完成维修量 491.84 万辆（台）次，比上年增长 0.89%。从业务类型看，完成整车修理 184445 辆次，同比减少 53.3%；总成修理 680355 台次，同比减少 9.7%；二级维护 874010 辆次，同比减少 39.4%；专项修理 2441263 辆次，同比增长 4.4%；维修救援 69634 辆次，同比减少 16.7%。

截至 2022 年底，全省共有汽车综合性能检测站 294 个，比去年增加 34 个。全年完成检测总量 52.05 万辆次，同比减少 4.3%。

截至 2022 年底，全省机动车驾驶员培训业户共有 824 户，比上年末减少 5 户；拥有教学车辆 25065 辆，同比减少 2.6%；全年培训人次 895840 人次，同比增加 4.8%。

（省综交中心）

表 26：　　　　　　　　　　　　　　2022 年全省机动车维修业

单位名称	机动车维修业户						完成主要工作量					
	合计	一类汽车维修	危险货物运输车辆维修	二类汽车维修	三类汽车维修	摩托车维修	合计	整车修理	总成修理	二级维护	专项修理	维修救援
	户	户	户	户	户	户	辆（台）次	辆次	台次	辆次	辆次	辆次
全省合计	7763	448	53	1972	4443	414	4918377	184445	680355	874010	2441263	69634
南昌市	622	77	1	234	306	0	1869398	56592	438409	62139	741596	8834
景德镇市	288	43	2	76	74	0	50559	13500	13256	12568	11032	203
萍乡市	220	43	5	67	109	0	315217	4120	19863	37124	246100	8010
九江市	979	21	4	267	691	0	267315	16121	35235	23772	179466	12721
新余市	256	14	2	62	176	4	146876	1898	6516	64917	69323	4222
鹰潭市	99	8	0	91	0	0	23232	3901	4896	7208	5990	1393
赣州市	1586	59	4	319	841	275	670092	4322	12778	137485	511685	3822
吉安市	1149	26	2	191	665	58	467504	8087	15635	119764	202011	10858
宜春市	569	67	16	195	207	0	584108	63886	33595	222205	257707	6715
抚州市	407	21	6	101	259	64	190823	3409	19378	80855	88830	2826
上饶市	1588	69	11	369	1115	13	333253	8609	80794	105973	127523	10030

（省综合交通中心）

表 27：　　　　　　　　　　　　　　2022 年全省汽车综合性能检测站

单位名称	汽车综合性能检测站						
	数量合计	完成检测量合计	维修竣工检测	等级评定检测	维修质量监督检测	其他检测	质量仲裁检测
	个	辆次	辆次	辆次	辆次	辆次	辆次
全省合计	294	520472	111393	256823	6442	140860	248
南昌市	25	148622	7230	22307	52	119033	0
景德镇市	12	19365	15695	4698	0	0	0
萍乡市	11	8726	0	8726	0	0	0
九江市	31	28833	3986	23113	0	1734	0
新余市	11	10560	0	10560	0	0	0
鹰潭市	5	2134	2015	0	0	0	0
赣州市	48	79930	44365	28754	2155	4656	166
吉安市	39	80845	36110	33900	1862	5529	0
宜春市	48	81159	0	71347	0	9812	0
抚州市	26	23828	280	23268	0	0	0
上饶市	38	36470	1712	30150	2373	96	82

（省综合交通中心）

表28：   2022 年全省机动车驾驶员培训

单位名称	机动车驾驶员培训业户					教练员人数合计	管理人员人数合计	培训人次合计	教学车辆合计	机动车驾驶模拟器	教学场地（含租赁场地）面积
	总计	其中：普通机动车驾驶员培训									
		合计	一级	二级	三级						
	户	户	户	户	户	人	人	人次	辆	台	平方米
全省合计	824	821	50	177	594	22728	4695	895840	25065	5113	16170859
南昌市	95	95	12	36	47	3583	494	156126	4262	806	3014332
景德镇市	18	18	1	9	8	996	350	26879	1184	160	718411
萍乡市	21	21	1	3	17	853	130	44112	804	145	514707
九江市	87	87	4	14	69	2470	573	82166	2368	570	1981839
新余市	27	27	1	2	24	680	163	29891	1192	194	134397
鹰潭市	23	22	0	7	15	890	201	22036	656	94	439413
赣州市	189	189	8	39	142	3887	1053	182754	5192	1355	2865996
吉安市	84	82	3	12	67	1714	302	99162	2042	513	1760827
宜春市	128	128	6	14	108	3225	481	88727	3155	132	2159892
抚州市	41	41	2	14	25	1612	282	52756	1362	273	768763
上饶市	111	111	12	27	72	2818	666	111231	2848	871	1812282

（省综合交通中心）

【司机之家建设有序推进】 2022 年，江西省建成 21 家功能实用、经济实惠、布局合理、方便快捷的"司机之家"，并于 2022 年 10 月完成验收工作，已根据验收结果择优报部确认 15 家。通过"司机之家"建设，货车司机工作及休息条件明显提高，有效解决货车司机吃饭难、如厕难、洗漱难、休息难等问题。

（谭斯阳）

【道路运输车辆"三检合一"全面落地】 2022 年，江西省不断强化道路运输车辆"三检合一"，落实普货车辆全国异地检测。截至 2022 年，全省 292 家"三检合一"检测机构联网运营，全省累计检测 25 万余辆次营运车辆，9 万余辆普货车辆享受省外异地检测惠民政策，有效降低货运司机时间成本和经营负担，切实增强从业人员的获得感。

（省综交中心）

【省交通投资集团打造"航空主题未来智慧综合服务区"】 1 月，省交通投资集团以底价成功竞拍下七里岗服务区北区商服用地，此次所竞拍的土地位于南昌临空经济区福银高速以北、滨湖九路以南、金水大道辅路以西，建设用地为 104.4339 亩，用于打造"航空主题未来智慧综合服务区"。

该项目位于福银高速乐温路段，毗邻昌北机场，项目房、土建投资约 1.9 亿元，改建后总占地面积约 226 亩，建筑面积约 40000 平方米。按照设计规划，该项目引入"未来高速"的设计理念，融入南昌历史、红色文化、航空梦想等元素，打造出一个"以南昌历史文化为魂、航空为形"为特色，集商业综合体、会议室、办公楼、公寓等于一体的复合功能服务区。

（省交通投资集团）

【首批江西高速公路服务区警务室完成移交并投入使用】 1 月 26 日下午，由江西省交通投资集团建设的第一批高速公路服务区警务室顺利完成移交工作，也标志着高速公安局在服务区有了正式的办公场所。建设高速公路服务区警务室是完善江西服务区的功能配置的重要举措，能够更好满足群众出行需要，提高高速公路事故处置速度和服务区治安管理水平，方便高速公安能够在第一时间赶到现场，处理问题。服务区与高速公安建立了联勤联动机制，警务室的顺利移交可以更好地保障司乘朋友的春运出行安全。江西省交通运输厅、江西省公安厅在全省49对高速公安服务区规划建设了服务区警务室，首批完成了奉新、樟树、黎川等16对服务区的警务室移交，2022年年底完成全部移交工作。

（省交通投资集团）

【高安市交通运输局整治机动车维修市场】 为进一步规范机动车维修经营活动，维护机动车维修市场秩序，在全国两会期间，瑞州执法中队组织执法人员加强对机动车维修行业的专项整治，督促机动车维修经营者认真落实安全生产和生态环境主体责任，坚决打击非法违法经营行为。截至3月10日，出动执法人员41人次，执法车辆10台次，检查维修业户46家。对不符合管理要求经营业户开具责令整改正通知书四份。在检查过程中，执法人员向维修企业宣传，解读相关的法律法规。引导维修企业守法经营，安全作业，听取经营者在办理备案过程中的困难和意见，为企业出谋划策，排忧解难，把为群众办实事落到实处。

（周真才）

【靖安县选调民兵预备役汽车维修技术人员】 为切实加强民兵预备役队伍建设，4月份，靖安县人武部牵头、县交通运输综合行政执法大队配合，在全县汽车维修行业选调精兵组建靖安县民兵预备役汽车维修技术班，编制12人。该大队按照县人武部要求，组织二轮选拔，12名专业性强、身体素质好的维修人员已全部到位。5月12日，该县人武部参谋与县交通运输综合行政执法大队工作人员到县内多家维修企业对选调人员进行现场点验和考核，所有人员均已通过。6月份，该县人武部还对维修技术班12名民兵进行为期3天的点校训练，以进一步提高其身体素质和维修技能。

（程菱）

【省交通投资集团不断增强服务区基础服务保障能力】 10月，省交通投资集团按照交通运输部和省委省政府的要求，稳步推进服务区提质升级工程，逐步完善高速公路沿线充电基础设施、货车（危化品）停车位、无障碍设施、警务室和交通执法室等

建设，增强基础服务保障能力。

出行安全有保障。在庐山、龙虎山等5个服务区设置危化品运输车辆专用停车位66个，有效防范化解危化品道路运输风险；有序推进服务区"两室"建设工作，完成了万年等服务区24处警务室、9处执法室的调剂，在奉新等服务区建成警务室6处、执法室7处，服务好全省高速公路安全管理；25对中心、复合服务区已全部配备AED急救设施，除正在改造的服务区，86对服务区配置了急救药箱，全心守护司乘健康。

出行体验更美好。在进贤、景德镇等服务区增加停车位共764个，其中货车停车位305个，有效缓解停车位紧张的形势；推动德兴等6对服务区完成充电桩扩容工程，满足新能源车高速路出行"续航"需求；所有辖服务区实现无障碍厕位、无障碍通道、无障碍停车位100%覆盖，并贯通服务区内无障碍通行流线，满足特殊人群出行需求，改善出行体验。

出行环境大变样。除正在改造的服务区外，所辖服务区已全部完成厕所革命工作，基本实现设施完备、厕位充足、卫生整洁、生态环保；第三卫生间、客服中心覆盖率达80%，淋浴室覆盖率达56%，母婴室覆盖率达52%，洗衣房（区）覆盖率达31%。

（省交通投资集团）

【江西省交通投资集团所辖高速公路服务区加快数字化建设】 2022年，江西省交通投资集团所辖高速公路服务区推出"智慧服务区数据中台"，搭建人机交互新平台，加快数字化建设。至年底，该系统已覆盖全省96对高速公路服务区。

围绕"人、车、场、服"四个要素，"智慧服务区数据中台"依托改造后的卡口摄像头、传感器等智能设备或人机交互系统，归集高速公路服务区衍生出的繁杂数据并进行分析、建模，将其对应储存在信息发布系统、商业管理系统、物业管理系统、视频监控系统、司乘服务系统、应急保障系统6个子系统中，初步形成了高速公路服务区动态感知体系，让数据"活起来"了，有效提升了运行监测能力。

通过出入卡口的高清监控摄像抓拍获取车辆进出信息，利用视频识别技术，实现车辆身份判断、车位检索、车位引导等功能。同时，在距离高速公路服务区500米处设置数据实时更新诱导屏，显示

该服务区的车位信息，以便司乘提前做出判断，从而充分利用有限的停车场资源最大程度满足车辆的停泊需求。截至 12 月，高速公路服务区共安装了 3900 多个卡口监控摄像头。庐山服务区、南城服务区已实现内外场重点部位视频监控 100% 覆盖和车流量 100% 检测。

（省交通投资集团）

【雷公坳文化体育产业园入选江西省现代服务业集聚区】 12 月，江西省服务业发展领导小组发布了2022 年度江西省现代服务业集聚区和江西省服务业龙头企业认定名单。经江西省发改委组织初审推荐，评审答辩及专家认定等环节，雷公坳文化体育产业园成功入选"江西省现代服务业集聚区"。被授予该称号意味着雷公坳文化体育产业园获得了社会各界的普遍肯定与认可。

雷公坳文化体育产业园厚植文化体育资源，优化产业功能布局，以文化和体育产业为主导，集运动健身、文化展示、文创办公、休闲娱乐、服务配套等功能于一体，将文化产业与体育产业等服务业深度融合；以整合文化体育资源、培育文化体育人才、服务文化体育需求为目标，积极引进集聚能力强、辐射范围广的企业和项目，着力发展以体育服务、创意设计、信息服务、环保科技、交通科技、教育培训为代表的现代服务业，致力于深化综合服务、信息交流、产业孵化、人才实训四大子平台的公共服务体系建设。

（省交通投资集团）

【万载机动车维修业平稳发展】 2022 年，万载县的机动车维修业克服疫情困境，扩大就业，得到稳定发展，至年底共有 16 家，其中：一类 5 家，二类 6 家，三类 5 家。县交通运输综合行政执法大队为认真执行国家安全生产方针和上级有关指示精神，把安全工作列入管理重要议事日程，每个月所有维修企业在汽车维修电子健康档案系统对接维修数据，一年做两次诚信考核。交通窗口推行政务公开制度，热情为机动车修理业提供优质服务，及时高效地为机动车修理户依法进行备案管理，促其合法经营，实行规范化管理，使机动车维修户主动配合管理工作，共同营造干净卫生，文明和谐的修理经营场所。

（巢娟）

【上高县交通运输局推进驾驶员规范培训营运】上高县交通运输局严格按照《江西省道路运输条例》《机动车驾驶员培训管理规定》，对上高县驾培机构学时记录进行监督抽查，存在学时造假，严重侵害学员利益的驾培机构进行处罚。出台《关于规范机动车驾驶员培训机构备案》。按照宜春市交通运输局关于规范机动车驾驶员培训机构备案工作通知，维修驾培股组织人员对县内 13 家驾培机构进行排查，发现实际教练员和教练车辆准入条件不符合的情况，发放整改通知书 12 份，并要求在 12月底前完成整改。2022 年上高县驾培机构共 13 家，招收学员 3419 人。

（晏强）

建设经营

【2022 年省交通投资集团服务区的建设和经营情况】 2022 年省交通投资集团全面完成了庐山、南康北、宁都东、三百山 4 对服务区整体提升工程，七里岗、赣州西、临川、军山湖等服务区正在推进施工。七里岗服务区拟打造全省首个航空风格主题服务区；庐山服务区以打造全景式绿色低碳服务区为目标，在建筑设计中植入庐山山形、云海元素，设置"望庐塔"，种植庐山代表性植物，设立实时风光显示屏，唱响"庐山天下悠"品牌。

一体推进服务区自来水改造等 13 个专项，以及会昌等 36 对普通服务区基础设施完善工程，解决一批长期以来困扰服务区发展的难点痛点问题。停车位方面，在庐山、南康北、宁都东、三百山、会昌服务区新增停车位 843 个，在庐山等服务区新增货车停车位 640 个，并通过科学调整客、货车位比例，设置潮汐停车位等方式，切实保障服务区停车安全有序。充电桩方面，分三期完成了德兴等 31 对服务区充电桩扩容工程，春节前增建充电枪 500 余把，单枪功率达 120 或 240 千瓦，充电枪总数达 1032 把，较 2022 年春运效能翻番，让更多的新能源车主放心出行。"厕所革命"方面，完成了宜丰等 7 对服务区厕所升级，在庐山、南康北等服务区设立"潮汐厕所"，有效满足公众需求。宿舍楼改造方面，完成了何市等 5 对服务区新建宿舍楼工程，同步启动上高等 6 对服务区新建宿舍楼工程，提升了员工幸福指数。

2022 年集团所辖 92 对服务区营业额合计 7.30 亿元，受疫情影响，同比下降 3.78%，单个服务区创效能力有所下降。

一季度初开局良好，营业额同比往年增长超过 50%，春运期间的营业额呈现整体上升态势，总体情况优于往年疫情期间春运，峰值也突破了历年营业额最高值。但二季度起至三季度末，部分服务区暂时封闭，营业额受影响较为明显。根据信息化数据统计，3 月、4 月及 5 月营业额同比下降超过 40%-68%，三季度末及四季度初的九月、十月营业额同比下降 18.50%、22.20%。期间节假日效益未能凸显，清明、五一、中秋节及十一国庆节期间就地过节政策，使得公路客运量及旅客周转量有所下降，导致整体及单个服务区创效能力不及预期。2022 年，服务区营业额排名前五为南城、三清山、上饶、龙虎山和庐山服务区，头部服务区较往年出现变化，随车流量导向，更加向沪昆线上集中，同时头部服务区效益下降。2022 年排名第一的南城服务区日均营业额 9.52 万元 / 日，较 2021 年、2020 年南城服务区日均营业额下降 0.6 万元 / 日、0.42 万元 / 日，区内品牌未发生较大改变，下降主要原因为疫情期间封闭天数将近 20 余日，同时错过清明、五一等节假日高峰期。

（省交通投资集团）

【庐山西海服务区提质升级项目正式开工建设】 1 月 27 日，庐山西海服务区提质升级项目建设动员会在庐山西海服务区会议中心召开，标志着庐山西海服务区提质升级项目正式开工建设。省交通投资集团党委委员、副总经理段卫党出席动员会并下达项目开工令，九江市政府党组成员、庐山西海风景名胜区党工委书记陈吉田，庐山西海风景名胜区党工委副书记、管委会主任朱宁，省公安厅高速公路公安局政委龙胤以及集团有关部门和单位、庐山西海管委会等单位相关负责同志出席会议。

会议要求全体参建单位和参建人员要把服务人民美好出行的路线图、打造生态旅游名片的施工图落成实景图，让庐山西海服务区真正成为群众满意的新驿站、美丽江西的新窗口、区地融合的新走廊。

（省交通投资集团）

【九江红光国际港首批"散改集"业务顺利到港】 3 月 31 日，满载焦炭箱的"赣荣 8 号"及"赣南昌货 1755 号"集装箱货轮到达九江红光国际港。九江红光国际港首批"散改集"货物的顺利到港也标志着九江港航线辐射范围进一步延伸至运河港口及其周边地区。

"散改集"即将传统的散货运输调整为集装箱运输，将货物由整体承运升级为以集装箱为单元的标准化运输，适合货值较高的货种。集装箱运输降低了货物在运输过程和转运环节中的损耗，卸货后的空箱流转畅通了九江市航运物流的"微循环"。

（唐剑）

【江西省交通投资集团发布"高速映山红"运营品牌】 4 月 29 日，江西省交通投资集团"高速映山红"运营品牌在南昌举行线上发布会。省交通运输厅、省发展和改革委员会、省国资委、团省委有关处室负责同志以及交通投资集团有关单位、部门负责同志参加。

"高速映山红"通过对品牌文化底蕴厚度、价值延伸宽度、交投名片高度的挖掘，让品牌形象有张力、思想内涵有张力、运营提升有效力。

发布会分别连线了井冈山收费站、南康养护所、吉安东车辆救援大队、泰和东服务区四个基层所站，并由集团收费、养护、救援、服务区四大窗口的一线员工发出"高速映山红"运营品牌服务宣言。

（省交通投资集团）

【省高航中心开展非法码头整治"回头看"持续推进港口规范化经营】 5 月，为巩固全省内河非法码头专项整治成果，持续推进港口规范化经营。省高航中心组成检查组赴赣州港、吉安港开展非法码头整治"回头看"，督促港区范围内砂石码头规范提升工作。

检查组察看整治现场，对赣州、吉安港口管理部门的阶段性工作成效给予充分肯定，要求当地港口管理部门切实增强港区砂石码头整治工作的责任感和紧迫感，扎实推进相关工作，确保按期完成港口规划范围内砂石码头的整治工作。

检查组强调要落实属地行业管理部门的监督管理职责，对辖区内港口码头加强日常巡查检查，坚决遏制非法码头死灰复燃，巩固长江经济带非法码头整治成果，提升规范化码头的作业能力，更好服务于地方经济社会发展。

（省高航中心）

【景德镇市交通运输综合行政执法支队积极推进营商环境优化升级"一号改革工程"】 2022年，为全面深入推进营商环境优化升级"一号改革工程"，景德镇市交通运输综合行政执法支队水政部门结合工作实际，积极探索出"电话申请＋网络预审"的办证新模式，企业可以通过电话的方式进行申请，同时将准备好的申请材料通过网络发给工作人员进行预审，缩短办证周期、提高办事效率，实现"一件事只跑一次"。努力提升企业满意度，让企业办事不用求人、办事依法依规、办事便捷高效、办事暖心爽心，积极努力为该市优化营商环境贡献交通执法力量。

（景德镇市交通运输局）

【省交通投资集团召开第二届高速公路运营管理现场会】 12月14日下午，省交通投资集团第二届高速公路运营管理现场会在吉安召开，集团党委书记、董事长谢兼法出席会议并讲话，党委委员、副总经理段卫党主持会议，总经理助理袁细斌出席。谢兼法充分肯定了集团高速公路运营管理工作取得的成绩。从宏观形势、出行需求、集团发展等角度，对当前运营管理工作面临的形势和要求进行了分析。要拓宽视野、放大坐标，把握高质量发展的时代要求，锚定交通强国、交通强省建设目标，持续在保通保畅、保供稳链、产业协同上进一步提质增效，在助推乡村振兴、全域旅游、营商环境优化升级等重要战略上展现更大作为；要攻坚补短、提质升级，构建路网综合服务体系，一体推进高质量服务供给；要统筹谋划、降本增效，聚焦做好"大运营"这篇文章，统筹推进养护成本精细化管控、服务区经营挖潜增效，为集团做强做优做大提供有力支撑。

会前，与会人员现场观摩了智慧收费站建设运营试点、星级养护站及车辆救援规范化基地、井冈山红色交通文化展厅等，观看集团高速公路运营管理成果展。会上，为获评集团运营管理"微创新""微论坛"优秀代表及2022年星级养护站代表颁奖，向第三届运营管理现场会承办单位赣州管理中心授牌。集团总部相关部门负责同志，路网公司、赣粤公司、交工集团、畅行公司、各路段管理单位及海通公司、方兴公司等有关负责同志参加会议。

（省交通投资集团）

交通管理

法治交通建设

【概况】 2022年，江西省交通运输综合执法检查总分排名全国第一，执法考试成绩排名全国第一，交通运输综合执法改革进度全国第一，获全国推进交通运输法治政府部门建设通报表扬先进集体。

（钟德武　张巍）

【深入学习贯彻习近平法治思想】 加强《习近平法治思想学习纲要》等权威读本的学习宣传工作。将习近平法治思想列为党委理论学习中心组会议集中学习、领导干部专题培训、工作人员入职培训、晋职培训、青干班培训的必学内容。举办习近平法治思想暨法治交通和信用交通建设骨干培训班，邀请交通运输部专家、省"八五"普法讲师团成员专题解读习近平法治思想。

（钟德武　张巍）

【党政主要负责人切实履行推进法治建设第一责任人职责】 江西省交通运输厅主要负责同志亲自分管法治工作，切实履行法治建设第一责任人职责，担任推进法治政府部门建设工作领导小组、"对标提升法治力　奋进喜迎二十大"主题实践活动领导小组等组长，对法治建设重要工作亲自部署、重大问题亲自过问、重点环节亲自协调、重要任务亲自督办，带头深入学习贯彻党的二十大精神和习近平法治思想，自觉做尊法学法守法用法的模范。多次主持召开厅党委会、厅务会，及时研究解决《江西省水路交通条例》宣贯、交通运输综合行政执法检查、科技治超、信用交通等法治工作。

（钟德武　张巍）

【扎实落实部门普法责任】 贯彻落实《江西省交

通运输系统法治宣传教育第八个五年规划（2021—2025 年）》，印发年度法治宣传教育工作要点，建立"谁执法谁普法"普法责任清单。持续开展"以案释法"和"法律六进"工作，推进普法与执法有机融合。开展首违轻微免罚、"说理式"执法的探索和实践，积极开展交通运输"执法体验周"活动、送学送法上门、"送法进工地"等活动，在公众号开设《执法小课堂》专栏，在政务网站发布普法依法治理创新案例，践行以安全普法、以案释法，提升普法实效。将新制修订的《中华人民共和国道路运输条例》《江西省水路交通条例》等交通运输法律法规规章列入普法工作重点内容，提升交通运输系统干部职工依法行政能力。在高速公路服务区、交职院、交通技校建设交通运输特色普法点，提升群众、学生法律意识。

（钟德武　张巍）

【持续推进"三化、七统一"建设】 建立执法规范化长效机制，深入开展执法队伍素质提升三年行动，推进"四基四化"建设，执法规范化水平和执法人员素质明显提高，在 2022 年交通运输综合执法检查中，江西省交通运输厅综合成绩排名全国第一，获得交通运输部通报表扬。在全省新调整规范 62 类行政执法文书，成为全国交通运输系统模板最齐全的省份。

（钟德武　张巍）

【深入推进交通运输综合行政执法改革】 省级、11 个设区市、涉改的 76 个县（市）全部印发改革方案和"三定"方案，交通运输综合行政执法机构已全部挂牌，人员已全部整合到位。在全国各地改革进度不一的情况下，江西首推"省厅统一协调，各地全部换装、换证"模式，交通运输综合执法队伍"新形象、新证件"在全国率先完成。国务院对"江西省以改革为动力持续优化升级营商环境"做法予以通报表扬，该省交通领域"全面推行不见面开标""制定轻微违法首违免罚事项清单"等一系列优化营商环境重要举措得到肯定，"江西营商"专题推广"省交通厅：突出便捷化法治化人性化　建设人民满意交通强省"经验。

（钟德武　张巍）

【治超工作取得"三个前所未有"的明显成效】 治超率大幅下降前所未有。通过先后发动"安全治隐患、严打百吨王百日行动""上饶专项整治行动""宜春等赣西四市联合整治行动"三大重点战役，普通国省道治超克服巨大困难取得历史性成效，超限率由 2021 年以前的 7.26% 大幅下降到 2022 年的 1.95%，首次突破 2% 关口。在省委主要领导批示点赞的激励下，全省高速公路超限率继续保持并列全国第一。治超获得全国肯定前所未有。全省深化治超执法改革，推动依法治超、信用治超、科技治超、源头治超，江西治超综合执法改革进度排名全国第一，江西被列为源头治超全国六大试点省份。治超效果前所未有。违法超限降幅达到 73%，"百吨王"减少了 80% 以上，治超路段全寿命周期由 2—3 年保障为 10 年以上，促进全省路况优良率提升，有效保护了公路建设成果，保护了群众生命财产安全，优化了物流营商环境。

（钟德武　张巍）

【江西全面启动交通运输执法系统基层执法单位"四基四化"建设】 3 月 22 日，省交通运输执法局印发《全省交通运输执法系统基层执法单位"四基四化"建设标准（试行）》，标志着该省交通运输执法系统基层执法单位"四基四化"建设全面启动。省交通运输执法局制定了全省交通运输执法系统基层执法队伍职业化、执法单位标准化、基础管理制度规范化、执法工作信息化建设等"四个标准"，设计制作《江西省交通运输综合行政执法标识建设规范》，提出到 2023 年确保完成全省"四基四化"基层执法单位达标 80% 和 2024 年基本完成全部建设任务的目标，着力推动全省交通运输基层执法单位人员结构明显优化、队伍素质明显提升、装备及信息化水平明显提高、规范化管理明显加强、整体形象明显改观、执法能力明显增强、服务水平明显提高。执法队伍职业化方面，通过加强思想政治、组织机构、素质能力和纪律作风建设，进一步深化交通运输综合行政执法改革，推进交通运输法治政府部门建设，提升交通运输基层执法队伍行政执法能力，确保严格规范公正文明执法，实现全省交通运输综合行政执法队伍全面职业化。

执法单位标准化方面，对基层执法单位设置、选址、布局以及交通运输综合行政执法基础标识、办公系统、环境系统、外观形象、安全防护和交通工具标准识别系统等进行了规范，其中基本用房分为窗口用房、办案用房、业务和后勤保障用房四类，要求各用房应当与承担的职责任务相匹配，结合实际进行选配，条件受限的单位，相关用房可以整合多功能使用。基础管理制度规范化方面，从执法单位职责、运行与监督、执法队伍建设等方面进行规范，其中日常管理制度14项，执法工作制度16项，对于促进严格规范公正文明执法，保障和监督交通运输执法单位有效履行职责，维护人民群众合法权益，具有十分重要意义。执法工作信息化方面，通过建设信息化场所、配备信息化设备、应用信息化系统，实现执法环节可追踪，执法信息可查询，做到执法全过程留痕和可回溯管理，全面提升江西省交通运输执法能力、执法质量、执法效能和执法公信力。

（黄云）

【江西省交通运输执法系统推行全程说理式执法】

6月8日，印发《推行全程说理式执法指导意见（试行）》，明确以"法治是最好的营商环境"为引领，以落实行政执法责任制为抓手，以预防和化解行政争议为着力点，把法治宣传教育融入执法办案全过程，提升行政执法的说服力与公信力，构建和谐有序的交通运输执法新秩序。要求全省交通运输执法人员转变执法理念，增强说理式执法的主动性、积极性，提升执法"温度"，提升执法能力，注重全程说理，推行执法全过程记录制度，规范文书制作。

（刘燕萍）

【江西交通运输行政执法检查工作规范和参考指引出台】 为规范江西省交通运输综合执法领域的行政检查行为，促进严格规范公正文明执法，2022年10月13日，印发《江西省交通运输综合执法领域行政检查工作规范（试行）》和《江西省交通运输综合执法领域行政检查参考指引（试行）》。《江西省交通运输综合执法领域行政检查工作规范（试行）》共有22条，明确了行政检查定义和范围、检查类别、程序、责任及检查结果的应用。《江西省交通运输综合执法领域行政检查参考指引（试行）》主要是对具体检查内容提出要求，收集汇总了一些常见的、典型的检查事项，结合实际工作经验，列出了检查的依据、检查方式和要求（包括取证要求）、对检查结果的处罚等。

（刘燕萍）

【赣州市全面推进法治交通建设】 2022年，赣州市成立推进法治政府部门建设工作领导小组。市交通运输综合行政执法支队领导班子全部配备到位，成立了中共赣州市交通运输执法支队委员会，人事、财务、执法等日常工作全面正常运转，15个县级交通运输执法机构已完成组建挂牌和机构设置，掣肘交通运输综合行政执法事业发展的人、财、物等问题逐步得到解决，全市交通运输执法改革从整合组建队伍、破除机构重叠的改革期，逐渐进入构建高效运行机制、提升队伍素质能力、发挥综合执法改革效能的新阶段。不断加大简政放权力度，严格落实全市深化相对集中行政许可权改革工作要求，将赣州市交通运输局30个主项、57个子项的第二批行政许可事项和3名业务人员一并划入市行政审批局；下放6项市级权限至县级，窗口前移至县级1项。加快推进高频服务事项网上办，积极推进道路运输从业资格考试改革，与赣州职业技术学院签订协议，委托由其负责组织考试，减少办事人员来回跑的次数，降低考试人员成本。全面推进电子证照改革，自2022年8月起，全市道路运输"三类十证"告别纸质证照、全面启用道路运输电子证照。开展"亮剑2022"系列专项执法行动，分别为道路运输执法"飓风行动"、公路路政执法"净路行动"、水路运输执法"破浪行动"、公路治超"织网行动"和交通工程质量监督执法"红线行动"。2022年累计立案处罚案件6000余起，有效执法数据稳居全省前列。2022年10月，举行交通运输综合行政执法部门宪法宣誓暨制服换装、执法车辆"发车"仪式，全市近千名执法人员完成了制服更新工作，进一步增强了交通运输执法队伍的辨识度，展现了交通运输执法人员的新形象。加快推进信用交通建设，印发《赣州市"信用交通城市"创建方案》，大力拓展"信易行"守信激励场景应用。通过开展主题实践活动，法治引领力、驱动力、保障力、公信力和支撑力得到进一步提升。

（赣州市交通运输局）

【九江市超限超载治理力度持续加大】 九江市强化货运源头治超监管，完成137家全市重点源头单位接入省治理超限超载管理系统平台，实现重点源头单位数据实时监管。充分运用省治超综合管理平台，采取"后台与路面"相结合的治超新模式，精准有效打击货运车辆超限超载运输行为。深入推进治超非现场执法试点工作，全市建设不停车检测点52个，现已启用42个。印发实施《九江市治理车辆超限超载工作责任追究办法（试行）》《九江市货运车辆超限超载治理工作联合执法常态化制度化实施方案》。截止到12月底，全市投入治超执法人员63300次，检测货运车辆617121辆次，查处违法货运车辆6984辆次，超限超载率为1.13%，其中交警处罚4381辆次，扣分10366分，卸载超限超载货物54212.882吨，恢复非法改装车辆456辆，2022年度九江市治超目标考核位列全省第一。

（九江市交通运输局）

【吉安市交通运输局制定推出《法治交通建设规划（2021—2025年）》】 2022年，吉安市交通运输局制定推出《法治交通建设规划（2021—2025年）》（以下简称《规划》），为吉安市"十四五"交通运输高质量发展提供强劲有力的法治保障。

《规划》围绕党中央、国务院和省委、省政府及市委、市政府重大战略决策部署，聚焦加快建设交通强市工作任务，积极回应人民群众重大关切，主动服务吉安市"十四五"交通运输发展需求，以推动吉安市法治交通建设现代化为主线，以完善综合交通运输体系建设为着力点。《规划》提出，到2025年，综合交通运输取得突破性进展，一批服务交通运输可持续高质量发展、保障交通运输安全、回应人民群众关切期待、贯彻落实上位法规定措施全面落地实施。交通运输法规制度、行政决策、行政执法、队伍建设、基层治理、普法宣传等工作法治化水平显著提升，交通运输改革发展稳定的引领、推动、支撑、保障作用进一步加强。

（吉安市交通运输局）

【宜春市交通运输综合行政执法支队开展《江西水路交通条例》宣贯工作】 为进一步贯彻落实好《江西省水路交通条例》（以下简称《条例》），发挥绿色水运资源优势，助推水路交通高质量发展，1月11日至12日，宜春市交通运输综合行政执法支队派出工作组赴辖区丰城、樟树等地开展宣贯动员工作，正式拉开了该市《条例》宣贯工作的序幕。此次宣贯工作以召开会议的形式进行。会上，支队工作组首先对《条例》的出台背景、指导思想、主要亮点等内容向基层执法人员、港口、航运企业代表进行了详细阐述，并结合近年来省内外多起具有重大影响的水上交通安全事故，对《条例》重要条款进行了解读。与会人员围绕《条例》展开了热烈的互动交流。

（宜春市交通运输局）

【萍乡市整治"马槽车"专项行动再升温】 6月以来，萍乡市治理车辆超限超载工作领导小组全面部署"割马槽"专项整治行动，要求各县区治超办开展为期3个月的集中整治，狠抓源头监管，严厉打击非法改拼装货车、非法改拼装农用车辆（简称"马槽车"）的专项行动，有效预防和遏制货运车辆违法超限超载行为。萍乡市从宣传、自行恢复、强制恢复三个阶段入手，由各县区政府具体组织实施，市直相关责任部门监管督导，按照"彻查、严管、重罚"的总体要求，组织交警、交通、市场监督等部门，成立集中整治组，流动设点，突出对重点时段、重点路段、重点乡镇村组、重点货运企业的检查，发现"马槽车"，强制车辆恢复原状并依法进行处罚。专项整治行动以来，萍乡市共张贴通告100余份，发放宣传单1500余份，悬挂横幅、标语60条，自行恢复改装车辆500余辆，强制恢复改装车辆70辆，罚款35万元。通过加大治理力度，萍乡市范围内"马槽车"上路行驶现象得到有效遏制，货运车辆超限超载、扬尘洒落现象明显减少。

（萍乡市交通运输局）

行政管理

【以文辅政勇担当】 严把公文起草关、审核关、发文关、收文关四个关口，坚持急件急办、特件特办、密件专办、文不过夜的要求，切实提升公文办理效率和质量。2022年收到各级来文9545件，下发公文848件，较2021年同比收文数量增加12%，发文数量下降15%，以文辅政水平进一步提高。办会方面。严格控制会议次数和规模，精简各类会议。优质高效地承办了有部、省领导参加的会议和活动20次，厅本级重大会议17次，厅党委会、厅务会28次，确保了厅党委决策事项的贯彻落实和高效开展。文稿综合方面。高质量地完成领导讲话、经验发言、总结汇报等各类文稿起草、审核300余篇；组织向省、部领导报送专报27篇，其中"四好农村路"建设、交通强省建设、干线公路管理工作等主题专报得到省委省政府领导肯定性批示18条，以文辅政水平进一步提高。

（厅办公室）

【综合服务成效显著】 服务好发展。认真落实厅党委指示要求，协助谋划出台《2022年"管理提升年"活动实施方案》，聚力争创一批全国先进、打造一批江西品牌、建设一批模范机关，狠抓工作落实推进，"5+5+1"各项目标任务成效明显。服务好决策。制定《厅领导每周活动安排》《厅领导工作日程安排》，进一步合理、高效统筹厅领导会议及活动安排。加强与省委、省政府和交通运输部办公厅等单位联系，及时做好信息的上传下达，确保工作有序推进。服务好落实。强化年度目标任务督查，每月提请厅务会审议听取"管理提升年"和全省交通运输重点目标进展情况，确保项目标任务落地见效。强化领导批示督办，对省委、省政府和交通运输部领导同志以及厅领导重要批示、交办事项列入必督项目，已办结省、部领导指示批示件94件。强化民生实事督查，协调办结省委民声通道督办件39件，其中妥善解决新余至峡江线路公交化试运营后运力不足的问题，获得省委民声通道工作室高度认可。积极办理"互联网＋督查"等平台办件35件，切实解决人民群众反映的实际问题。

（厅办公室）

【政务服务亮点纷呈】 "五型"政府建设工作。制定印发了《关于新形势下进一步推进"五型"政府建设走深走实的若干措施》，列出了17个方面具体贯彻举措，引导全厅广大干部职工担当实干、积极作为。政务信息工作。修订印发《江西省交通运输

政务信息工作办法》，不断提高政务信息质量和服务水平。编发《江西交通运输信息》15期，向省委、省政府和交通运输部办公厅共报送信息229条，被采用信息77条，其中《江西反映货车司机贷款缓缴政策落实存在四方面问题需要关注》被国办《专报信息》单独采用，得到国务院领导批示。政务公开工作。依法依规做好依申请公开工作，未发生因政府信息公开工作引发举报、投诉、申请行政复议或提起行政诉讼的情况。政务服务工作。按照"三集中、三到位"要求，选派工作人员进驻省政务服务中心集中办公，梳理全厅88项进驻省政务服务中心事项，正式启用江西省交通运输厅行政审批专用章，初步完成江西交通统一签章电子化。大力推进政务"四减一优"行动，全面提升审批效能，大幅度提升了办事群众的满意度，持续助力营商环境再提升。提案建议办理工作。全年协调办结省人大代表建议131件，省政协提案20件，办结率和满意率达100%。档案和史志工作。扎实做好厅机关档案收集、归档和移交等工作，江西省交通运输厅被评为档案移交先进组织单位。扎实做好《中国港口史》等史志供稿工作，主编的《江西交通年鉴（2021）》获评江西省第七届专业年鉴第一等次。信访工作。持续加强对重复信访件、信访积案的化解和人民群众来信来访工作，确保了全厅信访秩序稳定。截至目前，江西省交通运输厅接待来访群众共24批次/80人，受理各类信访件253件，已办结228件。机要保密工作。妥善做好全厅涉密文件收发流转工作，未发生失泄密事件。加强密码通信服务保障，确保特殊时段各项政令传达及时。全力完成安可替代工作，厅机关电脑等办公设备已全部完成国产化替代。

（厅办公室）

【积极创新养护新发展理念】 联合江西省财政厅印发《江西省普通公路省级补助资金管理暂行办法》，通过普通国省干线公路养护大中修省级补助资金切块管理的方式，调动地方工作主动性、积极性。印发《江西省省级公路技术状况监测实施办法》为加强和规范公路养护与管理，实时掌握本省公路技术状况和服务水平，支撑养护决策、保障公路畅通、桥梁隧道结构安全提供科学依据。

（厅公路管理处）

【完善普通公路制度体系】　建立健全普通国省干线公路建设管理顶层设计。为明确体制改革后各部门职责边界，厘清工作职责，促进各司其职、相互协作，全力保障普通国省干线公路建设各项工作目标任务顺利完成，印发了《江西省普通国省干线公路建设管理办法》。不断完善"四好农村路"建设管理制度。印发《江西省"十四五"农村公路项目库管理暂行办法》《江西省"四好农村路"示范县动态考核管理办法》，为江西省农村公路建管养协调发展提供制度保障。

（厅公路管理处）

财务审计

【预算管理与资金下达顺利推进】　2022年，组织厅属预算单位完成2021年部门预决算批复工作并在交通信息网进行信息公开；完成2021年部门决算和政府财务报告编制工作；积极协调争取并下达行业资金，全年累计争取下达年度各类交通行业建设养护资金287.54亿元；完成了厅属32家预算单位接入省财政预算一体化平台工作。

（厅财务处）

【政府采购管理工作稳步进行】　做好政府采购助力乡村振兴相关工作，督促各单位进一步提高政府采购脱贫地区农副产品预留份额，加大采购力度。积极协调省财政厅，为省自然灾害综合风险公路承灾体普查等项目办理了调增政府采购预算手续。

（厅财务处）

【全面拓展投融资渠道】　2022年，积极推动交通强省基金落地，印发了《交通强省基金管理办法》。交通强省母基金已取得运营资质，项目进入实质性运作阶段。指导省交投集团获得国家发展改革委的优质企业债券注册批复，成为江西省首家在发三大债券监管部门均获得优质主体发行人资质的企业；指导省港口集团完成了AA+外部信用评级，同时成功发行省2022年第一期超短期融资券5亿元。

（厅财务处）

【疫情防控物资保通保畅工作有序开展】　在发生本土疫情期间，建立了江西省重点物资运输通行证制度，牵头搭建了江西省重点物资运输通行证线上办理平台，累计签发通行证约16万张。协助省疫情防控医疗物资保障组开展江西省防疫物资紧急调运，为援沪、援疆防疫物资运输任务协调沿途通行保障工作。

（厅财务处）

【强化厅属企业管理】　印发了《江西省交通运输厅关于贯彻落实省属企业财务总监管理办法的通知》。开展国企改革创新三年行动调研，及时掌握企业改革进展情况。完成了交投集团"十四五"战略规划的审定，并组织召开专家评审会进行了审议。经营性国有资产集中统一监管方面，与省国资委协商脱钩移交协议条款，将省交投集团、省港口集团、省公路投资有限公司等企业脱钩移交。

（厅财务处）

【规范开展助企纾困工作】　制定了江西省自查自纠实施方案，指导各地市开展自查自纠，及时汇总自查自纠结果（零问题）报交通运输部。印发了《江西省交通运输业纾困解难工作方案》，有序指导各地帮助交通物流企业享受惠企政策。组织召开了货运企业纾困解难政策落实工作推进会。

（厅财务处）

【组织开展车购税结存资金审计调查"回头看"】　在2021年车购税结存资金审计调查的基础上，组织开展对车购税资金结存及消化情况审计"回头看"，并按要求向交通运输部报送审计"回头看"报告。截至6月底，江西省已消化2021年及以前年度车购税结存资金5.50亿元，基本上完成去年审计发现4个方面问题的整改。同时下发审计情况通报，进一步推动各地市交通运输局、公路中心分析原因，加快推动项目建设和车购税资金使用，严格按照规定申报使用交通运输专项资金。

（厅审计处）

【组织开展对口支援安远县交通建设项目资金审计工作】　认真组织开展交通运输部2021—2022年对口支援安远县交通建设项目资金审计工作，及时向部报送审计结果。督促安远县交通运输局认真落实2019–2020年度对口支援交通建设项目资金审计发现问题的整改，推进安远县完善交通建设项目及资金管理制度，有效完成对口支援交通建设任务。

（厅审计处）

【组织开展对省公路投资有限公司投融资业务的审计调查】 为推进省公路投资有限公司划转后相关工作的有序衔接，对公司"十三五"期间普通公路建设项目投融资业务进行全面梳理和审核，审核投资总额 125.72 亿元，及时分析存在的困难和风险，提出合理化建议，为有关部门和单位完善管理机制和做好工作衔接提供参考。

（厅审计处）

【开展整改检查巩固整改成效】 2022 年加强了对省公路局信息数据中心原主任龙华春、宜春高速路政支队原党委书记肖仁义经济责任审计、省交通监控云联网（省级平台）工程信息化项目等审计成果的运用，促进有关单位完善内控管理。根据审计结果，提出省路政车辆用油管理专项审计建议书，并推动省交通综合执法局及省路政总队落实管理建议书相关要求，按规定编制车辆用油预算，修订完善车辆油卡管理相关制度，加强车辆用油日常监管。促进省监控指挥中心修订完善信息化项目软件编制指南、机房管理等内控制度。

督促做好车购税结存资金审计整改。督促各市县完成 2020 年及以前年度车购税结存资金消化及审计整改工作，并按规定向交通运输部报送审计整改报告。推动各地市交通运输局、公路中心消化 2020 年及以前年度车购税结存资金 32.95 亿元，结存资金降到 1.85 亿元，提高了交通运输专项资金的使用效益。

根据省级预算资金管理自查自纠的通知要求，组织厅属预算单位开展了 2020 年至 2022 年 8 月的预算资金管理的 8 个大类 152 项具体问题的对照自查自纠工作，做到了厅属预算单位全覆盖，各单位通过自查自纠发现 90 余项问题，并落实了整改举措，部分单位完善了制度，部分单位上缴了应该上缴的资金，对尚未整改到位的问题，各单位在持续推进中。

组织开展审计整改检查"回头看"。印发了《开展厅直属各单位审计整改情况检查的方案》，组织各单位做实做细审计整改工作，并根据方案抽查检查了 3 家单位整改情况，将抽查结果以通报的方式下发各单位，涉及的单位按照通报的建议和要求补充完善整改举措，形成整改材料报告。通过审计整改"回头看"，切实发挥了审计效益。

（厅审计处）

公路交通管理

【宜春 70 辆违法超限超载货车被查处】 1 月 17 日起，宜春市启动全市春运期间的货车超限超载专项整治行动。此次行动坚持突出"源头、信用、科技、秩序、防疫"五个管理，抓重点、攻难点，要求各治超站点采取有效措施，通过技术和巡查等手段，推进对不停车检测点数据的运用，加大对黄牛带车、闯关冲岗等行为的打击力度，落实"一超四罚"，杜绝超限超载车辆出场（站）上路行驶。同时，密切关注疫情防控工作要求，发挥治超站点的作用，变"治超站点"为"服务站点"，主动接受当地政府的统一部署，安排执法人员到重要路口进行布控，为疫情防控作出的贡献。截至 1 月 24 日，全市联合执法查处违法超限超载货车 70 辆，对驾驶员记分 387 分，恢复非法改装车辆 2 辆，监督卸载货物 3108.3 吨。

（黄云）

【省交通运输执法局、省公安厅交管局建立联勤联动长效机制共同打击道路运输领域违法违规行为】

1 月 18 日，江西省交通运输执法局、省公安厅交管局联合下发通知，建立打击道路运输领域违法违规行为联勤联动长效机制，加快形成"会议联商、信息共享、联合执法、齐抓共管"的良好工作格局。

交通运输执法部门和公安交管部门在打击非法营运、安全协调监管等方面，联合开展多次大规模执法行动，严厉查处了一批重点违法违规案件，有效遏制了非法营运、超员超载等违法违规行为。为巩固行动成果、提升治理效能，两局共同建立交通运输执法部门与公安交管部门联勤联动长效机制，不断深化在道路运输领域行政执法、交通安全综合治理等方面的探索合作，以部门联勤提高执法效力，以部门联动提升执法合力，实现联合执法能力和水平明显提高，执法权威和公信力明显增强。

在道路旅客运输方面联勤联动执法以5座及以上的小型客车为重点，严厉查处未依法取得道路运输经营许可从事道路旅客运输经营、客车超员和非法改装的违法违规行为；以中、大型客车为重点，严厉查处未依法取得道路运输经营许可从事道路旅客运输经营、超员载客、不按规定线路行驶、不按规定安装和使用动态监控装置等违法违规行为。在道路货物运输方面联勤联动执法以危险货物运输车辆为重点，严厉查处未取得危险货物道路运输许可从事危险货物道路运输经营的车辆及驾驶员；以超载30%以上货车和"百吨王"为重点，严厉查处货运车辆超限超载、非法改装等违法违规行为。

（黄云）

【"江西省道路客运安全隐患随手拍"微信小程序上线助力客运安全隐患治理】 3月7日，省交通运输厅安委办联合江西交通广播推出"江西省道路客运安全隐患随手拍"微信小程序，发动社会公众力量参与全省道路客运领域安全隐患治理。社会公众在乘坐长途客车、旅游包车、农村班车、城乡公交等道路客运车辆时，可以直接拿出手机通过"隐患随手拍"微信小程序对营运车辆存在的超速行驶、超员载客、驾驶员开车中接打手持电话、玩手机、吸烟、吃零食等不安全行为进行抓拍举报，相关部门工作人员会及时、高效进行调查核实，并在10个工作日内进行反馈。通过与江西交通广播的合作，加大了"隐患随手拍"微信小程序推广力度，强化了举报线索运用，鼓励了社会公众通过小程序举报反映道路客运领域违法违规行为，积极构筑安全生产人民防线，有效助力提升江西省道路客运安全水平。

（厅安监处）

【省交通运输厅部署开展交通运输系统安全生产"打非治违"专项行动】 为深入贯彻落实全国、全省安全生产电视电话会议和全国交通运输安全省生产视频会议精神，进一步维护全省交通运输安全生产形势持续稳定，按照省政府统一部署，省厅制定印发了《江西省交通运输系统安全生产"打非治违"专项行动工作方案》，自2022年4月至12月，在全省交通运输领域集中开展安全生产"打非治违"专项行动，聚焦大客车非法营运、公路运输"百吨王"、危险货物非法运输、危险货物港口违规存储装卸、内河船非法涉海运输、工程转包等典型违法行为实施集中整治，并建立"打非治违"长效机制，对顶风作案、屡犯不改，以及责任不落实、监管不到位、失职渎职的，依法依规从重惩处。深挖严打违法行为背后的"保护伞"，对监管执法人员和不法企业"猫鼠一家"腐败问题，移交纪检监察机关严肃处理。

（厅安监处）

【省综合交通中心召开普通国省道公路与城市道路衔接协调发展试点工作视频调度会】 5月9日，省综合交通中心召开全省普通国省道公路与城市道路衔接协调发展试点推动工作视频调度会。省交通运输厅规划处，省综合交通中心相关处室，各试点市、县交通运输局，公路中心，技术支撑单位相关人员参加会议。会上，各试点单位介绍了试点工作进展总体情况、存在的主要问题及今年工作安排。

（曾莉）

【全省普通干线公路路域环境集中整治行动取得成效】 6月16日至24日，交通运输部检查组对随机抽取的杭长高速信江特大桥、杭瑞高速景婺黄段、国道319泰和县老营盘隧道、国道220修水县湘竹水库二桥、国道357赣州市全路段等5个检测标段进行了技术状况监测。检测过程中，上述5个标段均未发现存在路域环境问题。

（黄云）

【"黑车"司机拒不履行处罚被移送法院强制执行】 6月，南昌市交通运输综合行政执法支队按照法定程序将一起"未取得道路运输经营许可擅自从事道路运输经营（客运）案"移交红谷滩区人民法院强制执行。此案也是南昌市交通运输综合行政执法领域首例逾期拒不履行行政处罚移交法院强制执行案件。

3月14日，南昌市交通运输综合行政执法支队向当事人黄某下达了行政处罚决定书，对其罚款5000元。当事人于3月16日向南昌市人民政府申请行政复议。5月13日，南昌市人民政府作出了维持原处罚的决定。之后，当事人未提起诉讼。南昌市交通运输综合行政执法支队依法向其催告后，其仍不履行，遂依法向红谷滩区人民法院申请强制执行。7月27日，红谷滩区人民法院作出《行政裁定书》，准予对被申请人黄某采取强制执行。

在法定期限内及时履行处罚决定，既是交通运输违法行为人应尽的法律义务，也是诚实守信的道德要求。为此，南昌市交通运输综合行政执法支队积极推动与人民法院对接，推动强制执行措施常态化，为打通行政执法最后一公里，维护执法权威，全面提升执法公信力，迈出了坚实的一步。

（黄云）

【省交通运输厅安委办印发交通运输安全生产举报管理办法】 为加强全省交通运输安全生产社会监督，鼓励和引导广大群众主动参与交通运输安全生产工作，及时发现并排查治理安全生产事故隐患，制止和惩处安全生产违法违规行为，2022年7月19日，厅安委办印发交通运输安全生产举报管理办法。

安全生产举报事项办理以"属地为主、分级负责、分类处理、行业督导"和"谁主管、谁负责"的原则，举报人可通过交通运输服务监督电话12328热线、来信来访、省交通运输厅官方网站"投诉举报"以及各级交通运输管理部门向社会公开的举报渠道等进行举报。举报核查处理单位自接到举报事项之日起60日内办结，情况复杂的适当延期。各级交通运输管理部门依法依规保护举报人合法权益，不得泄露举报人信息。

（厅安监处）

【江西省赣西片区开展区域联合治超专项行动】
为进一步强化货车超限超载治理工作，有效遏制货车超限超载现象，省交通运输厅治超办制定赣西片区"四市"联合治超专项行动方案，决定自从7月21日至9月20日，组织南昌、宜春、新余、萍乡等赣西片区"四市"开展区域联合治超专项行动。方案决定，7月21日零时开始，南昌、宜春、新余、萍乡"四市"组织交通综合执法、公安交管、公安治安等部门，在国道320、国道105、省道314等10条线路相邻县（市、区）边界开展区域联动治超执法，重点在县与县之间、货运源头与重点工程之间查处违法超限超载20%以上的货车，特别是运输河砂石料、钢材、铁粉、煤矿等重型车辆。

方案要求对超限超载的货车严格按照处罚标准，依法依规处理。严厉打击冲卡、恶意堵车、暴力抗法、集体冲岗等严重违法行为，以及通过定点盯梢、流动跟车、远程定位跟踪等方式盯梢执法人员、执法车辆的"黄牛"等，构成犯罪的，依法追究刑事责任。对涉及黑恶势力的，要纳入扫黑除恶专项整治行动依法处理。

为确保方案执行到位、落到实处，省交通运输厅治超办要求，"四市"建立健全信息共享及通报机制，对抄告的协查车辆要及时组织力量拦截查处，切实做到"执法互动、工作互补、管理互动、信息互通"；"四市"相关部门要严肃工作纪律，严格统一超限超载认定标准，严厉打击超限超载违法行为。

（黄云）

【江西建立道路旅客运输领域重点执法检查车辆信息库】 8月5日，省交通运输执法局发出通知，以重点执法检查车辆为数据源，建立并启用全省道路旅客运输领域重点执法检查车辆信息库，进一步深化部门联勤联动机制，提升道路运输执法效能。

省交通运输执法局通过信息化技术和大数据技术分析，会同省公安交管部门、省综合交通中心、省交通监控指挥中心分析研判7至9座小型客车、"营转非"大客车行驶轨迹等数据，筛查形成"高度疑似非法营运车辆""异常运营客车"数据源，并以近年来被交通运输执法部门处罚过的非法营运车辆数据为基准，统筹建立了江西省第一批道路旅客运输领域重点执法检查车辆信息库，由各地交通运输执法机构按照属地原则和车辆行驶线路，精准实施相关重点车辆执法检查工作。同时，信息库实行动态管理，根据各地交通运输执法部门在日常执法中查处的非法营运行为人和车辆数据，以及发现存在较大安全隐患、群众举报或媒体通报的车辆等实际情况，按期更新重点执法检查车辆数据，切实推动数字赋能、精准发力、依法查处、严厉打击，更好地维护江西省道路客运市场秩序、保障人民群众出行安全。

（黄云）

【江西省普通公路路政巡查管理办法出台】 8月15日，省交通运输执法局制定出台《江西省普通公路路政巡查管理办法（试行）》（以下简称《办法》），从制度上切实加大普通公路路产保护力度，提高路政巡查质量和处置效率。

路政巡查，是指路政巡查人员根据法律、法规和规章的规定，为保护普通公路、公路用地、公路附属设施，维护公路合法权益所进行的执法检查活动。《办法》明确，省级交通运输综合执法机构负责指导全省普通公路路政巡查管理工作，各设区市、县（市、区）交通运输综合执法机构具体负责管辖范围内普通公路路政巡查工作。

《办法》对路政巡查主要内容、巡查注意事项、巡查记录格式及涉路主要违法行为作出了详细说明，并要求路政巡查以专用车辆巡查为主，步行巡查和电子巡查为辅；逐月制定巡查计划，上路巡查时间每月不少于15个工作日；加大公路工程改建、扩建、养护大中修等涉路施工路段巡查频率；加强公路路政巡查与公路养护巡查的配合，积极推进联合巡查。此外，《办法》还就各级交通运输综合执法机构及路政巡查人员违反规定、未认真履行路政巡查职责的具体处理措施予以了明确。

（黄云）

【南昌市正式启用第二批11个不停车检测点】 8月20日零时起，南昌市正式启用第二批11个不停车检测点。此次启用的11个不停车检测点分布在东湖区扬子洲；新建区乐化、邹家垄、西山、流湖；安义县万埠、东阳；南昌县幽兰、三江；进贤县长山乡、池溪。结合前期投入使用的第一批10个不停车检测点，南昌市在国省道重要卡点上不停车检测点已基本达到全覆盖。

与以往传统的执法人员上路查车称重相比，检测点采用石英及平板感应称重、高清摄像头抓拍和24小时不间断交调系统，可对在车道中正常行驶的车辆进行实时快速检测。货运车辆不停车状况下经过该系统时，能够迅速实现检测、抓拍、提示，检测结果通过传输网络实时上传至省治超综合管理平台，可以实现白天加黑夜、5+2全天候无死角覆盖的目标，有利于最大力度震慑货车路面超载行为，有效解决执法人手不足、执法效率不高等问题，为进一步规范运输市场秩序、确保公路桥梁及人民群众出行安全提供了坚实保障。

（黄云）

【上饶市交通运输、应急管理部门联合开展打击道路危险货物运输违法违规行为专项检查】 2022年，上饶市交通运输综合行政执法支队联合市应急管理局综合行政执法支队联合在全市范围内开展打击道路危险货物运输违法违规行为的专项执法检查行动，提升危货运输企业安全管理水平，保障人民生命安全。

此次专项执法检查分别由上饶市交通运输综合行政执法支队党委书记、支队长白伟民，上饶市应急管理局综合行政执法支队二级调研员杨维强带队，两部门密切配合，遵循"全面检查，突出重点"的原则，重点抽查了上饶市信州区、弋阳县、德兴市部分重点道路危险货物运输企业，主要围绕道路危险货物运输企业主要负责人和安全管理人员履职情况、安全生产管理机构配置或专职安全管理人员配备、从业人员安全生产教育培训、安全生产管理及应急救援保障等制度的落实情况开展检查。针对检查中发现的问题，检查组现场下达责令改正通知书，根据《中华人民共和国行政处罚法》相关条款规定，责令其在一定期限内整改到位。

（上饶市交通运输局）

高速公路管理与收费

【**省委书记易炼红深入高速公路收费站和服务区检查督导保障物流畅通工作**】 4月24日，省委书记易炼红以"四不两直"方式深入部分高速公路以及收费站和服务区，检查督导保障物流畅通和疫情防控等工作。他强调，要深入贯彻习近平总书记重要讲话重要指示精神，按照全国保障物流畅通促进产业链供应链稳定电视电话会议部署要求，统筹好疫情防控和经济社会发展，切实保障物流畅通、促进产业链供应链稳定，奋力夺取疫情防控和经济社会发展双胜利，以优异成绩迎接党的二十大胜利召开。史文斌、秦义随同检查督导。

易炼红沿着杭长高速、南昌西外环、沪昆高速一路察看，听取公安、交通等部门保障物流畅通工作有关情况汇报。易炼红强调，物流畅通关乎疫情防控，关乎经济发展和民生保障。各地各部门要把思想和行动统一到党中央国务院决策部署上来，完善工作机制，加强督导检查，不折不扣抓好落实。要集中统一指挥，分工分级负责，层层压实责任，全力保障货运物流特别是医疗与防控物资、生活必需品、政府储备物资、邮政快递等民生物资和农业、能源、原材料、重点工业品等重要生产物资运输畅通。要确保安全通行、货畅其流，进一步优化防疫通行管控措施，着力打通物流运输堵点，有效稳定供应链产业链，促进抓防控、保畅通、促产业有机统一，努力为实现"民生要托底、货运要畅通、产业要循环"提供坚实保障。

（省交通投资集团）

【**高速公路管理路政执法领域工作概况**】 2022年，省交通运输执法局公路路政执法监督处紧紧围绕全省交通运输综合行政执法工作公路路政执法监督管理重点任务，紧盯高速公路管理路政执法领域，扎实推进高速公路路政执法规范化建设，强化涉路施工执法监管，重点查处改扩建施工、养护工程作业审核报备、现场安全作业规范等环节违法违规行为。加强公路路面巡查，重点打击破坏公路及公路附属设施的行为；重点查处违法管线、建筑物、构筑物、非公路标志以及桥涵通道堆积物等方面的违法行为，保障高速公路安全畅通。同时，加强高速公路服务区监管，提升服务质量。

（于文广）

【**全省高速公路超限超载治理力度持续加大**】 省路政总队及其所属支队、大队充分发挥"一路三方""法路共建""路警共建"等平台作用，在高速公路收费站和服务区常态化开展专项整治和执法检查，并加强与高速公路经营企业、高速交警等部门的联勤联动，跨区域联合打击高速公路违法超载行为，破解非现场违法超载车辆取证难、处罚难的问题。2022年，共办理违法超限超载案件4579件，处罚金额773.6万元。

（于文广）

【**省交通运输执法局强化高速公路服务区日常监管**】 省交通运输执法局全面落实对高速公路服务区环境卫生、服务质量和商品价格监测等工作，不断促进提高服务区运营的服务水平和质量，营造更良好、规范、安全、整洁的环境，满足广大人民群众安全舒适出行需求。2022年，对全省119对高速公路服务区累计开展日常检查24119次，专项检查1352次，口头告知发现问题3670次，下达整改通知书537份。

（于文广）

【**新庐山温泉收费站开通**】 1月18日上午，G56杭瑞高速都九段庐山温泉收费站迁建项目举行通车仪式，庐山温泉收费站正式开通运营。

庐山温泉收费站迁移新建项目是省委、省政府支持庐山市深化体制改革、提升庐山旅游综合竞争力，助推全省旅游产业高质量跨越式发展的一个高速公路收费站迁建项目。新建成的庐山温泉收费站位于庐山市温泉镇境内，周边风景优美，旅游资源丰富，该站通行车道为"3进5出"共8个车道，项目总投资约5000万元。

（省交通投资集团）

【全省高速公路服务区秩序专项治理行动显成效】

6月20日至30日，省路政总队组织交通运输执法人员在全省范围内集中开展了高速公路服务区秩序专项治理行动。

此次专项治理行动以全面治理高速公路服务区环境卫生、服务质量及商品价格，治理服务区路域环境，治理违法大件运输等为主要内容，进一步提升服务区监管水平、服务质量，确保服务区路域环境"九个无"，强化大件运输事中事后监管，治理和消除安全隐患为目标。行动期间，各单位主动联系地方交通运输执法、公安交管、市场监督管理等部门开展联合执法、联合宣传等行动，在查处违法大件运输、超限超载、食品安全、服务质量等方面取得成效。涌现了一支队巾帼女子稽查队、二支队机关党员小分队、三支队女子应急中队、四支队机关刘胜榕等典型团队和个人。

全省共治理111对服务区，做到了全省服务区100%全覆盖。此次治理行动共计出动执法人员2238人次，执法车辆760辆次、送达整改通知书192份，治理环境卫生问题524个、服务质量问题123个、商品价格问题14个。治理路域环境问题60个，查处违法大件运输77起，查处或配合相关部门查处其他违法行为30起。

自服务区秩序专项整治行动开展以来，全省服务区服务质量和水平整体提升，得到过往驾乘人员的好评，群众出行满意度提高，整治提升取得了阶段性的成效。

（甘范）

【江西省首个智慧收费站项目顺利通车】 10月，省交通投资集团推进幽兰收费站改扩建工程建设，完成新增车道通车任务。该收费站将收费广场车道规模由"4入6出"扩建为"6入10"出共16条车道，其中出口新增车道摒弃了以往车道建设模式，为全省首例采用窄岛化、少亭化、集约化设计的智慧收费站。通过净化收费车道外设、取消收费亭、采用自动发卡机、自助缴费机、智能车道一体机等一体化、自动化设备，有效提升了收费系统的集成度，节约了日常运营管理成本。

（省交通投资集团）

【江西重点整治违法超限运输车辆驶入高速公路】

为持续巩固江西高速公路入口超限率整治工作成果，有效保障高速公路设施完好和安全畅通，12月7日至12月31日，江西省路政总队启动整治违法超限运输车辆驶入高速公路专项行动。摸排产生问题的原因，制定防范措施，采取驻点值守整治、结合实际驻点整治、流动整治等重点手段，规范交通运输执法行为，强化治超联合执法力度，坚决制止违法超限运输车辆驶入高速公路。

（甘范）

水路交通管理

【概况】 2022年，江西省立足航道行政、港口行政、水路运政、地方海事、船舶（渔船）检验等执法监督指导职责，统筹做好江西省水上交通安全监管各项工作。截至年底，共查处水上交通案件1280件，有效维护了全省水上交通安全，为航运事业发展作出了应有贡献。

加强渡运安全监管。配合江西省交通运输厅做好"改渡便民"工作，对撤渡渡船拆解、渡口标识标牌拆除等工作情况实行月跟踪调度，做好撤渡渡口渡船经营人、渡工相关证件相关工作。共核查179道已撤渡渡口，核实拆除渡口标识147处，拆解渡船171艘，注销渡船证件127本，注销渡工证件 142 本。督促各地交通运输执法机构强化日常巡查，加强重点时段重点渡口现场巡查力度，严厉打击超载、撤渡渡口非法载客等违法行为。同时，在重点时段多次派员暗访检查渡运安全情况，尤其是党的二十大期间，对发现的涉客涉渡安全隐患及存在的问题及时进行反馈，并督促落实整改。

集中治理船载危险货物安全风险。部署交通运输执法人员深入辖区危货航运企业宣传船舶载运危险货物相关法规政策要求；集中查处进出港未按规定报告、瞒报、谎报危险货物，不适航船舶承载危险货物及在无危险货物经营资质码头偷装偷卸危险化学品等违法违规行为；开展船/岸检查制度落实、关键性设备运行、安全和防污染措施等落实情况检查，会同海关等部门实施集装箱开箱查验。截至年底，共走访企业 37 家次；接受危险品船舶进出港作业申报 1119 艘次，保障了 123.53 万吨危险货物的进出港安全；检查载运危险货物船舶738 艘次，发现并督促整改安全隐患 48 项，查处违法行为 6 起。

开展桥区水域水上交通安全风险隐患排查治理。根据《江西省桥区水域水上交通安全风险隐患排查治理工作实施方案》，部署组织交通运输执法机构在完成重点桥区水域划定工作的基础上，持续开展排查治理，进一步强化桥区水域船舶违法违章行为的查处，配合建立健全船舶碰撞桥梁安全风险隐患治理长效机制。活动共出动执法人员 7582 人次，出动执法船（车）2522 艘（车）次，行政处罚 281 起。

加强"超限"船舶水上交通管控。督促各设区市交通运输执法机构在汛期实施水上交通管制，强化上下联动和联合执法，做好赣江下游、信江水域"超限"船舶管控，保障汛期船舶通航和桥梁安全。期间，共检查船舶 1199 艘次，发现超限船舶527 艘次，行政处罚 228 起，下发安全隐患整改通知 2 份，暂扣船舶证书 1 本。

做好信江三级通航河段保通保畅工作。根据《信江航道保通保畅工作方案（暂行）》要求，对信江保通保畅工作进行全面部署，重点压实上饶市、鹰潭市等相关交通运输执法支队责任，强化上下游协作配合，确保 2023 年汛期来临前各项保障措施落实到位。同时，督促南昌市交通运输执法支队全面落实赣江南昌城区段临时抬水应急工程要求，将执法力量重心下移至赣江西支熊家洲水域下游船

舶管控一线，切实做好赣江下游封航时段的通航安全保障工作，全力协助配合完成好省委省政府下达的保供水任务。

全面深化船舶污染防治专项执法。印发《全面深化船舶污染防治专项执法活动方案》，聚焦船舶污染防治工作三个方面 14 项主要违法行为开展执法检查，努力实现水运企业和船舶污染防治意识得到进一步强化、船舶污染防治监管能力和水平得到进一步提升、船舶防污染设施设备的配置和使用得到进一步规范、船舶绿色发展水平得到进一步提高。活动中，共查处船舶防污染类违章行为 123 起。推进船舶水污染物"零排放"，采取铅封、盲断等措施对船舶水污染物排放管路和阀门进行封闭，强化海事部门和船检部门执法联动，建立"零排放"船舶信息互通机制，进一步督促船舶实行"船上存储、交岸处置"治理模式。截至年底，共完成运输船舶零排放技术改造及证书签注共 2130 艘。

（章世鹏）

【江西省出台信江流域恶劣天气等条件下船舶禁限航管理参考指南】 为探索研究制定具有指导性、针对性、操作性的船舶禁限航量化管理指南，有效指导信江流域相关部门进一步加强水上交通安全监管，确保水上交通安全形势稳定，12 月 14 日，江西省出台了《信江流域恶劣天气等条件下船舶禁限航管理参考指南》（以下简称《参考指南》）。《参考指南》坚持统筹经济发展和安全的原则，依据有关法律法规，参考借鉴相关课题研究成果和兄弟省市经验做法，研究梳理了信江流域恶劣天气等条件下船舶禁限航管理参考指标，细化了汛期、水文、大风、暴雨、能见度不良等恶劣天气条件下信江航行船舶禁限航的管理参考要求，同时明确了航运企业安全主体责任和相关单位工作职责，为恶劣天气等条件下信江流域船舶禁限航管理提供了参考依据。

（章世鹏）

【省交通运输执法局首艘执法船"赣交巡 0401"艇正式下水】 1 月 18 日上午，省交通运输执法局首艘执法船"赣交巡 0401"艇下水仪式在鄱阳隆重举行。"赣交巡 0401"艇的下水列编，有力保障了辖区航道执法监管的全覆盖，标志着交通综合执法向着标准化迈进了一大步。"赣交巡 0401"艇于

2021 年 11 月 30 日进行了交接，交接后即进厂对船体、推进系统、操舵系统和常规设备进行了保养，换装了最新的测深仪、无线电、消防救生等设备，对船艇标识进行了更新，采用了"交通运输执法"最新标识标志。该艇总体性能优良，主推进系统、电力系统工作稳定可靠，全船各系统、设备满足相关规格指标要求以及实际执法工作需要，为打造全省航道执法新亮点提供了有力的装备保障。

（黄云）

【省交通运输执法局全力打好赣江下游极枯水期保通航攻坚战】 自 9 月 28 日南昌临时抬水围堰工程启动至 11 月 30 日取消水上交通管制两个多月以来，面对百年不遇的赣江极枯水情，省各级交通运输（海事）执法机构在省交通运输厅的正确领导下，主动担当、积极作为，精准施策、强化管控，将南昌临时抬水围堰工程造成赣江下游水域断航影响降到最低，杜绝极枯水期赣江下游水域大面积堵航碍航突发事件的发生，有力维护了赣江下游航运畅通，保障了水路运输物资特别是电煤等重要民生物资水路运输渠道的畅通。期间，共出动执法船艇 526 艘次，执法人员 3742 人次，发布通航提示和预警信息 200 余批次，保障了 6000 余艘次船舶和近 300 万吨货物（其中煤炭 76.3 万吨）通过赣江下游熊家洲至褚溪河口水域，现场维护应急畅通疏浚封航 23 天，及时应对处置救助搁浅船舶 98 艘次。

（章世鹏）

【省路政总队印发《关于进一步加强航道行政执法工作的通知》助力江西航道执法】 10 月 15 日，省路政总队印发《关于进一步加强航道行政执法工作的通知》，明确全省航道行政执法"六个到位"的具体要求，进一步对省路政总队所属 11 个支队、各航道执法大队和具有航道执法职能的执法大队提出了具体要求。法治部门建设到位。认真践行"崇法、敬民、保通、兴赣"江西交通运输执法核心价值理念，必须站在讲政治的高度，统筹做好航道执法和安全稳定工作，不断优化交通运输营商环境，依法做好行政执法全过程记录可回溯、行政执法信息及时主动公开、严格法制审核确保执法公正等"三项制度"建设。同时，要求充分利用法制员、听证主持人、航道执法监督员、水上执法专家、法律顾问、地方法院法官等专业人员和专业力量，探索构建航道执法"智囊团"，建立完善航道执法规范化各项制度，开展航道执法案卷评查和执法评议考核，探索建立"法航共建""航警共建""一道多方"等执法联动协作机制，努力提升航道执法法治化、正规化、科技化、专业化水平。值班值守责任到位。各航道执法大队要针对当前赣江、鄱阳湖等主航道，优化设置值班室，安排好值班值守责任人员，要求值班人员 24 小时在岗，随时接收航道执法报警信息，随时应对处置各类航道突发事件，依法办理航道执法案件，逐步探索"远程视频监控"巡查，准确及时地进行信息报送，确保枯水期辖区航道畅通，为优化全省内河营商环境提供有力保障。巡航任务完成到位。结合所辖航段实际，量化年度航道巡查计划，落实好年度航道巡查责任，航道执法大队每周要完成不少于 2 次的巡查任务，每月要完成不少于 1 次的联合巡查任务，管辖五级以下航道的执法大队要完成本年度所辖航段全覆盖的巡查任务。重点加强对所辖航段的通航建筑物、涉航工程、航标设施的巡查力度。全面加强对港口、码头、桥梁、停泊区等通航水域的巡查，并对所发现各类情况，应查处的查处，应移送的移送，应责令整改的责令整改，全力做好航道安全防范工作，确保全省辖区航道安全形势稳定。行政检查落实到位。要求深入开展所辖航道的调查摸底工作，健全完善航道航产航权档案，制作完成所辖航段鸟瞰图，全面掌握并反映所辖航道基本情况。要加强对《交通运输行政执法程序规定》《行政检查工作规范》《航道执法行政检查事项清单（试行）》以及《交通运输行政检查执法文书使用流程图》等文件的学习和掌握，严格按照检查事项有关要求，分门别类逐项开展行政检查，规范制作行政检查案卷，确保航道执法行政检查各项工作落实到位。五是涉航工程监管到位。全面摸排所辖航段的涉航工程，逐个建立健全档案资料，对《航道法》实施前已合法建设《航道法》实施前未提供审批材料、《航道法》实施后已依法取得航评审核、《航道法》实施后开始建设的未取得航评审核等四类涉航工程，分类做好事前介入和事中事后监管工作，一旦发现有违法行为，依法查处，有效预防并消除航道通航安全隐患。

（黄云）

【江西省航道执法行政检查、行政处罚事项清单出炉】 2022 年，省路政管理总队正式印发《江西省航道执法行政检查事项清单（试行）》和《江西省航道执法行政处罚事项清单（试行）》，助推江西省航道行政执法工作法治化、规范化、标准化和专业化建设。这是自《中华人民共和国航道法》2015年实施以来，江西省首次对全省航道执法领域行政检查、行政处罚事项进行系统梳理和规范。省路政总队历时两个月，对《中华人民共和国航道法》《中华人民共和国航道管理条例》《中华人民共和国内河交通安全管理条例》《中华人民共和国航标条例》《中华人民共和国水上水下作业和活动通航安全管理规定》《通航建筑物管理办法》《江西省水路交通条例》《江西省交通运输行政处罚自由裁量权细化标准》等十余部涉航法律法规规章进行了认真研究，梳理航道执法行政检查事项42项，其中航道类9项、通航建筑物类13项、航标及助航标志类11项、涉航工程类9项；梳理航道执法行政处罚事项34项，其中航道类8项、通航建筑物类13项、航标及助航标志类8项、涉航工程类5项。清单的出炉，为全省航道执法行政检查、行政处罚提供了重要参考指南，为全省航道执法人员学习航道执法知识、提升执法技能提供了"教科书"，得到了执法人员的好评。

（黄云）

【九江市港口航运管理局推进船舶检验改革创新】
结合九江市实际，九江市港口航运管理局制定《九江市旅游排筏质量检验指导意见》，签发江西省首本《旅游排筏质量检验证书》，为九江市旅游排筏检验和管理提供了重要依据，为江西省推动旅游排筏检验技术规范化标准化工作进行有益的探索。

（九江市港口航运管理局）

【九江市港口航运管理局开发并试运行全省首个客渡船监管 APP】 客渡船监管 APP 集成首航报告、航班航次实时查询、航行轨迹跟踪、预警信息发布等功能，与水上交管监管系统共同组成远程监管网络，被江西交通运输厅作为渡运安全管理先进经验上报交通运输部。

（九江市港口航运管理局）

【上饶市试点公路水运工程质量监督管理系统】
省交通运输执法局在上饶市交通运输执法支队试点江西省公路水运工程质量监督管理系统，开启"互联网＋监督"执法新模式。该系统分为质量监督过程管理、质量关键要素监测、移动音视频服务等子系统，通过实时传输公路水运工程建设项目考勤打卡信息、试验检测数据、机械设备关键参数和现场监控影像等数据信息，实时掌握工程关键人员驻场履约、关键设备运行、关键材料和工程实体质量等情况，可实现对工程项目的远程监督管理，有效推动监督过程全纪录，监管数据可分析，风险可预警、监管可联动，提升事中、事后监管规范化、精准化和智能化水平。

（上饶市交通运输局）

【袁州区交通运输局开展水上交通安全综合整治活动】 4月开始，袁州区政府组织开展了飞剑潭水库水上交通安全综合整治活动，共抽调了8个相关单位20名工作人员，分别在区政府、飞剑潭水库管理局、飞剑潭乡乡政府召开了飞剑潭水库水上交通安全综合治理协调会、工作部署会、安全警示教育大会。发放并张贴通告，对水库138条农用船进行登记造册、涂印编号、签订承诺书，对旅游公司12条旅游船只，渔业公司12条渔业船，飞剑潭管理局3条工作用船、4条渡船，8处钓鱼飘（台、房）进行核实整治。现场查获三起非法载员事件，对船主进行水上交通安全教育并现场暂时扣留其船舶。

（宜春市交通运输局）

【吉安市交通运输综合行政执法支队十大队开展砂石船舶超载安全专项整治行动】 6月，吉安市交通运输执法支队十大队对辖区砂石船舶加大巡航力度，严厉处罚超载运输船舶。

整治行动于6月1日开始至6月30日结束。期间，执法人员通过巡航发现赣新干运7648在航行时有涉嫌超载运输行为，立即作出示意要求船员停航，并登船检查现场测量船舶干舷。经测量，该船超过核定载重吨2吨，执法人员当即要求船员返回码头卸载货物，并对船舶经营企业依据法律法规给予罚款。

船舶超载会导致储备浮力丧失，船舶稳性、强度急剧下降，给船舶航行带来严重隐患。通过组织辖区内所有船舶经营企业观看超核定载重线载运货物给生命财产安全带来极大危害的警示教育PPT，将赣新干运7648处罚案件作为典型案例告诫辖区内所有船舶经营企业，宣传水上交通运输法律法规，使广大船舶经营人深刻吸取教训，消除侥幸心理，并以此为戒，做到安全驾驶，确保水上交通安全。

（吉安市交通运输局）

交通建设管理

【省交通运输厅坚持项目为王推动项目建设】 大力推进交通重点项目建设，及时制定措施坚决落实春节不停工部署，5位厅领导在春节期间赴施工现场调研督导，15个在建交通重点项目累计用工量超过12000人日，完成实物工程量超3.1亿元，与去年同比增长72%；提请成立厅公路水运建设推进领导小组，创新提出会议机制、信息报送机制、调度协调机制、专项对接机制、督办推进机制，不断加大与省直有关部门的协作力度，扫清项目实施障碍。先后协调推进了宜遂、吉康改扩建、梨东改扩建等项目涉铁工程，协调解决了吉康项目涉及全国重点文物——马家洲集中营旧址忠烈古樟事宜。协调省公管办、南昌交易中心，加班加点开发了交通重点项目不见面开标功能，确保了疫情期间樟吉主体工程及宜遂、寻龙的房建工程按时开标。

（厅建管处）

【省交通运输厅推进平安百年品质工程交通强国试点】 江西省交通运输厅注重顶层设计，会同省财政厅出台《江西省普通公路省级补助资金管理暂行办法》，将普通公路平安百年品质工程示范工程纳入省级补助范围，为普通公路品质工程建设提供资金保障。同时在科学研判"十四五"期新形势新要求基础上，出台了《"十四五"期间公路水运平安百年品质工程示范创建方案》《江西省公路水运平安百年品质工程评价实施办法》和《江西省平安百年品质工程评价标准》。坚持示范引领。2017年以来，连续每年召开全省交通建设项目品质工程会议，期间成功承办全国第四届绿色公路技术交流会及第四届全国公路平安百年品质工程论坛。健全标准体系。代交通运输部起草全国《公路工程高质量指标体系》，形成《装配式混凝土桥梁设计与施工技术规程》《公路钢—混凝土组合梁桥设计与施工规范》等6项地方标准成果，基本覆盖了公路水运平安百年品质工程关于设计、施工及智慧化应用等创建内容，初步形成了一套相对完善的江西特色品质工程创建标准体系。年初，昌九改扩建、抚州东外环、红光码头等三个项目荣获交通运输部、应急管理部、中华全国总工会三部门联合冠名的"平安工程"。王安石抚河特大桥和江西省高速公路赣东应急中心项目获得省优质建设工程杜鹃花奖，是江西省交通建设领域近6年来首次获得该奖项。8月，推动鄱阳湖二桥项目顺利通过"鲁班奖"复查工作，顺利进入终审阶段。加强与部公路局及相关行业协会沟通，协调鄱阳湖二桥、昌九改扩建、广吉等3个项目纳入交通运输部"李春奖"评选范围。

（厅建管处）

【省交通运输厅招投标工作创新实现三个全省率先】 2022年，在招投标工作中，率先实施规避招标源头预防机制，将招标程序执行情况与公路施工许可挂钩，从源头上遏制规避招投标的项目开工建设。率先实现招标计划提前披露机制，全面推行公路水运工程招标计划提前发布制度，要求招标人提前30日发布招标计划，提高招标投标活动透明度和交易质效。率先实现全行业不见面开标和远程异地评标，实现了"投标不跑路、交易不见面"，解决了疫情期间人员聚集、有效降低企业投标成本，大幅提升开标效率。

（厅建管处）

【全面提升市场监管现代化治理体系】 形成市场监管制度体系。修订《江西省公路工程电子招标标准施工招标文件》，并出台《江西省公路水运工程建设领域重点监管名单管理办法》《江西省公路施工企业信用评价实施细则》《江西省重点交通工程建设项目人员安全网格化管理实施办法》等一揽子制度。推行质量安全重点监管联合惩戒机制。对事故的相关参建单位实行"提级约谈"，涉事单位和个人采取了市场准入限制、个人资质资格处理、信用降级、项目限批、资金停拨等联合惩戒限制措施。

（厅建管处）

【省交通运输厅建管处依法支持建设单位选择优质队伍】　在2022年的招投标监管中，厅建管处重点从三个方面支持建设单位选择优质施工企业：一是加大信用结果在招投标中的应用力度，高速公路施工招标中，A级以上企业占比超过90%。二是鼓励探索大标段发包，为工业化建造、标准化施工创造成本效益条件，遂川至大余段中标金额超过80亿元、昌金改扩建项目2标中标金额超70亿元，放在公路行业乃至高铁领域，都算是大标，承包人也更有条件投入去探索提升品质的措施。三是支持材料集中统一供货，保障建筑材料特别是房建主材的品质，省交投、省港口集团的主材除砂石材料外，都是由系统内的龙头企业集中供货，从业主反馈的情况来看，材料品质得到有效保障，赣州高速等一些地方项目也在积极借鉴这一做法。

（厅建管处）

【力促普通公路建设高质量发展】　吉安G105吉水县醪桥至青原区升级改造项目入选交通运输部平安百年品质工程创建示范项目清单。除高速公路及大型水运工程外，全省7个国省道工程建设项目，3个农村公路工程建设项目也入选省级平安百年品质工程创建示范项目（第一批）清单内，同时指导省综交中心制定了《江西省普通公路平安百年品质工程示范创建活动实施方案》，为形成普通公路建设高质量发展指标体系提供了支撑。

（厅建管处）

【上饶市交通质监执法大队开展2022年公路水运工程建设领域起重机械特种设备专项督查】　为进一步加强全市公路水运工程起重机械特种设备重点领域的安全监管，确保全市公路水运工程建设领域安全生产形势持续稳定，根据年度工作计划安排，上饶市交通质监执法大队于10月11日–10月13日对市管交通在建工程项目开展起重机械特种设备专项督查。督查采取聘请省内特种设备专家现场授课，大队派员跟班学习的方式，重点检查起重机械的安全性能、安拆作业单位"十三个严禁作业"、施工单位"十一个必须"、监理单位"六个必须"、建设单位"一个必须"等落实情况。深入鄱余高等级公路、国道236鄱阳县城外环小渡北旺大桥新建工程、国道320沪瑞线弋阳朱坑段公路改建工程项目现场，累计检查特种设备16台，累计发现安全隐患30余处，并组织召开现场反馈会，要求各参建单位针对指出问题举一反三、全面排查，同时落实责任到人、逐条整改到位。通过本次起重机械特种设备安全隐患的专项督查，进一步压实企业安全生产主体责任，强化施工现场起重机械安全管理措施，消除物的不安全状态，提高从业人员按章操作的自律性和安全防范意识，杜绝人的不安全行为，确保公路水运工程建设领域施工安全生产，扎实推动上饶市"平安百年品质工程"示范创建工作。

（上饶市交通运输局）

【吉安市交通运输执法支队五大队开展质量安全监督执法检查】　2022年，吉安市交通运输综合执法支队五大队（吉安市交通建设工程质量监督管理站）分派两个小组，采取"四不两直"方式，对吉安市赣江大桥危桥改造等8个在建公路水运工程项目开展了质量安全监督执法检查。

此次质量安全监督执法检查采取现场查看和查阅资料相结合的方式进行。在施工现场，检查组成员重点检查了各参建单位人员履约情况，要求各参建单位落实安全生产主体责任，建立健全工程质量保证体系，持续深化"平安工地"建设，实行风险管控和事故隐患治理双重预防机制，针对施工过程中危险性较大的工程，要严格履行专项方案编制审批程序，加强全过程监测工作，并做好相关应急预案，确保项目建设安全。

在此次检查中，大部分工程质量和施工安全均处于受控状态，未发现重大质量安全隐患，但是仍然有部分项目存在施工质量和安全管理行为有待进一步加强等问题。对发现的问题隐患，检查组通过下发通知书等方式要求受检单位限期整改。据统计，该大队共下达了通知书7份，停工通知书1份，依法立案调查1起。

通过此次检查，各参建单位进一步强化了安全生产责任意识和如履薄冰、如临深渊的危机

意识。

（吉安市交通运输局）

交通安全管理

【**江西省交通运输安全生产总体情况**】2022年，全省各级交通运输部门扎实推进三年行动巩固提升、安全生产强化年和大检查，全力防风险、除隐患、遏事故，行业安全生产形势保持总体稳定。2022年，全行业共发生安全生产事故25起、死亡41人，同比下降24.2%和22.6%，未发生重大及以上安全生产事故。

安全发展理念。督促各级交通运输部门把习近平总书记关于安全生产重要论述纳入党委理论学习中心组的学习内容和干部培训课程，及时跟进学习习近平总书记关于安全生产重要指示批示精神，结合工作实际加深理解领悟和转化应用。在全系统组织开展安全风险防范大讨论活动，推动行业干部职工不断增强忧患意识和风险防范意识。制作并组织全行业观看《江西省交通运输安全生产典型事故警示录》，用身边的案例警示提醒行业监管部门、企业及从业人员树牢安全发展理念，强化履职尽责意识。

安全责任链条。推动各级交通运输部门制定并公布安全生产权责清单和领导干部年度安全生产责任清单，安全生产"三管三必须""一岗双责"得到更加深入贯彻。制定下发《全省交通运输安全生产网格化服务管理实施方案（试行）》，探索压实部门监管责任、打通监管压力有效传导到企业的管用办法，着力构建责任到人、服务到位、管理有效的安全生产网格体系。组织编制道路运输、港口航运、公路养护、交通工程建设等4个领域生产经营单位落实一线从业人员安全生产责任实施细则，督促指导企业压实生产班组负责人、岗位员工等一线从业人员安全生产责任。制定公布《江西省交通运输安全生产举报管理办法》，联合江西交通广播推广道路客运安全隐患随手拍微信小程序，发动社会力量参与行业安全生产监督。

重点领域监管。扎实推进安全生产专项整治三年行动巩固提升，继续加大"百项整治任务"、"8项重点、5项难点"攻坚力度，持续动态更新"两个清单"。制定印发安全生产强化年实施方案，以"八个强化、三十条工作举措"，深化落实安全生产十五条硬措施和江西省五十条具体举措。组织开展危险货物运输安全风险集中治理、燃气安全排查整治、打非治违、安全生产大检查等专项行动，党的二十大召开前后在全行业部署开展安全生产驻点包保和督导帮扶，有效保障特殊重要时段行业安全稳定。2022年，全行业共辨识管控重大安全风险190余项，排查整治各类安全隐患32608个，建立制度措施50余项。道路运输领域，加强"两客一危"重点车辆4G动态监管，提请省政府印发危化品道路运输安全监管工作方案，建成危化品车辆智能管理平台，完成常压液体危险货物在用罐车隐患整改，800千米以上长途班线数量减少53%。水上交通领域，严厉打击船舶超载运输、非法载客、非法夹带危险品、违章冒险航行等行为，建立防治内河船非法涉海运输长效机制，加强危险货物港口作业管理。公路运营领域，深入推进科技治超、源头治超，加强公路路域环境整治，强化公路安全隐患排查治理。公路水运工程建设领域，研编出版《安规e码通——公路水运工程施工现场安全标准化工具书》，并上线微信小程序，为公路水运工程建设领域从业人员提供了一个智能便捷、形象直观、新颖生动的安全教育平台，获评2022年度全国公路优秀科普作品图书类一等奖。推行网格化管理和重点监管名单制度，在交通重点工程试点"人脸识别+定位"信息化监管和"五差工地"认定活动，对存在安全生产违规行为的66个施工标段、24个监理标段给予信用评价扣分处理。铁路沿线安全环境治理领域，开展铁路沿线安全环境隐患排查整治回

头看，建立涉航铁路桥梁联防联控机制。

本质安全水平。大力推进公路水运平安百年品质工程示范创建，昌九改扩建、抚州东外环、红光码头等三个项目获交通运输部、应急管理部、全国总工会联合冠名"平安工程"。统筹推进安全生命防护工程、危旧桥梁改造、公路安全设施精细化提升等专项行动，2022年共完成农村公路安防工程 2581 千米和危桥改造 414 座，国省干线公路安全设施精细化提升里程 860 千米。稳步推进国省干线长大桥梁及公跨铁桥梁健康监测，已对 19 座长大桥梁实施健康监测。有力推进自然灾害综合风险公路水路承灾体普查工作，进一步摸清风险隐患底数，提升自然灾害防治能力。扎实推进船舶碰撞桥梁隐患治理，12 座公路桥梁加装主动预警装置。持续推进改渡便民工程，2022年全省累计撤渡 179 道，超额完成年度 140 道撤渡目标任务，渡船和渡口标识全部拆解、拆除到位。开工 14 座桥梁和 21 条公路，其中 4 个通道项目已完工。

应急处突能力。制修订《江西省城市轨道交通运营突发事件应急预案》《江西省处置水上突发事件应急预案》，并报请省政府办公厅印发实施。组织开展普通国省道应急抢险、高速服务区危化品运输车辆泄漏应急处置、高速公路改扩建项目和隧道突发事件处置、水上船舶救助等综合应急演练，进一步检验完善应急预案、锻炼应急救援队伍。开工建设国家区域性公路交通应急装备物资储备中心，不断提升完善国省干线公路养护及应急保障综合基地。加强与气象、应急、水利等部门的沟通协调，组织行业各单位认真抓好雨雪冰冻、暴雨、台风等自然灾害防御应对工作，对于达不到安全通行和作业保障条件的，严格执行"四个坚决"措施，切实保障全省交通运输总体安全畅通。

（厅安监处）

【省交通运输厅组织开展 2022 年度春运、春节期间安全生产暗访检查】 为督促指导各地、各单位做好 2022 年度春运、春节期间交通运输安全防范工作，保障全省交通运输安全生产形势平稳有序，1月17日—1月24日，省厅组织暗访检查组，分赴南昌、九江、景德镇、鹰潭、抚州等设区市及部分在建重点公路水运工程项目，开展交通运输安全生产工作暗访检查。

此次暗访检查工作由厅主要领导总负责，厅领导带队组成 4 个组分赴有关设区市，采取"四不两直"、突击检查以及暗访与明察相结合的方式，走基层、看现场、察实情，重点检查道路水路运输企业、客运场站、渡口码头、公路运营、公路水运工程建设项目等行业重点领域安全防范措施部署落实情况。

针对暗访检查中发现的问题，各检查组及时进行了反馈并督促限期整改。各检查组要求各地、各单位深入贯彻落实习近平总书记关于安全生产重要论述，扎实推进岁末年初安全生产"打非治违"百日行动，全力以赴排查整治各类安全风险隐患，压紧压实各级管理部门监管责任和企业安全生产主体责任；进一步做好春运春节期间安全生产工作，强化监测预警和应急值守工作，确保交通运输行业安全稳定。

（厅安监处）

【江西省交通运输管理部门联合多部门完成常压液体危险货物罐车专项治理】 为提升罐车安全运营水平，减少道路交通安全事故，防范化解重大风险，保护人民群众生命财产安全，江西省交通运输管理部门联合公安、市监、工信等部门，自 2021 年 6 月至 2022 年 12 月开展了常压液体危险货物罐车专项治理工作。开展常压液体危险货物罐车治理工作前，江西省原有常压罐车 5483 辆。专项治理期间，按照治理工作要求，委托具有资质的机构进行罐体检验，取得了罐检合格证书并通过年度审验罐车 4879 辆，占比 88.99%，退出市场罐车 604 辆，占比 11.01%，新增具备罐体出厂检验证书、安全技术检验合格证明罐车 510 辆，现共有常压罐车 5389 辆。

（省综交中心）

【赣西航道事务中心全面开展航标升级改造工作】
2月开始，赣西航道事务中心全面启动辖区赣江航标升级改造工作。赣西中心赣江辖区第 126 号 4000 型双船标抛设完成，标志着赣西赣江辖区航标全部升级更新完成，实现了辖区赣江 4000 型双船标全覆盖。

丰城龙头山枢纽建成以后，枢纽以上航道由天然航道变为库区航道，航道发生了变化，船舶流量增加。枢纽以下航道受枢纽下泄流量影响，该航段在枯水期水位变幅较大，航道边界复杂。为保证该航段船舶航行畅通，在更换升级前，赣西航道事务中心巡查科到航道现场进行勘查，监测科组织力量对航道进行扫床，技术科根据航道实际情况安排技术人员对该航段航标进行优化配置和升级。优化航标配布，根据赣江航道演变情况，制定了新航标配布图，对航标配布进行调整，标位的准确率大大提高。增加助航标志可视范围，航标 1400 型全部更新升级为 4000 型，更换双船后，其标体更大型化，不仅加大了视距感，易于辨位，而且导航作用更明晰，航道边界更清晰。助航标志材料由 PVC 改为 PE，浮态更稳定，防撞性能更强，具有良好的耐波性和水密性等优势。

赣西航道事务中心在辖区赣江 84.6 千米航段，根据优化航标配布图，共设置 4 米双船标 135 座。

（省高航中心）

【省高航中心组织开展 2022 年危险货物港口经营资质年度核查】 4 月，省高航中心积极指导各地港口管理部门开展 2022 年危险货物港口经营资质年度核查，重点核查危货码头设施设备是否检验合格具备安全生产条件，核查港口企业污染防治情况、港口污染事故应急预案制定情况、港口船舶污染物、废弃物接收设施配备等情况。

截至 4 月 12 日，江西省共有 18 家港口企业持有《港口危险货物作业附证》，分别位于九江港（15家）、南昌港（2 家）和丰城港（1 家）。此次核查工作全部完成后，各地港口管理部门将年度核查工作总结和港口危险货物码头登记表等相关材料报省高航中心存档。

通过开展此次危险货物港口经营资质年度核查活动，有助于港口管理部门更好地掌握辖区危险货物港口经营人资质状况，促进港口企业提高安全管理水平，确保港口行业安全生产形势持续稳定。

（省高航中心）

【全省交通运输领域安全生产"打非治违"专项行动见成效】 省交通运输厅自 2022 年 4 月至 2022年 12 月底，在全省交通运输领域集中开展了安全生产"打非治违"专项行动。9 个月来，全省交通运输各部门、各单位精准发力，结合三年行动巩固提升、安全生产大检查和强化年推进情况和岁末年初、春运春节等重要时段行业保安全、保畅通的工作特点，针对重点地区、重点企业和重要环节，

保持高压态势，深化源头治理，堵塞监管漏洞，充分发挥各级交通运输综合行政执法机构作用，重点打击了道路运输、公路运行、港口运营、在建重点公路水运工程等违法违规行为多发的领域，并全面排查了行业安全隐患，整治了安全生产存在的薄弱环节和突出问题。2022 年，全省交通运输各部门、各单位共出动执法人员 15 万余人，查处各类违法违规案件 2 万余件，有效打击了各类非法违法行为，全省交通运输领域事故总数和死亡人数实现"双下降"，保障了全省交通运输安全生产形势持续稳定。

（厅安监处）

【省交通运输厅部署开展 2022 年全省交通运输安全生产大检查】 为深入贯彻落实习近平总书记关于安全生产重要论述，特别是对"3·21"东航MU5735 航空器飞行事故重要指示精神，从 4 月份开始到党的二十大胜利闭幕，省厅成立 9 个综合检查组和 5 个专项检查组，在厅安委会的领导下开展2022 年全省交通运输安全生产大检查工作。此次大检查贯穿全年，按照"从根本上消除事故隐患，从根本上解决问题"的总体要求，对行业各领域、所有生产经营企事业单位采取"四不两直"、明察暗访等方式，直奔基层一线，突出"四查四看"，查找隐患问题，严格立行立改，并且要求各单位、各部门要在本地区、本行业、本单位全面深入开展安全生产自查自纠，对本辖区基层单位和企业安全生产检查全覆盖。坚决压实安全生产责任，全面摸清安全事故隐患和薄弱环节，有效管控重大风险，强力治理突出事故隐患，严厉打击违法违规行为，最大限度防范遏制各类事故发生，坚决杜绝重特大事故发生，推动全省交通运输安全生产形势持续稳定向好。

（厅安监处）

【九江市港口航运管理局创新探索"远程＋现场"客运船舶安检新模式】 "五一"假期，水上客流量明显增加。为做好重点时段水上交通安全监管和疫情防控工作，九江市港口航运管理局提前将客运船舶列为重点，开展专项安全检查工作。

经过前期充分沟通和交流，分析出客运船舶疫情防控期间检查的重点和难点问题，该局决定在现场检查客运船舶的基础上，充分发挥水上交管中心远程综合监管系统优势，积极探索"远程＋现场"

船舶安检新模式，完成首批客船安全检查工作。水上交管中心紧急启用 VHF 专网信号并结合视频网络传输功能，远程开展以下工作：提前通过船舶安全检查历史数据分析，对现场检查人员提供业务技术指导，减少疫情期间现场检查人数和人员流动；后台技术业务人员通过在线提供船舶和船员资料数据信息，为现场检查人员精准检查提供信息查询支撑。

（省高航中心）

【省交通投资集团举行 2022 年高速公路改扩建项目突发交通事故应急演练】 6 月 27 日上午，江西省交通投资集团举行"2022 年高速公路改扩建项目突发交通事故应急演练"。省交通运输厅副厅长王昭春出席，省交通投资集团副总经理邝宏柱出席并讲话。省交通运输厅有关处室、集团有关部门和单位以及交警、路政、消防、医疗等相关单位负责同志及工作人员在现场观摩了本次演练。

本次应急演练全面演示了"应急响应、应急救援、响应终止"各个环节工作流程，不仅充分检验了省交通投资集团在道路施工与运营保畅方面的应急处置能力，也为改善应急救援中存在问题和不足起到积极的推动作用。另外，演练中创新采用了"空地一体化"高速公路交通事故救援新模式，积极探索高速公路施工、运营、交警、路政、医疗、消防"六位一体"的交通调度指挥体系和"一路多方"联勤联动处置机制，有效提升了多部门联合救援、快速反应和综合应急处置能力和水平，为建立交通事故应急救援长效机制的建立奠定了基础。

（省交通投资集团）

【江西省政府出台《江西省加强危化品道路运输安全监管工作方案》】 为加强江西省危化品道路运输全过程监管、强化江西省危化品道路运输智能化监管、防范化解危化品道路运输安全风险，进一步压紧压实各方安全责任，2022 年 8 月 15 日省政府印发《江西省加强危化品道路运输安全监管工作方案》，从强化运输源头管理、加强重点路段管控、分类安全管控措施、强化罐体安全监管、推进智能监管、建设专用停车场、完善防污染设施、加强执法监管八个方面提出具体工作要求，由江西省交通厅牵头，与公安、应急、市场监管、生态环境等部门密切协同协作，形成监管合力，推动危化品道路

运输安全生产形势持续稳定向好发展。

（省综交中心）

【省综合交通中心开展公路交通安全生产包保指导】 为进一步落实全国、全省、交通运输部安全生产电视电话会议精神，压紧压实安全生产责任，省综合交通中心对各设区市公路中心实施安全生产包保指导，同时协助省厅做好对鹰潭市、抚州市和九江市交通运输安全生产的包保指导。此次安全生产包保指导工作自 9 月份起至年底前重点时段结束。省综合交通中心相关业务处室分片包保指导各设区市公路交通安全生产，并在重点时段派出工作指导组抽查指导，协助解决难点问题，落实国务院安委会十五条措施和省五十条具体举措，切实督促被包保单位抓好安全生产包保工作。各设区市公路部门逐级包保实现县（市、区，含省直管试点县市）全覆盖，紧盯重点地区、重点项目、重点企业和重大风险，责任到人，确保一级包一级。

（省综交中心）

【省综合交通中心做好汛期公路保通工作】 2022 年汛期以来，江西省遭受多轮连续性强降雨袭击，雨量集中，地质灾害频发，造成大量路基边坡塌方、挡土墙坍塌、山体滑坡、桥涵冲毁、路基路面发软下沉等，江西省普通公路损失严重。省综合交通中心把抗洪抢险救灾工作放在首位，立即启动公路防汛应急预案，实行 24 小时领导带班值班。制定公路防汛、保障安全畅通的具体方案措施，从人员、物资、设备等方面加强保障，全力应对水毁灾害，全力抢修损毁设施，全力保障汛期公路交通安全畅通，并及时上报水毁统计数据，2022 年普通国省干线公路水毁损失约 7.6 亿元。

（省综交中心）

【省综合交通中心举办 2022 年普通国省公路应急演练】 11 月 4 日，省综合交通中心在赣州崇义举行了 2022 年普通国省公路应急演练。此次应急演练场景为崇义县旗岭隧道口突发山体滑坡，阻断交通，隧道内客运班车和货车发生追尾事故。省综合交通中心应急办接报后，运用信息化手段，通过监控视频远程调度，指挥赣州市相关单位开展应急抢通工作。演练中，崇义县公路、交通、消防、医疗、电力、通讯等部门第一时间赶到灾害事故现场，分

工明确，按照应急预案分头开展抢救伤员、疏散群众、抢通公路等工作，在最短时间内抢通道路保障公路通行。本次应急演练通过省、市、县三级紧密协作，事故信息报送和远程调度，各层级实时掌握工作进展，做到指令有效传递、指挥高效顺畅，检验了应急救援的协同作战能力，锻炼了应急救援队伍，积累了实战经验。

（省综交中心）

科技　教育　卫生

科　技

【概况】 2022 年，江西省深入实施创新驱动发展战略，坚持以科技创新为前提，以科技兴交、科技强交为基调，以交通强省建设为核心，以科研攻关为抓手，努力开创江西省交通运输高质量发展新局面，奋力推动交通强省建设实现新跨越。

科技项目管理。2022 年，江西省交通运输厅持续加强科技项目储备，围绕基础设施、运输服务、数字交通、交通安全、绿色交通、标准化、决策支持等方面，着重从科技创新能力、科技创新成果、科技示范推广及标准化和产学研合作等方面入手，提升创新主体能力，组织实施科技研发，全年总计下达科技项目立项计划 69 项，其中重点工程科技项目 7 项、重大研发专项 3 项，一般科技项目 59 项，全行业科研经费投入 3900 余万元。成功申报省部级科技项目 4 项，其中“高速公路改扩建工程施工期智慧交通主动管控技术”入选交通运输重点科技项目，“基于 5G 技术的港口深基坑施工智能化检监测预警云智平台及工程示范”获批立项省 03 专项及 5G 项目，“基于三维层析成像的改扩建路基施工质量控制创新技术研发与成果推广应用”获批立项 2022 年度江西省主要学科学术和技术带头人培养计划，“公路运输领域碳达峰的关键驱动因素与路径研究——以江西省为例”获批立项 2022 年度科技智库青年人才计划。进一步完善了交通政务综合管理平台科技教育管理系统，同步采集 2017 年至 2021 年科技项目基础信息。制定了江西省交通运输厅科技创新管理系统建设方案，推进全周期管理的业务平台建设，完成现有 17 个科技平台调研工作，开展了科研经费使用情况调查及监督工作。

科技成果。2022年，《广昌至吉安高速绿色公路建设适宜性技术研究与示范应用》入选2022年度交通运输重大科技创新成果库。制定印发了《江西省交通运输科技示范工程管理办法》《2022年江西省交通运输行业标准化工作指南》，完成《江西省交通运输标准化体系建设研究》课题研究，构建形成一图一表一方案（江西省交通运输标准体系结构图，江西省交通运输标准体系明细表和江西省交通运输标准体系实施方案）。《高速公路日常养护技术规范》等13项地方标准获批发布，《公路桥梁加固技术规程》等29项地方标准获批立项。《砂浆及混凝土凝结时间测定仪校准规范》计量规程获批交通运输部2022年交通运输标准规范研究制（修）订经费项目，并列入2022年国家计量技术规范项目制定计划。全面开展标准化体系建设调研并形成初步调研报告，逐步完善交通运输标准体系。

科技奖励。2022年，获省部级科技进步奖8项，其中《广昌至吉安高速绿色公路建设关键技术研究与示范》《重载交通乳化沥青冷再生路面疲劳性能评价及提升研究》获江西省科学技术进步奖三等奖；《公路隧道病害快速精准感知与处治技术及装备》获中国公路学会科学技术奖特等奖，《覆盖型岩溶区公路塌陷防治关键技术》获中国公路学会科学技术奖一等奖，《声子晶体型声屏障声学结构与降噪效果研究》《膨胀土流变理论及其路基边坡防护技术》获中国公路学会科学技术奖二等奖；《隧道多尺度精细化地质预报及服役状态管控关键技术》《高速铁路轨道桥梁结构变形精细化分析理论及控制关键技术》获中国交通运输协会科技进步奖一等奖。

科研基地及重点科技工程建设。"大广高速公路路基路面K2915—K2917长期性能科学观测网建设试点"列入交通运输部交通基础设施长期性能观测试点名单。"江西省交通投资集团高速公路养护科普基地""江西交通职业技术学院交通智能建造科普馆"成功入选第二批国家交通运输科普基地，"江西省信江八字嘴航电枢纽科普教育基地"入选江西省科普教育基地。加强顶层设计和统筹布局，整合行业优势科技资源，形成《江西省交通运输科技创新平台发展分析研究报告》，为创建国家级创新平台奠定基础。在全国率先出台《江西省交通运输科技示范工程管理办法》，组织全行业开展省科技示范工程的申报，批复立项实施高速公路低碳耐

久建造技术与模式和装配式结构产业链、港口绿色智造、普通公路灌注式半柔性路面技术、县域智慧交通建设5个项目。

（厅科教处）

【九江长江大桥结构健康监测系统建设项目顺利通过验收】

2022年1月，江西省交通科学研究院有限公司承担的九江长江大桥结构健康监测系统建设项目顺利通过验收。九江长江大桥是江西省唯一一座被交通运输部列入全国11座桥梁结构健康监测系统试点工程的特大桥梁，为公铁两用特大桥梁。该试点建设项目2021年11月6日正式开工，严格按照《公路长大桥梁结构健康监测系统试点建设技术指南》要求进行，于2021年12月24日按期建成并试运行。

（省交通科研院）

【《隧道多尺度精细化地质预报及服役状态管控关键技术》荣获中国交通运输协会科技进步奖一等奖】

4月，江西省交通科学研究院有限公司作为第一完成单位承担的《隧道多尺度精细化地质预报及服役状态管控关键技术》项目，荣获2021年度中国交通运输协会科技进步奖一等奖。该项目围绕精细化探明隧道施工期地质灾害风险、快速智能化实现隧道运营期结构病害检测以及建立隧道状态导向维护理论进行多年研究，取得从理论到技术再到装备研发一系列的创新性研究成果，有效提升了我国隧道工程灾变预报技术水平，填补了国内外隧道维护理论空白。经中国公路学会组织专家评价，该项目总体达到国际先进水平，其中在隧道状态导向维护技术方面达到国际领先水平。该项目按照《交通强国建设纲要》部署要求，实现了隧道灾变多尺度精细化预报和服役状态预测管控，共取得授权发明专利10项、实用新型9项、软件著作权8项，发表论文47篇，出版专著3部，主编地方标准1部，成果应用于国内十余条公路隧道等项目，社会效益显著，并创造经济效益15400万余元。

（省交通科研院）

【江西省交通科学研究院有限公司1人入选2022年度"科技智库青年人才计划"】

7月，江西省交通科学研究院有限公司赵红博士以《公路运输领域碳达峰的关键驱动因素与路径研究——以江西省

为例》课题研究项目,入选中国科协 2022 年度"科技智库青年人才计划"。"科技智库青年人才计划"旨在推动中国科协科技智库建设,激发青年人才创新创造活力,培养凝聚一批思想敏锐、专业扎实的青年战略科技人才队伍,受到全国广大青年学者的广泛关注和积极踊跃申报。2022 年,省委省政府印发《关于完整准确全面贯彻新发展理念做好碳达峰碳中和工作的实施意见》,加快形成绿色低碳交通运输方式是其中一项重要任务。"公路运输领域碳达峰的关键驱动因素与路径研究——以江西省为例"课题以公路运输领域如何实现碳达峰为核心问题,开展包括现状核算、驱动因素分析、模型预测等系统性研究,最终提出公路运输领域碳达峰及绿色低碳发展路径,以期为江西省碳达峰决策提供有力的科技支撑。

（省交通科研院）

【省港口集团星子沙山码头项目获批省交通运输科技示范工程】 11 月 10 日,九江港星子港区沙山作业区综合码头一期绿色智造关键技术科技示范工程通过了 2022 年度省交通运输科技示范工程实施方案论证和现场评估,并于 12 月 14 日获省厅批复立项。

（省港口集团）

【祁婺高速项目高边坡自动化监测系统投入使用】 11 月,经过为期四个月的试运行,由江西省交通科学研究院有限公司承担的祁婺高速高边坡自动化监测系统运行稳定,系统软件运行良好,数据传输准确,正式投入使用。高速公路边坡工程条件复杂,受天气、地质等因素影响,管养难度大,一旦发生边坡位移,对运营管理造成巨大困扰,而传统边坡监测主要靠管养人员现场巡查,通过人工目测进行安全监测和判断无法及时、全面把握边坡潜在风险。高速工程高边坡监测预警系统有效解决了这个问题,该系统利用电子、信息、通信技术可在无人值守的情况下对边坡表层位移和深层位移情况进行实时监测。其最大优势是可通过互联网随时随地访问,全天候采集边坡的监测数据,一旦边坡有位移迹象,可即时通过手机短信报警功能通知养护技术人员,达到预警效果。同时,该系统还可实时采集现场图像,了解边坡最新动态,为养护管理提供可靠的决策参考和依据。该项目高边坡监测系统基于物联网技术、无线通信技术研发,有效激活各节点传感器间的感知能力,及时捕捉灾害发生的前兆信息,主要由 15 套 GNSS 卫星接收系统、47 套深部位移采集设备、10 套地下水位采集设备、2 套降雨量采集设备以及若干套裂缝变化、结构物倾角变化采集设备等组成,整个高边坡监测系统使用了 16 套数据传输模块用于监测数据的采集和收发,有效保证现场监测数据传输的稳定性和连续性。监测数据经网络传输至监测系统云平台上进行后期的数据处理和可视化监控。

（省交通科研院）

【江西交科智感物联产业基地（一期）投产】 11 月,江西省交通科学研究院有限公司自建产业基地——江西交科智感物联产业基地（一期）成功投产,首批投产的包括高精度倾角仪、索力计等,已生产数百台（套）,并在安徽引江济淮以及部省试点鄱阳湖二桥、九江一桥、九江二桥等监测项目中应用。该公司一期产线已具备三轴加速度计、高精度倾角仪、多路信号采集器、护栏撞击预警终端、拉绳式位移计、静力水准仪和测斜仪等拥有核心自主知识产权的产品生产能力。江西交科智感物联产业基地围绕监测与智能交通方向开展产品规划,着力打造集感知、采集、组网、通信于一体的中高端智能传感器及配套产品。该基地自今年 4 月开始谋划以来,通过半年时间自选场地建设了一期产线,包括电子加工装配、结构加工装配、整机测试线、实验室等多个核心功能区。

（省交通科研院）

【江西省地方标准《水运工程生态环境监测技术规范》获准发布】 11 月,由江西省交通科学研究院有限公司编制的地方标准《水运工程生态环境监测技术规范》经江西省市场监督管理局批准发布。该《规范》共包含施工期、运营期两部分内容。《规范》根据相关法规标准要求,结合信江双港航运枢纽工程、彭泽港区城发集团码头等省内水运工程的现场调研结果,制定出切实可行的水运工程生态环境监测技术规范。《规范》填补了省内水运工程施生态环境监测相关标准的空白,能够指导水运工程的生态环境监测单位更加科学地开展监测工作,为江西省交通运输厅加强水运环保建设和管理提供科学依据,对提高生态环境质量,构建绿色交通,有效落实"十四五"交通运输行业的具体规划目标也有重要的促进作用。

（省交通科研院）

【江西省交通科学研究院有限公司 2 名在站博后获江西省博士后研究人员科研项目择优资助】 11月，江西省委人才办、省人社厅联合发布了江西省博士后研究人员日常经费资助和博士后科研项目择优资助拟资助人员名单，省交通科学研究院有限公司在站博士后赵华和张小波分别获博士后科研项目择优资助。赵华博士针对当前沥青路面微波加热效率低、加热不均匀、自愈性能低及耐久性差等问题，开展微波加热沥青混合料磁热协同效应和自愈合行为进行研究，从而提高微波加热沥青路面修复效率，节约养护成本。张小波博士针对锚注作用下岩体结构面宏细观剪切破坏机制与剪切强度特征开展研究，旨在为矿山边坡节理岩体锚注技术方案设计、注浆参数优化和岩体加固效果评价提供理论指导和技术支持。

（省交通科研院）

【江西省交通科学研究院有限公司孙洋博士入选交通运输部"2022 年度交通运输青年科技英才"】 11月，交通运输部公布了"2022 年度交通运输青年科技英才"名单，江西省交通科学研究院有限公司试验检测事业部部长孙洋博士成功入选。"交通运输青年科技英才"是交通运输部对交通运输行业从事科学研究及其他专业技术工作，在本领域做出突出贡献的优秀青年科技工作者授予的称号。孙洋，2015 年毕业于中国地质大学（武汉），获工学博士学位，高级工程师。该同志长期从事隧道及岩土工程检测监测及安全评价技术的研究与推广应用，先后参与船广高速、兴赣高速、昌宁高速等多条高速公路的试验检测工作，同时作为科研院有限公司地下工程科研创新团队负责人，致力于地下工程全寿命灾变感知、病害动态检测监测及安全评价等领域的研究，经过多年的理论研究和现场实践形成了一系列成套技术和产品，并在工程中推广应用，取得了较好的经济效益和社会效益，部分研究成果总体上达到国际先进水平。

（省交通科研院）

【江西交通职业技术学院打通国家重大科技成果在交通基础设施健康监测领域落地应用最后一公里】 2021—2022 年，学校"基于 5G 技术的公路承载能力检测监测智慧平台研究及工程示范""5G+AI 智慧公路隧道监测综合解决方案工程示范""基于 5G 技术的港口深基坑施工智能化检监测预警云智平台及工程示范"3 个项目获批为 03 专项及 5G 项目，形成了基于 5G 的公路、桥梁、隧道、港口智慧监测科技研究"项目群"，得到了江西省科技厅的大力支持，总投入金额 810 万元，其中省财政资助 270 万元。学校将 5G 技术全方位应用到交通基础设施健康监测当中，打通了国家重大科技成果在交通基础设施健康监测领域落地应用最后一公里，立体化解决"路、桥、隧、港"基础设施监测及养护难题，节省养护费用 9000 万元以上，取得了显著的经济和社会效益。

（江西交通职业技术学院）

【省港口集团全力推进部科技示范工程实施】 2022 年，省港口集团信江航运枢纽项目办承担的交通运输部科技示范工程"江西信江航电绿色智慧科技示范工程"扎实推进，其中"BIM+ 物联网助推信江航电枢纽项目数字建造"主题项目于 7 月份代表江西省参加"第五届数字中国建设峰会"成果展。

（省港口集团）

【港口集团科普科教工作获佳绩】 2022 年，省港口集团参加了"2022 年全国公路优秀科普作品评选"等 4 个比赛，由省路港检测中心申报的"走进试验检测师"科普视频荣获 2022 年度全国公路优秀科普作品二等奖。组织开展"2022 年交通运输部科技活动周"活动，省港口集团获科技部科技人才与科学普及司颁发的 2022 年科技活动周先进单位、获省交通运输厅颁发的 2022 年江西交通运输科技活动周优秀组织单位等称号。

（省港口集团）

【南昌 5G+VR 虚拟驾驶模拟设备再次亮相世界 VR 产业大会】 2022 年世界 VR 产业大会在南昌举办，作为大会的亮点之一，南昌 5G+VR 智慧驾培设备通过南昌优行科技和市道路运输服务中心不断努力，在世界 VR 大会上再次亮相。此次展出的 5G+VR 模拟器，较上一代设备，拥有更加贴近现实的教学场景，新增培训软件场景内容及应急处置，更加真实的驾驶路感，更加真实的模拟座舱。VR虚拟驾驶技术不仅为学员带来超强沉浸式体验，帮助学员深刻掌握道路交通安全驾驶基础，养成良好文明驾驶习惯；更进一步提高行业绿色环保发展，能有效减少教练车的燃油消耗，减少废气排放，保护环境，降低企业经营成本，更加适用于新模式下的驾培行业应用。

（南昌市交通运输局）

数字交通

【概况】 2022年，江西省数字交通发展迅速。制定《江西省数字交通"十四五"发展规划》《全厅2022年信息化工作要点》《2022年智慧交通示范应用管理提升实施方案》，深入实施一要点二方案三大示范工程，持续完善"一中心三平台"主体框架，建立数字经济与数字交通建设推进工作协调联络机制，实行"每月一调度，季度一通报，全年一考核"。强化"5G+交通"赛道发展水平，成功举办第五届"绽放杯"5G应用征集大赛江西区域赛交通运输行业赛，遴选了20个优秀5G典型应用场景案例，其中7项入围省区域赛，获二等奖3项，三等奖2项，优胜奖2项，2项入围全国决赛，江西省交通运输厅获最佳组织奖。创新开展治超非现场执法，全省429个不停车检测点全部建成并运行，不停车检测点作用得到有效发挥，普通公路超限超载率由2.76%下降为1.78%，降幅达35.5%，高速公路治超工作排位保持全国第一。依托"江西省农村公路综合管理系统"实现全省农村公路信息化管理，采用卫星遥感技术完成了对全省18万余千米的农村公路数据清洗，强化管理部门对农村公路建设项目的执行情况监管。建成16对省内高速公路服务区ETC一站式服务网点，为公众提供高效的业务办理和售后服务。智慧航道、智慧船闸建设稳步推进，积极推广船E行APP和加强新技术在水上应急救援系统中的应用。

数字赋能。道路运输电子证照全面启用，全国范围内道路运输电子证照实现了部省系统之间的互通互认，江西道路运输"三类十证"全面实现数字化，通过"江西交通"微信公众号实现全程"掌上办理"和手机亮证。高速公路养护智能巡查及路面科学决策技术、普通国省道养护智能化应用、高速公路应急处置数字化等3个项目获交通运输部在役干线公路基础设施与安全应急数字化试点。智慧航道建设持续推进，制作完成512千米电子航道图并接入长江数字航道图，实现干支联动。2022年12月，中国公路学会发布《中国交通运输2021》，江西交通运输现代化指数排名全国第7。2022年，开发上线全省高速公路跨区域车辆防疫监测系统，累计向全江西省各地推送中高风险区来车信息逾300万辆次。建立重点物资运输通行证制度并搭建线上办理平台，累计发放通行证15.9万张，有效保障了重点物资运输车辆的正常通行。

数据共享。深化与数字经济头部企业战略合作，与江西电信签订战略合作协议，与华为公司联合成立智慧高速联合创新中心。推进江西省交通投资集团有限责任公司"数字大脑"建设，批复江西省港口集团有限公司大数据中心基础设施项目工可及初步设计，融合多元数据，实现高速路网、水运发展的智慧运营，推动企业数字化转型。建立健全行业政务数据共享协调机制，持续推动交通基础要素、核心业务、运行监测、出行服务数据在省厅汇聚融合，提升数据广度、深度、精度。大力促进政务数据跨行业共享，智慧交通数据中心平台与省电子政务共享数据统一交换平台互联互通，向各地市各部门提供高频数据共享服务，涵盖城市交通3大类993个信息项。大力支持安远县交通强国建设试点，开放共享公路路网数据、全省"两客一危"等数据资源。

【九江"打造开放、立体、智能的航运物流大通道"

试点任务获准实施 】 3 月 20 日，省推进交通强省建设领导小组办公室印发《关于同意开展打造开放、立体、智能的航运物流大通道试点工作的通知》，标志着九江"打造开放、立体、智能的航运物流大通道"试点任务申报成功。"打造开放、立体、智能的航运物流大通道"试点任务围绕建设江海直达、服务全省、辐射周边的九江区域航运中心的总体定位，利用 2—3 年时间，以强化水运枢纽优势、建设多式联运中心、智慧港航高效联通为路径，聚力打造开放、立体、智能的航运物流大通道，助力九江经济高质量跨越式发展，助推九江成为全省对接融入长江经济带、"一带一路"、内陆开放型经济实验区的桥头堡。

（省高航中心）

【智慧高速联合创新中心正式揭牌】 7 月 27 日，江西省交通投资集团与华为公司共建智慧高速联合创新中心揭牌仪式在湖南长沙举行。集团党委副书记、副董事长、总经理谢兼法，华为公司智慧公路军团 CEO 马悦出席揭牌仪式并共同揭牌。集团党委委员、副总经理刘朝东，集团有关部门、单位及华为公司智慧公路军团相关业务负责同志参加。现场，双方还共同发布了首个联创成果——"智慧隧道解决方案"。

智慧隧道解决方案是双方深化战略合作后，由江西交投旗下赣粤高速方兴公司联合华为成立交通机电创新实验室，并以隧道场景为首个切入点展开实践，形成的智慧隧道解决方案。该方案依托"鸿蒙控制器""边缘计算节点""云端控制平台""移动终端"等技术，能对隧道内所有设备及其子系统进行监控和控制，帮助隧道运管人员远程实时全面掌控隧道运行情况。为高速公路隧道的运维养护提供技术赋能。

（省交通投资集团）

【省港口集团大数据中心基础设施建设项目稳步推进】 8 月，省港口集团完成大数据中心基础设施建设项目初步设计编制工作，9 月项目初步设计通过了省厅组织召开的专家评审会，12 月获省江西省交通运输厅正式批复。

该项目的实施目标是打造数字化建设的基础设施架构，构建安全、稳定、成熟、高效的业务支撑网络和网络安全管控体系，实现数据标准化管

控。

（省港口集团）

【梨东改扩建项目建成"数智中心"助力品质工程创建再上新台阶】 9 月，梨东改扩建项目强化数字技术应用，稳步推进智慧高速建设，全线首批 4 座"数智中心"开馆并正式投入使用。该"数智中心"是集项目介绍、技术教育、施工控制、指挥调度等多功能于一体的智能管理中心，总体规划建设 12 座，堪称"施工中枢神经"，通过"数智中心"构建"梨东大脑"，使项目管理变得"耳聪目明"，助力品质工程创建再上新台阶。实施"智慧教育"。通过配备智能机器人引导，引入安全教育 VR 体验系统、全息投影以及 3D 打印模型等科技产品，让参观者沉浸式体验高空坠落、边坡坍塌、综合用电等场景，提高人员安全防范意识，实现安全管理精准化，打造高品质工程管理典范。建设"智慧工地"。项目坚持以施工设备的监控和智能化引导为主，以桥梁、路基、边坡施工过程中的安全监测为辅，以关键工法的可视化为保障的核心理念，构建了智慧建造、绿色建造平台。

（省交通投资集团）

【江西省危化品运输车辆智能管理平台建设顺利开展】 江西省危化品运输车辆智能管理平台于 2022 年 6 月 1 日启动建设，经过需求论证、平台开发、数据对接、试运行等建设阶段，2022 年 9 月基本实现了对江西省境内行驶的危化品运输车辆动态监控、轨迹追溯、报警推送、可视化展示等阶段性建设目标，通过数据交换可实现五大功能。一是态势分析功能。以车辆动态数据为基础，融合道路、地图等信息，实现数据融合"一张图"。通过大数据手段，对当日车辆、道路运行情况进行分析，从宏观层面体现了江西省，其他省进入江西省辖区危货车辆的整体运行情况。二是动态监控功能。通过卫星定位系统，结合多部门的数据信息，实现安全监管"一张网"。可实时展示江西省，其他省进入江西省辖区危货车辆实时位置，监控车辆轨迹动态，查询车辆运行信息，从微观层面对车辆动态运行情况进行监控。三是智能预（报）警功能。接入其他信息化系统监管数据，根据预设判定规则，实现违规预（报）警"一手抓"。对超速、疲劳驾驶、接打手机、驶入禁限行区域、违反禁行时段规定等

违法违规行为实时预（报）警,固定相关轨迹证据,并自动分发至有关部门,实现智能监管,精准执法。四是信息服务功能。将分析数据推送至江西省交通运输厅数据中心平台,简化部门间数据来往,实现多部门数据交换"一步达"。对运输企业或相关部门服务信息推送,包括天气、路况、执法部门对车辆行驶要求、卫生防疫等,进行快速有效的传达,预防事故发生。五是统计分析功能。汇聚多部门静态数据信息,定期同步更新数据,实现统计分析"一站化"。定期同步对指定时间段的预警高发企业、车辆、区域等进行统计排名,为源头监管提供数据支撑,将危货运输安全关口前移。

智能监管平台能够统筹各类涉危数据,打通信息孤岛,加大数据分析治理力度,完善跨部门、跨领域信息合作,完善车辆在途监管、事中预警及事后干预等业务流程,为实现危化品道路运输全链条安全监管提供有力的科技支撑。

（省综交中心）

【省智慧交通运输事务中心协助完成2022年度全省公路基础数据库电子地图更新工作】

全省公路养护统计年报暨电子地图数据更新工作于2022年11月全面展开。省综合交通中心各相关业务处室派专人负责,省智慧交通中心负责组织全省公路电子地图数据更新线上审核。经过各市交通运输主管部门、公路部门初审,省综合交通中心、省智慧交通中心复审,完成了全省数据的合并、审核、修改等一系列工作。最终圆满完成了2022年度全省公路养护统计年报、公路基础数据库及电子地图更新工作。

此次公路基础数据更新工作,进一步完善了江西省公路基础数据库和电子地图,为江西省今后公路建设项目和公路通达情况的动态管理提供了重要支撑和依据。

（省综交中心）

【江西省航道公共信息服务平台建设稳步推进】

2022年,江西省航道公共信息服务平台和航道运行管理平台建设稳步推进。已完成航道公共信息服务平台在中心门户的地址挂载,航道运行管理平台和船载维护APP已基本完成开发,航道动态监测系统、航道维护管理系统平台已完成部署,视频监控、航标、水文、气象等感知终端数据已完成接入江西省航道公共信息服务平台。

（省高航中心）

【省高航中心聚焦推动双"112"工程】

双"112"工程包括:建设智慧航道"112"工程（1套电子江图,1个数据中心,航道公共信息服务和运行管理2个平台）、智慧船闸"112"工程（1张船闸管控一体化感知网、1个船闸数据中心、船闸运行管理和过闸服务2个平台）。其中智慧航道154座遥测遥控航标、231千米电子航道图已集成到长江航道图APP使用,实现了干支联动。智慧船闸系统建设规划8月14日获省厅批复,双港船闸、虎山嘴船闸现地层系统基本建成,赣航通APP已上线投运。

（省高航中心）

【省交通运输执法局创新运维服务模式保障系统稳定运行】

2022年,信息化应用和管理水平不断提升,视频会议、信息系统安全稳定运行、执法办公网络安全畅通。创新运维模式。信息化运维关系到全省交通运输执法各业务系统、网络的基础和保障,在认真分析检视信息化运维面临的新挑战和新问题下,江西省交通运输执法局逐步探索形成"自主管理＋服务外包"的信息化运维新模式,通过找准定位,区分业务和技术支撑的边界,形成业务提需求,技术提供支撑,发挥技术支撑的最大效能。信息化运维精细化管理。制定了信息化设备管理办法,加强对运维人员管理,合理分配运维工作任务,每周开展视频会议联调,保障全省交通运输执法视频会议正常运行。每月对机房巡检、设备巡视以及网络监控。每个季度对业务系统进行巡检,出具详细的巡检报告。截至目前,完成保障会议120余次,视频会议40余次,处理较大信息设备故障问题100余次,完成了OA办公系统运维服务（2022—2023年度）、信息化设备及网络维护服务（2023年度）、机房租赁服务（2022—2023年度）等8个项目的政府采购招投标工作。

（省交通运输执法局）

交通教育

【概况】 2022 年，江西省坚持将江西省交通教育培训工作以国家战略需求交通运输厅为向导，深化现代职业教育体系建设改革，着力推进国家基础学科拔尖人才培养战略行动，加快建设江西省重要人才中心和创新高地，为推进交通强省建设提供重要支撑和保障作用。

积极开展干部教育培训工作。2022 年度严格按照厅办干部培训计划要求设立教育培训专项预算，全年教育培训专项预算 53.48 万元，举办 16 个培训班，参加培训班人员总计达 1535 人。开展网络安全事件应急处置演练、网络安全攻防实战演习，护航党的二十大胜利召开，全年未发生重大网络安全事件。组织开展江西省交通运输厅第九届"网络安全宣传周"系列活动，包括启动仪式、线上答题活动、网络安全知识讲座等，学习宣贯网络安全知识，提高参培人员的网络安全防护技能，强化网络安全意识，筑牢网络安全防线。承办江西省第二期网络安全"流动课堂"，以"成果展示＋实践分享＋现场交流"相结合的方式提高参学人员的网络安全防范意识和防护能力，宣传江西省交通运输厅网络安全管理工作经验。组织参加交通运输部科技创新"名师送教"培训班，完成全省县级交通运输安全应急管理人员培训班（部名师送教项目）。江西交通职业技术学院组织广大师生收听收看党的二十大实况，开展学习研讨、宣传宣讲、专题辅导培训等各类活动 70 余次。开展了"喜迎二十大""青春献礼二十大　强国有我新征程"等系列主题教育实践活动。承办全省职业技能大赛、全省职业院校技能大赛、大学生机械创新设计大赛、"天工杯"邮政行业技能竞赛等赛项，获批"十四五"期间省级职业院校技能竞赛集训基地建设单位。江西省交通高级技工学校开展"技校大课堂"活动，以"每周一课""专家开讲"等形式，推动学校中层走上授课讲堂。积极承办了新疆阿克陶县交通运输局干部交流培训班、江西省水路运政和海事（船

检）业务培训班、省人社厅一体化师资培训、福田康明斯服务工程师认证培训班等培训业务，培训人数 1200 余人。承办重大赛事能力提高，成功承办江西省第二届技工院校教师职业能力大赛、江西省第一届职业技能大赛 2 个赛项、江西省"振兴杯"职业技能竞赛交通运输行业职业技能大赛"公路养护工"赛项等重大赛事。

引导行业院校加快人才队伍建设工作。成立厅网络安全应急队伍，完善网络安全突发事件应急处置机制。组织两支队伍参加全省党政机关第二届"赣政杯"网络安全大赛，分别获得大赛三等奖和优秀奖。2022 年，2 人入选交通运输青年科技英才，1 人入选中国科协"科技智库青年人才计划"，1 人入选省主要学术学科和技术带头人培养计划，引进了 1 名省"双千计划"人才。江西交通职业技术学院 2022 年招生录取分数线大幅提高，其中理科最高分提高 42 分、文科最高分提高 32 分；最高分数线再创新高，其中文科 408 分，理科 428 分；毕业去向落实率 91.6%，居全省高职院校前三；留赣率 74.30%，位居全省高校前列。"定向人才培养培训""就业实习基地""人才资源提升"等 4 个项目获批教育部第一期供需对接就业育人项目立项。持续优化干部队伍结构，引进博士研究生 1 人，硕士研究生 53 人，新增"双师型"教师 66 名，获得教师资格证 14 人，培育在读博士 5 名。校企合作紧密，获批首批教育部—瑞士 GF 智能制造创新实践基地、教育部中德先进职业教育合作智能制造领域首批试点院校、工信部"校企协同就业创业创新示范实践基地"，与多家公司合作成立培训基地。江西省交通高级技工学校招生人数、在校生人数再创新高，成功升级 B 档中专。2022 年招生录取注册 2023 人，圆满完成 2000 人的招生计划，稳步推进水运类专业建设并完成首批招生任务。143 名毕业生考入大专院校继续学习，205 人通过中高职对接联合培养模式全部转入江西交通职业技术学院就

读，272人实现就业，整体就业率达95%。3人入选江西省首批"赣鄱名师名校长启航工程"。为增强人才培养针对性，江西省交通高级技工学校与江西省航道工程局、江西福克曼交通安全科技有限公司、上海中船海员管理有限公司等6家交通行业优质单位签订校企合作协议，并与其中4家企业签订联合培养协议。

提升服务行业高质量发展的能力。江西交通职业技术学院获评中国特色高水平高职学校和专业建设计划中期绩效评价等级"优"，2名教师成功入选"全国职业高等院校复合型财经人才培育计划"。新建交通装备智能制造虚拟仿真实训中心、乡村振兴电商直播展示厅等实训室11个，开发"智慧实训管理系统"，利用大数据赋能实验室"建管养运维"。持续推进首批国家级职业教育教师教学创新团队建设，开展书证融通模块化教学设计、课程思政建设、国家级课题汽车运用与维修技术专业"课程思政"的载体与方法创新研究，完成10门专业核心课程在线课程的录制。江西省交通高级技工学校校园基础建设取得新进展，办学硬件条件不断增强，高标准推进水运实训室建设，分两期打造水运实训室"五中心一考场"，完成了机电一体化、土木工程、计算机等实训室建设。学校总实训场所建筑面积达到2.5万平方米，实训设备总值达到4000万元以上，初步达到技师学院申报标准。专业体系逐步完善，新增中专类及高技类专业。依托汽车整车生产和研发重点企业江铃汽车集团，获批"汽车智能制造产业学院"和汽车维修特色专业。积极打造创新创业教育的主阵地，"罗红彬汽车喷涂工匠创新工作室"顺利入选全国首批"交通建设产业劳模和工匠人才创新工作室"。

（厅科教处）

【江西交通职业技术学院2022年发展概况】 2022年，江西交通职业技术学院在校生14204人。其中，全年招收大专新生4314名，与华东交通大学开展联合培养专升本新生250名。2022届毕业生4067人，去向落实率达到89.03%。完成2022年岗位设置聘任资格晋升工作，开展2022年职称评审，共通过教师系列初级4人、中级27人、副高级6人、正高级3人；通过工程、档案等辅系列初级2人、中级7人、副高级3人。引进博士研究生1人、硕士研究生53人，新增"双师型"教师66名，获得

教师资格证14人，培育在读博士5名，教师队伍结构持续优化。

是年，学院以"双高"建设为主线，教学科研工作取得显著成效。学校在国家"双高计划"中期绩效评价中获评"优"等级。在江西省高水平高等职业院校和优势特色专业建设项目验收中，以全省前三的成绩被评为"优秀学校"。《健全科技创新机制　探索科技创新路径》案例入选教育部职业教育提质培优典型案例。新建交通装备智能制造虚拟仿真实训中心、乡村振兴电商直播展示厅等实训室11个，开发"智慧实训管理系统"，利用大数据赋能实验室"建管养运维"。新增智能物流技术、融媒体技术与运营、财税大数据应用、城市轨道交通机电技术、人工智能技术应用等5个专业。土木工程等6个专业与华东交大成功开展联合培养专升本学生。"道路工程检测"课程入选国家在线精品课程，"大学语文"等6门课程入选省级在线开放精品课程。"智能交通专业群'三链匹配、四方联动、五融共生'协同育人体系的构建与实践"等3个项目通过省级评审，已推荐参加国家级教学成果奖评审。获评江西省高校思政课教师"一线课堂"优秀成果2项。加强科技创新平台和创新团队建设，2项省03专项及5G项目顺利通过省科技厅组织的中期验收。论文质量明显提升，学校教职工全年发表论文259篇，其中中文核心期刊论文15篇、EI/SCI期刊论文14篇。专利数量持续攀升，获批专利184项，其中发明专利7项。课题层次取得突破，立项国家级课题3项、省级课题52项，其中省03专项及5G项目1项。交通智能建造科普馆入选国家交通运输科普基地，学院是江西省唯一获得国家科普基地的高等院校。2件作品在全国公路优秀科普作品评选活动中获二等奖。

是年，学院教师和学生在各类竞赛中屡创佳绩。6月，辅导员陈欢欢荣获第八届江西省高校辅导员素质能力大赛（高职组）二等奖。是月，学院青年教师徐书培在江西省科普讲解大赛荣获大赛一等奖，并被授予"江西省十佳科普使者"称号。是月，学院学生在第十届全国大学生机械创新设计大赛慧鱼组竞赛暨慧鱼工程技术创新大赛中荣获一等奖1项、二等奖5项和三等奖2项。7月，该院教师代表队在江西省职业院校技能大赛教学能力比赛中2个团队获得一等奖，5个团队获得二等奖，1个团队获得三等奖。8月，学院在"建行

杯"第八届江西省"互联网+"大学生创新创业大赛决赛中获1金7银11铜，奖牌总数位居全省职业院校第一。是月，学院教师徐书培获交通运输部2022年科普讲解大赛三等奖。是月，学院4支参赛团队在2022年全国职业院校技能大赛中获1金2银1铜，这是学院在国赛上创造的又一突破。是月，在江西省第十一届"艺德杯"大中小幼师生艺术作品征集活动中，学院师生获一等奖2项、二等奖1项、三等奖1项。9月，在江西省第十六届运动会乒乓球比赛中，学院师生夺得专科甲组女双冠军、女子单打亚军、专科甲组混双第八名，教工专科组女子双打第七名、教工专科男子团体、女子团体第七名。是月，在江西省第十六届运动会（机关部）暨省直机关气排球比赛中，学院教职工参加省交通运输厅代表队助力省厅代表队获得大赛季军。是月，学院教师童年宣讲作品《祖国需要处 皆是筑梦人》获评交通强国好故事宣讲比赛"优秀交通故事"荣誉称号。10月，学院女子气排队在2022年江西省教育工会第四届教职工气排球比赛中，获非本科女子组第三名，学院获"优秀组织奖"荣誉称号。是月，学院在2022年全省职业技能大赛"建筑工程识图"赛项中获团体一等奖。11月，学院在江西省第十六届运动会舞龙舞狮比赛中，获得专科甲组竞速舞龙第二名、专科甲组三人彩带龙第四名、专科甲组七人彩带龙第四名，其中李欢、王嘉华两位同学获得"优秀运动员"荣誉称号，吉雪妮老师获得"优秀教练员"荣誉称号。是月，学院党委副书记、院长黄明忠在江西省第十六届运动会（机关部）暨省直机关"国宝李渡杯"健步行比赛中，获得厅级干部男子甲组二等奖。是月，学院在江西省第十六届运动会气排球比赛获专科教工女子组冠军，专科教工男子组第五名。是月，学院代表队在2022年金砖国家职业技能大赛中，分别荣获国际铜奖、国内二等奖、三等奖。

（江西交通职业技术学院）

【江西交通职业技术学院在江西省高水平高等职业院校和优势特色专业建设项目验收中被认定为"优秀学校"】 2月18日，江西省教育厅、江西省财政厅联合公布了江西省高水平高等职业院校和优势特色专业建设项目验收结果，学院被认定为"优秀学校"。学院自2018年被立项为江西省高水平高等职业院校建设单位以来，高度重视省"双高"

院校建设项目，紧紧围绕建设任务书的目标要求，在管理体制机制创新、特色优势专业建设、高水平师资队伍建设、信息化建设、国际交流与合作、社会服务能力、特色校园文化体系建设以及产学研合作等方面落实责任，大力开展人才培养模式改革、"三教"改革、教师教学创新团队建设、校企合作等内涵建设，在"红"字上引领，把传承红色基因融入立德树人实践中，在"特"字上深耕，把突出交通特色落实在人才培养创新中，在"高"字上突破，把科技创新赋能在区域经济发展中，高标准、严要求完成了建设目标和任务，取得了一系列办学成果，办学水平与影响力显著提升。

（江西交通职业技术学院）

【江西交通职业技术学院获批4项教育部第一期供需对接就业育人项目】 4月2日，教育部高校学生司公布了第一期供需对接就业育人项目立项名单。学院信息工程学院"定向人才培养培训""就业实习基地""人才资源提升"以及路桥工程学院"定向人才培养培训"共4个项目通过审批，获准立项。供需对接就业育人项目是教育部为推动企业与院校深化产教融合、校企合作，推动人才培养与就业有机联动、人才供需有效对接的育人项目。项目分为定向人才培养培训、就业实践实习基地建设、人力资源提升三类；定向人才培养培训项目由用人单位与高校协同制定培养方案，实施长期系统定向培养（1学年及以上）或短期就业能力培训（1学期或数周），为用人单位输送急需紧缺人才；就业实践实习基地建设项目由高校与用人单位共建就业实践实习基地，为高校毕业生提供实习岗位，帮助毕业生通过实习实现就业。人力资源提升项目由高校和用人单位建立定向合作关系，共建人才工作站或专门人才基地，建立紧密的人才供需对接关系。本次立项为教育部首次实施，包括75家央企、世界500强和中国500强等头部企业，共281家企业参与了项目。

（江西交通职业技术学院）

【江西交通职业技术学院在江西高校思想政治工作质量年度测评中获佳绩】 5月，中共江西省委教育工委印发《关于公示2020—2021年高校思想政治工作质量测评结果的通知》，学院在此次测评中获评A等。近年来，学院党委坚持以习近平新时代中国特色社会主义思想为指导，全面贯彻党的教育方针，紧紧围绕立德树人根本任务，以理想信念教育为核心，以社会主义核心价值观为引领，以全面提高人才培养能力为关键，优化顶层设计，统筹育人资源，强化平台建设，创新体制机制，一体化构建内容完善、标准健全、运行科学、保障有力、成效显著的思想政治工作体系，不断推动学院思想政治工作创新发展，取得了显著成效。

（江西交通职业技术学院）

【江西交通职业技术学院入选工信部首批"校企协同就业创业创新示范实践基地（网络技术应用方向）"建设单位】　6月，学院被工业和信息化部列入了首批"校企协同就业创业创新示范实践基地（网络技术应用方向）"建设单位。"校企协同就业创业创新示范实践基地"建设项目是工信部贯彻落实党中央、国务院关于深化产教融合、促进中小企业创新发展等决策部署，面向产业和区域发展需求，促进教育和产业联动发展而组织开展的建设项目。该项目的获批有利于深化产教融合、促进教育和产业联动发展，推进高校与中小企业在科教融合、产教融合、现代产业学院建设等领域合作，加强对中小企业创新支持，促进创业带动就业。

（江西交通职业技术学院）

【江西交通职业技术学院成功获批国家交通运输科普基地】　8月，交通运输部、科技部联合公示了第二批（2022年度）国家交通运输科普基地名单，学院交通智能建造科普馆成功入选国家交通运输科普基地，成为江西省唯一获得国家科普基地的高等院校。该基地是学院成功获批的又一"国字号"荣誉，也是学院科普教育工作取得的又一次历史性突破。此次国家交通运输科普基地申报面向全国各省交通运输管理部门，各交通运输行业学（协）会，交通运输部各共建高校，交通运输部、科技部各直属单位，各省经过遴选后，共有60余家科普机构推荐至交通运输部、科技部参评国家交通运输科普基地，最终只有20家成功获批。在省交通运输厅的关心和指导下，学院持续加强科普教育工作，学院公路科普教育基地先后获批中国公路学会首批"全国公路科普教育基地"、省科学技术协会"江西省科普教育基地"，为此次基地成功获批国家交

通运输科普基地奠定了坚实基础。

（江西交通职业技术学院）

【江西交通职业技术学院在2022年全国职业院校技能大赛中取得新突破】　8月，在2022年全国职业院校技能大赛中，学院派出的4支参赛团队荣获1金2银1铜。其中，建筑工程识图代表队以总分第四名的优异成绩获得了团体一等奖，建筑装饰技术应用代表队、智慧物流作业方案设计与实施代表队获得团体二等奖，汽车技术代表队获得个人三等奖。这是继学院在2021年全国职业院校技能大赛中取得1金1银2铜的历史佳绩后，在国赛上创造的又一突破。本次大赛获得的骄人成绩，凸显学院人才培养模式和教育教学改革成效，实现了知识与技能的有效转化，有力对接了产业转型升级背景下技术技能人才培养的新需求。

（江西交通职业技术学院）

【江西交通职业技术学院举行柏露红色教育基地揭牌仪式】　11月1日，学院柏露红色教育基地、思政教师研修基地、井冈山市乡村振兴学院柏露分院揭牌仪式在井冈山市柏露乡长富桥村隆重举行。省交通运输厅一级巡视员、厅直机关党委书记胡钊芳出席并讲话，井冈山管理局局长、井冈山市市长廖东生，省交通运输厅科技教育处处长廖辉，省委教育工委宣传部、省教育厅社政处主任科员肖礼倬，学院党委书记吴克绍、院长黄明忠、党委副书记洪芙蓉、副院长江志强，井冈山市副市长刘新、副市长邓志贤出席仪式。井冈山市委组织部、交通运输局等市有关部门、柏露乡负责同志，学院驻村工作队、相关部门负责同志以及柏露乡长富桥村、塘南村干部参加仪式。仪式由院长黄明忠主持。仪式上，胡钊芳、廖东生为井冈山市乡村振兴学院柏露分院揭牌；吴克绍、邓志贤为江西交通职业技术学院柏露红色教育基地暨思政教师研修基地揭牌；黄明忠、肖礼倬为学院与柏露乡塘南村结对共建新时代文明实践站揭牌。揭牌仪式后，与会领导、嘉宾共同观看了学院"映山红"艺术团文艺演出，视察了柏露红色教育基地，学院领导、井冈山市领导实地调研了学院帮扶点塘南村发展情况，研究了该村乡村振兴项目发展规划。

学院柏露红色教育基地、思政教师研修基地是面向全国各地各单位、大中专院校、社会团体等

开展红色培训、研学、社会实践和思政教师研修实践等多功能为一体的红色教育培训基地。基地由学院和柏露乡政府共同投资建设，占地面积 4800 平方米，建筑面积 2380 平方米，建有学员培训楼、教师培训楼、红色文化活动中心、教室、食堂等，住宿床位 70 张，基地配套设施齐全，教学环境优美，具有井冈山革命老区丰富、独特、不可替代的红色育人资源优势。

（江西交通职业技术学院）

【江西交通职业技术学院在 2022 金砖国家职业技能大赛中获佳绩】 11 月，学院代表队在 2022 年金砖国家职业技能大赛轨道车辆技术赛项、铁路信号设备维护技能赛项总决赛中分别荣获国际铜奖、国内二等奖、三等奖的佳绩。此次轨道车辆技术赛项严格参照世界技能大赛规则、全面对接世界技能大赛标准，竞赛内容包含四个模块，分别为模块 A 受电弓的检修与控制、模块 B 客室车门的安装与调试、模块 C 客室空调的维护与检修、模块 D 车辆整车电气调试，全面考核选手的技能、智力、体力、逻辑思维能力和团队协作能力等综合素质。铁路信号设备维护技能赛项围绕铁路信号设备维护工作岗位技能而设计，旨在通过技能竞赛促进铁道信号自动控制相关领域的技术创新和教学资源转化，主要通过计算机虚拟仿真平台考查参赛选手图纸识读、工具使用、安装工艺、设备检修、维护保养、故障排查等能力。本次大赛，学院师生通过与金砖五国职业院校师生同场竞技，提升了师生在创新、协调、组织、合作等方面的能力，整体推进了学院国际化高质量技能人才培养能力。

（江西交通职业技术学院）

【江西省交通高级技工学校 2022 年发展概况】
2022 年，全年共引进 30 名教师，顺利完成 2022 年度职称认定、职称评审工作，4 人取得高级专业技术资格，13 人取得中级专业技术资格，38 人取得初级专业技术资格。选拔正科级干部 8 名，副科级干部 9 名，涌现了一批政治素质高，业务能力强、干事有担当的年轻干部。招生录取学生 2023 人，招生人数创历史新高，就业率达 95%。学校 4 名学生获得国家奖学金，彰显学校学子勤学奋进良好风貌。积极做好团青组织建设，学校 2 个团支部获"全厅五四红旗团支部"、7 名团员获"全厅优秀共青团员"，1 名团干获"全厅优秀共青团干部"、1 名团青获"省直机关优秀团员青年"荣誉称号。认真开展劳动教育，学校获评全省劳动教育特色示范学校。

是年，该校校园基础建设取得新进展。综合教学楼项目完成一审结算初稿。图文信息中心及学生公寓楼项目已获可行性研究报告的批复，完成旧房屋拆除前期工作，图文信息中心和学生公寓楼初步设计已获省发展和改革委员会批复。校园三期项目建议书已报送至省交通运输厅。交通战备训练基地及校园扩建工程已完成规划方案设计并已送审。贯彻落实省委省政府《关于深入推进数字经济做优做强"一号发展工程"的意见》，积极推动"网络安全保障能力提升""智慧校园安消一体化平台"项目建设，目前已完成该项目工可的编制工作，与江西交通职业技术学院共同向省厅报送项目工程可行性研究报告。扎实推进数字校园建设，建成学生管理、招生和迎新系统并投入使用。

是年，该校教学科研竞赛成果丰硕。在省教育厅首批"赣鄱名师名校长启航工程"中，欧阳娜校长入选"高峰计划"名校长、毛建峰老师、陶国武老师入选"登峰计划"名师。罗红彬汽车喷涂工匠创新工作室入选全国首批"交通建设产业劳模和工匠人才创新工作室"。落实《江西省"2+6+N"产业高质量跨越式发展行动计划（2019—2023 年左右）》要求，依托汽车整车生产和研发重点企业江铃汽车集团，获批"汽车智能制造产业学院"和汽车维修、汽车钣金与涂装两个特色专业。新增中专类船舶机工与水手、道路与桥梁工程施工、计算机网络技术专业，新增高技类公路工程测量专业、机械设备装配与自动控制专业，专业体系进一步完善。成立水运工程系筹备工作领导小组，完成水运专业首批招生，高标准推进水运实训室建设，分两期打造水运实训室"五中心一考场"，现已投入 1200 多万元开启一期建设并已投入使用。成功申报人社部 6 个工学一体化专业项目建设，申报了技工教育"十四五"规划任务（项目）项目，进一步提升学校核心优势与竞争力。两个课题获省交通运输厅审核通过，两个江西省教育厅课程思政课程建设项目成功申报。学校在第二届江西省技工院校教师职业能力大赛中获得"先进集体奖"，学校教师荣获 2 个一等奖，5 个二等奖，4 个三等奖。在 2022 年江西省职业院校技能大赛教师能力比赛中参赛教师团队获得 3 个二等奖、2 个三等奖，参赛团队全部获奖。选派 2 名班主任参加首届全省技工院校班主任竞赛，获得 1 个二等奖、1 个三等奖。在第七届"洪城杯"职业技能大赛暨江西省第一届职业技能大赛南昌选拔赛荣获 8 个第一名，2 个第二名，4 个第三名。与江西省航道工程局、江西福克曼交通安全科技有限公司、上海中船海员管理有限公司、江西省港航运输有限公司、浙江华铁应急设备有限公司、江苏京东金科信息技术有限公司等 6 家交通行业优质单位签订校企合作协议。与江西福克曼交通安全科技有限公司、上海中船海员管理有限公司、江西省航道工程局、江西省港航运输有限公司等 4 家企业签订联合培养协议，进一步增强人才培养针对性，服务交通事业。

是年，该校服务社会发展展现新作为。顺利承办江西省第二届技工院校职业技能大赛。成功承办江西省第一届职业技能大赛"汽车技术"赛项分赛场，成功承办江西省"振兴杯"职业技能竞赛交通运输行业职业技能大赛"公路养护工"赛项，成功承办南昌市第七届洪城杯职业技能大赛等。积极承办新疆阿克陶县交通运输局干部交流培训班、江西省交通投资集团党委第二轮巡察工作业务培训班、江西省水路运政和海事（船检）业务培训班、省人社厅一休化师资培训、福田康明斯服务工程师认证培训班等培训业务，培训人数 1200 余人。顺利举行省交通运输厅法规处第一至四期迎国检执法考试集训、厅综合事业研究中心水运危险考试和南昌市公路事业管理中心工勤人员晋升技师岗位培训考核，认真开展企业新型学徒培训，130 余名学员完成等级认定考试。顺利举办 4 期公路养护工职业技能等级考试、江西省 2022 年度第 135 期技能人才评价考评员资格考核等考试。创建"交通工匠学院"，打造技能人才、技术工人、职业教育、技能提升的平台。

（江西省交通高级技工学校）

【江西省交通高级技工学校教师毛建峰被交通运输部授予"全国交通技术能手"】 2022 年 1 月，交通运输部公布 2021 年度全国交通技术能手评审结果，学校教师毛建峰获评"全国交通技术能手"。毛建峰老师为学校汽车维修专业老师，具有多年职业教育工作经验，一直在教学、管理第一线工作，积累了丰富的教学经验，形成了自己的教学特色，

教学过程中得到同行的肯定和学生们的欢迎。此次评选活动旨在不断优化技能人才发展环境，大力培养支撑中国制造、中国创造的交通技术技能人才队伍，为加快建设交通强国提供坚强的技能人才支撑和保障。

（江西省交通高级技工学校）

【江西省交通高级技工学校获评全省优秀高级技工学校】 2 月 22 日，2021 年全省技工院校考评优秀等次院校名单出炉，学校获评全省优秀高级技工学校。2021，学校全面贯彻党的教育方针，秉承"修德敏学，精工笃行"的育人理念，在党建工作、学校管理、教育教学、办学保障和办学效果等各项工作中不断精进。在校生人数达到 3000 余人，全新的综合教学楼、室内体育馆、学员公寓等基础设施投入使用。在实训基地建设投入 1300 余万元，完成了"一汽解放""康明斯"校企合作实训室建设，开展了订单化办学。新增公路施工与养护、计算机网络应用等 4 个高技专业，实现了每个技工专业至少有 3 家实质性的合作企业。学生就业率达 97%、留昌率 91%。一名教师获评"全国交通技能能手"，两名老师获得"江西省技术能手"和"江西省青年岗位能手"双荣誉称号。

（江西省交通高级技工学校）

【江西省交通高级技工学校荣获"江西省劳动教育特色示范学校"称号】 2022 年 3 月，江西省教育厅公布了 2021 年"全省劳动教育特色示范学校"名单，江西省交通高级技工学校成功入选。此次评选是通过学校自主申报、教育行政部门遴选推荐、专家评审的方式确定的，标志着学校劳动教育工作迈上新的台阶。学校在全校范围内执行班级值周制度，全体师生根据任务安排及包干区域分配，以班级为单位，积极参与环境卫生清理、实训设备养护、综治安全巡查等劳动教育工作。经过全体师生共同努力，校园劳动教育工作成效显著。近年来，学校持续推动校园劳动教育常态化，培养学生的实践动手能力和吃苦肯干精神，充分发挥劳动育人功能，促进劳动教育与全面贯彻党的教育方针有机结合。此次荣获"江西省劳动教育特色示范学校"称号，是全校师生凝心聚力、奋发有为的结果。

（江西省交通高级技工学校）

【**江西省交通高级技工学校在第二届江西省技工院校教师职业能力大赛中获佳绩**】 6月30日，第二届江西省技工院校教师职业能力大赛在江西省交通高级技工学校圆满闭幕。学校获得"先进集体奖"，参加决赛的13名教师最终获得2个一等奖，5个二等奖，4个三等奖。学校领导高度重视此次参赛工作，早布置、早规划、早动员，前期通过组织培训、集中备课等，全体专兼职教师均提交了教学文本。经过校级比赛，选拔出22名教师参加省赛，13人入围决赛。学校组织参赛选手进行集中研讨、分组讨论、单项训练，针对性提高教师对工学结合一体化技能人才培养模式的理解和运用能力，以及语言表达、文字排版、教学视频制作、PPT制作等方面的综合教学能力。

（江西省交通高级技工学校）

【**江西省交通高级技工学校教师在2022年江西省职业院校技能大赛教师能力比赛中获得佳绩**】 7月3日，2022年江西省职业院校技能大赛教师能力比赛在南昌闭幕，学校参赛教师团队获得3个二等奖、2个三等奖，参赛团队全部获奖。江西省职业院校技能大赛教师能力比赛由江西省教育厅主办，是面向所有中高职教师的一项重要赛事。比赛分为线上初审和现场决赛，初审材料包括专业人才培养方案、课程标准、教学设计、教学实施报告、教学实录视频，现场决赛环节主要有无生教学展示、教学实施报告讲解、答辩等，比赛内容多、难度大，对教师综合教学能力要求较高。

（江西省交通高级技工学校）

【**江西省交通高级技工学校获批7项《技工教育"十四五"规划》任务（项目）承接工作**】 7月，省人社厅下发通知，要求江西省各技工院校结合《技工教育"十四五"规划》等文件要求和学校实际，做好《技工教育"十四五"规划》承接工作。最终，江西省交通高级技工学校申报并获批7项承接任务（项目）。这7项承接任务（项目）分别为：创建优质技工院校、落实立德树人根本任务、深化产教融合校企合作、提升专业建设水平、推进工学一体化技能人才培养模式实施、提升学校治理能力、提升学校信息化建设水平、提升社会服务水平、提升校际交流合作水平。

（江西省交通高级技工学校）

【**江西省交通高级技工学校1名校长、2位教师入选江西省首批"赣鄱名师名校长启航工程"**】 9月，江西省教育厅发布《关于公布首批"赣鄱名师名校长启航工程"培养对象名单的通知》（赣教师字〔2022〕19号），江西省交通高级技工学校欧阳娜校长入选"高峰计划"名校长、毛建峰老师入选"登峰计划"名师，陶国武老师入选"登峰计划"名师。实施"赣鄱名师名校长启航工程"是探索教育领军人才培养模式，造就党和人民满意的高素质专业化创新型教师队伍的重要举措，是营造教育家脱颖而出的制度环境的有效途径。长期以来，学校高度重视教师培养工作，构建了"新进教师—双师型教师—骨干教师—专业带头人—教学名师"五级人才培养体系，持续完善教育教学制度保障，不断提高师资队伍建设水平，建立教学荣誉体系，引导广大教师潜心育人和追求教学卓越。

（江西省交通高级技工学校）

【**省港口集团员工教育培训体系不断完善**】 2022年，省港口集团不断完善员工教育培训体系建设，推动企业对员工的教育培训由传统方式向现代方式转变，由培养单一型人才向培养复合型人才转变，由应急式培训向超前主动式培训转变。按照培训管理体系开展各项培训工作，积极推动构建"全面培训、全程培训"的教育培训体系。2022年组织培训25场次，培训人数800余人次，占集团职工总人数的50.86%。其中，工程建设领域管理、科研管理培训5场次，安全生产管理、安全生产评估4场次，财务预算、内审管理培训3场次，党务、纪检、人事、平安建设等专项培训13场次。

（省港口集团）

【**省港口集团开展《江西省水路交通条例》专题法律知识培训**】 6月28日，省港口集团举办《江西省水路交通条例》专题法律知识培训，培训采取线上加线下方式进行。此次培训紧扣《条例》出台的背景、指导思想和当前码头实际情况，从码头船舶船员管理、渡口管理、航行、停泊、作业安全、港口与水路运输、法律责任等方面，对有关条文进行了逐字逐句解读。培训通过剖析"鑫福"号船舶安全生产重大事故、公安县海事局工作人员玩忽职守致亡人事故等现实案例，对码头运管营理涉及的重要条款进行了深度讲解。

（省港口集团）

【省高航中心组织开展航道运行管理平台实操培训】 7月5日至7月6日，省高航中心开展了一期航道运行管理平台应用培训，此次培训邀请了软件平台开发负责人进行授课，省中心通航处、赣东、赣北有关业务人员约20人参加了此次培训。

此次培训更注重实际演练操作，主要包含三大方面内容：对航道运行管理平台系统、航道维护作业APP的主要功能进行一一讲解，并进行实操演示；收集汇总参训人员近期实际操作遇到的难题，安排专门的课堂时间进行答疑解惑；进行一次平台实操测试，检验学习成果。

（省高航中心）

【省综合交通中心召开全省普通公路计划养护管理信息系统视频培训会议】 7月6日，省综合交通中心养护处组织召开了江西省普通公路计划养护管理系统视频培训会议，各设区市公路中心负责公路计划项目申报、工程进度统计及养护信息化等相关工作的同志，省综交中心发展处、养护处，省智慧中心相关人员参加了培训。

（省综交中心）

【江西交通职业技术学院举办"喜迎二十大，奋进新征程"2022年思政课教师暑期研修班】 8月17日至19日，江西交通职业技术学院马克思主义学院在瑞金干部学院举办"喜迎二十大，奋进新征程"2022年思政课教师暑期研修班。瑞金干部学院副院长、机关党委书记袁勇，学院党委副书记洪芙蓉出席开班仪式并作讲话。

学员们聆听了瑞金干部学院教学科研部主任李明胜讲授的《中央苏区与苏区精神》，走进叶坪旧址群、中革军委旧址群、沙洲坝红井旧址群、中共中央政治局旧址等地，前往麻地村重走长征出发路，分组制作"忆苦思甜红军餐"，帮助当地村民收稻谷，重温当年斗争的艰苦卓绝。学员们还沿着习近平总书记视察江西的红色足迹，来到中央红军长征出发地——于都，展开一场初心之旅。

（江西交通职业技术学院）

【省交通运输执法局开展"下基层全覆盖"信息化培训指导工作】 8月下旬至11月上旬，省交通运输执法局深入基层，组织开展了24场江西省交通运输行政执法综合管理信息系统操作现场培训指导，参训人员累计700余人。此次现场培训指导覆盖了省、市、县三级交通运输执法机构，采取分期、分批的方式到各单位现场与基层一线执法人员面对面沟通交流，手把手演示系统操作流程及装备的使用规范。在培训过程中，系统技术人员结合手持执法终端等执法装备开展系统功能模块、业务流程操作、常见问题处理、执法装备应用等介绍，特别是对执法办案业务流程中的立案登记、现场笔录、调查报告、违法行为通知、处罚决定等执法环节的文书制作作了详细的阐述。同时，与参训人员对在执法系统实际应用中遇到的问题进行了互动交流，当场解答问题200余条，收集改进意见30余条。

（省交通运输执法局）

【省高航中心举办2022年全省水上搜救专题培训】 为进一步完善水上搜救管理体系，落实《国务院办公厅关于加强水上搜救工作的通知》和《江西省人民政府办公厅关于加强全省水上搜救工作的实施意见》，学习宣贯2022年9月14日由省人民政府办公厅印发的《江西省处置水上突发事件应急预案》，增强从业人员综合素质，11月16日至18日，省高航中心举办了为期三天的水上搜救专题培训班。全省各设区市交通运输局、省救助服务中心分管水上搜救工作领导、部门负责人及工作人员共32人参加培训。

（省高航中心）

卫生

【省交通医院扎实做好江西交通职业技术学院师生健康保障工作】 为保障江西交通职业技术学院上万名师生的健康，省交通医院以疫情防控工作为重点开展了以下工作：24 小时派医务人员在应急隔离区值班值守，截至 11 月底，隔离区收住发热、疫情风险地区学生、红黄码人员、外出就诊人员、其他需隔离观察人员 600 余人次，为保障师生安全、正常开展教育教学活动保驾护航；开展新冠肺炎、肺结核、春季多发传染病防治知识宣传，10 月底请省疾控专家到江西交通职业技术学院为新生进行肺结核防治知识宣讲；做好学院与经开区疫情防控指挥部、经开区疾控部门之间的联络工作，及时上报疫情、发热患者情况；做好学院大型活动向区指挥部的报备工作；做好与省交通运输厅、区指挥部之间疫苗接种数据的上报工作；做好发热学生的转诊工作；做好隔离期间学生的心理疏导工作；积极参与西湖区疫情防控应急突击队的部分工作；提供各项会务、考试、比赛等医疗保障工作 150 余人次；完成了 4600 余名新生的体检工作；加强医疗质量安全管理，做到了全年无一例医疗差错事故。

（省交通医院）

【省厅召开新冠肺炎疫情防控工作电视电话会】 3 月 15 日，省交通运输厅召开新冠肺炎疫情防控工作电视电话会，传达学习全国、全省疫情防控工作电视电话会议精神，对行业疫情防控工作再强调、再动员、再部署、再落实。厅党委委员、副厅长丁光明出席会议并讲话。会议指出，要充分认识当前防控形势。全省各级交通运输部门要高度重视，时刻紧绷疫情防控这根弦不放松，坚决克服麻痹松懈思想，时刻紧绷疫情防控之弦，切实增强疫情防控的责任感、紧迫感和使命感，坚持底线思维，严格落实"外防输入、内防反弹"总策略要求，全力抓好交通运输系统疫情防控。要落实落细防控措施。各级交通运输部门要举一反三、态度坚决、措施果断、处置高效，坚决杜绝通过交通工具传播疫情的情况发生。突出重点落实防控措施，加强客运场站等常态化防控，督促汽车客运站、港口码头、高速公路服务区和收费站等场所严格落实常态化防控措施，抓好公路水路交通工地、厅属交职院和交通高级技工学校疫情防控工作。督促交通运输从业人员，按要求定期开展核酸检测，建立从业人员健康档案，做好交通运输工具的清洁消毒。加强协调推进疫苗接种，落实责任加强内部防控。要压紧压实防控责任。各级交通运输管理部门要坚决克服麻痹心理和松懈思想，切实提高政治站位，主动作为、靠前一步，做到交通运输业务延伸到哪里，疫情防控工作就抓到哪里，坚决担负起疫情防控的行业监管责任。对本地区行业防控措施落实情况开展督促检查，发现问题及时通报。结合本地实际，对重点领域、重点人群、重点环节进行督查，及时堵漏洞、补短板、强弱项，确保各项防控措施和应对准备真正落实到位。

（史志）

【省交通投资集团召开疫情防控工作视频调度会】 3 月 18 日，省交通投资集团召开疫情防控工作视频调度会，集团党委副书记、副董事长、总经理谢兼法进行视频调度并讲话，集团党委委员、副总经理李柏殿传达上级疫情防控最新部署要求。集团总部有关部门负责同志参加现场会议，直属各单位主要负责同志、分管同志和相关部门人员参加视频会议。会议传达了中央、全省疫情防控工作相关会议精神，听取了交通工程集团、畅行公司、项目管理公司等子公司以及抚州管理中心、南昌南管理中心、南昌北管理中心等路段单位疫情防控工作汇报，并对集团疫情防控工作进行部署。

（省交通投资集团）

【省高航中心召开会议研究部署疫情防控工作】 3

月21日，省高航中心召开会议，学习贯彻习近平总书记关于疫情防控的重要指示批示精神和省委书记易炼红、省长叶建春对当前疫情防控工作的有关要求，研究部署下一步工作。中心领导、机关各处室负责同志以及在昌地区单位主要负责同志参加了会议。会议指出，当前中心上下疫情防控形势平稳有序，但不能有任何麻痹思想、侥幸心理、松劲心态，必须牢固树立以人民为中心的发展理念，把防控责任扛在肩上，把防控措施落到细处，坚决打赢这场疫情防控攻坚战。

（省高航中心）

【新余市交通运输局筑牢疫情防控第一道防线】
新余市交通运输局以最严作风、最细举措履职尽责，全力筑牢疫情防控第一道防线。充分发挥政治优势、组织优势和引领带动作用，凝聚起全局抗疫战斗力量。120名党员积极下沉一线投身小区内疫情防控工作，做日常巡逻、协助核酸检测、小区值班值守等工作。根据疫情发展态势，对接南昌市疫情防控指挥部办公室协调新余至南昌物资采购运输通行的问题；调集4辆公交车，解决新余北站、新余火车站下车旅客回城区的问题；调集20辆出租车参加核酸检测样品的转运工作；落实30辆大客车做好隔离转运运力的准备；抽调精干力量充实防疫队伍，严格落实"外防输入、内防扩散、严防输出"疫情防控措施，加强各个卡口管控力度，做好车辆、人员出入检测，确保精细排查，全天候检测到位；为保供保畅企业办理货运车辆通行证，全力保障运送医疗防控物品、农产品、重要生产生活物资车辆通行顺畅。

（新余市交通运输局）

【九江市交通运输局开展爱国卫生整治志愿者活动】 2022年是爱国卫生运动70周年，4月份是第34个爱国卫生运动月，为传播绿色环保理念，进一步提高居民环保意识。4月18日，市交通运输局组织机关及支队志愿者和长虹社区共30余人联合开展了以"文明健康、绿色环保"为主题的环境卫生整治活动，对帮建社区内的暴露垃圾及绿化带内垃圾、枯叶等进行清除；协助清除社区道路两侧的破旧户外广告等。活动结束后，支队机关各科室组织干部职工开展本部门办公场所卫生大扫除，清除各类卫生死角，助力九江全国文明城市

创建。

（九江市交通运输局）

【省港口集团星子沙山码头项目开展预防血吸虫病主题党日活动】 7月23日，省港口集团星子沙山码头项目组织开展"关注健康　关爱生命——血吸虫病防治知识"主题党日活动。活动采用张贴海报、发放传单、口头宣贯等方式对施工现场、员工宿舍、水上作业区域等重点区域进行宣传。党员先锋队和青年突击队队员耐心地为工人们讲解什么是血吸虫病、血吸虫病的危害以及血吸虫的防控等血防知识，提醒工人们不下湖游泳，不喝生水，避免长时间和疫水接触。

（省港口集团）

【省港口集团开展新冠肺炎预防性消毒技术专题培训】 8月5日，省港口集团所属赣港物业公司组织开展新冠肺炎预防性消毒技术专题培训。该公司保洁部负责人从预防性消毒的概念及意义、常用预防性消毒方法、预防性消毒工作中常见问题及解决措施、预防性消毒记录的填写等要点做了深入讲解，并通过图片、视频等帮助大家更好地掌握消毒消杀工作技能，切实提高工作质量。

（省港口集团）

【靖安县交通运输局开展创卫工作】 2022年，靖安县交通运输局高度重视前期创卫成果巩固工作，在切实健全组织机构，强化保障的基础上，开展多层次、多形式、多渠道的宣传活动，将创卫各项工作落到实处，强势推进环境卫生治理工作。紧扣创建省级卫生城市的各项目标要求，持续进行网格卫生整治和道路监管工作，有针对性地对前期工作中存在的重点难点问题和薄弱环节进行梳理，着力解决"垃圾乱扔、污水乱排、杂物乱堆"等问题，加大卫生死角清理力度、牛皮癣整治力度、车辆有序停放管理力度，在城市管理与社区治理上实现常态化，努力让创卫工作深入人心。狠抓禁烟控烟工作，积极开展"无烟机关"创建，全面落实禁烟工作任务，组织"5·31"世界无烟日活动，倡导健康生活方式，强化对烟草危害的认识，促使烟民自觉戒烟，降低吸烟率，努力营造和谐、无烟、健康、文明的社会环境。认真贯彻党中央、国务院决策部署，积极搭建宣传阵地，积极开展第34个爱国卫生月

活动，进一步推进倡导文明健康绿色环保生活方式工作，引导群众自觉养成并践行文明健康绿色环保生活方式的良好习惯。统筹推进病媒防治工作，高标准取得创卫入场券。利用微信、电子屏、宣传栏等媒介，广泛宣传"四害"防治知识，动员全体干部职工坚持进行"周末大扫除"，整沟渠、除积水、清蟑迹，翻盆倒罐、抹缝堵洞，统一消杀，不留空白，彻底清除病媒生物滋生场所。

（宜春市交通运输局）

学会协会

【**江西省公路学会有效推进学会各项工作**】 2022年，江西省公路学会认真履行服务交通科技工作者、服务交通科技发展的职责，深入思考谋划新形势下的发展路径，努力克服新冠疫情带来的不利影响，转变工作思路，创新工作方法，有效推进学会各项工作。

学会依托自身优势，开展常规性活动和特色工作，促进学会综合能力提升。根据疫情防控需要，转变思路，挖掘服务新途径。学术交流、专题讲座、科学普及等活动多次采用线下集中授课＋线上视频会议的形式同时进行，充分利用网络科技为会员提供服务，获得广大会员的好评。提升精准服务会员能力，开展"众心向党　创新服务"服务会员月活动，走访在昌会员单位65家，收集会员意见73条，学会秘书处多次会议研究，逐条分析，汇总答复整改意见61条。坚持科技是第一生产力、人才是第一资源、创新是第一动力，开展"江西省公路学会创新工作室"创建工作，为加快培养江西省交通运输领域高技能专业人才和高素质创新人才，大力提升交通运输行业自主创新能力贡献力量。12月为樟吉高速改扩建项目办"小晴创新创优工作室"授牌。探索形成青年人才的培养机制，设立"江西省公路学会青年专家委员会"，营造尊重人才、珍惜人才、爱护人才氛围，为青年人才成长引路搭台。

2022年，学会获评省科协2022年最具影响力省级学会，省科协2022年度省级学会评估优秀等次，省民政厅2022年省本级精品社会组织，被省科协确定为全省省级学会"三化"建设试点单位。

（省公路学会）

【**省公路学会着力提升学术交流质量和影响力**】 5月，举办"双碳背景下绿色公路建设"线上专题讲座，近200人相聚云课堂，交流"双碳"背景下绿色低碳发展的新理念、新内涵、新实践，对准确认识"双碳"目标和工作要求起到积极的促进作用。7月，在贵州省平塘县召开"桥旅"跨界融合发展研讨会，并组织学习考察贵州省平塘特大桥及天空之桥服务区，江西省从事公路设计、施工、监理及建设管理的近百名代表参加，为推动桥旅跨界融合发展，助推交通强省建设起到了积极作用；在婺源组织召开2022年全省公路水运工程监理数字化转型暨智慧监理现场观摩会，省交通建设监理企业相关负责同志和项目管理代表共计100余人参加会议，就智慧监理推动监理工作由"治"理走向"智"理的可持续发展进行了交流与探讨。9月，组织召开"百千万"科技志愿服务基层行动暨智慧公路技术创新发展"专题讲座，省内交通运输行业建设、施工、设计、监理、运营维护等领域近300名技术人员，通过线上线下平台共同探讨大数据、云计算、"互联网＋"等新一代信息技术在江西省智慧公路运营管理和服务中的应用。11月，举办2022智慧交通与信息安全学术论坛，围绕智慧交通与信息安全进行交流探讨，为推动新一代信息技术与交通运输融合发展助力，全省交通运输行业以及信息化专业科技工作者共计200余人参加。

（省公路学会）

【**省公路学会科普工作进一步强化**】 在全国科技活动周和全国科普日活动期间，省公路学会积极行动，并组织会员单位及科普教育基地，举办科普进校园、科普进乡村、科普知识讲座、专家下基层服务等科普活动 20 余场，参与人次超 25 万，对助力乡村振兴、解决基层痛点难点技术难题、促进科学普及与科技创新协同发展、推动全民科学素质全面提升起到了积极的推动作用。2022 年，学会积极探索新的传播方式，采用线上线下相结合的形式，扩大了受众面。学会推荐的江西省信江八字嘴航电枢纽科普教育基地被命名为"江西省科普教育基地"称号，江西省交通投资集团抚州管理中心高速公路养护科普教育基地被延续命名为"江西省科普教育基地"称号，命名周期为 3 年（2023—2025 年）。

学会先后授予江西省交通运输综合行政执法监督管理局等 10 家单位"2022 年全国科技活动周先进单位"称号，江西省交通投资集团抚州管理中心刘建兵等 8 人"2022 年全国科技活动周先进个人"称号；江西省交通投资集团有限责任公司等 13 家单位"2022 年全国科普日公路知识普及宣传活动先进单位"称号，江西省交通投资集团抚州管理中心桂琰等 2 人"2022 年全国科普日公路知识普及宣传活动先进个人"称号。

省公路学会被中国科协授予 2022 年全国科普日优秀组织单位；被江西省科协评为 2022 年江西省"全国科普日"优秀组织单位；被中国公路学会评为 2022 年全国公路科技活动周先进单位、2022 年全国科普日公路知识普及宣传活动先进单位；刘玉明同志被中国公路学会评为 2022 年全国公路科技活动周先进个人、2022 年全国科普日公路知识普及宣传活动先进个人。

（省公路学会）

【省公路学会积极服务行业科技与人才发展】 省公路学会组织开展科技人才及科技项目评价举荐工作，激发广大科技工作者的工作热情和创新思想，促进了全省交通运输行业科技进步和创新发展。推荐彭爱红、荣耀 2 位同志当选江西省科协高端科技创新智库学术委员会委员；推荐费伦林、彭爱红、刘小文 3 位同志当选中国科协科技人才奖项评审专家；推荐吴飞同志当选第十七届中国公路学会青年科技奖；推荐吴飞同志当选中国公路学会第五届全国公路优秀科技工作者；组织 14 家单位 36 个项目参选第三届全国公路"微创新"大赛，共14 个项目获奖，其中金奖 3 项，银奖 4 项，铜奖 7 项。

完成全省高速公路服务区 2022 年服务质量等级评定工作，评出五星级服务区 13 对、四星级服务区 24 对、三星级服务区 52 对、达标服务区 11 对、达标停车区 3 对。

完成第八届中国科协"青年人才托举工程"项目候选人、省委办公厅信息决策咨询专家、省科协2022 江西省"最美科技工作者"、2022 年中国公路学会第六届专家委员会委员等 9 项科技人才的推荐申报工作。完成中国桥梁工程创新奖、2022 年度全国交旅融合创新项目、2022 年度中国公路学会科学技术奖评选等 5 项科技奖项的推荐申报工作。

（省公路学会）

【省公路学会加快探索合作共建与转型发展新路径】 探索建立省级学会和跨学科交流合作发展新机制，拓展学会对外科技交流与合作的渠道。与省机械工程学会等多家学会、协会、联合会交流座谈，相互学习先进经验。与省环境科学学会、省城市安全信息化学会等开展学术交流合作。与樟吉高速公路改扩建项目办、南方高科工程技术有限公司等签署战略合作协议，与江西省环境科学学会、江西省水土保持学会签订跨学科省级学会联盟战略合作框架协议，以共建共享、创新融合、优势互补的理念，给学会发展带来新的机遇和契机。与省铁道学会及省航空学会开展座谈会进行探讨交流，提出在"大交通"助推江西"大发展"的趋势下，三方学会联盟协作，充分发挥平台作用，整合省内的民航、铁路、水运等资源优势，在协同开放中为江西交通强省建设提供助力。

（省公路学会）

【省公路学会紧贴行业需求积极开展技术培训与讲座】 6 月、7 月开展 2022 年度公路养护工职业技能等级认定培训，近 600 名养护从业人员参加。培训学员参与考核，合格率达 90% 以上，成效显著。8 月，举办交通基础设施健康监测技术研究与工程实践技术讲座，针对交通基础设施健康监测技术发展现状、监测方案设计原则、桥隧坡监测方案技术要点和工程实践技术重点难点等内容进行讲解。9 月举办科学道德及学风建设线上宣讲会并同期举办论文写作线上培训班，大力弘扬科学家精神，涵养优良学风；举办桥梁防船撞设施建管养技术讲座，与业内人士共同探讨桥梁防船撞设施建管养技术的难点热点问题。11月，举办《公路振动搅拌水泥稳定碎石基层技术规程》地方标准宣贯会，来自全省交通运输行业、科研院校的120余位代表参加线上线下会议；举办结构内力智能测控技术及连接件技术讲座，针对桥梁结构智能监测技术发展现状及趋势、监测方案关键技术、监测典型应用场景等方面进行讲解，帮助科技人员了解公路工程前沿技术动态。

（省公路学会）

【江西交通会计学会全面完成各项工作】　2022年，江西交通会计学会全面完成了各项工作。完成了学会日常工作。对入会会员单位进行登记。目前学会现有会员单位86个。按时完成社团年检工作。按照省民政厅的要求，按时完成《2021年度社会团体年度检查报告书》填报工作和年检手续，民政厅发布关于全省性社会团体2021年度检查和年度报告工作情况的通报，学会年检合格。按照《江西交通会计学会章程》和《江西交通会计学会会费管理办法》的规定，学会秘书处在各会员单位的大力支持下，顺利完成此项工作。抓好财会人员培训工作，提高业务水平。学会及时转发"中国交通会计学会"、交通运输部管理干部学院、中国总会计师协会的培训通知，并督促各单位积极组织财务人员出省学习，开阔视野提高了会计人员素质。协助中国交通会计学会做好《交通财会》杂志订阅工作。根据通知要求，学会及时转发通知，联系落实。编印《江西交通财会》。《江西交通财会》会刊是江西省交通财会人员学术理论研究和经验交流业务学习的重要园地，为创新《江西交通财会》这优质平台，学会坚持立足交通财会，精心挑选和编辑会刊论文，努力提高会刊质量。学会近五年出版《江西交通财会》3期，发表各类文章、学术论文、经验介绍等稿件共70篇，文字20.2万字，赠送会员3700册，为宣传国家财经政策法规，传播财会专业知识，交流传授工作经验起到促进作用。

（江西交通会计学会）

党群工作

党建工作

【概况】 2022 年，江西省交通运输厅各级党组织坚持以习近平新时代中国特色社会主义思想为指导，深入学习宣传贯彻党的二十大精神，围绕"管理提升年"活动要求，全力打造"让党放心、人民满意"的模范机关，通过加强政治建设、强化理论武装、服务中心大局、深化组织建设、抓好正风肃纪，党组织凝聚力战斗力进一步增强，党员先锋模范作用进一步发挥，为高质量推进交通强省建设提供坚强保障。

（厅直属机关党委）

【加强政治建设】 始终把党的政治建设作为管党治党的首要政治任务，深入学习贯彻习近平新时代中国特色社会主义思想和党的二十大精神，认真学习领会习近平总书记系列重要讲话精神特别是视察江西重要讲话精神和关于交通运输工作重要论述。贯彻执行民主集中制，严明党的政治纪律和政治规矩，严格执行重大事项请示报告制度，落实意识形态工作责任制，不断提高党员干部政治判断力、政治领悟力、政治执行力，确保党中央大政方针和省委、省政府决策部署落地见效。严肃党内政治生活。认真抓好三会一课、民主评议党员、主题党日等各项制度落实，坚持和完善入党宣誓、重温入党誓词、入党志愿书以及"今天是我的政治生日"等政治仪式，确保党内政治生活庄重严肃规范，使各级党组织在政治锻炼中建设得更加坚强有力。

（厅直属机关党委）

【强化理论武装】 注重发挥党委理论学习中心组领学促学作用，认真学习领会习近平总书记系列重要讲话、重要指示批示精神，补足"精神之钙"，坚定理想信念，确保深学悟透、融会贯通。开展中心组集中学习 10 次，开展交流研讨 14 人次。制定党委中心组理论学习列席旁听制度，加强对下属单位党委的指导，对厅直各单位党委中心组学习进行列席旁听。认真开展《习近平谈治国理政》第四卷等重点内容学习。组织全厅党员干部采取电视、网站、两微一端等灵活多样的方式集中收听收看党的二十大直播。起草关于深入学习宣传贯彻党的二十大精神的通知，并以厅党委名义下发，认真做好调度推进，党的二十大召开以来，全厅各级党组织共通过党委理论学习中心组专题学习大会精神 118 次，开展专题研讨 200 余人次，邀请专家开展辅导讲座 37 次，党支部开展专题学习 800 余次，全厅各级单位领导开展宣讲 200 余次，掀起学习宣传热潮。常态化开展党史学习教育，巩固深化党史学习教育成果。为厅机关党员购买《习近平谈治国理政》第四卷、《党的二十大报告辅导读本》、《中国共产党章程》单行本等书籍共 2700 余册。

（厅直属机关党委）

【深化组织建设】 严格落实《中国共产党党和国家机关基层组织工作条例》《中国共产党支部工作条例（试行）》等有关制度规定，认真落实"四个方面定标准、六个方面立规范、一张网络联整体"的支部"三化"建设要求，进一步加强和规范机关党建各项工作。制定下发全厅创建"四强"党支部实施方案，着力打造"政治功能强、支部班子强、党员队伍强、作用发挥强"的机关基层党支部。按照省直机关工委要求，认真做好全厅党组织信息化基础数据收集上报工作。推进党建信息化平台运行使用，要求各级党组织安排专人管理信息化平台，每天登录信息化平台电脑端，全体党员每天登录信息化平台手机端（赣都党建云 APP），确保基层党建信息化平台多用、用好、充分发挥作用。坚持把政治标准放在首位，严格做好党员发展工作。及时调度工作进展，从严审核审批，做到成熟一个发展一个。11 月 2 日至 4 日，举办全厅 2022 年度党员发展对象培训班，邀请相关专家为学员们授课，确保发展党员工作质量。

（厅直属机关党委）

【服务中心大局】 切实发挥党员先锋模范作用。在全厅持续开展"三亮三明"活动，亮明党员身份和工作职责，彰显责任担当。积极参与新冠肺炎疫情防控和抗旱救灾等工作，督促全厅各级党组织根据属地需求，主动与结对社区对接，协助做好相关工作。深化党员双报到制度，动员广大党员积极参与社区治理，主动服务基层，锤炼党性。强化宗旨意识，做好与共建单位（西湖区桃源街道桃苑社区）对接，共同开展"疫苗接种筑防线，志愿服务显担当"主题党日活动。在推进高质量交通强省建设、落实"管理提升年"活动各项重点工作中，督促各级党组织积极响应、广泛动员，引导广大党员冲锋在前、奋勇拼搏，助推交通运输中心工作高质高效开展。

（厅直属机关党委）

【打造模范机关】 召开打造模范机关动员部署会，传达学习上级指示精神，并就推动模范机关建设进行动员部署。督导厅直各单位、各处室充分利用中心组学习、"三会一课"等形式做好再动员、再部署。结合省交通运输厅工作职能，制定重点任务分解表，细化 55 项具体工作措施，明确完成时限、责任部门和责任领导，保障模范机关创建的务实效果。建立月总结月汇报制度，每月 10 日前收集各单位、各处室打造模范机关工作进展情况。举办以打造模范机关为主题的支部书记培训班。召开工作推进会 2 次，下发工作提醒 7 次，对处长办事流程"大体验""走实地、查实情、抓实效"和"大督查、大调研"活动、狠抓工作落实组织生活会等重点工作进行调度推动。

（厅直属机关党委）

【打造党建品牌】 公路领域，开展"赣路先锋""赣运先锋"品牌创建，4 个公路党建品牌获评全国公路交通行业优秀党建品牌；水运领域，把支部建在趸船、枢纽、船闸上，创建"红心领航、匠心护航"等 9 个党建品牌；交通建设领域，利用项目驻地红色资源开展共学共建主题活动，引领项目建设高质量发展；厅属院校领域，部署江西交通职业技术学院与井冈山市柏露乡共建红色教育基地，打造江西交通红色品牌，努力把党建"软实力"转化交通强省建设"硬支撑"。

（厅直属机关党委）

【压实党建责任】 抓好调度督促，构建一级抓一级、层层抓落实的党建工作格局。扣紧责任链条。将党建工作列入全省交通运输工作要点，制定年度党建工作要点，梳理任务清单，逐月"对账"，年底进行"盘点"。加强过程管理。及时提请厅党委会、党委中心组传达学习习近平总书记关于党的建设重要论述和上级党组织要求，研究落实举措。现场调研督导各单位党建开展情况，利用党建信息化平台进行抽查督促。抓好考核评比。将党建工作列为全厅年度考核重要内容，细化9个方面29项指标，倒逼责任落实。开展党组织书记抓基层党建述职评议考核，推动党组织书记守好主阵地、种好"责任田"。

（厅直属机关党委）

【赣州市打造交通行业特色党建品牌】 2022年，赣州市交通运输局坚持围绕中心抓党建，抓好党建促发展，推动党建与业务深度融合，深入开展"建设交通强国　勇当赣路先锋"党建品牌创建活动，在交通项目建设、交通运输执法、道路运输服务三个领域分别创建"开路先锋""净路先锋""暖路先锋"党建品牌，以"党建＋"活动，引导党员干部立足岗位先锋创绩。建功新时代，勇当净路先锋。坚持党建赋能，牢固树立执法为民的理念。2022年全市累计实施行政处罚案件6000余件，有效执法稳居全省前列。奋进新征程，勇当开路先锋。紧扣"围绕中心、服务大局"这一主题抓党建，牢固树立"项目为王"理念，全力当好赣州革命老区高质量发展示范区建设的"开路先锋"，切实保障2条高速公路项目全面建成通车、3条高速公路项目开工建设、1条高速公路项目纳入国家规划。实现新跨越，勇当暖路先锋。持续推进我为群众办实事活动，解决人民群众出行的疑难事、烦心事和揪心事，全市3462个建制村全部通客车，建制村通客车率达100%；12328交通运输服务监督热线共受理业务总量约18.6万，挽回财产经济损失约150.26万元；解决物流不通不畅事项2163件，有效保障全市抗疫期间产业链供应链稳定。

（赣州市交通运输局）

【江西省交通高级技工学校召开党史学习教育总结会议】 3月1日，学校召开党史学习教育总结会。校长欧阳娜传达学习有关会议精神，校党委书记王绍卿作总结讲话，纪委书记周绍芹主持会议，副校长张文凯、秦昊出席会议。王绍卿总结学校党史学习教育的做法、成效、经验，深入贯彻习近平总书记重要讲话和重要指示批示精神，全面落实省委、省厅党委决策部署，坚持提高站位、强化领导、压实责任、务求实效。聚焦学党史，有力推动学深悟透入脑入心，聚焦办实事，着力破解身边难题提升师生"四感"，聚焦开新局，不断提升办学治校能力水平，把党史学习教育成果转化为推动学校教育教学改革的强大动力，2021年学校获评全省优秀高级技工学校、全省交通运输先进单位和安全生产先进单位"双先进"等多项荣誉。学校中层干部、党史学习教育领导小组办公室成员、党员代表参加会议。

（江西省交通高级技工学校）

【景德镇市交通运输局召开党的建设暨"打造让党放心、人民满意的模范机关"动员部署会】 3月29日，景德镇市交通运输局召开党的建设暨"打造让党放心、人民满意的模范机关"动员部署会。会议学习传达市委书记刘锋对市直机关党建工作要求的批示精神和市委常委、市委组织部部长、市直机关工委第一书记肖承贵在全市机关党的工作会议暨打造模范机关动员部署会上的讲话精神。

会议指出，打造模范机关是中央和省委、市委的重大决策部署，是推动机关工作全面提升的难得机遇，局机关各科室和全体工作人员要以此为契机，讲政治、守纪律、负责任、有效率。要牢牢把握模范机关创建活动的关键环节、重点任务，补短板、强弱项，展亮点、出特色，提升局机关各项工作，推动交通运输事业高质量跨越式发展。

（景德镇市交通运输局）

【江西交通职业技术学院召开全面从严治党工作会暨打造模范机关动员部署会】 4月12日，江西交通职业技术学院召开2022年全面从严治党工作会暨打造模范机关动员部署会，总结2021年全面从严治党工作，研究部署2022年全面从严治党工作重点任务，对全院打造让党放心、人民满意的模范机关进行安排部署。党委书记吴克绍出席会议并讲话，党委副书记、院长黄明忠主持会议，党委副书记洪芙蓉宣读《打造让党放心、人民满意的模范机关工作方案》，纪委书记高东升作全面从严治党监督工作报告。全体班子成员、各部门主要负责人、二级学院党政主要负责人参加会议。

吴克绍总结学校 2021 年全面从严治党工作落实情况，并就做好 2022 年全面从严治党工作和高标准严要求打造模范机关分别作出具体要求。高东升作全面从严治党监督工作报告，全体与会人员集中观看警示教育片《"赶考"路上的迷失者》。汽车党总支、教务处负责人汇报落实全面从严治党主体责任工作情况。

（江西交通职业技术学院）

【省交通运输执法局同心庆"七一"　喜迎党的二十大】 2022 年"七一"前后，省交通运输执法局组织形式多样、主题鲜明的庆"七一"系列活动，讴歌党的辉煌历程和丰功伟绩，进一步激发广大党员干部爱党爱国爱社会主义热情。

基层党组织纷纷就近就便利用江西各地革命旧址、革命纪念馆、烈士陵园等红色资源，开展"牢记初心使命　赓续红色基因"主题党日活动。7 月 1 日上午，省交通运输执法局离退休干部党总支还举行主题党日暨颁发"光荣在党 50 年"纪念章仪式。

各地交通运输执法党员干部围绕疫情防控、社会救助、扶贫帮困、无偿献血等内容，广泛开展各种形式的文明实践志愿服务。在全省交通运输执法系统"唱响新时代　奋进新征程"歌咏比赛中，20 支交通运输执法代表队身穿制服，队列整齐，精神饱满，亲切、深情地歌唱《唱支山歌给党听》这首经典红色歌曲，用昂扬激越的歌声表达对党和祖国无限忠诚和热爱。6 月 25 日，省交通运输执法局与省交通质监局在瑶湖郊野森林公园联合开展"喜迎二十大　迈向新征程"庆七一健步行活动，采用健身、健脑、健心相结合的方式，将党史答题比赛和摄影比赛寓于健步行之中，寓教于乐。与此同时，全省交通运输执法系统职工"健康生活　羽你同行"羽毛球比赛选拔赛全面打响。

（省交通运输执法局）

【抚州市交通运输局召开"喜迎党的二十大　奋进新征程"暨"七一"表彰大会】 7 月 1 日，抚州市交通运输局组织召开"喜迎党的二十大　奋进新征程"暨"七一"表彰大会。参加活动的有局领导班子成员，受表彰的优秀共产党员、优秀党务工作者、先进基层党组织支部书记，局在职党员干部，

退休党员干部代表共计 120 人。会上全体党员重温入党誓词，宣读表彰决定，局领导班子为受表彰的个人、集体颁发荣誉证书、奖牌，开展文艺汇演和党的应知应会知识竞答活动。

（抚州市交通运输局）

【新余市袁河航道提升工程及港口建设临时党支部正式成立】 7 月 6 日，新余市袁河航道提升工程及港口建设临时党支部成立大会召开。会议由市交通运输局党组书记邱绍辉主持。临时党支部所有党员参加会议。会上，邱绍辉宣读《关于同意成立袁河航道提升工程及港口建设项目临时党支部的批复》，为临时党支部授旗，带领临时党支部全体党员在党旗下庄严地重温入党誓词。

（新余市交通运输局）

【宜春市交通运输局召开党组理论学习中心组学习暨全面从严治党形势分析会】 7 月 22 日，市交通运输局党组理论学习中心组学习暨全面从严治党形势分析会召开，组织集中观看《你就是旗帜》微视频，集中学习习近平总书记在中共中央政治局第四十次集体学习时的讲话、习近平总书记在庆祝香港回归祖国 25 周年大会暨香港特别行政区第六届政府就职典礼上的讲话，传达中央、省关于新冠肺炎疫情防控工作和安全生产工作指示精神，以及省委、市纪委通报。市纪委监委派驻指导员吴君华到会指导，市局机关科室负责人及局属单位负责人列席会议。会议通报《市交通运输局党组全面从严治党形势分析报告》，班子成员按照要求逐一做发言，总结党组全面从严治党面临的形势，查找存在的不足，明确努力方向，推动全面从严治党责任落实。

（宜春市交通运输局）

【省港口集团举办《习近平谈治国理政》第四卷专题辅导报告会】 10 月 13 日，省港口集团举办《习近平谈治国理政》第四卷专题辅导报告会，省委党校二级巡视员潘泽林教授作专题报告。潘泽林教授分三个篇章给与会人员作题为《深学笃行〈习近平谈治国理政〉第四卷》的专题辅导，并提炼出"用习近平总书记提倡的方法学习研读'第四卷'""真学真信真用马克思主义这个'看家本领'""将学习贯彻第四卷落实到江西实践中"的行动指南，为进一步学深悟透《习近平谈治国理政》第四卷内容指

明方向。

（省港口集团）

【全省道路运输行业党委成立大会暨道路运输行业党建工作现场推进会在高安召开】 11月9日，全省道路运输行业党委成立大会暨道路运输行业党建工作现场推进会在高安召开。省委组织部副部长、省委两新工委书记王小林，省交通运输厅党委委员、副厅长丁光明出席并讲话，省综合交通中心党委书记熊华武主持会议，宜春市委常委、组织部部长徐云涌致辞，宜春市副市长、高安市委书记郑绍介绍高安市货运物流产业发展情况，省委组织部组织四处处长汤世平宣读省道路运输行业党委成立的批复文件。

（省综合交通中心）

【省高航中心召开党委理论学习中心组学习会议专题学习研讨党的二十大精神】 11月28日，省高航中心召开党委理论学习中心组学习会议，专题学习党的二十大精神和习近平总书记关于维护意识形态安全的重要论述。中心主任易宗发主持会议，

中心党委委员、二级巡视员、一级调研员、二级调研员，中心机关各处室主要负责同志参加会议。

会议深入学习《党的二十大报告学习辅导百问》《二十大党章修正案学习问答》《中共中央关于认真学习宣传贯彻党的二十大精神的决定》、党的二十届一中全会精神，专题学习习近平总书记关于维护意识形态安全的重要论述，集中学习习近平总书记在中央政治局第一次集体学习时的重要讲话精神、习近平总书记在陕西延安和河南安阳考察时的重要讲话精神、《习近平关于社会主义精神文明建设论述摘编》以及全省前三季度经济运行分析会暨"决战四季度、夺取全年胜"动员会会议精神。中心领导及处室负责同志围绕学习内容作交流研讨。

会议就抓好11月中心组学习内容的贯彻落实工作提出要求：要强化学懂弄通做实，持续深入抓好党的二十大精神的学习宣传贯彻工作；要扛牢责任守住风险，扎实做好意识形态工作；要强化担当实干，全力做好年度收官和明年工作规划。

（省高航中心）

纪检监察工作

【概况】 2022年，驻省交通运输厅纪检监察组认真落实省纪委各项工作部署，围绕驻在部门职责使命加强监督，发挥监督保障执行、促进完善发展作用。

找准切入点，在推动政治监督具体化、精准化、常态化上持续发力。聚焦交通强省建设抓监督。通过实地督导、个别约谈等方式，督促驻在部门认真贯彻省委省政府关于交通强省建设重大决策部署，推进《江西省内河航道与港口布局规划（2021—2050年）》等规划编制，推动积极扩大有效投资，全年完成固定投资930亿元，同比增长9%。聚焦疫情防控和保通保畅工作抓监督。紧扣疫情防控主体责任落实，加强与驻在部门党委沟通会商，传达省纪委关于疫情防控工作要求，及时发出相关工作

提示。贯通联动全厅各级纪检部门监督力量，发出工作提醒函3次，督促全厅各级纪检部门开展监督检查670余次，发现问题171个并督促整改到位。持续监督推动ETC联网收费提质升级，全省高速公路门架联通合格率等11个核心指标在全国名列前茅。聚焦中央纪委国家监委纪检监察建议整改工作抓监督。督促驻在部门党委认真落实有关整改任务，联合厅党委召开调度推进会，调度有关进展情况30余次，推动落实整改措施60余条。督促驻在部门认真开展"七个有之"专项治理，及时约谈相关领导干部，提醒强化纪律规矩意识，防止"小圈子"等问题。聚焦全面从严治党政治责任落实抓监督。督促驻在部门认真落实党委（党组）全面从严治党主体责任，突出问题导向，对驻在部门全面

从严治党分析会材料严格把关，确保找准问题、开出成效。深入开展政治谈话，对厅直单位、厅机关处室"一把手"和领导班子50余人。开展集体政治谈话2次；对厅直单位纪委书记开展"一对一"政治谈话18人次，指出问题26个，目前督促整改到位。

提高精准度，在做实日常监督上持续发力。加强对"一把手"和领导班子的监督。充分发挥对口联系制度作用，通过参加（列席）"三重一大"会议等方式，加强对驻在部门各级党组织特别是"一把手"落实全面从严治党责任等情况的监督，建议驻在部门党委及时调整履行全面从严治党"第一责任人"责任不力的1名省管企业、2名厅属单位"一把手"。加强对"一把手"和领导班子政治理论学习的监督，对驻在部门及综合监督单位党委理论学习中心组学习情况开展随机抽查8次，监督推动"第一议题"制度落实见效。监督推动营商环境提质增效。督促驻在部门认真贯彻落实省委省政府关于深入推进"一号改革工程"的意见，不定期督查进展情况。如针对武汉某信息技术企业反映其开发的"驾考宝典"平台无法对接服务平台等问题，及时约谈相关责任单位主要领导，对2名相关责任领导进行问责，督促该单位梳理优化7项便民服务并将办理流程公开"晒网"，整改成效得到营商办认可。驰而不息纠治"四风"问题。认真落实中央八项规定精神十周年"回头看"活动各项部署要求，紧盯元旦、春节等重要时间节点，发出工作提醒函3次。督促各单位认真组织学习上级纪委监委公开曝光的违纪违法典型案例，驻在部门党员干部职工纪律意识进一步增强，如某厅属单位节日期间有5人次主动抵制通过快递物流收送礼品礼金，收到的礼品礼金均上交所在单位纪委。从严从实监督规范选人用人。紧盯干部选拔任用、评先评优等工作，严把党风廉政意见回复关，坚决防止干部"带病提拔""带病上岗"。全年共回复党风廉政意见285人次，对1名处级干部提出暂缓试用期转正意见，对1名基层单位"一把手"和1个县处级基层单位年度考核评优提出否决意见。派员参与94名县处级干部考察工作，全过程进行监督，确保干部选拔任用工作程序到位、严谨规范。

增强系统性，在一体推进"三不腐"上持续发力。强化"不敢腐"的震慑。始终坚持严的主基调不动摇，组本级全年共处置问题线索22件，立案4件，给予党纪政务处分4人，对1名落实"三重一大"要求不到位，以及2名处置舆情不力的县处级领导干部进行问责。针对厅某直属单位酒驾醉驾问题屡禁不止的情况，对该单位2起酒驾醉驾问题提级查办，对相关单位主要领导进行约谈，在全系统印发《关于5起党员和公职人员酒驾醉驾问题的通报》，组织全厅5800余名党员干部职工开展警示教育，持续释放越往后执纪越严的强烈信号。扎牢"不能腐"的笼子。坚持统筹做好查办案件前后半篇文章，针对问题发生的根源和漏洞，及时提出以案促改、以案促治的对策建议。持续做好工程项目招投标违规问题"后半篇文章"，督促厅相关职能部门加强对全省交通工程项目招投标的监督管理，推动出台《招投标监督事项工作规程》等多项制度性文件。增强"不想腐"的自觉。推动驻在部门认真开展警示教育活动，分批次组织100余名县处级及以上领导干部观看警示教育专题片《"赶考"路上的迷失者》，推动驻在部门组织开展"六个一"廉洁文化建设系列活动，组织拍摄的微视频《古桥"留衣"》在"廉洁江西"展播，推动打造交通廉洁教育基地，充分发挥廉洁文化的教育、引领和浸润作用。

激活动力源，在加强队伍建设上持续发力。以强化理论武装提高政治素养。始终把学懂弄通做实习近平新时代中国特色社会主义思想作为首要政治任务抓紧抓好，认真落实周一支部集中学习制度，采取"领学＋精读分享"等方式，及时跟进学习领会习近平总书记最新重要讲话和重要指示批示精神。认真学习宣传贯彻党的二十大精神，组织全组干部读原文、谈体会，并对照党的二十大报告梳理监督重点工作及措施。以强化业务培训提升能力水平。积极参加省纪委组织的培训和竞赛，督促全组干部加强业务知识学习。认真落实省纪委关于一体化加强业务人才培养工作要求，在派出2名干部参加省委巡视、1名干部到委机关跟班学习的同时，抽调基层单位纪检干部上挂锻炼，组织全厅80余名纪检干部开展集中培训，推动各级纪检干部持续提升政治素养和业务能力。以强化教育监督锤炼过硬作风。常态化开展纪律教育提醒，经常在工作例会、调研座谈会等场合强调廉洁纪律、办案安全等要求，督促纪检干部严格自我监督、强化自我约束。认真落实省纪委要求，组织制定警示教育活动方案，开展警示教育主题党日活动，原原本本学习剖析材料，观看《远离家庭腐败》等警示教育片，要求全组干部自觉对照查摆，严格规范言行。加强对纪检干部的关心关怀，开展政治家访，坚持日常谈心谈话，不断激励纪检干部担当作为。

（驻省交通运输厅纪检监察组）

【抚州市委第五巡察组巡察市交通运输局党组工作动员会召开】 4月，按照抚州市委关于巡察工作的统一部署，市委第五巡察组巡察市交通运输局党组（含市交通运输综合行政执法支队）工作动员会召开。会前，市委第五巡察组组长刘顺科、副组长黄忠、何莉与市交通运输局党组书记、局长丁国华进行见面沟通，传达五届市委第二轮巡察动员部署会精神，通报有关工作安排。会上刘顺科作动员讲话、何莉通报巡察任务，丁国华主持会议并作讲话。市交通运输局党组领导班子成员，市委第五巡察组、市纪委市监委派驻纪检监察组有关负责同志，其他在职副处级以上干部，局机关内设科室负责同志、直属单位有关负责同志参加会议。

（抚州市交通运输局）

【驻厅纪检监察组开展"牢记初心使命　坚定理想信念　筑牢防腐底线"主题党日活动】 5月27日，驻厅纪检监察组组织开展"牢记初心使命　坚定理想信念　筑牢防腐底线"勤政廉政主题党日活动，督促引导全组党员干部深刻吸取教训，守牢纪法底线，以更高的标准、更严的纪律从严自我要求，做好党和人民的忠诚卫士。

活动围绕"从严从实加强纪检监察机关自我监督"的目标，通过集中学习、交流研讨、观看警示教育片等多种形式展开。在前期组织全组干部原原本本学习《熊剑严重违纪违法警示录》的基础上，组织大家重温习近平总书记在党的十九大以来历次中央纪委全会上关于纪检监察干部队伍建设的重要讲话精神，认真学习森述书记署名文章《赓续红色血脉 将伟大自我革命推向纵深》，随后由支部书记通报熊剑案的主要案情、严重违纪违法特点分析、案件暴露出的突出问题、对策建议等，大家结合学习警示录及卢建、何根生等案件通报，逐一进行交流发言。活动最后还组织大家集中观看《远离家庭腐败》警示教育片。

组长蓝丽红强调，对熊剑、何根生、卢建等严重违纪违法问题的查处，充分体现省纪委省监委坚持刀刃向内、坚决惩治"灯下黑"的鲜明态度，体现以森述书记为班长的省纪委常委会一如既往将干部队伍建设作为"一把手工程"来抓的坚定决心。全组干部要切实以省纪委省监委近年来查处的纪检监察干部严重违纪违法案例为镜鉴，深刻吸取教训、做到警钟长鸣。坚定理想信念，始终保持对党忠诚。坚持不懈在学深悟透做实党的创新理论上下功夫，持续推进党史学习教育常态化，自觉坚定信仰信念信心，锤炼对党绝对忠诚的政治品格。坚守初心使命，始终树牢宗旨意识。坚持将以人民为中心的发展思想融入监督工作，紧密结合交通运输工作实际，积极跟进监督超载超限治理、营商环境优化升级、"四好农村路"高质量发展等工作，推动驻在部门用心用情用力解决好群众反映的急难愁盼问题。坚持敢于担当，始终做到勤勉履职。不断涵养敢于担当、敢于斗争的精神，自觉摒弃慵懒散漫的作风。认真落实省纪委省监委各项部署要求，主动加强请示报告，持续运用"四边工作法"提升派驻监督工作质效。强化自身建设，始终严格廉洁自律。牢记纪检监察干部的清廉本色，从严约束和管理自己，努力在遵守党章党规党纪和国家法律法规上当表率、作示范。自觉培育良好的家风家教，从严教育管理配偶、子女等家属，坚决防止身边人利用纪检监察权力的影响谋取私利。

（驻省交通运输厅纪检监察组）

【驻厅纪检监察组在井冈山举办厅直单位纪检干部培训班】 8月29日至9月2日，驻厅纪检监察组在井冈山举办厅直单位纪检干部培训班。厅属单位纪检干部80余人参加此次培训。

开班式上，组长蓝丽红作开班动员讲话，就全厅各级纪检部门进一步聚焦主责主业、扎实履职尽责提出三点要求，一要坚持政治引领，在强化理论武装上抓紧抓实；二要坚持"三个导向"，在履行监督职责上加压加力；三要坚持以学促行，在加强队伍建设上善作善成。

本次培训在课程设置上，既邀请井冈山干部学院教授为大家深入解读习近平新时代中国特色社会主义思想蕴含的马克思主义立场观点方法，引领全体纪检干部深刻领会"两个确立"，坚决做到"两个维护"；又针对基层单位纪检干部纪法素养和程序意识不够、办案能力不足等问题，专门邀请省纪委相关职能处室业务骨干讲授审查调查谈话及笔录制作，以及首次安排本组有关负责人结合监督工作实际，对中央八项规定精神有关政策进行分析和解读。此外，结合推进党史学习教育常态化长效化，组织全体学员瞻仰井冈山革命烈士陵园，向革命烈士敬献花圈、重温入党誓词，参观茨坪毛泽东同志故居等红色教育基地，教育引导全体纪检干部不断加强党性锻炼、铸牢初心使命、强化担当作为。

在培训形式上，有集中授课、现场教学和应知应会测试，还组织开展以"如何聚焦'国之大者'、围绕职责使命，推动政治监督具体化常态化""如何精准发现问题，有效提升监督工作质效""如何挖掘交通特色、结合单位实际，推动廉洁文化建设走深走实"为主题的分组研讨交流，大家踊跃发言、相互启迪、畅谈经验做法、认识体会和短板弱项，并对进一步做好纪检工作提意见建议。有的纪委书记表示，通过培训，深感当好一名基层单位纪委书记责任重大、使命光荣，既要有扎实的理论功底，也要有务实的工作作风；有的纪检干部表示，纪检干部干的就是斗争的活，要想履好职，敢于善于斗争是关键，不敢得罪人，工作就没有成效，没有监督能力，工作就无从下手。

在结业仪式上，驻厅纪检监察组组织召开全厅纪检工作座谈交流会，4家厅直单位纪委书记作交流发言，介绍经验做法、查摆问题不足、明确工作打算。交流会上，蓝丽红就进一步履行好监督职责提出要求。要聚焦践行"两个维护"，推动政治监督更加具体化常态化；要聚焦站稳人民立场，推动以人民为中心的发展思想更加落细落实；要聚焦强化担当作为，推动纪检专责监督作用更加常态长效；要聚焦一体推进"三不腐"，推动"全周期管理"的思路方法更加见行见效。

（驻省交通运输厅纪检监察组）

【"三个强化"监督推动交通运输物流保通保畅】驻省交通运输厅纪检监察组认真落实上级纪委有关部署要求，切实发挥监督保障执行、促进完善发展作用，督促驻在部门强化责任担当，扎实履职尽责，全力以赴做好物流保通保畅工作。强化沟通提醒，压实主体责任。充分发挥沟通会商机制作用，及时传达上级纪委关于疫情防控监督工作的部署要求，及时通报日常监督中发现的问题。聚焦突出问题，强化监督检查。聚焦当前影响物流通畅的突出矛盾和重点难点问题，围绕贯彻落实党中央、国

务院决策部署是否彻底、解决当前突出矛盾是否履职尽责、面对困难问题是否存在庸政懒政、推进工作是否存在违规违纪违法问题和形式主义、官僚主义问题等方面重点开展监督检查。强化上下联动，凝聚监督合力。着力加强与厅直单位纪检部门的上下联动，及时向各单位纪委发出2次工作提醒，督促厅直单位纪委认真履行疫情防控监督责任，加强对本单位落实疫情防控工作主体责任的监督检查。

3月中旬以来，督促全厅各级纪检部门成立监督检查组55个，以"四不两直"方式开展明察暗访134次，发现疫情防控登记不规范、学校食堂1米间隔措施执行不到位、防疫物资储备不够等问题169个，全部督促有关部门整改到位。此外，依托12328交通热线等渠道，及时了解群众反映的突出问题，跟踪督办7个问题的后续处理工作，督促提醒相关职能处室（单位）做好相关政策的解释工作。5月3日，央视新闻等对江西省关爱货车司机、确保物流畅通工作进行报道。

（驻省交通运输厅纪检监察组）

【《古桥留衣》入选省纪委省监委廉政微电影微视频展播】2022年9月，驻省交通运输厅纪检监察组、省综合交通运输事业发展中心纪委策划、省公路科研设计院有限公司出品的廉政微视频《古桥"留衣"》入选省纪委省监委廉政微电影微视频展播作品，并先后在省纪委监委官方微信公众号"廉洁江西"和官方网站进行专题展播。

（省综交中心）

【省路政总队突出问题导向强力正风肃纪】2022年，针对近年来基层单位酒驾醉驾等违纪违法突出问题，组织召开专题座谈研讨会或专题党委会议，深入分析研判14次，从6大方面查找问题20余个、分5个方面剖析问题产生原因，针对性提出22项具体整改举措，梳理形成专题研讨报告，推动各级党组织深刻汲取典型案例教训，持续深化以案促改、以案促治，督促做到步调一致，令行禁止。组织开展深化全面从严治党常态化开展酒驾醉驾等违法违纪行为专项整治行动，成立各级整治工作专班12个，分4个阶段，制定23项整治任务，倒排工期，责任到人，明确完成目标和时限。制定并推动开展廉政+安全生产专项整治行动，从交通运输行政处罚、行政许可、日常管理、廉洁执法四大

方面进行集中整治和排查，着力解决交通运输综合行政执法队伍中存在的宗旨不牢、作风不优、本领不强、担当不力、执法不廉等突出问题，不断建立健全"执法有依据、行为有规范、权力有制约、过程有监督、违法有追究"的执法责任体系。加强纪检干部队伍建设，研究制定增设纪委专职副书记试点方案，从省路政总队所属各支队选拔优秀干部担任支队纪委专职副书记，帮助支队纪委充实人才力量，推动全路政总队政治生态更加风清气正。

（邹鹏）

【江西交通职业技术学院纪委贯彻落实新时代廉洁文化建设工作】 2022年，江西交通职业技术学院纪委为深入贯彻中共中央印发的《关于加强新时代廉洁文化建设的意见》，深挖文化资源，推动廉政教育往深里走。纪委以传统文化赋能，通过典寓廉，史说廉，打造廉洁阵地；语传廉，书载廉，编发廉政书籍；诗促廉，歌颂廉，举办廉政演讲、制作廉洁微视频《传统文化赋能，让廉洁教育"走新"又"走心"》，微信公众号推送廉洁信息等形式将传统文化的思想精髓融入学院廉政建设教育、传播和评价工程，让师生在潜移默化、润物无声中接受优秀传统文化的熏陶，将"崇廉尚廉"的理念植入师生的血脉中。

（刘桂云）

【江西省交通高级技工学校开展廉洁文化教育主题党日活动】 11月22日，学校赴家风教育示范基地——汪山土库开展廉洁文化教育主题党日活动，校党委书记王绍卿、副校长廖胜文、纪委书记周绍芹、各支部党员与入党积极分子参加活动。大家走进汪山土库，仔细观看汪山土库的家训家规陈列展示，深刻展现出程氏家族"修身、持家、处世、治学、理政"等五方面的家规家训内涵。大家纷纷表示，作为新时期党员教职工，要认真领会、践行党的二十大提出的坚持不敢腐、不能腐、不想腐一体推进要求，从优秀传统家规家风中汲取精华，以好家风促作风、树新风，充分发挥一名党员一面旗帜的示范引领作用，为全面建设清廉学校当好榜样、做好表率，以有力举措把党的二十大精神落实到学校工作各领域全过程。

（江西省交通高级技工学校）

【省交通质监局坚持贯通协同推动中心工作】 省交通质监局结合工作实际，全面推动纪检监督贯穿中心工作，制定《省交通质监局质量安全监督（行政执法）事项报备制度》，持续推进物资采购、招投标和信用评价等重点工作的监督检查，结合交、竣工质量检测和质量安全督查等重大质监活动，对质监人员实施全过程纪律监督。截至2022年底，省交通质监局纪委开展对信用评价工作监督检查4次，下发工作提醒函13份，开展重大质监活动随行20余次。围绕强化队伍作风建设，加强对党员干部违反中央八项规定精神典型问题的监督，持续发力纠治"四风"。截至2022年12月底共开展明察暗访7次，开展劳动纪律检查10余次。围绕"深化以案促改 推动落实管党治党政治责任"，组织开展专项整治会等会议5次，推动整改工作落地见效，围绕"龚案"整改工作，完成5类9方面35项整改措施台账。同时，围绕"中央八项规定十周年回头看"专项行动，推动坚决贯彻执行上级各项具体要求，切实做到"深化监督促发展"。监督推动以案为鉴、以案示警，以常态化开展警示教育活动为主线，组织干部职工到廉政文化馆开展廉政教育，观看警示教育片3次。深入推进新时代廉洁文化建设，积极开展廉洁家风建设，签订家庭助廉倡议书30余份，筑牢家庭廉洁的"防火墙"。通过举行乒乓球、篮球联赛等方式，将八小时以外的队伍管理引向良性发展轨道，持续营造全局健康向上、风清气正的良好氛围。

（罗威）

【省港口集团纪委躬身践行"三新一高"发展要求】 2022年，省港口集团贯彻落实"三新一高"发展要求，开展政治监督，对不符合企业实际和高质量发展的项目及时按程序叫停并提出整改要求，推动重新论证、调整、修改设计规划。全年推动核减非必要投资近9亿元。注重以案促改，写实写好"后半篇文章"。在按要求跟进整改的基础上，着力推动建立长效机制，督促相关主体建立和完善制度140余项，推动业务部门出台2类招标文件示范文本。修复漏洞、止损挽损，全年向施工单位追回23万余元支付的不合理项目变更费用。

（汪若玮）

【省港口集团纪委"一体化"人才培养成效显著】
2022 年，省港口集团纪委制定培养计划、明确培养目标，搭建"师傅带徒弟"培养模式。择优挑选纪检干部参与上挂下派、监督检查、案件审查调查和审理等业务实践，纪检干部综合素质得到有效提升，并在全省省属国有企业纪检监察业务大比武活动中获得二等奖。
（汪若玮）

【赣州市建立健全交通工程领域建议制度】 2022 年，赣州市针对工程项目变更审核程序不规范、制度可操作性不强、易出现较大廉政风险的问题，改变以往由单一科室实施审查的模式，成立由赣州市交通运输局基建、公路、法规、财务、机关纪委等科室组成的交通建设工程设计变更审查领导小组，共同对权限内的工程项目设计变更进行审查；牵头制定《赣州市公路工程设计变更实施细则》，对公路工程设计变更的分类、审批权限、办理流程等重新进行明确，有效降低公路工程设计变更在申报、审查、实施过程中的廉政风险。
（赣州市交通运输局）

精神文明创建

【概况】 2022 年，省交通运输厅以习近平新时代中国特色社会主义思想为指导，突出迎接党的二十大召开和学习宣传贯彻党的二十大精神工作主线，咬定"作示范、勇争先"的目标要求，持之以恒强化理想信念教育，有声有实深化行业文明创建，内塑精神、外树形象，为推动交通运输事业高质量发展提供坚强的思想引领和内生动力。省交通运输厅机关和全省交通运输系统 37 家单位获省直机关第十七届文明单位。
（厅直机关党委）

【江西交通职业技术学院与塘南村举行支部共建签约仪式和乡村文化大舞台建成庆典仪式】 1 月 11 日，江西交通职业技术学院运输管理学院教工支部、九江银行井冈山支行党支部与塘南村党支部支部共建签约仪式暨学院帮扶项目——塘南村乡村文化大舞台建成庆典仪式在塘南村中心文化广场举行。该院党委副书记洪芙蓉、副院长江志强、柏露乡乡长黄小丽、九江银行井冈山支行副行长陈斌和柏露乡政府干部职工、学院驻村工作队队员、运输管理学院党总支党员代表、学院团委映山红艺术团师生、柏露乡各村代表以及塘南村全体村民一起共同参加仪式活动。

江志强与黄小丽共同为塘南村乡村文化大舞台揭牌。学院运输管理学院教工支部书记刘婷、九江银行井冈山支行副行长陈斌与塘南村党支部书记龙观海共同签订支部共建协议。塘南村舞龙队和学院映山红艺术团还联袂为现场观众呈现精彩的特色民俗文化展示和高雅艺术展演。
（冀星辰）

【江西省驾培协会获"最具爱心单位"荣誉称号】
1 月 14 日，江西省社会组织发展促进会通报表扬 2020—2021 年度先进会员单位和个人，江西省机动车驾驶员培训行业协会荣获"有您更有力量"项目"最具爱心单位"荣誉称号。

2020 年新冠肺炎疫情发生以来，省驾培协会全体会员单位在驾驶员培训与考试工作暂停后，依然坚守工作岗位，协助当地政府和行业管理部门做好疫情防控各项工作。省驾培协会通过各种途径购得 5.5 万个口罩、100 把额温枪等总计 20 余万元的防疫物资，用于支持会员单位复工复产。并向赣州市崇义县上堡乡竹溪村捐赠 2000 个口罩、5 把额温枪等防疫物资和 2 万元现金用于助力该村春耕生产；2021 年在"99 公益日"一起捐活动中向江西省青少年发展基金会捐款 1 万元。同时，为进一步缓解会员单位经营压力，省驾培协会决定免收全体会员单位 2020 年度会费，帮助会员单位降低新冠肺炎疫情带来的影响。省驾培协会疫情防控爱心专题文章《同心战疫情　江西驾培行业勇担当》《省驾培协会免收全体会员单位 2020 年年度会费》等获得交通运输部、省交通运输厅的关注和报道。此外，在高考爱心送考、抗洪抢险等公益活动中，江西驾培人开展内容丰富、形式多样的爱心志愿服务活动，培育和践行社会主义核心价值观，传播行业好声音，凝聚行业向上向善正能量，形成行业文明新风尚。

（省驾培协会）

【江西省交通运输厅获交通强国好故事宣讲比赛优秀组织奖】 2022 年，"我是新时代交通人"喜迎党的二十大、加快建设交通强国好故事宣讲比赛活动结果公布，江西省交通运输厅组织推送的 2 个故事入选"百强好故事"，宣讲人（团队）同时入选"百强宣讲员（团队）"，2 个故事入选"优秀交通故事"，江西省交通运输厅获得优秀组织奖。

此次活动由中国交通报社、北京市交通委员会、广西壮族自治区交通运输厅联合举办。活动自启动以来，经材料初审、场外集赞、视频初赛、决赛等环节，最终从 724 个交通故事中决出各奖项名单。江西省推荐报送的 4 件作品脱颖而出，省交通投资集团景德镇管理中心江湾收费所作品《大山里的一群年轻人》（宣讲人：马棒、曾雅婷、洪欢、曹秀青、汪思彦、吴薇）、省交通投资集团吉安西管理中心井冈山收费所作品《井冈山　映山红》（宣讲人：王月清）获评"百强好故事"，两个获奖好故事的宣讲人（团队）获评"百强宣讲员（团队）"。江西省公路科研设计院有限公司作品《路向人心深入延》（宣讲人：曾涛）、江西交通职业技术学院作品《祖国需要处　皆是筑梦人》（宣讲人：童年）获评"优秀交通故事"。

参赛故事作品均取材于交通运输干部职工在行业中的经历见闻，凝结着宣讲人多年来的岗位经历及感悟，作品价值内涵积极向上。有的讲述高速公路收费一线工作人员扎根大山乡村，用心用情用力守护着群众美好出行的故事；有的讲述文化品牌形成、发展以及怀抱红色情怀、默默耕耘品牌的团队故事；有的讲述公路设计人员挑灯夜战优化路线设计走向、感动村民的为民情怀；有的讲述老一代交通人几十年如一日扎根一线、拼搏进取，不断突破技术瓶颈，为交通运输事业发展奋斗终身的感人故事。在宣讲比赛活动中，创作人员、宣讲人员紧扣活动主题，把江西交通运输人不怕苦、不怕累、爱岗敬业、奋发进取的奋斗故事通过宣讲形式展现

在全国交通运输系统的大舞台上。

（厅直机关党委）

【江西省交通运输执法局开展模范先进大评选】 4 月，省交通运输执法局启动"让党放心人民满意"模范先进评选活动。评选活动坚持公开、公平、公正的原则，自下而上、层层选拔、好中选优，通过内部自评、逐级推荐、综合考评、网络投票、审定公示等五个阶段，最终评选出"让党放心人民满意"模范先进集体 16 个，其中模范先进机关和部门 6 个、模范先进执法大队 10 个；模范先进个人 20 人。期间，省交通运输执法局不定期不限于明察暗访、随机抽查、社会认可度和群众满意度调查等方式开展日常考核，确保评选活动取得成效。

（厅直机关党委）

【赣州市持续开展"爱心高考"公益活动】 6 月 7 日至 9 日，赣州市组织 730 辆公交（大巴），开通 2 条"爱心高考"临时公交专线，满足高考期间考生的公交出行需求，定时定点接送，考生凭准考证免费乘坐公交车。同时抽调 120 辆出租车，针对考生实际需求，在高考期间免费为考生提供"一对一""点对点"送考服务。"高考爱心车队"始于 2005 年，18 年来从未中断，共为万余名高考学子提供交通便利服务。

（赣州市交通运输局）

【胡海洋调研督导吉安火车站公交站场全国文明城市创建工作】 8 月 12 日，市政府副市长胡海洋到吉安火车站公交站场调研督导全国文明城市创建工作。市政府副秘书长梁平芳，市交通运输局党委书记、局长刘治平，党委委员、副局长罗四平等陪同调研。

在公交站场，胡海洋详细询问站场现有客流量、公交运营线路等有关情况，重点关注乘客候乘秩序、文明引导志愿服务等情况，深入了解交通场站迎接全国文明城市复查测评的各项工作举措。

（吉安市交通运输局）

【省交通运输执法局着力提升行业软实力】 2022 年，省交通运输执法局积极弘扬践行"崇法 敬民保通 兴赣"江西交通运输执法核心价值理念，围绕模范执法队伍建设着力培育选树先进典型，在全

省交通运输执法系统形成党建引领践初心、廉洁示范扬清风、实干争先创一流的良好氛围。深化精神文明创建。深入开展文明单位、文明窗口、青年文明号、巾帼文明岗等群众性创建活动，广泛组织新时代文明实践和普法宣传"六进"、网络文明传播、道德讲堂、"我们的节日"、志愿服务等活动，积极挖掘选树交通运输执法系统先进人物、典型事迹。2022年全省交通运输执法系统29个单位和个人获得省直以上荣誉，树立江西交通运输执法良好形象。打造特色文化品牌。紧扣新时代党的建设总要求和廉洁文化建设主题，大力推进基层执法大队"一队一品"创建，指导三支队一大队、六支队七大队、八支队六大队、九支队四大队等基层党支部，结合景德镇陶瓷、广昌莲子、南康工匠、井冈山红等地域特色，试点打造交通运输执法党建品牌，因地制宜建设廉政特色示范点31个，与地方纪委监委建成"廉洁文化共建点"10个。提升干部职工"四感"。开展"珍惜荣誉立足岗位再立新功"系列主题活动，发布局运行一周年纪录片和工作纪实报道，制作百张笑脸照片墙和加油"赣"海报，组织全省交通运输执法系统"我与交通运输执法共成长"主题征文、"珍惜荣誉　立足岗位　再立新功"演讲比赛、"健康生活　羽你同行"职工羽毛球比赛、"唱响新时代　奋进新征程"歌咏比赛、"同心庆七一　迈向新征程"健步行等活动，通过全面宣传亮成就、百张笑脸晒幸福、千篇征文强归属、主题演讲述自豪、歌咏比赛扬风采、书法摄影展形象，全面提振干部职工士气、激发干事创业新活力。

（省交通运输执法局）

【萍乡市交通运输局党组书记、局长钟帮元督导交通运输系统文明创建工作】 9月6日，萍乡市交通运输局党组书记、局长钟帮元到萍乡汽车站区域督导文明创建工作。钟帮元重点查看志愿者服务站、售票窗、母婴室，他指出萍乡汽车站要按照全国文明城市测评标准，对标对卡补齐短板、完善细节，优质高效完成创建任务。在火车站出租车通道，钟帮元向出租车司机了解车辆经营情况及保险购置情况，并要求他们诚信经营、文明服务，做萍乡文明新风的践行者和传播者。

（萍乡市交通运输局）

【江西交通职业技术学院首个学生思政类社团青年

马克思主义者知行协会成立】 10月17日，江西交通职业技术学院青首个学生思政类社团青年马克思主义者知行协会举行成立大会。该协会系由学院马克思主义学院具体管理和指导的学生思政类社团。社团依托全省的红色资源和马克思主义学院的专业优势，以党的二十大胜利召开为契机，开展理论宣讲、红色研学、主题教育等系列活动，着力加强学生政治理论社团建设，培养真懂、真学、真信、真用的青年马克思主义者。

（丛斌）

【江西交通职业技术学院柏露红色教育基地揭牌】

11月1日，江西交通职业技术学院柏露红色教育基地、思政教师研修基地，井冈山市乡村振兴学院柏露分院揭牌仪式在井冈山市柏露乡长富桥村举行。省交通运输厅一级巡视员、厅直机关党委书记胡钊芳出席并讲话，井冈山市政府及有关部门负责同志，省交通运输厅、省委教育工委（省教育厅）有关部门负责同志，江西交通职业技术学院负责同志，该院驻村工作队以及柏露乡长富桥村、塘南村干部参加仪式。

江西交通职业技术学院柏露红色教育基地、思政教师研修基地是面向全国各地各单位、大中专院校、社会团体等开展红色培训、研学、社会实践和思政教师研修实践等多功能为一体的红色教育培训基地。基地由学院和柏露乡政府共同投资建设，占地面积4800平方米，建筑面积2380平方米，建有学员培训楼、教师培训楼、红色文化活动中心、教室、食堂等。

（冀星辰）

【景德镇管理中心"美好出行"文化品牌获全国交通运输行业"企业类十佳文化品牌"】 11月23日，由中国交通报社和中国交通报刊协会联合举办的"交通强国 品牌力量"第三届交通运输优秀文化品牌推选展示活动获奖名单出炉。经中国交通报江西记者站（《江西交通》）推荐，江西省交通投资景德镇管理中心"美好出行"综合路域服务品牌获全国交通运输行业"企业类十佳文化品牌"，展示团队获"优秀宣讲团队"称号。《江西交通》获优秀组织单位。

此次文化品牌推选展示活动自今年5月启动以来，共有来自全国218个交通运输文化品牌参评，涉及公路、水运、铁路、民航、道路运输、海事、救捞、邮政等各领域。其中 114 个品牌参加"讲出你的品牌故事"现场展示及品牌文化展示。经过层层筛选，景德镇管理中心"美好出行"综合路域服务品牌脱颖而出，获得上述两项荣誉。

（马棒）

【宜春公交 7 路外线荣获 2020—2021 年度全国交通运输行业文明示范窗口称号】 12 月 29 日，交通运输部下发《关于命名 2020—2021 年度全国交通运输行业精神文明建设先进集体的决定》的通知，宜春公交集团 7 路外线被命名为"2020—2021 年度全国交通运输行业文明示范窗口"。宜春公交 7 路外线创建于 2010 年，现有车辆 14 台，驾驶员 25 人，其中女驾驶员 20 人，占总人数的 80%，被形象地称为公交"娘子军"。车辆整洁合格率、乘客满意度、员工出勤率、行车准点率、安全行车里程和工作业绩位列各条线路前列，先后荣获"宜春市巾帼文明岗""宜春市三八红旗集体""江西省优秀公交线路""江西省巾帼文明岗""全国巾帼文明岗""全国三八红旗集体"等荣誉称号。

（王丽红）

行风建设

【概况】 2022 年全省交通运输系统持续巩固拓展党史学习教育成果，牢牢把握"两个确立"，不断增强"四个意识"、坚定"四个自信"、做到"两个维护"。坚定不移贯彻中央八项规定及其实施细则精神，毫不松懈纠治"四风"。持续推动"五型"政府建设和"三亮三明"等活动走深走实，引导党员干部作好"三个表率"作用。持续整治行业作风建设突出问题，努力解决"怕、慢、假、庸、散"等作风顽疾，为争当开路先锋的目标定位，推动各方面工作提速提质提效提供坚实保障。

（厅直机关党委）

【加强制度建设】 紧盯工程建设等领域，强化监督管理，堵塞制度漏洞。出台《进一步规范全省公路水运工程招标备案程序的通知》《公路水运工程招标计划提前发布制度》等多项规范性文件，进一步明确办事程序，精简优化办事环节，规范招标事项核准、招标备案程序，厅管项目全部实现"一次不跑"工作目标。

（厅直机关党委）

【开展中央八项规定精神十周年"回头看"活动】 紧盯"四风"问题与"七个有之"交织勾连的风险，在全厅处级以上干部中深入开展"七个有之"专项治理、领导干部组建和参与不健康微信群问题专项清理工作。紧盯贯彻新发展理念中的形式主义、官僚主义，坚决纠治政绩观偏差，扎实整治营商环境领域腐败和作风问题，聚焦交通运输执法、工程项目招投标等重点领域，打响"江西交通办事不求人、江西交通办事依法依规、江西交通办事便捷高效、江西交通办事暖心爽心"营商环境品牌。

（厅直机关党委）

【整治作风顽疾】 根据省纪委办公厅《关于报送纪检监察建议整改有关材料的通知》要求，形成持续整治"四风"和"怕慢假庸散"等方面作风顽疾的长效机制。共收集各单位各部门整改任务进展情况素材 35 期，结合《整改工作清单》定期报送驻厅纪检组整改任务进展情况 168 条。

（厅直机关党委）

【加强对"一把手"和领导班子监督】 根据《中共江西省委办公厅印发〈关于开展落实中央八项规定精神十周年"回头看"活动的方案〉的通知》要求，开展以作风建设为主题的政治谈话。重点围绕作风建设主题，聚焦落实党中央重大决策部署和省委工作要求，切实加强对"一把手"和领导班子监督，持续深入推进中央纪委国家监委纪检监察建议整改落实，全面建设勤廉交通。

（厅直机关党委）

【开展"三亮三明"活动】 在全厅持续开展"三亮三明"活动，亮明党员身份和工作职责，彰显责任担当。对厅机关各办公岗位实际情况进行梳理统计，更新制作电梯口办公岗位索引牌212块、党员示范岗桌牌7块，服务群众岗桌牌10块。

（厅直机关党委）

【严肃会风会纪】 为进一步严肃会风会纪，结合"管理提升年"活动，厅直机关纪委与厅组织人事处联合印发《关于进一步严肃会风会纪的通知》，要求参加会议人员必须严格按规定参加会议、严格履行会议请假制度和遵守会场纪律，厅直机关纪委、厅组织人事处适时对各单位（部门）会风会纪情况进行抽查和暗访，对严重违反纪律的单位（部门）进行公开通报。

（厅直机关党委）

【高航政治生态风清气正】 认真落实全面从严治党"两个责任"，建立完善对口联系制度、请示报告制度和党风廉政建设工作联席会议制度，实现各层级政治谈话全覆盖，派员列席所属单位党委会30人次，常态化加强对"一把手"和领导班子监督。严防发生"七个有之"问题，推进纪检监察建议整改落实，持续加固中央八项规定堤坝。加强廉洁文化建设，开展"廉政警示教育周""清廉大家谈"、家庭助廉活动，征集书法作品38幅、征文51篇，重大节假日编发廉洁短信1200余条，开展廉政视频展播4次，组织开讲廉政党课，建成一批高航特色廉洁文化阵地，一体推进"三不"建设。强化执纪监督问责，注重抓早抓小，开展"四不两直"明察暗访10次，严防享乐奢靡及各类隐形变异"四风"问题；精准运用监督执纪"四种形态"，处置问题线索6件、处理9人，持续保持正风肃纪的高压态势。加强打造模范机关和作风问题明察暗访，以好作风赓续好传统、创造好业绩。

（江西省高等级航道事务中心）

【省综合交通中心党委召开机关服务教育专题党委会】 2月17日，省综合交通中心党委书记熊华武主持召开机关服务教育专题党委会，以更加坚决的

态度、更加迅速的行动、更加有力的举措贯彻落实全省深化发展和改革双"一号工程"推进大会精神，对标最高、聚焦最好、锚定最优，举一反三，加强机关服务教育，提升机关服务意识和质量，以"第一等"的标准，努力打造让党放心、人民满意的模范机关，以"第一等"服务、"第一等"工作、"第一等"成效在全面打响"江西办事不用求人、江西办事依法依规、江西办事便捷高效、江西办事暖心爽心"营商环境品牌中当先锋、作表率。

中心党委委员参加会议，二级巡视员、一级调研员、中心机关处室处长、副处长、四级以上调研员列席会议。中心主任曾晓文、党委书记熊华武作讲话，党委委员、二级巡视员作交流发言。

（省综合交通中心）

【厅领导到九江调研行业作风建设工作】 5月25日至26日，省交通运输厅一级巡视员、厅直属机关党委书记胡钊芳到九江市交通运输局、公路事业发展中心和港口航运管理局调研指导工作并强调，要深化作风建设，要继续弘扬"两路"精神，始终保持作风建设永远在路上的工作定力，坚持目标导向、问题导向、效果导向，坚决清除作风积弊，以一流的工作作风、过硬的工作本领，推动全省交通运输事业再创佳绩，努力当好全面建设社会主义现代化江西的开路先锋。

（厅直机关党委）

【赣州市召开全市交通运输系统警示教育大会】 9月20日，赣州市交通运输局召开全市交通运输系统警示教育大会，会议采取视频形式召开。市交通运输局党组成员、县处级党员领导干部，驻局纪检监察组，局属各单位班子成员，局机关全体干部职工；各县（市、区）交通运输局领导班子成员及执法支队各分支机构负责人参加会议。局党组书记、局长谢文才就深刻汲取何祖林严重违纪违法案警示教训，深入推进党风廉政建设和反腐败斗争，对全市交通运输系统党员干部提出四个方面的具体要求：要以案为鉴、牢记教训，始终做到警钟长鸣；要坚定信念、廉洁自律始终保持清廉自守的政治定力；要全面从严治党、狠抓作风，始终坚持严的主基调不动摇；要振奋精神、实干担当，始终保持"作示范、勇争先"的奋斗热情。会议强调，全市交通运输系统各级各部门要进一步抓好党风廉政建设

和反腐败工作，切实增强党员干部的拒腐防变能力，营造风清气正的政治生态，以更加扎实的作风、更加昂扬的斗志，推进全市交通运输事业再上新台阶、再创新辉煌，以优异的成绩迎接党的二十大胜利召开。

（赣州市交通运输局）

【江西交通职业技术学院党委召开作风建设专题会暨"七个有之"专项治理工作会】　10月14日，江西交通职业技术学院党委召开作风建设专题会暨"七个有之"专项治理工作会。学院党委书记吴克绍主持会议，党委副书记、院长黄明忠及在家班子成员出席会议，办公室、党委组织部、党委宣传部、纪委办公室、各党总支负责同志参加会议。

就进一步加强作风建设，吴克绍指出，提高政治站位，压实主体责任。要始终把党的政治建设摆在首位，以党的政治建设为统领，毫不动摇坚持和加强党对高校的全面领导。强化履职尽责，改进工作作风。要在学思践悟、知行合一中提升履职能力，切实增强"本领恐慌"的危机意识，加快知识更新，做到学用结合。持续正风肃纪，杜绝"七个有之"。要明纪律懂规矩，坚决杜绝"盲人骑瞎马，夜半临深池"的无知无畏，做到学习在前、担当在前、守纪在前，筑牢思想防线，坚决执行"铁律"。黄明忠传达学习习近平总书记关于严守政治纪律和政治规矩坚决防止"七个有之"重要论述精神。学院党委班子成员依次发言，分别报告改进作风、履行"一岗双责"情况，并对"七个有之"情形进行对照检查，认真查摆问题，明确整改方向。会议听取办公室关于党的十八大以来学院党委贯彻落实中央八项规定精神情况的报告。

（江西交通职业技术学院）

【省交通质监局争当干净担当的交通质监人】　2022年，省交通质监局纪委围绕贯彻执行上级部署开展监督，围绕质监执法活动、交竣工验收、物资采购、招投标和信用评价等重点工作开展监督，目前，开展重大质监活动纪检随行20余次，下发工作提醒函13份，对信用评价工作监督检查4次。围绕狠抓中央八项规定精神落实落地，坚决纠治"四风"，开展明察暗访4次，劳动纪律检查10次，共发现违反工作纪律问题1起，通报2人。注重风险预防，前移监督关口，共梳理廉政风险点44个，

制定措施60余条，完善《"三重一大"事项集体决策制度》，出台《质量安全监督（行政执法）事项报备制度》，强化制度约束，一体推进"三不"。监督推动开展安全生产"三送"行动、"帮扶＋普法"活动，切实增强为民服务意识。注重培育廉洁文化，厚植廉洁文化土壤，精心打造"清廉文化长廊"，充分发挥清廉文化熏陶人、培养人、管理人的软实力作用。开展家庭助廉活动，建立"家庭走访"台账，推动廉洁教育融入家庭日常生活，做好排查整改，发放家庭助廉倡议书，及时发现化解苗头性倾向性问题，筑牢家庭廉洁的"防火墙"。

（省交通质监局）

【省路政总队破解执法队伍作风顽瘴痼疾】　2022年，省路政总队纪委坚持问题导向，持续开展"风险大排查、纪律大整顿、管理大提升"常态化督查，常态化开展酒驾醉驾等违法违纪行为专项整治，研究制定《执法工作纪律"六不准"》《禁止干部职工违规饮酒规定》等相关规章制度10余项。以廉洁文化"进家庭"、杜绝酒驾家庭承诺为突破口，签订家庭助廉承诺书1100余份，聘请执法行风监督员254名，强化"八小时外"监督管理。监督推动相关部门优化简化涉路施工和大件运输许可等审批程序，对受理的涉路许可业务做到9日内办结，大件运输一、二类件1日内办结，三类件3日内办结，落实政务服务"好差评"工作，切实为民排忧解难。深入开展作风纪律暗访督查，以"四不两直"方式，开展工作纪律、大件运输审批、疫情防控等专项督查，发现并整改问题30余项，完善制度5项，下发通报8份，以正风肃纪的高压态势营造风清气正的政治生态。

（省路政总队）

【新干县交通运输局组织开展作风建设专项行动】　2022年，新干县交通运输局多措并举开展作风建设专项行动。组织学习培训，邀请专家授课，重点学习《江西省公路运输管理条例》《公路治超领域违法违规处罚规定》等交通法律法规，共150余人次参加培训；召开治超领域暨交通行业执法警示教育会，通过会议警示一批教育一批，净化交通执法队伍建设；开展主题实践活动，开展"干部创先、勇闯新路"主题实践活动，树牢重实干、重实绩的风向标，锤炼履好职、尽好责的真本领，营造法纪

严、风气正的好生态，打造政治过硬、业务过硬的交通干部队伍。

（新干县交通运输局）

【抚州市交通运输局以推进作风建设为抓手优化营商环境】 2022年，"八扬八治"深化作风建设活动启动以来，市交通运输系统办事窗口大力践行"马上就办 真抓实干"优良作风，开展营商环境创优行动。以"高效办成一件事"为目标，破除惠企便民政策获取、"中介服务机构"整治、企业经营许可、交通工程建设项目审批等方面顽瘴痼疾，以作风转变促营商环境大提升。加快推进"放管服"改革的各项工作部署，全方位推广"跨省通办"和电子证照便民服务政策，窗口工作人员坚持横到边、纵到底，进行线上线下"无死角"宣传。今年以来，全市交通运输系统进企业、物流园区、检测站宣传460余人次，张贴发放宣传单册、操作指南8000余份，发送短信息38000余条，切实让企业和驾驶员"知道可以办""清楚怎么办""能够办得好"。交通运输办事窗口始终紧盯企业和群众反映最强烈、最渴望解决、办事频率高、办件量大的事项，推行"一线工作法"，把办事窗口前移至运输企业、物流园区、车辆检测站等地，实行"上门办、帮代办、零跑动"服务，累计开展上门及帮代办服务500余人次。办事窗口细化政务服务"一网、一门、一次"（政务事项一网通办、企业和群众办事只进一扇门、最多跑一次）措施，对本行业政务服务事项进行规范，实现事项标准最小颗粒化，用标准化提速增效；通过一件事一次办，用集成服务提速增效；通过流程优化再造，用"三减一降"（"减时间、减环节、减流程、降成本"）提速增效。通过具体举措，实现零跑动占比100%，承诺时限平均压缩占比91.4%。率先推出并完成交通运输智慧审批对接工作，6个事项自动审核、实现秒批。8个事项自动获取申报资料、实现秒报。

（抚州市交通运输局）

工会工作

【概况】 2022年，全省交通各级工会以习近平新时代中国特色社会主义思想为指导，深入学习贯彻党的二十大精神和习近平总书记关于工人阶级和工会工作的重要论述，在思想政治引领、产业工人队伍改革、职工维权维稳、强化自身建设方面持续发力，助推交通运输事业高质量发展。

聚焦强化思想政治引领，引导广大职工坚定不移听党话、矢志不渝跟党走。全省交通运输系统各级工会把学习、宣传、贯彻党的二十大精神作为重大政治任务，组织党的二十大报告诵读接力、金句共享、"会前一刻钟"等特色活动，掀起学习贯彻党的二十大精神热潮。组织开展"中国梦·劳动美——永远跟党走 奋进新征程"系列群众性主题宣传教育活动，承办首届"港口杯"摄影比赛、"公投杯"农村公路摄影微信视频比赛，组织动员职工参与纪念"三个95周年"和安源路矿工人运动100周年全省职工诗词创作比赛，3人获优秀奖；组织参加省直机关"喜迎二十大 奋进新征程"演讲比赛，获一等奖；通过网络等渠道积极宣传党的路线、方针、政策，凝聚职工思想共识，引导广大职工听党话、感党恩、跟党走。

聚焦深化产业工人队伍建设改革，组织动员广大职工为交通事业高质量发展建功立业。将省交通投资集团作为产改工作试点单位，省交通工会积极履行牵头协调责任，稳步推进产改工作，改革试点取得阶段性成效，得到省领导的肯定批示，并在省委改革办主办的"江西改革"微信公众号和《中国交通报》头版刊登报道。开展劳模先进选树工作，推选获省部级先进16个，其中3家单位获五一劳动奖状、3人获五一劳动奖章、3个集体获工人先锋号、2个集体获省五一巾帼标兵岗、1人获省五一巾帼标兵。结合行业特色，指导各单位结合主责主业开展不同类型劳动技能竞赛，开展以"当好主力军、建功'十四五'"为主题的劳动技能竞赛和"安康杯"竞赛活动,承办"振兴杯"职业技能大赛,组织 5 个工种 7 个组别比赛。发挥高素质技术技能人才示范引领作用,开展首届江西交通工匠创新工作室建设工作,评选出十家"江西交通工匠创新工作室",并积极推荐申报省部级创新工作室,1 家被中国海员建设工会命名为"交通建设产业劳模和工匠人才创新工作室",2 家被省总工会命名为"江西省劳模创新工作室",得到交通运输部和省总工会认可。

聚焦扎实做好职工维权服务,构建新时期和谐劳动关系。做实做细扶贫帮困工作,组织各级工会开展困难职工精准建档工作和"回头看"工作,开展工会"三送"活动,走访慰问劳模先进、困难职工、坚守疫情防控一线职工 300 余人次,为基层单位和困难职工发放各种慰问物资和慰问金 80 余万元。提升职工互助保障工作水平,加强互保知识培训,参保率不断提高,参保险种逐年增加。开展送书进基层活动,为 8 个基层单位的"职工书屋"送去 2000 余册价值 13 万余元的图书。推选上报 5 家省级职工书屋,3 家全国职工书屋。组队参加省第十六届运动会机关部比赛,其中篮球、拔河比赛获冠军,气排球、羽毛球比赛获季军,健步行比赛 2 人获一等奖、1 人获二等奖、3 人获三等奖,充分展现江西交通人精神风貌。组织参加"永远跟党走 奋进新征程"全国职工线上运动会,13716 名职工参赛,团队总分在江西赛区产业组排名第二,8 人进入前十名,省交通工会被评为江西赛区十佳单位。职工群众获得感、幸福感、安全感不断提升。加强劳动关系风险监测预警和分析研判,与基层工会签订劳动领域政治安全责任书,做好党的二十大等重大节点期间工会信访工作,及时排查化解职工队伍不稳定因素,确保劳动领域政治安全。

聚焦加强工会自身建设,努力打造深受职工群众信赖的"职工之家"。深入推进基层工会"六有六规范"建设,评选出 5 家"六规范"、5 家"六有"工会示范点,并给予建设补助资金。进一步推进工会组织建设,指导 8 个单位完成工会组织换届选举工作,完成 2854 名会员转会工作,举办工会干部培训班,培训工会干部 98 人次,基层工会干部能力素质不断提升。强化阵地建设,对职工活动中心进行改造升级,打造集学习、休闲和交流为一体的多功能空间,完善由官网、微信群、QQ 群等构成的网上服务平台,形成具有交通特色的"网上职工之家",扎实开展工会所属公共场馆专项排查,制定下发服务阵地运行负面清单,确保职工服务阵地的公益性、服务性。管好用好工会经费,对 16 个基层工会财务收支情况进行审计,确保工会经费取之于职工用之于职工,让工会经费真正惠及基层、惠及职工。

（省交通工会）

【九江市公路发展中心武宁分中心举办"健康生活喜迎新春"职工运动会】 1 月 20 日,九江市公路发展中心武宁分中心举办"健康生活 喜迎新春"职工运动会。市公路发展中心副主任宁建根出席并致辞,武宁公路分中心全体干部职工参加。运动会设置拔河、羽毛球、乒乓球三个项目。比赛过程中,运动员们坚持友谊第一,比赛第二的原则,在欢乐中增进友谊,展现公路人的风采和良好的精神风貌。运动会不仅让职工放松心情、强健体魄,更增进凝聚力和向心力,为公路事业持续健康发展凝聚人心,汇聚力量。

（周小冲）

【王爱和厅长走访慰问省航道工程局困难职工】 1 月 27 日,在新春佳节即将来临之际,省交通运输厅党委书记、厅长王爱和走访慰问省航道工程局困难职工。省高航中心主任易宗发、党委书记陈鹏程及厅机关有关处室、厅直有关单位负责同志陪同走访。

在省航道工程局困难职工胡靖南家中,王爱和关切了解其家庭生活情况,并送上慰问金和慰问品。王爱和鼓励她要保持乐观向上的生活态度,生活中遇到困难要及时反映,组织上会给予最大的帮助。困难职工表示,感谢厅领导的关心和关怀,始终保持乐观的精神状态,克服困难,积极生活,努力工作,以实际行动为单位发展贡献力量。

（涂雅婷）

【省交通工会开展 2022 年元旦春节"送温暖"活动】 春节前夕,省交通工会结合"我为群众办实事",积极开展 2022 年元旦春节"送温暖"活动,扎实推进困难职工帮扶救助工作。由省交通工会主席方向同志带队,组成慰问小组赴基层走访慰问困难职工和劳模,每到一户家中详细询问困难职工的身体状况和家庭生活情况,鼓励他们要保持乐观向上的生活态度，树立战胜困难的信心和决心，克服暂时的困难。并叮嘱他们遇到困难要及时向单位反映，工会组织会竭尽全力帮助每一名困难职工。此次省交通工会元旦春节送温暖活动，共慰问建档困难职工 69 人，发放慰问金 32.9 万元；慰问省级以上劳模 110 位，并发放慰问金共计 11 万元。

（梁歆）

【省交通运输执法局进社区开展庆元宵猜灯谜活动】 2 月 11 日，省交通运输执法局联合省交通质监局走进滕王阁街道上凤凰坡社区，开展"邻里携手庆元宵 老少猜谜乐融融"元宵猜灯谜活动。现场准备 90 多条灯谜，分为字谜、成语、歌曲和生活四个类别，居民们有的举着灯谜静静沉思，有的与身旁的朋友相互讨论，现场欢声笑语不断。小小的猜灯谜活动，不仅丰富社区居民们的业余生活，也增加邻里间的感情，得到社区居民们的一致好评。

（闵婕）

【省总工会一行到省交通运输系统调研产业工人队伍建设改革工作】 6 月 28 日，省总工会党组成员、经审会主任吴丽云一行来到省交通投资集团，调研交通运输系统产业工人队伍建设改革工作试点情况并进行座谈。省交通运输厅一级巡视员、厅直属机关党委书记胡钊芳，省交通工会、省交通投资集团相关负责同志参加。在听取省交通工会、省交通投资集团关于产改工作推进情况的汇报后，吴丽云充分肯定省交通运输厅和省交通投资集团的产改工作成果和亮点工作。

（张文兰）

【全省交通运输系统各级工会开展夏季送清凉活动】 2022 年，全省交通运输系统各级工会开展"关爱职工 夏送清凉"活动，为在炎炎夏日坚持奋战在一线的交通职工送去一份清凉，带去一片关怀。入夏以来，省交通工会结合实际，制定"送清凉"活动方案，积极筹措资金，在做好常态化疫情防控工作的情况下，组成两个慰问组，分赴基层一线、项目建设一线开展"送清凉"活动。慰问组每到一处，将组织的关怀送到一线职工手中，并对一线职工的艰辛付出表示诚挚的感谢，同时叮嘱大家及时根据天气情况合理安排工作时间，在做好本职工作的同时，要特别注意做好自身的防暑降温工作，保

证人身健康安全。活动期间，全省交通运输系统各级工会共筹集"送清凉"活动资金 300 余万元，本着"以人为本、关爱职工"的原则，通过购买防暑降温用品、开展安全健康宣传活动、改善职工夏季工作和生活条件等形式，深入基层一线开展慰问活动。

（高梅）

【首届"江西交通工匠创新工作室"名单出炉】 2022 年，省交通工会开展"江西交通工匠创新工作室"创建工作。经各单位积极推荐，有 33 家创新工作室参加申报评选。通过召开评审会和赴部分工作室实地调研等形式，最终确定首批 10 个"江西交通工匠创新工作室"名单，分别为何凌坚劳模创新工作室（省综合交通运输事业发展中心）、刘宣旺工作室（省高等级航道事务中心）、吴飞劳模创新工作室（省交通投资集团）、喻斌数字创新工作室（省交通投资集团）、"啄木鸟"养护工匠室（省交通投资集团）、汇智桥梁技术创新工作室（省交通投资集团）、宋金博名师工作室（交通职业技术学院）、港口品质工程设计工作室（省港口集团）、罗红彬汽车喷涂工匠创新工作室（省交通高级技工学校）、钱早军劳模创新工作室（九江市公路发展中心），并将 4 个工作室推荐为省部级工作室。

（高梅　刘黄金）

【江西省交通运输厅篮球代表队获省直机关"国宝李渡杯"男子篮球比赛冠军】 8 月 23 日，江西省第十六届运动会（机关部）暨省直机关"国宝李渡杯"男子篮球比赛在昌圆满落幕，江西省交通运输厅代表队在本次比赛中获得省直机关乙组冠军。省交通工会主席候选人艾志茂，省交通投资集团工会主席李文豪、副主席徐晓霞到现场观看比赛。在此前比赛中，江西省交通运输厅代表队经过多场小组循环赛成功出线，并在交叉淘汰赛中屡克强敌，最后与江西省农业农村厅代表队会师决赛。省交通运输厅代表队率先打出状态，他们默契配合，屡屡打出精妙的进攻，展现出突出的投射能力与防守能力。最终，省交通运输厅代表队以 86 比 55 战胜对手，赢得比赛。

（刘子聪　鄢梅珏）

【省交通运输系统在全国职工线上运动会比赛中斩

获佳绩】 9月6日，江西省总工会下发《关于"中国梦.劳动美——永远跟党走 奋进新征程"全国职工线上运动会江西赛区情况的通报》。通报表彰在全国职工线上运动会江西赛区获得优异成绩的单位和个人。省交通运输系统取得全国职工线上运动会江西赛区产业总分第二的好成绩，省交通工会被评为十佳单位，8名职工被评为十佳个人。

（省交通工会）

【省交通运输厅代表队获江西省第十六届运动会（机关部）暨省直机关拔河比赛冠军】 9月24日，江西省第十六届运动会（机关部）暨省直机关拔河比赛圆满结束。经过7轮精彩对决，省交通运输厅代表队以压倒性优势、全胜战绩在33支机关代表队伍中脱颖而出，勇夺省第十六届运动会（机关部）暨省直机关拔河比赛冠军。

为做好比赛筹备工作，省交通运输厅高度重视，从省港口集团和省交投集团精心选拔运动员参赛，省交通工会全程跟踪指导，并由省港口集团负责具体赛事承办对接及后勤保障等工作。

（罗邱兰　顾艺璇）

【庐山公路分中心举办"二十大　我想对您说"主题演讲比赛】 10月10日，庐山公路分中心举办"二十大　我想对您说"主题演讲比赛。市中心党委委员、副主任宁建根出席比赛并担任评委。此次比赛共有13名选手，他们紧紧围绕"二十大　我想对您说"这一主题，用饱含深情的语言、昂扬向上的精神面貌，从不同层面讲述公路人不忘初心、牢记使命、砥砺奋进的故事，抒发公路人对党忠诚、对公路事业的热爱。经过角逐，此次演讲比赛共评选出一等奖1名，二等奖2名，三等奖3名，优秀奖7名。

（欧阳星）

【抚州市公路事业发展中心圆满完成第一届工会换届选举工作】 10月21日，抚州市公路事业发展中心召开工会会员代表大会，选举产生第一届工会委员会、经费审查委员会、女工委员会，共50名工会会员代表参加大会。市公路中心党委委员、副主任何华春出席会议并讲话。

会议审议上一届工会副主席邓飞同志向大会作工会工作报告，选举产生第一届工会委员会委

员、工会经费审查委员会委员及工会女工委员会委员。何华春同志当选为新一届工会委员会主席、经审委员会主任，邓飞同志当选为新一届工会副主席，汤瑛同志当选为新一届女工委员会主任。

（张江华　刘文华）

【省交通工会开展基层工会组织"六有六规范"建设工作全面调研检查】 10月25日，省交通工会在省交工集团召开专评会，省交通运输发展研究中心党委书记、主任、省交通工会主席候选人艾志茂，副主任、副主席候选人余明华，副主任练崇田，调研检查组成员、省交投集团工会相关负责人，省交工集团主要领导，工会干部共计20余人参加，交工集团党委书记、董事长徐志华主持会议。

与会人员参观交工集团企业文化展、职工服务阵地，观看交工集团企业文化成果视频，查看台账、召开座谈会，听取交工集团工会组织"六有六规范"建设情况汇报，交流推进工会组织"六有六规范"建设的经验。

此次调研检查共分三个组，组长由省交通运输发展研究中心领导担任，成员由7个单位工会业务骨干组成，为时一个月。在综合检查评估的基础上，评选5家"六有"工会示范点，5家"六规范"工会示范点，并下拨一定的建设补助资金，从而推动全省交通运输系统基层工会规范化建设扩面提质。

（孙维　宋国华）

【省总工会副主席任春山莅临吉安西管理中心宣讲党的二十大精神并调研检查劳模创新工作室】 11月10日，江西省总工会党组成员、副主席任春山，省总工会经济技术部副部长林丽军带队来吉安西管理中心宣讲党的二十大精神并检查考评省级劳模创新工作室建设工作。

考评组一行先后来到"刘艺"劳模工作室的客服室、前置服务台、宣教室、办公室、母婴室、心理咨询室、资料室、班组之家、职工学堂、创新成果展区等区域检查指导，并通过看图片、听解说、查场所、观看宣传片等方式，详细了解"刘艺"劳模工作室创建过程和创新成果。检查组对"刘艺"劳模工作室在劳模示范、团队建设、运作管理、制度建立、创新机制、辐射引导等方面取得成绩给予充分肯定。

"刘艺"劳模工作室自 2013 年创建以来，不断改革创新、超越自我，逐步形成以创新平台、培训平台、成长平台、示范平台等四个平台为主要架构的工作室；在实践中，先后推出的"现场四步工作法""三到位精细服务法""三三工作法"和"班后 10 分钟小课堂"等服务和管理创新方法；探索工作室与内（培）训融创，产教融合新路径等做法得到社会各界的高度评价。

（蔡志荣）

【省公路科研设计院有限公司圆满完成工会换届选举工作】 2022 年，省公路科研设计院有限公司召开第二届工会委员会换届选举大会，圆满完成工会换届选举工作。公司领导班子和在家会员 70 余人参加会议。

大会审议并通过《江西省公路科研设计院有限公司工会换届工作报告》《江西省公路科研设计院有限公司工会 2018—2022 年度工会经费收支报告》，根据换届选举办法，选举产生新一届工会委员会、经费审查委员会和女职工委员会。会上同时开展以职工是否满意为标准的会员评价活动并当场宣布结果，经统计三项民主测评的综合评价满意度均为 98.6%。

会后，新一届工会委员会召开会议，以无记名方式选举产生工会专职副主席和副主席、研究决定工会委员的分工。

（梁靓　黄菲）

共青团工作

【概况】 2022 年，省交通运输厅直机关团委坚持以习近平新时代中国特色社会主义思想为指导，深入贯彻落实党的十九大和十九届历次全会精神，围绕"喜迎二十大　永远跟党走　奋进新征程"主题教育实践系列活动主线，团结带领广大团员青年干部积极投身交通强省，各项工作取得新进展。

（熊贻辉）

【省交通运输执法局团员青年开展"人在暖途 我在行动"主题志愿服务活动】 2022 年春运期间，省交通运输执法局团委积极组织全局青年干部职工开展 2022 年春运"人在暖途　我在行动"主题青年志愿服务活动。高速路政执法青年志愿者们把路政巡查车作为流动的服务窗口，走进高速公路服务区、收费广场，走到司乘人员身边，温暖过往司乘人员的春运返程路。在做好测量体温、佩戴口罩等防疫措施的前提下，青年志愿者们在江西高速各个服务区设立了便民服务台，积极主动为过往的司乘朋友送上暖心姜茶、方便面、防疫口罩等，向过往群众发放疫情防控、交通宣传资料，提醒群众在春运期间出行做好个人防护，在驾驶及乘车过程中遵守交通法规，文明出行。同时，还向客运司机宣传普及了公路运输以及大件运输审批等相关法律法规。

（廖爱瑞）

【编撰团史大事记】 "五四"前夕，为全面系统回顾江西省交通运输厅共青团发展历史和各时期青年工作，厅直机关团委编写《江西省交通运输厅团史大事记》，从时间维度全方位展示江西省交通运输厅共青团与青年运动的变化发展，教育和激励新时代交通青年赓续红色血脉、传承红色基因，在建设交通强省新征程中贡献青春力量、展现青春作为。

（熊贻辉）

【省交通运输执法局团委开展"喜迎二十大　永远跟党走、奋进新征程"主题团日活动】 "五四"前夕，省交通运输执法局团委开展"喜迎二十大　永远跟党走　奋进新征程"主题团日活动。各级团组织立足交通运输执法实际，以"讲""唱""写""干"等形式，"讲好百年团史，激发奋进力量""唱响共青团歌，擦亮青春底色""写下青春梦想，传承初心使命"和"干好本职工作，凝聚青春力量"，靓出交通运输执法青年风采。

（熊贻辉）

【省交通科学研究院公司团委开展云诵读等系列活动】 "五四"期间，省交通科学研究院公司团委开展云诵读、心愿书单、同心战"疫"系列活动。开设《云诵读——交科青年之声》专栏，推出"我的心愿书单"征集活动，帮助大家寻找想要的图书，参加红谷滩区地铁万科时代广场和小蓝经开区管委会核酸检测点志愿服务工作。为记录志愿者在抗疫一线的事迹，交科青年自发策划、制作同心抗疫公益 MV《人间》。

（熊贻辉）

【一批青年集体和个人荣获"五四"表彰】 "五四"期间，团省委、省直机关团工委先后公布 2021 年度"青年五四奖章""两红两优"名单，省交通运输厅 6 个集体、7 名个人获表彰。另外，厅直机关团委印发全厅"两红两优"表彰决定，19 个团委获得全厅五四红旗团委（团支部）称号，40 名个人获得全厅优秀共青团称号，22 名个人获得全厅优秀共青团干部称号。

（熊贻辉）

【厅直机关团委推出"青春榜样"栏目】 在中国共产主义青年团成立 100 周年之际，厅直机关团委推出"青春榜样"栏目，宣传全厅优秀团青个人及集体典型事迹，展现交通青年逢山开路、遇水架桥，开拓创新、艰苦奋斗，甘为路石、服务奉献，敢为人先、勇攀高峰的开路先锋精神，用交通青年的朝气蓬勃、积极向上致敬团的百年风华。

（熊贻辉）

【省港口集团团委组织开展"百人百语表心声"活动】 4 月 29 日至 5 月 5 日，省港口集团团委组织开展"百人百语表心声——共青团，我要对你说！"活动，活动开展期间，共有 100 余名团员青年书写个人心得体会，这些港口青年用最真诚的话语诉说"我"和共青团之间的故事，展现港口青年的赤子之心和激流勇进、拼搏进取的精神风貌。

（熊贻辉）

【厅直机关团委选送的 3 个节目入选交通运输部主办的"强国有我 开路先锋——庆祝建团 100 周年交通大联播"】 5 月 3 日至 4 日，由交通运输部主办的"强国有我 开路先锋——庆祝建团 100 周年交通大联播"活动在"中国交通"快手、微博平台直播间播出，全国交通系统 100 多个新媒体平台同步转播。由厅直机关团委选送的 3 个节目分别入选 2 个篇章，分别是全国五四红旗团委——省交通投资集团赣州管理中心团委、省交通投资集团赣州管理中心赣州北收费所"献血达人"黄水清及双五星收费站的故事、全国交通运输行业文明服务示范窗口——省交通投资集团宜春管理中心袁州收费所。通过这次联播活动，向全国交通人展示江西交通青年担当尽责、奋发有为的青春风采。

（熊贻辉）

【省交通运输厅召开学习贯彻习近平总书记在庆祝中国共产主义青年团成立 100 周年大会上重要讲话精神座谈会】 5 月 12 日，省交通运输厅召开座谈会，传达学习习近平总书记在庆祝中国共产主义青年团成立 100 周年大会上的重要讲话精神，以及省委书记易炼红在江西省学习贯彻习近平总书记在庆祝中国共产主义青年团成立 100 周年大会上重要讲话精神座谈会上的重要讲话精神。厅党委书记、厅长王爱和亲切会见参会团干部、青年代表，并与大家合影。厅直各单位党委、团委负责同志，厅直机关党委、团委负责同志，以及厅机关青年理论学习小组成员参加会议。

（熊贻辉）

【江西交通职业技术学院团委举办劳动教育宣传月之"劳动·青年说"主题团日活动】 5 月 17 日，江西交通职业技术学院团委举办了学院劳动教育宣传月之"劳动·青年说"主题团日活动，活动由运输管理学院承办，邀请了来自各二级学院的同学围绕抗击疫情、脱贫攻坚（乡村振兴）、劳动模范（工匠）事迹三个方面分享他们带来的故事。此次活动不仅为同学们提供了一个展示的舞台，引导大家更加深刻地理解"劳动"的意义。

（江西交通职业技术学院）

【交通运输部直属机关青年干部在赣州开展"根在基层"调研实践活动】 8 月 1 日至 5 日，交通运输部直属机关青年干部赴赣开展主题为"传承红色基因 建设平安交通"的"根在基层"调研实践活动。省交通运输厅一级巡视员、厅直机关党委书记胡钊芳出席启动会议并致辞。省交通运输执法局、省交通质监局、赣州市交通运输局及有关县（市、区）负责同志先后陪同调研。

（熊贻辉）

【江西交通职业技术学院团委开展 2022 年暑期"三下乡"社会实践活动】 2022 年暑期，江西交通职业技术学院各级团组织组建了 5 支"三下乡"社会实践队和 1 支"青马工程"大学生骨干基层锻炼实践队，奔赴全省地市开展形式多样的社会实践活动。共走访爱国主义教育基地 10 个，举办相关讲座 10 场，印发宣传资料 3500 份，建立大学生社会实践基地 1 个，开展电商直播带货 3 场，撰写社会实践调查报告 5 份，制作视频等文化产品 8 个，影响覆盖人数超过 2000 余人，活动被"学习强国"及大江网、江西新闻、江西青年之声、赣青团学等省级以上媒体报道。学院师生荣获 2022 年江西省大中专学生志愿者暑期"三下乡"社会实践活动"优秀个人"。

（江西交通职业技术学院）

【省港航设计院公司开展青年文明号开放周活动】 9 月，省港航设计院公司以"喜迎二十大·向祖国报告"为主题开展青年文明号开放周活动，团结引领公司青年不忘初心跟党走，牢记青春使命，争做时代先锋，擦亮奋斗底色，以实干实绩迎接党的二十大胜利召开。

（熊贻辉）

【厅直机关团委承办省直机关青年党团知识竞赛】 10 月 9 日，由省直机关工委主办、省交通运输厅承办的"喜迎二十大、永远跟党走"省直机关青年党团知识竞赛决赛在南昌举行。省交通运输厅二级巡视员张春晓出席活动。经过角逐，省交通运输厅代表队获得三等奖。

（熊贻辉）

【省交通运输执法局团委举行学习贯彻党的二十大精神座谈会暨第一期青年讲法活动】 10 月 26 日，省交通运输执法局团委举行学习贯彻党的二十大精神座谈会暨第一期青年讲法活动，传达学习党的二十大精神，并结合交通运输执法实际开展专题研讨。

（熊贻辉）

【省交通运输执法局八支队组织青年职工开展"清风常伴 廉洁齐家"主题教育】 10 月 28 日，省交通运输执法局八支队组织青年职工开展"清风常伴 廉洁齐家"主题教育，通过"观看一部教育片""聆听一堂家风课""共读一本家风书"，使家庭助廉行动成为党员干部廉政教育的重要抓手和有力举措。

（熊贻辉）

【省交通运输厅召开青年干部会议学习研讨党的二十大精神】 10 月 31 日，省交通运输厅召开青年干部会议，专题学习研讨党的二十大精神。厅党委委员、副厅长丁光明出席会议并讲话，省交通运输厅机关及省综合交通运输发展研究中心青年干部共计 100 余人参加会议。会议传达学习党的二十大精神和习近平总书记在考察河南安阳林州市红旗渠时对青年的重要指示精神，会议邀请省委党校乐亚山教授解读习近平总书记关于青年工作的重要思想，四名青年干部做交流发言。

（熊贻辉）

【省交通运输执法局八支队青年干部参加比赛途中施救被困司机】 11 月 14 日，省交通运输执法局八支队青年干部一行 5 人乘车参加比赛，行至宁定高速禾丰枢纽时，突然发现前方出现一起集装箱货车侧翻事故，青年执法人员没有丝毫迟疑，当即将车停至应急车道，迅速下车钻入驾驶室将被困驾驶员抢救至安全区域，事后得到受困司机的高度赞扬。

（熊贻辉）

【厅直机关团委开展"爱心书籍"捐赠活动】 11 月 15 日，厅直机关团委发出"爱心书籍"捐书倡议书，动员厅机关干部职工为厅驻村帮扶点"童心港湾"捐赠书籍，丰富、充实"童心港湾"书库。本次捐书活动共收到厅机关以及省交通发展研究中心爱心人士捐赠书籍 239 本，厅直机关团委购买新书 246 本，共计 485 本。书本内容丰富、种类繁多，涵盖文学、历史、社会科学、启蒙、少儿英语、少儿科普等各类书籍，为"童心港湾"孩子带去精神食粮，为营造留守儿童浓厚书香氛围提供帮助。

（熊贻辉）

【江西交通职业技术学院学子在第六届江西省学校共青团"微团课"大赛中获佳绩】　12月，江西交通职业技术学院团委组织参加由共青团江西省委、江西省教育厅、江西省人力资源和社会保障厅、江西省科学技术协会、江西省学生联合会联合举办的"学习二十大　永远跟党走　奋进新征程"——第六届江西省学校共青团"微团课"大赛，轨道交通学院2022级学生付雯婧以优异的表现成功闯入决赛，最终获得本次大赛高校学生组二等奖。

（江西交通职业技术学院）

【江西交通职业技术学院荣获2022年度全省高校"活力团支部""活力社团"荣誉称号】　12月，江西交通职业技术学院团委组织参加了共青团江西省委、江西省学联开展的2022年度江西省高校"活力团支部""活力社团"风采展示活动，学院2020级大专公路（8）班团支部荣获2022年度全省高校"活力团支部"荣誉称号，学院映山红艺术团荣获2022年度全省高校"活力社团"荣誉称号。

（江西交通职业技术学院）

老龄工作

【概况】　2022年，省交通运输厅离退休干部管理工作坚持以习近平新时代中国特色社会主义思想为指导，深入学习贯彻习近平总书记关于老干部工作的重要论述，认真落实中共中央办公厅《关于加强新时代离退休干部党的建设工作的意见》精神，推进全面从严治党，精心精准服务，聚焦党的二十大发挥老干部独特作用，为交通运输事业增添正能量。

（厅老干处）

【深入推进离退休干部示范党支部创建工作】　以党支部规范化建设为重点，深入推进全厅离退休干部示范党支部创建工作，督促指导省综合交通运输中心机关离退休党支部创建全省示范党支部获得成功，省交通运输厅是省直单位中唯一荣获两个"全省离退休干部示范党支部"荣誉的单位，走在省直单位的前列。

（厅老干处）

【精心做好走访慰问工作】　在重大庆典和老年节、元旦春节期间集中走访慰问老同志150余人次，在老同志生病住院、家庭发生重大变故等时间节点，及时深入医院、家庭看望，对每次走访慰问工作精心安排，用心把党的关怀、组织的温暖面对面一点一滴地传递给老同志。

（厅老干处）

【深化离休干部一人一策精准化服务】　深入开展离休干部一人一策精准化服务工作，制定《离休干部精准化一人一策服务手册》，建立离休干部"一对一""多对一"结对服务机制，全厅离休干部服务水平显著提升，省交通运输厅离休干部精准化服务工作在全省离休干部精准化服务工作推进会上为全省做经验介绍，该项工作处在省直单位第一方阵。

（厅老干处）

【组织开展喜迎党的二十大专题活动】　厅机关离退休干部党总支开展"做全面从严治党的坚定支持者，喜迎党的二十大"主题党日活动；组织全厅离退休干部"我看中国特色社会主义新时代"专题调研活动；召开离退休干部形势报告会，厅党委书记、厅长王爱和向老同志介绍全省交通运输发展形势，让老同志更加深入了解新时代交通运输新成就，增强对生活在新时代的自豪感和信心。

（厅老干处）

【开展"学习党的二十大，老少同声颂党恩"系列活动】 党的二十大胜利召开以后，组织老同志走进学校开展系列活动，邀请老领导为省交通高级技校的学生上专题思政课，帮助青少年系好人生的第一粒纽扣；组织厅机关及厅属单位老同志和学校师生共学党的二十大精神，同声歌唱党、歌唱祖国，引导青年学生坚定不移听党话、跟党走。

（厅老干处）

【省高航中心领导春节前夕走访慰问离休老干部】 春节前夕，省高航中心二级调研员张国平同志代表省委老干局、省交通运输厅、省中心党委远赴吉安走访慰问中心下属单位离退休老干部，把组织的关怀和问候送到他们身边，并致以新春的祝福。

在老干部王春林家中，张国平与他促膝长谈，详细询问其身体状况及生活情况，并叮嘱他一定要保重身体。聊起往昔，王春林不免怀念起其他的老同志，张国平便将其他退休老干部的近况一一说与他听，同时对老干部们为江西水运事业所做的贡献表示由衷感谢。

在离休老干部周香庭的家中，张国平与周香庭亲切交谈，关切了解他的身体健康和生活情况，并详细询问他在生活中是否存在需要组织帮助解决的困难。在聊及水运发展上，张国平重点介绍2021年度以来高航中心的整体工作情况、取得的成绩以及下一步工作重点，并悉心听取周香庭老人的意见建议，希望今后他能继续关心、支持水运工作，为高航中心的发展建言献策。

（杜宇剑）

【江西省交通高级技工学校领导春节前夕走访慰问退休老同志】 在新春佳节到来之际，学校校长欧阳娜、党委书记王绍卿等校领导分别带队走访慰问学校退休老党员、老职工，为他们送去新春祝福，带去节日的问候。每走进一家，学校领导都嘘寒问暖，握手问安，拉家常，话教育，与退休老同志促膝交谈，深入了解他们的家庭、生活和健康状况，关心询问他们在生活上遇到的困难，并为他们送去慰问金。同时向他们介绍学校近年来的发展变化，认真倾听他们对学校发展的意见和建议，感谢他们

为学校的发展作出的贡献，希望他们继续为学校发展建言献策。

（江西省交通高级技工学校）

【抚州市交通运输局党组走访慰问离退休老干部】 1月18日，市交通运输局党组书记、局长丁国华与离退休干部欢聚一堂，共叙往日深情，展望抚州交通运输的美好未来。在慰问会上，丁国华局长与老干部促膝而坐，嘘寒问暖，详细询问老同志的身体健康和生活状况，并送上慰问金。老同志对局领导伊始就前来看望慰问他们表示衷心感谢，对抚州交通运输快速发展取得的成绩给予充分肯定和高度评价，对领导班子充满期望和信心。

（抚州市交通运输局）

【江西交通职业技术学院关工委在全省高校2022年"读懂中国"主题教育活动中喜获佳绩】 在省教育厅关工委举办的全省高校2022年"读懂中国"主题教育活动中，由江西交通职业技术学院关工委牵头，学工处教师童年创作指导，学院优秀校友、退休老党员教师饶天明参与拍摄的《交通强国梦在你我心中》获微视频三等奖，由路桥工程学院教师汤书琪指导、20大专测量班学生冷鸿宇创作的作品《讲好红色故事　传承红色基因》获征文三等奖，学院关工委荣获"优秀组织奖"。

（余亚琼）

【省高等级航道事务中心机关离退休党支部赴新干船闸所调研学习】 12月13日，由江西省高等级航道事务中心机关第二、第三离退休党支部组成的"我看中国特色社会主义之江西水运发展这十年"调研团赴赣江船闸通航中心新干船闸所调研学习，并与新干船闸所党支部开展联合主题党日活动。调研团一行深入船闸一线，实地参观船闸的运维检修和通航演示。老同志们详细了解船闸运行的实际情况、存在困难和未来规划，并为正在船闸跟班学习的2022年新录用人员现场授课，讲解船闸操作规范、人字门设计原理和船型标准化。

实地调研后，机关离退休第二、第三党支部还与新干船闸所党支部开展联合主题党日活动，请新干县委党校副校长、特级讲师曾建荣同志专题讲解党的二十大精神并开展座谈研讨。

（省高航中心）

防汛救灾工作

【新干县交通运输局防汛抢险保畅通】 4月25日，吉安市新干县遭遇大范围强对流天气侵袭，县城气象观测站仅21点至22点1小时就录到强降雨47.7毫米。受此影响，该县乡镇多处农村公路出现山体滑坡、路肩塌方、涵洞堵塞、路面被淹紧急情况。为确保交通畅通有序，当地交通运输部门及时启动抢险应急预案，组织工作人员进行拉网式排查抢险，加强危险路段和桥梁的监管巡逻，积极疏导，严防次生灾害发生。截至26日，该地交通运输部门清理溧江至神政桥樟树下水库段小面积塌方3处、桃湾段积水3处、神政桥至桃溪善士段2处积水、石口至新街上小坑段折断行道树17棵，疏通涵洞5座。对因客观原因不能及时修复的，设置警示标志，提醒过往车辆注意安全，切实确保安全畅通。

（新干县交通运输局）

【泰和县连夜处理公路塌方确保群众安全出行】 5月24日，泰和县辖区内枫沙线K52+350处山体发生塌方，双向道路均被堵塞，无法通车。县交通运输事业发展中心第一时间调派人员和车辆，组织人员对塌方进行清理，由于道路周边照明条件欠缺，且环境因素复杂，夜间清方存在较大安全隐患，养护人员只能手动清理路面上的泥石树木。同时在塌方前后设置警示标志，提醒来往车辆、行人注意交通安全。经过一个多小时的奋力抢修，部分塌方被清理干净，车辆可以单向缓慢通行。随后，工作人员在该路段设置好标志标牌，并于5月25日早上调配机械，将剩余部分塌方清理干净，确保道路双向通行。

（泰和县交通运输事业发展中心）

【省高航中心主任易宗发一行深入一线督查指导防汛工作】 6月20日20时，省水文监测中心将Ⅲ级防汛应急响应提升至Ⅱ级，防汛形势严峻。为及时发现险情隐患，6月21日上午，省高航中心主任易宗发一行4人亲临鱼山、凤岗枢纽检查指导防洪度汛工作。易宗发一行先后深入电站、船闸、泄水闸等生产现场，了解防汛工作开展、措施落实情况，听取枢纽防汛工作汇报，与值班人员进行亲切交谈。他强调，一方面，在汛期，要严格按照防洪度汛方案、保坝应急方案，全力做好防汛安全工作；另一方面，在非汛期，做好保坝工作，确保枢纽安全稳定运行。

（信江船闸通航中心）

【赣州市交通运输局打赢防汛主动战】 6月，赣州市交通运输局结合交通运输行业实际，根据汛期情况及时总结，制定《赣州市交通运输行业防汛工作具体措施（试行）》，在交通运输行业细分4大领域，提出12条防汛具体工作措施，指导全市交通运输行业各单位、各部门防汛工作"有的放矢"，打好防汛主动战。2022年汛期期间，共投入工程机械8910台班，资金1.45亿元，抢通因灾受阻的农村公路474条，有力维护汛期交通运输安全和道路通畅。

（赣州市交通运输局）

【新余市交通运输局开展抗旱救灾驻村帮扶服务活动】 自7月份以来，新余市持续晴热高温，九龙山乡塔前分场出现不同程度的旱情，土地开裂，禾苗干涸，抗旱形势严峻。新余市交通运输局高度重视，采取系列措施组织和帮助群众抗旱救灾，尽量减少干旱造成农作物减产等损失。8月30日，新余市交通运输局党员干部一行深入抗旱一线，积极开展工作。查看灾情，发放抗旱宣传单，分别与村组干部群众面对面地交谈，详细了解人畜饮水和农作物受灾情况；并购买7台水泵，帮助村民合理调度用水，把地下水抽到山塘里，做好水源储备，做到节水灌溉，确保沿线农田得到均衡受益；党员干部活跃在田间地头，充分发挥着基层组织作用，带领村民采取有效措施积极开展生产自救。

（廖继伟）

乡村振兴帮扶工作

【概况】 省交通运输厅扎实开展帮扶工作，各项目标任务有效完成。省委组织部、省乡村振兴局印发《关于通报 2022 年度省派单位驻村干部和驻村干部考核结果的函》，厅机关、省高等级航道中心、省交通运输执法局、江西交通职业技术学院 4 支驻村帮扶工作队年度考核为"好"等次，易晓荣、邹帅、刘祥、邓文俊、刘杨、卢宇昀、胡宗平、宋俊鸣 8 名同志年度考核为"优秀"等次。

（熊贻辉）

【蓝丽红赴省交通运输执法局驻村帮扶点调研乡村振兴工作】 10 月 13 日，厅党委委员、驻厅纪检监察组组长蓝丽红深入省交通运输执法局定点帮扶村调研指导乡村振兴工作。蓝丽红一行来到阳岭云雾茶场、茶语堂进行实地调研，详细了解稳下村茶旅融合发展、产业利益联结等情况。在座谈会上，驻村第一书记汇报帮扶工作总体情况，蓝丽红对省交通运输执法局驻村帮扶工作表示充分肯定，并就接续推进乡村振兴工作提出具体要求。

（熊贻辉）

【王昭春赴厅驻村帮扶点调研指导驻村帮扶工作】 12 月 14 日，厅党委委员、副厅长王昭春同志赴厅定点帮扶村上饶市广信区清水乡洪家村调研乡村振兴工作，并慰问驻村工作队员。王昭春实地察看县道 005 铅湖公路改建工程洪家村路段、参观塘头休闲文化广场和秀美示范路建设、乡村振兴产业车间、南山底人居环境示范建设和村党群服务中心改造等项目，详细了解项目建设情况，并听取厅驻村工作队驻村帮扶工作汇报，代表省厅向洪家村委会捐赠电脑和打印机，还走访慰问洪家村五保户傅木松。

（熊贻辉）

【省交通运输厅驻村工作队建设"童心港湾"关爱留守儿童】 省交通运输厅驻村工作队对标建设运营全市一流童心港湾的工作目标要求，成功建设洪家村"江西交通 & 童心港湾"，并请厅党委书记、厅长王爱和和广信区委副书记、区长顾海敏共同为其揭牌。童心港湾按照"1+1+1+N"模式，精心组织童伴妈妈，邀请大学生开展志愿服务，新购置儿童桌椅及课内外活动物资，全年累计开展 30 余次形式丰富的主题教育活动，先后陪伴 60 余名儿童欢度假期时光，"江西交通 & 童心港湾"得到团市委、区团委和广大洪家村家长的充分肯定。孩子们在这里唱歌、跳舞，学习书法、绘画、制作手工，得到温暖陪伴，从开始的"不愿来"到现在的"盼着来"，这里逐步成为留守儿童快乐成长的成长驿站。

（熊贻辉）

【省交通运输厅驻村工作队建成乡村振兴指挥部】 省交通运输厅投入近 70 万元帮扶资金，依托闲置村小学改造为新村党群服务中心，配套建设洪家村便民服务中心、新时代文明实践站、体育活动广场、童心港湾、乡村振兴工作站、农家书屋和青少年阅览室等场所，将其建设成为洪家村乡村振兴综合指挥部。项目于 2022 年 9 月份开工，11 月份竣工并投入使用，成为洪家村新时代党的精神宣讲、政策法律普及、文明新风树立的中心基地，是村民最爱聚集的活动中心。

（熊贻辉）

【省交通运输厅驻村工作队举办洪家村首届春节联欢晚会】 2022 年底，省交通运输厅驻村工作队牵头成功举办洪家村首届春节联欢晚会。晚会内容丰富、形式多样，既有赣剧、舞狮、小品、腰鼓等传统文化表演，也有朗诵、独唱、合唱、架子鼓、芭蕾舞、青春热舞等新潮节目,特别是小品《齐心协力 共建幸福路》生动再现村内主干道县道 005 公路改建过程中的趣事,在村民中引发广泛共鸣,深受洪家村老百姓喜爱。晚会还表彰洪家村 2022 年度优秀人物和优秀事迹,充分展现洪家村的良好发展势头,拉近驻村工作队与村民的距离,起到引领人心的作用。"学习强国"、中国网、今日头条、江西省广播电视台、上饶日报、上饶视听网、微美新广信等多家主流媒体纷纷报道,让清水乡洪家村的"小春晚"火速出圈。

(熊贻辉)

【县道 005 铅湖公路洪家至清水段改建工程顺利完成】 为改善洪家村落后的交通基础设施条件,省交通运输厅驻村帮扶后,争取各方支持,推动县道 005 铅湖公路洪家村至清水改建工程成功立项,并于 2022 年 6 月 13 日顺利开工建设。项目总长 10.491 千米,按三级公路标准设计,路基宽度 7.5 米,路面宽度 6.5 米,汽车荷载公路 Ⅱ 级,总投资 4369 万元。其中,在村中心路段建设的 880 米秀美文明示范路路基宽度 10.5 米,路面宽度 9.5 米。截至年底,改建工程实现全线通车,洪家村期盼 20 年的畅通快速路终于变成现实。项目完成后,改善洪家村及沿线墩底村、清水村等交通出行环境,大幅提升灵山大环线交通通行能力,为凸显洪家村良好交通区位优势、加快推进乡村振兴发展提供有力支撑。

(熊贻辉)

【江西交通职业技术学院驻村工作队建设乡村大舞台】 1 月 11 日,井冈山市柏露乡塘南村中心文化广场流光溢彩,喜气洋洋,江西交通职业技术学院投入帮扶资金 30 万元建设的塘南村乡村文化大舞台建成庆典仪式在此举行。学院和柏露乡领导共同出席仪式并为塘南村乡村文化大舞台揭牌,学院"映山红"艺术团为村民们送上一场精彩的文艺演出。学院重点帮扶项目——塘南村乡村文化大舞台的正式落成,是学院扎实开展塘南村乡村振兴帮扶工作的重要举措,也是塘南村文化事业发展的崭新起点,标志着塘南村精神文明建设又迈上新台阶,有力助推塘南村文化振兴。

(熊贻辉)

【萍乡市政协副主席余绍林主持召开莲花县同坑村乡村振兴驻村帮扶现场办公会】 5 月 31 日,萍乡市政协副主席余绍林在路口镇同坑村主持召开乡村振兴驻村帮扶现场办公会,市交通运输局党委书记、局长钟帮元与市统计局党组书记、局长刘波、民进萍乡市工委会副主委钟水兵、省第四地质大队副队长李强等各帮扶单位相关领导一行及县、乡镇相关领导参加会议。现场办公会重点对同坑村发展产业、基础设施建设、乡村旅游等具体事项进行专题讨论。

(萍乡市交通运输局)

【省高航中心驻村工作队组织开展庆"七一"系列活动】 6 月 30 日至 7 月 3 日,省高航中心驻村工作队利用节日假期,联合村党支部组织开展困难党员、老党员走访慰问、召开庆祝建党主题党员大会、参加全县乡村振兴驻村干部及领导干部能力提升培训班等系列活动,以各种形式喜迎党的生日,进一步激励全村广大党员、村两委、驻村干部凝心聚力共谋发展,不忘初心砥砺前行。

(熊贻辉)

【省交通运输执法局驻村工作队助力春耕生产】 在 2022 年中央一号文件出台后,驻村工作队联合村"两委"以高度的政治责任感,迅速开展"非粮化"整治行动,逐户发放严防耕地抛荒政策告知书,将"种粮是义务、保证粮食安全是责任"的思想灌输至每家每户,从工作经费中拿出专项资金 5 万元,用于支付清理 40 余亩苗木的机械和人工费用,让"长牙齿"的耕地保护硬举措得到有效落实。此外,驻村工作队、镇村党员干部、热心村民组成志愿者服务队,抢抓晴好天气,深入田间地头助春耕保生产,打通服务群众的"最后一公里"。

(熊贻辉)

【省交通运输执法局驻村工作队助力稳下村首届奈李采摘节开幕】 7 月 21 日,一场欢腾的奈李采摘节在稳下村拉开帷幕,现场节目表演精彩纷呈,游客们纷纷慕名前来,采摘美味奈李,欣赏田园风光。本次采摘节采取抖音直播销售和现场销售相结合的方式,依托稳下村电商服务中心组织成立的直播助农团,由稳下村致富带头人、祥发果业老板王祥凤牵头直播带货,向网友和游客推介奈李产品。当天,采摘游客、社会各界人士 400 余人次,线上直播观看人数峰值达近 1000 人，销售收入近 4 万元。

（熊贻辉）

【江西交通职业技术学院驻村工作队开展塘南村人居环境整治】 7 月，学院驻村工作队多方筹措资金 287 万实施塘南村人居环境整治提升示范工程，完成拆除危旧杂房、土坯房、乱搭乱建和残垣断壁 56 间和 4900 余平方米，清理沟渠河道 1100 余米，对村文化广场、道路两侧内容陈旧的公益广告和破损的宣传栏全部进行更换安装，并通过新砌、粉刷围墙，立面改造，巷道整治，路面硬化和文化墙建设，使塘南村村容村貌发生根本性变化，人居环境和文化氛围得到双提升，打造出一个温馨舒适整洁的宜居环境，同步推进移风易俗和乡风文明建设，让群众有更多的获得感、幸福感。

（熊贻辉）

【省交通运输执法局驻村工作队开设"情暖童心 筑梦未来"暑假爱心辅导班】 7 月，驻村工作队联合暑期返乡大学生，以新时代文明实践站为阵地，开设第一期"情暖童心　筑梦未来"暑假爱心辅导班。除每周定时为孩子们提供作业答疑、课外阅读指导服务，志愿者老师充分利用村内多媒体设备，为孩子们播放科普讲座、教育电影、历史纪录片等具有启发意义的素材，开阔孩子们的视野，丰富课外知识，引导中小学生度过一个快乐充实且有意义的暑假。

（熊贻辉）

【省交通运输执法局驻村工作队修通产业致富路】 10 月底，稳下村李坑、岭下、石寨、塘坳子四条总计 5.2 千米的产业路正式硬化通车。工程总投资 260 万元，有效解决群众的生产运输难题，降低脐橙、毛竹运输成本，盘活因交通不便而被撂荒的土地。

（熊贻辉）

【省交通运输执法局驻村工作队消费帮扶促振兴】 省交通运输执法局倡导发起"橙心助农"团购活动，汇聚全省交通运输执法系统的消费合力，帮助脱贫群众增收致富，破解销路窄、价格低、增产不增收等突出问题。本次活动共帮助本村果农销售脐橙 5.7 万余斤，实现合作社进账约 36 万元，村集

体经济增收 10 万元以上，并有效带动 18 名脱贫人口实现本地灵活就业，开创"产业发展""集体经济增收""巩固脱贫成效"共赢新局面。

（熊贻辉）

【省综合交通中心驻村工作队实施乡村振兴河道防洪工程】 11 月初，由省综合交通中心驻村工作队助力实施的定点帮扶村秀水村河道治理防洪工程全面展开实施。在前期，经过工作队多次向地方政府及县水利部门汇报，反复沟通协调，才最终争取到政策支持，同时当地乡政府作出决定，将秀水村村域河道治理纳入山庄乡防洪工程项目中，统一申报立项。该项目总投入达 200 多万元，主要任务是以保障人民群众生命安全为根本，结合实际情况，对村域内河道淤积严重河段进行清淤疏浚和护岸加固等处理，解决多年来汛期洪灾给村民们带来的巨大伤害。

（熊贻辉）

【省综合交通中心驻村工作队组织开展科技抗旱】 11 月 4 日，省综合交通中心驻村工作队会同中国林科院亚林中心—秀水村林木产业博士工作室技术专家，在定点帮扶村秀水村对当地油茶种植大户开展抗旱技术培训。该培训主要是从覆盖、蓄水、滴灌、选种等多方面讲解油茶抗旱技术，并从定种、育苗、选园、整地、造林、管理、收果等七个方面系统讲解油茶的高效栽培技术，不仅让种植户学会运用科学技术抗旱，还有效树立以科技引领高质量发展的理念。工作队还邀请专家们深入山岭林地现场教技术、作示范，并进行答疑解惑，得到村民们一致赞赏。

（熊贻辉）

【省综合交通中心驻村工作队助力实施乡村振兴道路"白改黑"项目】 2022 年，省综合交通中心驻村工作队结合定点帮扶村秀水村基础设施年久失修，发展滞后等诸多实际问题，积极与省中心相关部门进行沟通，争取政策扶持，并在省中心各级领导关心和支持下，该村乡村振兴道路"白改黑"项目工程于年底得以全面实施。该项目实施过程中，对村内排水系统进行改造，对道路原水泥面板进行破碎再硬化，从根源上治理道路顽疾。目前，完成该村社赋上、小溪、腊树下以及七岭下等村小组项

目建设，村容村貌得到显著改观。

（熊贻辉）

【庐山市镇村公交全覆盖】 2022年，庐山市镇村公交线路基本覆盖市63个行政村，依托镇村公交线路，积极与邮政公司洽谈，开展"交邮合作"，打通最后一公里服务需求，让邮政快件方便、快捷地送至乡村百姓手中。

（九江市交通运输局）

市县交通运输

南昌市

2022年，南昌市交通运输系统聚焦"一枢纽四中心"发展定位，全力打造综合交通枢纽，各项工作取得明显成效。

公路方面。截至2022年12月底，南昌市农村公路总里程10349.63千米，占全市公路里程11917千米的86.85%，占全省农村公路总里程186161千米的5.56%，全省排第7；县道三级及以上公路536千米，占比64.16%，比全省平均57.2%高6.9个百分点，全省排第5；乡道双车道公路527千米，占比24.11%，比全省平均19.32%高4.79个百分点，全省排第2；1163个建制村通双车道公路727个，占比62.51%，比全省平均51.53%高10.98个百分点，全省排第3；农村公路桥梁812座，占全市公路桥梁1036座的78.38%；占全省农村公路桥梁17906座的4.53%；危桥仅2座，占比0.25%，比

全省平均4.96%低4.71个百分点，全省排第1。截至2022年12月底，南昌市道路运输及相关业务经营户5936家，其中：道路货运3866家道路客运企业17家；公交企业5家；巡游出租汽车业户1115家；网约车平台81家；机动车维修业户622家；机动车驾驶员培训机构95家；小微型客车租赁企业51家；定制客运电子商务平台1家；站场58家；汽车综合性能检测机构25家。道路运输车辆54732辆，其中：载货汽车30175辆，道路客运车辆1148辆，公交车辆4009辆，巡游出租汽车5649辆，网约出租汽车13614辆，小微型客车车辆137辆。

水路方面。截至2022年12月底，南昌市共有水运企业31家。普通货运企业29家，客运企业1家，液货危险品运输企业1家。营运船舶共126艘，407019载重吨，244086总吨。其中普通货船115艘、

399682 载重吨、238607 总吨；客船 2 艘、398 客位；危险品船舶 9 艘、7337 载重吨、4710 总吨；多用途船共 35 艘，4444 标准箱。码头 15 座（含在建码头 3 座），泊位 56 个（在运营泊位 37 个），最大靠泊能力 2000 吨级。港口设计通过能力 3572 万吨、50 万标准箱（实际在运营码头 2132 万吨，25 万标准箱）。2022 年南昌港完成吞吐量 3041.4 万吨，同比下降 24.98%，其中集装箱吞吐量完成 116130 标准箱，同比下降 12.2%。2022 年完成水路货运量 1528.2 万吨千米，同比上涨 3.61%；完成水路货运周转量 576862 万吨千米，同比上涨 3.58%。

（南昌市交通运输局）

南昌县

2022 年，南昌县交通运输局努力构建安全、便捷、高效、绿色、经济的现代综合交通运输体系，为服务全县经济发展提供了坚强的交通运输保障。

交通基础设施建设。1. 推进县道升级改造工程。2022 年县道升级改造项目 2 个 17 千米，总投资约 0.75 亿元，湾里至庄山 10 千米开工；新坊至土坊 7 千米开标。2. 推进乡镇主干公路建设。2022 年乡镇主干公路建设项目 29 个 67.8 千米，项目总投资 2.3 亿元，进场施工 22 个 46.7 千米，正在办理质监手续及施工许可 7 个 21.1 千米。3. 推进农村公路路面"白改黑"项目。共 22 个项目 17.6 千米（乡村振兴示范村进村道路 6 个 5.7 千米、共同富裕样板村进村道路 16 个 11.9 千米），完工 6 个 3 千米，进场施工 16 个 14.6 千米。4. 实施危桥改造 10 座，进场施工 5 座，正在办理质监手续及施工许可 5 座。5. 推进农村公路养护工程。2022 年农村公路养护工程 182.3 千米，总投资 5584 万元，进场施工 9 个乡镇 78.6 千米，正在办理质监手续及施工许可 6 个乡镇 102.6 千米，正在进行招标 1 个乡镇 1.1 千米。6. 推进农村公路安全生命防护工程。2022 年农村公路安全生命防护工程 215.7 千米，总投资 5832.3 万元，完工 6 个乡镇 70.9 千米，进场施工 9 个乡镇 144.8 千米。7. 重大交通项目顺利推进，姚湾综合码头项目 5 个件杂货泊位建设完成并投入运营；国道 320 南昌县向塘至新建区西山段公路新建工程前期工程顺利开展。

交通行业管理。1. 加强农村公路质量监管。2022 年共受理项目质量监督申请 61 个项目（公路项目 51 个，安防工程 6 个，桥梁工程 4 个），下发工程质量现场检查记录 72 份、抽查意见通知书（整改通知书）42 份、停工通知书 2 份、组织竣工检测项目 23 个、交工检测项目 38 个。对在建项目开展安全专项检查 72 次，发现安全隐患并下发整改通知书 33 次，全部整改完毕。2. 加强农村路域环境整治。路面改造提升方面，南昌县 2022 年县乡道"白改黑"建设目标任务为 66.1 千米，全部完工；县自筹资金安排的农村公路路面"白改黑"项目共 22 个 17.6 千米（乡村振兴示范村进村道路 6 个 5.7 千米、共同富裕样板村进村道路 16 个 11.9 千米），完工 6 个 3 千米，进场施工 16 个 14.6 千米。环境整治提升方面，共整治农村公路 170 条 1100 千米。出台《南昌县农村公路养护管理暨用地范围内环境整治提升工程考核办法》，将路域环境整治纳入农村公路日常管理养护绩效考核，实行考核成绩与农村公路养护资金拨付直接挂钩；积极开展"最美农村路"创建活动，出台《南昌县"最美农村路"评选活动实施方案》，县财政按照每千米 5 万元的标准进行奖励，以点带面、示范引领，打造农村路域环境整治"昌南样板"。全县农村公路安全水平得到大幅提升，"畅""安""舒""美"的农村公路网络基本形成。

公路运输。1. 加强道路运输行业管理。加强驾培和汽修企业管理。强化驾培机构和维修企业的线上监管，对全县 17 家驾校和全县 43 家 1 类 2 类维修企业有效开展线上监管服务；加大驾培机构和维修企业的线下走访力度，督促驾培机构规范做好驾驶员培训和教练员管理工作，督促维修企业严格落实《重点区域臭氧污染精准巡查管控方案》规范烤漆、喷漆作业，强化臭氧污染应急管控工作；继续推广提升驾驶员从业资格证跨省通办宣传率和使用率，切实提高工作人员从业资格证线上"跨省通办"业务率。加强道路运输企业管理。落实安全生产主体责任，督促 76 家货运企业签署安全生产承诺书；对全县符合条件的 44 家道路运输企业开展年度质量诚信考核；推进道路运输企业负责人和安全管理人员安全考核，265 家企业共 521 人取得相应的安全员证；做好道路运输证年审工作，道路运输证年审车辆数为 3803 辆，其中网上货运车辆年审数为 1469 辆。进一步优化公交线路。2022

年新增 1 条、优化调整 16 条公交线路；组织协调各职能部门开展对 3 个乡镇开通城际公交的线路探勘工作，目前开通 1 条（丰城至南昌）城际公交。2.强化道路运输安全监管。督促重点企业落实好安全生产制度，72 家企业签订了安全生产承诺书。加强"两客一危"重点车辆动态管理，对南昌县 7 家危货企业安全管理制度落实情况、危货企业车辆动态监控设备使用、企业运单使用情况、从业人员资格进行安全走访，未发现重大安全隐患。加强重大节日期间的安全检查，确保春节、国庆、党的二十大等重要节点无重大交通运输安全事故。3.交通执法力度进一步加大。协同公路、交警、城管、商务等部门，加强路面治超、打击非法营运等整治力度。严厉打击非法营运及"两客一危"违法违纪行为，共出动执法车辆 350 辆次，执法人员 1000 余人次，查处各类交通违法违规案件 188 起，有效地保障了道路交通运输安全。加强货运车辆超限超载治理，2022 年，交通运输、交警联合治超共处理违法超限超载货运车辆 532 辆，交通执法部门卸（驳）货 17171.18 吨，处理非法改装车辆 66 辆，罚款 34 万元，交警扣分 2595 分，罚款 60.4 万元；非现场执法处理车辆 516 辆，交警扣分 1513 分，罚款 26.88 万元，超限超载率下降。

水路运输。围绕上级主管部门及全县战略布局，加强对水运企业的监管，以强基础、抓规范、严管理、重服务为主线，以预防为主、加强监管、落实责任为重点，通过深化日常长效机制建设，落实安全生产两个主体责任，推进源头管理，加大隐患排查治理和安全监管力度，有效遏制安全生产事故的发生。

"放管服"改革。原行政审批局划转 14 项权力事项及统一行政权力事项 39 项共计 53 项权力事项进驻政务服务大厅，做到"一窗受理""一链办理""一网通办"。通过"双随机、一公开"行政执法监督平台，共制定监管事项 54 项，制定"双随机、一公开"检查计划 9 项，总检查与总事项占比达 100%。开展诚信建设主题实践活动，组织开展信用承诺 47 家，落实处罚事项信用修复告知书 21 份，向公共信用信息平台推送双公示信息 198 条，向国家企业信用信息平台推送信息 349 条，推送红榜企业 1 家。

疫情防控。1.紧盯重点部位防输入。严格按照《客运场站和交通运输工具新冠肺炎疫情防控工作指南（第九版）》要求，督促向塘火车站做好通风、消毒，对来昌旅客进行核酸检测，防止疫情输入。2.狠抓关键环节防反弹。按照交通运输部《客运场站和交通运输工具新冠肺炎疫情防控工作指南（第九版）》，做好地铁、公交、出租车、网约车等交通工具疫情防控，严格落实等候区等交通站场人员佩戴口罩、查验健康码、行程码等防控措施。3.做好运力调配快转运。按照新型冠状病毒感染防控方案（第九版）《新冠肺炎疫情风险人员转运工作指南》的要求，南昌县交通转运组与市公交公司第四分公司签订有关转运协议，市公交四公司抽调人员和车辆组成转运车队，由县交通转运专班统一调度，严格按照"近郊 2 小时"的原则，点对点直达隔离场所，转运全过程做到了"不漏一人、一车，全程闭环"。

（南昌县交通运输局）

进贤县

2022 年，进贤县交通运输局在牵头的路域环境整治、农村公路建设、疫情防控外围交通查验等重大任务中取得了良好成效，较好地完成了年度各项目标任务。

公路建设。1.县、乡道"白改黑"建设。按照全市"两整治一提升"决策部署，聚焦农村路域环境整治，坚持质量优先，注重规划引领，工作中重点围绕"多、快、好、省"四个字，全面打好了 2022 年县、乡道"白改黑"攻坚战。多，即受益人口多。市级下达全县 2022 年县、乡道"白改黑"建设计划 147.9 千米、占全市任务的 40.1%，在优先考虑受益人口数量的基础上，突出产业发展优先、主干道优先，按轻重缓急的原则安排建设计划，最大限度让改革发展成果全民共享。快，即项目见效快。针对建设点多、面广、线长，实行挂图作战、倒排工期、分片包干、多点施工、滚动建设，每周调度排位通报，三年任务计划两年完成，完成第一批 148.231 千米县、乡道"白改黑"建设，第二批 298.742 千米计划 12 月底前开工、2023 年 12 月底前完工。好，即工程质量好。重点把好"四个关"：设计关，在施工前，开展专家论证，确保设计的合理性。监督关，认真落实施工单位自检和监理单位现场监督制度；责任关，对"白改黑"建设项目质量进行分片包干，并聘请有资质的专家全面把关。验收关，把竣工检测向前延伸至项目建设的全过程，防止竣工检测不合格造成资源浪费。省，即建设资金省。为了少花钱、多办事、办好事，一方面注重采用新技术、新工艺，相比传统"白改黑"技术工艺，节约工程造价 10% 左右；另一方面所有"白改黑"项目由县国有平台创控集团作为业主，原材料全部由县创控集团供应链公司集中采购，节省建设成本 10% 左右。2. 省道 104 公路新建项目。省道 104 公路新建项目列入省重点项目，完成了大公岭、香炉峰自然保护区功能区调整工作，涉及青岚湖银鱼产卵场自然保护区功能区调整工作，进入专家论证阶段。3. 县道升级改造。优先对路况差的九房至架桥、三阳集至罗溪 2 条约 9.3 千米县道，进行改造，该工程列入了县人大票决民生实事项目，目前主体工程和交通标线、波型护栏等安防工程完工，正在实施行道树栽种，计划 12 月底前全面完工。4. 农村公路危桥改造。目标任务 5 座，完工 1 座，其余 4 座完成招投标，计划年底前开工。5. 双车道改造。涉及 6 个乡镇 9 条乡道 32.874 千米建设，完成总工程量的 60%，计划 2023 年 12 月底前完工。6. 产业路建设。年度计划任务 6 千米，完工 4 千米，剩余 2 千米 12 月底前完工。7. 通村组公路建设。市级下达计划任务 24.4 千米，完工 15.4 千米，剩余 9 千米计划 2023 年 6 月底前完工。

路域环境整治。聘请南大设计部门专门对路域环境进行设计，确保建设高品位。起草整治方案，明确路域环境整治原则、方法和步骤，对"白改黑"工程、路肩平整、道路边沟整治、行道树栽种、路面保洁、平交路口治理、违建清拆、交通标志规范等 8 个方面明确标准要求，制定日常考核评分标准，为全县农村路域环境整治提供根本遵循。提前预拨 375.7 万元养护资金给各乡镇。成立由局班子成员带队的 8 个工作推进组，对各乡镇每条道路分片包干负责，开展路域环境整治问题摸排、督导推进工作。平整路肩 981 余千米、栽种行道树 12.2 万棵、开挖边沟 510 余千米、清除非法种植物 23 万平方米、播种草籽花籽 106 万平方米、清除垃圾和堆积物 5000 余吨、查处摆摊设点和打谷晒场等 261 起（处）、清除国省道乱搭乱建和乱堆乱放 1372 处、平交路口治理 141 条、桥梁外立面改造 100 余座、清除违法建筑物和地面构筑物 1 万余吨、清除交通标志前后 500 米无广告等 357 处、清除违法非公路

标志 100 处、主干道波型护栏刷绿全覆盖。

道路运输整治。对火车站、高铁站、158 公交站等重点区域非法营运进行严厉打击，出动执法车辆 601 辆次，执法人员 2000 余人次，查扣非法营运车辆 34 辆，全部依法依规严格处理，形成强大威慑，县城重点区域非法营运现象明显减少。举报投诉渠道保持 24 小时畅通，加大路面查处力度，查处出租车不打表、乱收费违规经营出租车 7 辆，出租车不打表宰客、拒载甩客、不文明服务等投诉量持续保持低位。结合疫情防控抓好全县公交车营运工作，严格定线路、定班次、定时间、定站点、定票价，统一排班、统一调度、统一管理、统一结算"五定四统一"服务标准落实。督促维修企业建立健全车辆技术档案，做到一车一档、一企一柜。出动执法人员 556 人次，检查检测站、驾培、汽车维修等企业 213 家，处理投诉 40 余次，联合环保局、公安交警对全县 16 家油漆烤房维修企业进行检查及对柴油车辆尾气进行检测，累计检测车辆 200 余辆。加强县域国、省、县道沿线"脏、乱、差"督查，全力整治"滴、洒、漏"行为，开展经常性路域环境巡查稽查，累计纠正各类路政违章 16 件，立案查处 5 件、结案 5 件，严格控制公路两侧建筑红线 6 件，治理超限运输车辆 20 余台次、卸载货物 100 余吨，县域道路乱堆乱放、乱倒垃圾、占路为市、乱搭乱建等"道乱占"行为得到有效遏制。对水运输企业安全督查及船舶污染等检查 10 余次、约谈企业 2 家，下达责令改正通知书 3 份；继续开展"十年禁捕"执法检查，对全县"三无"渔船非法捕捞清理整顿，清理"三无"渔船 12 艘，与农业、水警等执法部门联合执法 2 次；开展县域"僵尸"船和快艇非法载客整顿，共清理"僵尸"船 6 艘，发放通告 100 余份，与相关经营者签订承诺书"10 余份。实行分片管理，把好"材料关、工艺关、验收关"三关，采取日常检查与专项检查相结合形式，督促施工、监理单位健全安全生产制度，落实安全责任体系。开展工程质量及安全检查 20 余次、专项检查 21 次，下发质量抽查意见通知书 15 份，做到在建项目质量监督全覆盖。实行农村公路"路长制"管理，坚持有路必养、养必到位，加强"爱路护路"宣传教育，每月检查督导一次，农村公路养护管理工作不留死角，全县农村公路列养率达 100%。针对每完成一条"白改黑"农村公路，及时纳入"路长制"管理。实施大中修养护工程，

及时消除路面破损病害，路面技术状况指数（PQI）进一步上升。加强"两客一危"监管，严格执行"三不进站、六不出站"等安全管理制度，严格落实企业安全生产主体责任，定期召集业主召开安全形势分析会，把安全生产责任落实到岗位、落实到人员、落实到具体环节。集中对农村公路进行隐患排查治理，全面完成临水临崖安全整治任务。

牵头专项工作。协调春运工作成员部门和各乡镇做到了组织领导、调查预测、方案措施、安全督查、部门协作、储备保障、宣传引导、疫情防控"八个到位"，确保了疫情防控和春运"双胜利"。完成全县 6 个高速、火车站、高铁站等外围交通查验服务点设置建设，协调交警、卫健和乡镇等部门通力协作，保持外圈交通查验工作有序有力高效；承担重点人员转运工作；完成 28 轮次全员核酸检测样品转运工作；负责全县交通查验点、物流快递等调度工作。货运治超方面，起草《进贤县货运车辆超限超载运输治理工作方案》，明确总体目标、组织领导、职责分工等，建立货运车辆治超工作 10 项长效机制，综合运用法律、行政、经济等手段和各种科技措施，整合货运路面和源头治超工作，严格规范治超和处罚行为。在原温圳治超站基础上，在国道 320 旁（飞翔驾校）新建了民和治超点，联合治超执法 5160 余人次，检查货运车辆 6.25 余万辆，查处违法车辆 50 辆，依法依规实施经济处罚，并对当事驾驶员警告等处罚 379 人次、扣分 184 分，卸货 1363.8 余吨。源头治超方面，注重落实企业主体、行业监管责任，坚持重点源头企业督查制度，严格查处源头违法违规行为。注重源头治超与集中治超联动，严防短途超载现象发生。启动省道 212（池溪乡境内）、国道 316（长山乡境内）不停车检测点，强化不停车检测点采集证据和非现场执法处罚结果的应用，按时在省治超平台更新基础信息，将检测数据与现场执法相结合，利用不停车检测点数据提高治超工作效率，减少人为因素，实现违法数据的"动态清零"。克服疫情防控执法人员不足影响，统筹执法力量，拉网式稽查执法，累计查扣乱停乱放二轮电动车 1.09 万余辆、非法改装和乱停乱放三轮车 1560 辆，拆除遮阳伞 1800 余件，保持"五车"乱象未反弹。

交通运输量。2022 年货运量 12.251 万吨千米，货运周转量 3978.925 万吨千米。城市公交客运量：南昌顺瑞运输有限公司截至 2022 年底县城公交全年共安全运营了 513.33 万千米，完成运送乘客 394.56 万人次，其中老年卡等 6 类免费人群优惠乘车 174.4 万人次、学生优惠乘车 30.45 万人次，完成营收 713.41 万元，共获得政府 1—12 月份财政补贴 1666.44 万元。

（进贤县交通运输局）

安义县

2022 年，安义县交通运输局着力优化交通出行环境、提升运输服务品质、推进民生实事建设、守住运输安全底线，推动交通运输事业高质量发展。安义县荣获"四好农村路"全国示范县称号，是南昌市首个成功创建全国"四好农村路"示范县的县区。

2022 年，全县累计完成客运量 323 万人、客运周转量 33089 万人千米，货运量 427 万吨、货运周转量 45975 万吨千米，道路旅客运输未发生一起重大安全责任事故，道路运输安全四项指标为零，安全形势稳定，道路运输行业呈现健康、稳定的发展态势。

全县公路通车总里程 1265.125 千米，共有国道 3 条、省道 3 条、县道 3 条、乡道 76 条、村道 1566 条，公路桥梁共 215 座（大桥 7 座、中桥 34 座、小桥 174 座）；县道及 11 个乡镇（处）全部通三级及以上沥青路，104 个行政村和 100% 自然村全部通水泥硬化路。国家标准二级客运站 1 个、公交枢纽站 1 个，公交站台及候车厅 156 个；全县客运（公交）企业 3 家，共有客运车辆 96 辆，出租车 75 辆；市际、县际及城区客运（公交）班线 11 条，农村客运公交线路 20 条；货运（物流）企业 44 家，危货企业 1 家，共有货车 414 辆；维修企业 49 家；二级驾培企业 4 家；机动车检测机构 2 个。

交通重大重点项目。重大重点交通项目 4 个，完成投资 5.3 亿元。安义大桥改造工程：11 月下旬完成新桥桥面施工，12 月 18 日实现了新老大桥双向通车，12 月底项目全面完工。安义西外环路工程：全长 3.4 千米，包含一座 458 米的跨河大桥，12 月底项目主体完工通车。安义古村大道工程：全长 4.6 千米，12 月底主体工程全线贯通，预计 2023 年 6 月竣工通车。南昌绕城高速西二环：项目在安义县境内 40.3 千米，途经 8 个乡镇（处），有 4 个出口、1 个服务区。2022 年在安义县境内的 3 座特大桥的项目路基、土方等全面开工建设。

路域环境整治。按照市、县《农业农村"两整治一提升"三年行动计划（2022—2024 年）》，围绕全县国、省道和重要县、乡、村道，重点开展路面改造、沿线环境整治、道路安全提升工作。2022 年底，安义县在全市县区"两整治一提升"工作评比中荣获第一名。路域环境：整治道路 702 条共 949.2 千米，共拆除非公路广告标志牌 626 块、有碍观瞻的建筑物 12681 平米、路上硬质减速带 1228 米，清除路肩种植物 5.6 万平方米、可视范围内堆积物 3.5 万平方米，迁移杆线 465 根、坟墓 3729 座，补种行道树 2.3 万棵，累计投入资金约 4600 万元。"白改黑"：完成"白改黑"道路建设 21 条共 58.6 千米，其中：省道 14.5 千米，乡、村道 44.1 千米。安义县国省县道黑化率 100%，乡道黑化率 45%。道路安全：全年整治县域内公路平交道口共计 700 个，其中：与国省干线搭接道口 146 个，与县乡村公路搭接道口 554 个。全年完成临水临崖等公路安全防护栏安装 216 处共 113.671 千米。

农村公路建设。2022 年完成农村公路八大类建设项目 146 个共 292 千米，累计投资 2.43 亿元，向中央、省市争取资金 8600 万元。"五路"建设：新改建项目 13 个，共 33.8 千米。建制村通双车道：改造项目 3 个，共 8 千米。农村公路养护工程：养护大中小修项目 16 个，共 61 千米，达到省市要求农村公路总里程的 5%。农村公路新改建项目：完成市级建设项目 94 个，共 71.5 千米，其中：新建桥梁 3 座、公路改造 29.1 千米、通村公路建设 29.3 千米、美丽生态文明示范路建设 13.1 千米。打通"断头路"，畅通循环路。

深化农村公路管理养护体制改革。按照部、省、市关于深化农村公路管养体制改革要求，出台《安义县深化农村公路管理养护体制改革实施方案》。按照实施方案和既定目标，积极深化农村公路管养体制改革，建立权责清晰、齐抓共管的农村公路管理养护体制机制，形成财政投入职责明确、社会力量积极参与的格局。农村公路治理能力明显提高，农村公路通行条件和路域环境明显提升，交通保障能力显著增强。全县农村公路列养率达到 100%，年均养护工程比例不低于 5%，中等及以上公路占

比不低于 75%。

疫情防控和保通保畅。全力做好疫情防控转运工作，共调配公交车 42 辆，转运隔离人员 864 车次计 2900 余人；调配货运车辆 5 台，运送防疫物资 330 车次 780 余吨；调配出租车 30 辆，用于核酸检测医护人员接送和核酸检测样本专车转运 3026 车次。科学统筹疫情防控和保畅通工作，为确保人民群众生产、生活物资运输畅通和产业链供应链稳定，设置云厨"货车营地"；成立临时党支部，发挥党建引领和党员先锋模范作用。从 4 月 30 日至 5 月 31 日，营地共查验车辆 14902 辆、司乘人员 16763 人，确保"外防输入"和货运物流畅通，保障产业链供应链稳定，促进产业循环。

（安义县交通运输局）

西湖区

2022 年，西湖区道路运输行业又好又快发展。

优化服务方面，严格落实行政许可制度，严把市场准入和退出机制。新批准车辆道路运输证 19 辆、新办道路经营企业 54 家，审验换证的运输证共 100 余本。行业监管方面，全年共实施监督检查 52 次，下达隐患整改通知书 9 份，抽查 4G 监控车辆 8600 余台，全年共审理包车标志牌 4000 余块；成立物流企业复工复产专班，对辖区物流企业进行现场防疫措施、后续经营等方面指导审查。联合西湖大队，对辖区复工复产物流企业疫情防控措施落实情况进行督查，要求企业在复工复产的同时按要求做好防疫工作，并对未落实防疫规定的企业下达整改通知单，3 次整改不到位的企业将予以关停。对 17 家企业下达整改通知单，均整改到位，复工复产后防控不到位，责令停业整顿 1 家；核查处理上级通报违规车辆，全年接处交警通报辖区客运车辆违规 4 台次。加强客运车辆安全设备检查，共检查客运车辆 21 台次，共排查发现隐患 3 处，督促企业整改销号；不定时对危货企业进行安全督查共 6 次。全区现有危险货运车辆 2 台，其中南昌市老兵实业有限公司 2 台。

春运工作。2022 年道路春运从 1 月 17 日开始至 2 月 25 日结束，共计 40 天。根据南昌市春运工作领导小组《关于切实做好 2022 年春运和春运期

间疫情防控的通知》文件要求，西湖区主要负责南昌火车站（西广场）及周边综合整治及疫情防控工作。据统计，南昌站累计运送乘客 227152 人次，同比下降 51.5%，未发生安全生产责任事故、未发生旅客滞留现象、未发生重大服务质量投诉事件，圆满完成了 2022 年的春运工作任务。

疫情防控。"外防输入"是疫情防控的主要工作，三站一场则是"外防输入"的重中之重。西湖区住建局交通运输股采取多种措施优化南昌火车站西广场管控措施，保证旅客有序流动，安全出站。根据市疫情指挥部交通专班提示、区疫情防控指挥部推送的《国内外重点地区管控措施一览表》，加强对火车站西广场重点人群的管控，每日按时更新，确保重点风险区域旅客及时管控。严格按照《关于进一步加强"外防输入"工作的通知》要求，落实来（返）昌旅客"一扫一测三查验"，在火车站西广场出站口设置扫码查验岗、报备查验岗、核酸检测岗、重点管控岗、秩序管理岗。增设报备咨询岗、人工报备岗和转运联络岗，进站口设置特殊人群服务岗，制定出火车站西广场疫情防控工作手册明确各岗位工作流程和职责。8 月份开始开展人文关怀整治，在进站口和出站口设立老幼病残孕等特殊人员服务台；在阴凉处为需要转运的旅客设置专门的休息等待区，提供饮用水等解暑降温物品，保障人民群众出行需求。

安全生产。组织开展以"遵守安全生产法当好第一责任人"为主题的全国第二十一个"安全生产月"宣传日活动，印制宣传手册 100 份，悬挂巨幅"安全生产月"标语 8 条；组织全区客运、驾培、危货企业安全管理人员 30 人；开展 2022 年度消防安全演练，通过安全逃生现场演练，检验公司安全管理人员应变指挥水平及员工消防应急应对火灾的能力，提高员工灭火、疏散和管理者火场组织、协调、指挥能力。分批次组织辖区内重点道路运输企业 20 余家，召开关于《道路运输行业安全生产"大排查、大整治、大督导"活动培训》，集中观看安全事故警示片，要求企业进一步强化安全生产主体责任，督促企业加强车辆安全检查及驾驶人员的安全教育。

（西湖区住建局）

青山湖区

2022 年，青山湖区交通运输局加强农路管养、优化运输服务、促进公路运输事业发展，各项工作稳步推进。全区农村公路总计 187 条，总里程 197.131 千米。其中：县道：4 条，总里程 26.778 千米；乡道：16 条，总里程 39.942 千米；村道：167 条，总里程 130.411 千米；农村公路桥梁 13 座。共有道路货运业户 2320 家（其中个体运输业户 2198 家，责任公司业户 122 家），货运车辆 4090 台，总吨位 41671 吨；客运站场 1 家，维修企业 161 家，汽车综合性能检测 3 家，驾驶员培训机构 4 家，教学场地总面积（含租赁场地）117055.09 平方，理论教练员 12 人，驾驶操作教练 273 人，教学用车轿车 273 台，机动车模拟器 25 台，全年培训合格人员 17143 名。

农村公路管养。完成农村公路养护整治提升 26.8 千米、公路安全防护整治提升 1.2 千米。针对排查出的道路病害，开展了道路养护维修检测病害处理；投入约 35 万元，在临水路段加装安全防护栏，在平交道口增设道口标识、震荡线、减速丘，在急弯处增加凸面镜、警示柱；对省道 517 昌南大道路口进行渠化设计改造提升，投入 160 万元将路面拓宽 7 米，增大拐弯半径，增设道路标识；督促乡镇在县乡道用地范围内、建筑控制区按照"八个无"的标准进行沿线路域环境整治，同时对建筑控制区外沿线村庄开展环境整治。

交通运输环境。结合治超治限工作，联合交警、城管执法等部门在昌东大道、昌南大道等货运车辆比较多的路段开展治超整治工作，重点查处货运车辆超限超载等影响道路运输安全的违章违法行为，在做好日常治理超限超载工作的同时，加大了对源头企业监管力度：在重点源头企业方大特钢、亚东水泥厂引进安装了治超治限监控设备系统，已安装到位并对接了省治超平台；联合约谈方大特钢及钢材承运企业负责人，宣贯治超治限法规，并督促落实企业源头治超主体责任；开展源头企业超限超载联合排查整治，深入辖区钢材配载企业，发放《青山湖区治理超限超载告知书》；开展联合执法 6 次，查处违法车辆 35 台，罚款金额 3.8 万元；督促区科工局对散装水泥、预拌混凝土、预拌砂浆生产经营重点源头企业开展排查摸底，针对摸排的情况有针对性地派驻人员进行治超治限督导宣传。

道路运输服务。全面推进道路运输电子证照及网上年审服务，行业服务能力明显提升，受理咨询服务 280 余次，发放《网上年审操作手册》和《交通运输安全宣传手册》1000 余份。对全区共 34 家大型货物运输企业、40 家二类以上维修企业、4 家驾培企业以及南昌长途汽车站进行考核。共评出 AAA 级企业 12 家，AA 级企业 62 家，A 级企业 5 家。期间共出动执法检查人员 30 人次，共发现隐患 5 处，当场整改 4 处，限期整改 1 处。统一制定了企业规范化材料，投入近 2 万元规范道路运输企业资料，督促企业严格落实车辆档案要求。聘请第三方专家对道路货物运输企业进行安全生产隐患排查。重点围绕"人、车、货、场"等关键要素和环节，集中排查危货运输行业安全隐患问题。针对排查中存在的安全隐患和风险，专家组逐个企业列出隐患整改清单，提出整改意见建议，并督促企业进一步理顺安全生产制度、规程和工作举措。

（青山湖区交通运输局）

新建区

2022 年，新建区启动实施农村公路建设项目 49 个，建设里程 153.8 千米，投资 4.4 亿元。其中：重要县、乡道提升改造项目 14 个，建设里程 83.5 千米，投资 3.14 亿元；村道路面改造工程 35 个，建设里程 70.3 千米，投资 1.26 亿元。民生实事交通建设工程 4 个 19.3 千米，投资 6231.4 万元。续建农村公路桥梁 15 座 210 延米，投资 1500 万元。农村公路省级养护大中修工程 9 个 13.1 千米，投资 2454.12 万元；市级养护大中修工程 4 个共 4.2 千米，总投资 550 万元；市级农村公路应急处置工程 3 个共 1.7 千米，总投资 407 万元。赣抚尾闾综合整治工程项目水运货物量为 42.11 万吨，同比增长 103.2%，全年货物周转量为 1.26 亿吨千米。全年办理普货车辆年审、新增、转籍等业务共计 5654 件。其中：车辆年审 3767 辆（网上年审 358 辆、窗口年审 3409 辆），车辆转籍 247 辆，办理新车上户 98 辆，迁入 124 辆，GPS 查询车辆综合检测数据 3136 台，电子证照办理组织货运企业现场、线上培训 5 次，培训 3000 余人次，2022 年办理电子证照 1113 件，从业资格证诚信考核 1502 个。

农村公路建设。2022 年，新建区农村公路在册总里程 1836.04 千米，其中：县道 198.89 千米、乡道 368.95 千米、村道 1268.2 千米。公路密度 116.8 千米／百平方千米，桥梁 221 座 6573.71 延米。其中：大桥 6 座 2217.75 延米、中桥 28 座 1389.12 延米、小桥 187 座 2966.84 延米。县道三级及以上公路比例 81.7%，建制村通双车道比例 69.5%，25 户以上自然村通硬化路比例 100%，危桥改造率 100%，在册农村公路隐患路段处置比例 100%。行政村通公交率 100%，农村公路列养率 100%。全区农村公路县道路面技术状况指数（PQI）值 86.59，乡道路面技术状况指数（PQI）值 87.44，村道路面技术状况指数（PQI）值 83.39。养护大中修工程 17.3 千米，总投资 3004.12 万元，应急处置工程 1.7 千米，总投资 407 万元。应急储备工业用盐（融雪剂）8 吨，草袋 2 万条。

公路运输。2022 年，新建区运政系统注册货运企业 537 家，营运车辆 4188 辆、总吨位 8.68 万吨。其中：危货企业 2 家、普货运输企业 174 家，车辆 3902 辆、总吨位 8 万吨；个体户 363 户，车辆 286 辆，总吨位 6813.23 吨。货运量 2080.5 万吨，货运周转量 405540 万吨千米。全区 13 个乡镇、2 个街道办、2 个管理处、200 个行政村，建制村通客车通达率 100%。辖区公交枢纽 1 个，农村公路综合服务站 1 个，乡镇（石岗镇）客运站 1 个，已建设完工暂未投入使用 1 个，已规划建设 2 个（疫情原因暂未开工），公交线路 43 条，设有公交站点 1042 处；投入营运车辆 380 辆，其中：镇村公交线路 30 条（含村村通 11 条公交线路），投入运营车辆 158 辆，全年完成客运量 940 万人次。

水路运输。2022 年，该区交通运输局检查港口企业、施工企业 50 家次；对进港船舶分别进行安全生产、垃圾分类、疫情防控检查，检查船舶 236 艘次，制止 2 起非法利用岸线经营行为。组织开展对新建区水域船舶、运输企业、污染物接收站检查 130 余次，出动检查人员 300 余人次，出动车船 100 辆（艘）次；对沿江及水域巡逻巡查 60 余次，巡逻江河 2600 余千米。污染防治接收站收集转运船舶垃圾 350 单，8.89 吨；生活污水 332 单，160.91 立方米；油污水 320 单，12.53 立方米。

（新建区交通运输局）

红谷滩区

2022 年，红谷滩区交通运输局被市交通局评为"安全生产表现突出单位"；被市道路安全运输服务中心评为"安全生产突出单位"。

春运工作。2022 年春运是实施"乙类乙管"后的首个春运，旅客返乡意愿高涨，春运客流大幅增加。全区交通场站在为期 40 天的春运期间，南昌西站共发送旅客 488 万人次，长运西站共发送旅客 4.35 万人次，查处违规车辆 589 辆，派出所调解纠纷 27 起，处罚扰序人员 912 人，警告驱赶"喊客拉客"人员 2126 人次。持续保持着"安全责任事故、治安刑事案件、疫情防控、旅客滞留、重大舆情"五项指标"零记录"。全力保障运输顺畅，旅客服务到位，运行安全平稳。

疫情防控。在全区 5 个高速服务站设立疫情防控服务点，做好入境人员筛查和隔离管理工作。截至 12 月 7 日，全年共查验车辆 841493 辆，查验人员 973174 人。针对来自中高低风险地区人员进行核酸和抗原检测，核酸检测共 98827 人次，抗原检测共 4057 人次，累计排查旅客 20884880 人，累计排查转诊发热病人 93 人；累计排查境外（含港澳台）旅客 6269 人；累计排查重点地区旅客 5767 人；累计留观 857 人。

安全生产。督促企业落实主体责任，对车辆安全设备及公司驻地消防设施进行全面排查，及时消除各类隐患，整改隐患 37 条；进一步提高司机消防应急处置能力，截至目前，开展安全培训企业 4 家次，开展消防演练 3 家次；聘请第三方专家对辖区"两客一危"重点运输企业进行安全生产标准化检查，专家对发现的问题进行现场指导整改，共查处隐患 15 余条；积极推动"双段长"制，完成 6 处公铁并行段护栏维护保养工作，完成 8 处安全隐患点位整治工作。

行业管理。强化源头监管，对辖区货运源头企业开展全方位排查，对企业车辆及安全设施进行抽查。对于多次违反规定的企业，联合交警等部门对企业进行责令整改，对于整改不合格的进行停业整改，针对新国线公司存在车辆未持包车牌运行及 4G 监控不到位的问题，由红谷滩交通执法大队对车辆进行停运，依法进行行政处罚。针对驾培行业投诉退费及教练员等问题，积极进行协调协商，维护学员合法利益，对存在问题的教练员进行联合惩戒，维护驾培行业秩序。

农村公路。开展农村公路及桥梁隐患排查，补齐历史短板，逐项实施改造计划。深入开展全区农村道路临水临崖安全隐患整治及持续推进农村地区重要县、乡道平交道口隐患整治，全面提升农村公路安全水平。完成乡道平交道口隐患整治 15 处。对生米昌樟立交桥进行全面检测，并落实管控措施，现完成立交桥的维修加固工作，并聘请第三方企业开展桥梁荷载试验。同步谋划开展农村公路桥梁全面排查。全区农村地区重要县乡道用地范围内、建筑控制区按照"八个无"的标准进行沿线路域环境整治，同时对建筑控制区外沿线村庄开展环境整治，提升全区乡村整体风貌。并清理道路旁堆砌杂物 60 处，铲除 7 千米杂草。

（红谷滩区交通运输局）

高新技术开发区

2022 年，南昌高新区交通运输行业总体形势良好。高新技术开发区共有道路运输企业共 94 家（其中：驾培企业 8 家，维修企业 18 家，普货运输企业 63 家，危货运输企业 3 家，汽车租赁 2 家），拥有货运车辆 793 辆，总吨位达到 1.3 万吨，拥有教练车辆 642 辆，教练员（含理论教练员）548 人，共培训学员 12.252 余万人。全区共有农村公路总里程 330.046 千米（其中：县道 62.805 千米，乡道 36.472 千米；村道 230.769 千米）。已全部硬化，通达率 100%。

（高新区城管局）

景德镇市

2022年，景德镇市全域公交基本实现、鱼山码头建设基本完工，《景德镇市"十四五"综合交通运输发展规划》正式发布，浮梁县成功创建全国"四好农村路"示范县、昌江区成功获评"四好农村路"省级示范县。

重点项目建设。《景德镇市"十四五"综合交通运输发展规划》正式发布；水运建设加速发力，鱼山货运码头完成码头、驳岸水工主体建设和港池疏浚；昌江航道提升工程工可报告通过评审，通航报告完成初稿编制，重振昌江千年黄金水道指日可待；景德镇绕城高速、鱼山码头二期（物流园）项目、乐平鸣山码头建设项目有序推进，王港至湘湖公路、凤凰大桥建成通车，塔荷公路如期完工，全市公路建设稳中有进，交通路网进一步延伸。

全域公交。《景德镇市全域公交一体化改革项目实施方案》印发，农村客运班线公交化改造稳妥推进，逐步实现城市公交与城际、城乡公交无缝衔接与"零换乘"。开通景乐公交A线（沿国道206），开通景乐公交B线（沿省道205），票价5元/人次，乐平至景德镇票价降低40%以上。浮梁县东线（覆盖王港、臧湾、鹅湖、瑶里）和浮梁县西线（覆盖蛟潭、经公桥、西湖、勒功）农村客运班线公交化改造已完成，各项"公交城市"创建工作任务和17项创建目标基本完成，基本实现全域城乡公交一体化。

四好农村路。2022年农村公路投资超预期，完成新改建里程136.5千米、危桥改造12座、生命安全防护工程46千米，累计完成投资7.43亿元。"四好农村路"国（省）示范县创建工作持续推进，成功创建"四好农村路"全国示范县，成为景德镇市首个"四好农村路"国家级示范县，昌江区成功创建"四好农村路"省级示范县，为30余个乡镇（村）争取省级补助资金120万元，农村公路管养水平进一步提高。

营商环境。通过开展"流动服务站进企业"活动，让"企业找上门"变为"送服务上门"，市交通运输综合行政执法支队结合实际探索出"电话申请+网络预审"的办证新模式，2022年"跨省通办"有效申请3437件并全部成功办结，办结率100%，居全省第一，相关做法被"人民日报江西频道""学习强国"等媒体刊载。在"惠企通"平台发布交通运输惠企政策12项、兑现惠企补贴1803万元。8月23日，成功兑现新能源公交车奖励30万元，为景德镇市首家通过"惠企通"平台兑现的市直单位。

交通运输执法。市委、市政府高度重视超限超载治理工作，印发《景德镇市货物运输车辆超限超载治理工作问责办法》。开展交通运输综合执法"百日攻坚"行动和交通运输综合路面执法专项行动，立案办结1015起，移交公安交通管理部门蒙牌等违法违规信息123条，重点源头企业接入省级平台11家，较2021年增加100%，货运车辆超限乱象得到有效治理，"百吨王"现象得到明显遏制。出租车行业改革，出台《关于深化巡游出租汽车行业改革规范经营关系的实施意见》，制定行政执法"三项制度"、重大案件集体讨论制度、首违轻微免罚制度和行政执法办案流程，出台第一版交通运输首违轻微违法免罚事项清单，客货运服务水平显著提升。优化完善景德镇市交通运输监控指挥中心功能，实现对"两客一危"车辆、巡游出租车、客运场站和市域内高速公路、部分国省道的实时监控。

行业安全。全年共检查企业、在建项目160个，整改安全隐患312处，安全工作基础不断夯实。全面开展铁路沿线安全环境治理，严格落实铁路沿线安全环境治理"双段长"制度，铁路沿线外部安全环境逐年改善。

（景德镇市交通运输局）

乐平市

2022 年，乐平市交通运输局聚力推进发展和改革双"一号工程"，按照"景乐一体化"和"服务好大发展、谋划好大格局、实施好大项目"要求，加快全市交通运输基础建设和交通运输事业的发展。

交通基础设施建设。争取省补、国债、战备公路、省县联贷资金，累计完成投资约 2.3 亿元。重点项目建设进展顺利。塔荷公路 6 月初实现交工；国道 206 桃林至大田实现全线完工，中央隔离带等附属工程正在协调中；跨皖赣铁路工程建设完成总投资的 60%，预计 2023 年内完工。

县乡公路建设。30 千米农村公路建设任务基本完成；县乡等农村公路大中修完成 20 千米；沿沟经周坑至婺源秀山公路、袁礼公路、德兴银城至十里岗公路等县乡公路改建正加快实施。乐德挂线经四联至临港、湘官公路、省道 205（乐平至涌山）绿化亮化全线完成。

行业服务和行业监管。深化"放管服"改革，加大对受疫情影响较大的交通物流业等服务业和工业企业的支持力度，上半年长运公司减免出租车驾驶员 2 个月管理费。办理政务服务事项 3874 件，"12345"政府热线回复 737 件，驾校审核课时 26470 个。货运量累计完成 1381 万吨，同比增长 1.3%；货物周转量 151910 万吨千米，同比增长 1.4%；客运量 367 万人，同比增长 1.3%；客运周转量 9941 万人千米，同比增长 1.1%。

城乡客运公交一体化。贯彻执行《乐平市城乡客运公交一体化实施方案》，开通镇桥、历居山、洪岩等 20 条城乡客运班线，开通经国道 206、省道 205 乐平至景德镇城际公交。覆盖全市 16 个乡镇、2 个街道办事处、1 个科技园，共计 206 个行政村，惠及乐平市沿线 19 个乡镇、街道办事处（科技园），受惠群众达 65 万余人，基本实现城乡公交全覆盖。

超限超载治理。按照《乐平市货物运输车辆超限超载治理攻坚行动实施方案》要求，查处非法改装车辆 41 台及超限超载货车 197 台，处罚源头企业 7 家次。依法严查非法营运车、无证网约车、违规网约车及违规旅游包车等 52 辆，客运市场经营秩序逐步规范。

安全生产。落实国务院"十五条举措"，与局属单位签订 2022 年度安全目标管理责任书；开展船舶碰撞桥梁隐患治；开展第七个全民国家安全教育日宣传活动；开展"两客一危"安全执法检查，督促企业落实安全生产主体责任，健全安全生产机制和完善安全生产措施，加强司乘人员的安全教育培训。整治鸣山码头非法经营行为，履行监管责任。完成整改 62 起安全隐患。投入资金约 20 万元，责任路段整改率达 90% 以上，帮扶社区整改率达 100%。优化营商环境，搭建行政执法信息查询平台，完善政务服务申请清单事项 74 项。发起"双随机、一公开"35 起，完成物流企业诚信考核 59 家。近 200 名干部职工参与"千干进万企、党建促发展"活动，制作"一对多"驻企服务公示卡，帮助企业用好用活涉企优惠政策，协调解决企业生产经营中的困难和问题，实现提质增效。

文明创文。压实责任，办理七届人大一次、二次会议代表建议和政协七届一次、二次会议提案。制定方案，成立机构，明确责任，加强与人大代表政协委员的沟通联系，倾听代表委员的心声，以高度负责的工作态度，努力解决人民群众普遍关心的热点问题和社会关注的焦点问题，实事求是答复和信访案件，人大代表、政协委员满意率达 100%。

（乐平市交通运输局）

浮梁县

2022 年，浮梁县交通运输局全面推进重点工程项目建设，切实抓好安全生产管理，规范运输市场行业管理，提高服务质量和水平。

"四好农村路"建设。改造提升项目 84 个，改造提升公路 69 条，总里程为 346.7 千米，危桥 15 座，项目总投资约 11.41 亿元，其中建安费约 10 亿元。王港至湘湖公路改建工程为景德镇市、县重点工程，全长 13.457 千米，三级公路标准设计，沥青砼路面，项目估算总投资 7356.48 万元。本项目于 2020 年 12 月进场施工，2022 年 3 月全线建成通车。瑶里至东埠旅游公路阶段性通车，该项目全长约 11.66 千米，按二级公路标准建设，主线采用沥青混凝土路面，路基宽度 15 米，项目总投资约 2.9 亿元。2022 年 12 月完成东埠至南泊段 5.6 千米沥青路面铺设，实现阶段性通车，正在进行南泊段栈桥施工。浯溪口水利枢纽库周公路"一环"形成，浯溪口库周公路四级以上的等级公路有 27 条累计里程达到 113.924 千米，总投资达到 47113 万元。2022 年底，前峙滩至明溪、峙滩至龙潭、培龙至梅溪、陈家棚至福港公路等主干线项目和英溪至内赵坑、引山至月山、明溪至石牛滩、木匠坳至塘里、石牛滩至陈家棚、清溪至金胡家、清溪至曲滩、桑园至梅湖、清溪至黄金山、隐清线至江峰安置点公路、大河里至程家安置点公路、西里至培龙公路等项目和峙滩大桥、流口大桥、上屋大桥、营里大桥、红旗大桥、龙坡大桥、梅湖大桥等建成通车，陈家棚至福港公路的全线贯通，浯溪口库周公路"一环"全面形成。凤凰大桥新建工程主体完成，桥址位于浮梁县浮梁镇朝天门自然村，跨昌江后沿国道 351 路线走向布线，终点位于鲍家渡西北角，路线全长 0.84 千米（其中凤凰大桥 0.366 千米、两头引道约 0.474 千米），桥梁及引道宽 38.5 米，城市主干道标准，总投资约 1.4 亿元，于 2019 年 11 月开工建设，2022 年 12 月底已完成桥梁主体工程，桥梁上部景观及附属建设正在进行。

农村公路管养。出台《浮梁县农村公路"路长制"工作实施方案》，按照"责任明确、管养有效、奖惩有力"的原则，建立县、乡、村三级农村公路"路长制"，形成权责明晰的农村公路管理机制。加强机构建设，充实县级农村公路管理机构(县综合交通运输事业发展中心)力量，配齐配强工作人员，并纳入财政预算；全县所有乡镇均设立交管站，有独立办公场所和专职人员；加强公路养护，结合《浮梁县农村公路深化农村公路体制改革实施方案》要求，建立"精干高效、专兼结合、以专为主"的管理体系，按照"有路必养、养必到位"要求，做好全县 1931.188 千米养护工作，完成年度农村公路检查考核，投入资金约 2000 万元，建立农村公路管理平台、治超监控平台、"路管家"养护 APP，实现农村公路智能化、科技化管理。

道路运政。以"两客一危""网约车治理"为重点，大力整顿运输市场，截至目前，出动执法人员 712 人次，出动执法车辆 235 车次，检查车辆 2311 台次，查处 7 辆，其中首违轻微免罚车辆 1 辆，处罚道路运输违法行为 11 起，共处罚金 26400 元。

公路路政方面：对全县 2149 千米的国、省、县、乡、村道公路，制定巡查计划，利用"路管家"APP 信息化反馈，及时处置。出动各类车辆（设备）167 台次，出动执法人员 312 人次，清理各类非公路标志 17 块，整治各类非法架设（埋设）管线 23 处，查处占用、挖掘、损坏、污染公路（路肩种植物、打谷晒场）165 平米，清理路面堆积物等 310 立方米，清理占路为市、摆摊设点 79 处，首违轻微免罚案件 10 起，制止涉路施工行为 3 起。质量监督工作：2022 年全县在建交通工程项目共 64 个，其中县道 5 条 57.637 千米、乡道 28 条 159.273 千米、村道 13 条 23.855 千米和危桥 18 座，均纳入质量监督范围。通过定期检查和不定期巡查的方式开展质监工作。累计出动质监执法人员 236 人次，执法车辆 113 车次，查处各类公路水运工程违法案件 4 起，共处罚金 32000 元。下发整改通知书 21 份，下发综合检查通报 3 份，均严格实行闭环管理。

安全生产。坚持城乡交通一体化发展，推进农村客运班线公交化运营，形成以"县城为中心、东西两翼齐飞"的县域城乡公交一体化网络。全年采购新能源汽电公交车 21 台，开通 10 条城乡公交线路。对县内的农村公路、桥梁、临水临崖地段进行安全隐患巡查，共排查出隐患 21 处，进行常态化渡运安全隐患排查，全县渡口实现 34 年安全无事故。

（浮梁县交通运输局）

昌江区

2022 年，昌江区交通运输局持续推深做实交通发展工作，为建设现代化魅力新昌江贡献交通力量。

公路建设。紧抓农村公路建设，塔前至昌江区荷塘段（丽阳至东岗）公路改建工程，全长 5.4 千米，按三级公路标准设计，路基宽 7.5 米，路面宽 6.5 米，沥青路面，总投资 4100 万元，打通荷塘乡通三级公路。申报洪家村至彭家渡口、道观桥至芦源（芦源段）建制村通双车道项目库，总里程 3.9 千米，总投资 1482 万元。申报农村安全防护工程 10 条，总里程 10.9 千米，处置里程 10.8 千米，总投资 162 万元。做好 2022 年农村公路养护工作，同乡镇签订农村公路养护合同共计 88 人，安排专人定期对辖区内农村公路进行日常养护工作，制定 2022 年农村公路养护大中修计划，共计 8 条，总里程 13.901 千米，总投资 717 万元，省级补助 226 万元，合理安排 2022 年省级养护大中修资金的使用。申报"四好农村路"省级示范县创建工作，报送 2022 年全省"四好农村路"高质量发展现场会经验交流材料。

水上交通安全。根据江西省交通运输厅《关于印发推进改渡便民工程助力乡村振兴实施方案的通知》要求，结合昌江区渡口实际情况，撤销鲇鱼山镇良港村吴家渡口，对全区的渡运工作进行安全监管，开展渡口实地检查，对各渡船的应急救援设备进行检查、更新，落实水上安全管理主体责任，区乡两级签订《全区渡运安全责任状》。

运输管理工作。客运企业总共 5 家，客运车辆共计 118 辆，其中补换道路运输证 330 件、客运车辆年审 96 件，年审率达 100%。对原昌江区城乡公交班线进行重新优化组合，由原先的 9 条镇村班线增加到 10 条公交班线，对城区人流量较大的线路实行循环班次的同时加大公交班次的密度，于 2022 年 3 月 24 日新运行班次开始实行，在全市率先实现城乡公交一体化。在原有新能源公交 13 辆的基础上，昌江区政府先后两次投资近 1000 万元购置 18 辆新能源纯电客车以及充电桩，建造多处候车亭处，临时停靠点，实现全区所有行政村和高新区企业全覆盖。持续加大全域公交补贴力度，2022 年投入资金 400 万元，对全区公交班线经营性亏损进行补贴。对全区 65 周岁以上的老年人、离休干部、盲人、现役（伤残）军人、提报特困户实行免费乘坐公交车政策，累计发放老年人公交 IC 卡 3273 张。为各乡镇与企业打通"最后一公里"，为企业发展提供便利。

（昌江区交通运输局）

珠山区

2022 年，珠山区交通运输局以企业、群众的需求为先，助力交通物流业纾困。

企业发展。全区注册 1241 家货运企业（包含个体经营），新增 31 家，运输车辆 7168 台，新增车辆 953 台，完成 142 家货运企业（包含个体经营）许可换证工作，完成 4980 辆车辆年审工作，不收取企业任何费用，为企业节省 5 万余元换证费用。全区共有 4 家驾校，今年新增 1 家，培训车辆 307 辆。全区共有 56 家汽车维修企业，今年新增 32 家，其中一类 6 家，二类 21 家，三类 28 家，摩托车维修 1 家。珠山区综合交通中心今年在事项管理清单中需要承接的事项共有 56 项，目前珠山区综合交通中心根据管理权限领取 11 大项，完成 11 大项及各级小项的申领。

营商环境。根据《中国人民银行南昌中心支行 江西省交通运输厅转发关于设立交通物流专项再贷款的通知》文件精神，为物流货运企业对接各银行办理物流专项贷款 4833 万元；协助区发改委货运办退税返税近 2.2 亿元；为入驻众云物流平台的企业个体户免除半年服务费用 150 余万元。为企业免除罚单 10 余张，共计免除罚单总额 50 余万元。开展电子证照申领工作，33 家企业完成了电子证照申领。

农村公路建设。农村公路总里程为 74.982 千米，其中县道 2 条 14.614 千米，乡道 5 条 16.566 千米，村道 67 条 43.802 千米。针对辖区农村公路桥梁，坚持巡查常态化，对危险路面、桥涵、易塌方路段定期进行全面排查和养护，完成 2022 年农村公路养护工程设计，获得 2022 年省级养护工程补助资金 41 万元。推动农村渡口撤除工作，全面撤除青塘村桂坑渡口。完善电子地图数据质量，开展普通公路电子地图数据核查纠错工作，对涉及到 25 条农村公路和 5 座桥梁，逐一到实地开展定位和信息核查，通过路网采集软件现场拍照上传至数据库平台。

珠山任务建设。做好普通货运企业管理以及普通货运车辆的准入和管理方面工作。做好车辆燃料达标核查工作，按照国六新标准发放道路运输证 129 份。淘汰报废或停运年份较长的不符合标准排放的车辆 49 台。督促普货企业和汽车修理厂落实好环境保护和安全生产主体责任等工作共计 17 家。

交通安全生产。全面落实安全监管责任。针对企业，开展安全生产督导检查工作，对辖区内货运企业、危货企业、维修企业及驾培机构开展安全生产检查，开展危险化学品道路运输安全集中整治、交通运输行业安全隐患大排查行动、安全生产"打非治违"百日行动。针对铁路环境，加强协调统筹配合有关部门和地方推进重点铁路道口"平改立"工作，为铁路运输安全畅通保驾护航。重点时期进行重点保障，针对汛期及节假日召开专题会议，提前谋划、完善预案、精心组织、狠抓各项措施的落实，严格执行24小时值班值守和领导带班制度，做好上传下达，保持通讯畅通。

（珠山区交通运输局）

萍乡市

2022年，萍乡市交通运输局荣获2022年度全省交通运输安全生产工作先进单位、全市安全生产工作先进单位、全市"五区"建设优秀服务单位。萍乡市荣获"四好农村路"示范市称号，上栗县入围"四好农村路"全国示范县创建单位。

重点项目建设。沪昆高速萍乡段改扩建工程于2022年10月开工建设，萍乡绕城高速公路于2022年12月29日开工建设。中环东路项目建设强力推进，完成投资额13.33亿元。完成农村公路新改建203千米、危桥改造16座、安全生命防护工程163.2千米、美丽生态文明路92.1千米、养护工程106千米，完成投资额7.2亿元。交通场站建设成效明显。城东公交站投入使用，城北公交站具备停车能力，城南公交站场项目土地手续基本办理完成。芦溪汽车站、上栗汽车站完工，武功山金顶汽车站完成主体工程，新动工的银河镇客运站和南坑镇客运站两个农村客运综合服务站正加速推进。

运输管理。2022年新增网约出租汽车524辆，累计发放网约车驾驶员证3455本，订单双合规率达到66%。新增网络货运企业2家，整合货运车辆3910辆，完成货运量25.4万吨、货运周转量17774.35万吨千米。开展多样化、高品质、个性化的定制客运服务，开通萍乡至长沙等4条定制客运线路。助力企业纾困解难，累计发放专项再贷款共计1.07亿元。落实租金减免政策，减免租金12.17万元。推进"公交城市"创建。全市新增新能源公交车46辆，其中低地板及低入口公交车16辆，适老龄化交通出行服务水平全面提升，优化调整城区公交线路3条。

行业治理。开展"黑车"、出租汽车行业经营秩序乱象整治行动，严厉打击道路运输市场违法行为，累计查处违法违规行为960起，其中非法营运案件324件、处理纠正其他扰乱市场秩序案行为636起。加大治超工作力度，累计检测货运车辆63万余辆，查处违法货运车辆956辆，处罚金额140余万元，对68家源头企业和源头单位下达整改通知书，对3家源头企业进行"一超四罚"。出台《萍乡市交通运输局重大行政决策合法性审查办法》等系列制度并强化落实。新证、新装、新思想"三新"工作顺利推进，全系统285名执法人员通过执法资格考试并更换执法证，市、县执法机构完成新型制式服装更换。

行业服务。推进营商环境"一号改革工程"。2022年受理行政许可事项1702件、依申请类事项15931件、"一件事一次办"462件，"一网通办"率达到100%，该市"跨省通办"网上申请量位列全省前列。推进"电子证照"工作，自2022年8月开办以来，累计发放电子证照5632本。落实公路项目挂网招投标要求，"不见面开标、远程异地评标"覆盖率达100%。严格落实保障农民工工资支付工作，2022年全市交通建设项目未出现欠薪问题投诉。

安全生产。以安全生产专项整治三年行动"巩固提升"为核心，推进行业安全生产专项整治"十大攻坚"任务，确保党的二十大、春运、中秋国庆、防汛等重要时间节点的平安平稳，全年未发生较大及以上安全生产责任事故。着力防范化解重点领域风险隐患。2022年共排查全行业风险点163处并全部采取管控措施，排查隐患277个并全部整治到位。截至2022年12月底，共接入并提供服务的各类运输企业133家，监控车辆3680余辆，构建了一张动态安全监控的"天网"。依托平台监管数据加强执法监管与"打非治违"力度，重点检查了隐患企业 36 家次，警示约谈重点问题企业 27 家次，检查处罚违法企业 19 起，查处各类交通运输违法违规行为 480 余起，处罚 70 余万元，不安全运输行为呈大幅下降趋势。

（萍乡市交通运输局）

安源区

2022 年，安源区交通运输局加快推进交通运输基础设施建设，为全区高质量发展提供了强有力的交通运输保障。

项目建设。丹井大道一期工程在 2021 年 9 月底完工，实现与萍莲高速同步通车。中环东路正在加快推进项目建设进度，预计在 2023 年 10 月份建成通车。沪昆高速四改八正在进行征地拆迁工作和项目土地报批手续工作。萍高路改造正在积极协调相关部门办理工可立项批复等手续。

项目储备基础。申报公路路网改造计划 12 千米，预计争取补助资金 1439.5 万元。配合市局创建"四好农村路"示范市工作，投资 200 万元完成路面改造 1.44 千米，人行道改造 1.49 千米。完善公路投资建设。全区公路建设总投资完成约 2.47 亿元，全面超额完成市下达任务。组织对境内两条国省公路干线拓宽改造项目进行了工程可行性研究，申报了对境内三条县道进行规划调整。

治超工作。推进科技治超，投入 1000 万元建设了 4 个公路不停车超限检测点并接入省治超平台。路面治超，针对重点路段、重点时段开展联合流动检测，检测货物车辆 2566031 辆，查处违法车辆 207 台。

道路运输工作。办理年审手续 1717 辆次，车辆转籍 152 辆，新办普货运输企业 15 家，网络货运企业 1 家。

（安源区交通运输局）

湘东区

2022 年，湘东区交通运输局积极构建内通外联的综合交通体系，加快推动交通项目建设。

重点项目建设。完成萍麻公路升级拓宽改造项目等四条道路的建设方案编制。县道 803 南坑至麻山段已完成征地、拆迁工作，已完成施工图编制。省道 308 栗塘至凤凰段已完成工可编制，正在准备土地预审相关资料。成立沪昆高速公路改扩建（湘东段）和萍乡绕城高速（湘东段）协调推进领导小组，配合做好项目工可等前期事宜。

农村公路建设。完成项目建库、计划申报、农村公路资产计价统计核算、普通公路电子地图数据核查等工作。2022 年预计共可完成农村公路建设项目总投资 1.03 亿元。

农村公路养护。健全农村公路管理养护领导机构和考核机制，制定管理养护检查考评方案。养护工程建设工作，完成县道路面大中修 16.1 千米。全区安防建设任务 36.79 千米已全部完成，安全隐患排查整治 106 处，清理水毁塌方 5200 余方。创建省级美丽生态文明农村路 26.1 千米，协助创建"四好农村路"省级示范市工作。

交通监管。开展交通在建工程质量与安全检查，实现质监项目 100% 检查全覆盖。加大治超工作力度。出勤执法人员 2902 人次，检测货运车辆数 34904 辆，查处违法车辆 271 辆，卸载货物 12244.365 吨。成立交通运输服务窗口，办理交通运输行政许可共计 1427 件。

安全生产。组织召开 6 次交通运输安全生产工作会，对节假日及党的二十大召开期间的安全工作进行工作部署。深入各乡镇、农村道路等进行交通运输安全隐患大排查，出了 420 余人次，共排查出安全隐患 143 处，共下发整改通知书 13 份。印发《湘东区交通运输领域安全生产"三包"监督责任制的事实细则》对农村公路、运输企业等进行了分区监管。

（湘东区交通运输局）

芦溪县

2022 年，芦溪县交通运输局全力开展芦溪交通运输事业建设。

交通发展建设。规划先行，编制《芦溪县"十四五"综合交通规划》。大力推动萍乡绕城高速、沪昆高速改扩建工程、长赣高铁等重点项目。推进省道 311 张佳坊至源洴段公路改建工程等"十三五"重点交通基础项目的交工验收、路面摊铺等收尾工程。

构建农村路网。积极对接，做好农村路网项目申报工作。下达计划 21 个，争取上级项目资金 1276.2 万元。注重管养，打造美丽精品农村公路。做好全县 156.35 千米县道、413.07 千米乡道、1184.455 千米村道的养护管理工作，全县农村公路列养率达 100%、经常性养护率达 100%、公路技术状况优良中等路比率达 75% 以上。精益求精，创建全国优秀示范县区。继续加大农村公路的"建、管、养、运"力度，积极申报全国"四好农村路"示范县。

行政执法。坚持标准建设，推进岗位速融。推动岗位人员流动，优化交通运输综合行政执法机构人员的力量配备。坚持联合执法，强化执法力度。开展整治"马槽车"专项行动等联合执法，共查处非法改装车辆 17 辆，货运司机自行切割栏板 120 余辆。坚持深化创新，提升执法效能。建立了道路管养联动机制，交通运输执法工作与道路养护工作有机联动。

城乡交通运输一体化创建。年初制定申报全国第三批"城乡交通运输一体化示范县"创建工作方案，积极与上级部门对接。结合县客运站的运行和客运中心功能，推进泸溪县城市公交线路及部分客运班线优化整合。补齐泸溪县农村寄递物流短板，打通货运物流运输的"最后一公里"，推动农村产业发展，助力群众创收增收。

（芦溪县交通运输局）

上栗县

2022 年，上栗县交通运输局统筹做好疫情防控、交通基础设施建设等工作，圆满完成了既定目标和各项任务。

重点项目建设。全面推进上栗汽车客运中心站建设。累计完成工程造价 6747.39 万元。紧前谋划长赣高铁新区建设项目，基本确定设计方案。加快推进上栗国道 319 绕城一期大修工程等其他重点项目建设。

"四好农村路"全国示范县创建。斥资 300 余万元美化路域环境，精心打造养护站、物流中心等核查点，申报材料通过四部委审核，并列入四部委拟确定 2022 "四好农村路"全国示范县创建单位的公示名单。

综合执法。做好治超治限工作。加大 319 国道、高速挂线、环城路、X151 等重点路段的执法工作力度。多次联合桐木政府、桐木交警对桐木路段超限超载及扬尘抛洒进行专项联合行动。强化国庆期间和党的二十大召开前后等重点时段对危桥施工现场进行安全巡查督导，完善村村通沥青 EPC 项目的交工验收；针对重点路段进行安全隐患排查，路政巡查共出动执法车辆 285 辆次，出动人员 1286 余人次，下发法律 14 份、清理占道经营 10 处、清理非公路标志标牌 8 处、清理各类占道堆积物 12 处、发放宣传单 800 余份。

赣湘合作。昌栗高速西延列入江西省"十四五"规划，赣湘合作大道、省道 225 延伸线等全面完成工可编制；强化部门协作推进赣湘合作项目建设。加强与浏阳、醴陵等兄弟单位对接合作。与醴陵市交通运输局签订《赣湘合作基础设施互联互通战略合作协议》《联动治理货物运输车辆超限超载合作协议》。

（上栗县交通运输局）

莲花县

2022 年以来，莲花县交通运输局聚力补齐交通基础设施短板，着力提升运输服务质量，致力提高行业治理水平，全面促进"四好农村路"建设科学发展，努力建设人民群众满意交通。

项目建设。重点项目建设。东湖至六模公路畅通工程累计完成工程总量约 3500 万元，预计明年 6 月全面完工通车。国道 322 莲花县富民至寨里段公路新建工程（绕城公路）预计年内可完成批复。寨里至转型产业示范园公路改建工程（南绕城）正在开展立项申报等前期工作。农村公路建设累计完成总投资约 0.675 亿元。

行业监管落实。疫情防控。加强从业人员个人防护督促指导，与县交警部门联动，加强对重点地区来莲、过境货运车辆管理。路政管理。严厉打击乱堆乱放、占路为市、乱搭乱建等"道乱占"的违法行为，切实维护路产路权；加强境内砂石、水泥等原料聚散地周边路段的巡查和布控，严厉打击扬尘、抛洒等违法违规行为。市场监管。累计开展各级各类督促检查122次，发现整改问题50余起，建立台账、闭环管理，及时整改销号，保障行业安全。治超管理。全年超限超载率严格控制在1%以内。安全生产。推动"三管三必须"继续在行业内落到实处，共检查运输企业60余家次、排查整治安全隐患问题106起，完成平交路口安全隐患整改13处。

改革、服务，环境优化。梳理行政许可事项33项、公共服务事项22项，并逐一进行流程优化再造。引导公交企业开发县工业园区"智慧出行"APP应小程序，方便员工便捷高效出行。着力提升农村公路治理能力，采取"1+4"模式实施农村公路养护管理。

（莲花县交通运输局）

经济技术开发区

2022年，经开区建设局交通工作较好地完成了各项任务。

项目申报和建设工作。多措并举，助推交通道路基础设施建设。以"带资建设"模式承接了市级工业平台路网基础设施建设，建设规模达1.6亿元；向省交通厅上报2022年农村公路建设项目4个，项目总里程12.3千米。项目储备库4个项目总投资31.96亿元。因势利导，全力争取农村公路补助资金。农村公路方面争取上级补助资金约800万元。积极协调，做好沪昆高速改扩建项目各项工作。完成先行用地征用和项目临时设施用地的征用工作，项目红线内施工用地征用工作福田镇已基本完成。

行业管理工作。交通行业管理对象主要有78家普货运输企业、72家汽修店和4家驾培学校。审批方面实行"容承诺办理""当日办理"，全年新批复23家普货运输企业、2家汽修店进行批复、办理4家驾培机构的备案或案变更。管理方面建立机动车服务管理微信群进行交流，32家一、二类维修企业质量信誉考核复评考核率100%。服务

方面组织区内驾驶员参加全市从业资格考试59场。推动32家一类和二类维修企业汽车维修电子健康档案系统注册率达到100%，三类维修企业注册率超过了65%。执法工作方面交通违法违规明显减少，交通运输市场更加平稳有序。

安全生产工作。拨付150余万元用于农村公路安防设施建设，重点完善了CW67路口—屋场等一批乡村道路安防设施。安全日常巡查工作全年巡视企业40余家，发现隐患问题13处，全部整改到位。铁路沿线安全隐患整改工作清除安保区内菜土13处，拆除茅草屋9间，清除盖网800多平方米，砍除树枝7处，对高铁桥墩处堰塞湖排水处理1处，有力保障铁路运行安全。

（经开区建设局）

武功山风景名胜区

2022年，武功山风景名胜区交通运输局积极有效地开展各项工作，取得一定的工作成效。

加强建筑行业管理。强化建筑项目管理，完成建设工程招标项目共35个，项目建设总投资约35000万元。落实安全生产责任，共检查在建工地48次，下发整改通知单48份，停工通知单19份。积极开展消防验收，开展建筑工程消防审验抽查在建工地7个，下发整改通知单5份。

规范交通行业秩序。积极推进交通行业管理工作。促成市交通运输综合行政执法支队七大队来该区入驻协助管理打击黑车、管理运输企业等工作。坚持做好安全生产保障。督促客运企业不断强化日常安全工作组织领导和监督管理。高标准履行交通在建工程项目安全生产监督管理职能。全年共出动50余人次对在建项目进行安全生产检查。积极对接公路养护公司，确保了道路的安全畅通。常态化开展打击"黑车"行动。扣押、处罚非法营运车辆29辆，罚款15.9万元。

推进重点项目建设。金顶汽车站项目完成主体建设。蔡家至东江项目完成建设3.5千米。省道311武功山蔡家至麻田公路改建工程完成建设3.5千米省道拓宽。钟鼓楼至熊岭旅游公路完成建设6.5千米。

（武功山风景名胜区交通运输局）

九江市

2022年，九江市交通运输部门全速推进公共交通基础设施建设，全面构建内联外通的现代化交通网络，全力提升交通运输服务水平。

农村公路。全年完成农村公路建设投资32.5亿元，占年度目标任务的153.3%，完成新改建农村公路760.121千米，占年度目标任务的172.83%，完成危桥改造80座，占年度目标任务的169.23%，完成安防工程273.434千米，占年度目标任务的116.85%。印发九江市《创建"四好农村路"示范市三年行动方案》，并督促指导13个涉农县（市、区）研究出台了本区域的"三年行动方案"，召开全市"四好农村路"高质量发展现场会。湖口县为2022年四好农村路全国示范县创建单位，共青城市、德安县评为省第七批四好农村路示范县。

高速公路。通山至武宁高速开展路基、隧道、桥涵施工，累计完成投资33.67亿元，占总投资的77.8%；通城至修水至铜鼓高速完成工可报告初审意见和用地预审、选址公示；德安至武宁高速路线工可报告初稿编制完成；阳新至武宁至樟树高速完成现场踏勘和工可报告初稿并提交工可咨询单位开展咨询服务；九江至湖口跨湖二通道完成工可招标，开展工可及相关专题研究；正在实施福银高速江西段二通道、宿松至彭泽、彭泽至东乡、瑞昌至武宁等高速前期工作，开展路线方案比选、工可研究。

过江通道项目。推进瑞昌至武穴、九江至黄梅、永安至新开等过江通道前期工作。瑞昌至武穴过江通道正进行工可报告及图表编制；九江至黄梅过江通道处开展工可研究、桥位路线方案论证阶段；永安至新开过江通道处预工可招标工作、组织编制招标方案阶段，委托交通部运输规划研究院完善国道105路线规划调整。

民航客运网络布局。"西安—九江—深圳""北京—九江—海口""上海—九江—成都"等航线相继通航，以九江为中心的三条线六个点的"米"字形航空网络布局基本形成。全年飞行1760架次，旅客吞吐量111524人次，为九江构建"四位一体"现代化交通体系补齐空中短板。

民事实事工作。九江市列为全省"十四五"期间国家公交都市创建申报城市。实施"多网合一"管理，整合运政、客运、治超、公交、出租车、网约车、两客一危等平台，推动智慧交通建设。完成春运、国庆等重要节点客货运输工作任务；落实省运会交通运输保障工作，安排旅游包车2954辆次、城市公交946辆次，接送嘉宾和观众等共40.7万余人次，完成开闭幕式和其他赛事交通运输保障工作。公交基础设施建设不断优化。推进公交怡庐苑和怡康路首末场站建设，优化新增公交线路7条。推进老旧柴油车淘汰报废，淘汰老旧车827辆，全年新增及更换新能源公交车120辆。开通"家校定制公交""工业园区定制公交"等定制公交。

惠企纾困政策落地。推行"双随机、一公开"监管。动态调整"双随机"事项15项，重点监管事项35项，完成跨部门联合抽查工作，实现"除重点监管外双随机覆盖率""联合部门检查事项占比"两项指标均达100%，无事不扰比例达94%。共办理经营性客运车辆更新许可44件，办理客运班线备案事项9件，从业资格证办理28051件。支持九江长运公司设立火车站下广场分站场地建设。发放日常疫情防控物资6.7万件（套）。落实客运（含公交）企业新能源汽车购车金额20%的补贴政策。兑现市公交集团公司核酸检测财政补贴约14.3万元。

新冠疫情防控。全方面落实防控管控措施，加强场站日常管理，督促消毒、通风等各项防控工作，落实人员"三查一戴"等防疫措施，及时停止发往中高风险地区客运班线138条。开展5次专项疫情防控督导检查，对全市37个高速收费卡口疫情防控措施落实进行核查，完成全市25个收费站点通报问题的整改。全年全市网上申请办理通行证共 11423 张（其中省内 5869 张、跨省 5554 张）。

运输市场整治。通过源头核查、路面巡查、平台监管等举措，保持严厉打击非法网约车的高压态势，提高网约车"双合规率"，净化网约车市场环境。投入执法人员 27812 人次，车辆 7632 辆次，联合执法 1519 次。办理道路运政执法案件 1487 件，其中办理非法营运案件 302 件，网约车违法违规经营案件 136 件，普货运输违法违规经营案件 757 件，危货经营者违法违规经营案件 43 件，其他案件 247 件。

超限超载治理。强化货运源头治超监管，完成 137 家全市重点源头单位接入省治理超限超载管理系统平台，实现重点源头单位数据实时监管。运用省治超综合管理平台，采取"后台与路面"相结合的治超新模式，打击货运车辆超限超载运输行为。推进治超非现场执法试点工作，全市建设不停车检测点 52 个，启用 42 个。治超目标考核位列全省第一。印发实施《九江市治理车辆超限超载工作责任追究办法（试行）》《九江市货运车辆超限超载治理工作联合执法常态化制度化实施方案》。投入治超执法人员 63300 次，检测货运车辆 617121 辆次，查处违法货运车辆 6984 辆次，超限超载率为 1.13%，其中交警处罚 4381 辆次，扣分 10366 分，卸载超限超载货物 54212.882 吨，恢复非法改装车辆 456 辆。

安全生产。推进安全生产"打非治违"。针对道路运输企业、危险品运输企业、普货运输企业、客运站场、交通在建工程、渡口渡运等 6 个重点行业领域，开展安全生产"打非治违"行动和安全生产大检查。共出动执法人员 528 批次，参与执法 2872 人次，共查处非法营运、非法改装等案件 108 件，查处违法行为 546 起，共排查发现问题隐患 303 项，闭环销号 303 项，对重大安全隐患挂牌督办 1 项，企业自查并整改 691 项。开展专项整治行动。组织交通领域安全生产"整治月"活动，排查并督促整改农村公路安全隐患 27 处。开展燃气安全百日专项整改行动，加大企业动态监控抽查力度，查处 9 起非法危化品运输行为。推进经营场所房屋建筑安全隐患专项排查整治，共排查行业经营性场所共 58 处，排查安全隐患 2 处。开展安全生产大检查活动，检查交通运输管理部门 4 个，检查

交通运输企业 6 家，发现安全隐患问题 112 处，整改 112 处。

（九江市交通运输局）

都昌县

2022 年，都昌县交通运输局完成通村公路窄路面拓宽 6 条，13 千米，完成建制村通双车道 5 条 11.8 千米，完成产业路 2 条 1.5 千米，共计约 3000 万元；省道 214 马都线都昌县城东大道项目起于新妙湖大道，终于省道 209，线路全长 7.478 千米，总投资约 4.58 亿元，于 2022 年 3 月开工，完成投资 1.04 亿元，计划 2023 年 12 月全线通车；城区疏港公路项目起于和合乡黄金嘴，沿鄱阳湖岸线终点与都昌镇西河路平交，全长 18.3 千米，总投资 2.1 亿元，于 2021 年 10 月开工，年内完成投资 1.02 亿元；南峰至芗溪"四好农村路"改造工程完工、七角至素仙 K0+000-K5+120 段完成了第一次油面铺设，完成投资 5541 万元。完成危桥改造 21 座，完成投资 2415 万元。

完成县、乡道大中修 29.5 千米，维修破损砼路面 72275 平方米，投入养护资金 1292 万元，公路列养率达 100%。建立村道安全隐患处置项目库 169 个，处置隐患里程 208 千米。加强路政巡查管理，全年出动执法人次 1080 次，出动车辆 216 次，清除路面堆积物 1765 立方米，拆除非公标牌 23 块，制止乱搭乱建 7 处，路域环境明显好转。

客运公司 5 家，（国营客运企业 1 户，私营股份制客运企业 4 户），公交公司 1 家（国营客运企业），出租车公司 2 家，农村客运站 32 个（含都昌城东客运中心二级车站 1 个和简易车站 31 个），货运企业 61 户，客运班线 114 条（省际班线 7 条，区际班线 14 条，县际班线 18 条，县内班线 75 条），客车 184 辆 5272 座。公交车 44 辆，出租车 108 辆，货运车辆 487 辆 6080 吨，客运量 118.8 万人次，客运周转量 5227.2 万人千米，货运量 3960 万吨、货运周转量 570240 万吨千米。

（都昌县交通运输局）

万元，营造安全、便捷、高效的交通运输环境。

（湖口县交通运输局）

湖口县

2022 年，湖口县交通运输局完成县道升级改造 9.8 千米，建制村窄路面拓宽工程 3.8 千米，产业路 2.4 千米；养护大中修 13.47 千米。启动三里至屏峰作业区疏港（环鄱阳湖旅游）公路、银砂湾作业区至彭湖高速大坝出口疏港公路建设工作。重建工程天山桥，位于武山镇农科所至天山（Y769360429），工程总造价 114.6 万元；王高泉桥，桥梁位于武山镇武前至王常（Y465360429），桥梁全长 38.04 米，工程总造价 190.12 万元。投资 280 万元的付垅车站投入使用，启动武山车站新建工作。

现有农村公路 1281.668 千米，其县道 127.391 千米，乡道 299.703 千米，专用道路 0.655 千米，村道 853.919 千米。落实农村公路日常养护资金，实现县道、乡道、村道养护全覆盖。全年完成养护大中修 13.95 千米，投入资金 866 万元，对日常管养、小型维修及专项养护。投入 300 余万元大力整治农村公路路域环境，加装减速带 13 处共 276.25 米，安装护栏近 3000 米，消除病害面积 4500 平方米；对 7 条县道开展安全隐患专项整治，对约 42200 米标线进行除旧及重新施划，补充 3368 平方米震荡标线及生命安全防护栏进行翻新维修，全面推动"四好农村路"高质量发展。

货运企业 143 家，客运企业 8 家（长途客运企业 1 家，城际公交企业 1 家，城市公交车企业 1 家，农村客运企业 1 家，包车客运企业，城市出租车企业 3 家）；驾培机构 4 所，现有教练 81 人，教练车辆 93 台；县城汽车站 1 个，农村客运站 7 个，镇村公交候车亭 120 个；现有长途客运班线 4 条（跨省线路 2 条，跨市线路 1 条，跨县线路 1 条）城市公交线路 8 条，农村客运线路 10 条；跨县以上班车 28 辆，农村客运汽车 94 辆，城市公交车 55 辆，出租车 87 辆，货运车辆 2431 辆。2022 年，全县客运量 226.6 万人次，客运周转量 3399.2 万人千米。

开展道路运输市场专项整治行动。查处各类道路运输市场违法违规行为 95 起，其中查扣盘踞在湖口县高速公路路口、火车站、中医院门口、妇幼保健院门口的非法营运车辆 17 台，共处罚金 16

彭泽县

2022 年，彭泽县交通运输局完成县道升级改造项目 1 个，里程 6.7 千米，投资 3395 万元；完成乡道双车道改造项目 10 个，里程 25.6 千米，投资 5363 万元；完成路面改造项目 22 个，里程 44.5 千米，投资 1.4 亿元；完成"五路"项目 4 个，里程 3.6 千米，投资 1720 万元；完成省道 209 乐观村至童家弄段公路改建工程，投资 1.2 亿元；推进省道 214 马都线彭泽南阳至东风段公路改建，项目总概算 6872.4 万元，改造提升为一级公路。完成危桥改造项目 15 个，557.44 延米，投资 3216 万元；完成彭泽县县城汽渡渡口升级改造项目，总投资 1300 万元。重点项目建设。彭东高速：项目起点位于彭湖高速，途经余家堰水库、乐观、杨梓后离境，终点抚州市的东乡县。彭泽境内全长 21 千米，总投资约 22 亿元。宿彭高速：成立推进专班，江西省交通设计研究院作为项目前期研究单位启动工可研究工作，部分专项同步启动。九江港彭泽港区棉洲圩锚地工程：项目位于彭泽县定山镇棉洲村下三号洲洲头上游，距离上游红光国际港码头约 2.7 千米，工程总投资约 1690 万元，启动项目施工建设。彭郎矶疏港通道项目：项目起点位于彭郎矶作业区，终点位于马当高速连接线，完成投资 35000 万元；该项目完成 13.1 千米路基路面，尾段 1.6 千米。

全年受理质量监督申请的项目 12 个，其中危桥改造项目 7 个，公路改造项目 5 个；全年完成交工检测的桥梁项目 14 个，农村公路改造项目 12 个，合格率 100%。全年组织对在建项目的抽查共计 30 余次，下发抽查意见通知书 6 份。

投入 14 万元完成 576 千米农村公路技术状况检测评定工作；投入 986 万元完成 89.3 千米农村公路生命安全防护工程；完成 122 处道路安全隐患整治工作。

现有客运公司 3 家，客运车辆 102 辆，公交公司 2 家，公交车辆 67 辆，出租车公司 1 家，出租车 65 辆，通过 2022 年城乡公交一体化改造，优化城市公交线路 3 条，原客运班线转换为村镇公交线路共 14 条，更新 21 台新能源公交车。全县 17 个乡镇 158 个行政村全部通客车，通客车率达到 100%。货运企业 99 家，货运车辆 2426 辆。2022 年客运量 19.5365 万人次，客运周转量 1872.6314 万人次。货运量 103 万吨，货运周转量 23632 万吨千米。

全县共有 14 道渡口，渡船 17 艘，分布在江西、安徽两省、五个乡镇（龙城、棉船、马当、复兴、华阳），总载客数为 1090 人，净载总吨位 704 吨，年客运量 1200 万人/次；汽车渡口 4 道、渡船 5 艘，载车总数为 62 车位，总功率 1308.2 千瓦，净载总吨位 1052 吨，年运载车辆 314000 台/次，船员 42 人。

（彭泽县交通运输局）

修水县

2022 年，修水县交通运输局完成建设、改造公路大小工程项目 21 个 130.5 千米，总投资 28999.7 万元。其中：完成县乡道路面改造工程项目 4 个 11.6 千米，投资 765.5 万元；完成旅游路工程项目 1 个 3 千米，投资 1374 万元；完成路网连通路项目 1 个 6.5 千米，投资 1872 万元；完成县道升级改造项目 5 个 20.4 千米，投资 8219 万元；完成通乡镇和 3A 级景区公路建设项目 1 个 1.9 千米，投资 3093.7 万元；完成建制村双车道改造路项目 9 个 87.1 千米，投资 13675.5 万。全年完成危桥改造项目 20 个，桥梁总长 734.596 延米，投资 3492.85 万元。创建大桥至古市 10 千米，游墩至山口墩 12.6 千米文明示范农村路。完成水树湾口桥等危桥改造项目 20 个，桥梁总长 734.596 延米，总投资 3492.85 万元。启动四都白马坑渡口、北侧码头重修工作。

完成农村公路村道安防工程项目 13 个，治理隐患里程 20 千米；增设减速带 2000 余米。投入 500 多万元实施道路维修保养项目 130 多个；清理道路塌方 3 万立方米，沥青冷补料填补路面坑槽 2 万平方米；全县 4691.6 千米农村公路养护里程实现"有路必养"。安排补助资金 456.4 万元（含县道），实施日常养护项目 91 个。

查处违规非法营运案件 68 起，查处网约车 23 辆，查处不按线路行驶和未取得经营许可从事网约车运输及非法改装货车 73 辆，违规出租车 4 辆，违规教练车 11 辆，规范经营者的经营行为，保障运输市场安全稳定有序；2022 年道路运输从业人员资格报考人数 192 人，通过培训考试发证的有 90 人；窗口受理行政许可及公共服务事项申请 5283 件，按期办结率 100%，满意率达 100%。

现有客运班线共 82 条，其中跨省线路 20 条，跨地市线路 8 条，跨县线路 8 条，县内班线 46 条；全县共有客运车辆 307 辆，站点 632 个，2022 年客运量为 95.3 万人次。注册物流公司 9 家、托运部 12 家，货运汽车 150 辆，25000 吨位，全年完成货运吞吐量 130 万吨。全县新增江西万城物流、江西联福物流两家 AA 级物流企业。

全县共有渡口 7 个，渡船 8 艘，水路运输企业 1 家（客船 2 艘，客运码头 2 座）。2022 年，共检查客船 12 艘次、渡船 75 艘次，船旗安全检查 6 艘次，船舶现场监督 5 艘次，出动执法人员 200 余人次，保障水运安全形势稳定。对程坊库区、抱电库区等重点水域进行安全巡航检查 23 次，出动船艇 23 艘次，出动人员 70 余人次。2022 年，修水辖区内未发生水上交通安全事故，水上交通安全形势持续稳定。

（修水县交通运输局）

武宁县

2022 年，武宁县交通运输局完成纽丝至杨岭等 4 个建制村和乡道双车道拓宽改造工程，全长 22 千米，投资 2783 万元；完成大坝至董家等 9 个窄路面拓宽公路建设，全长 16.6 千米，投资 1197 万元；新宁镇、上汤乡等村道安防 133 个项目处置安全隐患里程 137.6 千米，投资 2214 万元；完成了澧清线、金株线等农村公路大中修工程，全长 16.4 千米，投资 1620 万元；完成了罗庙线美丽生态示范路建设，全长 22.3 千米，投资 1003 万元；完成官塘坪至铁路岗水泥路等"四好农村路"建设项目 56 个 47.907 千米，投资 1714 万元。共完成横路乡南坑村南坑桥等危桥改造项目 13 个，全长 542 米，投资 2689 万元。

全县落实路长制公示牌设置工作（县道 16 块，乡道 87 块，1 千米以上村道 502 块）；完善路长制智慧信息管理平台建设，实现建、管、养、运四个模块全过程信息化管理；完成西片区 100 千米县道日常养护市场化改革，养护成效显著提升；投资 190 万元完成了澧清线、宋巾线等 3 千米县道破损面板修复工作；投资 65 万元对船南线县道安防、警示标志、标线进行完善。

武宁县有长短途客运公司 1 个，城市出租车公司 2 个，城市公交车公司 1 个，旅游客运公司 1 个，县城汽车站 1 个，农村公路综合服务站 2 个，农村客运站 4 个，候车亭 50 个，货运企业 55 家。现有客运线路 19 条，镇村公交 34 条，客车 72 辆，公交车 30 辆，出租车 130 辆，旅游客车 27 辆，货运车辆 661 辆。2022 年道路客运量 38.9 万人次，客运周转量 3195.5 万人千米；货运量 593.1 万吨，货运周转量 101952 万吨千米。

2022 年全县共查处货运车 410 辆，罚款 119 万元，卸货 1207.61 吨，其中交通处罚 206 辆，非法改装车辆 139 辆，处罚 72.5 万元；查处非法营运车辆共计 44 辆，罚款 23 万元；其他违法行为车辆 51 辆，处罚金额 24.7 万元，遏制道路运输非法运营和违法行为发生。

（武宁县交通运输局）

永修县

2022 年，永修县交通运输局实施"四好农村路"建设农村公路改造 125 千米，投资 5 亿元；完成万宝路跨铁路桥项目(含跨铁路桥建设)，投资 3.5 亿元；完成三角乡农村公路灾后重建项目，投资为 1.35 亿元，其中县乡道路 25 条，共计里程 56.38 千米、桥梁 2 座，水渠 1 条。完成总投资约 3 亿元环城西路和湖东道路新建项目前期准备工作。完成立新大桥等 6 座危桥的改造，其中，立新大桥全长 286 米、全宽 12 米，投资 2716 万元；罗家桥全长 24.64 米、全宽 8 米，投资 104.95 万元；四联桥全长 22.74 米、全宽 8 米，投资 93.08 万元；胡家桥全长 19.4 米、全宽 7 米，投资 84.68 万元；北山桥全长 20.22 米、全宽 8 米，投资 97.84 万元；花桥全长 35 米、全宽 8 米，投资 118.72 万元；永修县泗洲大桥（撤渡建桥）项目完成初步设计。现有客运车站 3 个，分别为九江长运永修汽车站、虬津

汽车站和南昌公交永修枢纽站。长运永修汽车站是按国家一级车站建设标准建设，总建筑面积为 1 万余平方米，总投资 1.5 亿，可日发班次 138 个班次，日输送辆 5000 人次。南昌公交永修枢纽站作为城市公交枢纽站，占地面积约 30 亩，年内投入 200 余万元建设充电桩 10 个。

全县农村公路日常养护里程 1816.157 千米，投入养护资金 785.83 万元。小、中、大修（养护工程）46.12 千米，投资 1527 万元；投入 1200 万元对全县农村公路有安全隐患的路段、平交路口进行治理，消除道路安全隐患。

现有载客汽车 94 辆，2757 客位；载货汽车 1371 辆，9632 吨位。2022 年全县客运量 156.6 万人次，货运量 265 万吨。客运周转量 19691 万人 / 千米。货运周转量 23650 吨 / 千米。全县公路客运线路为 47 条。有二类维修厂家 11 户，三类维修厂家 34 户；各类驾校 5 家（二类驾校 1 所、三类驾校 4 所，教练车 126 台）；机动车综合性能检测站 2 家。公路货运单位和经营者 63 户，其中道路危险品货物运输企业 8 家，危险品运输车辆 131 辆，货运汽车 1371 辆，年运量 360 万吨，货运周转量 32923 万吨千米。

全县有机动车维修专业户 48 家，一类企业 0 户，二类企业 11 户，三类专项 35 户；有车辆性能检测站 2 家，年度上检车辆 350 辆，其中货运车上检率 100%，

有 2 家航运公司：永修县航运公司、九江振兴轮船有限公司，经营省际沿海成品油水路运输，有油船 10 艘、总吨位 55064 吨。

（永修县交通运输局）

德安县

2022 年，德安县交通运输局完成交通基础设施建设投资 10 亿元，完成农村公路建设 23.7 千米；完成农村公路养护总里程 1138.281 千米，其中县道 189.009 千米、乡道 319.55 千米、村道 629.722 千米。昌九高速德安南互通开工，项目总投资 3 亿元，预计 2023 年底建成通车。打造县道升级改造工程，完成"五路"项目 2 个、14.3 千米，三级公路，总投资 5789 万元。完成县道三级公路升级改造工

程项目三个，建设里程 9.4 千米，投资 3852 万元。完成公路建设 23.7 千米，建立县、乡、村三级"路长制"管理模式，投资 480 万元对创建选定路线相关配套设施进行升级改造。2022 年获批江西省第七批"四好农村路"示范县。

交通运输保障成效明显。拥有农村镇村公交候车亭 114 个；县城公交线路 4 条，农村镇村公交客运线路 28 条；跨县以上客运班车 8 辆，农村镇村公交客运车 36 辆，城市公交车 27 辆，巡游出租车 100 辆，货运车辆 1972 辆；有客运企业 AA 级 2 家，客运站企业 AA 级 1 家，公交企业 AA 级 1 家，危货运输企业 AA 级 1 家，驾驶员培训机构 AA 级 4 家，机动车维修企业 AA 级 9 家，建立机动车维修电子档案 978 份。有机动车检测机构 2 家，检测机动车 2392 辆，其中货运车辆 1520 辆、客运车辆 7 辆。全县年客运量 26 万人次，客运周转量 869 万人次千米，公路货运量 1170 万吨，公路货运周转量 9.96 亿吨千米。

2022 年办理许可 7 件，办理大件运输许可 79 件。运政执法处罚涉嫌违法违规车辆 60 起，其中非法营运 11 起。对运输企业进行安全排查，共排查 24 处隐患，下达整改通知书 11 份，完成整改 24 处。2022 年现场处罚涉嫌超限超载车辆 267 辆，其中交警处罚 95 辆，驾驶员扣分 366 分，卸载货物 3300.7 吨。全县 4 处不停车检测系统 10 月正式投入使用，共检测 110 万辆，处罚 73 辆。

（德安县交通运输局）

瑞昌市

2022 年，瑞昌市交通运输局完成农村公路建设项目 16 个，投资 1.18 亿元。其中：县道升级改造项目 1 个 1.2 千米（赛湖螺蛳港升级改造 1.2 千米），投资 600 万元；建制村通双车道公路改造项目 5 个 25.56 千米（罗城山至桂林桥 6.8 千米、瓜坑至联合 4.1 千米、李铺至上源（光明段）6.3 千米、横港至赤岗 5.5 千米、禁地至铜岭 2.86 千米），投资 5051 万元；窄路面拓宽改造项目 1 个 13.9 千米（港北至漆家 13.9 千米），投资 719 万元；产业路项目 2 个 10.1 千米（范镇现代农业示范园产业路 6.8 千米、瑞昌长江四大家鱼原种场产业路 3.3 千

米），投资 5192 万元；村道安全生命防护工程 7 个 8.2 千米（良田至榜上李 0.4 千米、上源至弯里吴 0.2 千米、沙垱至易家山 1 千米、嵋荣钟家至下屋 1.6 千米、高泉至大洼 1.6 千米、杨家荡至科家 2 千米、星和公路至颜碧 1.4 千米），投资 235 万元。完成农村公路危桥改造项目 2 个 100 米（半山夏桥 45 米、官林坪桥 55 米），投资 522 万元。完成国道 220 瑞昌武穴大桥南互通至金丝村段改建工程，路线全长约 2.2 千米，按一级公路标准建设，项目总投资概算 3.15 亿元，2019 年 11 月开工建设，2022 年 12 月竣工。瑞昌市现有汽车站 10 个，其中二级站 1 个、三级站 1 个、农村站 8 个；长江码头汽渡（轮渡）各 1 个。2022 年全市拥有码头、林安物流等大型货运停车场 2 个。

全年管养农村公路 1865.114 千米，其中，县道 211.103 千米、乡道 518.198 千米、村道 1135.813 千米。全年累计投入养护资金 1694 万元，其中日常养护 648.75 万元、水毁修复资金 383.09 万元，道路安全隐患治理 26.2 万元。全市农村公路列养率达到 100%，优良率达 85% 以上。逐步营造畅、安、舒、美的路域环境。

全市客运车辆 155 辆，客运量 463 万人，客运周转量 234240 万人千米，货运车辆 3903 辆，货运量 1073 万吨，货运周转量 73658 万吨千米；全市客运线路共 49 条，其中省际 1 条、市际 1 条、县际 5 条、县内 42 条；市内新能源车公交车 33 台，公交枢纽站 1 个，公交站台 180 个，公交线路 5 条，镇村公交客运票价按原标准下降 20%。

（瑞昌市交通运输局）

共青城市

2022 年，共青城市交通运输局共完成国道 532 联络线三期等 7 个项目，投入资金 24360 万元。其中国道 532 联络线三期全长 9.9 千米，完成投资 1.8 亿元；完成县道升级改造项目，燕坊—滩溪县道升级、土牛—共青 X809360482 县道升级，甘露信用社至共青水闸，钱蚌线至小学 12.4 千米，完成总投资 2766 万元；完成红星圩堤、九仙大道至九仙资源路产业路 13.1 千米，投入资金 2716 万元。完成清明桥、栗坂李家桥、闵家桥等 3 座危桥改造，

总投资 132.74 万元。

投入 400 余万元对共青城市辖区内县、乡、村道进行日常养护、破损修复。对辖区内青山加油站至苏家垱乡政府路段及关斜线进行道路升级改造，投资约 500 万打造"四好农村路"示范路及美丽生态文明示范路。投入资金 80 余万元，对公路交叉路口等危险路段及临崖临水危险路段安装减速带、反光镜、安全标志、波形护栏等安全设施。

共青城市营运汽车保有量 329 辆，其中普通货车 272 辆，吨位数 3966 吨，危险品运输车辆 57 辆，吨位数 773 吨。辖区内有江西德盛混凝土有限公司等 50 家货物运输企业。共有载客汽车 119 辆，总座位数 3174 个，其中客运班车 16 辆，座位数 519 个，新能源公交车 43 辆，座位数 2364 个。出租车 62 辆，座位 310 座，现有城市公交线路 12 条，客运线路 2 条。现有九江长运集团共青分公司、共青赣江公共交通运输有限公司 2 家客运企业。全年完成公路货运量 54.4 万吨，货运周转量 10203 万吨千米，完成公路客运量 3.5 万人次，旅客周转量 73.5 万人千米。

2022 年全市办理交通运输行政执法案件 651件。其中交通运输部门处罚 151 件，共处罚款 92.24 万元，遏制道路运输非法运营和违法行为事件的发生。

（共青城市交通运输局）

庐山市

2022 年，庐山市交通运输局投入 3.5 亿元完成佑民亭至龙溪公路等 50 条道路拓宽改造，公路里程共计约 79.3 千米。完成连丰桥危桥改建工作，连丰桥位于牯岭镇县道 004（九江—碧龙潭）K32+561 桩号处。桥梁全长 32.04 米；桥梁全宽 8.5米，项目桥梁部分总造价为 240.15 万元，其中建安费为 192.67 万元。

通过"路长制"长效管理的有效落实，针对全市农村公路安全隐患进行全面摸排，对全市农村公路全年共投入养护资金 300 余万元，完成县乡村道日常养护，县道安防工程 2.83 千米，村道安防工程 12.35 千米，增设路长制公示牌 100 余块，标识标牌 28 块，平交路口 18 处减速带安装，修复防撞墩 3 个，清理塌方 15 余立方。

印发《贯彻落实安全生产十五条硬措施有效防范安全事故的工作方案》，压实交通运输企业主体责任，持续深入开展交通运输安全生产"打非治违"专项行动和"两客一危"和重点工程车辆专项治理，加强源头企业安全管控和安全网格化管理。责令停产整顿企业 2 家，行政罚款 71.7 万元，出动执法人员 949 人次，检查企业 79 家，曝光非法违法行为 54 起，查实举报的非法违法行为 5 起，约谈警示领导干部 5 人，查处"打非治违"专项整治行动典型案例 16 件，排查整改公路安全隐患 16处。

以服务乡村振兴战略为主线，农村客运班线进行公交化运营改造（镇村公交），镇村公交线路基本覆盖庐山市 63 个行政村，票价下调 20%，购置 9 辆纯电动车辆投入城乡公交线路运营，对所有车辆外观亮化出新，统一标识，安装刷卡投币及智能调度系统设备。

（庐山市交通运输局）

濂溪区

2022 年，濂溪区交通运输局完成农村公路提质改造项目 22 千米，其中县道升级改造项目 9.4千米；建制村通双车道项目 11.2 千米；产业路项目 1.4 千米；完成县乡村道安全生命防护工程项目 8.7 千米（含计划外）。

2022 年共下达养护工程小修项目 73 个，涉及养护补助资金 220 万元。印发《濂溪区农村公路"路长制"工作实施方案》，健全完善农村公路"路长制"运行长效机制，推动"路长制"主体责任落到实处，为乡村振兴提供交通基础保障。

推进交通运输三年行动"巩固提升"行动，全面加强安全隐患排查治理，安全生产形势稳定。重点加强对水上渡口和农村公路安全隐患排查及在建工程安全监管，开展水上交通安全宣传和水路运输企业隐患自查自纠，评估安全风险，及时消除安全隐患，共开展安全生产检查 20 次。

（濂溪区交通运输局）

柴桑区

2022年，柴桑区交通运输局共投入资金3000余万元，完成新改建农村公路36.8千米；投入资金200余万元，完成危桥维修改造1座。

制定出台《柴桑区深化农村公路管养体制改革方案》《柴桑区路长制工作实施方案》，设置路长110名，制定路长公示牌110块，建立覆盖区、乡、村三级的农村公路路长组织管理体系，实现"路路有人养，段段有人护"，全区农村公路管护体制改革基本完成。投入资金800余万元，实施养护工程8个，处置隐患里程20.1千米；投入资金75万元，完成错车道建设150个；投资资金260万元，完成全区农村公路日常养护工作。

结合高速铁路沿线安全隐患整治，整治农村公路路域环境，投入资金30余万元，对主要县道进行公路绿化等。

共投入资金410万元实施了以波形护栏为主的生命安全防护工程项目13个，处置隐患里程29.8千米。

（柴桑区交通运输局）

浔阳区

2022年，浔阳区交通运输局浔阳区住建局交通办对辖区农村公路、乡村道路、公路路基、路面、涵洞、临水临崖、急弯陡坡路段进行排查，做好警示标志设施，对姬公庵村、大塘村存在有安全隐患的农村公路路面、围墙、土坡、急弯陡坡、进行登记、照相记录，推进农村公路全面养护，完成全区农村公路养护任务。推进城郊农村公路向城市道路的转化，农村公路列养率达到100%；对辖区管辖各类公路、铁路沿线安全防护距离不足，违规占用道路，安全设施缺失等安全问题，开展全面的隐患排查，完成监管比例达到100%；开展秋冬季安全大检查，采取校车单位自查和联合执法专项大检查的方式，消除校车安全隐患。对校车运行线路的合理性、安全性做到全面监管，监管率达到100%；全区建制村全部实现"组组通"水泥路目标，通畅率达到100%；乡道等级以上道路的生命防护工程完成比例达到100%；危桥改造比例达到100%；配合完成区域范围内车辆超限超载治理工作任务。

（浔阳区住建局交通办）

新余市

2022年，新余市道路运输、农村公路和港口、航运服务工作分别获得全省表现突出单位称号，安全生产、平安建设、新农村建设帮扶工作荣获2022年度全市先进单位称号。

重点工程建设。推进高速公路改扩建项目。樟吉高速公路，于2022年4月正式开工，沪昆高速公路昌金段，于2022年10月12日正式开工，累计完成投资约21亿元；压时实施渝钤大道新建项目。项目纳入2022年第二批省重点项目，同时申报调整为省道，2022年11月25日完成一标段施工单位招标，1月17日完成监理单位招标。由分宜县负责实施的二标段，于年前半幅通车，累计完成投资约1.2亿元；推进袁河航道提升工程及港口建设。《袁河航道提升工程可行性研究报告》于2022年12月获省发展和改革委员会容缺审批，《新余港总体规划（2019—2035）》完成报批稿编制。项目涉及占用基本农田和生态保护红线调出，正在开展项目的土地预审及压覆矿等专题研究及报批工作。移民规划专题《规划大纲》公示完毕，《实物调查细则》原则通过。

"四好农村路"建设。农村公路建设成效显著。完成新改建农村公路118.14千米，完成投资3.52

亿元，超额完成省厅下达的建设目标和投资目标任务。全市 3295 个自然村全部通水泥路，县道三级公路占比 73.2%，通双车道占比 70.3%，提前完成"十四五"期末目标任务；"四好农村路"示范创建成果丰硕。2022 年，分宜县、渝水区分别成功获评省级和国家级"四好农村路"示范县，创建工作实现双丰收；农村公路管养水平持续提升。市、县、乡三级农村公路管理机构机制完善，全市农村公路列养率达 100%，优良中等路率提升至 78.8%，通行条件和路域环境明显提升；"四好农村路+"模式成效突显。创新农村公路融合发展形态，不断促进新余市农村公路与产业、旅游、文化融合发展。环湖旅游公路、下保旅游公路和百丈峰旅游公路、分宜县双林－洞村公路等"四好农村路"，把自然人文和美丽乡村串联成线，实现路美、村美、环境美，带动周边乡村旅游蓬勃发展，沿线"农家乐"日益火爆，成为一条条集旅游、休闲、民生于一体的多功能"四好农村路"。

综合执法规范化建设。推进超限超载治理。恶意超限超载运输行为基本杜绝，保障公路桥梁完好畅通和交通安全。全年共计检查检测车辆 113728车次，查处违法车辆 1161 辆（其中百吨王 76 辆），交警记分 6005 分，路政监督卸载货物 51453 吨；全市非现场执法点达到 15 个，监测数据全部接入省治超信息平台，2022 年非现场处理车辆 1393 辆；重点源头治超企业公示并接入省治超平台有 54 家，全年执法检查发现超限超载出厂企业 22 家，立案查处违法企业 19 家，对 5 家运输企业实行"一超四罚"，发出责令整改通知书 41 份。狠抓打非治违专项治理。在春节、党的二十大等重要时段联合相关执法部门开展"打非治违"行动，共查处非法营运车辆 157 辆，摩托车 17 辆，"拐的" 3 辆，教育劝导"拐的"司机 100 余人次。强化路政执法。全年巡路里程 4.5 万余千米，清理路面障碍 36 处；对干线公路沿线进行 5 次集中整治，共清理非法标识牌 111 块；规范沿线违法加水洗车站点 13 处；办理超限运输审批共 128 件；查处涉路违法行为 98 起，开展联合执法 44 次，维护路产路权，实现公路沿线路域环境"八个无"目标。

交通服务。统筹抓好疫情防控与春运保障工作，全市共完成旅客运输总量 52.76 万人次，同比上升 14.67%；其中铁路运输完成 42.24 万人次，同比上升 17.72%；道路客运完成 9.43 万人次，同比

上升 38.68%，水路客运完成 1.08 万人次，同比下降 67.66%，高速公路完成 42.52 万辆次，同比上升 13.78%。持续提升城乡客运一体化发展水平，全市 414 个建制村全部开通镇村公交，拓展城乡公交发展外延，2022 年新开通渝水区峡江县城际公交。全市"城货下乡、山货进城、电商进村、快递入户"双向运输服务体系初具规模。分宜建成 10 个乡级快递综合服务中心，114 个村级快递服务站，其客货邮融合改革的成功实践，获评交通运输部首批深化交邮融合推广农村物流品牌，纳入全省可复制推广经验典型，迎来省内外多个县（市、区）考察学习，并荣登 2022 年 10 月 15 日央视新闻联播"喜迎党的二十大"采访节目；渝水区"整合供销交邮电商资源，助力乡村振兴"被交通运输部评为第三批农村物流服务品牌。一类、二类、三类汽车维修企业电子健康档案系统安装达 100%，全省位列第一，出租车双合规率全省位列第一，全国位列前十，"电子证照"业务完成率全省第三，新能源公交车占比达 90%，新能源出租车占比为 35%，新能源车型更新速度均高于周边地市；商贸物流持续发力。制定《新余市交通运输局打造大南昌都市圈产业承接地开展商贸流通专项对接工作方案》，完成《新余市赣西物流枢纽（西片区）建设规划》，指导中新物流公铁联运示范工程稳步推进；成立新余市第一届物流行业党委，制定《新余市全面推进物流业高质量发展党建工作若干措施》，提升党建引领物流行业发展成效，推动物流行业高质量发展。制定下发行业管控、保通保供方案 10 余份，抓实各国省道、高速路口及其他交通卡口重点物资运输保通保畅和疫情防控督导检查，绘制全市 45 个交通卡口分布图，堵塞防控"漏洞"；协调 200 余辆出租车全天候参与核酸检测样品的转运和特殊人员的外出用车，调配公交积极配合隔离人员的转运 50 余辆，全程负责高铁站、火车站所有来余人员的接送；为保障生产生活物资供应，强化货运车辆和司乘人员的管控，累计发放道路运输通行证 8700 余张。

"四争"任务。完成各项目用地"三区三线"和林业用地的批复，争取省交通运输厅增加农村公路建设计划 148 千米（"十四五"规划五年才给计划 107 千米），争取上级补助资金 16254.41 万元，取得国家级、省级荣誉各 4 项。

行业安全。全市交通运输行业未发生较大以上安全事故，事故数量大幅下降，安全生产形势稳

中向好。创新监管模式，推进网格管理。完成省厅网格化管理试点任务，并在全省交通运输系统推广；率先在全省地级市开展网格化管理，对全市26家重点运输企业实施安全监管，开展安全生产包保工作；实施局领导包县区、分管领导包行业、业务骨干包企业的安全监管模式。狠抓排查治理，消除安全隐患。共组织安全生产督查检查7次，检查企业130余家次，发现问题隐患100余起，下发检查通报7次，问题隐患整改率100%，对问题较大的2家企业进行曝光，对主体责任落实不力的4家企业进行约谈；开展非法营运、超限超载等非法违法行为集中整治，查处一批违法违规行为，开展安全生产专项整治三年行动、危险货物运输安全风险集中治理、燃气安全整治排查、安全生产打非治违等专项整治行动。完善应急机制，提升保障能力。修订完善交通运输突发事件总体应急预案，建立突发事件应急指挥和保障体系，编制突发事件应急保障操作手册；落实节假日和敏感时期领导带班的24小时值班值守；开展应急演练，提高了应对突发事件的高效处置能力。

（新余市交通运输局）

分宜县

2022年，分宜县交通运输局做到疫情防控卡口不漏一车、不放一人；"四好农村路"省级示范县创建成功；"客货邮"融合发展得到中央、省级媒体报道；渝钤大道项目建设稳步推进；安全生产零事故；治超得到根本性改善；运输市场行业管理有序，服务质量和水平提升。

重点交通基础设施建设。列入市、县重点项目共计12个，年度计划投资3.98亿元，全年完成项目总投资4.4亿元，达到115%。渝钤大道一级公路改建工程项目全长13.73千米，总投资9.73亿元，年度计划投资1亿元，目前完成6600万元；分宜至观巢段二级公路改建工程（分宜段）项目总投资1.9亿元，年度计划投资0.5亿元，目前全部完成年度目标任务并建成通车。新汽车站建设。于2022年7月10日正式开工建设，截至10月底，除客车停车棚外主体框架均施工完成，预计到年底可完成土建部分内墙、外墙施工，完成主体验收，

全面进入装饰装修阶段，整体项目施工进度达到80%左右，预计2023年5月全面完工投入使用。

"四好农村路"建设。2022年全县农村公路共完成投资2.07亿元，完成各类公路建设里程125.2千米，其中完成县道升级改造12.2千米、乡道双车道改造35.2千米，旅游路、资源路、产业路、公益事业路、路网联通路完成20千米，危桥改造项目主体完工10座，生命安全防护工程57.8千米。推动全县农村公路管理养护体制改革及"路长制"工作，印发《分宜县农村公路养护管理办法》《分宜县深化农村公路管理养护体制改革全面推行农村公路"路长制"的指导意见》等系列农村公路政策文件，推行农村公路管理养护体制及"路长制"试点改革工作，建立养护管理组织机构、养护队伍、工作制度。巩固建制村通客车率100%的成果，建立健全保障运行机制，"建、管、养、运"协调发展，"四好农村路"省级示范县创建成功。

客货邮融合。围绕体制机制、基础设施、运营线路、运输信息四融合，推进农村客运、货运、邮政快递融合发展，统筹解决农民群众幸福出行、物流配送、邮政寄递三个"最后一公里"问题。加快县级客货邮主场站提升改造，建设3个乡镇客货邮站点和10个行政村客货邮融合站点。通过快递融合，2019年-2022年实现从530万至1340万的快递增量。2022年省综合交通运输事业发展中心将分宜县客货邮融合发展经验以文件形式下发供其他地区借鉴，并得到央视新闻联播、江西日报等媒体相继报道。

法治交通建设。组织综合行政执法专业培训5次，参训人员达90余人次，提升执法效能。严格落实《行政执法公示制度》《执法全过程记录制度》《重大执法决定法制审核制度》等三项制度，执法信息在县政府门户网站上进行公示。制定《分宜县治理超限超载专项行动实施方案》等相关文件。执法效能明显提升，交通工程质量监督执法规范化建设强力推进，不停车超限超载检测设备安装、源头治超信息接入稳步推进。

（分宜县交通运输局）

渝水区

2022 年，渝水区交通运输局围绕创建"四好农村路"全国示范县任务目标，落实道路运输行业管理，各项工作进展顺利。

"四好农村路"全国示范县创建。全区农村公路通车总里程达 2091.3 千米，其中县道 16 条 150.721 千米，乡道 179 条 598.248 千米，村道 2005 条 1342.331 千米。11 个乡镇通三级及以上公路率达 100%，172 个行政村通油（砼）路率达 100%，自然村通油（砼）路率达 100%。乡镇和建制村城乡公交通达率均达 100%，邮政物流网络体系实现了乡镇全覆盖。2022 年 11 月 10 日获评 2022 年"四好农村路"全国示范县创建单位。

交通强区项目建设。2022 年农村公路计划建设项目 30 个 68.769 千米，计划总投资 38614.9 万元。其中：连接环城路路网联通项目 3 个 5.407 千米，总投资约 19300 万元；旅游路、资源路、产业路、公益事业路等"五路合一"项目 2 个 4.5 千米，总投资约 1224 万元；窄路面拓宽改造项目 20 个 45.833 千米，总投资约 15589 万元；路面维修改造 2 个 6.528 千米，总投资约 1731 万元；危桥改造项目 2 个 69 延米，总投资约 420.5 万元；水芳线养护站项目 1 个，总投资约 350 万元。

城乡公共交通服务。道路客运发展情况。全区现有城乡公交客运企业 7 家，有城乡公交线路 13 条，城际公交线路 3 条，镇村公交线路 38 条，有城乡公交车辆 173 辆（其中：纯电动公交车 171 辆），新能源车型占比达 98.8%；有旅游包车客运企业 1 家，旅游包车客运车辆 30 辆；乡镇通公交率为 100%，行政村公交覆盖率为 100%；有 6 个乡镇客运站（场），1 个农村公路综合服务站，380 个客运招呼站。交邮电商产业初见成效。以食博汇赣西商贸城为基础，全面打造新余市交邮融合生态产业园，利用公司整合公交、物流、快递优势，打通农村"最后一公里"，"整合供销交邮电商资源，助力乡村振兴"获评交通运输部第三批农村物流服务品牌。

交通运输安全生产。组建工作专班，准备客运应急运力 10 辆，货运应急运力 10 辆，开展各专项检查行动 10 余次，出动检查人次近 200 人次，排查各类问题隐患 115 条，督促相关单位全部按时整改到位，做好定期核酸检测、疫苗接种、社区帮扶、静默期间运输保障等各项工作，全区交通运输领域形势持续平稳。

（渝水区交通运输局）

高新区

2022 年，高新区交通运输局围绕交通运输行业工作实际和疫情防控安排部署，履职尽责，出色完成各项任务。

"四好农村路"高质量发展。路长制建设工作。建立县、乡、村三级"路长制"管理体系，农村公路列养率达 100%；按月度对镇（办）及养护队伍工作情况进行考核，实行考核结果与养护工程项目申报、养护资金拨付挂钩，考核结果全区排名。对接国土部门"三区三线"划定工作，将 2030 年前有可能建设改造的农村公路建设项目用地上报，初步批准上报 11 个项目土地调规。做好 2022—2023 年项目前期工作，开展设计工作的项目 5 个，约 12 千米。围绕"通、平、绿、美、安"的养护目标，推进高新区农村公路县、乡道近 200 千米实行市场化运作，创新养护管理体制，落实管养责任、机构人员，推动农村公路管理养护工作常态化，规范化。

交通运输市场管理规范化。辖区道路运输在籍企业 71 家，其中客运企业 1 家，货企业 42 家，维修企业已备案 35 家，驾驶员培训学校 2 家。各型道路运输车辆 810 辆。其中客运车 16 辆，客座位 334 座；货车 686 辆，吨位 12419 吨，2022 年新增货车 73 辆，新增吨位 946 吨；教练车 108 辆。优化营商环境。1. 新建改造一批公交站台（渝东大道 18 个公交站台主体结构建成，公交专用通道线完成；2. 优化完善高新区公交线路，新增 2 条公交线路，804 公交线路延伸至江西航同电气有限公司、601 绕行至协讯电子有限公司（木林森厂区）。助企纾困解难。1. 帮助高新区道路运输企业积极争取金融支持，为道路运输企业在疫情防控期间渡过难关、恢复发展，申请运输企业金融纾困名单。对新马城乡公共有限公司及时下拨 2022 年城乡公交线路补贴资金，保障公交企业正常营运。2. 为按时完成全省一类、二类以及 7 项三类维修企业的维修电子健康档案系统安装率 100%。采取电话咨询、微信视频、上门一对一、点对点指导操作等多种方式服务经营业户。全区一、二类（17 家）和 7 项三类维修业户（12 家）在 8 月底前全部完成安装维修电子健康档案系统并运用。3. 在疫情期间造成车辆未能及时年审，给予一定的年审时间延迟。惠民便民。积极开展污染防治。1. 推进纯电源公交电动车，辖区内公交车均为纯电车，实现公交车零排放。2. 开展黑烟车集中整治，对抓拍的黑烟车所属车辆一律按 I/M 制度进行整改。3. 大力淘汰老旧营运车，对所用年限久、排放高的车辆进行淘汰，共淘汰各型老旧营运车辆 38 辆。4. 开展营运车辆燃料核查，对排放标准低和未在燃料核查目录内车型拒绝进入营运市场，减少不合格车辆尾气排放。

"客货邮"融合发展模式。召开农村物流业发展研讨会，会同市邮政局、区对外合作局、各镇办探讨高新区农村物流体系建设现状，包括农村物流、电商等方面情况、存在的突出问题和解决问题具体举措及需要出台的支持政策。提出"客货邮"工作思路，结合新马城乡公共交通客运班线、班次、客运站、邮政，设置村服务点，打造马洪办农村物流配送示范项目（试点）。根据公交线路设定农村服务点，打造农村快递物流末端共配模式。

运输结构调整。沪昆高速公路改扩建。成立高新区沪昆高速改扩建项目领导小组《关于成立高新区沪昆高速改扩建项目高新段建设协调领导小组的通知》（余高办字〔2022〕126 号）。袁河航道提升与港口建设项目指挥部工作。选定高新区段弃土场地 100 亩以及排查红线范围内需拆除房屋信息；召开关于成立高新区袁河航道提升工程及港口建设综合协调组小组会议；对"袁河航道提升及新余港投资建设协议"根据高新区实际情况提出修改意见。

行业安全。遵循"统筹协调、社会参与、防范到位、处置高效"的应急管理工作机制，部署各季度、安全生产月及重要时段（节假日）、敏感时期安全生产工作，推进安全生产三年行动专项整治信中攻坚行动和铁路沿线安全环境整治，行业安全形势总体良好，全年未发生较大及以上道路交通安全事故、交通工程建设施工事故。安全生产大检查。累计检查企业 87 家次、镇（办）6 家次，共排查一般隐患问题 106 处，整改到位 106 条。安全检查。

对乡村公路安全隐患地段、水毁未修复地段、危桥（涵）设置的警示标志进行全面检查，缺少的重新补设，对农村公路在建工程作业现场安全生产工作进行督查。要求施工单位按安全操作规程施工，按规定位置设置施工警示标志和安全防围防护，确保往来车辆和行人出行的安全畅通。督促运输企业建立健全了隐患排查治理与风险防控制度，运输车辆和驾驶人动态监管，严把运输经营者安全生产条件、车辆技术状况和驾驶员从业资格的监管。

（高新区交通运输局）

仙女湖风景名胜区

2022 年，仙女湖区城乡建设交通局各项工作进展顺利。

重点项目建设。提前实施乡道双车道改造工程 9.9 千米，窄路面拓宽改造工程 10.2 千米，县乡道路面改造工程 8.4 千米，提升仙女湖区农村公路路网建设；配合有关单位，完成"渝铃大道""沪昆高速拓宽"工程的征地拆迁等工作；年底完成"山下大桥 - 孔家洲"通路撤渡项目。

安全生产。强化安全理论学习，做好警示教育，建立健全工作制度。通过集中宣讲、讨论座谈和观看视频等方式，组织学习《习近平总书记关于防范化解重大风险重要论述》《国家综合立体交通网规划纲要》《交通强国建设纲要》《中共江西省委江西省人民政府关于推进交通强省建设的意见的通知》。制定完善《2022 年仙女湖区交通春运工作应急预案》《处置低温雨雪冰冻灾害应急预案》和《仙女湖城建交通局交通防汛工作应急预案》《仙女湖区城乡建设交通局 2022 年度安全检查计划》《仙女湖区城乡建设交通局 2022 年五一期间工作应急预案等》等各项方案。层层压实责任，与监管企业签订安全生产目标责任状，推动企业落实安全生产主体责任，督促企业执行安全生产主体责任年度履职报告规定。强化运输企业和公路建设检查，严格落实企业安全生产责任制，客运车辆驾驶室防护栏安装率达到 100%，客运车辆 4G 监控安装率达到 100%，客运企业监控员配备达到 100%，2022 年排查安全隐患 30 条。结合两通重点工作，联合交警、应急管理等部门对辖区农村公路进行大检查，共计排查问题隐患 10 余条，其中道路安装防护栏、减速带安全警示牌等 3 条，防汛期间水毁塌方 7 条，均整改到位。对仙女湖游船公司进行安全督查 20 余次，专项督查 11 次。

营商环境。依托网络审批系统，开展道路运输企业"两证"审验营业运输证核查工作。全区拥有道路运输车辆 9903 辆，货运企业 153 家，客运企业 1 家，维修企业 29 家，驾校 2 家，2022 年上半年共办理道路运输证年审 6278 件，新增普通货物运输车辆道路运输证 167 件，注销货运车辆 560 辆，车辆转户 221 辆。

（仙女湖区城乡建设交通局）

鹰潭市

2022 年，鹰潭市交通运输局加快交通强市建设，全年各项目标任务完成。

高速建设。省厅正式发文明确 6 月底开工建设弋南高速鹰潭段，以不到 3 亿元的资本金撬动近百亿元的项目。鹰潭南部高速纳入规划，前期工作全面启动，线行基本确定。做好沪昆高速"四改八"项目，制定征地拆迁补偿方案，土地征收基本完成。

水运事业。推动信江航道疏浚工作，中童码头一期工程竣工，信江首航圆满成功。颁发鹰潭市首张港口运营许可，增办散货经营资质。贵溪九牛滩项目用地问题得到稳妥解决，疏港公路建设稳步推进。清理整治碍航设施，7 座跨信江主航道桥梁的船碰桥隐患整治工作全面启动。完成中童物流园项目可研报告，启动智慧水运研究，举办"零距离揭秘鹰潭港"政府开放日活动，加强企业和群众对水运事业的宣传普及。

场站建设。建成鹰北枢纽站，完成项目投资 5400 万元。协调自然资源部门到鹰南枢纽站、公交公司停车场实地调研、现场办公，解决建设手续报批、土地置换等事宜。城市公共交通站点 500 米覆盖率达到 100%，基本实现城乡交通网络化、一体化。"智慧治超"外场建设全面完工，累计完成投资 3900 万元。2022 年，全市完成交通基础设施固定资产投资 33.4 亿元，提前超额完成年度目标，全省排名第三。

运输结构。《鹰潭市推进多式联运发展优化交通运输结构工作实施方案（2021—2025 年）》经政府常务会议研究通过并出台。开通贵溪城北客运站至河潭、贵塘公路沿线等多条客货邮融合试点线路，多式联运集疏运枢纽规划研究进入实质性阶段。指导贵溪市以第一名的成绩通过"全国城乡交通一体化示范县"考核验收。

抗击疫情。协调调度南昌、上饶、抚州等周边地市近 200 台运力协助贵溪转运人员，发动网约车企业组建多个爱心志愿车队，4 名县级干部参加党员突击队增援贵溪。抓好"三站"疫情防控工作，累计排查发现中高风险地区人员 15435 人、密接 25 人、境外入鹰人员 2587 人，有效阻断疫情通过交通运输途径传入鹰潭市的渠道。加强对冷链运输企业和从业人员的管理，开展覆盖式的从业人员免费核酸检测，将疫情防控纳入日常教育培训，不断强化从业人员防护意识。

公交线网。起草并出台《鹰潭市公共交通近期及远期规划》，开展机关"公交出行日"活动，召开线路优化听证会。打造双拥专线、敬老专线，探索信江新区微循环线路，对城区 9 条公交线路进行调整优化，开通拥军、敬老专线，完善多元化线上支付功能，基本形成"常规公交为网络、出租汽车为补充、慢行交通为延伸"的一体化城市公交体系，成功创建省级"公交城市"。

助企纾难解困。全面落实稳住经济发展若干措施要求，用心协助受疫情影响的运输企业做好水、电、网费用减免工作，设立交通物流专项贷款，累计发放交通物流领域贷款 138.7 万元。推动"不见面开标＋远程异地评标"。设立专用核酸检测点，从业人员免费核酸检测实现全覆盖，惠及人员 7.6 万人次，为企业节约检测经费 60 余万元。优化政务服务，开辟信用承诺、容缺办理等"绿色通道"，增加预约服务、延时服务等功能，协助 9 家公路施工企业完成信用评定。

保通保畅。落实"二十条""新十条"等政策要求，统筹做好疫情防控和保通保畅工作，对全市 13 个高速出入口、国省道干线的防疫检测点实施严格监督、规范指导。疫情期间，做好全市入鹰货运司机闭环管理工作，组织专班在鹰西高速口驻站协调，在中童设立物资接驳点，保障 1200 余辆运送防疫、生活物资和重要生产资料的车辆正常通行。组织"春运"工作，发送旅客 600 余万人次，开展"情满回家路"系列活动，营造畅达、安全、舒适出行环境。完成国防动员潜力数据调查，先后 6 次高标准保障部队过境，被省交战办表彰为先进单位。

执法能力。印发《鹰潭市交通运输局"双随机、一公开"工作实施方案》，利用"双随机、一公开"行政执法监督平台规范执法行为，开展执法领域各类顽瘴痼疾清理整治，参加全市执法案卷评比获市司法局点名表扬。采取市县联合监督执法的方式，创新 PPP、EPC 项目执法监督新模式。开展"六禁六送""亮旗亮剑""一县一室"警示教育，执法机构"一县一室"全面建成，制定鹰潭市交通运输首违轻微违法免罚事项清单 16 项，法治建设考评全省第二。

行业整治。通过四方联动、多部门协作等方式，在高速入口、火车站、高铁站区域实施综合治理，推行 24 小时驻站执勤。累计出动执法车辆 5600 台次、执法人员 10600 人次，检查车辆 17000 余台次、处理出租车违规行为千余起，查处违法车辆 198 辆、"黑车" 56 辆、违规巡游出租车 33 辆、无证网约车 65 辆、违规网约车 47 辆，推动全市网约车双合规率不断提升，位居全省第一。开展水工作业执法监督检查，打击涉渔涉航"三无"船舶，清理取缔"三无"船舶 33 艘。深化源头治超监管，明确重点源头单位 10 家，监测数据接入省治超综合管理平台。推广科技治超新模式，全市 14 个不停车检测点全部投入使用，在全省率先上线治超"黑名单"预警系统，对接月湖区法院探索开展"非诉执行"执法新模式。普通公路超限超载率 1.24%，违法超限超载率在全省逆向排名稳居第一方阵。

应急保障。完善应急值守工作机制，重点时段全时值班值守。在雨雪冰冻天气、汛期等特殊时段，加强路面巡查和抢修保通工作，全市交通运输应急工作经受住新冠疫情和汛期水毁的重大考验。深挖交通动员潜力，加强国防路网和战备体系建设，交通战备应急保障能力进一步提升，联合江铜、天德物流等企业组建公路战略投送中队，积极筹备实战背景演练，全面提升战时国动援战保障能力。

安全生产基础。组织全市交通运输系统"安全生产月"和"安全生产万里行"活动，举办第三届"安康杯"知识竞赛，制定《鹰潭市交通运输（道路、水上和城市公共交通）安全专项整治三年行动实施方案》，主动担当普速铁路沿线整治等重点工作，移交 117 处公铁并行护栏，协调完成 3 处部队跨铁路光缆迁移工作。常态化深入一线开展安全生产执法检查，"两类人员"安全考核通过率进入全省第一方阵。2022 年，安全生产考评获得全省第一，实现"五连胜"。

（鹰潭市交通运输局）

贵溪市

2022 年，完成县道大中修 8 千米，维修破损拱路面 8120 平方米，投入养护资金 210 万元，县道列养率达 100%，好路率逐年稳步提升。投资 300 万元，完成县道安全生命防护工程 26 千米。道路运输有客运公司 1 家，公交公司 1 家，出租车公司 2 家，农村客运站 6 个，货运企业 122 户，客运班线 62 条，客车 82 辆 2438 座，公交车 68 辆，出租车 138 辆，货运车辆 2044 辆 38922 吨，危货车辆 136 辆 2474 吨，客运量 389.7 万人次，客运周转量 7244 万人次。

（贵溪市交通运输局）

余江区

2022 年，拥有道路运输客运公司 4 家，其中出租车公司 1 家，农村班线客运公司 3 家。有二级客运站 1 个，农村简易客运站 12 个，客运班线 15 条，客运 145 辆 2175 座位。其中公交 24 辆，出租车 41 辆，货运车辆 5716 辆 142816 吨，客运量 49.4 万人次，客运周转量 731 万人千米，货运量 2142.24 座位，货运周转量 320329 万吨千米。

（余江区交通运输局）

月湖区

2022 年，完成农村道路建设 0.85 千米，总投资 280 万元；完成道路提升改造 21 千米，总投资 2400 万元；完成县乡道安全防护 12 千米，总投资 100 万元；危桥拆除重建 1 座，总投资 400 万元。

（月湖区交通运输局）

龙虎山风景名胜区

2022 年，拥有道路运输客运公司 2 家，货运企业 21 户，客运班线 4 条，客车 25 辆 828 座。货运车辆 160 辆 3260 吨，客运量 81 万人次，客运周转量 417 万人，货运量 88 万吨、货运周转量 10879 万吨。

（龙虎山风景名胜区建设和交通局）

赣州市

2022 年，赣州市交通运输各项工作取得显著成效。荣获全省交通运输工作和安全生产工作表现突出单位，连续六年荣获全省国防交通工作和国防交通理论研究工作先进单位，获得全市应急管理考核、全面依法治市、征兵工作、深化全国文明城市建设、创建国家卫生城市等先进单位。

交通基础设施建设。全市 55 个交通基础设施项目全部开工，开工率 100%，完成投资 221.95 亿元，占年度计划的 129%。其中，铁路建设完成投资 2 亿元、高速公路建设完成投资 138.2 亿元、国省道建设养护完成投资 38 亿元、农村公路建设完成投资 41.4 亿元，黄金机场 T1 航站楼二期改造项目前期稳步推进，黄金机场三期改扩建项目总规修编通过市规委会审查。高速公路建设。出台《2022 年赣州市高速公路普通公路及综合客运枢纽项目前期工作清单》。寻全高速西延和龙河联络线扩容工程明确投资主体和工可编制单位，会昌联络线明确前期工作责任单位和工可编制单位，开展各项前期工作，完成工可报告编制。委托江西省赣南公路勘察设计院对赣州绕城高速外移、信丰至南雄高速东延、南丰至宁都高速（赣州段）、井大高速南延（至全南）及厦蓉高速（城区段）复线等 5 条高速公路开展国土空间规划编制，形成报告文稿。大广高速南康至龙南段扩容工程和寻乌至广东龙川高速公路（江西境内段）正式建成通车。普通国省道建设。2022 年累计完成投资 32.32 亿元，完工通车里程 41 千米，完成年度建设目标任务。319 国道瑞金至兴国改线（宁都段）、221 省道赣县沙地至沙圩桥、451 省道瑞金九堡至云石山等项目主体顺利完工；323 国道章贡区梅林大桥至沙石项目 A1 标段路基基本成型，206 国道石城小松至石子排、448 省道宁都城区（昌厦公路东移）项目全线铺开建设。319 国道瑞金至兴国改线（瑞兴于快速交通走廊）项目建设用地获批，105 国道赣州中心城区改线（二期）两桥一隧、220 国道崇义南山口隧道创造条件先行动工。农村公路建设。2022 年累计争取上级补助 8.11 亿元，其中车购税补助 2.95 亿元，省补资金 5.16 亿元。同时，市级财政安排 1.4 亿元专项财政资金用于农村公路"四好农村路"建设。全年完成新改建农村公路 1004.8 千米，占省厅下达目标任务的 133.09%；完成投资 41.43 亿元，占省厅下达目标任务的 122.22%，危桥改造完成 56 座，占省厅下达目标任务的 116.7%，均超额完成目标任务。完成安全生命防护工程 530.4 千米，美丽生态文明示范路 275.8 千米，助力乡村全面振兴。该市会昌县被评为全国"四好农村路"示范县，上犹县被评为全省"四好农村路"示范县。

公路养护。2022年国省道养护工程实行量入为出、总量控制的动态管理模式。全年共完成249千米，总投资3亿元。开展次差路整治，国道357代表江西省迎接2022年度国家公路网技术状况监测，取得优异成绩。出台《赣州市普通国省道养护机械化试点方案》，筹资3000余万元，采购135台（套）机械设备。农村公路方面。全面推行农村公路"路长制"，开展"路长制"中期评估。章贡区、南康区、寻乌县、安远县、会昌县、上犹县先试先行，开展智慧路长平台建设并正式投入运营，进一步提升农村公路管理科技化和信息化水平。印发《关于做好赣州市2022年度农村公路管理养护工作的通知》。加强农村公路安全隐患的排查整治工作。完成市县级督办道路交通隐患排查整治196处；开展全市普通国省道与农村道路平交路口隐患排查治理工作，对系统导出3402处平交路口隐患整治进全面摸查整治。开展农村公路安全设施和交通秩序管理精细化提升，完成54处。

道路运输。2022年全市共有道路客运企业84家，普货运输企业378家，危险货运运输企业62家。客运班线通达6个省市，拥有班线1565条，其中跨省班线240条，跨设区市班线51条，跨县班线215条，县内班线1059条。该市共有20个二级以上客运站，其中一级客运站2个（赣州汽车客运总站、于都汽车站），二级客运站18个。共有公路客运车辆2131辆，普货运输车辆24743辆，危货运输车辆887辆。全年完成公路客运量1605万人，公路旅客周转量130655万人千米。完成公路货物运输量22618万吨，公路货运周转量1653542万吨千米。2022全年，平台（I站）推送尾气检测不合格车辆数2025辆，（M）站维修治理车辆数800辆。

水路运输。2022年全市辖区内共有34家水运业户，其中水路运输企业9家，个体户25家，普通货运企业4家，客运企业4家，液货危险品运输企业1家。拥有水运港口码头共3个。运营船舶共87艘。全辖区内货物运输均为包挖包运短途运输承包性质，不涉及具体运价。全年完成货物运输总量1282.7万吨，比上年同期增长3.4%，货物运输周转量81239万吨千米，比上年同期增长3.1%，旅客运输总量7.3万人，比上年同期减少18.0%，旅客运输周转量76万人千米，比上年同期减少

15.6%。

（赣州市交通运输局）

章贡区

2022年，在国省道建设方面完成国道323改造投资2亿元，完成龙埠至潭东、流坑至黄龙、上官坑至下峰山、石角村部至庙下湾等农村公路新改建工程27.7千米，完成村道安防工程13.5千米，美丽生态路5.105千米，完成总投资合计2.7658亿元。农村公路总里程556.38千米，其中县道45.15千米，乡道85.83千米，村道240.20千米，组道185.20千米。养护标准按县道10000元/千米，乡道7000元/千米，村、组道3500元/千米拨付，2022年累计拨付日常养护经费215.16万元，完成养护工程建设总投资740万元。

道路运输。道路货物运输企业494家，其中普通货运477家，危险货物运输17家。机动车维修168家（其中一类汽车维修3家，二类汽车维修31家，三类汽车维修134家）。机动车驾驶员培训14家，其中AAA级1家，AA级10家，A级3家。教练员407人，教练车481辆，全年培训学员12731人。

物流服务。开展物流基础设施建设工作，赣州市冷链物流中心二期、华东国际商贸物流园二期项目建设稳步推进。出台《关于促进全市城市配送车辆标准化建设管理实施方案》开展城市配送车辆统一外观标识、统一车辆编号、统一规范管理的标准化建设，有效提升城市"最后一公里"物流效率，降低物流成本，缓解城市交通压力、促进节能减排，推进建立高效、绿色、便捷城市配送物流服务体系。

（章贡区交通运输局）

赣县区

2022年，赣县区交通运输局交通基础设施建设全面升级。持续推进国道323赣县江口至梅林大桥段公路改建工程项目进度，现完成施工图设计批复，其中子项目K123+585通道工程完工，正在

进行建设用地报批和招投标工作。省道 221 赣县区沙地至沙圩桥段公路改建工程，完成路基工程，正在进行路面工程施工。完成赣县阳埠乡县道 802 岐岭至石井（阳埠至坳头村段）项目，稳步推进县道 801 赣县新星大桥至三溪公路改建工程和县道 805 赣县义源至大田公路改建工程建设。推进改渡便民工程 3 个，推动赣州港（水运）五云疏港公路二期工程项目加速开展临时用地报批和施工图设计工作。建设建制村双车道项目 2 个共 10.1 千米，建设旅游路、资源路、产业路、公益事业路、路网联通路项目 11 个共 30.1 千米，其中 6 个项目完工。实施乡村振兴农村公路项目 25.3 千米，总投资 2379 万元。

农村公路养护。加强农村道路安全隐患排查治理，投入 1000 万元，对全区农村公路安全隐患进行全面治理。投入 230 万元对五云至夏浒公路沿江复绿。实施 2021 年 7.5 千米、2022 年 7 千米生命安全防护工程，同时对原先未实施的生命安全防护工程查缺补漏，全面实施，对 6.6 洪灾水毁进行摸排、修复，全区农村公路养护水平全面提升。

行业治理。全面加强道路运输市场监管。1. 重点抓好特殊时段运输安全工作；2. 认真抓好道路运输营运车辆年度审验工作；3. 优化全区客运服务体系；4. 加强客运站场管理；5. 加强道路运输车辆 GPS 监管。全年共发放燃油补助 300 多万元，村村通补助 100 多万元，共处理 8 起交通违法行为，移交执法大队 3 起，交管部门 3 起。全面加强水路运输市场监管。1. 认真抓好"河长制"工作；2. 加强赣江岸线整治工作；3. 加强船舶与港口污染防治；4. 开展撤渡撤船修桥工作。全年完成 14 艘渡船拆解，完成湖江洲坪渡口修缮及对赣县机渡 002 渡船大修。

民生福祉。全年共报废 10 辆老旧公交车，新能源公交车占比提升至 79.36%；新增公交线路 1 条，优化公交线路 3 条；派出公交车辆 53 台次参与抗洪救灾和疫情转运等政府指令性运输任务。

安全生产。开展"安全生产月"活动和"百日攻坚"行动。全力做好党的二十大召开前后安全生产工作。累计出动督查人员约 300 人次，检查企业 500 家次，检查客（货）运输车辆 1200 辆次，客（货）运运输企业下发整改通知书 12 份，发现隐患 37 条；检查渡船、货运运输船 220 船次，发现隐患 1 处；检查驾培维修企业 88 家次，发现隐

患 2 条；检查农村公路安全隐患 60 次，发现隐患 23 条；排查在建工程项目 120 余次，发现隐患 6 条，所有安全隐患全整改到位。联合交警、交通综合执法大队开展道路运输治超工作，累计不停车检测 256 辆，开展安全应急知识宣传 500 人次，印发水上交通安全法规和应急知识小册子 1500 余份，开展咨询 5 次，全系统安全生产形势持续平稳。

（赣县区交通运输局）

上犹县

2022 年，上犹县国道 220 上犹下蛛坑至水岩段公路改建工程项目，路线全长 7.025 千米，按二级公路标准建设，计划投资 8500 万元，于 2020 年 9 月开工建设，于 2022 年底全面交工。省道 221 上犹沈坊至滨江段公路改建工程（绕城公路）项目，路线全长 8.212 千米，按二级公路标准建设，项目计划总投资 19200 万元，于 2020 年 5 月开工建设，于 2022 年 9 月全面交工，2022 年完成投资 7800 万元。省道 221 沈坊桥至油石段土路肩硬化工程项目，路线全长 7.92 千米，按二级公路标准建设，项目计划总投资 1795 万元，于 2022 年 8 月开工建设，于年底全面交工，2022 年完成投资 1681 万元。省道 547 上犹梅水至窑下段公路改建工程项目，路线全长 8.719 千米，按二级公路标准建设，项目计划总投资 15000 万元，于 2021 年元月开工建设，于 2022 年底全面交工，2022 年完成投资 2400 万元。双溪草山旅游公路改建工程项目，路线全长 25.711 千米，计划总投资 15256 万元，于 2021 年 3 月开工建设，于 2022 年 11 月全面交工，2022 年完成投资 2056 万元。坪市至秀罗段改造工程项目，路线全长 2.145 千米，计划总投资 1200 万元，于 2022 年 7 月开工建设，于 2022 年 12 月全面交工，2022 年完成投资 1200 万元。油石笔架山工程项目，路线全长 1.515 千米，计划总投资 1302 万元，于 2022 年 5 月开工建设，已全面完工，2022 年完成投资 1302 万元。完成城西大道国道 357 上犹罗边至黄埠段公路改建工程可研编制。省道 548 上犹窑下至树木园段公路新建工程项目土地报批省里。县道 874 莲塘至陡水公路项目完成前期准备工作。完成社溪镇龙埠桥和东山镇沈坊桥施工图设计，正在

进行前期工作，预计投资约 300 万元。

2022 年，完成省级"四好农村路"示范县创建工作，新改建农村三级公路 3.8 千米，新改建村组道路 36.5 千米、美丽生态文明路 8.1 千米，完成农村公路安防工程 35 千米，累计完成投资 3008 万元，顺利通过"四好农村路"省级示范县内外业核查，并于 11 月中旬正式推选为江西省第七批"四好农村路"示范县，全县农村道路品质得到全面提升。实施"路长制"试点工作，县财政配套和投入 507 万元用于农村公路日常养护工作，全县农村公路列养率达 100%，优良中路率达 80.3%。加强安全隐患排查工作，做好公路建设维稳，完成排查处置安全隐患 89 处，完成投入资金约 518 万元。村道安全生命防护工程处置隐患里程共计 30 千米，投入资金 387 万元。

2022 年，全县拥有客运企业 8 家（含公交、出租），营运客车 200 辆（其中：班车 46 辆、公交车 48 辆、出租车 106 辆，预约车 6 辆），客运班线共 12 条（其中：跨省班线 11 条，平均日发 16.5 班次；跨地（市）班线 1 条，平均日发 9 班次；跨县班线 1 条，平均日发 1 班次；县内班线 16 条，平均日发 40 班次；县内公交线路 18 条，平均日发 242 班次）。上犹县客运车辆总客位数：4223 个。全县 131 个建制村全部实现通客运班车（预约响应客车）。因疫情原因，公路客运继续下降。2022 年，全县共完成客运量 100.24 万人次，旅客周转量完成 15658.8 万人千米，较 2021 年下降 12.3%。全县的货运企业共 25 家（其中：规模以上企业 2 家），其中危货企业一家。货车总车辆数为 490 辆，吨位合计：6080946.95 吨；全县完成公路货运量 305.04 万吨，完成公路货运周转量 50163.135 万吨千米，较 2021 年下降 5%。全县水路客运企业 1 家，其中水路客运线路 2 条，营运船舶 10 艘，总客位 584 个，全年水路运输行业共完成客运输量为 64077 人次，完成客运周转量为 640770 人千米。县港航所自有客运码头 1 座、趸船 1 艘，客运企业拥有客运码头 4 座、趸船 4 艘，全年完成港口吞吐量 128154 人次。

（上犹县交通运输局）

崇义县

2022 年，崇义县拥有交通基础设施建设 57 个，年投资总额 6594.30 万元，其中县道升级改造项 1 个，桥梁项目 8 个，旅游路项目 1 个，安防养护项目 14 个，乡道双车道项目 1 个，窄路面拓宽项目 1 个，通自然村项目 31 个。全县交通运输工程项目监督覆盖率达 100%，该县交通运输局对每个项目检查频率均大于 2 次，组织交工验收 57 个项目，监督管理项目验收质量合格率达 100%；开展安全隐患大排查 13 次，均未发现重大质量安全问题，全年公路工程项目安全生产零伤亡。启动国道 220 崇义县西门至生龙口段公路改建工程（一期）的项目前期工作，南山口隧道启动开工建设。实施县道 894 寮婆桥至扬眉（石塘至合坪路段）破损路面修复工程，路线全长 5.0 千米；实施县道 884 文英上塔至聂都白溪公路修复工程，路线全长 13.197 千米；实施县道 882 石壁下至荡坪顶路面修复工程，路线全长 6.957 千米；县道 181 聂都至广东长江（竹洞）公路修复工程，路线全长 5 千米。共实施通村组水泥路建设项目 31 个，合计里程 26.51 千米，均于年内完工。农村交通通行条件得到进一步提升。实施危桥改造项目 3 个，均于年内完工，公路桥梁安全系数得到进一步提升。

农村公路交通安全隐患治理路段共计 23 处，（其中：市级督办 8 处、县级督办 15 处），均验收销号。汛期时段，崇义县农村公路不同程度发生塌方、水毁等情况，主要集中在过埠至上堡路段及上堡、思顺境内路段；累计投入人工 860 人次，机械设备 452 台次，运输车辆 96 辆次，设置各类交通标识标牌 325 块，投入铁锹等应急抢险物资 162 套，清理公路塌方 168500 立方米，清理公路排水沟 18100 米，保障全县道路安全畅通，未发生人员伤亡事故。

农村客运班线杰坝乡长潭村延伸至树木园，新增县城至关田工业园城乡公交客运班线（全程高速），新增阳明中学、知行小学公交线路，3 路、5 路公交线路延伸至阳明山景区，改善沿线中小学生、旅客和沿途出行群众的出行条件。加强公交车驾驶区域、候车亭安全防护。20 台公交车均安装驾驶区域安全防护隔离设施，重点培训如何正确使用消防、应急安全防护设施，遇到突发情况如何正确处理突发事件，提高司乘人员行车安全。全县共有公交站台 74 个，其中 36 处港湾式候车亭安装安全防护栏。2022 年累计发放加班、包车牌（证）224 张，其中：包车 116 车次、加班 108 班次；全县累计安全发送旅客 45.11 人次；"春运"期间，累计安全发送旅客 5.6 万人次。

全年查处非法营运案件 10 件，其中旅客运输方面，查处未取得《道路运输经营许可证》擅自从事道路旅客运输违法行为 9 起，罚款 81000 元，货物运输方面，查处驾校违规教学行为 1 起，罚款 5000 元。

（崇义县交通运输局）

南康区

2022 年，南康区完成新改建县乡村道 10 条，共计 27.709 千米，完成投资 11260 万元。蓉江街道至赤土畲族乡茶滩上—瓦岭公路改造工程。建设里程 5.2 千米。完成投资 1300 万元。开工时间：2022 年 5 月 21 日；竣工时间：2022 年 12 月 12 日。赤土畲族乡下坝—莲塘公路改造工程，水泥混凝土路面宽度 4.5 米。建设里程 1.5 千米。完成投资 530 万元。开工时间：2022 年 3 月 12 日；竣工时间：2022 年 9 月 12 日。龙回镇茶叶坳—江口公路改造工程，沥青混凝土路面宽度 6 米。建设里程 6.2 千米。完成投资 3700 万元。开工时间：2022 年 3 月 9 日；竣工时间：2022 年 12 月 9 日。龙岭镇邱边桥头黎边—下棚沿江路公路改造工程，水泥混凝土路面宽度 6 米。建设里程 3.67 千米。完成投资 843 万元。开工时间：2022 年 4 月 19 日；竣工时间：2022 年 10 月 19 日。龙回镇五库里—山塘排公路改造工程，沥青路面宽度 5.5 米。建设里程 2.1 千米。完成投资 1000 万元。开工时间：2022 年 5 月 28 日；竣工时间：2022 年 11 月 28 日。龙回镇下山孜—岭孜上公路改造工程，沥青路面宽度 6 米。建设里程 1.3 千米。完成投资 585 万元。开工时间：2022 年 5 月 22 日；竣工时间：2022 年 11 月 22 日。龙回镇石滩—樟坑公路改造工程，沥青路面宽度 6 米。建设里程 2.166 千米。完成投资 925 万元。开工时间：2022 年 4 月 18 日；竣工时间：2022 年 10 月 18 日。龙回镇岭孜上—公主岭公路改造工程，沥青路面宽度 6 米。建设里程 2 千米。完成投资 900 万元。开工时间：2022 年 4 月 15 日；竣工时间：2022 年 10 月 15 日。龙回镇彭屋—岭孜上公路改造工程，沥青路面宽度 6 米。建设里程 0.943 千米。完成投资 425 万元。开工时间：2022 年 4 月 21 日；竣工时间：2022 年 9 月 21 日。龙回镇公主岭—布谷寨公路改造工程，混凝土路面宽度 4.5 米。建设里程 2.63 千米。完成投资 1052 万元。开工时间：2022 年 4 月 12 日；竣工时间：2022 年 10 月 12 日。富田桥危桥重建工程。桥长 37.02 米。完成投资 198.6 万元。开工时间：2022 年 5 月；竣工时间：2022 年 12 月。

公路养护。农村公路养护及绿化投入资金 5267.17 万元。纳入日常养护里程 2611.981 千米，完成大中修工程 59.641 千米，完成美丽生态文明示范路建设 62.66 千米，完成一批公路绿化、安全隐患治理、路域环境整治和水毁修复等工程。

道路运输。有客运企业 10 家，客车班线共有 34 条，其中省际班线 7 条（2022 年运行省际班线仅有 2 条），市际班线 1 条，县际班线 3 条，县内班线 23 条，投入车辆 78 台，其中省际 10 辆，县际 18 辆，县内 50 辆。客运站目前仅有东门客运站和唐江汽车站。东门客运站日均旅客客运量 800 人次，年客运量 29 万人次。唐江汽车站日均旅客客运量 220 人次，年客运量 8 万人次。有危货运输企业 5 家，投入运营车辆 36 台，开展的危险品运输业务以区内的油漆、废渣运输为主。拥有车辆数大于 50 台的普货企业有 3 家，共有车辆 246 台。全年运行出租车数量为 123 辆，乘客数量约 197 万人次。巡游车客运量约 108.6 万人次，日服务次数约 12 次及平均载客数 2—3 人、日平均载客千米数 110 千米、日平均空驶里程数 100、日平均加油量 26 升，乘客的平均乘车时间 2—4 时等。公交客运量约 760 万人次。运行车辆 2022 年 140 台，其中新增 10 台新能源公交车。

（南康区交通运输局）

大余县

2022 年，推进建设隧川至大余高速公路。对辖区红线范围内所需征拆的全部完成协议。推进建设省道 1 条，省道 316 大余铜锣湾至池江段公路 A1 标段，里程 3.696 千米。完成新改建农村公路 15 条 32.81 千米，完成安全防护工程 6 条 13 千米。完成危桥改造 5 座，完成新建桥梁 3 座，在建危桥改造 2 座，车里桥完成 7 根桩基，石牛水桥完成下部结构。在建新建独立桥梁大水口桥 1 座 209 延米，目前完成下部结构，完成 3 片梁板预制。完成养护大中修 5 处 11.8 千米。完成农村公路隐患排查整治 119 处，完成农村公路破损路面修复 25.4 千米，农村公路养护管理品质取得持续性改善，优良路况率达 78% 以上。

该县共 3 家旅客运输企业，省际客运班线 8 条，县际客运班线 6 条，县内客运班线 33 条，大余至赣州（往返）定制班线 1 条，班线客车 115 辆，定制班线客车 10 辆，2022 年全年客运量 66 万人次。二级客运站 1 个，105 个停靠站点。全县城市公交线路 11 条、公交车辆 42 辆。2022 年增加丫山、行政服务中心、三年游击战争纪念馆等 3 条公交线路延伸运行至丫山游客集散中心，合理调整城区公交的运行时间和运行趟次，运行范围覆盖南安镇、黄龙镇、浮江乡、新城镇等 4 个乡镇。许可 1 家巡游出租企业，投入 20 辆新能源电动车运营；许可 1 家网约出租企业，注册车辆 11 辆。新增货运企业 16 家，目前货运企业 69 家，个体经营业户 1120 户，普通货物运输车辆 1002 辆；危险品货物运输企业 4 家，危险品货物运输车辆 79 辆，A 级物流企业 1 家。机动车驾驶员培训学校 6 家，136 辆教练车；全年培训合格人数 2812 人，道路运输继续教育培训合格从业人员 780 人。一类维修企业 1 家，二类维修企业 11 家，三类维修企业 95 家；汽车综合性能检测站 2 家。

（大余县交通运输局）

信丰县

2022 年，信丰县交通运输局主抓或协抓交通基础设施重点建设项目 12 个，实现南龙高速完工通车，信丰大桥在极短的时间内提前通车，大广高速信丰南互通两个多月完成升级改造再创信丰速度，国道 357 坪石 – 县城基本完工。县道 806 大石下 – 信丰、省道 316 县城 – 铜锣湾、省道 317 热水 – 大星等一批完成招标的项目纳入"三区三线"用地盘子，具备解决用地问题条件。省道 317 马路坑 – 正平完成工可编制，县道 802 岐岭 – 石井项目完成招标。实现全县南下北上高速大动脉畅通无阻，高速出入口达到 8 个，所有乡镇 40 分钟内上高速，国省道通行条件大幅度提升。

启动争创"四好农村路全国示范县"，完成农村公路建设目标任务 3.3 亿元；建制村通双车道比例由 2021 年的 44.3% 提升至 56%，超过全省平均水平。危桥改造实现动态平衡，完成古陂镇新屋桥，万隆乡观音桥等六座危桥改造，大桥新村一桥、二桥、油山镇洋坑桥、小河镇圩背桥等四个危桥改建项目有序推进。围绕安保强、质量好、环境美、带动大、服务优的要求，完成大田—茶亭下、正平坳下—万隆布尾岭、谷山—焦坑、大塘—小河等 4 个项目 53 千米美丽生态文明路建设。

投入资金 112.65 万元用于新改建农村公路站亭 16 个、道路绿化 6.7 千米；投入资金 204.5 万元打造美丽生态文明农村路。完成县道 809 大田至茶亭下、C088 正平坳下至万隆布尾岭、乡道 011 谷山至焦坑、乡道 006 大塘至小河等 4 个项目 53.076 千米美丽生态文明农村路。建立以县政府主要领导担任全县总路长的"总路长 + 县、乡、村三级路长"组织体系，全县共设立县级路长 12 个、乡级路长 36 个、村级路长 260 个。

2022 年，公路运输客运量累计 243 万人，同比增长 1%；公路运输客运周转量累计 16998 万人千米，同比增长 1%；公路运输货运量 1467 万吨，同比增长 5%；公路运输货运周转量 389594 万吨千米，同比增长 3%。全县客运二类企业 4 家、车辆 85 辆，四类客运企业 3 家、车辆 122 辆，危货运输企业 4 家，车辆 25 辆，工程车辆 62 辆。强化安全管理，对全县"两客一危"重点车辆进行全面排查，排查客运车辆800辆次、危货车辆100辆次，排查车辆技术全部合格。联合公安、交管、高速交警等部门开展对客运行业专项整治，针对暑期、寒假、国庆、春运等客运特点，开展专项整治行动，全县客货运领域环境得到进一步净化。今年共查处相关违法车辆1824辆次，遏制信丰县交通运输领域的违法行为。强化客货运输管理。办理道路运输经营许可证的物流货运公司共计79家，其中2022年新增12家。全县共有AA级以上物流企业12家，共有县规模以上物流企业9家，其中2022年新增1家县规模以上物流企业。截至2022年12月，公路运输货运量为677万吨，增速5%，货运周转量为186678万吨千米，增速3%。

（信丰县交通运输局）

龙南市

2022年，龙南市高速公路路网进一步完善，大广高速南康至龙南段扩容项目于2022年9月28日建成通车，龙南西高速公路收费站开始设站收费。互通项目一期（即桃江互通预留项目）全面完工，二期省发展和改革委员会出具工可报告初审意见。国道105龙南里仁至临塘段公路改建工程项目全长约19.78千米，按一级公路标准建设，设计速度80千米/小时、路基宽24.5米，总投资125181.06万元。该项目纳入财政部PPP库待组织社会资本方招投标，全面完成征地拆迁工作。加快推进"四好农村路"建设，完成程青公路、环城公路、桃洒公路等路面修复工程。完成黄沙畲族村道路新建工程。实施9个农村道路2022年水毁应急抢修项目；推进7个路面改造项目的施工图设计等前期工作。推进农村公路管理养护体制改革，落实"路长制"，出台《关于印发〈龙南县"路长制"方案〉的通知》（龙办发〔2018〕34号），正在推动市委、市政府出台《龙南市深化农村公路管理养护体制改革实施方案》。

2022年，全市从事道路客运经营的企业5家，拥有省际班线12条，县际班线6条、县内农村班线16条，公交线路15条，有客运班车74辆，公交车41辆，出租车25辆；货运车辆数2088辆，

吨位数15597.15吨。2022年1—12月份客运量为503万人，客运周转量为33685万人千米，货运量为1669万吨，货物周转量为375456万吨千米。推进超限超载和非法营运车辆专项整治行动，打击非法营运及货运车辆超限超载行为。全年共查处非法营运案件29件，科技治超系统处罚车辆420辆次，处罚允许超限超载车辆出站（场）源头企业1家，路面查处超限超载案件108件。抓好客运车辆4G实时监控工作，74辆客运车辆4G安装100%。龙南市第一批3个科技治超检测点于2020年10月15日正式启用，并于2022年6月通过复检。第二批4个科技治超检测点2021年12月31日全部建设完成并接入省平台，并于2022年7月21日正式启用。

推进龙南综合物流园项目建设。龙南综合物流园（南区）即龙南市现代物流中心项目，由市城控集团负责组织实施土方平整工作，第一期（100亩）目前完成；2022年7月22日完成土地招拍挂手续；2022年8月20日正式开工，开始进场施工，场地正在强夯作业，完成95%的工程量。库厂房浇筑完成7个基础。

（龙南市交通运输局）

全南县

2022年，全南县南龙高速全南北互通项目于2022年9月顺利通车，完成寻全高速西延项目工可预审等前期工作，完成推进工可批复、初步设计、施工图设计等前期工作，项目预计2023年12月底之前开工建设；实施县道877龙下（县界）至社迳江口段县道升级改造工程、龙小线至食品工业园公路新建工程、全南县县道347上屋场至排楼下县道路面大中修工程、大吉山镇马坑至小溪乡道路面改造工程等新改建农村公路项目21千米、危桥改造项目3座、安防工程24.4千米。投入4000余万元实施水毁灾后重建项目42个。出台《全南县深化农村公路管理养护体制改革"路长制"试点方案》，推行"路长制"，同时，农村公路日常养护资金按县道每年每千米1万元，乡道每年每千米5000元，村道每年每千米3000元的标准列入年度财政预算，农村公路养护率达100%。摸排公路急弯陡坡、临

崖临水、事故易发多发等高风险路段，完成村道生命防护工程 2 万余米，计划年底之前再实施村道生命防护工程约 8000 米。

2022 年开通全南至龙南定制客运班线，在高铁进站相对密集期间开通直达高铁站的班次。谋划开通全南至深圳、广州、东莞等地定制客运班线，均获市交通运输局批准；推进县城公交延线扩面，在县城桃江新区开通公交班线；开通县城至攀岩小镇、教育小镇、雅溪景区等景区直通班线和县城至天龙山景区公交班线。全县开通并正常运行的客运班线 15 条，投入营运客车 66 辆；开通公交线路 7 条、投入营运公交车 16 辆（全南县恒发公共交通客运有限责任公司 10 辆、全南县发投交通投资有限公司 6 辆）；投入运营出租汽车 32 辆，另开通旅游客运班线 1 条共投入营运客车 4 辆（县城至雅溪，途经攀岩小镇、教育小镇）。对接沟通财政落实惠企纾困政策，落实农村客运运营财政补贴制度，全年安排农村客运运营财政补贴 59.4 万元，巩固和拓展建制村通客车工作成果；全年安排城市公共交通运营补贴 205 万元，城市公共交通运营到位率达 100%；全面铺开道路运输执法"飓风"行动，保持打击"黑车"非法营运高压态势，查处非法营运车辆 24 辆，罚款 22 万元；加大货运源头管控与路面流动执法力度，查处违章车辆 137 辆，恢复改装车辆数 7 辆，罚款 7.65 万元，科技治超处理 463 件，罚款 59.59 万元。探索农村公路客货邮融合发展，设置乡镇客货邮综合服务站 2 个，开通客货邮农村班线 5 条，加快寄递物流、农产品和群众生产生活物资的流通效率。县乡村三级物流网络构建得到加强，共建设县级农村物流中心 2 个、乡级物流节点 9 个、村级物流节点 86 个，推动了农村物流转型进一步升级。

（全南县交通运输局）

定南县

2022 年，交通基础设施项目年度计划投资 16545 万元，完成投资 18812 万元，占比 113.70%。农村公路项目年度计划投资 1919.5 万元，完成投资 1840 万元，占比 95.86%。高铁南站综合客运枢纽项目列入专项债，获得 8000 万元专项债资金；

完成土方开挖 42 万立方，完成挡墙桩基础 118 根，挡墙混凝土浇筑 3500 方。项目总投资 10700 万元，完成投资约 3400 万元。定南县第三批农村公路安全生命防护工程：项目总投资 150 万元，项目库审核通过，收到抄告单和立项批复，施工图初步设计完成。乡道 387 板埠至溪尾红色旅游公路升级改造工程：道路全长 13.9 千米，项目已完工，正在进行项目结算工作。该项目总投资 8560 万元，完成投资约 9800 万元。PPP 项目国道 238 历市至老城和国道 535 完成交工验收，工程增量审核通过政府审批，PPP 项目工程正在第三方审核中。定南县老城镇旅游基础设施建设项目二期旅游公路建设项目：道路全长 1.162 千米，正在开展路面结构层施工。总投资 2545 万元，完成投资约 1527 万元。定南县岿美山示范镇建设第二期旅游公路 EPC 项目：道路全长约 14 千米，由县春晖公司负责实施，县道 301 里布岗至英兵坳（里布岗至坳头段、左拔至古地段）升三级改造工程，里布岗至坳头旅游公路征地现场丈量基本完成，第三方测绘报告完成；进行水稳层铺设，排水沟砌筑，完成工程量约 70%。左拔至古地旅游公路征地现场丈量基本完成，第三方测绘报告完成；进行路基平整、桥梁及箱涵施工，边坡喷草复绿施工，完成工程量约 55%项目总投资 9500 万元，完成投资约 3300 万元。美丽生态示范路建设 10.9 千米项目：完成乔木种植 404 株、灌木种植 556 株、整理绿化 4479 平方、广告标志板安装 2 块等工作，累计完成 85.2% 工程量。项目总投资约 218 万，完成投资约 185 万元。定南县 17 座危桥重建工程（坪岗桥）：完成桥梁下部结构、预制梁场地基座硬化、龙门吊安装等工作。项目总投资约 900 万元，完成投资约 600 万元。乡村振兴公路建设项目：完成乡村振兴第一批、第二批、第三批项目的核实、筛选，完成 22 千米道路、3 座桥梁的验收工作。项目总投资 1919.5 万元，完成投资约 1840 万元。公路养护管理有序平稳推进，年内完成水毁工程抢修 300 多万元。县 17 座危桥重建工程：完成 14 座，正在建设 3 座。项目总投资约 3387 万元，完成投资约 2800 万元。完成新（改）建经济适用、功能完备、路景融合的农村村组路 43 千米、美丽生态路 15.7 千米。

全年养护农村公路 821 千米，其中县道 151.468 千米（局养护）、乡道 241 千米（镇养护）、村道 428 千米（镇养护），养护率达到 100%，公路技术状况评1定优良路率达到75%。共清理公路沿线边坡塌方101处。发现并制止破坏路面行为5起。修复水毁造成的边坡、路基塌方12处。汛期期间，累计出动巡查人员290人次，巡查车辆130辆次，抢修机械装载机113台次，挖掘机113台次，累计清理塌方10.58万余方，整改隐患487处，全县农村道路均保持正常通畅状态。全县年度内共完成客运量59.9万人，客运周转量5700万人千米。坚持日常执法与治超"织网"行动相结合，严厉打击运输市场非法经营行为，共查办违章案件468宗，共计罚款120.7万元，查处超载车辆203辆，交警罚款4.42万元，扣分232分，教育司乘人员246余人。年度城市公交营运总里程约为140万千米，营运趟次约101360趟，营运收入约82万元，客运量达163万人次，驾驶员好人好事278起，安全率99%，服务满意率98%。

（定南县交通运输局）

安远县

2022年，安远县路网总计2441.338千米。其中：高速公路里程128.2千米；国道里程159.311千米（二级以上公路150千米，占比约89%）；省道99.427千米（二级以上公路67千米，占比约67%）；县道196.8千米（三级以上公路为112.9千米，占比约57%）；乡道366.9千米（四级以上公路为361.1千米，占比约98%）；专用公路33.2千米，村道1457.5千米。18个乡（镇）100%通三级以上公路、100%通达客车；152个行政村100%通水泥（油）路；25户以上自然村100%通水泥路。完成桥梁新（改、扩）3座（天心圩桥、天心鲤鱼桥、凤山东河大桥），完成项目投资750万元。全县现有客运站场2个，其中二级客运站1个，四级站1个，境内设置安远汽车总站、公路沿线建有候车亭156个（其中乡镇69个）。2010年10月，全县实现100%河道渡口改建桥梁。2020年县政府撤销东风水库渡口，同时设置东风湖渡口。目前全县仅东风湖渡口有渡口码头。正在建设16个乡镇综合服务站，单个镇级客运站建设原则上占地5亩，总投资约5700万元；预计2023年竣工。

公路养护。印发《安远县2022年农村公路管理养护实施方案》，推行市场化与社会化养护相结合方式，将全县主要农村公路1164.75千米分为南北两片，以公开招标的方式采购专业化养护企业，将671.3千米的村道和通组路由乡镇自行开展日常养护。构建县域农村公路管理养护的新格局。全年共开展6次月考核、2次季度考核、1次年度考评；完成年度道路隐患整治123个，累计投入资金1500万元。

公路绿化、公路标准化、公路水毁防治、公路突发事件及处理。2022年完成项目投资100万元，清扫路面53000千米，清理疏通水沟290千米，桥105座，涵洞570座，整治路肩124.2千米，整治路容155公顷，割除高草1670公顷，清理塌方7500立方米，修补坑槽5998平方米，灌缝13.5千米，修剪路树19888棵，路树杀菌除虫3次，修整灌木124210株，除枯死路树340棵，清整遮挡标志牌155块，扶正标志牌70块，修复损毁钢护栏500米。

道路运输。全县现有营运客车96辆，座位约2957位，开通客运班线56条，年客运量365万人次，客车乡镇通达率达100%，行政村通达率100%。出租车16辆，公交车29辆，镇村微公交12辆。

水路运输。现有船舶共计20艘（4艘45座普通客船、4艘50座普通客船、5艘18座、1艘垃圾打捞船、6艘座应急快艇）。客运周转量为5.5万人千米，线路走向为凤山东风湖外码头至东风湖内码头，运价为15元。

（安远县交通运输局）

寻乌县

2022年，寻龙高速公路（江西境内段）项目于12月22日通过交工验收，12月28日顺利通车。深寻大道项目，按二级公路标准改建，路线全长3.7千米，拟建路基宽度10米，拟建路面宽度9米，总投资1.021亿元，施工合同价格4840.4315万元。项目于2022年7月开始开工建设。吉谭镇到圳下村旅游公路项目，按四级公路标准改建，路线全长1.72千米，路基宽度7米，水泥混凝土路面宽6米，总投资660万元，项目于2022年8月开工建设，12月完工通车；罗塘至元兴旅游公路项目，路线全长 1.67 千米，路基宽度 8.5 米，水泥混凝土路面宽 6 米，总投资 2530 万元，项目于 2022 年底开工。

2022 年全县农村公路养护管理实现全覆盖，农村公路列养率达 100%。获评江西省"四好农村路"（镇村公交）发展试点县、江西省第四批"四好农村路"示范县和全国"四好农村路"示范县的称号。

2022 年，新建澄江乡汽车客运综合服务中心一座，位于澄江镇汶口村，占地面积 3848 平方米，综合楼建筑面积 349.16 平方米，总造价为 306.5 万元。于 2022 年 4 月 20 日开工，2022 年 12 月建成投入运营。全年客运量 41 万人次，公路客运周转量 2695 万人千米。截至 2022 年 12 月底，寻乌客货运输有限公司共有班线 59 条。其中省际班线 6 条、市际班线 1 条、县际班线 3 条、镇至村班线 42 条、定制客运班线 7 条，车辆总数增加至 70 辆，运价均按照发改委核定票价执行。

（寻乌县交通运输局）

于都县

2022 年，于都县全面完成通村组公路建设任务 33.32 千米，完成投资 3000 万元，续建农村公路危桥 7 座，完工 2 座，在建桥梁 5 座。县道 803 于都绕城北快速干线项目，工程开工至今累计完成产值 15298 万元，约占总投资的 45%，其中 2022 年开工累计完成 5175 万元。国道 319 瑞金至兴国（于都段）2022 年 7 月取得自然资源部的用地批复，共完成投资额约 2.65 亿元（含报批和征拆等前期费用）。省道 219 古田至新地段，完成可行性研究报告、初步设计批复、社会风险评估、地质灾害危险评估、生物多样性影响评价报告批复，正加紧用地预审等工作。

完成美丽生态路建设计划数 18.8 千米，完成率 100%。养护农村公路不良路段，整治路基 4621 平方米，路面 9719 平方米，排水涵管 12 道，标线 527 平方米、警示标志牌 11 块、波形防护栏 63 米 /3 处，动用大型挖机 12 台次，铲车 6 台次，清理边坡塌方 97472 立方米。加强安全隐患排查，整改 13 处隐患点，投入整治资金约 17 万元，全县共完成公路隐患整治里程 0.95 千米，增设标志牌 16 块、减速震动标线 380 平方米、减速带 26 米，波形护栏 184 米。

完成运输任务运力保障优化提升，全年共投入营运客车总数 7120 辆，完成旅客运输 25 万余人次。强化道路客运服务质量，开展"暖心行动"专项整治工作；重点对客运车辆私抬票价、不按规定线路行驶，司乘人员服务质量低劣等行为进行整治。深化"放管服"改革优化营商环境，行政许可事项共计 53 项，保留 16 项，即将划转至行政审批局事项 37 项。

开展道路运输执法"飓风"行动、治超联合执法"织网"行动、路政执法"净路"行动、水路运输执法"破浪"行动、工程建设质量安全"红线"行动等多项交通运输领域专项执法行动。年初第二批科技治超点（共 4 处）通过检定并投入使用，现有 8 处科技治超点分布于全县各交通干道。累计出勤执法人员 2500 余人次，出动执法车辆近 400 车次，共计查处非法营运"黑车"67 辆；路面查处超限超载货车 195 辆次，记 429 分；科技治超查处 221 辆次超限超载货车，查处非法改装车辆 8 辆；查处"抛洒滴漏"车辆 57 辆次；查处 1 起损坏公路附属设施的违法行为。建立联勤联动长效机制，下发《关于建立打击道路运输领域违法违规行为联勤联动长效机制的通知》（于交综执发〔2022〕2 号）。

（于都县交通运输局）

兴国县

2022 年，兴国县交通运输局组织实施项目 42 个，完成固定资产投资 3.763 亿元。官田互通。全长 2.653 千米，配建收费站、管理用房等设施，投资估算 1.8288 亿元。当年完成投资 6698 万元（含征迁费用 1332 万元）。预计 2023 年 10 月竣工通车。瑞兴于快速交通走廊（兴国段）。路线全长 49.906 千米，总投资 29.71 亿元（建安费 21.86 亿元）。项目分两段实施：第一段（社富乡留龙至埠头乡旺口段）公开招标，新建里程 21.476 千米，总投资 14.428 亿元（上级补助 3.54 亿元、地方配套 10.88 亿元）。第二段（埠头乡旺口至高兴镇老圩段）采用 PPP 模式，长 27.294 千米，总投资 17.62 亿元（资本金 3.52 亿元，缺口 14.09 亿元）。项目前期 14 项前期完成 13 项。2022 年完成 7 个节点工程，启动与经开区共线段与潋江大桥节点工程建设，完成投资 1.01 亿元（建安费 7100 万元、征迁等前期费 3000 万元）。县道 908 鼎龙粮管所至观音庙段。全长 3.23 千米，施工图预算总造价 1061 万元（建安费 912 万元），中标合同价 796.8 万元。9 月进场施工，12 月 19 日通车，2023 年 1 月底完成绿化、安防工程等所有工程量，完成建安费投资约 760 万元。乡道 029 合富至灵山公路改建工程。路线全长 3.77 千米，施工图预算 3369 万元（建安费 2195 万元），中标合同价 1919.968 万元。2022 年 2 月 10 日开工建设，10 月 8 日建成通车，2023 年 1 月交工验收，完成建安费投资 1970 万元。村道 CE103 高兴镇袁屋门口至古高公路改建工程。为战备路，全长 0.671 千米，总造价 343.67 万元，中标合同价 193.638 万元。2022 年 3 月 2 日进场施工，5 月 2 日建成通车，6 月 15 日全面完工，11 月交工验收，累计完成投资 343 万元。建制村通双车道项目。完成 20 个建制村 64 千米通双车道改造，总投资 1.42 亿元。撤渡改路项目。上级下达里程 23.4 千米，涉及 4 个行政村。外业勘测，实际通路撤渡项目 3 个 15.5 千米，总投资 2956 万元。当年完成 2382 万元，直接受益群 1.5 万余人。另有 10.5 千米属"十四五"实施县道 465 兴莲至鼎龙公路改建工程部分路段，因占用生态红线、基本农田和国家一级公益林，暂未开工。

全面落实"路长制"，普通国省道通过国评国检，农村公路路况数据通过省中心数据审核评定会审。全年完成国省道维修投资 1336.738 万元。实施 2021 年国道 238 线路面修复养护工程 7.8 千米，投资 1271.85 万元；2022 年国评中次差专项工程打板 9.3 千米，投资 64.888 万元；10 月进场实施 2022 年养护大中修及预防性养护工程 26.416 千米，总投资 1800 余万元。实施农村公路路面大中修工程（含路面提升工程）13.18 千米，完成投资 1362 万元。公路绿化。投入 780 余万元，补种国道 319 线兴国段、国道 238 线兴国段共 58.7 千米香樟 2257 株、红叶石楠球 18328 株、火荆球 1002 株。投入 24 万余元，补种 50 千米农村公路红叶石楠球 3009 棵。公路标准化建设。完成 2021 年普通国省干线省级示范路工程 67.681 千米，投资 2500 万。实施"四好农村路" 53 千米，投资 211 万元。全年拆除公路用地范围内非公路标志广告 32 块，清理路肩种植物、农作物 226 处，清理摆摊设点 26 处，查处占用、损坏污染公路 2215 平方米 /46 处，

清理搬运公路路肩边坡范围内的垃圾 82 处。拆除重建国道 319 兴国县江背镇华坪路段士陂桥，完成投资 434.9 万元。整治县道地灾隐患点 9 个，完成投资 1692.81 万元。公路突发事件及处理。2 月清理国道 238 贺堂（东固至寨脑段）冰雪 19 千米、解救大货车 6 辆、清除路障 130 余处，抢通农村公路 16 条 113 千米。国道 238 崇贤乡"8.9"道路交通事故发生后，投入 24 万元，更新沿线标牌标线、钢护栏、反光镜。6 月抗洪抢通农村公路 20 条 42 处塌方，投入水毁及抢险维修资金 183 万余元。

全年新增（迁入）营运货车 354 辆 5144.933 吨；更新客运车辆 14 辆 433 座，完成客运量 67.8 万人次、客运周转量 4264 万人千米，受新冠肺炎病毒影响，分别同比下降 32.8%、54%。货运车辆 1385 辆 19719 吨，年货运量 372 万吨，周转量 61376 万吨千米。拥有道路客运企业 6 家、客运汽车 194 辆 6700 座。其中省际班线 11 条、运营客车 32 辆 1717 座，运营 7216 千米；市际班线 7 条、运营客车 8 辆 245 座，运营 795 千米；县际班线 12 条、运营客车 30 辆 1069 座，运营 1187 千米；县内班线 90 条、运营客车 113 辆 3086 座；有旅游客车 11 辆 493 座；定制班车 10 辆 90 座（权属赣州公司）。全县 25 个乡镇 303 个建制村全部通客车。全县有汽车客运二级站 1 座、区乡站 6 座、农村客运候车亭 202 座。全县有货运车辆 1385 辆 19719 吨，年货运量 372 万吨，周转量 61376 万吨千米。其中有物流（托运）企业 68 家（跨省 12 家、跨市县 20 家），2A 级以上物流企业 2 家，货运经营业 954 户，从业人员 1900 余人，营运车辆 1151 辆，货运干线主要为兴国至广州、深圳东莞虎门、厦门泉州（经赣州中转）、南昌、赣州等地。城市公交公司有公交车 72 辆（新能源纯电动公交车 50 辆、柴油车 22 辆），运行 11 条线路，运营里程 280 千米。全县城设置 230 余个停靠站点。

（兴国县交通运输局）

瑞金市

2022 年，瑞金市交通运输局共争取项目 22 个，争取资金 1.3142 亿元，占全年任务数的 166.91%。1. "四好农村路"高质量推进。四好农村公路项目

53 个计 305.45 千米，总投资 12.75 亿元，2022 年度计划投资 5.5 亿元。2022 年，开工建设项目 48 个，完工项目 11 个，累计完成路基工程完成 247.8 千米，路面基层完成 152.4 千米，沥青混凝土路面完成 38.4 千米，危桥改造完成 4 座，路线范围内桥梁完成 18 座，累计完成项目投资 4.53 亿元（其中完成建安费 3.6 亿元）；2. 瑞兴于快速交通走廊项目加快推进。国道 319 瑞金至兴国（瑞金起点段）改线工程完成项目投资 7 亿元，完成路面工程 10 千米并通车；2022 年 7 月 2 日，自然资源部对国道 319 瑞金至兴国（瑞金起点段）改线工程、国道 319 瑞金至兴国（瑞金瑞林段）改线工程的建设用地进行正式批复，国道 319 改线工程两路段用地审批工作全部完成。省道 451 瑞林至九堡段公路改建工程在当时因受生态红线不可避让影响，未如期开展前期工作，省道 451 段建设用地纳入省级"三区三线"调整范围，用地审批工作有了新的进展；3. 大交通项目加快推进。项目概算总投资 23070.89 万元，（其中建安费 20582.97 万元），完成 134 亩土地征收，项目用地于 2021 年 9 月完成招拍挂，由市红都市政公司摘牌；获批省农发行融资贷款资金 3.52 亿元；同时，完成地质灾害风险评估和是否压覆重要矿产资源评估、社会风险稳定评估、交通影响评估、绿化专项规划等前期工作。项目设计方案也编制完成，先后 5 次提请规划专家委员会进行了审查，适时提交专家进行评审，待规委会审查通过后，移交市城投公司负责具体实施；4. 积极推进美丽生态文明路建设，组织对黄柏至瑞金、凯丰至洁源（沙洲坝示范镇白改黑项目）、黄沙至莲塘坝等 3 条美丽生态文明农村路进行了维护提升，进一步提升了道路品质；5. 完成"6·13"水毁项目建设，对"6·13"暴雨损毁的农村公路、桥梁进行抢修抢建，开展第一、二、三批水毁项目共计 78 个项目建设，完成项目总投资 2060 万元。

全年重点监管 17 项，跨部门联合执法年度计划 11 项，检查企业 110 家，完成双随机抽查全流程整合，实现执法监管工作全覆盖、常态化。开展网络预约出租汽车行业乱象专项整治工作、道路危险货物运输行业专项执法、道路运输执法"飓风"行动、机动车驾驶员培训机构专项执法、维修行业专项执法等系列专项行动。2022 年，共查处违法违章 70 起，处罚金额 72.34 万元。坚持路警联合执法治超，集中开展治超"织网"行动。全年路面现场治超共出动执法人员 1894 人，检测车辆 18072 辆，查处车辆 164 辆，卸载货物 2906.06 吨。创新监管手段，全力推进科技治超，全年共处理 221 起非现场执法案件，处罚金额 37.2 万元。对在建项目开展质量安全"红线"行动，综合巡查次数累计 70 余次，巡查在建交通项目及上级扶贫衔接资金项目 70 余个，共下发整改通知书 25 份，查处在建项目违规违法案件 4 起，并均执行到位，共处罚金 5.5701 万元。

全年客运量 19.558 万人，周转量 1958.305 万人次。全市 17 个乡镇建设乡镇级物流快递服务站点，共建成 170 个村级物流快递服务点，全面覆盖全市所有建制村，织密完善物流配送网络，打通最后一公里。2022 年共排查农村公路安全一般隐患 39 处，完成整改 39 处，整改率达 100%。其中整改赣州市专委督办隐患路段 6 处，本市级 11 处，建立整改工作台账，并验收销号，形成闭环管理。实现安全生产工作目标和交通工程施工生产零事故，保障瑞金交通运输行业安全生产形势稳定。

全年共整治县乡村道路安全隐患线路 73 条，39.092 千米，投入费用 1910 万元。安装波形护栏 53909 米、凹凸镜 120 块、1420 个标牌，减速梗 151 条 1242 米。疏通公路塌方 28 处，清除泥石 4120 余方；清理路肩堆放杂物 90 起；排查路基路肩塌陷 34 处；路面清障 8 起；排查安全隐患 44 处；通过加大整治投资力度。修复 6.13 汛期灾毁隐患。6.13 汛期期间，全市共发生 137 处道路山体滑坡，路肩、路肩共发生 80 处塌方，桥梁损害 33 座，公路中断 137 处，抢通公路 137 处 65 条农村公路，共排查及消除了 62 处安全隐患。推进公路路域环境整治。提高日常养护标准和养护作业出勤率，共出人力 880 余人；出机械设备台班：7040 个小时；投入养护经费等费用 410.8403 余万。各乡镇环境整治取得实效。共清理公路范围占道经营、晒粮等马路市场行为 93 处；用地范围非法堆积物清理 544 处；规定范围内违法广告拆除 131 处；可视范围内有碍观瞻的物品清理 14 项；清理各类排水设施 2571 延米；清理公路两侧或者路肩土方 1797 立方米；路基回填土方 574 立方米；各类路肩修复 2400 延米；清扫路面 6365 千米（双幅千米）；清理涵洞淤泥 221 立方米；泄水孔数 59 个。共投入费用 226.818 万元。

（瑞金市交通运输局）

会昌县

2022 年，会昌县高速公路在建项目 1 个，开展前期工作项目 1 个。其中厦蓉高速会昌白鹅工程项目列入省"十四五"综合交通运输发展规划，实现路基全线贯通，累计完成投资 1.6 亿元，占总投资的 42%，超计划完成阶段目标；会昌联络线项目正在加速推进前期工作。完成项目可研编制、地质灾害危险性评估报告备案、涉及自然保护区查询报告等工作。农村公路建设。完成投资 1.24 亿元，完成新改建农村公路 24 千米、美丽生态文明示范路 167 千米，完成生命防护工程（村道）10 个项目共计 20.8 千米。高标准、高质量推进"四好农村路"建设，成功上榜"四好农村路"全国示范县创建名单。桥梁建设。完成一座危桥改造项目和一座续建桥梁项目，总投资 124 万元，桥梁总长度为 42.08 桥长延米。公路养护与绿化。全县农村公路列养总里程 2411.825 千米，绿化率达到 85%，其中县道 252.1 千米，乡道 377.928 千米，村道 1781.797 千米，2022 年新增绿化 26 条公路，新增里程 167 千米，完成农村公路修复 24 千米。在汛期，调动各类机械 695 班，清理水毁塌方 2.47 万方，抢通公路 55 处。车站建设。全县有客运站 9 个，全县各乡镇客运站 7 个、候车亭、点共有 254 个，以县城客运总站和水西公交总站为中心，辐射全县各乡镇 243 个行政村。

共 8 家客运企业，营运客车 264 辆，（其中班车 156 辆，出租车 20 辆、公交车 91 辆、定制班线 47 辆）。县内共有客运线路班线 54 条，其中，跨省线路 10 条，跨地（市）线路 1 条，跨县线路 7 条，县内线路 32 条，城市公交线路 4 条，客运线路平均日发班次 135 班次 / 日。全县共有危货运输企业 2 家，共有车辆 14 辆，普通货物运输服务企业 78 家，新增 20 家；全县有货运车 548 辆 7059 吨，其中大型以上车辆 436 辆，牵引车 69 辆，重型车 403 辆。全县拥有新能源纯电动客车 95 台（其中公交车 91 台）；实行现役军人、伤残军人、65 周岁以上老年人免费乘坐公交车。完善县城至乡镇农村客运站建设（含改造），全县共有公交车站台、牌 112 个，其中站牌 32 个，站台 90 个。全县有机动车驾驶员培训学校 7 家。其中二级驾校 1 家，三级驾校 6 家；有教练车 164 部，教练员 196 人，全年共培训机动车合格驾驶员 7493 人。春运期间，全县道路旅客运输行业累计开行班车 5400 趟次，旅游包车 49 台次，加班车 85 趟次。全县水路运输企业 1 家、港口码头 5 座、运输船舶 13 艘（其中环保节能电瓶船 10 艘，2022 年新增 8 艘环保节能电瓶船），原有运率 112 客位，2022 年新增运率 400 客位。旅客运输 4 万人次 / 年、年旅客运输收入 332.51 万元。全年共开展道路运输执法行动 226 次，出动执法人员 1065 人、执法车辆 252 辆次，共检查车辆 2300 多辆次，查处违法超限超载车辆 186 辆次，卸载转运货物 1569.56 吨，巡查源头企业 152 家，查处非法营运车辆 38 辆、扣押涉嫌非法营运车 3 辆，共计罚金 27 万余元，切实有效维护道路运输平稳有序。

（会昌县交通运输局）

石城县

2022 年，石城县新建农村公路 22.2 千米、生命安全防护工程 24 千米，完成投资约 0.69 亿元。新建通建制村双车道扩宽工程 6.9 千米，续建塘子岭至睦富桥二级公路 2.9 千米、农村公路双车道改造项目 11 个约 57 千米、沔坊至睦富桥三级公路 3.6 千米，计划总投资约 1.7 亿元。续建桥梁 4 座，项目名称为石城县四好农村路项目，分别为重建德舍大桥、干头陂桥、湖下桥等 3 座危桥，新建瑶溪桥 1 座，项目计划总投资 2200 万元。危桥改造完工 1 座，新建桥梁完工 1 座，分别为危桥改造下村桥，新建桥梁程家庄桥，总投资 0.28 亿元。采用"投融建"模式改造陈联至木兰等六条县道，正在开展可研和初设招标。对在建项目质量安全排查总计 260 余次，发现质量安全隐患 32 次，现场整改 18 次，下达整改通知单 14 份，全部完成整改；利用信息化手段对 4 个施工单位和 1 个监理单位的主要管理人员进行电子考勤。

农村公路日常养护经费按《石城县深化农村公路管理养护体制改革实施方案》执行，按省市县 1：1：8 的比例落实列入县财政年度预算，足额发放到位。依据考核结果扣拨相应养护资金，全年农村公路扣拨经费 18.7 万。全年实施各种警示标志标牌 60 余块、凸镜 7 块、橡塑减速垄 300 余米、减速震荡线 1000 余平方米、修复路面标线约 75 千米、安装波形防护栏 800 余米、修复波形护栏 80 余千米，2022 年投入资金 100 余万元共修复塌方 159 处、清除折断树木 82 处，设置警示墩、警示牌、警戒线 70 余处，清理边坡塌方 20000 余立方米，市级督办 22 处国道平交口等安全隐患全部整改到位，并完成销号。投入 300 余万元对八卦脑至高田、高田至坝口美丽生态文明路 34 千米进行绿化提升。

全县客运企业 4 家、客运站场企业 1 家，共有客运车辆 77 辆，有客运线路 50 条，其中跨省线路 11 条，跨设区市线路 4 条，跨县线路 5 条，定制班线 1 条，县内线路 29 条。全县日发客运班次 236 班次，其中跨省线路 10.5 班次，跨设区市线路 3 班次，跨县线路 34 班次，县内线路 188.5 班次。全县共输送旅客 32 万人次，客运周转量为 814 万人千米。有货运企业 33 家，新增货运企业 4 家。共有货运车辆 450 辆计 5479 吨。共有公交车 23 辆，完成发车 23000 余班次，累计行驶里程达 63 万千米，客运量约 75 万人次。共有机动车驾驶员培训学校 4 所，共有教学车辆 99 辆，共有教练员 134 人，其中理论教练员 8 人、驾驶操作教练员 126 人，全年共培训 4952 人次。

强化路警联合，路面治超、科技治超相结合及源头治超相结合，治超工作得到全面控制，全县不停车检测点超限超载车辆数比上年度减少 1.31 万辆，超限超载率从 2021 年的 3.5% 下降至 1.75%，特别是官桥不停车检测点下降明显，超限超载车辆数比上年度减少 1.41 万辆，超载率比上年度下降 2.18%。年内，累计出动执法车辆 1385 辆次，出动执法人员 2186 人次，查扣车辆 173 辆次，罚款 100000 元，扣分累计 482 分。开展源头治超专项行动，加强源头企业巡查，下发督办函 5 份，责令整改书 13 份，处罚源头企业 5 家。推进"动态清零"工作，办结案件 114 件，处罚金额 355000 元。全面完成 2022 年春运工作任务。春运期间共投入营运客运车辆 112 辆（含储备运力、机动运力和对开班线的临时抽调运力），发车 7128 趟次，共完成旅客运输量 93562 人次。整治农村公路安全生产隐患含（市县两级督办）点 92 处，"两客一危"排查安全隐患 72 次，下达整改通知书 54 份，累计查处各类道路运输违法违规行为 39 起。对在建工程项目下发整改通知单 13 份，路政巡查 40 余次，消除各类公路安全隐患 10 余起。

（石城县交通运输局）

宁都县

2022 年，宁都县国道 319 瑞金至兴国（宁都段）改线工程（瑞兴于快速交通走廊）：按二级公路标准建设，新建路线 11.06 千米，路基宽 10.0 米，沥青混凝土路面 8.5 米，总投资 2.9 亿元，申请车购税补助 1.2376 亿元，其余由县财政投资。项目于 2020 年 11 月开工建设，2022 年 12 月竣工通车。省道 448 宁都城区段公路改建工程：按一级公路标准建设，改建路线全长 14.846 千米，路基宽 25.5 米，总投资 7.2 亿元，采用 PPP 模式建设，项目于 2022 年 10 月开工建设，计划于 2023 年 12 月底前竣工通车。县道 381 阳都至蒙坊段公路改建工程：按三级公路标准建设，改建路线全长 13.2 千米，路基宽 7.5 米，沥青混凝土路面宽 6.5 米，总投资 1.01 亿元，申请省级补助 2112 万元，其余由县财政投资。项目于 2022 年 11 月开工建设，计划于 2023 年 8 月竣工通车。县道 384 西布烟至安福段公路改建工程：按三级公路标准建设，改建路线全长 10.0 千米，路基宽 7.5 米，沥青混凝土路面宽 6.5 米，总投资 5162 万元，申请省级补助 2000 元，其余由县财政投资。项目于 2022 年 11 月开工建设，计划于 2023 年 8 月竣工通车。县道 386 招江至湛田段公路改建工程：按三级公路标准建设，改建路线全长 11.4 千米，路基宽 7.5 米，沥青混凝土路面宽 6.5 米，总投资 4000 万元，由县财政投资。项目于 2022 年 10 月开工建设，计划于 2023 年 8 月竣工通车。县道 821 田埠至固厚段路面改造工程：改造路线全长 11.4 千米，将原水泥混凝土路面改造为沥青混凝土路面，路面宽 6.5 米，总投资 1530 万元，由县财政投资。项目于 2022 年 10 月开工建设，于 2022 年 12 月竣工通车。

洋江桥危桥重建工程：桥梁全长 86.12 米、全宽 7.5 米，总投资 432 万元，申请省市补助资金 187.3 万元，其余由地方财政投资。项目于 2022 年 3 月开工建设，2022 年 12 月竣工通车。城头大桥危桥重建工程：桥梁全长 355、全宽 9 米，总投资1872万元，申请省市补助资金990万元，其余由地方财政投资。项目于2021年8月开工建设，2022年12月竣工通车。

全年共投入807.6万元用于全县422.028千米县道，757.546千米乡道，2470.423千米村道的日常养护。累计修复破损路面约76733平方米，投入1151万元，小型水毁项目投入资金440.5万元。农村公路水毁预防及整治等投入资金440.5万元。

全县客运量423万人，客运周转量26363万人千米；货运量达312万吨，货运周转量57429万吨千米。累计开通客运班线144条。累计建成7个等级客运站（启用4个：县汽车站、对坊客运站、赖村客运站、黄陂客运站），农村客运候车亭299个。全县机动车维修企业86家，完成维修量24318车次，综合性能检测站4家，完成检测量3433车次。

（宁都县交通运输局）

吉安市

2022年，吉安市交通运输局全力提速综合交通项目建设，全面提升交通运输服务质量，为助推吉安经济高质量发展当好了开路先锋。

交通建设。完成全市高速公路、水运建设、农村公路、客运场站、改渡便民等公路水路交通运输建设投资任务150.2亿元，占省厅下达计划的95%。1.推进境内高速公路项目建设。境内在建高速公路项目（宜遂高速、遂大高速、大广高速吉康段改扩建、樟吉高速改扩建）4个373千米，完成投资116.4亿元，占年度计划的91.7%，累计完成投资345亿元；2.加大重大水运基础设施补短板力度。共完成投资3.52亿元，占年度计划的70%。赣江万安枢纽二线船闸顺利完成试通航。出台《加快推进吉安市水运行业高质量发展的实施方案》，新干城北、新干河西、吉州石溪头、泰和沿溪四个货运码头建成投运，完成港口吞吐量20.05万吨，实现了"零"的突破；3.推进民生实事工程建设。引导资金投向农村地区，加强脱贫地区交通基础设施建设。全市完成农村公路投资额26.5亿元，占年度计划107%，新改建农村公路路面里程801.1千米，占年度计划141%，危桥改造121座，占年度计划228%，安全生命防护工程349.06千米，占年度计划116.3%。吉州区、永新县成功创建"四好农村路"省级示范县。实施镇村太阳能路灯、交通信号灯"双灯"工程。完成路灯安装9098盏，占比87%，完成信号灯安装2046盏，占比80.5%。完成投资约3500万元。推动撤渡建桥，完成万安

县良口、峡江县巴邱、泰和县石田等渡口的撤销工作。泰和县澄江大桥项目开工建设，峡江县仁和大桥渡改桥及连接线工程确保年底前开工建设。4.扩大交通有效投资。完成江西省交通运输厅下达的计划任务和吉安市委、市政府交办的旅游快速通道建设和井冈山大桥重建工程。推进全市7条旅游快速通道12个项目的工作。累计完成投资3.4亿元。

运输服务。统筹疫情防控和保通保畅工作。9月全市疫情防控期间，调运应急客运车辆216辆，转运永丰县、泰和县、经开区、吉州区医护和密接人员。调运应急货运车辆60余辆，运送生活必需品和医疗等物资900余吨。疫情期间实行重点物资运输车辆通行证制度，累计办理《江西省重点物资运输车辆通行证》27694张。提升"跨省通办"服务效能。聚焦货车司机驾驶员不知道网上能办、不会网上办、无法网上办、网上办不了等问题难点，提升全市道路运输从业资格高频服务事项"跨省通办"服务水平。在交通服务窗口等场站张贴海报1056张，短信810条，发送微信67条。"跨省通办"网上办理成功量11299件，排名全省前列，有效申请量办理成功率100%。开展道路危险货物运输行业整治。新增危货企业1家，新增和更新危货车辆18辆，减少危货车辆122辆，停车场不规范的危险货物运输企业从22家减少至2家，且该2家危货企业因整改后不符合经营条件办理了注销经营许可证手续。规范出城公交安全管理。排查整改全市公交车辆，建立"一月一通报，一季一督查"

的工作机制，各地财政对更换公路版公交车给予一定的购车补贴和营运亏损补贴，更换设站位出城公交车 101 辆。

行业管理。推进治理超限超载。织密治超"一张网"，推动重点货运源头联合监管，开展路警联合治理，开展非现场执法形成"三位一体"治超格局。截至 10 月，吉安市非现场超限超载率为 0.86%，列全省第一。路面查处超限车辆 191 辆，卸载货物 2853.83 吨，交警记分 346 分，恢复非法改装车辆 49 辆；非现场处罚 10572 辆，交警非现场记分 519 分。1—10 月，全市非现场查处车辆数第一、查处车辆总数第一、超限率全省最低、案件录入数全省第一。抓好综合执法。全市共出动执法人员 35101 人次，执法车辆 8810 车次；检查企业 1168 家次，发现消除安全隐患 90 起，对 35 家网约车平台、城市公共汽电车、道路危险货物运输企业实施行政处罚，吊销网约车平台经营许可 8 家。累计查处"黑车"507 起，处罚危险道路运输企业 19 家，处罚非法从事危险品道路运输车辆 5 辆，处罚维修企业 14 家，约谈维修企业 33 家。出动执法人员 978 人次，出动执法船艇 213 艘次，累计巡航 669 小时、5468 千米，发布预警信息 324 批次、13118 条，查处安全隐患 237 处，整改 237 处，行政处罚 58 起；开展交通工程质量安全监督检查 80 余次，签发检查通知通报 50 余份，下达停工通知书 5 份，约谈建设项目有关参建单位 9 次，立案查处 6 起，处罚金额 27.6802 万元。抓好招投标领域专项治理。开展公路水运工程招投标领域专项治理、"双随机、一公开"检查活动以及转包、违法分包、挂靠、出借资质专项排查治理活动，共发现问题项目 5 个，均推送到地方监管部门开展整改。

安全生产。开展交通运输三年行动"巩固提升"行动。制定印发《全市交通运输安全生产专项整治三年行动巩固提升年实施方案》，聚焦 98 项攻坚任务和"6 项重点、5 项难点"整治清单，强化措施深入整治。压实企业安全生产主体责任。健全完善企业内部安全生产管理制度，抓好企业法定代表人（实际控制人）、第一责任人安全生产责任的落实。开展"两类人员"考核，全市参与考核人员共 1492 人，其中企业主要负责人 504 人，安全生产管理人员 988 人。落实包保责任制。制定安全生产包保工作方案，设立 5 个包保小组，明确包保任务，强化包保工作要求。共检查企业、建筑工地等项目

近 100 家次，发现问题隐患 122 项，全部完成整改。

（吉安市交通运输局）

吉州区

2022 年，吉州区交通运输局统筹疫情防控和交通运输发展，加快农村交通基础设施建设，强化交通运输行业管理，提升交通服务水平，保障全区经济社会发展，各项工作取得了较好成绩。

交通项目建设。1. 重点项目加速推进。高速公路和省道建设方面，成立樟吉高速改扩建项目和省道 222 桐坪至长塘公路（吉州段）改建工程建项目领导小组并制定土地征收有关方案，樟吉高速项目计划征地 2032 亩，已完成征地约 1700，完成占比 70%。省道 222 桐坪至长塘公路（吉州段）改建工程建项目计划征地 402 亩，已完成 280 亩，完成占比 70%，征地拆迁工作启动。水运建设方面，推进吉州砂石码头一期工程和吉州区中心城区砂石集散中心进港公路工程建设。砂石码头项目完成"两区"钢筋加工厂、工地试验室建设、围挡安装；完成施工便道混凝土路面浇筑、工地试验室能力核验；完成筑岛填土，码头桩基全部完成，完成下穿沿江路涵洞结构施工；已完成 3# 泊位底层连系梁及立柱；累计完成总投资约 7864 万元；进港公路项目已完成二阶段施工图设计及施工图批复、林地报批及招投标工作。农村公路建设方面，农村公路新（改）建里程 33.1 千米、危桥改造 1 座、安全生命防护工程 12 千米，总投资 1.8 亿元；已完成农村公路县道升级改造、建制村通双车道、"五路"及其他项目总里程 33.36 千米，完成危桥改造 1 座，完成安全生命防护工程 18.92 千米，完成投资额 1.9433 亿元；完成"四好农村路"创建参观线路 30 千米绿化打造工作，累计完成投资额约 1200 万元。双灯工程方面，2022 年吉州区通过初步摸底调查拟建设 1179 盏路灯，目前已全部完成，完成 100%。治超方面，源头企业接入省治超平台共 10 家，2 家停产，完成 2 家，剩余 6 家预计春节前完成。完成 6 个点的网络架设和新增设备的安装。

"四好农村路"。完成乡镇客运站场建设、参观线的打造工作、四好农村路宣传片拍摄、市场化养护和客货邮融合改革探索，"四好农村路"信

息化平台二期建设得到上级领导认可，创建省级"四好农村路"示范县。2022年编制吉州区农村公路规划，完善路网建设。申请专项债3.662亿元用于农村公路建设，完成省道442、省道222、省道223三条省道40余千米建设。推行"路长制"，每一条农村公路明确路长及路长职责，设立1000余块路长制公示牌。全年通过"路长制"解决涉路问题30余个。升级农村公路信息化管理平台二期建设，完成长塘、曲濑2个道班房信息化建设，通过平台上报养护事件126件并完成整改，监管在建项目3个，对11条公交线路进行实时监控。曲濑镇城乡客运中心已完成建筑物主体、室内简易装修、场地硬化等建设，剩余绿化工程12月底完成建设；长塘镇城乡客运中心正在进行建筑物基础施工。

农村公路养护。印发全区"路长制"工作方案，升级并投入使用"四好农村路"信息化管理二期平台。按照县道10000元/年、乡道5000元/年、村道3000元/年，省、市、区三级公共财政投入比例1∶1∶8，区级配套由原来200万元/年增加至330万元/年；出台《吉州区农村公路市场化养护考核办法》和《吉州区农村公路养护考核办法》。按照定路线、定频次、定标准的"三定"原则将200余千米农村公路纳入市场化养护（涵盖所有县道、主要乡道、部分村道）。其余600余千米农村公路日常养护比照市场化养护标准，由乡镇、村委会承包给公路沿线村民或脱贫户。铲除路肩杂草756千米，清理边沟392千米，清扫保洁路面1642千米，出动养护车辆126台次，养护人员540人次。

交通运输保障。1. 开展隔离转运。疫情期间，发放货车、私家车通行证近4000张，发放货车车辆专用车封条13000条。2. 做好常态化防疫工作。开展常态化防控值班，开展防疫筛查工作。3. 加强监管项目的疫情防控工作。对在建工程进行检查50余次，对查出的安全隐患及时提出整改意见、督促落实到位，同时督查项目人员遵守防疫相关规定，做好防疫工作。

安全生产。强化安全隐患排查，及时发现，及时整改。对辖区内线路进行安全生产专项排查，重点排查桥梁、急弯陡坡、危险路段等事故易发路段安保设施完善情况，及时进行整改。每月不定期组织人员开展巡查、检查56人次；开展有针对性专项整治活动检查18次；开展巡查、检查672人次，下达3个交通项目质量监督受理通知书。开展实地巡查，发现隐患54处并投入240余万资金完成整改。投入570万元，针对临崖、临水及道路方向不明晰影响安全出行的路段和临近中小学校的道路，安装12640米波形护栏，增设近60千米约19700平米标线、减速带109米，安装229块警示标志牌；建设1179盏路灯。

（吉州区交通运输局）

青原区

2022年，青原区交通运输局对标交通运输行业重点工作任务，踔厉奋发、勇毅前行，交通运输事业发展取得显著成效。

争资立项。1. 主动谋划，规划樟兴过境。在南龙设置互通出入口。争取省道221原调走资金重新列入省厅奖补计划。计划修建值夏澹庵桥、文陂翰林桥2座独立桥梁，并解决建设资金问题。2. 农村公路建库。完成"十四五"农村公路建库工作，库内共有县道升级1条6.9千米、建制村通双车道项目3条11.2千米、错车道项目164个、村道安防项目33.9千米、争取新建桥梁入库2座。3. 上报计划项目。申报农村公路建设项目计划2个，补助资金356.7万元；申报美丽文明生态路1条13.5千米；争取省厅帮扶东固基础设施建设。4. 复核完善数据。完成农村公路电子图路线及桥梁纠错，完成遗漏桥梁现场复核申报，保证农村公路电子图数据准确细致。

重点工程项目。国省道建设项目。省道314新圩至富滩段改造工程项目列入省重点项目，完成用地边线现场放样、红线边沟开挖、土地征收公告张贴以及土地权属现场确认，下发征地红线图表，部分村委完成征地协议签订，征地工作有序推进。B标段棋盘石大桥开工建设，桥梁基础全部完成，箱梁预制完成60%。高品质旅游通道示范路建设项目正在施工中，完成投资额2034万元，路肩浇筑混凝土76400米，新建波形护栏5700米，路侧波形梁钢护栏（原有三波Gr-A-4E拆除及利用恢复）完成13520米，路面修复投入70余万元，完成智慧交通器材智能诱导系设施联网控制平台、驿站视频监控等设备采购。吉安港天玉货运码头项目目前初步确定天玉码头一期建设规模、设计方案和红线范围。"三区三线"第三轮试划中将项目涉及基本农田 69.06 亩调出。省道 221 文陂至泰和县界段公路改建工程完成林地报批和基本农田调出。广吉高速青原连接线项目完成项目国土空间规划、工可、稳评、环评、地灾压覆矿等前期工作，项目涉及基本农田 146.97 亩调出。

农村公路建设项目。全年投资额任务为 5000 万元，已完成 5012.03 万元，其中完成计划内投资 360 万元，完成计划外投资 4652.03 万元，完成目标任务的 100.2%。红色旅游公路项目龙冈至南龙 3.7 千米完成招投标、林地报批、土地征收，完成投资 200 万元。"五路"建设项目青东公路至禧鼎养殖基地产业路 3.2 千米、田北至毛家路网联通路 3 千米、通富滩省级农业示范园金田生态农场产业路 1.3 千米都因涉及占用基本农田未开工；安全生命防工程完成 20.2 千米，完成投资 517.6 万元。危桥改造项目作埠大桥正在进行招投标工作，预计 12 月底可以开工建设。

安全生产。开展对县乡村道、渡口渡船和在建交通工程的安全生产检查，共出动检查组 28 个，人员 77 人次，清理占道堆放物 26 立方，排查出隐患 23 处，全部整改到位。制定下发《青原区交通运输系统 2022 年"安全生产月"和"安全生产万里行"活动实施方案》，制作主题展板 2 块，利用 LED 屏滚动播放宣传标语 3 条。6 月 28 日，在新辉农村客运公司开展消防安全演练和安全生产"进企业"互动活动。检查渡口、渡船 18 次，检查人员 42 人次，检查渡船 36 艘次。现场整改七姑岭渡口挖沙船占用航道。

干线公路养护。以路面养护为中心，全面养护为重点，做好日常维护保养工作，确保干线公路安全畅通。全年除日常养护外，路肩草清理 36 万平方米；边沟清理 5.5 万米；行道树除枝 1.3 万余棵；行道树刷白 2500 余棵；路面破损修复 3500 余平方米；路面灌缝补修 2000 米。新增、更换县道路长公示牌 20 块、乡道路长公示牌 38 块、村道路长公示牌 29 块。共投入养护资金约 260 万元。

"双灯工程"。开展"双灯工程"，推动"双灯"工程进展速度。交通信号灯完成率 100%，其中红绿灯安装 11 套、爆闪灯安装 47 套；交安设施完成率 100%，其中振荡标线 990 平方米、警示牌 2 套、反光镜 4 套、减速带 77.5 米、学校提示牌 33 套、解除限速牌 24 套、爆闪灯 24 套、广角镜 1 个；路

灯完成率 100%，安装 210 套。

（青原区交通运输局）

井冈山市

2022 年，井冈山市交通运输局不断加大交通重点工程建设和行业管理力度，较好地完成了各项工作任务。

项目建设。井冈山市三峰大道、创新大道新建工程已完成工业园区内 1 千米的工程建设任务。三湾至会师桥（下水湾至会师桥段）红色旅游公路建设项目已完工，建设里程 7.823 千米，完成投资额约 2550 万元；龙市岔路口至坳背公路项目已完工，建设里程 5.438 千米，完成投资额 848 万元。乡村振兴农村公路（桥梁）建设项目（康庄桥、三台星桥、坛前桥）预计 12 月底交工并通车，完成投资额 918 万元。乡村振兴农村公路（桥梁）建设项目（上坑二桥、上七桥）完成形象进度 80%，完成投资额 820 万元。省道 314 拿山至碧溪公路（拿碧快速通道）升级改造项目（一标段），目前正在进行水稳层铺筑，项目整体进度达到 85%。实施镇村太阳能路灯、交通信号灯"双灯"工程，全市各乡镇在 2022 年 9 月完成 589 套路灯。

完善农村路网建设。共计完成投资 10265 万元。其中：完成计划外项目 3.2 千米 6500 万元；县道升级改造项目 0.4 千米 120 万元；建制村通双车道拓宽改造项目 10.5 千米 1575 万元；"五路"项目 4.7 千米 960 万元；危桥改造 4 座 912 万元；村道生命安全防工程 11.3 千米 198 万元。

推进农村公路养护体制改革。1. 日常养护经费进一步落实，共纳入本级财政预算 418.35 万元。农村公路日常养护进一步加强。全市 1099.361 千米农村公路均纳入列养范围，列养率达 100%。2. 采用人工＋自动化检测评定方式，对农村公路路面、路基进行检测，2022 年自动化检测长度达 495 千米，检测比例 45%。3. 及时修复水毁工程。2022 年共处理塌方 3600 立方米，冲毁路基 200 米，边沟堵塞 200 米，交通阻断 4 处，防护工程 80 立方米。

农村公路管理水平。将"路长制"有关信息纳入农村公路管理养护公示范围，共设置 247 名路长，其中县级路长 22 名，乡级路长 45 名，村级路

长 180 名。加大公路超载超限治理力度。自 2022 年 4 月正式启用上七、睦村、古城三个不停车超限检测点和四个非现场检测点的称重复检工作。共检测货运车辆 3102 辆，现场查处非法超限车辆 160 辆，卸载或转运货物 2925.682 吨；非现场处理超限车辆 219 件；移交交警处理 9 辆，扣分 33 分。加强路域环境整治。共清理路肩种菜 126 处，清理摆摊设点 8 处，清理占路堆积物 361 立方米，清理非公路标志牌（含横幅）46 块。与市交警大队及高速交警联合大力开展"打非治违"专项整治行动。共处罚违法道路运输类案件 51 件，全面维护了全市交通运输市场秩序的稳定。加强在建交通工程质量安全监管工作。开展在建交通工程综合检查 1 次，专项检查 4 次，安全质量巡查 12 次。

疫情防控。加强疫情防控交通运输保障。做好防控、医护人员、密接次密接人员的运输保障工作。完成 7 次运输保障任务。合理设置疫情防控检查点，制定交通卡口疫情防控货车通行管控处置流程，对货车司乘人员实行"即采即走即追"闭环管理，落实保通保畅要求，保障货车自由有序流动。督促指导汽车南站客、龙市、茨坪客运场站做好常态化疫情防控各项工作，防止疫情通过公共交通工具传播扩散。

（井冈山市交通运输局）

吉安县

2022 年，吉安县交通运输局紧扣交通职责和行业实际，全力完善全县路网结构，不断推进交通运输事业向高质量发展，较好地完成了各项目标任务。

农村公路。全县农村公路完成投资 3.7 亿元，占目标任务 105.7%。完成新改建农村公路 84.1 千米，完成目标任务占比 105.7%。完成危桥改造 18 座，完成目标任务占比 300%。完成农村公路安全生命防护工程 112.194 千米，完成目标任务占比 320.6%。"双灯"工程，完成安装路灯 927 盏，交通信号灯 511 盏，完成目标任务占比 90.9%，剩余项目正在抓紧有利天气开工建设，路灯和爆闪信号灯全面完工，完成 4 座红绿灯安装建设。完成农村公路管理养护体制改革。

"十四五"项目库建设。开展交通基础设施建设项目用地需求调查，对接自然资源部门，将"十四五"项目库项目纳入用地规划指标申报，确保项目按规划顺利实施。1. 县道升级改造入库 5 个项目 62.8 千米，上级核定目标任务数 32 千米。至本年已完成 2 个项目 11.8 千米，完成前期工作 2 个 41.6 千米，开展前期工作 1 个 9.4 千米。2. 建制村双车道改造入库 48 个项目 162 千米，上级核定目标任务 44 个 150 千米。至本年已完成 5 个 23.3 千米，开展项目建设 1 个 7 千米，完成前期工作 16 个 54.8 千米。3. 村道错车道项目入库 449 个 150.3 千米，2022 年开展建设，已开展施工 112 个 49.9 千米，预计年底完工，剩余项目按 3 年平均分配完成建设任务。4. 村道安防项目入库 112 个 176.5 千米，至本年已完成 58 个 112.194 千米。

农村道路管养。1. 制定考核办法。把"交通运输工作"纳入全县交通运输发展考核的重要指标，发挥督查考核"指挥棒"作用。2. 推进市场化养护改革。养护模式上，聘请 9 个专业养路队直接签订养护协议，交养护队承包养护。3. 科技赋能，创新管理模式。定期对管养人员开展技术操作培训，持续投入养护设备，改变农村公路管养主体缺位的问题，实现"有路必养，养必到位"的管理目标。

行业治理。1. 做好"双碳"治理工作。组织干部职工观看宣传片，组织开展"绿色出行"活动；坚持属地原则，按照要求，认真配合做好公交车、出租车等交通运输工具推广使用新能源车辆的调研工作；2. 加大超限运输治理力度。推动联合治超实现常态化、制度化，联合交警部门治超累计查处 82 辆，卸载 1789 余吨，非现场立案 1974 件，结案 1974 件。超限率实现环比下降 10% 以上，完成年初制定的工作目标。3. 加快法治交通建设。落实法治政府建设要求，学习习近平法治思想，聘请法律顾问参与工程建设，将法治思想贯穿于交通具体工作中。

（吉安县交通运输局）

新干县

2022 年，新干县交通运输局在积极做好疫情防控情况下，有序推进交通运输各项工作开展，着重项目建设，狠抓运输管理，力保安全稳定，较好地完成了各项工作任务。

推进城乡公交改造。完成与原有农村客运班线责任经营户签订 67 辆车辆的退出经营补偿协议，在全县城乡范围内均实行上车 1 元票价制；整合原有客运资源，实施城乡公交大循环、中循环和小循环三种运营模式，构建"主—干—支—微"城乡客运线路，设有 7 条主线、12 条支线，覆盖全县 134 个建制村、5 个景区、4 个工业园，基本实现高铁、景区、园区、城区、镇村公交无缝对接，做到城乡全覆盖。

农村公路项目建设。农村公路项目建设完成投资 1.177 亿元。其中，县道升级改造工程，黎山—桃溪红色旅游公路，路线全长 14.2 千米，已完成 10 千米路基垫层，投资金额 6420 万；乡村道建设工程，双车道改造工程已完成 15.7 千米 / 投资金额 1205 万；"五种路"已完成 7.8 千米 / 投资金额 1048.3 万；安防工程已完成 21.2 千米 / 投资金额 539 万；危桥改造工程，共完成危桥改造 14 座 / 投资金额 1348 万；"双灯"工程，已安装完成路灯 314 盏、信号灯 126 盏。另外，省级奖励资金工程，已完成县道航电枢纽坝顶公路、大庄线国道至京九线涵洞公路、界埠至罗坊邓家段沥青路面维修工程施工；丘家田桥危桥改造工程已开工建设；县道石新线桃溪街至塔上公路、城金线三坑至庙前公路正在施工建设中，溧神线堆上至樟树下公路项目施工前期准备工作已完成；完成 27 个 2022 年农村公路养护大中修工程计划项目的立项批复，正在进行项目设计。

公路日常管养。加强日常巡查检查；做好阶段性路况调查、记录工作。做好路面日常保洁，养护路段实行路面机械化清理保洁，适时补植公路沿线枯死缺损树木，全年集中清除杂草 190 千米，补植修剪行道树 45 千米（其中 2160 棵水杉）；同时做好路肩及排水沟的清理。做好县道公路路面维修及公路养护大中修工程，共完成路面小修保养 12000 平方米；大庄线路面破损严重路段重新打板 2000 平方米；金川至沂江、荷湖至桃溪养护工程建设，共安装波形护栏 3000 米，增设安全警示牌 120 块，安全警示桩 260 根，增设挡土墙 336 平方米，划设公路标线 40 千米（震动减速带 160 处）；县道 033 麦堑至庙前路肩硬化 1.2 万平方米。

超限超载治理。对各不停车检测点检测的数据进行分析与现场执法相结合，对违法超限运输车辆实施精准打击。现场共检测 83713 辆，出动执法人员 7493 人次，出动执法车辆 1399 车次，查处现场车辆 331 辆，卸货 6083.67 吨，交警处罚 20 辆，扣 530 分；非现场查处车辆 1979 辆（其中交警查处 254 辆）。摸查全县境内的货运源头单位，明确 4 家重点货运源头单位和 26 家非重点货运源头单位，已全面完成新干县淦江砂石有限公司等 4 家重点源头企业称重数据和视频接入省治超平台；对货物源头单位、货物运输经营者采用随机抽查、定期巡查相结合的方式进行监督管理；路警联合执法，实行四班三运转 24 小时不间断执法和流动稽查，加大对严重超限超载的查处力度，落实"一超四罚"，杜绝"百吨王"现象发生。

落实安全监管职责。1. 农村公路安全。开展学校路段、校车、公交车通行公路路段、临崖临水路段、长下坡、急弯陡坡等事故易发路段的安全整治工作，对所管辖公路、桥梁等安全附属设施的检查和维护，共修复路面 5500 平方，补植行道树 2160 棵（水杉），新增爆闪灯 32 处，增划震动减速线 35 处 227 平方，补栽线形诱导标 15 块，警示牌 7 块，整修路肩 10000 余平方。2. 道路运输安全。调研 15 家企业，指出企业未严格落实安全生产主体责任普遍性问题 15 条，收集采纳企业对行业监管建设性意见 8 条；对危货、客运企业进行安全生产及疫情防控工作检查，出具检查记录 12 次份，下达责令整改通知书 2 份，2022 年整改到位；落实客运站场"三不进站六不出站"及"一人一座一带"出站规定，督促和规范企业一线人员落实"四查一戴一扫码"等疫情防控措施到位；通过客运安全 GPS 动态监管驾驶员行驶过程，整改打电话、抽烟及疫情期间乘客未佩戴口罩等不当行为 13 起；对拥有 5 辆以上车辆的 88 家企业实行"一车对应一司机"备案管理，制定货运车辆司机变更报备制度，实现货运车辆驾驶员精细化管理。3. 公路建设安全。开展"平安工地"创建活动，加强施工现场安全管理，强化公路工程施工企业的安全准入条件，严格落实工程项目开工前安全生产条件，对不满足安全生产条件的施工单位严禁进入公路工程建设领域，对所有新建、改建和扩建项目，严格落实安全设施"三同时"制度（同时设计、同时施工、同时使用），共检查农村公路在建项目 30 余次，发现安全隐患 9 处，已全部整改完成。4. 水上交通安全。每月排查全县渡口渡船安全隐患一次，检查渡口渡船、码头及航运公司 4 家 / 船舶 18 艘和新干航电枢纽有限责任公司 21 次，发现问题隐患 5 处并全部整改到位；做好安全生产及疫情防控工作，落实安全生产及疫情防控措施；督促各渡口落实"严禁在大风、大雨、冰雪等恶劣天气下冒险开船"制度。向上争取资金，推进撤渡停航工作，三湖镇湖坪渡口、荷浦乡莒洲渡口、县城渡口撤渡停航并切割处理原有渡船。

招商物流。全年新增车辆 215 辆 / 吨位 3096 吨，新增物流企业 4 家（新干县骏达物流有限公司、新干县中晟汽车物流有限公司、新干县天鑫物流有限公司、新干县淦江砂石有限公司），共完成物流业税收 1525 万元。全县共有物流企业 116 家，（其中纳税企业 73 家、零纳税企业 43 家），拥有 5 辆以上车辆的物流企业 83 家，累计拥有物流车辆 3895 辆，总吨位约 6.16 万吨（其中危货企业 3 家，危货车辆 47 辆 / 吨位 1660 吨；普货企业 113 家，普货车辆 3756 辆）。

船舶污染物接收转运。为做好赣江区域内的船舶污染物接收和转运工作，对于渡船垃圾量较大，采取每一至两天接收处理一次；对于采砂船和运砂船垃圾量较小，则采取每周进行一次接收处理。所有接收到的船舶生活垃圾等污染物都会及时进行转运处理，做好闭环管理。共接收并处理船舶生活垃圾 2.988 吨。

（新干县交通运输局）

永丰县

2022 年，永丰县交通运输局落实交通强县措施，扎实推进交通运输各项工作。

交通基础设施建设。绕城公路新建工程包括桥南—佐龙 8.4 千米、野鸡岭—坑田 5.754 千米，一级公路标准。完成立项、勘察设计等前期工作。县道升级改造项目洋洲—七都 7 千米、洪水江—艾家 11.7 千米、南坑—江边 2.4 千米等 3 条县道均已完成施工图设计等前期工作，正在办理土地报批。建制村通双车道改造项目 11 个 47 千米，均完成施工图设计。旅游路资源路产业路公益事业路路网连通路项目 5 个 15 千米，均完成施工图设计。危桥改造任务 3 座，完成 14 座，还有 1 座在建，4 座正在启动招标程序。投入资金 158 万元对桥坑至龙陂公路、营前至桐陂公路进行抢修；投入资金 50.4 万元，对秋江至东湖（南方水泥厂段）进行混凝土路面维修；投入资金 80 万元，实施螺田至梅南、君埠至龙冈、桥南至桥坑、石马至墩塘口、叶坊至王家边县道大中修工程，对破损路面进行维修，对边坡塌方处增设挡土墙；投入资金 556.2 万元实施农村公路生命安全防护工程，在县、乡、村道累计安装波形护栏 16000 余米，警示标志牌 600 余套，铸钢减速带 1300 余米；投入资金 740 万元打造石马至中村、枫树下至七都、高家至马元、藤田至石马、下淮至上固、大坳上至龙冈美丽生态文明示范路，完善县道边沟排水、行道路绿化等附属设施。

创建"四好农村路"省级示范县。出台《永丰县"四好农村路"示范县创建工作实施方案》，落实资金保障，资金来源为农发行乡村振兴融资总项目。打造一条恩江—七都井心—鹿冈—沿陂—佐龙—恩江"四好农村路"示范带，全线总长 30 千米，正在启动示范带建设。罗家—洋洲 3.8 千米、墈下—井心 1 千米已完成勘察设计。

推动交通运输低碳行动。开展交通运输领域生态环境问题大排查大整治，加强对在建交通项目建设工地和县内汽车维修企业环境污染隐患排查，制定问题清单和整改台账，明确责任单位和责任人员，限期整改到位。推动全县交通运输领域碳达峰实施方案，加快构建碳达峰、碳中和"1+N"政策体系。逐步淘汰传统燃油车，全面推广新能源公交车。全县共开通 10 条城市公交线路、2 条城市公交客运专线、26 条城乡公交（镇村公交）线路、1 条城际公交线路（901 路），共投放新能源公交车辆 118 台，占比 100%。

落实保畅通促稳定措施。落实交通运输行业常态化防控措施，制定疫情防控交通运输保障应急预案，确保人员运力到位。9 月 1 日，永丰县突发新冠肺炎疫情，县交通运输局负责调配转运各类重点人员和重点物资运输车辆，负责龙祥社区祥和学府、永丰二中、樾龙台、新县医院、抚吉高速永丰收费站出口 24 小时值守，经过连续奋战一个多月，圆满完成了任务。疫情期间，大量高校学生和病患急需出县求学就医，每天安排 4 辆专车，每辆车配备 2 名党员志愿者，累计安排 164 个班次，4701 名就学就医人员乘坐专车外出。中秋节期间安排班车共接送县城中学学生归家返校共 13387 人次。

城区道路交通秩序整治。强化"打非治违"整治。整治客运班车不按许可线路行驶，不按规定的站点上下客，"黑车"非法营运、非法网络预约出租车变相从事客运班线经营等问题，规范全县道路客运市场秩序。查处非法营运车辆 49 辆，处罚金额 29.65 万元。合理安排运力保障。规范出租车经营，实行打表收费；对县城区现有 9 条公交线路走向进一步调整优化，增加早、中、晚三个人流高峰时段的运力。开通县城区微公交。成立永丰县交投公交有限公司，4月 25 日县城区微公交正式营运。投放 12 辆新能源公交车，新开通 2 条微公交线路。发展定制客运服务，开通 2 条城南学校至怡心苑、佐龙乡路田村至恩江三小的学生定制公交班线。

货运车辆超限超载治理。加强重点路段路面治超，持续推进路警联合执法，强化货运企业源头监管，充分利用全县 7 个不停车检测点，积极推进科技治超，打击"百吨王"，开展公路治超"黄牛"专项整治行动。共出动执法人员 4933 人次，执法车辆 930 车次，检测车辆 22888 辆，现场处罚超限超载及非法改装车辆 95 辆次，卸载货物 1235.73 吨，科技治超非现场处罚 648 辆次，处罚金额 101.64 万元。

（永丰县交通运输局）

峡江县

2022 年，峡江县交通运输局围绕交通运输工作实际和疫情防控安排部署，履职尽责，完成了年初的既定目标和各项任务。

项目建设。全年完成交通基础设施项目固定投资 9200 万元，新（改）建农村公路 42 千米，改造农村危桥 5 座，完成生命安全防护工程 13 千米，进一步提升了峡江县农村道路通畅水平。巩固拓展脱贫攻坚与乡村振兴有效衔接，改造提升蒋沙渔村旅游路、龙下米粉原产地产业路等一批"五路"项目。将农村公路养护岗纳入扶贫专岗范围，开发岗位 168 个，确保每条村道都有 2 名以上养路工，做到"有路必养"。大力实施水利枢纽右岸公路、油陂庙至仁和、105 国道至洲上等道路"美丽生态文明示范路"改造，以点带面提升峡江县农村公路

面貌，做到"养必养好"。仁和渡改桥工程及连接线项目用地预审与选址和四大家鱼保护区专题论证已通过专家论证，征地工作全面展开，12 月底开工建设。

超限超载治理。完成了峡江县重点源头企业"峡江县玉峡砂石资源管理有限公司"称重设备接入省治超平台。加大对违法超限超载运输现象严重区域、货源单位周边及高速公路出入口路段的流动巡查频次。充分运用好全县已建成投用的 5 个不停车检测点，完成不停车超限检测点电子警察抓拍系统安装工程，建立科技治超路警联动机制，构筑"人防、技防、物防"治超监控网络。建立健全治超联合执法常态化制度化工作机制。2022 年，投入路面治超人员 805 人次，出动执法车辆 300 余次，检测车辆 7557 车次，查处违法超限超载车辆 91 辆，查获非法改装车 2 辆；移交交警车辆 4 辆；运用普通公路非现场不停车超限超载检测系统，处理车辆超载运输违章 222 条。

运输行业管理。峡江县交通运输局所有行政审批事项全部进入县行政服务中心，实现了"一个窗口"办理，加快了办事效率。全年共受理办结道路运输行政许可 60 件，年审货车 4850 辆、新增车辆 250 辆、新增公司 60 家、新增个体 22 户、转籍 310 辆、过户 220 辆，做到了 100% 受理。持续优化许可事项办理流程，缩减办事时间，对道路经营许可、车辆年审等事项压缩办理时限，届满换证、遗失补办压缩为即办件，让办事业户"只跑一次"。将农村"客货邮"一体化发展作为峡江县交通运输局今年重点改革项目，并纳入了全县重点改革项目范围，促进了县长运公司和邮政公司签订了合作运营协议，通过节点网络共享、运力资源共用、标准规范统一、企业融合发展，打通农产品进城"最初一公里"和工业品下乡"最后一公里"。入选江西省 2022 年县域物流配送体系建设试点县。全年共审验 25 辆客运车辆，其中长运公司公交车 16 辆、客车 5 辆，县公交公司公交车 4 辆；共审批 60 家货运公司，注销 32 家货运公司。

常态化疫情防控。全力提供车辆保障。局转运工作专班认真负责做好突发疫情应急车辆调配、协调县内外隔离点及各乡镇接收处置转运工作，期间共调度 40 辆公交车、出租车（其中县内公交车、出租车 31 辆，从县外请调车辆 9 台）。有效转运密切接触者 540 余人，转运和协调安置

解除隔离人员 1186 人，转运学生 2387 人，统计转运医务人员、公安干警、小区值守等工作人员 13000 余人次，转运防疫物资和核酸检测等医疗设备 30 余趟。二是保障道路畅通。9 月 1 日峡江县交通运输局选派精干执法人员在 105 国道郭家村段设置道路疫情防控检测点，并落实好"即采即送即检即追"要求，为过境司乘人员进行核酸检测。截至 11 月 10 日，已为过境车辆张贴封条 9 万余张，护送入境居民生活必需品、复工复产原材料货车 200 余趟次。

（峡江县交通运输局）

吉水县

2022 年，吉水县交通运输局扎实推进交通基础设施建设，强化交通运输行业管理，努力推动交通运输事业高质量跨越式发展。

重大项目建设。吉水客运中心项目正在抓紧信息化、室内装修、站场配套设施建设，12 月底全面竣工并投入运行；招商引资项目取得重大突破，成功引进企业 2 家。吉安市吉泰钢结构工程项目已于 9 月底开工；金捷智五金项目正在抓紧土地挂网等前期工作。

农村公路提档升级。争取年度省农村公路新改建计划 38.8 千米、农村公路危桥 6 座、农村公路生命安防工程 17 千米。截至目前，争取项目补助资金 6738 万元。加快推进"四好农村路"建设，完成县道"白改黑"品质提升工程 16 千米，完成吉水县同南河 16.5 千米路堤结合续建工程项目；完成农村危桥 16 座、农村公路安防工程 28.4 千米，完成产业路、旅游路、公益路 4.6 千米。同时，加大城乡同治和路域环境整治，全面推行农村公路"路长制"，249 个建制村将公路管护纳入村规民约；养护管理品质持续改善，投入县道养护资金近 300 万元，清理县道水沟及平整路肩 31 千米，杂草 136 千米，清扫路面 213 千米，修剪枯枝 33 千米，行道树刷白 41 千米，公路好路率达到优良标准。

交通运输行业管理。运输行业平稳有序，2022 年 1—11 月新增货运企业 9 家，累计达 133 家；新增货运车辆 293 辆 / 4102 吨位，累计达 3462 辆 / 59421 吨位。突出交通公路治超领域专项整治，1—11 月共出动执法车辆 1056 车次、稽查人员 5280 人次、检查车辆 1281 次、整治非法改装 121 起；处理非现场违法行为 566 起；处理现场违法行为 427 起，卸货 2491.85 吨。

平安生态建设。结合开展扫黑除恶工作，严厉打击非法营运和出租车违规经营行为，共查处"非法营运"黑车 22 辆，道路运输违规行为 17 起。积极打造县域美丽生态样板路，投入资金 1800 万元，重点打造了沿湖东路美丽生态文明示范路。四是常态化开展对道路运输（危货运输）、公路环境、渡口渡船、在建工程等领域进行安全检查和专项整治，检查覆盖率达 100%，整改落实率 100%。

公交服务。牵头落实县城至八都片客运公交化改造，投入 15 辆新能源公交车，于 8 月 20 日开通了县城至八都 5 条公交线路，全部为新能源公交车，最低票价仅 2 元。同时，城区新增了 8 辆微公交运行。

重点民生实事项目。完成了重点民生实事项目县城至八都片客运公交化改造，开通了县城至八都 5 条公交线路。投入资金 1960 万元，完成了同南河路堤结合工程 16 千米公路提升工程，解决了沿线 3 个乡镇共 5 万多群众生产生活出行难题。调整优化城区公交路线，增加公交线路、发车频次和延长时间，由现有的 4 条线路运行，恢复到 7 条线路运行，运营时间由原先下午 6:00 延长至晚上 7:30。

（吉水县交通运输局）

泰和县

2022 年，泰和县交通运输局各项工作有序开展。

交通重点工程。泰和县交通运输局牵头的交通重点项目，共完成投资 3.02 亿元。其中：高品质旅游快速通道 105 国道泰和北至上田立交桥项目，路基土石方工程完成 85.5%，底基层完成 51%，全线桥梁工程箱梁预制和安装分别完成 100%、82%，防护、排水工程完成 49%，控制性工程上田立交桥完成全部桥墩浇筑，实现 319 国道正常通车；澄江大桥项目完成全部项目前期工作，于 11 月 26 日顺利开工建设，全年完成投资 0.4 亿元；赣江泰和县上田至蜀口洲段流域生态综合治理项目，已完成项目立项、工可和拆正评审工作，招标代理机构已选定并已提前介入招标文件编制准备工作；G45 大广高速吉安至南康段改扩建（泰和段）项目，完成了项目土地征用、征地拆迁工作，路基工程土建已全部完成，基层摊铺完成 91%，面层摊铺完成 15%；县城区公交站台改造提升项目，目前已完成泰和大道全线 34 座和文田圆盘 2 座候车亭、招呼站建设。

"四好农村路"发展。完成改建农村公路 62.931 千米；危桥改造 4 座，实际完成 5 座；村道安全生命防护工程完成 53 千米。全年共完善示范带各类标识标牌 110 处，依托县政法委天网工程安装智慧交通系统监控 8 套、自建外勤点 5 个，重点打造了螺溪道班"党建 + 养护"示范点，以及德敏物流、苏溪车站、螺溪车站、保全、滩尾等县乡村三级物流站点。

农村公路管养。全年累计修补路面坑槽 3260 平方米、沥青路面灌缝 5275 米，有效处置路基缺口 8 处，硬化或绿化路肩撒花籽 38.5 千米，清理疏通淤塞水沟 138 千米、桥涵洞 16 处，恢复缺失标志标牌 55 套，增设路长制及养护公示牌 42 套，施划标线 12 千米，行道树刷白 1.85 万棵。

推进撤渡便民工程。泰和县目前有 7 个渡口，其中：赣江渡口 4 个、老营盘水库库区渡口 2 个、南车水库库区渡口 1 个。为加快推进改渡便民工程，进一步改善人民群众安全绿色便捷出行条件，泰和县交通运输局通过修路撤渡的方式，新改（扩）建公路 9.5 千米，完成东山、石田和北坑 3 个库区渡口撤渡工作；通过建桥撤渡的方式，加快推进澄江大桥建设。目前石田渡口撤渡工作已完成，东门渡口撤渡工作已启动，预计在 12 月底前可完成。

推进"双灯"工程落地见效。全县已完成主要沿线村庄、重要平交路口第一期工程的 1372 盏路灯、33 盏交通信号灯，全部实现通电亮灯。同时，根据泰和县财力实际，参照周边县经验，为发挥"示范、引领、辐射"作用，泰和县又在国道 319 和省道 221 路段实施了 2 条"双灯"工程示范路，按照统一采购、统一标准、统一实施的要求，目前已全部完成 1672 盏路灯、29 盏交通信号灯建设工作。

夯实安全生产基础。全年共开展了 12 次安全生产专项督导检查，共发现安全隐患（问题）34 处，梳理出 94 项"巩固提升"任务清单和"6 项重点 4 项难点"任务，全部形成隐患台账，并全部整改到位。

规范交通执法程序。共投入执法 7968 人次，出动执法车辆 2357 台次，完成了重点货运源头企业（县砂石公司、南方水泥公司）称重数据和监控视频接入省治超管理平台工作，加强了渔船检验及支流旅游景点船只的管理，完成超限超载治理案件 2468 卷（其中非现场治超案件 1921 卷），卸货转运 5520 吨，移交交警处理 54 件，计分 184 分，恢复改装车辆 1 台，全县治超非现场执法工作位于全省前列。同时，泰和交通运输局执法大队联合交警、高速路政集中打击非法营运"黑车"130 余辆，规范出租汽车经营行为 26 起，开展路面巡察 1600 余次，清除交通障碍及乱堆乱放 98 处，拆除非公路标志牌 147 块，取缔占路为市摆摊设点 68 处，完成路政案件 4 起，有力地确保了全县道路运输行业的规范有序。

常态化落实疫情防控。牵头做好 7 个交通卡口疫情防控服务点设立工作，协调相关单位做好疫情防控服务点的值班值守、物资保障工作，完成 102.7 万辆次车辆、173.6 万人次的疫情筛查工作。认真抓好交通场站、车辆保洁消杀工作，严格执行客运场站和交通运输工具消毒通风规定，严格落实防护措施，落实核酸检测工作，及时协调解决疫情防控中存在的困难。全系统有 7 人荣获疫情防控工作先进个人。

（泰和县交通运输局）

万安县

2022 年，万安县交通运输局各项工作开展顺利。

项目建设。全年万安交通运输局总共安排交通基础设施项目 18 个，总投资 28.6 亿元。其中，预计开工项目 2 个，实际开工项目 2 个，开工率 100%；计划竣工项目 2 个，实际竣工项目 2 个，竣工率 100%；总体 15 个项目达标，达标率 83%。芙蓉至梅林三级公路升级改造项目、韶口至星火公路完工通车。

"四好农村路"。2022 年累计完成农村公路建设里程 42.093 千米，完成投资 35848.24 万元。"四好农村路"省级示范县项目所涉枧头镇中龙至兰田公路双车道路面拓宽重建项目在七月份已完工。全年累计清理路基塌方 16 处，共计 980 立方米，修补水泥路面损毁 2.5 千米，共计 4500 平方米，加固涵洞 14 道，修复护坡 14 处，共计 556 立方米，新修驳岸、挡墙 8 处，共计 610 立方米。2022 年计划实施桂江大桥维修加固工程、龙背桥维修加固工程、五丰至潞田 K8+100 处危涵拆除重建项目累计投资 367 万，夏造镇的人字凹至流源乡道、弹前乡弹前至涧田乡道、涧田乡的社田至大坑乡道、益富至雷公岭乡道，以及县道田村至陂头、万安至宝山等共计 12 条农村公路养护大中修项目拟维修路线合计 60.63 千米，总投资 1732 万元，年内全部完工。完成路口至高岭安全生命防护工程 3.123 千米。

交通执法。公路治超执法方面。全年累计投入治超执法人员 4491 人次、车辆 1252 车次，共检测货运车辆 21120 辆，查处非法改装车辆 24 辆，路面查处超限超载车 196 辆，查处道路运政案件 79 件，其中交警记分 39 分，卸载货物 6691.471 吨，非现场处罚 327 辆次；此外，还将万安县 3 家重点货运源头企业监控系统接入省治超平台，全县治超站点路段超限超载率均控制在 1% 以内。路域环境整治方面。对公路沿线违章建筑和违章占用公路的行为开展专项整治，全年拆除非公路标牌 36 块，共 89 平方米；修复安全护栏 3 处，共长 45 米；拆除违建围墙共计 60 米；清理路肩边沟 220 千米；处理侵占路产路权 2 处。

安全生产。落细落实交通运输领域疫情防控各项措施，全年下发关于疫情防控各项通知、文件 60 余份、累计检测人次达到 8000 余人次、累计开展各类督查、检查共计 140 余次。认真履行疫情防控交通管控组、转运组职责，累计转运样本 4992 趟次，转运里程 143000 余千米。制定了《2022 年度安全生产检查计划》《2022 年全县交通运输行业安全生产工作要点》《全县交通运输安全生产专项整治三年行动巩固提升年实施方案》，落实落细工作任务清单、责任部门，全年发现各类隐患问题 45 个，目前均已整改到位；积极开展"安全生产月"活动，全年组织开展道路应急抢险、水上救援、综合抢险、消防安全等演练 6 次，全年未发生重大安全生产事故。持续开展"打非治违"，推动扫黑除恶常治长效。落实领导干部接待群众来访制度，积极防范客运货运、出租汽车、涉改人员等新老稳定风险。全年接待群众来电来访 14 件（人）次，受

理各类信访事项 226 件，办结率 100%。

运输服务。万安县 135 个建制村分别采取农村客运、城市公交客运延伸、区域经营的模式，全面实现建制村通客车目标，通客车率达 100%。初步形成了以"城市公交、城—镇客运班线、镇—村公交"为基本框架的三级城乡客运体系。同时为提升村村通客车通行条件与水平，对通客车建制村存在的安保设施、错车道、标志标牌、反光镜等安全隐患进行了整改，对尚未通客车的建制村的路况、安保设施等采取一村一策的办法，想方设法创造条件实现通客车目标。万安交通运输局逐步提升新能源车辆在客运车辆中的占比，目前，新能源电动公交车达到 42 辆，运营线路 9 条。

（万安县交通运输局）

遂川县

2022 年，遂川县交通运输局全面推进交通重点项目建设，加快农村公路高质量发展，强化行业监管，做好交通运输疫情防控，切实服务于全县经济发展。

交通重点项目建设。实现宜遂高速公路年底正式通车的目标任务。全力推进遂川至大余高速公路遂川段征地拆迁工作：完成协议签订 3130.34 亩，完成拆迁房屋评估 130 栋（其中附属房 83 栋），签订主房拆迁协议 47 栋，附属房拆迁签协议 130 栋，完成主房拆迁 31 栋，附属房拆迁 67 栋，移坟墓 957 座，完成主线项目用地审批。推进大广高速项目建设：完成主线用地 1208.4 亩、征迁坟墓 298 座，拆迁主房 45 栋、附属建筑 71 栋，拆迁红线外房屋 6 栋，拆迁红线内特殊地面附着物 7 个，完成"三改"红线内、外征地 139.56 亩，完成路面铺装 22%，水稳 38%，隧道已全部贯通。推进省道 315 旅游快速通道县城至珠田段改建工程建设：项目用地征收任务 294 亩，完成征收 289 亩，完成率达 99%；房屋征收任务 30 栋，目前完成房屋评估 30 栋，目前协议签订完成 6 户，完成率达 20%。项目涉及的林地获批复，并取得林地砍伐许可；项目防洪报告、社会稳定性风险评估、环评方案、水土保持方案备案并批复。确定项目招投标代理机构，项目招标控制价完成财政评审，等待上级单位招标

方案指示。

农村公路。出台《遂川县深化农村公路管理养护体制改革实施方案》，明确县、乡、村农村公路管理养护权力和责任，全面落实国省道 357.53 千米、县道 324.722 千米、乡道 627.766 千米、村道 873.478 千米的管养责任。共设置 349 名路长，其中县级路长 17 名，乡级路长 23 名，村级路长 309 名。2022 年完成农村公路建设投资额 3.82 亿元，占比目标任务 131.745%，完成农村公路建设里程 297.7 千米，其中计划内 48.9 千米，计划外里程 248.8 千米。占比目标任务 443.667%，完成农村公路危桥改造 45 座，均为计划外项目。占比目标任务 236.842%，完成农村公路安全生命防护工程 38.181 千米，均为计划外项目，占比目标任务 100.476%。

交通执法。持续加大工作力度，推动重点源头企业成功将称重和视频监控设备接入省治超平台，实现实时监管，坚决禁止超限超载车辆出厂（场）上路。严厉打击"百吨王"，组织力量重点打击违法超限超载 30% 以上的货运车辆，特别是车货总重 100 吨以上的违法超限超载货运车辆，形成"露头就打"的高压态势。会同公安交警部门加强对货车驾驶员故意采取频繁加减速、跳秤、跨道、压实线、蒙牌、车头安装强光灯等扰乱不停车超限检测点秩序的行为进行重点整治；严厉打击"黄牛"探路、跟踪执法车辆、绕道逃避检查的行为。督促行业监管部门加强对矿山、水泥、砂石、物流园区等重点源头单位货物装载工作的监管，从源头杜绝超限超载车辆出场（站）上路行驶。在检测站点路段安装电子警察抓拍系统，联合管控普通公路货运车辆通行秩序。对不按照交通信号通行的货运车辆进行电子抓拍取证，由公安交警部门依法处罚。严厉打击治超"黄牛"扰乱治超执法秩序的违法行为，巩固全县治超工作成果，进一步铲除治超"黄牛"黑色产业链，制定了《全县公路治超"黄牛"专项整治行动工作方案》。开展打击"黑车"等非法营运专项执法行动。2022 年，已查处非法改装案件 15 起，无《道路运输证》案件 13 起，无《道路运输经营许可证》擅自从事道路旅客运输经营案件 11 起、驾驶员培训机构未在核定的教练场地进行驾驶培训案件 2 起，驾驶员培训机构未对教练员进行安全教育和培训案件 1 起，未持有效包车客运标志牌从事旅客包车经营案件 1 起，货运公司未

建立或有效执行交通违法动态信息处理制度案件 2 起，货运车辆 1 年内违法超限运输超过 3 次吊销《道路运输证》案件 1 起，未按规定的周期和频次进行车辆综合性能检测和技术等级评定案件 1 起。

道路运输管理工作。依法许可新增普货个体经营业户 52 户、普货运输企业 4 户、新增普货车辆 38 辆，办理客、货及出租车年审 712 辆，新增农村客运班线、公交车线路各 1 条，客运班车 1 台，核定延续经营期限出租巡游汽车 18 辆，有效改善了遂川县客货运市场的运力结构、应对突发公共事件的应急能力，解决农村居民、务工人员的交通出行等问题。

（遂川县交通运输局）

安福县

2022 年，安福县交通运输局抓好项目建设、行业治理、安全生产、疫情防控等各项工作任务的落实，有力推动了全县交通运输事业高质量发展。

交通基础设施建设。出台了《安福县"十四五"综合交通运输体系发展规划》，明晰发展思路和任务，积极推动省道 223 吉州区至安福县段建设，力争把吉安县沮田至固江段纳入近期实施项目，一体同步推进省道 223 吉安县沮田至固江段 17.4 千米的道路按一级公路标准进行改造建设。全年安福县农村公路完成投资 2.007 亿元，运输场站完成投资 0.4 亿元，国省干线完成投资 3.2 亿元。重点项目 8 个，其中宜遂高速武功山南（严田）互通连接线新建工程完成主线 1.665 千米，年底与宜遂高速同步通车；县客运总站超过年度计划投资额，项目主体结构完成，进入内外装修阶段。

运输服务。新改建农村公路 42 千米，完成村道安防工程 20 千米。积极推进"双灯"工程，超额完成安装任务。完成危桥改造 5 座。加强农村公路养护管理，持续推进"路长制"延伸至各乡镇、村、组。依托"交邮商农供"农村物流服务品牌，完善农村物流网络体系，实现全县乡镇农村物流服务站覆盖率达 100%，村级农村物流服务点覆盖率达 80%，打通农村物流"最后一公里"。建立路政与养护联合巡查制度，形成公路养护和路域环境整治齐抓共管的强大合力。截至目前共处理塌方 16

处,清理倒塌行道树 22 处,清理泥石杂物堆 123 处,清理边沟 160 千米,处理擅自损坏公路设施案件 6 起。重点整治了县主干线占道经营、国道 322 旅游快速通道增设平交道口等问题。打造智慧交通出行,成功搭建"安福交通出行"平台,平台对接赣服通,实现线上购票,年底开通安福至南昌、安福至新余两条班线试运行。充分压实镇村公交一体化试点工作,开通逢圩车、预约车。持续推进交通强国试点,坚持以安福本土红色文化为基石,扎实推进交通强县建设,提升交通运输发展水平和服务能力,重点打造羊狮慕至洋溪环武功山红色文化交通文明示范工程;开通红色文化交通文明公交线,打造了豪德至坳上红色文化交通文明公交线路;积极打造红色文化交通文明示范窗口,有力推动了"培育现代交通文明,弘扬红色交通文化"试点工作。

安全生产。扎实做好网格小区、汽车站、寄递物流、快递等重要场所常态化疫情防控工作。积极有效应对永丰、峡江等周边县市疫情,协调调派 150 多车次 70 多驾驶人员,支援援助地转运密接、次密接和重点人员共 800 多人次。加强对跨境车辆的巡查力度,实行"点对点"管理,有力保障了人员物资运输畅通,有效杜绝了疫情通过交通运输环节传播,为安福县疫情防控大局提供了坚强的交通运输保障。持续开展客货运、危化品储运、在建工程等重点领域专项整治,截至目前共组织 4 次安全专项检查,班子成员带队分片区对全县交通运输领域进行全覆盖大检查,共发现整改安全隐患 24 处。扎实推进交通运输领域安全生产专项整治三年行动巩固提升年,圆满完成目标任务 89 项,对全县的国省道平交道口开展大排查、大整治,投入资金 420 万元整治平交道口 55 个,投入资金 40 万元对县汽车站实行了全封闭管理,堵塞了安全漏洞。

(安福县交通运输局)

永新县

2022 年,永新县交通运输局各项工作有序开展。

交通重点工程。永新县东绕城道路(永新东互通口至袍田东大道段和东里至才丰段)开工建设。井冈山茨坪景区至永新三湾景区快速旅游通道(国道 356 石口至县界段和省道 539 石口至三湾段)完成立项;国道 356 石口至县界段完成工可文本。

农村公路。县道升级改造项目:怀忠至江背升级改造(9.55 千米)完成施工、监理招标。建制村双车道项目:烟阁至山背 3.7 千米,下雨至横圳 6 千米,共 9.7 千米,已全部建设完成。旅游路、资源路、产业路等"五路"工程:国道 319 线至脐橙基地 2.3 千米,马家屋井冈蜜柚基地 1.2 千米,拓溪至固塘 2.6 千米,永新县殡仪馆生态公路新修公路 1.1 千米,共计 4 个项目 7.2 千米,已全部建设完成。安保工程:完成 2021 年安保工程 118 个 124.28 千米的施工招标。并于 7 月 11 日开工建设。现已完成钢护栏安装 8500 米等,完成投资约 1100 万元。完成农村公路建设施工图批复 24 个,农村公路立项 6 个,完成招标备案 1 个。

农村公路管养。全年完成 13 条县道约 208.511 千米路肩水沟的清理,行道树整枝刷白,路面清扫,部分路段塌方清理约 5 万立方米,完成县道日常养护资料内业整理,指导乡镇农村公路养护内业资料编制,按《永新县农村公路养护管理办法》的规定对各乡镇农村公路日常养护进行考核,完成了马田桥、秋溪桥、秋溪一桥 3 座危桥的检测评定工作,完成了乡村道 775 千米路面技术状况自动化检测等工作。全县完成县道潞江至琴亭公路路面改造工程,投入资金约 706 万元,县道小修工程有序推进,完成了丰陂至台岭、虹桥至杨桥、文竹至高溪、台岭至里田、黄岗至里田等 5 条县道路面破损修复计 4607.2 平方米,投入资金约 90 万元,莲花坪大桥维修工程已全部完成,投入资金约 25 万元,县级养护站改造项目全部完成,投入资金约 90 万元,墩上至新城公路水毁工程(箱涵洞口处理)完成施工招投标,台岭至里田县道 5.6 千米路面改造工程完成了施工图设计,宜遂高速公路地方道路保全完成现场核实工作等。

"双灯"工程。2022 年 7 月底率先完成安装路灯 460 盏,爆闪灯 475 盏。

交通执法。共投入执法人员 2963 人次,出动执法辆 865 台次,完成超限超载治理案件 362 卷。联合高速交警集中打击非法营运"黑车"80 余辆,有力地打击了非法经营者的嚣张气焰,保护了广大群众的出行安全。对辖区公路进行路面巡查 400 余次,清除交通障碍及乱堆乱放 98 起,拆除非公路标志牌 86 块,确保了路产路权和公路交通安全。

制定了执法安全制度，加强了重点时段、重点区域的路面巡查，严格落实执法相关要求，确保了执法工作安全顺畅。

常态化落实疫情防控。做好交通卡口疫情防控服务点设立工作，协调相关单位做好疫情防控服务点的值班值守、物资保障工作。认真抓好交通场站、车辆保洁消杀工作，严格执行客运场站和交通运输工具消毒通风规定，严格落实防护措施，落实核酸检测工作。特别是 11 月 20 日县内发生疫情以来，永新交通运输局完成疫情期间的人员转运任务，期间共出动转运车辆 1369 车次，转运密接人员 28000 余人，未发生工作人员感染的情况，有力保障了人员物资运输畅通。

（永新县交通运输局）

宜春市

2022 年，宜春市交通运输部门各项工作取得明显成效，宜春市交通运输局在 2022 年省厅组织的综合考核中排名第二、高质量考核位列第三，获评"2022 年全省交通运输工作表现突出单位"和"2022 年度全省交通运输安全生产工作表现突出单位"，连续 17 年获得省厅综合考评先进。

高速公路建设。宜春西绕城和宜春至遂川高速公路项目按期完工并投入使用。10 月 12 日在宜春召开沪昆高速公路昌金段四改八项目开工动员会。稳步推进宜春东北绕城、通城至铜鼓、靖安至樟树高速公路项目前期工作。

农村公路建设。研究出台《宜春市农村公路建设项目实施情况常态化全覆盖检查工作方案》。全市农村公路建设完成投资 24.4 亿元（含库外项目投资），实施县道升级改造项目 160.1 千米，窄路面拓宽项目 10.3 千米，乡道双车道改造项目 114.8 千米，旅游路、资源路、产业路、公益事业路、路网联通路项目 175.9 千米。危桥改造项目 59 座。完成县、乡、村道安全生命防护工程项目 397 千米。乡（镇）通三级公路比例 100%，基本实现乡镇、AAA 级（含）以上旅游景点通三级公路，25 户以上自然村基本实现通水泥路，村民小组所在的自然村通一条水泥路达到 100%，基本完成乡道及以上行政等级公路安全隐患治理，基本形成"路网完善、畅通高效、安全可靠、服务优质"的农村公路网络。

"四好农村路"示范创建工作。2022 年江西省推动"四好农村路"高质量发展现场会在樟树市顺利召开。樟树市成功创建 2022 年度"四好农村路"全国示范县；奉新县、铜鼓县成功创建江西省第七批"四好农村路"省级示范县。

农村公路管理养护。宜春市完成深化农村公路管理养护体制改革任务，农村公路路面自动化检测目标任务顺利完成，共计完成 7526 千米，农村公路养护管理水平稳步提升，列养率达到 100%，优良中路率达到 85% 以上。2022 年宜春市申报美丽生态文明农村路建设项目 50 个，打造里程 439.5 千米。其中县乡道改造项目 43 个共 370.3 千米，省级文明示范路 7 个共 69.2 千米。

先进施工技术推广。在全市农村公路工程中积极推广共振碎石化及沥青冷再生等先进施工技术，项目整体施工工期减少 2/3，建设成本降低 22% 左右，并联合市公路事业发展中心在铜鼓召开品质工程现场推进会暨"四新"技术推进会，取得较好的效果。

港口建设。宜春港部分码头功能调整获省政府批准，打破宜春港无集装箱码头的历史。樟树港区河西作业区综合码头工程和丰城港区城区作业区尚庄码头已初步完工。开展船舶碰撞桥梁隐患治理行动，1 座桥梁已加装防撞设施，剩余 3 座完成前期工作。建设绿色港口，全年接收船舶垃圾 477 单，实现船舶污染物接收转运处置闭环管理。全市 1200 总吨及以上内河干散货船舶岸电受电设施改造全部完成。

道路运输生产。全市有汽车客运站 14 个，其中一级站 3 个，二级站 9 个，三级站 2 个，客运站服务人员 1826 人，年平均日发班次 2549 班次；全市拥有营运客车 673 辆，客车班线 1027 条，其中通省际班线 34 条，跨设区市 99 条，设区市内 35 条，县内 859 条。全年完成客运量 759 万人次，同比下降 35.02%；旅客周转量为 57691 万人千米，同比下降 37.26%；道路货运企业户 19740 户，从业人员 91064 人；货车 183837 辆，吨位 2884969 吨。全年完成货运量 50726 万吨，同比下降 1.47%；货运周转量 1468.83 亿吨千米，同比增长 3.19%。全市出租车企业 17 家，出租车 1463 辆；维修企业 454 家，从业人员 3521 人；车辆综合性能检测站 47 家，从业人员 472 人；检测车辆年审 76067 辆。汽车驾校 128 所，教练车辆数 3157 辆，培训驾驶员 85117 人。

水路运输生产。全市有港区 6 个，泊位 25 个，港口企业 5 户，水运企业 23 户，拥有营运船舶 491 艘，总载重吨 1569.15 万吨，载客位 508 位。2022 年完成客运量 21.12 万人次，客运周转量 42.24 万人千米；完成货运量 3601.1 万吨，货运周转量 48859.0 亿吨千米，全年完成内河运输量 2328.3 万吨，均位列全省第一。

公交服务提质增效。以市政府名义印发《贯彻落实推进多式联运发展优化调整运输结构工作实施方案（2021—2025 年）》。坚持以群众出行保障为根本，2023 年春运期间，投放客运车辆 1602 辆，运送旅客 417 万人次，增幅达到 39.9%。坚持以群众出行需求为依据，新开优化调整市中心城区公交营运线路 13 条，为 20 余所学校开通定制公交服务，服务人次达 40 万；实行公交出行提质保障惠民工程，新建 4 座公交首末站，开通园区公交"微循环"，园区规模上企业公交覆盖率达到 100%。大力提升"高效便捷、智能优质"交通运输服务，提高人民群众幸福感。运输服务"零距离"。

运输管理优质服务。开展道路运输从业人员高频事项"跨省通办"业务，全市业务线上申请率达 88.08%，居全省第一；办结率 99.99%，办理成功率 98.96%，均居全省第二。认真做好巡游出租车道路运输证注册及年审工作，共办理巡游出租车从业资格证注册 51 个。推进网约车平台合法化进程，该市已有 7 家合规网约车平台公司，全年注册网约车从业资格证 76 个、网约车道路运输证年审车辆 86 台、网约车道路运输证办理 88 台。

安全生产规范管理。持续推进安全生产专项整治三年行动和大排查大整治行动，累计排查整改安全隐患 2834 个。对 10 个县（市、区）交通运输安全工作实施包保指导，抓好公路项目招投标、超限超载、危货运输、工程质量监督等重要环节监理，制定《关于进一步规范宜春市公路工程招标投标活动的若干规定》，全年共监督招标项目 19 场，项目总金额 4.49 亿元，交通运输市场秩序得到进一步规范。

治违整治。扎实组织开展交通运输行业领域专项整治"十百千"活动，常态化排查整治行业乱点乱象，交通运输市场秩序得到进一步规范。全年全市交通运输系统共摸排行业乱点乱象线索 2062 条，收到四书一函 16 份，全部整改到位。非法营运整治效果明显，农村客运市场不断规范，网约车乱象得到有效遏制，提升人民群众安全感。

科技监控。运用第三方监控平台，整合构建"移动互联、科技监管"智慧交通平台，加强旅游客运、农村客运、城市公交等道路旅客运输违法经营行为以及重点船舶、赣江及库区等重点水域安全监管，共处理违法违规行为 511 起，罚款金额 373.3385 万元。自 7 月 16 日全面启动非现场执法，全市非现场执法已处理案件 5414 件，列全省第二，超限率下降至 1.92%；该市公示的 40 家重点源头企业全部将称重数据和监控视频接入省治超综合管理平台，接入率为 100%。以科技监控为引导，强化路面治超力度，现场查处违法超限超载车辆 3660 辆，其中"百吨王"99 辆，监督卸货 12.11 万吨，恢复非法改装车辆 179 辆。加强"黄牛"打击力度，共查处黄牛团伙 8 个、"黄牛"40 人，其中刑事拘留 30 人，取保候审 1 人，行政拘留 9 人。全市普通公路超限率下降至 2.76%；高速公路超限率持续归零，均位居全省前列。

路政管理执法。在全省首创交通运输部门与公路部门联合组建成立交通运输综合行政执法中队，按照"属地管理、分段负责"的原则，全年办理涉路工程许可 22 件，查处各类路政涉路案件 190 件，拆除清理整治各类侵占路面 1512 处，有效保护了路产路权。

（宜春市交通运输局）

袁州区

2022 年，袁州区交通运输局认真贯彻实施年度工作目标，完成全年工作任务。

"四好农村路"建设。完成县道升级改造、新建旅游路、产业路、资源路 30 千米，完成 30 千米，占年度目标 100%。完成建制村通双车道建设 20 千米，完成 14.3 千米，占年度目标 71%。完成生命安全防护建设 50 千米，占年度目标 100%。完成美丽生态文明农村路建设 40 千米，完成 40 千米，占年度目标 100%。完成危桥改造 5 座，完成 5 座，占年度目标 100%。

深化公路养护改革。3 月出台了《袁州区农村公路养护体制改革实施方案》（袁府办字 [2021]28 号）。建立了农村公路管理养护长效机制。农村公路日常养护经费按"县道每年每千米 8000 元，乡道每年每千米 4000 元，村道每年每千米 2400 元"配套，区财政每年配套资金约 1300 万元。道路路政管理经费，按每千米 800 元进行配套，区财政每年配套资金约 350 万元。全区县道 362 千米，通过政府购买服务的新方式，聘请了 3 家养护公司对县道进行日常养护。

重点工程建设。2022 年，协调推进重点项目 11 个，其中：高速公路新建项目 2 个，合计建设里程 44 千米，项目总投资约 41.29 亿元；国道改扩建项目 2 个，合计建设里程 30.70 千米，项目总投资约 8.3 亿万元；省道改扩建项目 4 个，合计建设里程 43.50 千米，项目总投资约 5.7 亿元；旅游公路新建项目 3 个，合计建设里程 43.2 千米，项目总投资约 62 亿元。重点工作推进过程中，该局主要负责征地拆迁工作，都能够按时按量完成，确保重点项目顺利施工。

道路隐患治理。2022 年，该局加大道路隐患的排查力度，对道路隐患点投入资金 690 余万元，整治桥梁 4 座，隐患点 178 处。其中：跨铁路桥并行桩安全隐患治跨铁桥梁隐患整治 4 座，维修费约 400 万元；跨铁路桥并行桩安全隐患治理 11 处，维修费用约 140 万元；国省道安全隐患治理 62 处，维修费用约 80 万元；县道安全隐患治理 105 处，维修费用约 70 万元。

交通运输。截至年底，袁州区交通运输局许可或备案的客运企业 4 家；普货业户 2457 家（其中企业 414 家，个体 2043 家）；水运企业 3 家（袁州本地 1 家，南昌、丰城各 1 家）；维修企业 136 家；驾校 22 家。管理车辆 7072 辆，其中普货车辆 6354 辆，教练车 718 辆，服务运输相关从业人员 8000 余人。全年完成客运量 435 万人次，客运周转量 5780 万人千米。完成货运量 3545 万吨，货运周转量 143520 万吨千米。

农村客运。袁州区交通运输局按照《袁州区建制村通客车服务监督考评工作方案》实施，建制村通公交车加大政策保障，区财政 2022 年下拨 635 万元用于建制村通客车运营补贴，实现财政兜底。区交通运输部门不断提升建制村通客车服务质量，农村客运运行畅通、真通、稳通，全年全面完成 22 个乡镇 291 个行政村通客车任务。

强化治超整治。2022 年，在新坊镇、慈化镇、柏木乡、西村镇、彬江镇开展源头治理，将源头管理目标完成情况与道路运输企业、从业人员的信誉考核、经营许可、安全目标管理相结合，促进货物运输装载主体单位、从业人员提高规范、安全装运。以党史学习教育为契机，按照学习计划，严格贯彻实施，提升执法人员素质。会同公安、交警等部门加强货车超限超载治理，狠抓公路运输"百吨王"整治，共检查车辆 9730 余辆，处罚货车改型 216 辆、非法营运面包车 16 辆、危货车辆 8 辆、教练车辆 1 辆、非法网约车 35 辆、客运汽车 4 辆、源头企业含（客货运源头企业）23 家，处罚金额 214 万元；处罚超限超载车辆 217 辆，处罚金额 440 万元，合计处罚 654 万元。确保全区道路交通安全形势的总体平稳。

（袁州区交通运输局）

樟树市

2022 年，樟树市交通运输局突出项目建设、强化运输管理，持续改革创新，确保平安稳定，不断提升交通运输总体供给能力和综合服务水平。

交通重点工程。国道 105 一级公路改建工程，该项目在樟树境内路线全长约 30.333 千米，建设标准为一级公路，总投资约 15.02 亿元，完成工可编制初稿。樟树赣江三桥建设工程项目，项目估算总投资 39.928 亿元，在宜春发改委立项，工可编制报告完成初稿。樟吉高速公路改扩建工程，路线全长 105 千米，项目总投资约 139 个亿，红线边沟全部开挖到位，红线挖沟经费全部下拨至昌傅镇人民政府。沪昆高速公路昌傅至金鱼石（赣湘界）段改扩建工程，路线全长 179.176 千米（含宜春至遂川高速公路利用段 17.784 千米），红线边沟已基本开挖到位。农村县乡公路升级改造及安全防护工程，2022 年拟完成县道升级及路网联通路建设 6 千米，乡道双车道及其他窄路面拓宽改造 20.4 千米，5 个项目已经开工，完成路面施工 6 千米，水稳层施工 10 千米。修路改渡工程，洲上乡至楼仔上撤渡通路完成总工程量的 85%，道路加宽部分的路面水泥面板已全部完成，改线部分正在进行土路基换填，累计完成换填部分的 98%；其他渡口撤渡修路项目完成财审，正在核实征地拆迁工程量。

农村公路建养。2022 年上级下达该市需完成农村公路建设里程 45 千米，危桥改造 3 座，安防工程 27 千米，需完成投资总额 2.5 亿元，已完成农村公路建设里程 40.65 千米，其中县道升级改造项目完成 26.4 千米，建制村通双车道项目完成 11.45 千米，撤渡修路项目完成 3.25 千米，危桥改造完成 3 座，安防工程完成 20 千米，累计完成投资 2.5018 亿元。参照该市农村公路日常养护考核管理办法，对该市农村公路每月进行检查，按季度拨付养护资金，并对全市各乡镇（街办、场）整体养护效果进行通报 4 次。按照上级要求，对该市农村公路完成自动化检测里程合计 888 千米。2022 年上级下达养护工程大中修项目 21 个，里程 47.5 千米，已完成 3 个，7.8 千米。完成打造美丽生态文明路 8 条 51.2 千米，樟树—经楼 12.2 千米，经楼—北坑 12.1 千米，太平桥—昌傅 2.5 千米，铁路林场—中洲 5.5 千米，中亭—五姜 5.4 千米，观上—丽村 3.0 千米，上埠—陈家 4.8 千米，义成—肖家 5.7 千米。完成申报创建 2022 年全国"四好农村路"示范县的材料申报工作。2022 年打造樟树市县级农村物流中心、阁山镇孙家村委孙家村、阁皂山、吴城乡塘下万亩中药材种植基地、吴城乡农村公路综合服务站五个现场观摩点，并完成了 4 条县道 2 条乡道共计 29.2 千米的农村公路路面改造。

道路运输服务。圆满完成春运、中考、高考等旅客运输保障工作，累计投入车辆 306 辆，安全输送旅客 72.1 万人次。2022 年由于受全国多地新冠疫情影响，樟树市全年客货运量及周转量处于下滑状态，公路客运量 21 万人次，同比下降 63%，旅客周转量 1645 万人千米，同比下降 57%；公路货运量 2044 万吨，同比下降 29%，货物周转量 594526 万吨千米，同比下降 15%。投入 158 辆纯电动公交车日常固定班线运营，保证所有建制村发车频率在日发两班以上，乘车票价无论远近均为 1 元。完善城乡客运设施建设，新建 3 个农村候车亭，80 块镇村公交招呼牌。同时，根据创建文明城市要求，预计新建、改建公交站台 177 个，进一步完善该市城乡公交网络，给群众提供更加便捷的出行环境。

港航管理事业。作为省重点建设项，宜春港樟树港区河西综合码头工程项目正有序建设，该局积极推动港口转型升级，实现河西港城深度融合发展。该项目于去年 5 月正式开工建设，项目总投资约 26.97 亿元，截至 11 月中旬累计完成投资 18.6 亿元。项目建设规模为 4 个 1000 吨级杂件货泊位、3 个集装箱泊位、8 个 1000 吨级散货泊位及其配套工程，整个港区陆域面积约 1167 亩，港区设计年吞吐量约 2000 万吨。预计在 2023 年 6 月正式完成工程建设。四码头调规修缮提升后岸线全长 144 米，为 2 个 500 吨级泊位。主要运营范围为散货盐化工卤水需求量比较大，四码头正在做规划调整为一个 1000 吨级液货泊位。五码头竣工验收 7 月正式完成。五码头改扩建项目总投资 1.2 亿元，紧邻四码头，使用岸线 390 米，项目主要建设 2 个 1000 吨级散货泊位和 2 个 1000 吨级件杂货泊位。五码头河东港区五码头于 7 月底完成正式竣工验收工作，该局已颁发港口营业许可证，待明年丰水期即可正常运营。六码头水运口岸运营稳定。水运口岸作业区使用岸线 210 米，总投资 3.2 亿元，项目主要建设 2 个 1000 吨级多用途泊位，设计吞吐量为集装箱 3 万标准箱 / 年，件杂货 30 万吨 / 年，于 2021 年 7 月完成竣工验收，现已正式运营。该市集装箱吞吐量实现从无到有，实现公路、铁路与港口之间无缝对接。该市船舶污染物接收站是江西省沿江沿河城市布局的 18 个污染物接收站中首个建设完成并通过验收的，于 2021 年 5 月正式运营。该接收站总投资约 1814 万元，主要由污染物接收码头泊位、油污水收集池和"诚通 1 号"污染物接收船等设施组成，预计每天可最大接收转运固体垃圾 10 吨、船舶生活污水 5 吨、油污水 5 吨。截至 11 月，该市共接收船舶垃圾 351 单，共 0.82 吨，生活污水共接收 167 单，共 24.1 吨，油污水 69 单，共 1.5 吨。有效提升该市港口船舶污水接收处置能力，推进该市港口绿色发展。2022 年，各水运企业虽受疫情及旱情断航影响，但船舶数及运载能力得到显著提升，体现水运行业巨大的发展潜力。该市现有 8 家水运企业（2 家危货、6 家普货），省际营运船舶总数为 101 艘，同比增长 30.1%；载重吨 223121 吨，同比增长 124.8%；功率 50616.8 千瓦，同比增长 38.2%；总吨位 131635 吨，同比增长 112.6%。其中：化学品船 29 艘，载重吨 24704 吨，功率 7910.3 千瓦，总吨位 15326 吨。

平安交通建设。2022 年，检查道路运输企业 184 次，排查问题及隐患 52 条，督促企业整改问题及隐患 52 条。积极推进普通干线公路路域环境整治、安全生产"打非治违"专项行动等活动，确保行业安全生产形势的稳定。

（樟树市交通运输局）

丰城市

2022 年，丰城市交通运输部门紧紧围绕全市交通运输工作既定的目标任务，锐意进取，为推进全市经济社会发展和方便群众出行提供了坚实的交通运输保障。

加速项目推进。2022 该市重大交通项目共有 36 个，总投资约 1798.35 亿元，市交通运输局作为行业主管部门，主动靠前服务，统筹协调推进各个重大交通项目，每周调度分析项目进展情况，加快推进在建项目，紫云大桥新建工程、丰乐公路孙渡至桥东段改造工程、省道 309 丰城市石滩至丰城等项目稳步推进，其中省道 309 丰城市石滩至丰城年底通车。国道 238 丰城桥东至东昌高速桥东互通连接线、省道 309 丰城梅岗至曲江段一级公路改建工程、国道 105 丰城梅岗至樟树龙池段一级公路改建工程等项目正有条不紊地开展项目前期工作，交通基础设施扩投资稳增长作用得到有效发挥。

"四好农村路"。完成了《丰城市"十四五"农村公路建设项目库》编报，申请列入项目库的县道

升级改造项目 32 个共 228.4 千米、建制村通双车道项目 140 个共 440.1 千米，旅游路、资源路、产业路、公益事业路、路网联通路"五路"项目 14 个 45.3 千米，通路撤渡便民项目 4 个共 17.5 千米，其他新改建农村公路 6 个 26 千米，错车道 721 个共 195 千米，村道安全生命防护工程隐患 457 个共 403.7 千米。2022 年度农村公路项目已完工 53 千米，完成危桥改造 14 座 /351.27 延米，完成安全生命防护工程 7.8 千米。全年争取省市农村公路项目资金 6300 万元。加强农村公路管养，持续深化养护体制改革，日常养护按县道每年每千米 8000 元、乡道每年每千米 4000 元、村道每年每千米 2400 元的标准，总计 1468 万元全部列入市本级财政预算。

行业管理。客货运输生产。该市共有货运企业 278 家，其中 50 辆车以上有 45 家，20 辆车以上有 28 家。共有货运车辆 7535 辆，总运量达 14.6 万吨。全年完成货运量 2389815 万吨，货运周转量 48238 亿吨千米，全市共有汽车客运站 3 个，全年客运量 915 万人次，客运周转量 57219 万人千米。在抓好建设和养护管理的基础上，不断优化客运服务体系，优化公交线路 21 条。2021 年 11 月该市获得全国第二批城乡交通运输一体化示范创建县（全省仅 2 个县市获评）。该市围绕交通运输安全生产 7 个重点领域、15 项重大风险，建立风险清单、责任清单、管控清单，强化风险防控。

抓实治超整治。强化科技治超，建成 8 个治超不停车检测点，开展治超非现场执法。出台《关于常态化开展货运车辆违法行为综合整治工作方案》，开展百吨王专项整治，全年共检测货运车辆 180893 辆，查处违法超限超载车辆 404 辆，卸载货物 11887.95 吨，恢复非法改装 18 辆，交警部门记分 1023 分，查处"百吨王" 14 辆，普通公路超限超载治理成效明显。推进污染防治。大力推进辖区船舶岸电受电设施改造。2022 年共推进辖区 13 艘船舶完成船舶岸电设施改造，发放中央预算内补贴资金 76.8 万元，完成率 100%。加强船舶污染物接收站运营管理，2022 年出动专业船舶污染物接收船近 476 船次，累计服务船舶 2422 次、接收船舶垃圾 2.504 吨、生活污水 342.164 立方、残油废油 0.5 立方、含油污水 27.7933 立方，有效削减赣江污染负荷，提高了生态环境质量。

（丰城市交通运输局）

靖安县

2022年，靖安县交通运输局着力完善公路交通运输基础设施网络，提高交通基础设施保障能力，并取得了明显成效。

国省干线项目。委托设计咨询单位编制完成了省道415双溪泥涡至香田瓦桥绕城一级公路改建工程《项目建议书》和《工程可行性研究报告》(初稿)。与公路部门对接委托设计单位完成国道353宁福线K818+742下观大桥(古楠至山口段)改建工程的规划选址方案。与国土资源部门对接做好了国省道9个路段118.2千米国土空间规划"三区三线"划定工作。

农村公路项目建设。完成高湖至西头9.2千米续建项目并交工验收通车。推进仁首金田至周口12千米县道升级改造项目建设，已建成4千米。继续推进了2020年度计划建设8.5千米路网联通路项目建设，已完成高湖镇高湖村麻田至司地源3千米和仁首镇黄秋地至仁裕移民点3千米；2022年下达计划的15.6千米路网联通路、产业路项目，已完成3.3千米，其他除雷公尖乡茅山桥至茅山分场3.6千米因建设用地涉及生态红线，林地难以批复暂停实施外，其他都在施工建设中。16座农村公路危桥建设任务已经完成11座，其他5座正在进行招投标前期工作。完成农村公路(村道)生命安全防护工程170.7千米的项目建设。

武宁至靖安至樟树、南昌至修水两条高速公路项目跟踪对接。武宁至靖安至樟树高速公路作为新增规划的武汉至宁德国家高速公路组成部分已经纳入国家公路网规划；省交通运输厅已经启动南昌至修水高速公路路线走向规划等前期研究工作。

农村公路管理养护体制改革。全县1012.65千米农村公路已经全部纳入日常养护范围，11个乡镇都成立"农村公路管理养护"办公室，落实了管理养护人员和相关制度。按照《靖安县农村道路"路长制"实施方案》，落实县、乡、村三级管理体系和长效管理机制，11个乡镇都成立"路长制"办公室，已经委托第三方启动考核机制。

农村公路建设。积极推进县乡道升级改造和旅游路、产业路、资源路、公益事业路和路网联通路建设，加快农村公路危桥改造步伐，完善农村公路安全生命防护设施，使全县农村公路在技术等级、安全条件、通行能力等方面实现了较大提升，为推进全县实施乡村振兴、全域旅游发展和农业农村现代化战略提供了坚实的交通保障。

道路运输生产。2022年，有汽车客运站1个，客运站服务人员10人，年平均日发班次32班次；全县拥有营运客车67辆，客车班线21条，其中通省际班线0条，跨设区市2条，设区市内3条，县内16条，全年完成客运量5.2万人次，客运周转量384万人千米。道路货运企业户46户，从业人员1200人；货车810辆，吨位17560吨，全年完成货运量347万吨，货运周转量68775万吨千米。

物流产业。全力帮扶江西省优而信电商服务有限公司与靖安县供销合作社达成战略合作协议，同时推进村镇公交带货运行，让靖安县76个行政村全部享受到"互联网＋第四方物流"所带来的快捷便利服务。主动推进全县营运车辆电子证照申领工作，做到让数据多跑路，让业户少跑路。疫情以来，靖安县积极配合市、县两级帮助企业纾困解难，协调江西超辉物流有限公司与银行对接300万贷款事宜，帮助靖安县三友货运有限公司引进战略合作伙伴。所属五家规上企业营收与去年同期相比有大幅上升，同比增长56.79%(2022年营收为15858万元，去年同期为10114万元)。

深化文明行政执法。建立联合执法常态化制度化机制，继续实行路面治超联合执法，坚持齐抓共管、协同作战。共查处违法违规车辆159辆次，其中路面查处超限车辆121辆次，非现场执法查处超限车辆15辆次，非法改装8辆，共卸载货物1954.82吨。共组织专项整治5次，清理路面污染85平方米，拆除非公路标志、违规广告牌、标语40余处，清理非法占道经营、占道晒谷、占道堆物100余处，警告教育不规范装载货车司机56人次，立案处理货物脱落扬撒货车5辆。共散发各种宣传资料3000余份，张贴宣传画200余份，营造各方支持、全民参与、社会共治的良好氛围。提升科技治超水平。7月16日5个不停车检测点正式启用，通过对路面过往货车实行动态实时技术监控，24小时不间断自动检测，并将违法数据同步传回到省厅治超管理系统平台。自不停车检测点启用以来，货车超限率已由启用前的3.25%降至年底的0.3%。通过电子抓拍系统已处理超限行为15条。

疫情防控。自 2022 年 3 月 17 日至 12 月 7 日，由靖安县交通运输局牵头，在高速路口设立管控卡点，实行 24 小时轮班查验。在疫情全面放开前，靖安县区域内未发生一起疫情，守牢疫情防控的第一道关口。

（靖安县交通运输局）

奉新县

2022 年，奉新县交通运输局推动交通事业发展增效提质，取得新的显著成效。

城市桥梁建设。2022 年 2 月 10 日奉新大桥及相接道路改建工程项目获该县发展和改革委员会批复，该项目建设规模为路线全长 605 米，预算总投资 10942.4 万元；黄沙港中桥改建工程同日获批，该项目路线全长 140 米，项目预算总投资 3256.7 万元；同日获批的还有龙山大桥建设工程，该项目建设规模为老桥两侧加宽，路线全长 310 米，桥梁长度 266 米，该项目预算总投资 3510.9 万元。以上项目完成公开招投标，确定项目施工单位和监理单位，10 月已动工建设。

省级"四好农村路"示范县创建成功。全县 18 个乡镇 146 个行政村实现村村通班车后，打通客货邮为一体的公路配送渠道，1937 个自然村和 25 户以上自然村道硬化路比例达到 100%，实现乡镇、行政建制村至少有一至两条安全可靠顺畅通行农村村村通班车的硬化道路。

农村公路管护优化。奉新管护的农村公路 1729.63 千米，健全各类养护机构，落实经费保障，在实现全面覆盖的基础上，聘请 50 名县道养护人员和相对就近聘请较稳定的农民工对乡村公路进行养护，农村公路"畅、安、舒、美"环境得到大幅度提升。11 月 18 日，奉新被授予"四好农村路"全省示范县荣誉称号。

交通网络新格局形成。积极主动融入南昌大都市圈筹集，开通南昌到奉新县城市公交线路，加快策应搞好靖安至樟树高速公路奉新段全线建设，加速省道改造步伐，推动赤岸罗家坪至高安汪家圩、宋埠至赤田、县城至澡下的省道升级改造工程完成，启动澡溪—仰山—罗市—会埠（越王山）旅游公路建设，完善旅游公路网络，推进县乡道改造，

完成 102.3 千米县道升级，乡道双车道改造 292.5 千米，实现农村公路建设同乡村振兴有效衔接，全面形成"内联外畅、紧密衔接、高效通达"交通网络新格局。

客货运输。现有道路运输客运企业 3 家，出租车企业 2 家，城乡客运班线新增猕猴桃产业基地共 19 条，更新改造客车 1 辆，拥有客车 53 辆，客运站服务人员 21 人，年平均日发班次 108 班次，全年完成客运量 165.89 万人次，完成周转量 1752386 万人次，比去年日均增发班次 2 次，增加客运量 1.6 万人次，拥有客车 53 辆，道路货运企业由去年的 289 户，增至 317 户，货车企业 25 家，去年从业人员 3900 人增至 4210 人，货车 3489 辆，吨位 93.723 吨，完成货运量 9236 万吨，完成货运周转量 5335215 万吨。维修企业 103 家，从业人员由原来 360 人增加到 411 人，车辆综合性能检测站 3 家，从业人员由原来 35 人增加到 41 人，检测车辆 2301 辆，汽车驾校 9 所，新增教练车 2 辆，共拥有教练车 175 辆，从业人员 255 人，培训驾驶员 4317 人，有危货运输公司 1 家，网约车公司 1 家（注册地在南昌），共有员工 180 人。公交出行便利保障。奉新现有城市公交公司 1 家，城市公交线路 5 条，公交车 46 辆（新能源车），全年补贴 480 万元保障城市公交的正常运行，依据学生上学和工业园区员工上下班的需求，新增设 5 个城市公交车候车亭，对原有的 49 个城市公交车候车亭增添安全防护设施。

科技监控。投资 100 万元建成奉新农村管理信息中心，实现公路实时监控全覆盖，完成"建、管、护、运"四方面的内业资料。投资 100 万元建立奉新县智慧交通信息指挥中心，创新实现道路信息实时动态化和以"互联网＋加智慧管养"管理新模式，推进路容路貌和管养水平提升，实现农村公路管养率、养护优良率两个 100% 目标。

交通治理。先后在上富镇董田、澡溪、干洲镇老楼建设 3 个治超非现场执法监测站，7 月 16 日正式投入使用，对过往车辆超限超载运输行为实现 24 小时全覆盖监管，4 家重点源头管理平台，采取传统治超和非现场科技治超等方式，全年办理治超案件 181 件，打击非法营运，检查车辆 671 辆，其中立案非法营运 6 起，出动执法人员 136 人次，对重点危货运输企业，驾驶人员、押运人员从业资质方面进行认真核实检查。全县 6 家涉及危险化学

品运输企业整改问题 106 起，加大了路域环境监管力度，拆除非法安装公路标志（广告牌）100 余处，拆除违章搭建棚屋 30 处，取缔占路经营 50 处，清除公路堆积物 350 立方，公示行政许可数据 29 件，行政处罚 204 件其他执法公示 6 件，所有行政处罚案件全部实行集体讨论，规范行政执法文书进行公示，在全市行政执法案卷评查中获得好评。

助推乡村经济振兴发展。乡村客货邮重大突破，依托村村通班车的优势，建成一个县级客货运服务中心，2 个县级物流分拣平台、18 个乡镇物流节点和 146 个行政自然村物流网点，打通了"城乡客运＋物流电商＋共同配送"一体发展环节，破解了农村经济发展物流不畅不畅通的难题。自然村组通水泥路重大突破，全县自然村 1937 个全部通水泥路、自行车、电动车、摩托车、各种小型车辆在村与村之间畅通无阻，受益群众 7 万余人，破解了过去步行难的问题，为全面推动乡村经济振兴注入了强劲动力。

（奉新县交通运输局）

高安市

2022 年，高安市交通运输局统筹做好交通运输各项工作，完成各项工作目标任务，取得良好成效。

县乡公路建设。全年累计投资 4.6 亿元，建设县道升级改造项目 16 个 86.8 千米，五路（旅游路、资源路、产业路、公益事业路、路网联通路）项目 45 千米，危桥改造项目 6 座，安全生命防护工程 18 千米，现已全面完工。

重点工程项目建设。完成瑞州大桥、瑞州东路东延工程的竣工验收和华林路贯通工程扫尾工程；320 国道改线工程项目于 11 月份开工建设；大城至黄沙专用公路前期工作进展顺利，国家发改委已将该项目列入到国家项目库，待批后开工建设。

农村公路养护。部署各重点路段、重点部位巡查与监控，随时掌握公路通行和路面状况信息，及时设置警示标志牌、清除道路障碍，发现并消除公路安全隐患，累计投入机械 36 台班、人员 697 人次，标志牌、安全锥等 360 个，有效保障了道路通畅。

道路运输生产。拥有营运货车 120763 辆，总吨位 1922018 吨，拥有货运公司 5198 家，全市道路运输从业人员 10 万余人。全年完成货运量 3209 万吨，货运周转量 119.37 亿吨千米。全市有汽车客运站 6 个，其中二级站 1 个，三级站 1 个，客运站服务人员 348 人，年平均日发班次 523 班次；全市有长途客运公司 1 家，省、市、县际班线车辆 69 台，城乡客运车辆 146 台，核定座位 7436 座，客车班线 55 条，其中通省际班线 3 条，跨设区市 5 条，设区市内 3 条，县内 39 条；全市有公交公司 3 家，运营公交车 73 辆，开通公交线路 11 条。全年完成客运量 587.36 万人次，客运周转量 14585.69 万人千米。出租公司 2 家，出租车 180 辆。机动车维修企业 104 家（一类 16 家、二类 62 家、三类 26 家）。驾驶员培训学校 19 家。

超限超载治理。坚持"路面执法、源头管控、科技治超"三管齐下，高位推进治超工作。超载率由 8.7% 下降到 0.5% 以下，因货车超限超载引发的交通安全事故同比下降 40%，路域环境质量大为改善，公路安全通行效率显著提升，实现整治期间"零"上访。

公共交通惠及民心。通过城乡公交不断向村组延伸和开通镇村公交，实现全市 299 个建制村（2 千米覆盖）通车率达到 100%，推动纯电动公交车的使用，城市公交纯电动公交占比达到 100%，城乡客运纯电动公交占比达 73.5%。

（高安市交通运输局）

上高县

2022 年，上高县交通运输局扎实推进农村交通基础设施建设、道路运输行业发展，确保各项目标任务落到实处。

重大项目建设。宜万同城快速通道已顺利通车；田湖徐专项公路全面完工；渡改桥项目城头大桥已完成桥梁建设，正进行引道建设。

县乡公路建设。完成县乡道改造 18.8 千米，完成总投资 3950.2 万元，其中完成徐家渡至九峰县道升级改造项目 12.3 千米，完成坑林至 320 国道、320 国道至麻塘建制村通双车道项目 2 个 6.5 千米。完成江背桥、罗家桥、枧头桥、大垣桥危桥改造项目 4 座 144.22 延米，完成总投资 700 万元。完成塔下—七宝山安全生命防护工程 8 千米。4 个县道升级改造项目一阶段施工图设计获宜春市交通运输局批复，分别为县道 403 镇渡至黄田县道升级改造工程、田背至芦洲县道升级改造工程、洋田至镇北县道升级改造工程、县道 405 上甘山至蒙山县道改造工程。9 座危桥改造工程施工图设计获宜春市交通运输局批复，分别为镇渡大桥危桥改造工程、蛇尾大桥危桥改造工程、北上桥危桥改造工程、湖溪桥危桥改造工程、浒江甲桥危桥改造工程、芦家田桥危桥改造工程、江东老桥危桥改造工程、下山 1 桥危桥改造工程、下山 2 桥危桥改造工程。

农村公路管养。拨付全县农村公路日常养护资金 558.93 万元，每季度对全县农村公路进行日常养护检查考核，全年整修路肩 306 千米，清理边沟 259 千米，检测路面 744 千米。严格质量监督，检查农村公路在建工程 52 次。实行"一路一档""一桥一档"管理模式，推动道路、桥梁管理的科学化、规范化和长效化。

道路运输生产。全县有汽车客运站 1 个，其中二级站 1 个，客运站服务人员 28 人，年平均日发班次 68 班次；全县拥有营运客车 40 辆，公交车 320 辆，客车班线 17 条，其中跨设区市 3 条，设区市内 2 条，延伸公交线路 35 条，全年完成客运量 68.6 万人次，客运周转量 3430 万人千米。道路货运企业户 281 户，货车 3903 辆，吨位 57089 吨。全年完成货运量 1135 万吨，货运周转量 119436 万吨千米。全县有出租车企业一家，共有出租车 81 辆；维修企业备案 31 家，从业人员 186 人；车辆综合性能检站五家，从业人员 75 人，年检测车辆为 14485 辆；机动车驾驶员学校 13 家，教练车辆 260 辆，2022 年培训学员 3145 人。行业发展态势良好。

交通运输管理。做好春运及中高考运输保障工作，春运发送旅客 36 万人次，出租车及网约车接单 16 万人次。深化"放管服"改革，积极为行业企业纾困解难，整理"名录库"及"新运政系统"，全年办理行政许可 42 份，新车上户 352 辆，年审车辆 1839 辆，发放道路运输电子证照 522 张，组织网约车、货车司机培训 1 次。集中开展危险化学品道路运输企业整治。严把营运车辆准入关，深入推进高排放货车治理和汽车维修、喷烤漆行业污染整治工作，打造绿色交通。严格驾培企业监管，开展专项检查排查。

打非治违治超治理。开展打非治违，依法查处非法营运机动（电动）车、超越经营范围网约车、违规客车、违规出租车、"黑的"共计 143 辆，受理投诉举报案件 85 件。加强路政管理，查处占道经营 67 起，违法埋设管线 5 起，拆除非公路标志牌 94 块，清理加水站点 53 处，查处污染、抛洒案件 96 件。狠抓超限超载治理，完成 6 个不停车检测点建设，同时安排 6 个治超执法组 24 小时路面巡查，查处各类违法货车 629 辆。同时将重点货运源头企业纳入省监管平台，下发 8 份整改通知书，处理超限车辆出场企业 5 家。全年排查整改运输企业风险隐患 142 条，完成企业辨识风险安全风险管控 47 处，联合执法检查排查隐患 14 个。

（上高县交通运输局）

宜丰县

2022 年，宜丰县交通运输局统筹抓好疫情防控与交通发展稳定，为宜丰经济社会高质量发展提供了坚实的交通运输保障。

交通基础设施建设。2022 年度，省厅下达宜丰公路水路交通运输基础设施建设总投资目标任务 2 亿元，实际完成 2.125 亿元，完成 106.3%。

"四好农村路"建设。完成芳溪至打石塘、长桥至甘坊县道升级改造、邓家垅至竹丛专项公路、天沐温泉主线及专线项目建设和党田至敖桥破损路面修复。新改建农村公路 65.5 千米，完成 187.42%；危桥改造 2 座，完成 100%。生命安全防护工程目标任务 20 千米，实际完成 20.4 千米，完成 102%。

矿区公路提升改造。全力配合锂电产业发展。针对花桥同安的现状，科学规划矿区专项公路，保障群众的基本出行，做到矿区道路与群众出行的道路分开。会同相关部门对国道 354 花桥苦竹坳至新昌镇荷舍段和国道 354 新昌镇荷舍至省道（小水源）省道 221 澄塘清水桥 2 条公路提升改造为一级公路进行了规划和前期准备。

重点项目建设强力推进。工业园至火车站公路新建工程 12 月已开工建设，启动省道 221 找桥至潭山公路升级改造和黄岗至黄檗县道升级改造

项目前期工作

公交运行优质服务。开通 3 条城市公交线路和实行城乡公交一体化。3 月 1 日起开通 3 条城市公交线路,同时实行城乡公交一体化,所有票价均实行 1 元标准。由宜丰汽运公司负责经营、县财政兜底。汽运公司新购 16 台宇通纯电动公交车投入运营,3 条线路均实行双向对开,共设置城区公交站点约 150 个(含原有站点 30 个),基本覆盖县城建成区集中居民点和公立机构,公交运营线路分为 1 路(外线)、2 路(内线)、3 路(工业园区)三条线路。从城市公交和城乡公交运行近 9 个月来看,城乡公交旅客倍增,群众对此纷纷点赞。

超限超载专项整治。7 月,会同相关部门启动了治理车辆超限超载专项整治行动,组建了联合执法工作专班,采取 24 小时值班值守和流动执法形式开展专项整治。在矿区增设花桥治超点,加大源头治超基础设施建设力度。构建末梢到控制平台的数据监管体系。通过整治人员三个余月 24 小时不间断的日夜巡查,共检查车辆 10779 车次,共查处车辆 83 辆,查获改型车辆 5 辆,查处抛洒车辆 9 辆,超载车辆明显减少,震慑效果初步形成。

运输经济增长。全年实现客运量 191.19 万人,客运周转量 37061.53 万人千米;货运量 9226 万吨,货运周转量 326540 万吨千米,分别比 2021 年增长 135.7%、376.8%、807%、108.3%。

(宜丰县交通运输局)

铜鼓县

2022 年,铜鼓县交通运输工作以项目建设为重点,全力维护行业安全稳定,推动全县交通运输事业高质量发展。

农村公路建设。全年开工建设项目 21 个,其中县道升级项目 2 个:棋坪至港口项目 20.9 千米、胆坑至大感桥改造项目 14.6 千米,两项目主体工程均已完工;农村公路建制村双车道改造项目 3 个 12.5 千米:梁墩至英溪 8.2 千米已完成路基工程,青溪至板背 1.3 千米、水口至黄毗 3 千米已完成砼路面铺设;乡道双车道改造项目 4 个 35.1 千米:2 个已完成路面铺设,2 个正在路面工程建设;窄路面拓宽改造项目 2 个均已完成;完成公益事业项目

1 个;旅游公路项目 1 个:排埠至大围山 16.6 千米已完成主体工程;危桥改造项目 7 个:2 个已完成,5 个正在建设;完成深度贫困村新建桥梁项目 1 个。强化养护促安防保畅通。投入 500 余万元,抢修水毁公路边坡塌方 35203 立方米 /24 处,新建路基、边坡挡土墙 9 处 3000 余立方米。

高速公路建设。通城至铜鼓高速取得新进度。通城至铜鼓高速公路,其中铜鼓境内长 22.413 千米,初定在三都西向村设立一个开放型服务区,并在港口乡设置互通口。已完成前期调研,对高速公路的功能定位、线路走向、互通口设置提出意见,省厅已完成对工可线路方案的审查。

中心城区项目建设。全年开工建设中心城区项目 4 个:道路 3 条,桥梁一座。老公安局侧道路 0.33 千米、温泉大道 2.72 千米已改造完成,凤山北路 1.26 千米已完成路基工程;桥梁长 30 米,已完工。新增城区入户路硬化 21 条。

交通运输生产。全县共有客运班线 50 条,其中县内班线 39 条、市级班线 4 条、省际班线 7 条。城市公交车 16 辆,城乡公交车 26 辆,客运班车 26 辆,出租汽车 39 辆,全年完成道路客运量 165.2 万人次,旅客周转量 0.85 亿人千米;共有货车 2576 辆,总吨 39527 吨,货运量 2078 万吨,货物周转量 26536 万吨千米。共有客运船舶 10 艘,共 460 座位,全年水运客运量 20.3 万人次,同比增长 28.20%,创历史新高。

交通运输管理规范。全年制止未经许可涉路施工 4 起,清理占地经营摊位 50 个,清理路边广告牌 36 块;全年共办理行政处罚案 74 件,无交通行政复议、行政错案和行政诉讼案件;加大出租车市场整治力度,共查处非法营运车辆 7 辆次,违规经营出租车 11 辆次,无从业资格证驾驶员 2 人次;强化水运执法,加大重大节假日水上运输执法检查,确保水上运输平安畅通。全面履行疫情防控交通运输保障职责,共出动执法车辆 366 辆次,执法人员 680 人次。

强化执法监管促安全生产平稳。督促运输企业落实安全主体责任,共开展安全生产执法检查巡查 120 人次,出动执法人员 200 余次,排查出安全隐患 68 处,下达责令整改通知书 11 份。

(铜鼓县交通运输局)

万载县

2022年，万载县交通运输局大力推进"四好农村路"建设，为乡村振兴逆风前行。

重点公路工程建设。全长14.758千米国道220绕城一级公路建设，2019年曾因土地项目还未批复停工，2020年3月重新启动，至2022年6月竣工通车，正待交工验收。总投资1.5亿元。宜万同城快速通道，境内含连接线等全长10.023千米，至是年12月竣工，投约9.06亿元。省道222高村至三兴，全长19.9千米，至年底8千米路面工程可通车。

农村公路建设。完成县道升级改造项目2个5.4千米，建制村通双车道项目10个28.7千米，危桥改造项目7个，年底全部完成，完成农村公路生命防护工程45千米，农村公路养护工程19个。建立健全农村公路管养体制，出台《万载县农村公路管理养护体制改革实施方案》，鼓励乡镇实行分级分类管养，开发公益性"护路员"岗位，每年180名，实行"门前三包"，实施政府主导、群众共养，助力乡村公路养护，巩固"四好农村路"格局。

交通运输生产。全县有公路营运汽车7380辆，其中载客汽车140辆，4403客位，公共电动车50辆，出租车44辆，城乡客运班线实现了公交一体化。全年完成客运量294.6万人次，客运周转量14435.4万人千米。12月30日全县出租汽车已纳入95128电召服务平台正式投入使用。驻县28辆网约车，满足群众点对点，零距离接送，全县拥有大小货运车辆7203辆，111627吨位，全年完成货运量3525万吨，货物周转量334925万吨千米。

安全生产管理。制定《万载县道路运输安全生产行政执法检查计划》《道路运输应急突发事件保障预案》等文档；排查安全隐患，全方位落实安全责任，共出动安全检查人员297人次，检查企业362家次，发现一般安全隐患208条，全部整改。开展交通运输领域安全生产网络化试点工作。

交通执法治超。利用科技治超数据，结合流动巡查、开通举报热线、不定期开展联合治超等方式，严厉查处超限超载上路行驶违法行为，共出动治超执法人员4093人次，出动治超执法车辆1257车次，检测车辆111028辆次，查处超限超载车辆208辆，罚款403.35万元，其中查处"百吨王"货运车辆14辆，监督卸载货物10529.04吨，恢复非法改装车辆5辆；交警部门对超限超载车辆驾驶员扣分253分；非现场处罚83辆，取得万载治超史上前所未有的好成绩。

（万载县交通运输局）

抚州市

2022年，抚州市交通运输系统为全市经济社会持续健康稳定发展作出了积极贡献。

重点工程项目建设。东临环城高速公路项目，主线工程2022年5月1日全面开工，完成投资24.4亿元，预计2024年10月竣工。推动沪昆高速梨园（赣浙界）至东乡段改扩项目尽早施工。项目先行用地批复，做好与东临环城高速枢纽互通对接的建设工作，开展桥涵、互通出入口等相关控制性工程建设。弋阳至南丰高速公路项目前期工作，项目工可路线方案基本确定。助力南昌至南丰高速公路项目尽快落地，项目列入国家高速公路网规划。

农村交通基础设施建设。加紧农村公路建设，完成投资额20亿元，新改建农村公路总里程487.5千米，危桥改造48座，安全防护工程总里程360千米。开展"四好农村路"示范创建，被交通运输部确定为2022年"四好农村路"全国示范县创建单位，广昌县、乐安县荣获2022年"四好农村路"省级示范县。推进"路长制"体系运转，推广农村公路路域环境整治长效管理办法，市级对各县区路长制工作加强调度和督导，实现部门行为向政府行为转变，提升农村公路通行能力和安全水平。有序开展改渡便民工作，全市 24 处撤渡任务完成撤渡任务 22 处，达到总撤渡任务的 91.7%，提前两年超额完成撤渡任务，居于全省前列；通路撤渡工程中原计划 2023 年开工的宜黄县背风峤公路项目于今年 9 月 23 日提前动工；计划 2022 年开工的宜黄县观音山公路项目于 11 月开标；建桥撤渡工程宜黄县水北二桥项目于 11 月底开标，完成场地平整；计划 2023 年开工的南城县河坽大桥项目也正在报省发改委办理工可审批手续。推进南丰城市客运中心停车场、南城综合客运枢纽开工建设。

运输工作。完成 2022 年春运工作，共投入 972 辆客车，累计发班 10.9735 次，发送旅客 138.2695 万人次，铁路运输量 61.1074 万人次，共完成旅客运输量约 200 万人次。全年完成公路运输总周转量 478 亿吨千米，水路运输总周转量 25 亿吨千米，居全省前列，荣获了 2022 年度全省道路运输工作表现突出单位称号。客货邮深度融合，11 个县区均开通农村客货邮融合业务，县级站点 11 个、乡级站点 74 个、村级站点 486 个。共有 11 个县级物流中心，213 个乡镇农村物流节点。开通农村客货邮融合线路共 122 条，代运邮件快件客车数量共 342 辆，农村货运班车数量 135 辆。资溪提出"交邮合作＋数字乡村"模式。自 2022 年 7 月以来，下行包裹总计 235782 件，上行包裹总计 3205 件。推进政务服务数字化改革，完成交通 111 个政务服务事项、65 个交通行政许可事项标准化、精细化梳理，承诺时限平均压缩占比 91.4%。完成交通运输智慧审批对接工作。全方位开展交通高频事项"跨省通办"和道路运输电子证照，实现数据多交互，群众少跑路。累计为万余名异地从业群众办理业务，办结率、成功率全省第一；各类道路运输电子证照申领 4 万余个，全省第一。抚州交通运车局行政审批科（交通窗口）在荣获 2018-2019 年全国交通运输行业精神文明建设先进集体称号后继续保留 2020-2021 年先进集体称号。抚州市交通运输局行业综合服务能力也得到了省级层面的认可，荣获了全省政府系统"五型"政府建设"先进集体"称号。做好道路运输疫情管控和保通保畅工作，统筹疫情防控与经济社会发展，全市总计核发 4665 张通行证。全局共计派出 4650 余人次，安排 50 辆网约车和 15 辆大巴车，共计转运 1860 趟次，参与各项防控任务。做好包保工作，针对道路运输领域、

公路交通领域、工程建设领域、水路运输领域进行全方位的检查，下发整改督办单 4 起、整改工作函 27 起。开展安全生产大检查，全市共排查到安全隐患 76 处，全部形成问题清单，逐个整改销号处理。认真开展安全约谈工作，对第三方月报数据违规排名靠前 6 家企业进行约谈。提高应急处置能力水平，组织各类应急预案演练 100 余次，参演人数达 2000 余人。

运输治理体系。交通综合执法支队办理处罚案件 1248 件，处罚金额 516 余万元。水路运政执法实现年处罚案件"零"的突破。推行路面治超非现场执法模式，治超工作重点逐渐从传统的流动路面治超转变成"互联网＋监管"的科技治超。完成建设 37 个不停车检测点，在 16 家重点源头单位安装称重检测设备和视频监控设施的科技加持，全市超限率为 1.22%，低于全省 2.78% 超限率，超限 30% 以上超限率 0.25%。抚州市治超工作荣获全省先进，位列第三。临川林源治超站、南丰艾源治超站、广昌小港治超站三个站被省交通运输厅评为优秀一类执法单位。数字管理助推治理升级，全局加快数字技术在交通领域的应用，全面提升数字化治理能力，推进数字化转型，助推行业治理服务能力现代化。投资 200 亿元搭建了第三方监管平台、交通运输信用体系管理平台和执法人员考核系统，有效落实行业安全监管责任和加强对行政执法人员的管理。开展 4G 安装工作，完成"两客一危"车辆 4G 安装，推动各县（区）相关企业开展普货车辆 4G 智能监控设备安装，完成 4G 安装 4912 辆，监测数据均与第三方监控平台实现对接。

推进绿色交通建设。开展"三气""四尘"专项行动，强化汽车排放检测与强制维护制度落实，开展船舶岸电受电设施改造工作，全市 2022 年船舶岸电受电设施改造检验工作、签发证工作已全面完成，船舶"零排放"改造检验工作在 11 月底全面完成，居于全省前列。加强船舶排污设备盲断和铅封检查，每月定期报送船舶污染物接收处理报表。

（抚州市交通运输局）

临川区

2022 年，临川区交通运输局加强公路工程及

基础设施建设，加快公路养护和安全防护工程建设步伐，强化运输市场管理与整治。

交通基础设施建设。推进农村公路和危桥改造建设，完成县道升级改造 3 条，计 20.09 千米；在建 1 条，计 9.1 千米；待招标 4 条，计 41.3 千米；正在测量设计 5 条，计 39.02 千米。完成乡道及建制村升级改造 12 条，计 29.6 千米；在建 7 条，计 14.479 千米，准备施工 4 条，计 5.67 千米。完成乡村振兴道路 12 条，计 8.5 千米。完成五路建设（旅游路、资源路、产业路、公益事业路、路网联通路）2 条，计 2.0 千米，正在测量设计 2 条，计 3.1 千米。完成美丽生态文明路 1 条，计 2.8 千米，正在设计批复 1 条，6.105 千米。完成危桥改造 6 座，计 114 延米，在建 2 座，计 28 延米，准备开工 1 座，计 12 延米。完成农村公路生命安全防护工程项目 13 条线，计 22.8 千米，完成总投资 170.63 万元；还有 2 条线，计 5.5 千米，正在明确施工单位；完成计划外安防工程有 1 条线，计 6 千米，完成投资 8 万余元。完成农村公路养护工程 4 条线，计 11.564 千米，完成投资 984.5 万元。

交通运输生产。加强客货运输市场监督管理，推进城乡客运一体化建设，全区乡镇通公交车和建制村通客车率 100%，城乡公交 24 条线路，营运车辆共 89 辆；道路客运班线 37 条（其中：省际班线 13 条，市际 20 条，县际 4 条），客运车辆 259 辆，座位 9838 座，公交车 89 辆，座位数 3524 座。全区有道路普通货物运输企业 254 家（有 50 辆车辆以上企业 10 家），道路危险货物运输企业 10 家，2022 年新注册普货企业 34 家；道路普通货物运输车辆 3265 辆，核定载质量 41996 吨，其中企业车辆 2894 辆，个体业户 371 辆。一类维修企业 9 家，二类维修企业 40 家，三类维修企业 6 家。全区有机动车驾驶培训机构 7 户，开展全省驾驶培训监管平台与公安考试系统联网对接工作，并建立信息交换机制和违法违规信息披露制度。依托现有农村客运站场，整合电商服务中心、邮政快递网点，建立综合服务网点。与乡镇供销社通力合作，租赁其办公场地及仓储设备，整合快递网点，开通客货邮运输线路合作，除东馆镇未开通客货邮网点，其他乡镇全部开通。

交通行业管理。落实"一次不跑"事项，积极开展跨省通办业务，全年完成网上从业资格证诚信考核及平台货运车辆年审 2363 件，"跨省通办"办件量 2263 件，电子证照申领 5579 件。推进江西省汽车维修电子健康档案系统建设，推广维修电子健康档案系统 APP。开展打非治违整治行动，与交警等部门加大"五车"整治，共出动执法人员 200 余人次，执法车辆 50 多辆次，查扣非法营运三轮车 8 辆，查扣非法营运四轮车 1 辆，查扣乱停乱放电动车等 613 辆，打非治违取得一定成效。落实治理超限超载"一超四罚"制度，严厉查处超限超载行为，6 个非现场执法不停车检测点启动。清理公路用地范围内摆设摊点、堆放物品 15 起，非公路标志牌 54 起。

（临川区交通运输局）

崇仁县

2022 年，崇仁县交通运输部门持续推进"四好农村路"建设，大力保障城乡客运一体化发展，不断强化行业执法能力和水平。

交通基础设施建设。按照"畅安舒美"的要求，编制"十四五"农村公路项目库。实施农村公路县道升级改造 1 条计 6.68 千米，完成投资 2056.0773 万元；建制村通双车道 3 条计 14.11 千米，完成投资 3127.2224 万元；建设错车道 113 个，完成投资 94.6 万元；实施生命安全防护工程消除隐患 14 个里程 25.2 千米，完成投资 274.0804 万元。进一步规范农村公路的管养工作，全县 1587.99 千米（其中：县道 182.290 千米，乡道 385.441 千米，村道 1020.259 千米）农村公路日常养护实现全覆盖，列养率达 100%，农村公路养护率明显提升，路面技术状况指数上升，确保了农村公路养护成效。

交通运输生产。道路运输行业安全生产形势持续稳定，持续推进城乡客运一体化建设，全县乡镇通公交车和建制村通客车率 100%。全县有客货运输企业 107 家，其中：普货企业 100 家（达 200 以上吨位货运企业 9 家）、危货企业 3 家、道路客运企业 1 家、公交企业 2 家、出租企业 1 家，2022 年新注册普货企业 16 家。共有公交运营线路 47 条，其中：城际公交线路 3 条、县内公交线路 7 条、镇村公交线路 24 条、区域客运线 13 条；道路客运班线 6 条，其中：省际班线 4 条、市际班线 1 条、县际班线 1 条，实现全县 15 个乡镇通公交，151 个行政村通公交和客车全覆盖。有客运站8座,其中:二级客运站1座、公交枢纽站1座农村、综合服务站1座,农村客运站5座。河上农村综合服务站、相山农村客运站、三山农村客运站、许坊农村客运站、航埠农村客运站,农村客运站场增加新能源公交车充电和邮政电商服务功能,优化完善全县151个农村客运停靠站点。有客运车辆299辆、座位数6670座,其中:班线客车13辆(大型客车11辆506座,小型客车2辆36座)、座位数542座,公交车223辆、座位数5813座,出租车63辆、座位数315座,有新能源客运车辆230车辆,占比76.9%。全县城际公交车辆29辆,县内公交车辆106辆,镇村公交车辆82辆,区域客运车辆6辆;道路班线客运车辆13辆(其中:省际班线投入客车4辆、市际班线投入客车8辆、县际班线投入客车1辆),全年客运量为862.8万人次。有货运车辆489辆,11931.6个吨位,其中:企业车辆347辆、吨位8962.495吨,个体户车辆94辆、吨位2075.305吨,危货营运车辆48辆、吨位893.835吨,全年货运量110.7万吨、周转量11490.6万吨千米。有机动车维修业户3户,总数比上年减少15户,其中二类维修企业1户、三类维修企业12户;有从业人员75人,其中技术负责人15人,质量检验员12人,其他维修技术人员48人。有机动车驾驶员培训机构2户,年培训3069人(其中:天虹驾校培训2495人、华恩驾校培训574人)。

交通行业管理。实行交通运输33项服务事项告知承诺制,实行"阳光"操作,按规定压缩事项办理时限,坚持货运车辆道路运输证年审实行"一次不跑",其他事项坚持"只跑一次"。全年受理服务事项1763件,办理1763件,其中:线上办件事762件,线下1001件,申领电子证照1578件,实现"群众一站式、一窗式办理"的目标。12345便民服务台交办件155件,办结155件。推进安全生产专项整治三年行动巩固提升工作,制定《交通运输安全生产强化年实施方案》。全面排查道路运输、公路设施、交通在建工程等安全隐患,共排查出交通运输领域安全生产隐患54条,全部整改到位。加强科技治超,发挥不停车检测系统作用,抄送不停车检测点违法车辆信息抄告函122份(其中抄告无牌交警7365辆;抄告各县区交通运输部门2403辆),出动执法人员7874余人次,检测车辆19603台,查处车辆104辆,卸载吨位1511吨,处罚金

额828800元(其中:治超罚款800500元、交警罚款28300元,扣分95分)。全年共查处25起违法违规行为,处罚金额为142626元。其中:"黑的"4辆,罚款18000元;客运企业6起,罚款13600元;工程质量监督1起,罚款56026元;货运车辆10起,罚款49000元;驾培企业1起,罚款3000元,维修企业3起,罚款3000元。

（崇仁县交通运输局）

宜黄县

2022年,宜黄县交通运输局以创建"四好农村路"和农村公路路域环境综合治理为抓手,不断提升交通运输服务水平。

交通基础设施建设。完成县道升级改造项目神岗—新丰段29.339千米,总投资约9435.4万元;棠阴—南源段乡镇通三级公路22.069千米,总投资约7094.4万元;抚吉高速宜黄连接线迎宾大道路面改造项目6.999千米,总投资约1.2亿;林崇线–小河建制村通双车道改造1.6千米,总投资约328万元。县道龙万公路升级改造5.525千米,总投资约1852.5万元。全年完成新改建农村公路里程65.532千米,总投资约3.07103亿。完成危桥改造项目共6座,总投资约376.94万元,其中南源乡观音桥,总投资约91万元;桃陂镇中黄桥,总投资约42万,黄陂镇麻头桥,总投资约48.04万元;在建项目桃陂镇万家小学桥,总投资约41万元,黄陂镇张坊桥,总投资约108.9万元,神岗乡坑西一桥,总投资约46万元。完成农村公路安全生命防护工程总里程16.713千米,总投资约445.5万元,其中河口—漠源7.145千米,总投资约214万元;鹿岗—何坊2.925千米,总投资约88万元;坳下—边山2.657千米,总投资约79万元;黄泥—霍源1.713千米,总投资约51万元;龙眼排—老树棵错车道建设2.273千米,总投资约13.5万元。完成撤渡改路项目圳口罗成桥—背风嵊9月23日开工,东陂马山至干溪11月开工,撤渡建桥项目水北二桥11月完成招投标,12月初开工建设。深化了农村公路养护体制改革,完善"路长制"工作,全县农村公路技术状况指数MQI优良中等路率达到85%。全县农村公路通车里程达到1213千米,

所有乡镇和建制村全部通了水泥路，自然村道路硬化率达到94%。

交通运输生产。推进城乡公交一体化改革发展，统筹城乡客运公交一体化作为解决城乡居民"行有所依"的民生工程，规范城乡公交客运经营秩序，提升城乡公交客运服务水平，购置32台宇通牌新能源电动公交车，票价在原有基础上平均下降15%–30%，给大约9.46万人带来优惠。长运公司与邮政快递等物流快递企业开通"客货邮融合发展"模式，打通并破解邮寄快递"最后一公里"的瓶颈难题，直达乡镇和村组，年累计发送邮包21.6万件。

交通行业管理。建立"异地受理、属地审批、就近取证"的全新服务模式，办理政务服务中心事项数93项、业务事项数12项，完成即办件1493件、承诺件23件、网办件373件。全县共出动治超执法人员1700人次，路面检测和非现场不停车检测点共检查车辆834101车（其中路面检测5477辆，不停车检测点六里铺509879辆、凤冈171214辆、黄陂147531辆），查处超限超载运输车辆37辆，卸载货物538吨，处罚款269000元，交警扣分41分、罚款4200元，全县站点车辆超限超载率已稳步控制在0.94%。开展网约出租汽车行业乱象专项整治工作，查处非法营运小客车6部；对危货企业运输车辆未按时维护进行处罚；联合交警、城管、市管等单位开展"五车"整治工作，期间查处非法安装雨棚二轮电瓶车381辆，非法营运三轮拐的26辆，四轮电瓶车24辆，无证货车1辆，剪伞2060把，协助查处酒驾2起；加强对交通建设工程项目质量的监督检查，对施工企业使用不合格材料、不合格作业人员等违规行为进行处罚和教育。开展重要节假日专项安全检查工作，全年共检查道路运输企业56家次，出动执法人员152人次，排查一般安全生产隐患33条，整改33条，整改率达100%。

（宜黄县交通运输局）

乐安县

2022年，乐安县交通运输局全力推进交通基础设施建设、重点工程、八扬八治等工作，较好地实现了各项目标。乐安县荣获"四好农村路"全省示范县荣誉称号。

交通基础设施建设。国道322乐安绕城公路改建工程，完成建安费约14200万元，占比39%。乐安县东湖至南村（蝶栖谷、稠溪古村）旅游公路项目，完成招投标工作，施工方进场完成第二次红线放样。县道067谷招线天子地至招携镇公路改建工程该项目完成红线放样和征地。2022年，完成县道升级改造建设任务2个，总里程12.6千米，美丽生态文明农村路建设3个，分别为：金竹至南坑（徐庄至吓段）公路5.5千米，登仙桥至太平公路12.3千米，乐安至望仙（乐安至南村段）公路19.3千米；完成上级交通运输部门下达农村公路生命安全防护工程计划共计36个，总里程63.7千米，其中省补资金669万元；完成农村公路危桥改造4座，分别为中村桥、安下桥、铺田桥、高望二桥，总投资约304万元，其中省补资金163万元。全县农村公路在册列养里程共计1964.843千米，其中县道180.809千米，乡道521.531千米，村道1262.503千米，全部纳入日常养护范围内。完成下达的农村公路养护人中修计划共计13个，总投资约2644万元，其中省补资金886万元。巩固拓展脱贫攻坚项目库56个项目，总投资2276.9万元。

交通运输生产。春运期间共发送旅客16.09万人次，比预测人数增加0.39万人次左右，未出现旅客滞留现象，未发生道路交通运输安全事故和负面舆情。

交通行业管理。加大对非法超载超限行为的打击力度，共检查货车20798辆，查处超限超载货车369辆，非现场执法案49件，移交案件22件，交警扣分99分，卸货4668吨。加大源头治超力度，要求比较大的货源企业安装地磅，不定期派人对过磅、进出货单进行检查、监督，在源头上杜绝超载车上路行驶。共走访货源企业8家，42次，对2家不按规定配载，允许超载货运车辆出站的货源企业进行处罚。全县所有客运车辆都安装了4G视频监控系统。制止在公路上打场晒谷现象18次，清除路障30余处，制止纠正各类路政违章21件，严格控制公路两侧建筑红线，制止违章建筑1处，拆除违法标志标牌17处，使全县公路环境和道路安全管理水平进一步改善，保障道路安全畅通。加大打击非法营运行为力度，采取群众举报和上路稽查相结合的方式，查处非法营运"黑车"21辆、网约车12辆、违规经营客运企业3户、违规经营驾培企业 2 户、违规经营危货企业 1 户、违规经营维修企业 2 户。

（乐安县交通运输局）

南城县

2022 年，南城县交通运输局统筹抓好疫情防控和交通运输工作，各项工作完成较好。南城县获"全省超限超载治理先进县""2022 年度全省交通运输执法工作表现突出单位""2022 年度打造抚州市交通运输系统'模范机关'先进单位"称号。

交通基础设施建设。重点工程建设进展顺利，推进综合枢纽中心、站前横路北延伸段、创业园至铁路货场专用公路、周家堡大桥拓宽及配合做好了弋阳至南丰、南昌至南丰高速前期工作。要素保障稳步推进，国道 206 绕城线通过省自然资源部门的预审，航空产业园项目有序推进；农村道路建设用地需求在交通运输部门做好矢量数据的基础上，在国土空间规划（三区三线划定）中总用地面积达 17.62 平方千米，其中新增 12.71 平方千米。农村公路项目工程建设持续推进，实施农村公路县道升级改造 3 条计 24.4 千米，完成投资 8839 万元；建制村通双车道 19 条计 61.6 千米，完成投资 5339 万元；建设错车道 9 条，完成投资 1800 万元；"白改黑"工程 16.6 千米，养护工程 4 个 9.9 千米，完成投资 1490 万元；危桥改造 5 座，完成投资 310 万元。农村公路管养进一步规范，完成 15 个交叉路口、临崖傍水及急弯陡坡路段的安全隐患整治，投资 160 万元，采用科学技术手段对农村公路养护质量进行检测，完成对全县 512 千米农村公路四级公路的自动化检测任务，全县 1703.422 千米（其中：县道 185.359 千米、乡道 409.952 千米、专用公路 5.854 千米，村道 1102.257 千米）农村公路日常养护实现全覆盖，列养率达 100%。

交通运输生产。全县有道路公交客运企业 5 家，有省（上海）、市（南昌）、县际（南丰）班线 3 条，长途客车 2 辆；城际公交线路 3 条，城际公交车 19 辆；城乡公交线路 5 条，城乡公交车 49 辆，农村客运线路 69 条，农村客运车辆 40 辆，全县 12 个乡镇 100% 通城乡公交、150 个建制村均 100% 通客车。全县有货运站场 2 个，货运汽车保有量达 9628 辆，总运力 15.28 万余吨位、其中 20 吨位以上的货运汽车达 7700 余辆；物流运输企业 311 家，其中拥有 50 辆以上货车的企业达 200 家，年纳税上百万的企业达 59 家；从业人员 3.6 万余人；全年营业额达 50 余亿元，实现物流税收 1.95 亿元。驾校 6 户，其中二级驾校 1 户，三级驾校 5 户，有培训场地 94872 平方米，教练车 156 辆，教练员 163 人，年培训能力 3817 人次。维修企业 30 户，其中一类维修企业 2 户，二类维修企业 5 户，三类维修企业 23 户。推动交通客货运输、邮政、供销、商务、医药等协同融合，建立以安顺物流园为分拣中心，初步构建"一点多能、一网多用、功能集约、便利高效"的农村运输服务发展新模式，通过客货邮配送网点寄送邮包 8 万多个。

交通行业管理。完成普通货物运输以及危险货物道路运输驾驶员从业资格证补发、换发、变更、注销及诚信考核等 5 项高频事项"跨省通办"和电子证照申办。全县激活 7049 个电子证照位列全省第一，办理高频事项 2066 件；重点整治"两客一危"，加强运输企业监管，上线率达 95%，政府平台监控上线率达 100%。汽车维修电子健康档案系统全面推行，全年共上传维修数据 7754 条。从业人员诚信考核 2808 人次。"三检合一"惠民政策全面落实，共检测营运车辆 4115 辆。驾校计时系统及第三方智能监控得到落实，累计完成机动车驾驶员培训 2759 人，对 1 名严重违规教练员纳入黑名单及 7 名违规教练员进行停训。以网约车、危货运输企业、公共汽（电）车、成品油、驾培专项执法整治为重点，共检查企业 90 余家次，排查整改一般安全隐患 20 多起，查处危货企业违法行为 7 起、普货企业 2 起、网约车 1 辆，客车 3 辆，非法改装面包车 1 辆，强制切割报废非法工程车 1 辆、非法客车 1 辆，查获非法改装流动加油车 4 辆，查扣非法油品 8.5 吨。开展"安全生产专项整治三年行动巩固提升年"和"安全生产月"活动，组织全县道路运输企业召开安全生产工作会议 3 次，运输企业开展安全教育培训 8067 人次；开展企业自查安全隐患 178 余次，督促隐患整改 100 多次，整改率 100%。持续推进"治超"工作，把交通治超工作重点转向科技治超和源头治超，非现场治超全面开展，2 家市级重点源头企业（南城南方水泥、赣抚南城公司）按要求接入省治超平台；路面治超执法主体从 5 月 18 日起移交给公安交警，交通负责称重卸载，积极转变执法理念，参照交警做法试行在非现场执法方面对首次超载10%以下的轻微违法运输车辆实行教育免罚，对56辆首违轻微超载车辆驾驶员进行了免罚学习教育；全县共查处超限超载车辆482辆，卸载吨位4306吨，交警计分443分，货车超载率为0.07%。开展源头企业宣传和路政执法，全年共出动执法人员1900余人次，悬挂宣传横幅标语8条，散发宣传单500余份，处理污损路产案件5起，清理各类非公路标志98块，清理违法加水洗车站8处，清理占路为市9处，消除路面安全隐患32处。开展交通工程质量监督检查13次，下达整改通知书3份，完成隐患排查整改6条。查办涉及安全隐患执法案件9起，重拳打击非客船非法载客行为，签订《禁止违法运营承诺书》，集中锁定管理洪门湖景区16艘乡镇自用船，实现实时动态监控。查处农民自用船非法载客案件2起，驱离涉嫌非法载客船舶12艘，劝返游客30余批。开展农村公路建设质量安全监督检查13次，下达整改通知书3份，完成隐患排查整改6条。

（南城县交通运输局）

南丰县

2022年，南丰县交通运输局扎实推进交通建设，进一步规范道路运输行业管理，加强了交通执法队伍建设，各项工作取得了较大的发展。

交通基础设施建设。年完成投资1.6亿元，完成比例为100%。完成公路工程招投标1个，即国道206南丰绕城公路改建工程设计项目，设计合同估算价520万元。"五路"工程项目8个12.6千米，前期工作全部完成；建制村通双车道年度任务为8.5千米，12月底完成白舍大桥至白叶（白舍大桥至河东）2.1千米的建设；完成13座危桥改造建设，是完成任务的325%；完成安全生命防护工程12个项目33.5千米。启动13条村道安全生命防护工程，处置隐患里程35千米。加强农村公路大中修，完成县、乡道大中修11.84千米。全县有国道167.738千米、省道48.932千米、县道213.405千米、乡道308.411千米、专用道路4.16千米、村道1002.476千米。

交通运输生产。全县有物流企业74家，其中

2000万以上规模企业18家，物流车辆正常运营保有量2247辆。从业人员3141人。为交通运输物流业提供扶持帮助，物流企业2022年完成利税4167万元。

交通行业管理。全年完成大件运输5件、道路运输驾驶员诚信年度考核2138件、驾驶员继续教育942件、普通货物运输经营许可7件、跨省通办宣传98次、跨省通办（办件量）1495件、一窗式综合受理系统（办件量）2428件、道路运输经营许可证正（副）本换证11件、客货运输车辆年审1867件、道路运输证正（副）本换证198件、普货运输车辆迁入43件、普货运输车辆过户（转籍）79件，群众满意率达100%。国家企业信息平台数据归集录入行政处罚信息2件、行政许可信息36件、抽查检查信息605件、备案信息6件。加强客货运输市场监管，联合公安、交警、高速交警、高速路政、城管等部门开展了日常巡查工作，查处非法营运的"黑车"10辆、非法营运货车11辆、非法改装车3辆、"非法网约车"7辆，无包牌车9辆，累计罚款金额205000元。严格督促驾校规范教练员教学行为，完善学员培训计时系统，健全学员培训档案，督促驾校不断提高服务质量和教学水平。加强对4S店、汽修行业执法监督，严格督促维修企业建立和健全车辆和技术档案以及电子健康档案，留有相关照片资料存档，并做到一车一档、一企一柜。加强工程质量的执法监督，重点做好原材料和试验检测工作监督管理，完成综合检查21次，下达监督催办单通知书15份。持续开展流动治超，全年共出动执法人员9400人次，检测货运车辆69.88万辆，查处超限超载车辆1528辆，罚款金额83.14万元，交警部门处罚1118起，交警扣分1308分，卸载2212吨，实现超限超载率控制在1%以下的目标。

（南丰县交通运输局）

广昌县

2022年，广昌县交通运输局如期完成了各项目标任务，取得了率先在全市实现2025年乡镇通三级以上公路目标、荣获"四好农村路"全省示范县荣誉称号的优异成绩。

交通基础设施建设。投资 4000 万元的高州大桥建成通车；采用政府和社会资本合作（PPP）模式，筹资 5.37 亿元对 1 条 4.5 千米的国道按一级公路标准进行改造、对清潭至杨溪、长桥至尖峰黄坊等 11 条 111.8 千米的县道按三级沥青公路标准进行"白改黑"升级改造；完成危桥改造 3 座，占上级下达计划的 300%；投资 2372.46 万元完成 46 个整合财政涉农扶贫资金交通项目；投资 283 万元完成 25 个大中修项目；投资 500 万元完成农村公路品质提升工程；实现投资 680 万元，建成乡村道安防工程 33.1 千米，占上级下达计划的 110.3%；完成建制村通双车道拓宽改造 7.8 千米，占上级下达计划的 97.5%，实现投资 1529 万元。全县 1421 千米农村公路列养率达到 100%，优良中路率达到 80% 以上；2022 年农村公路养护工程县财政投入达到 773 万元，占全县农村公路养护工程总投资的 52.95%。投资 49 万元建成农村公路智慧综合管理平台，69 处农村公路重点路段、路口养护情况、安全情况尽收眼底，实现了实时动态监管。先后建成路域文化墙、路政宣传牌、"四好农村路"宣传栏 356 个，摄制了题为《铺就如歌道，彩练舞莲乡——广昌县"四好农村路"建设纪实》的"四好农村路"建设专题宣传片。

交通运输生产。全县共有客运企业 1 家，客运班线 10 条，客运车辆 20 辆，座位 740 座，全年完成客运量 276 万人次，客运周转量 1089 万人千米。公交运输企业 2 家，公交线路 43 条，客运车辆 84 辆，座位数 3243 座。货运企业 458 家（其中危货运输企业 8 家），货运车辆 1802 辆（其中危货车辆 71 辆），总吨位数 28718 吨（其中危货 1070 吨），全年完成货运量 980 万吨，货运周转量 31830 万吨千米。全面开通农村公交，增开镇村公交线路，开通县城至白田、县城至下兰两条镇村公交线路，11 条城乡公交线路、33 条镇村公交线路运营正常；交邮合作持续深化，将 4 个乡镇客运站改造成乡镇电商快递综合服务中心，实现了"多站合一""一站多能"；快递进村全面覆盖，129 个行政村全部设立了"邮政快递便民服务站"，县乡村三级物流体系基本建成。全年县邮政快递进出口量达到 316.8 件，同比增长 39.6%，其中寄递农产品 40 余万件，销售农产品 5000 余万元，为农民致富增收开通了一条捷径。

交通行业管理。办结道路运输许可、大件货物运输许可、公路路政许可、道路营运车辆审验换证办证、从业资格证诚信考核等服务事项 5598 件，其中网上跨省通办 1394 件；企业申领电子证照 3025 件，占比 63.48%，全市排位第二。实地对全县 86 家道路运输企业进行了诚信考核，对 74 辆危货运输、103 辆客运和 40 辆出租车辆进行现场年度审验，办事效率明显提升。开展市场主体大走访，对 266 家运输企业进行大走访，指导企业注册惠企通，申领电子印章，全县 215 家企业注册惠企通，占比 80.8%；220 家企业申领了电子印章，占比 82.7%。累计查处非法运营"黑车"12 辆；查处违法超限超载车辆 454 辆，卸载 639.05 吨，罚款 343900 元；纠正查处占路为市、摆摊设点、违法加水洗车、非法架设埋设管线等违法行为 29 起，清理各类非公路标志标牌 75 块，在农村公路上查处超限超载车辆 2 辆，卸载 5.77 吨，罚款 2500 元。对全县 8 家危货运输企业、6 家客运企业进行安全生产考核，考核率达到 100%；召开 5 次货运车辆安装 4G 视频主动安全防御设备座谈会，全县有 17 辆货运车辆安装了 4G 视频主动安全防御设备；排查出农村公路交通、客货运输企业、在建项目工地存在的各类安全隐患 321 个，处置农村公路险情 63 处。与公安、交警、高速交警、高速路政联合执法 43 次；对 8 家违法运输企业责令整改并进行处罚；查处非法营运车辆 12 辆；查处违法超限超载车辆 454 辆，卸载 693.05 吨，罚款 343900 元，其中通过非现场执法查处违法超限超载车辆 12 辆，罚款 16000 元。

（广昌县交通运输局）

黎川县

2022 年，黎川县交通运输局以项目建设为中心，以运输服务为重点，各项工作稳步推进，较好完成全年工作目标。

交通基础设施建设。全年完成交通基础设施建设投资 1.6 亿元，占 2022 年度目标任务的 101%，比去年同期增长 4000 万元，较上一年度同期增长 33.3%。通过申请专项债券资金 2000 万元启动河塘—湖坊县道升级改造工程，建设里程长约 8.5 千米，按三级公路标准建设，总投资 3600 万元，施工完成路基工程 8 千米、路面碎石垫层 4 千米。投资 834 万元，启动建设建制村通双车道项目 3 个，分别为：永新桥至板桥 4.9 千米，总投资 510 万元，完成路基工程 4 千米；完成芦油至附线 0.5 千米建设，总投资 70 万元；浒港下至五通 3.4 千米，总投资 254 万元，完成路基工程 3.4 千米。投资 480 万元，启动危桥改造项目 4 个，分别为：熊村镇洙岩大桥危桥重建工程，桥长 32.06 米，总投资 155 万元，完成 6 根桩基施工；社苹乡拦头桥危桥重建工程，桥长 20.06 米，总投资 78 万元，完成 2 个桥台基础施工；社苹乡下湾桥危桥重建工程，桥长 17.02 米，总投资 83 万元；社苹江家桥危桥重建工程，桥长 32.06 米，总投资 164 万元。安保工程建设 10 条 27.3 千米，总投资约 470 万元。加强公路日常养护，清理边沟 169.7 千米、修整路肩 59.12 千米、加宽急弯路路段 443.6 立方米，实施养护工程项目 6 个，累计投资 1122.7833 万元。投入成品油税费改革退坡资金 83.33 万元，对县城公交站台进行新（增）建；投入资金 28 万元，改造汽车东站公共厕所；投入资金 49 万元，新（增）建公交站台 16 个；投入资金 5.9 万元，维修建设候车亭 4 个、新增老年人候车座椅 30 张。

交通行业管理。重点抓普货 4G 安装和执法人员信用体系建设小程序培训，全县普货 4G 安装工作完成 90% 以上，在国家企业信用信息公司系统录入数据 408 条。落实政务服务一体化建设要求，建立"异地受理、属地审批、就近取证"的全新服务模式，办理服务中心事项数 93 项、业务事项数 12 项，完成即办件 2239 件、承诺件 15 件、网办件 4362 件。加强源头治超，对重点源头企业签订责任书、下达整改通知单，每月定期开展源头运输企业执法检查。行政处罚非重点源头企业 4 家、实施罚款 5 万元；实施路面治超行政处罚 31 辆、罚款 12.5 万元，移交交警部门 50 辆、扣分 62 分、罚款 1.28 万元。抓好科技治超，全县第二批两个点完成公示并开展非现场执法，全年省平台超载信息 5446 条、系统自动审核不通过 3000 条、审核数据异常 1329 条（车辆照片不符合要求，车牌显示出错），审核通过 1078 条，56 条还在审核中，回退审核 1 辆，车牌修改 2 辆，抄告交警信息 649 条、抄告外地交通政府部门信息 432 条、教育学习 485 辆，非现场案件 19 个，结案 11 件，共处罚 8.9 万元。全年共实施治超处罚 26.4 万元。针对道路客运、水路客运、农村公路桥梁及在建工程、源头治超、地质灾害防控等开展隐患大排查大整治 30 余次，共排查隐患 74 个（其中地质灾害隐患 43 处），闭环整改 74 个；行业安全监管执法方面，路政执法（含治超）共立案查处 51 起；运政执法共立案查处非法营运案件 16 起，查处非法营运车辆 16 辆，处罚 8.8 万元，教育 7 车次，立案查处站外上下客 1 起、处罚 3000 元，立案查处货物抛洒 4 起、处罚 4000 元，无正常包车合同 2 起、处罚 2000 元，立案查处违规企业 3 家、处罚 9000 元；交通工程质量监管执法立案查处 1 起、处罚 10 万元。

（黎川县交通运输局）

资溪县

2022 年，资溪县入选 2022 年"四好农村路"全国示范县创建单位名单，"客货邮"工作作为典型在全省做推广。

交通基础设施建设。抚草线 31.7 千米三级路改造全面完成。法水至温泉县道升级改造工程，路线全长 3.5 千米，三级路标准建设，路基宽 8 米、沥青砼路面宽 7 米，总投资 350 多万元，现已完工；陈龙线县道升级改造项目，路线全长 15.7 千米，总投资 6500 万元，于 2022 月年 4 月开工，完成工程 70%；全长 14 千米，总投资 350 万的美丽生态文明路建设项目建设完工。乡道双车道改造项目 2 个，其中饶桥至榨树 7.1 千米完成招标，正在进行林地报批。农村公路安全生命防护工程 9.2 千米（马头山、嵩市），正在招标。新改建项目高阜至狮子山道路工程（金色年华养老基地二期建设）3.67 千米，三级路沥青混凝土路面建设，总投资 2895.2 万元；双斜村丁家际小组至洪家地小组道路硬化工程 3.395 千米，四级路水泥混凝土路面建设，总投资 333.8 万元，全部完工。全县农村公路列养率达 100%，加强对塌方滑坡、汛期洪涝等重点区域、重要时段开展抢修保障，全年完成 20 余次抢修任务。资溪县乌石镇综合客运服务站，总造价 314.7378 万元，用地面积 855.79 平方米，主体工程完工，投入运营。

交通运输生产。全县客运企业 2 个，运输线路 47 条，客车 37 辆，运输站点 162 个，完成客运量 75.9 万人次,客运周转量 2875 万人千米(出租车、网约车未计算);公共交通线路 38 条,站台 17 个,完成客运量 72.6 万人次,运营里程 144.13 万千米,周转量 2541 万人千米;出租车 18 辆,完成客运量 11.6 万人次;网络预约出租汽车 35 辆,完成客运量 3.25 万人次。货运企业 74 个,货车 576 辆,货运量 360 万吨,货运周转量 35520 万吨千米;打造"客货邮"全省亮点品牌,5 月份全市"客货邮"现场会暨四好农村路高质量发展推进会在资溪召开。利用"村村通"公交资源,建立县、乡、村三级物流服务点,打造"资溪生活"APP,通过淘宝、抖音等网络平台销售农产品,全县通过"客货邮"平台共送达快递 19.8 万件,通过线下及抖音、淘宝等平台直播带货,完成交易额 2500 万余元,惠及农户 350 余户,年均增收 7.14 万余元,助力农村创业就业 1700 余人。充分利用公交运力,设置专线投递,使农村快递派件成本降低 40%,公交公司年收入提高 3 万余元。

交通行业管理。办理货运业户许可 22 个,公路建设施工图设计文件审批 16 件。客运车辆年检 13 辆,公交车年检 24 辆,出租车年检 28 辆,货运车辆年检 394 辆,道路运输驾驶员诚信考核 119 件,驾驶员个人线上办理诚信考核 173 件。路政执法强化源头治理,全年对 8258 辆超限超载货车依法进行检测,处罚 210 余辆超载车辆,罚款 60 万余元;查获非法运营车辆 3 辆;开展行业督查 20 次,约谈企业负责人 18 人次。加强水上交通和运输企业安全管理,对全县"僵尸船"全面摸排查找,督促船主清理整顿,对运输企业下达整改通知书 12 份。开展"安全生产月"活动,印制发放安全生产、防灾减灾宣传手册 800 余份。开展道路运输、水上交通、公路、在建公路桥梁项目安全隐患排查和汛期巡查,共出动人员 150 余人次,排查并督促整改安全隐患 38 条,建立台账清单,实行销号整改。对监管的 18 家道路运输企业共自查并整改安全隐患 22 条,有效消除了安全隐患。

(资溪县交通运输局)

金溪县

2022 年,金溪县交通运输局扩大交通有效投资,巩固提升交通运输领域扩投资稳增长,各项工作取得了明显成效。

交通基础设施建设。东临环城高速金溪段征拆任务完成,拆迁建筑物 27 户、19794.89 ㎡。国防公路项目建设为改扩建,建设里程 34.4 千米,总投资 1.27 亿元,建设标准三级,路基宽度 8.0 米,路面宽度 7.0 米,路面结构类型为沥青混凝土,现完成总工程量的 95%。县乡道升级改造项目,涉及 3 条公路升级改造,全长 24.2 千米,其中双塘至麻源岗 7.5 千米、横源至植源 12.3 千米、国道 206 至客路 4.4 千米,总投资 0.591 亿元,2022 年 7 月 8 日正式开工,现完成总工程量的 53%。全县 150 个通公交的行政建制村设置公交候车室(亭),完成第一批(25 个)建制村公交候车室(亭)项目,总投资 230 万元。全县农村公路列养率达 100%,优、良、中等路率达 80%,路面技术状况指数(PQI)逐年上升。全县农村公路里程 1313.2 千米,其中:县道 150 千米,乡道 232.1 千米,村道 931.1 千米;三级公路 129.3 千米,四级公路 1157.5 千米,等外级公路 26.4 千米;沥青路面 56.0 千米,水泥路面 1226.0 千米,未铺装路面 31.2 千米;村公路桥梁 44 座,2421.4 延米。

交通运输生产。全县营运性车辆 1487 辆,其中:货车 1316 辆,客车 4 辆,出租车 50 辆;道路运输企业 117 家,其中:客运企业 1 家,货运企业 73 家,货运站场 7 家,公交公司 1 家,机动车维修企业 34 家,驾驶员培训学校 1 家。年客运量 1 万人次,旅客周转量 162 万人千米,年货运量 528 万吨,货物周转量 158544 万吨千米。全县客运线路(含公交线路)48 条,其中:市际客运班线 1 条,县际客运班线 1 条,城市公交 7 条,城际公交 5 条,城乡公交 34 条。公交车辆 117 部(新能源车辆 97 部),运行线路 46 条,全年累计发送旅客 383.17 万人次、20.43 万班次,客运周转量 6163.16 万人千米。其中:城市公交 30 部、线路 7 条、票价 1 元,累计发送旅客 261.25 万人次、11.39 万班次,客运周转量 1306.27 万人千米;城际公交 37 部、线路 5 条、票价 10 元,累计发送旅客 50.49 万人次、2.08 万班次,客运周转量 2599.92 万人千米;城乡公交 50 部、线路 34 条、票价 10 元,累计发送旅客 71.43 万人次、6.96 万班次,客运周转量 2256.97 万人千米。

交通行业管理。全县共完成"跨省通办"745 件、"电子证照"申领 1775 个,处于全市前列位置。

常态化开展"四城同创"，纠正城区内乱停乱放客运车辆 87 余辆次，清理机动车维修占道经营行为 32 余起，拆除二轮电动车非法安装遮阳伞 3180 余把，累计参与交通文明劝导活动达 260 余人次，散发《创建全国文明城市倡议书》500 余份。采取"固定检测＋流动巡查""传统执法＋非现场执法"相结合方式，开展 24 小时不间断监控检测和路面巡查，累计检测车辆 101.3 万台次、处罚金额 39.2 万元、卸载 2218.73 吨，超载率始终控制在 1% 以下。持续开展"非公路标志""穿集镇过境路段""非法占用公路行为"等路域环境清理整治行动，累计出动执法人员 289 人次，拆除各类违法建筑物（地面构筑物）13 处共 121 平方米，清理各类非公路标志（标牌）36 块，整治各类非法架设（埋设）管线 3 处，清理沿线违法加水洗车站点 7 处，清理占路为市、摆摊设点 76 处／次，消除各类公路运行安全隐患 7 起，处理非法破坏道路案一例，行政处罚 1 万元。全年共集中开展安全检查 25 次、约谈企业 9 家、排查安全隐患 70 项、下达整改通知书 45 份（整改率 100%），行政处罚案例 12 个，处罚金额 9.1 万元，处置农村公路安全隐患里程 21.4 千米。

（金溪县交通运输局）

东乡区

2022 年，东乡区交通运输局持续推进交通运输全面协调可持续发展，交通基础设施不断完善，交通运输工作取得了新的成绩。

交通基础设施建设。完成农村公路建设 28 条 94.353 千米（其中乡道双车道拓宽 16 条 64.884 千米，投资 10503.2 万元，建制村优选通达路线拓宽 8 条 29.469 千米，投资 4297.6 万元），投资 14800 万元；完成美丽生态路建设 11.9 千米，投资 524 万；完成安全生命防护工程建设 21 条 96.67 千米（其中县道安防 1 条 12.11 千米，乡道安防 11 条 53.66 千米，村道安防 4 条 18.37 千米，旅游公路安防 5 条 12.53 千米），投资 380 万；完成危桥改造 6 座（下杨桥、闵坊桥、演塘桥、赢塘桥、下谢桥、前贡桥），投资 473.39 万元；累计完成总投资额约 1.6 亿元。完成农村公路养护任务 1422.641 千米，其中县道 158.683 千米、乡道 196.536 千米、村道

1067.422 千米。实施养护大中修工程 12 个，大中修路面换板 1.86 万平方米，建设挡土墙 357 立方米，农村公路 EPC 项目安全生命防护 119.32 千米，老路面生命安全防护 98.9 千米，共投入资金 424 万元。日常养护全年整修路肩 35.5 千米，路肩除草 14402 千米，清理边沟 3905 千米，拆除公路控制范围内非法广告牌 17 块，开展公路巡查 1406 千米，路况调查 2160 千米。助力乡村振兴，推动客货邮融合发展，新增瑶圩、黎圩客货邮综合服务站。

交通运输生产。抓监管，提质量，服务行业惠民生，构建县城经虎圩乡至黎圩镇、县城经王桥镇至瑶圩乡的客货邮融合客运班线，按照客运站、邮政服务、物流站点信息共享，互相协同合作的模式，推动东乡区县乡客货邮融合发展。全区有城际公交线路 1 条，农村镇村公交线路 25 条，客运车辆 80 部，城市公交运营线路 9 条，运营车辆 111 台；出租车公司 2 家，出租车 122 辆。春运期间运输旅客 48.7 万人次。2022 年公路客运量 527.3 万人，旅客周转量 526772.7 万人千米。农村客运车辆全年载客量 84.3 万人次，平均载客量 8.3 人／次。城市公共交通正常运行线路 9 条，运行里程约 189 千米，营运车辆 111 部，城市每万千米拥有公交车 6 标台，日发 1210 个班次；镇村公交共优化运营 25 条线路，运营总里程为 810 千米，日发 280 个班次，实现东乡全区行政村 100% 覆盖，全年为符合条件的老人免费办理公交卡 0.26 万余张。全区有货运物流企业 212 家，拥有货车 8128 辆，总吨位 171592 吨，货运量 5163 万吨，货运周转量 1487843 万吨千米。汽车维修业发展较快，全区共有汽车维修企业 36 户，其中一类 1 家，二类 15 家，三类 20 家，形成了以二、三类汽车维修企业为主导，一类为补充的维修市场格局。

交通行业管理。围绕打击非法营运、整治出租车、客运车辆的违法违规行为、严查货车非法改装和治理车辆超限超载等开展专项工作，全区开展"六车"整治，共查处各类乱停乱放车辆近 2720 辆，非法营运摩的 372 辆，黑（车）的 19 辆，劝离、劝访群众 99 余人，化解矛盾 73 余起。红亮治超点检测各类货运车辆 23223 辆，查处车辆累计 349 辆，卸载各种货物累计 5036.47 吨，切割累计 5 辆，记分累计 951 分，治超行政处罚累计 69.24 万元，抄告累计 149 辆，货运车辆超限超载率下降为 0.3%；公路基础设施得到有效保护，好路率持续上升，区

辖公路好路率93%。交通运输安全事故大幅下降，同比下降37.3%。对全区乡道沿线道路安全工作进行安全隐患排查，重点对连续弯道、长下坡、急弯陡坡、临水临崖等危险路段和事故多发路段进行重点排查，共排查出高落差路段无安全护栏1处，道路安全减速带缺损15处，桥梁护栏损坏2处、水泥路面破损2处。开展企业安全督查检查，出动执法人员600余人次，共发现一般隐患127起，目前全部整改到位。开展重要节假日专项检查公交、出租、客运企业及客运站7家次，共出动工作人员130人次，下达责令整改通知书71份，督促企业限期进行整改，有效确保道路运输安全有序。协调处理政务诉求68起及电话诉求139余起，办理业务137余起。

（东乡区交通运输局）

上饶市

2022年，上饶市交通运输局各项工作任务完成较好。

项目建设。全年完成交通固定资产投资126.35亿元（不含国省道），占年计划的115%，其中高速公路项目72.78亿元，农村公路项目41.54亿元，水运工程项目11.58亿元，客运场站项目0.45亿元。高速公路方面，德上高速赣皖界至婺源段项目全年完成投资13.25亿元，2022年12月29日建成通车，高速公路总里程达725千米。上饶至浦城高速公路项目（含东绕城）全年完成投资20.13亿元。沪昆高速梨东上饶段改扩建工程（含北绕城）全年完成投资39.4亿元。弋阳至南丰高速公路项目工可报告获得省发展和改革委员会核准初审意见。上饶浙赣界至鹰潭（含南绕城）高速公路项目完成工可编制并待审查。上饶至德兴至婺源（含西绕城）、鄱阳至万年、彭泽至东乡、开化至德兴等高速公路项目正在开展工可报告编制工作。农村公路方面，新改建完成819千米，占年计划的147.8%，危桥改造43座，占年计划的238.9%，安全生命防护工程完成305千米，占年计划的203%。水运工程方面，信江八字嘴航电枢纽工程、信江界牌至双港航道整治工程和信江双港至褚溪河口航道整治工程建成投运。鄱阳港区角子口作业区综合码头一期工程本年度完成投资2.56亿元，主体工程交工验收。

示范创建。实现"四好农村路"省级示范县全市"全覆盖"，弋阳县、鄱阳县获评"四好农村路"全国示范县，创建全国示范县总数达6个，列全省第一。上饶市获评全国"绿色出行创建考核评价达标城市"。实施公共交通优先发展战略，创建国家公交都市建设示范工程通过考核验收。

农村公路。完成美丽生态文明农村路342千米，打造"1号公路"100千米。开展优质工程、平安工地和2022年度全市交通建设领域"十大最美工匠"评选活动，《上饶市农村公路"平安百年品质工程"示范创建实施方案》得到省交通运输厅肯定并在全省转发学习。2个项目列入省级"平安百年品质工程"示范创建项目清单。

运输保障。改渡便民工程加速推进。提请市政府出台《关于进一步加快推进改渡便民工程助力乡村振兴的实施方案》。完成撤渡40道，占年计划222%，提前超额完成年度撤渡任务，累计撤渡64道（总数86道）。

服务保障。新开通定制客运班线4条，开通上饶至广丰城际公交。开通客货邮融班线12条。组织申报"司机之家"2家，累计完成3家"司机之家"建设。制定印发《上饶市贯彻落实推进多式联运发展优化调整运输结构工作实施方案（2021-2025年）》。完成39艘运输船舶岸电设施改造。落实疫情防控工作部署，规范67个高速公路出口、跨省通道交通防疫服务检测点。全年12328交通运输服务监督电话平台共受理有效业务27508件，荣获2022年度全省市级12328系统综合考评第一名。

政务服务事项改革。落实《市委、市政府关于推进营商环境优化升级"一号改革工程"的实施意见》，深化"帮办代跑""不见面审批"等服务。将道路旅客运输经营许可、道路普通货物运输经营许可、驾驶员培训机构备案等3项许可、备案事项纳入法人生命全周期集成改革清单。推进从业人员高频服务事项"跨省通办"。推广使用道路运输行业电子证照。推进许可档案电子化录入工作。市交通运输窗口连续5年获全市"优质服务窗口"称号。

城市客运。开展网约车平台抽成"阳光行动"，全市网约车双合规化率达72%，保持全省前列（全省平均双合规化率为66%）。改革巡游出租汽车闭环管理，做到现场执法、平台监管、行业服务、信用考核、行政许可（年审）数据互联互通。开展巡游出租汽车经营者、驾驶员专项培训。市本级公交企业新增运营线路16条，优化公交线路18条。

治理能力。法治建设扎实推进。建立健全普法责任清单、行政执法公示办法（试行）、行政执法全过程记录办法（试行）等制度机制。全面推行"双随机、一公开"执法监管。申报2023年省级"四基四化"建设综合执法机构4个。获评2022年全市行政执法案卷评选活动优秀组织单位和优秀执法案卷二等奖。

公路治超。全市55个不停车检测点全部开展非现场执法，69家重点源头企业接入省治超监管平台（超计划完成10家），全市月超限超载率降至1.01%，"百吨王"车辆数据同比下降80%。非现场执法立案3110起、结案3110起，案件平台录入率100%。

综合执法。加强执法队伍教育培训，统筹综合行政执法检查工作，查处各类案件290件。抓好道路运输执法。建立打击非法营运"四方五家"联勤联动执法机制，定期召开联席会议。抓好城市客运执法。持续开展"打非治违"专项整治行动，加大路面巡查力度、提高执法人员出勤率。做好高铁站秩序整治行动。严厉整治网约车乱象。加大公交企业经营行为执法监管力度。抓好水路运输执法。开展渡船安全检查和隐患排查。加强撤渡渡口安全监管。妥善做好"6.19"事故处置工作。抓好交通质监行政执法。

安全生产。强化安全生产责任落实，定期召开安全生产工作会议，签订安全生产责任状，理顺安全生产工作责任，确保"三管三必须"在行业内落地扎根。推进安全生产专项整治三年行动巩固提升、安全生产强化年和大检查。开展交通运输安

全生产工作包保指导，全力保障党的二十大期间行业安全稳定。开展安全生产"打非治违"专项行动，严肃查处各类违法违规行为。开展船舶碰撞桥梁隐患治理三年行动和公路水运工程建设领域施工现场安全隐患大排查大整治专项行动。开展道路危险货物和公交突发事件应急演练，检验突发事件应急处置能力。严守平安建设底线，聚焦道路运输、水路运输、工程建设、行业执法等重点领域，开展矛盾纠纷集中排查化解专项行动，行业稳定得到有力保障。

（上饶市交通运输局）

信州区

2022年，信州区交通运输局公路建管养。完成公路交通运输"十四五"发展规划编制工作，做好上浦高速信州段、沪昆四改八项目建设工作。上浦高速信州区段沙溪、秦峰、朝阳征地全部完成，地面经济林评估完成，累计迁坟1541座，全部完成，拆除房屋99栋，签约95栋，拆除83栋，房屋签约比例达96%，拆除比例达83.8%；沪昆四改八与上浦高速衔接的上饶东枢纽全面开工，主线先行用地计划下达，现正在测量征用。推进施工建设。完成老上广路建设工程，全长7.4千米，总投资3800万元；七沙公路秦峰服务站连接线，全长0.3千米，总投资500万元；全省四好农村公路奖励资金项目朝阳村蔡家公路，全长3.45千米，总投资680万元，施工单位进场施工，预计2023年3月底完工；大石至白沙滩公路（翁岭至霍村段）改建工程、向阳至黄家溪公路改建工程、县道002七沙公路周家坞至严家段白改黑项目、英塘至白石公路拓宽改建工程、县道809松毛岭至郭门（沙溪段）公路交通安全隐患整改项目等完成前期准备工作，正在有序推进中。推进路网提质升级。全年共申报农村公路建设项目19个，总投资2644万元，分别为建制村双车道改造项目2个，总投资1262元；路网连通路项目1个，总投资385万元；危桥改造1座，总投资74万元；1号公路建设项目1个，总投资253万元；美丽生态路建设项目2个，总投资420万元；村道安防项目12个，总投资250万元；申请交通基础设施建设农发行贷款5亿元，申请一般债券资

金 2 亿元。推进农村公路管养体制改革。提升资金投入，按照县道 10000 元 / 千米、乡道 5000 元 / 千米、村道 3000 元 / 千米的 80% 比例标准配套养护经费，纳入区财政年度预算，并逐年递增。

行业管理。创新服务举措。设立首席代表，实现"受审分离"，并实施错时延时服务、预约服务、容缺办理等形式，方便群众办事。新增许可 34 件，（其中网络平台货物运输 6 家、公路路政许可 3 份）；新增货运代理 385 家；驾培新增车辆 23 台；维修企业备案 104 家，新增汽车租赁备案 1 家；新增普货车辆 209 辆，经营许可证换发 98 份，道路运输证换证 38 辆、道路运输车辆线下年审 2226 辆、道路运输车辆线上年审 982 辆、危货初审 230 辆、客车初审 186 辆。严格执法促规范，检测车辆 61662 辆，劝返 985 台次，查处超载超限车辆 344 辆，卸载货物 8817.9 吨。坚持"打非治违"工作常态化，出动执法车辆 300 余台次，检查车辆 450 多辆，其中查处非法营运车辆 20 辆，查处不按站点停靠班线车辆 14 辆，未年审道路运输证车辆 3 辆，营造辖区有序道路运输市场环境。共出动执法人员 2000 人次、治理打谷晒粮 45 处、清理非公路标志牌 25 处、清理违章摆摊设点 83 处、清除各种路障 12 处约 110 平方米。

道路运输发展。现有物流企业 247 家，其中新增物流企业 28 家。1—12 月累计完成 3.04 亿元，同比增长 51%。2022 年，完成财税任务数 18860 万元。与市邮政局沟通协调，将极兔业务总量划入信州区统计口径。邮政行业业务总量累计增长 18.83%，增速全市排名第 4 名。联网直报企业 17 家（其中：规上道路运输业 16 家，规上邮政业 1 家）。年度新增规上物流企业 2 家，分别为江西海邦供应链管理有限公司、上饶市顺畅科技有限公司。可培育规上物流企业 3 家：上饶市兴华运输有限公司、上饶市远锦物流有限公司、上饶市景智供应链管理有限公司。

（信州区交通运输局）

广信区

2022 年，广信区交通运输局农村公路建设。全年完成农村公路建设项目 86.7 千米，在建公路项目 43.0 千米；实施生命安全防护工程 67 千米；建设美丽生态农村路 45.5 千米。

县道升级改造。完成三级公路建设 41.1 千米、总投资 21027 万元，路基宽 7.5 米，路面宽 6.5 米。1. 姜村至湖村（坝顶至望仙）。三级公路 19.7 千米，总投资 12277 万元，开工时间 2022 年 3 月，完工时间 2022 年 12 月，投资方式：上级补助 + 区级配套。2. 四十八至铁山。三级公路 9.2 千米，总投资 2540 万元，开工时间 2021 年 9 月，完工时间 2022 年 8 月，投资方式：上级补助 + 区级配套。3. 清水洪家至清水乡。三级公路 10.5 千米，总投资 4350 万元，开工时间 2022 年 6 月，完工时间 2022 年 12 月，投资方式：上级补助 + 区级配套。4. 黄沙至上泸。三级公路 1.7 千米，总投资 1860 万元，开工时间 2021 年 9 月，完工时间 2022 年 11 月，投资方式：上级补助 + 区级配套 + 以工代赈。

建制村双车道改造。煌固镇樟宅桥塘尾至新塘丰、东坞口至赖家、五府山镇溪口至畈心、茶亭镇上分线至包家、上分线至前坊、等通制村双车道等项目四级公路 21.7 千米，总投资 3663 万元，开工时间 2022 年 3 月，完工时间 2022 年 12 月，投资方式：上级补助 + 区级配套 + 群众自筹，路基宽 7 米，路面宽 6 米。

乡村振兴项目。完成乡村振兴建设四级公路里程 19.5 千米，路基宽 6 米，路面宽度 5 米，投资方式：区级配套 + 群众自筹。

在建工程。今年交通项目在建工程 43 千米，总投资约 6 亿元，完成投资约 1.8 亿元。

桥渡隧建设。1. 李村桥。全长 42.04 米，宽 7.5 米，总投资 139 万元，开工时间 2022 年 6 月，完工时间 2022 年 12 月，投资方式：上级补助 + 乡镇财政。2. 小坞坑桥。全长 12 米，宽 6.5 米，总投资 35 万元，开工时间 2022 年 7 月，完工时间 2022 年 11 月，投资方式：乡镇财政。3. 圆顶山隧道。全长 920 米，宽 9 米，总投资 3800 万元，开工时间 2021 年 9 月，完工时间 2022 年 12 月，投资方式：区级财政。

公路养护。全年公路日常养护 2511.649 千米，日常养护、小修资金投入 1500 余万元；大中修 13.8 千米路面改造，总投资 2488 万元。

道路运输。1. 客运。全区 5 家农村客运企业，现投入大中型普通客车 154 辆 4423 座，开通运行农村客运班线 57 条，通达全区 21 个乡镇 196 个行政村，年客运量 428 万人次；经江西省道路运输管理局许可投入大中型旅游客车 35 辆,准予从事"省际、市际、县际"旅游、包车客运。

（广信区交通运输局）

广丰区

2022 年, 广丰区交通运输局重点项目建设。1. 上浦高速。上浦高速全线需征用土地 3647 亩,全部征用,土地交付率 95%。"上浦高速与稼轩东大道互通枢纽"需征收房屋 190 栋,签约 189 栋,签约率 99.5%,拆除 135 栋,拆除率 71%。辖区内上浦高速主线需征收房屋 215 栋,签约 196 栋,签约率 91.2%,拆除 154 栋,拆除率 71%。全线红线范围内迁坟工作完成。失地农民社保办理工作正在同步进行。2. 省道 202 广丰区大坪至南山段改建工程。推进红线范围内土地征用和房屋征收工作。征地方面,大坪社区红线内 97.028 亩,红线外 41.77 亩,南山红线内 53.851 亩,红线外 19.556 亩,共计 212.205 亩,土地征用基本完成。开展房屋征收工作,完成测量评估 48 户,完成签约 47 户,腾空 46 户,拆除 42 户。完成施工、监理等单位招投标,进行设计、施工、监理、跟踪审计约谈会,项目于 2022 年 10 月移交至区公路事业发展中心全面负责。3. 沪昆高速"四改八"。完成广丰区境内的土地征用和迁坟工作;严格按照沪昆高速项目指挥部调度安排,做好配合工作。4. 广丰区综合物流园。与上海强丰投资集团有限公司签约。土地征用方面:红线内面积 223.4 亩,红线外道路 25 亩,共 248.4 亩,完成分户测绘。

农村公路建管养。加快推进 2021 年第一批未完工项目建设。2021 年第一批农村公路建管养项目共 17 个,总投资 2.5 亿元完工项目 14 个,完成沥青下面层的项目 1 个,路基完工项目 1 个,路基在建项目 1 个。除嵩峰乡至开树岭头项目(二标段)涉及生态红线及林地报批等原因无法完工外,其他项目春节前可顺利通车。推进 2022 年第二批农村公路建管养项目建设。2022 年第二批农村公路建管养项目 62 个,总投资 5.2 亿元,其中道路项目 52 个,总里程 223.2 千米,危桥改造项目 10 个;目前完成招标挂网 56 个,完成施工招标 51 个(其中:开工建设 30 个),完工项目 5 个,春节前可完

工 10 个。县道三级及以上比例提升为 85.7%,建制村通双车道比例提升为 67.7%。

道路运输服务。1. 全年完成客运量 771.39 万人、旅客周转量 35058.88 万人千米、货运量 69050.16 吨、货物周转量 218282.68 万吨千米。全年共新增货车 38 辆。2. 创新推出公路超限运输采用线上联审,办结时间由两至三天缩短为三十分钟内。1–12 月公路超限运输跨省通办 73 件,办结率 100%,营运车驾驶员从业资格考核跨省通办 948 件,办结率 100%。3. 协调推进上饶至广丰客运班线公交化改造实施,于 11 月 1 日按照公交化改造后的站点班次运行,执行 5 元票价。

政务服务。加强政务服务建设,提升政务服务质量。全年许可新增个体货运业户 27 家,新增物流企业 10 家,办理新增货车道路运输证 38 台(含挂车),年审普货运输车辆 620 台。在办结的业务中,无一例错办漏办事项,更好地实现为民服务的宗旨。

超限超载治理。加大源头治超工作力度,保障公路桥梁安全畅通。全年出勤人次 12320 人次,出勤车次 1960 车次,检测车辆 2729 辆,查处 131 辆违法超限车辆,卸货 4652.04 吨,其中交通现场处罚 131 辆,移交交警处罚车辆 131 辆,扣 457 分,罚款 108600 元;治超非现场处罚 112 辆,罚款 936800 元,案件查处率 4.8%(查处车辆数 / 检测车辆数)。

（广丰区交通运输局）

玉山县

2022 年, 玉山县交通运输局重点项目建设。国道 320 沪瑞线玉山跨铁路桥建成通车。项目全长 480 米,总投资 1.05 亿元,2022 年 3 月 4 日完成主桥转体;7 月 7 日右幅完工通车运行;9 月 30 日全幅完工通车,一年时间完成总工程量约 60%。沪昆高速梨园至东乡段改扩建工程(玉山段)征地拆迁工作。沪昆高速梨园至东乡段改扩建工程玉山段全长 30.9 千米,全线红线内需征用土地 1876 户,总面积 924 亩,全部完成签约;征迁房屋 40 户,总面积 16349 平方米;迁坟 380 穴,于 2022 年 12 月 22 日前全部迁移。清溪桥至玉山南站路网联通路建设工程项目。该项目全长 4.1 千米,三级沥青

路面，总投资约 1600 万元。完成清溪桥段改线路段的路基及附属工程和路上桥涵新建工程，约占总工程量的 40%，完成投资约 650 万元。

公路建设。玉山县樟村镇乡道 058 百果至姚源（百果至雁门段）公路改建工程。项目位于玉山县樟村镇，全长 1.6 千米，按四级公路标准建设，路基宽度 7 米，路面宽度 6 米，沥青混凝土路面，总投资 403 万元，资金来源为上级补助资金和地方自筹资金。玉山县岩瑞镇乡道 069 岩洲至飞机场公路改建工程，项目位于玉山县岩瑞镇，全长 6.9 千米，按四级公路标准建设，路基宽度 7 米，路面宽度 6 米，沥青混凝土路面，总投资 1142 万元，资金来源为上级补助资金和地方自筹资金。玉山县紫湖镇村道 003 道士坞至五响公路改建工程，项目位于玉山县紫湖镇，全长 2.2 千米，按四级公路标准建设，路基宽度 7 米，路面宽度 6 米，水泥混凝土路面，总投资 374 万元，资金来源为上级补助资金和地方自筹资金。玉山县双明镇村道 015 道塘至西村公路改建工程，项目位于玉山县双明镇，全长 1.2 千米、按四级公路标准建设，路基宽度 7 米，路面宽度 6 米，沥青混凝土路面，总投资 240 万元、资金来源上级补助资金和地方自筹资金。玉山县仙岩镇村道 829 仙岩至上新屋公路改建工程，项目位于玉山县仙岩镇，全长 1.2 千米，按四级公路标准建设，路基宽度 7 米，路面宽度 6 米，沥青混凝土路面，总投资 325 万元，资金来源为上级补助资金和地方自筹资金。

桥渡隧建设。玉山县双明镇粟坞桥小桥危桥重建工程。位于玉山县双明镇永久村，为 C012361123 李家至粟坞公路上的一座小桥，桥梁全长 13 米，宽 6 米。总投资 77 万元，资金来源地方自筹资金。玉山县双明镇皮圩厂桥危桥重建工程。位于玉山县双明镇道塘社区，为 COJ1 道塘至皮圩厂公路上的一座小桥，桥梁全长 32 米，宽 5.5 米。总投资 106 万元，资金来源地方自筹资金。玉山县必姆镇南坂小桥桥危桥重建工程。位于玉山县必姆镇古山村，为村道 267 村部至南坂公路上的一座小桥，桥梁全长 30.04 米，宽 5.5 米。总投资 134 万元，资金来源地方自筹资金。玉山县必姆镇姚家小桥桥危桥重建工程。位于玉山县必姆镇坳村村，为乡道 036 王村至东坑公路上的一座小桥，桥梁全长 13.04 米，宽 7 米。总投资 48 万元，资金来源地方自筹资金。

公路养护。有农村公路县道 174.415 千米、乡道 403.392 千米、村道 1210.102 千米。地方应配套养护资金 591.33 万元。经玉山县第十六届人大六次会议批准日常养护经费为 666 万元，实际到位资金 712 万元；共实施养护工程 102 千米，总投资 9877 万元；农村公路生命安全防护工程共实施 10 千米，总投资 307 万元。

（玉山县交通运输局）

铅山县

2022 年，铅山县交通运输局农村公路建设。铅山县武夷山镇乡道 009 下渠至里江东公路路面改造工程：道路全长约 12.6 公路，路基宽度为 6 米，路面宽 5.5 米，沥青砼路面，总投资 1077.4697 万元。开工时间：2022 年 11 月。铅山县陈坊乡乡道 031 陈坊至沽溪通双车道建制村改造提升工程：道路全长约 6.7 公路，路基宽度为 7 米，路面宽 6 米，沥青砼路面，总投资 2229.682 万元。开工时间：2022 年 11 月。铅山县陈坊乡乡道 030 破港至长寿畲族村通双车道建制村工程：道路全长约 5.77k 米，路基宽度为 7 米，路面宽 6 米，沥青砼路面。总投资 1584.9505 万元。开工时间：2022 年 11 月。铅山县县道 044 彭村至篁村公路养护工程（含八英线将军湾段改造）：道路全长约 27.457 公路，路基宽度为 7.5 米，路面宽 6.5 米，沥青砼路面，总投资 690.2205 万元。开工时间：2023 年 2 月。

桥渡隧建设。铅山县永平镇宋家埠大桥改渡便民建桥工程：桥梁全长 146 米、全宽 8.0 米。桥头东西设置引道，引道总长 0.373 千米。引道路基宽 7.5 米，路面宽 6.5 米。总投资 886.1 万元。开工时间：2022 年 12 月。铅山县陈坊乡乡道 031 铁矿一桥小桥危桥重建工程：桥梁全长 24.04 米、全宽 9.5 米。总投资 169.237 万元。开工时间：2022 年 12 月。铅山县陈坊乡万年村乡道 031 万年二桥危桥重建工程：桥梁全长 57.04 米、全宽 7 米。总投资 386.665 万元。开工时间：2023 年 2 月。铅山县陈坊乡翁溪村杨梅寨桥危桥重建工程：桥梁全长 20.04 米、全宽 7 米。总投资 90.2855 万元。开工时间：2023 年 2 月。

道路运输。2022 年全县客运总量为 76.2198 万人，客运线路 47 条，客运车辆 104 车辆，客运价为 3 元至 29 元，最远线路 106 千米。2022 年公交客运量为 145.87 万人，公交线路 9 条，公交车辆 66 辆（其中新能源车 42 辆），公交运价为 1元。全县现共有货运车辆 1333 辆，货运企业 50家，总运载量为 1584.4450 万吨，2022 年货运量为437462.354 万吨。

（铅山县交通运输局）

横峰县

2022 年，横峰县交通运输局重点项目建设。沪昆高速（横峰段）改扩建工程征地拆迁工作全线开工；横峰县人民大道南延项目有序推进，2022年涉农整合扶贫项目圆满收官。

农村公路建设。2022 年上级下达该县农村公路建设中旅游路资源路产业路公益事业路路网联通路 25.4 千米，草鞋亭至胡家碓、里屋至官田水库完工，宋村至黄腾、青板至溪畈项目完成前期工作，拟进行招标。

优化营商环境。高标准完成依法申请政务服务事项业务办理。深化"放管服"改革，配合上级交通运输主管部门做好"跨省通办"，安排专人为道路运输驾驶员提供"跨省通办"业务办理咨询答疑服务，并在物流园、工业园区等广泛张贴宣传海报。2022 年累计办理"跨省通办"1530 件。

规范交通运输市场秩序。深化综合执法改革，开展非法超限超载联合整治行动，共检测车辆 12560 辆，超限超载 1 吨内车辆 3 辆，超限超载1 吨以上车 134 辆，卸载 1617.44 吨。开展路警联合整治活动，出动执法人员 3380 人次，交警处罚116 辆，维护交通运输市场秩序。

（横峰县交通运输局）

弋阳县

2022 年，弋阳县交通运输局公路建设。年初计划建设农村公路 54 千米，计划完成投资 1.6 亿元。其中续建项目 11.2 千米，2022 年计划新实施农村公路 42.8 千米。续建项目：湖西至雷兰乡村

振兴示范路项目建设完成，正在进行交工验收；渡口改渡便民工程罗家公路 4.4 千米全部完成，正在完善安全防护措施和标志标识；2022 年新建项目：县道升级改造县道 802 青葛线（霞阳至省道 204 段）路线全长 7.3 千米，总投资 2051 万元。目前路面完成 6.5 千米，约占总量 85%，预计年内完工；渡口改路南岩街道叶坝村杭溪渡口工程 4.4 千米，总投资 239 万元；路网联通路朱坑集镇至上万高速横峰互通 6.7 千米，总投资 2240 万元。通建制村通双车道项目 2 个 6.9 千米，项目总投资 754 万元。

危桥改造。危桥改造 2 座，叠山镇乡道 052 梅方线方团桥、乡道 037 邵鲁线邵式平故居段红领中桥危桥重建工程完工。

公路养护。农村公路日常养护资金 508 万元到位，1337 千米农村公路日常养护率 100%。投入养护工程资金 2000 余万元实施养护工程 11 个，其中县道 058 汤家至箭竹、村道 336 下湾至龙山路面养护工程已完工，其余正在组织实施。

公路绿化。县乡道绿化里程为 18 千米，公路水毁：投入抢修资金 300 余万元修复水毁工程 80余处，水毁等自然灾害受损公路基本保持畅通。

汽车维修。2022 年汽车修理企业共计 71 家，1 类 3 家、二类 26 家、三类 42 家。检测企业 3 家。检测车辆 1600 余台。

道路运输。公路客运量 124 万 / 人次，货运量29.4331 万 / 吨，客运线路 22 条、站点 272 个、运价 0.31 元 / 千米。

水路运输。水路客运量 9.8 万 / 人次，水运线路 1 条，码头 3 个。

（弋阳县交通运输局）

余干县

2022 年，余干县交通运输局公路建设。全年完成交通固定资产投资 1.5 亿元；县道升级改造项目 2 条，全长 14.2 千米，共投资 3200 万余元，分别是余干县县道 801 线古埠至白马桥段（县道 801邱家至古埠灾毁重建）县道升级改造工程 9.8 千米，余干县县道 801 白马至寺前马家柚基地段公路县道升级工程 4.4 千米；乡道双车道拓宽项目 5 条，全长 26.5 千米，总投资 3700 万元，分别为余干县乡

道 013 三塘至山背公路乡道升级改造工程 6.5 千米；余干县乡道 046 新塘至东源公路乡道升级改造工程 4 千米，余干县王家至大都乡道升级改造工程 2 千米；余干县杨柴线至寨源乡道升级改造工程 4 千米；余干县乡道 048 国道至华山乡道升级改造工程 7 千米；渡改桥项目和桥梁加固项目 3 个，总投资 2600 余万元，分别是余干县青岭桥渡改桥工程，余干县河埠信江大桥加固工程，余干县境内河埠信江大桥防船舶碰撞设施工程全年完成建制村优选通达路线窄路面公路拓宽改造项目 13 条，全长 33 千米，总投资 4700 万元；全年投入 800 万元修建生命安全防护工程，用于消除道路安全隐患。

养护与绿化。建立健全"县为主体、行业指导、部门协作、社会参与"的养护工作机制，真正实现有路必养。日常保洁、绿化等非专业项目，通过分段承包、定额包干等办法，吸收沿线群众参与；科学确定和实施养护计划，提升养护质量和资金使用效益。对县道 801 线等主干道路进行养护，主要养护内容是路面修补、对路肩及边沟进行清理维护、更换公路沿线地名牌、划线、大型路牌、指示牌、对公路沿线护栏等生命防护工程进行维修更换。全年投入日常养护资金 1184 余万元，实施养护工程 2500 余万元，养护总里程近 2922 千米。

地方交通运输管理。共有客运站 5 个，其中二级站 1 个，为余干汽车站，三级站 1 个，为黄金埠汽车站，农村公路招呼站 3 个，分别是瑞洪客运站、康山客运站、禾斛岭客运站；道路运输客运班线 91 条，其中农村客运班线（含毗邻县）71 条，县际以上客运班线（含县际）20 条，客运总量 1987672 人次，客运票价由物价部门实际审批执行基数，其中县际以上客运班线每人每千米为 0.32 元 –0.41 元，农村客运班线每人每千米 0.32–0.40 元；汽车修理企业 48 户，修理车辆 6250 辆次，其中一类维修企业 3 户，二类维修企业 11 户，三类维修企业 34 户；机动车辆检测站 3 户，检测车辆 2130 辆次。

水上运输与管理。信江由炭埠流入余干至八字嘴枢纽，全长 31.6 千米，由八字嘴枢纽分东大河与西大河，东大河流至十字河到鄱阳县境，全长 43.9 千米，西大河流至三江口汇入鄱阳湖，全长 55 千米。信江八字嘴航电枢纽实现全面通行，标志着信江全线实现三级航道通航，余干的水运输条件得到极大改善。2022 年水路运输货运量为 30 万吨，线路由九江星子过驳点至余干黄金埠发电有限公司煤炭专用码头，运距为 160 千米，运价定为 15 元 / 吨。

（余干县交通运输局）

鄱阳县

2022 年，鄱阳县交通运输局公路建设。鄱余高等级公路，该项目线路总长 34.4 千米，总投资 30 亿，起点在鄱阳县饶丰镇花园村与国道 236 交会处，终点在余干县乌泥镇，连接德昌高速，项目于 2022 年底建成通车，缩短鄱阳至南昌的通行时间。

农村公路。新开工建设县道 21 千米；建制村通双车道改造 80 千米；新开工改造桥梁 10 座；农村公路安全生命防护 80 千米。累计完成县道、建制村通双车道及村道（统筹整合使用涉农资金）改造 189.6475 千米；农村公路危桥续建 7 座。

公路货运。全县共有货运企业 168 家，货运车辆 1349 辆，其中总质量 12 吨以上的大型货车 976 辆。

公路客运。全县共有客运企业 3 家、客运站四级以上 6 个，其中一级客运站 1 个，三级客运站 1 个，四级客运站 4 个；共有客运班线 159 条，其中省际班线 21 条、市际班线 41 条、县际班线 10 条、县内班线 87 条；共有客运车辆 359 辆，其中班车 330 辆、旅游客车 26 辆。

水路运输。全县水路运输航运企业 3 家，港口码头 7 家。

公共交通管理。全县共有公交企业 2 家，出租汽车企业 3 家，共有公交线路 4 条、公交车辆 66 辆（全部是新能源公交车）、出租汽车 202 辆。于 2022 年 1 月 1 日开通鄱阳至工业园区定制公交，5 月 8 日开通鄱阳城区至鄱阳湖国家湿地公园旅游公交班线。

（鄱阳县交通运输局）

万年县

2022 年，万年县交通运输局公路建设。2022 年农村公路建设投资 5.1 亿元，超任务数 2%。第一批建管养项目总投资 3.16 亿元，第二批 1.94 亿元；建设里程完成 93.2 千米，超任务数 19%；农村公路安全生命防护工程里程完成 15.2 千米，超任务数 1%。县道通三级比例为 74.8%，其中县道 223.4 千米，三级以上公路 135.9 千米，通过县政府常务会议，即将开工的三级以上公路 31.3 千米（县道 097 齐荷公路 14.7 千米，县道 933 镇垱线路面改造 16.6 千米）。建制村通双车道达到 64.6%。

危桥改造。完成罗莫珍桥、吴家村前大桥、塘边桥 3 座大桥的危桥重建工程，延长 61.25 米，总投资 188 万元，其中：中桥 1 座 47.04 延米、投资 109.7 万元，小桥 2 座 14.21 延米、投资 78.3 万元，开工时间为 2021 年，竣工时间为 2022 年。

公路养护。将 223.4 千米县道按照等级和路况不同安排 32 名日常养护保洁人员进行承包性养护，重点加强上万连接线、镇垱线、大孙线、裴富线、疏港公路和乡道裴叶线、龙富线等影响万年形象的等级公路精细化养护，按照 2—3 千米 / 人确定承包路段，对其他县道按照 5 千米 / 人的标准落实养护承包人。全县养护工程建设补助为 706 万元（县道 15000 元 / 千米·年，乡道 7000 元 / 千米·年，村道 2000 元 / 千米·年），2022 年上报 14 个大小工程，其中疏港公路一大中修工程完成，实施镇垱线、齐荷线、渡汪线、石陈线、峡珠线、太湖线等破损路段的维修保畅通工作，累计投入 120 余万元，维修面积 400 余平方米。6 月份以来，抢修桥梁 3 座、公路 12 条 6000 余平方米。共投入 350 余万元，出动应急抢修人员 2362 人次，投入各类工程机械、车辆 1069 台次，运输砂石、水泥、草袋等各类抢险物资 60 余万元。

公路绿化。将大孙线国道 353—界福村、裴梅—富林、裴梅—叶家店、龙港—富林路肩进行平整播撒格桑花、硫华菊、百叶草等花籽，共计里程约 30 千米，播撒花籽面积约 52000 平方米，累计投入 32 万元；全年共计安装减速带 120 米，标志牌 66 块，道口柱 126 根，震荡线（斑马线）360 平方米，防护栏 140 米，消除安全隐患点 56 处，累计投入 128 余万元。

汽车修理。拥有汽车修理企业共计 80 家，其中二类修理企业 26 家，三类修理企业 54 家。

道路运输。2022 年巡游出租车运营车辆数为 7 辆，客运量 22.25 万人次，运营里程 67.3 万千米；道路货物运输业户 410 户，其中普通货运户 406 户，危险货物运输 4 户；客运站数量 141 个，其中二级客运站 1 个，便捷车站 14 个，招呼站 126 个，客运站平均日发班次 244 次，客运班线条数 48 条，其中农村客运线路数 16 条，农村班线客车 64 辆，客运量 178 万人次，旅客周转量 8235 万人千米。

（万年县交通运输局）

德兴市

2022 年，德兴市交通运输局公路建设。完成公路项目 62.6 千米，约 3.18 亿元；完成危桥改造项目 22 座，4660.19 万元，完成安防项目 3 个 100 万元。1. 县道升级改造项目 3 个，总里程 28.7 千米，总投资约 2.28 亿，分别为：县道 126 双古线双河口至暖水段公路项目长 13.1 千米，预算总投资 1.3 亿，于 2022 年 4 月开工，完成总工程量的 50% 左右，预计 2023 年 8 月竣工通车。县道 127 余胡线汪家农场至余家墩段公路项目长 14.3 千米，预算总投资 9600 万元，现在开标，预计 2024 年 6 月完工。县道 806 中花线铜矿医院至银泗公路段项目长 1.3 千米，总投资 380 万，现完工通车。2. 建制村通双车道项目。建制村通双车道项目 6 个，总长 31.7 千米，预算总投资 7229 万元。分别为周家至吴家，长 1 千米，投资 92 万元；渔潭至海口，长 5 千米，投资 462 万元；瑞港至盘石山，长 5.3 千米，投资 1087 万元；黄柏至蔡家，长 5.5 千米，投资 934 万元；余村至占才，长 9.8 千米，投资 1875 万元；李宅至宗儒，长 5.1 千米，投资 2779 万元。截至目前，6 个项目全部开工建设，现完成项目 4 个 16.8 千米。余村至占才，李宅至宗儒两个项目预计在 2023 年 9 月完工。3. 产业路项目。产业路目源口至大目源项目长 2.2 千米，预算总投资 820 万元，2022 年 4 月开工，年底完工。4. 乡村振兴"1 号公路"项目。2022 年乡村振兴"1 号公路"建设 9.53 千米，预算总投资 400 万元，该项目 11 月份开工，年底完工。5. 美丽生态文明农村路建设项目（总投资约 554 万元）2022 年预安排项目 3 个，总长 27.7 千米，分别是余胡线长田路口至胡家 11.4 千米，徐广线 8.3 千米，新花线 8 千米，12 月底完工。

桥梁建设。2022 年，桥梁重建建设计划 22 座（其中库内危桥 1 座），总投资 4360.19 万元。21 座桥梁已完工，黄柏大桥 12 月份开工，预计 2023 年底完工。

车站建设。开展德兴市南门综合汽车站建设，总投资为 1.15 亿元，资金来源为专项债资金。项目根据德兴市客运量及经济发展情况，经上饶市交通运输局功能评审为二级汽车站。规划用地面积 31572.47 平方米（合约 47.4 亩）总建筑面积 16303.95 平方米，计容面积 12213.05 平方米。按规划条件配置公共设施，建筑容积为 0.39，建筑密度为 17.44%，绿地率为 15.20%。地下 1 层，主站房 4 层，维修车间 2 层，其他配套均为 1 层。目前该项目完工并交付使用，于 2020 年 10 月开工建设，2022 年 3 月正式启用。

公路养护。农村公路里程总计 1305.726 千米，其中县道 150.402 千米，乡道 250.107 千米，村道 905.217 千米。2022 年省补养护工程项目共三个，利用 404 万元省级补助资金对路面破损严重的潭五线、中花线、银石线实施 2022 年养护工程路面大中修工程，修复破损路面 5.3 千米，总计投入约 106 万元；投入农村公路日常养护资金 438 余万元，对管辖路段的农村公路进行公路路面、护坡、路肩、排水沟、涵洞、杂草清理，对公路沿线候车亭、路树、防撞墙、桥栏杆进行刷白等工作，完成辖区内所有农村公路的日常养护工作指标，确保德兴市农村公路优、良、中等路的比例达到 85.19%，路面技术状况指数（PQI）逐年提升。给人民群众提供一个良好的出行环境。

公路水毁防治。2022 年，水毁应急项目总计 17 个，公路 5 个，投资约 510 万元；桥梁 12 座，投资约 1254 万元。水毁应急项目总投资约 1764 万元，已全部完工。

道路运输。德兴拥有二级客运站 1 个，便捷站 4 个，旅客运输班线 66 条（其中德兴公司 23 条，镇村公交 43 条），其中省级班线 8 条，其中市际班线 6 条、县际班线 8 条、县内班线 44 条（县内班线德兴公司 1 条，镇村公交 43 条）。客运车辆 140 辆。镇村公交有城市公交 17 条，公交车 77 辆，其中新能源高级电动公交车辆 60 辆，农村客运班线 26 条，车辆数 19 辆，镇村公交车辆共计 96 辆。2022 年公路客运量 123.8228 万人（其中德兴公司 18.3383 万人次，镇村公交 105.4845 万人次），旅客周转量 5247.5199 万人 / 千米（其中德兴公司 2925.5519 万 / 千米、镇村公交 2321.968 万人 / 千米）。

维修驾培管理。2022 年德兴市货运业户 3184 户，同比增长 434 户；营运车辆 4796 辆，同比增长 1294 辆；吨位 2.74 万吨，同比增长 8400 吨；驾驶员从业资格 2415 人，同比增长 178 人。许可汽车维修企业 31 家。其中二类 16 家，二类的 35 家，三类专项 55 家。驾培企业 8 家。

（德兴市交通运输局）

婺源县

2022 年，婺源县交通运输局公路建设。全年农村公路建设 18 个项目。其中县道升级改造 16 个项目，建设里程 186.3 千米；路网联通路 1 个项目，建设里程 22.4 千米；建制村通双车道项目 1 个，建设里程 2.6 千米。

公路养护。日常养护 2022 年农村公路 2088.106 千米，其中：县道 447.271 千米，乡道 769.782 千米，村道 871.053 千米。日常养护资金投入 1093.4779 万元，其中：省级公共财政 109.3478 万元，市级公共财政 109.3478 万元，县级公共财政 874.7823 万元。2022 年养护工程（养护大修）项目 8 个 78.55 千米，总投资 3186 万元，其中：省补 966.7 万元，地方配套 2219.3 万元。

道路运输。2022 年货运总量 1033 万吨，货物周转总量 139378 万吨。2022 年客运总量 422 万人次，旅客周转总量 16165 万人次。该县共有 156 个站点，共计 105 条客运线路，运价为 0.43 元每千米。

（婺源县交通运输局）

高铁新区

2022 年，高铁新区公路建设。全区共有农村公路总里程 162.176 千米。全县县道 28.708 千米；乡道 36.536 千米，村道 96.932 千米，基本形成以高速公路、国道为骨架、县乡公路及村组公路为辅助支线的公路交通网络。完成交通固定资产投资 2639 万元；县道升级改造项目 2 条，全长 3.7 千米，共投资 854 万余元，分别是上饶高铁经济试验区县道 813 石狮—东瓦窑（灵溪镇淤里段）县道升级改造工程 1.5 千米，上饶高铁经济试验区县道 813 石狮—东瓦窑（姚家桥至西山段）县道升级改造工程 2.2 千米；旅游路项目 1 个，全长 2.6 千米，投资 562 万元，为上饶高铁经济试验区石狮乡村道 006 上乐线至吉阳段旅游路建设项目；建制村通双车道拓宽项目 1 条，全长 9.6 千米，总投资 1274 万元，为上饶高铁经济试验区乡道 009 国道至东瓦窑（国道—邵新段）双车道拓宽改建工程；全年投入 150 万元用于危桥改造项目，用于消除桥梁、道路安全隐患。

养护与绿化。建立健全"区为主体、行业指导、部门协作、社会参与"的养护工作机制，将日常养护经费和人员作为"有路必养"的重要考核指标，实现有路必养。对于日常保洁、绿化等非专业项目，通过分段承包、定额包干等办法，吸收沿线群众参与；确定和实施养护计划，提升养护质量和资金使用效益。全年投入日常养护资金 50 余万元，实施养护工程 97 余万元，养护总里程近 2 千米。

（高铁新区社会发展局）

经开区

2022 年，经开区公路建设。县道整改维修项目：开发区董团乡境内县道整改维修项目工程，总投资约 49.8 万元，工程内容包括：道路破损修复、新建红条石排水沟、防护栏除锈油漆、新建水箅井、排水管等，目前完工。该项目的实施消除道路安全隐患，完善道路交通设施，方便群众出行。建制村通双车道改造：经开区乡道乡道 194 新凤山至大地 11 千米双车道改造项目，总投资约 1600 万元，预计年底前完工。改造完成后不仅可以改善农村交通状况、方便群众出行，也为进一步推动农村经济发展和美好乡村建设提供 保障。今年争取项目省级补助资金 381.5 万元。公交首末站建设：为加强经开区公交网络建设，协助公交公司建设完成两处公交首末站，即兴业公交首末站、凤凰西公交首末站，建设内容包含 公交车辆停放、加气、充电、维修、保养、保洁六大服务功能。项目的建设有利于改善经开区公共交通运营环境，缓解区域内公交场站不足问题，提升公共交通综合服务能力，促进未来公交运营的全面发展。

交通管理服务工作。协调公交线路事宜。与市交通局、市交警支队、市公交公司及区交警大队、滨城公司、城建公司等多次现场踏勘，开通马鞍山组团 49 路公交线路。解决马鞍山片区、滨江片区企业员工和周边居民的公交出行问题。开通 28 路（董团村路口—市妇幼保健院）公交线路，方便 董团村及周边群众出行。积极与市公交公司沟通对接，增加 经开区一中通勤专线（D6、D7）班次。协调市公交公司优化 42 路公交车线路，解决蜂巢能源企业无公交线路问题。

农村公路养护管理。指导和监督乡（办）、各村管理养护机构做好辖区内农村公路日常养护工作，定期开展监督考核，提升农村公路养护管理整体水平。完成 2022 年区农村公路养护工程省级补助资金计划上报工作，争取省级补助资金 76 万元。加强春节、清明、五一、国庆等重要节假日和雨季期间农村公路安全隐患排查，并对发现的隐患及时督促相关单位及时整改。

（经开区社会发展局）

三清山管委会

2022 年，三清山公路养护情况：公路养护总里程 136.857 千米，其中县道 3 条 /16.695 千米，乡道 5 条 /37.883 千米，村道 95 条 /82.279 千米里程。全年共完成 3 条养护工程，总计 2 千米，大修 0.4 千米，中修 1.6 千米。

（三清山管委会社会发展局）

交通统计资料

2022年江西省交通运输行业
发展统计公报

2022年全省交通运输系统认真贯彻落实交通运输部决策部署，围绕交通强省建设主线，深入实施"项目大会战""管理提升年"和"大交通攻坚行动"等工作，加快推动一批战略性、引领性交通重大项目落地，较好地完成了"稳增长、扩投资"的目标任务，为推动全省经济社会高质量发展提供了坚实的交通运输保障。

一、基础设施

（一）公路

年末江西省公路总里程210710.62千米，比上年减少390.55千米。公路密度126.2千米/百平方千米，减少0.3千米/百平方千米。公路养护里程207956.36千米，占公路总里程99%。

年末江西省四级及以上等级公路里程206208.23千米，比上年增加553.44千米，占公路总里程97.9%，提高0.4个百分点。二级及以上等级公路里程22673.69千米，增加567.05千米，占公路总里程10.8%，提高0.3个百分点。

年末高速公路里程6728.29千米。普通国省道里程18685.27千米，其中普通国道里程7711.16千米，普通省道里程10974.12千米。农村公路里程185297.06千米，其中县道里程21246.85千米，乡道里程40504.78千米，村道里程123545.43千米。

年末全省通公路的乡（镇）占全省乡（镇）总数100%，其中通硬化路面的乡（镇）占全省乡（镇）总数100%；通公路的建制村占全省建制村

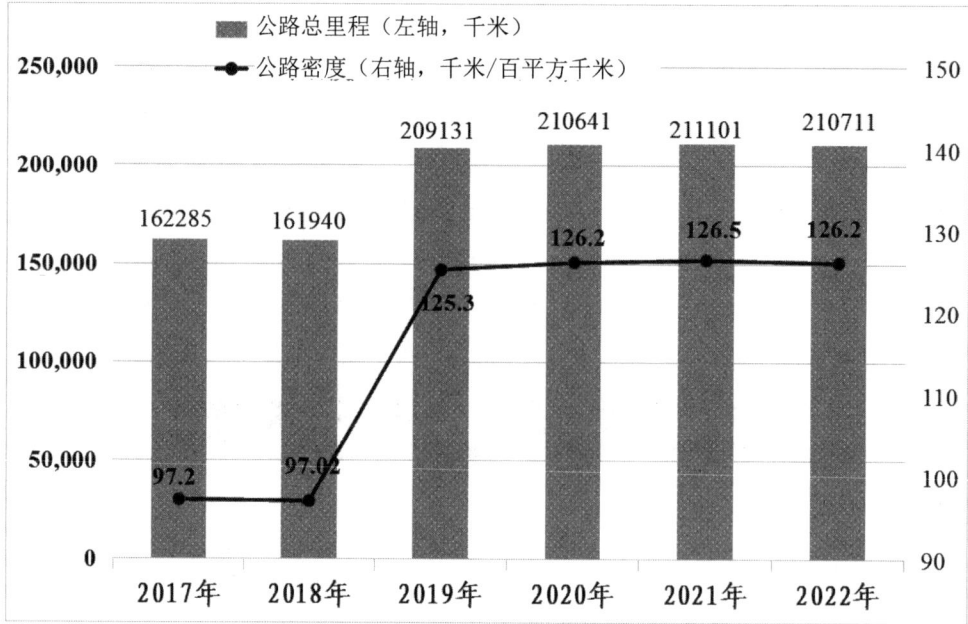

图1　2017—2022年江西省公路总里程及公路密度

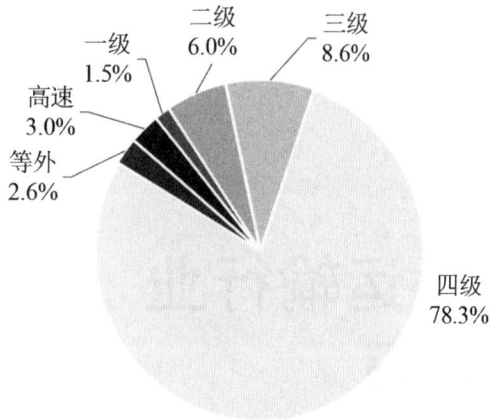

图2　2022年江西省公路里程分技术等级构成

总数100%，其中通硬化路面的建制村占全省建制村总数100%。

年末全省公路桥梁28196座共1970895.89延米，比上年增加335座、163219.57延米，其中特大桥梁98座共204910.02延米，大桥4061座共1053900.55延米。全省公路隧道372座共386702.94延米，增加39座、56257.78延米，其中特长隧道19座共77598.46延米，长隧道116座共197387.1延米。

（二）水路

1.内河航道

年末全省内河航道通航里程5716千米。等级航道里程2427千米，占总里程42.5%。三级及以上航道里程960.6千米，占总里程16.8%。

各等级内河航道通航里程分别为：一级航道

156千米，二级航道175千米，三级航道629.6千米，四级航道87千米，五级航道89千米，六级航道223.3千米，七级航道1067千米。等外航道3289千米。

2.港口

年末全省港口拥有生产用码头泊位487个，比上年减少30个。

年末全省港口拥有千吨级以上深水泊位199个，比上年增加15个。千吨级泊位中，专业化泊位52个，通用散货泊位82个，通用件杂货泊位52个，多用途泊位5个。

3.公路交通流量

全省普通国道观测里程5300千米，机动车年平均日交通当量9048pcu/日，比上年下降15.18%，年平均日行驶量为4795万车千米/日，比上年下降17.31%;全省普通省道观测里程5421千米，机动车年平均日交通流量5697pcu/日，比上年下降8.95%，年平均日行驶量3087万车千米/日，比上年下降10.24%。

二、运输装备

（一）公路

年末全省营运车辆拥有量达到421194辆，比上年增长13.6%，其中载客汽车10821辆、333089客位，分别下降7.9%、8.3%。拥有载货汽车410373辆、5171201吨位，分别增长14.3%、12.8%。

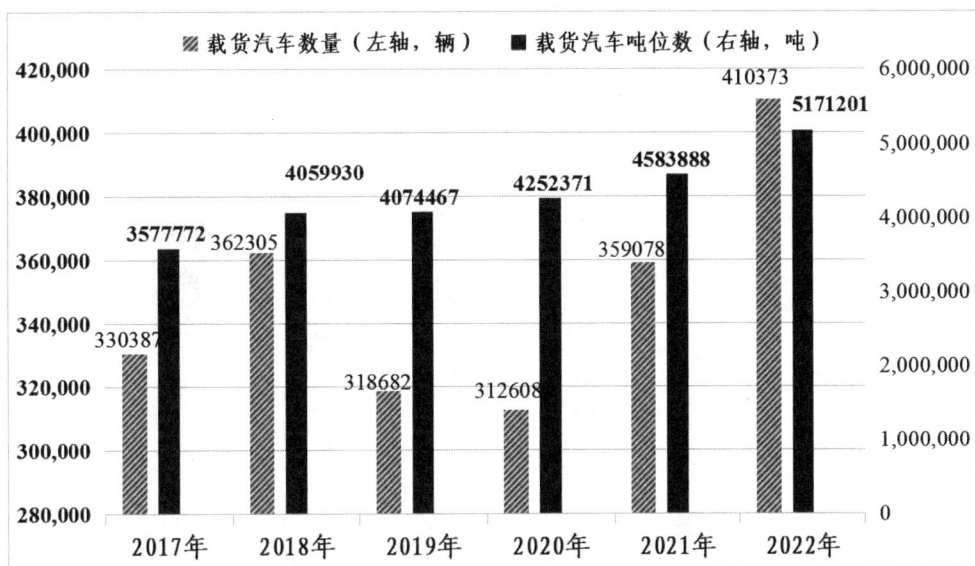

图 3　2017—2022 年江西省载货汽车拥有量

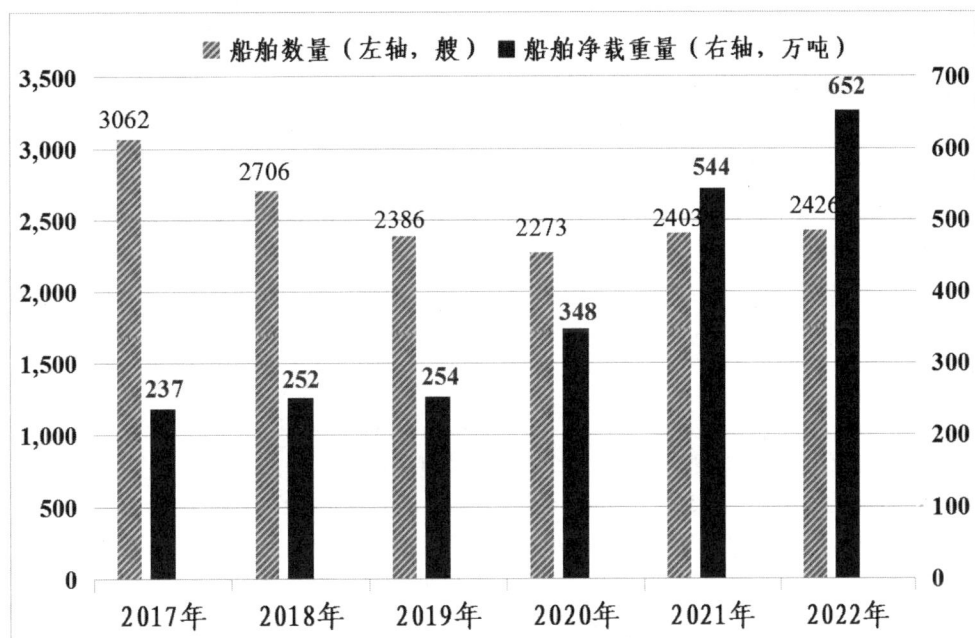

图 4　2017—2022 年江西省水上运输船舶拥有量

（二）水路

年末全省拥有水上运输船舶 2426 艘，比上年增长 1.0%；净载重量 652.41 万吨，增长 19.9%；载客量 14566 客位，增长 4.4%；集装箱箱位 7776 标准箱，增长 12.6%。

（三）城市客运

年末全省拥有城市公交汽电车 15863 辆，比上年增长 1.7%；拥有巡游出租汽车 17174 辆，下降 1.8%；拥有城市轨道交通线网配属车辆 144 列，比上年增加 8 列。

三、运输服务

（一）公路

截至 2022 年底，全省完成公路客运量 0.97 亿人次，旅客周转量 61.3 亿人千米，同比分别减少 35% 和 37.3%；完成货运量 17.8 亿吨，货运周转量 4086.4 亿吨千米，同比分别下降 1.5% 和增加 3.2%。

（二）水路

全年，完成营业性客运量 97 万人、旅客周转量 1426 万人千米，比上年分别下降 39.1% 和

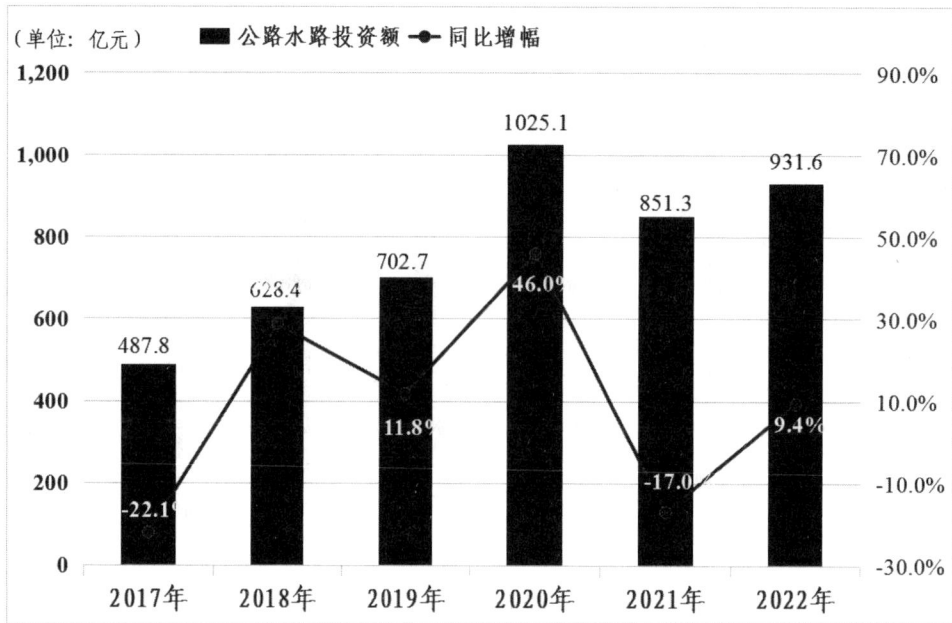

图 5　2017—2022 年江西省公路水路固定资产投资额及增速

40.8%。完成营业性货运量 1.34 亿吨、货物周转量 414.2 亿吨千米，比上年分别增长 4.0% 和 16.9%。其中，内河运输完成营业性货运量 1.25 亿吨、货物周转量 258.4 亿吨千米；沿海运输完成营业性货运量 891.3 万吨、货物周转量 155.9 亿吨千米。

全省港口完成货物吞吐量 2.26 亿吨，比上年下降 1.4%；完成集装箱吞吐量 88.5 万标准箱，比上年增长 13.3%。

（三）城市客运

年末城市公交完成客运量 65499.6 万人，比上年减少 30.24%，日均运送乘客 179.5 万人；营运线路 2462 条，增长 6.5%。营运线路总长度 57690.7 千米，增长 11.4%。

全省巡游出租汽车完成客运量 35410.39 万人次，比上年下降 13.8%，日均运送乘客 97 万人次；营运里程达 142842.9 万千米，增长 3.2%。其中载客里程达 79461.8 万千米，同比下降 9.1%。

南昌轨道交通共开通了 4 条运营线路，开通运营里程 128.5 千米，与上年持平；完成客运量 23897.03 万人次（含 4 号线），同比下降 6.7%，日均运送乘客 65.47 万人次，减少 4.63 万人次；旅客周转量 139085.57 万人千米，同比下降 15.8%。

四、固定资产投资

全年，完成公路水路固定资产投资 931.6 亿元，比上年增长 9.4%。

（一）公路

全年完成公路建设投资 841.6 亿元，比上年增长 11.6%。其中，高速公路建设完成投资 451.7 亿元，增长 24.8%；普通国省道建设完成投资 182.5 亿元，下降 0.4%；农村公路建设完成投资 196.1 亿元，增长 2.9%；枢纽场站建设完成投资 11.3 亿元，下降 38.3%。

（二）水路

全年完成水运建设投资 90 亿元，比上年下降 5.9%。

五、生产安全

2022 年，全省道路运输行业共发生安全生产事故 22 起，死亡 37 人，与去年同期相比，事故起数持平，死亡人数减少 1 人，下降 2.6%。全省水上交通领域共接报安全生产亡人事故 1 起，死亡 2 人。与去年同期相比，事故起数上升 1 起，死亡人数增加 2 人。全省在建公路水运工程领域共接报安全事故 2 起，死亡 2 人。与去年同期相比，事故起数减少 9 起，下降 81.8%；死亡人数减少 13 人，下降 86.7%。

六、环境保护

全年公路水路交通运输行业环境保护投入 10.7 亿元，其中，公路环境保护投入 10.1 亿元，水路环境保护投入 0.6 亿元。公路环境保护投入中，生态保护措施投入 6.7 亿元，污染防治设施投入 2.9 亿元。水路环境保护投入中，生态保护措施投入 0.1

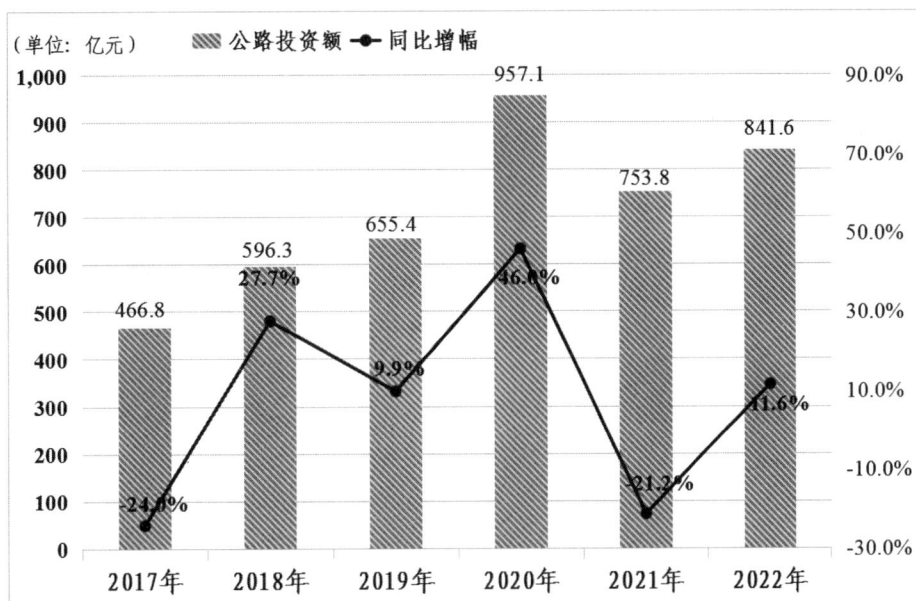

图 6 2017—2022 年江西省公路固定资产投资额及增速

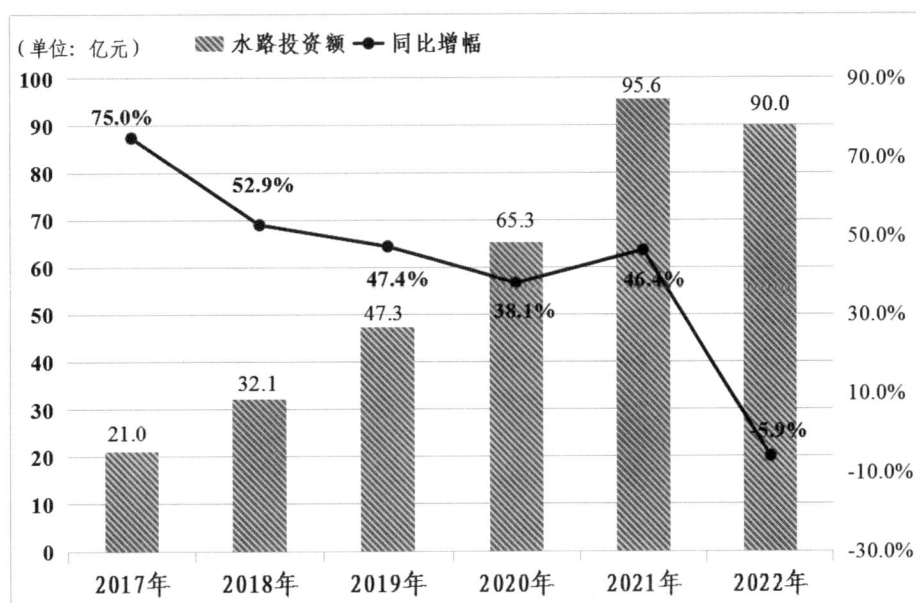

图 7 2017—2022 年江西省水路固定资产投资额及增速

亿元，污染防治设施投入 0.3 亿元。

七、科技与人才队伍建设

全年交通运输领域共有 8 个项目获得 2021 年度省部级奖励，其中江西省科技进步奖 2 项，中国公路学会科学技术奖 4 项、中国交通运输协会科技进步奖 2 项。1 项科技成果入选 2021 年度交通运输重大科技创新成果库，纳入国家交通基础设施长期性能科学观测网第一批试点观测点 1 项，入选第二批国家交通运输科普基地 2 个。年末公路水路领域共有 17 个科技创新平台，其中部级平台 2 个，

省级平台 8 个，厅级平台 7 个。全年交通运输领域共发布地方标准 13 项。

全年共有 2 人入选交通运输青年科技英才、1 人入选中国科协 "科技智库青年人才计划"。获交通运输部科普讲解大赛优秀组织奖及三等奖、优秀奖、最具人气奖各 1 项，省科普讲解大赛优秀组织单位、一等奖 1 项及 "江西省十佳科普使者" 称号。全行业科研经费投入 3900 余万元，立项实施省交通运输科技示范工程 4 项。

表 30：　　　　　　　　　　　　　　全省交通运输主要经济指标完成情况

指标名称	单位	2022	2021	同比（%）
一、公路里程总计	千米	210711	211101	−0.2
1. 按行政等级分				
国道	千米	12202	12018	1.5
国家高速公路	千米	4490	4320	3.9
普通国道	千米	7711	7697	0.2
省道	千米	13196	12906	2.2
省级高速公路	千米	2222	1973	12.6
普通省道	千米	10974	10934	0.4
农村公路	千米	185297	186161	−0.5
县道	千米	21247	21225	0.1
乡道	千米	40505	40758	−0.6
村道	千米	123545	124178	−0.5
专用公路	千米	16	16	0.0
2. 按技术等级分				
1）等级公路	千米	206208	205655	0.3
高速公路	千米	6728	6309	6.6
一级公路	千米	3246	3186	1.9
二级公路	千米	12700	12612	0.7
三级公路	千米	19481	18213	7.0
四级公路	千米	164053	165335	−0.8
2）等外公路	千米	4502	5446	−17.3
3. 按路面类型分				
1）有铺装路面（高级）	千米	205549	205264	0.1
沥青混凝土	千米	33896	29849	13.6
水泥混凝土	千米	171652	175415	−2.1
2）简易铺装路面（次高级）	千米	426	578	−26.3
3）未铺装路面（中级、低级、无路面）	千米	4736	5259	−9.9
二、公路密度及通达情况				
公路密度　以国土面积算	千米/百平方千米	126.2	126.5	−0.2
以人口数量算	千米/万人	42.7	42.8	−0.2
普通国省道二级及以上比例	%	75.1	74.5	0.8
普通国道二级及以上比例	%	93.3	93.2	0.1
普通省道二级及以上比例	%	62.3	61.3	1.7
县道三级及以上比例	%	62.6	57.2	9.5
乡道四级及以上比例	%	97.5	97	0.5
其中：乡道双车道及以上比例	%	23.3	19.32	20.8
村道四级及以上比例	%	97.4	96.9	0.5
建制村通客运班车率	%	100	100	0.0

指标名称	单位	2022	2021	同比（%）
三、内河航道里程总计	千米	5716	5716	0.0
1.等级航道合计	千米	2427	2427	0.0
一级航道	千米	156	156	0.0
二级航道	千米	175	175	0.0
三级航道	千米	629.6	540	16.6
四级航道	千米	87	87	0.0
五级航道	千米	89	89	0.0
六级航道	千米	223.4	313	−28.6
七级航道	千米	1067	1067	0.0
2.等外航道	千米	3289	3289	0.0
四、港口				
1.港口				
港口吞吐能力	万吨	17969.6	16773.4	7.1
集装箱吞吐能力	标准箱	1349000	1289000	4.7
年吞吐量万吨以上港口个数	个	5	33	–
2.泊位个数	个	510	481	6.0
千吨以上深水泊位个数	个	199	184	8.2
3.码头长度	米	31702	29652	6.9
五、内河港口吞吐量				
1.货物吞吐量	万吨	22591.5	22904.6	−1.4
南昌港	万吨	2823.6	3700.6	−23.7
九江港	万吨	18061.3	15174.9	19.0
2.集装箱吞吐量	标准箱	885129	781545	13.3
南昌港	标准箱	116130	132258.5	−12.2
九江港	标准箱	768999	648582	18.6
六、公路运输汽车合计	辆	421194	370823	13.6
客车	辆	10821	11745	−7.9
	客位	333089	363320	−8.3
货车	辆	410373	359078	14.3
	吨位	5171201	4583888	12.8
七、水上运输船舶　艘数	艘	2426	2403	1.0
净载重量	吨位	6524132	5442029	19.9
载客量	客位	14566	13958	4.4
集装箱位	标准箱	7776	6905	12.6
功率	千瓦	1429778	1287105	11.1
八、全行业　公路客运量	万人	9735	14977	−35.0
旅客周转量	万人千米	613036	977066	−37.3
货运量	万吨	178367	181023	−1.5
货物周转量	万吨千米	40864159	39601133	3.2

指标名称	单位	2022	2021	同比（%）
九、全行业　水路客运量	万人	97	159.2	−39.1
旅客周转量	万人千米	1426	2407	−40.8
货运量	万吨	13360	12843.3	4.0
内河	万吨	12468.7	12033.7	3.6
沿海	万吨	891.3	809.6	10.1
货物周转量	万吨千米	4142340	3542415	16.9
内河	万吨千米	2583729	2493557	3.6
沿海	万吨千米	1558611	1048858	48.6
十、城市客运				
公共电汽车运营车辆	辆/标台	15863/17113.1	15604/17177.9	−
公交客运量	万人次	65663.5	94061.4	−30.2
城市巡游出租汽车	辆	17174	17482	−1.8
出租客运量	万人次	35410.4	41094.5	−13.8
轨道交通运营列车数	列	144	136	5.9
轨道交通客运量	万人	23897	25602	−6.7
十一、固定资产投资	亿元	931.6	851.3	9.4
高速公路	亿元	451.7	361.8	24.8
国省干线	亿元	182.5	183.2	−0.4
农村公路	亿元	196.1	190.5	2.9
枢纽场站	亿元	11.3	18.3	−38.3
水运建设	亿元	90	95.6	−5.9
其他	亿元	0	1.9	−
十二、建设任务完成情况				
新增高速公路通车里程	千米	419	89	370.8
完成国省干线公路新改建里程	千米	212	602	−64.7
完成国省干线公路大中修里程	千米	2460	789	211.8
完成国省干线公路灾毁恢复重建里程	千米	344	369	−6.9
完成国省干线公路危桥改造	座/延米	714	109	555.0
完成国省干线畅安舒美示范路里程	千米	254.6	8.3	2974.9
完成国省干线公路综合养护中心建设	个	1	1	0.0
完成农村公路新改建里程	千米	4730	5248	−9.9
完成县道升级改造里程	千米	443	936	−52.7
完成窄路面拓宽改造里程	千米	237	3055	−92.2
其中：完成乡道双车道改造里程	千米	133	1575	−91.6
完成农村公路危桥改造	座/延米	414/14628	556/13880	−
其中：完成县乡道危桥改造	座/延米	143/6007	0	−
完成农村公路安全生命防护工程	千米	2581	2144	20.4
其中：完成县乡道安全生命防护工程	千米	738	837	−11.8

（厅规划处）

表31:

2022年1—12月各设区市普通国省道目标任务完成情况

设区市	投资额 完成（亿元）	新改建				养护大中修（路面改造）		灾毁恢复重建		畅安舒美示范路		危桥（隧道）改造		服务设施	
		目标（千米）	完成（千米）	完成投资（万元）	比例（%）	完成（千米）	完成投资（万元）	完成（千米）	完成投资（万元）	完成（千米）	完成投资（万元）	完成（座/延米）	完成投资（万元）	完成（个）	完成投资（万元）
全省合计	182.5	200.0	212.4	1264842	106%	2460	404040	344	35845	255	24032	714/28778	58830	9	9617
其中:原中央苏区及湘赣边革命老区	122.3		126.42	973243		1236	186885	47	20870	0	0	503/17801.46	22093	4	2948
苏区54个县	114		133.468	913438		1111	166070	37	19833	0	0	467/16728.010	21192	3	2588
重点帮扶县	48.3		59.835	394270		444	61090	18	12692	0	0	236/8970.16	11021	1	396
南昌市	7.9	3.0	3.0	21565	100%	183	51982	0	0	6	1880	4/72	3710	0	0
景德镇市	3.4	3.0	4.0	7478	133%	71	12904	165	5935	0	0	3/185.5	4225	0	0
萍乡市	9.4	0.0	0.0	60750		114	29077	0	0	0	0	81/2645.5	1744	0	362
九江市	7.8	0.0	0.0	40258		215	36147	0	0	0	0	5/163.2	1377	0	0
新余市	5.6	12.5	12.5	41000	100%	31	7494	0	0	62	4423	2/96.3	140	0	0
鹰潭市	11.3	0.0	0.0	72688		134	30674	0	0	17	1664	31/1300	3363	0	0
赣州市	39.5	41.3	41.5	323210	101%	374	48333	7	15643	0	0	112/3673.4	7852	0	0
吉安市	18.8	42.5	42.5	119136	100%	243	35339	29	3161	54	3874	102/3479.4	21448	0	20
宜春市	43.1	37.5	48.0	333123	128%	500	72184	19	3302	76	5679	44/2001.4	3280	6	7925
抚州市	8.5	7.9	7.9	43485	101%	352	34331	0	0	0	0	167/6486	4921	3	1310
上饶市	27.2	52.8	53.1	202150	101%	244	45573	123	7804	40	6512	163/8675.2	6770	0	0

（厅规划处）

表 32：　　　　　　　　2022 年 1—12 月各设区市、省直管县（市）农村公路目标任务完成情况

设区市	投资额			新改建			危桥改造			安全生命防护工程			养护工程
	目标（亿元）	完成（亿元）	比例（%）	目标（千米）	完成（千米）	比例（%）	目标（座）	完成（座）	比例（%）	目标（千米）	完成（千米）	比例（%）	完成（千米）
全省合计	190.0	196.1	103.2%	3800.0	4729.5	124.5%	282	414	146.8%	2000.0	2581.0	129.0%	381.0
其中：原中央苏区及湘赣边革命老区	111.5	112.3	100.7%	2372.4	2821.8	118.9%	178	250	140.4%	1439.8	1474.0	102.4%	203.5
先行示范县	44.8	49.4	110.2%	825.8	1024.0	124.0%	69	113	163.8%	373.1	454.1	121.7%	47.0
整体推进县	90.9	90.1	99.1%	1787.0	2216.4	124.0%	104	150	144.2%	909.8	1000.1	109.9%	185.9
重点帮扶县	54.3	56.7	104.4%	1187.2	1489.1	125.4%	109	151	138.5%	717.1	1106.6	154.3%	148.1
南昌市	12.0	12.7	105.9%	225.5	264.1	117.1%	0	4	–	75.0	207.0	276.0%	82.7
景德镇市	7.4	7.5	100.9%	112.5	183.3	162.9%	11	15	136.4%	46.0	12.0	26.1%	0.0
萍乡市	7.1	7.2	101.5%	149.9	203.0	135.4%	14	18	128.6%	153.4	162.7	106.0%	0.0
九江市	21.2	22.8	107.3%	439.8	504.3	114.7%	52	76	146.2%	230.0	236.4	102.8%	4.3
新余市	3.5	3.5	100.2%	73.2	171.1	233.7%	5	1	20.0%	30.0	29.6	98.7%	0.0
鹰潭市	4.7	5.8	122.5%	83.5	111.1	133.0%	10	11	110.0%	46.0	46.5	101.2%	0.0
赣州市	33.9	34.2	100.8%	755.0	840.4	111.3%	48	45	93.8%	394.0	483.2	122.6%	113.7
吉安市	24.7	24.7	100.0%	567.0	674.1	118.9%	53	106	200.0%	300.0	348.2	116.1%	64.4
宜春市	23.2	23.6	101.8%	419.0	552.6	131.9%	53	52	98.1%	230.0	289.3	125.8%	25.4
抚州市	20.7	21.6	104.4%	420.3	507.5	120.7%	18	48	266.7%	345.6	374.9	108.5%	29.6
上饶市	31.6	32.6	103.3%	554.3	718.0	129.5%	18	38	211.1%	150.0	391.2	260.8%	60.8

（厅规划处）

先进集体和个人

人物简介

张金莲

张金莲，女，1978年4月出生，现任赣州方通客运股份有限公司客运总站站长，2016年被赣州市总工会授予"五一"劳动奖章、2017年获得于都县总工会"三八红旗手"称号、2020年评为赣州市"劳动模范"；2021年度评为交通运输部"感动交通年度人物"称号。2022年张金莲同志对进站经营客运车辆的安全例检费标准进行深入调研，查阅规定，征求意见等，大胆提出上调安全例检费标准。通过反复与行政审批部门沟通，于2022年12月顺利获得于都县发改委批复，于2023年春运正式实施车辆安全例检费新标准。经预测每年可增加车站车辆例检费收入约5万元。张金莲同志在企业转型升级的关键时期，解放思想，勇于履职担当，在赣州方通公司发挥了"半边天"的作用。

（刘挚朴）

涂文胜

涂文胜，男，1969年9月出生，中共党员，大学学历，现任宜春市公路事业发展中心上高县和畅预制构件有限公司副总经理。他是宜春公路系统的一名普通"筑路人"，从

部队退伍进入公路系统工作30年来，一直扎根基层岗位默默奉献，任劳任怨，用自己的实际行动诠释着一名共产党员的责任与担当。涂文胜先后获得江西省高速公路工程建设项目办的先进个人2次（梨温高速、昌金高速）、江西省总工会全省第十六届职工职业道德建设先进个人1次、江西省赣鄱先锋、江西省感动交通年度人物（2021年度），交通运输部、中华全国总工会感动交通年度人物（2021年度）、宜春市优秀共产党员、宜春好人、江西好人等荣誉，多次被评为宜春市公路事业发展中心先进党员。

（胡晓）

吴新沙

吴新沙，男，汉族，1952年2月出生，中共党员，现为吉安市公路建设和养护中心泰和分中心退休职工。该同志对党无限忠诚，对公路事业无比热爱，在老营盘道班默默坚守36年，甘当铺路砂，全心全意为老区人民服务。早在1990年，他就因表现优异，作为全国首届"十佳"养路工出席北京的表彰大会，累计8次进京接受各类表彰，荣获全国五一劳动奖章、全国交通运输系统劳动模范、交通运输部"最美公路人"等多项荣誉，在平凡的岗位上作出了不平凡的事业。他孜孜不倦、爱岗敬业的精神感染着身边人，带出了优秀的徒弟，成就了一段"一个道班、三代劳模"的公路佳话。他用实际行动诠释着"一辈子做好事，不做坏事"的誓言。2022年3月，被交通运输部办公厅授予第一届"最美公路人"称号。

（胡晓）

甘海花

甘海花，女，汉族，1988年9月出生，毕业于南昌大学法学院法学系。2021年3月从省公路局转隶至省交通运输执法局，并于同年3月借调至交通运输部工作一年，2022年

3月到省交通运输厅挂职锻炼。该同志政治立场坚定，工作能力突出，作风务实严谨、清正廉洁，多次完成急难险重任务，应对复杂问题和重大考验。个人连续两年获得交通运输部法治政府建设通报先进个人。

（闵婕）

杨驭辰

杨驭辰，男，1988年1月出生，硕士研究生，现任省交通运输综合行政执法监督管理局公路路政处二级主任科员。2011年参加工作，2016年遴选至省公路局，先后在省公路局路政处、省交通运输厅政策法规处（借调）、省交通运输综合行政执法监督管理局公路路政处工作。他工作认真负责，具有创新意识，具体承担的超限超载治理工作，获得时任省委主要负责同志批示点赞。获得2021年全国交通运输法治政府部门建设通报表扬个人。

（闵婕）

杨天友

杨天友，男，侗族，出生于1986年2月，中共党员，本科学历，毕业于大连海事大学航海学院，现任宜春市交通运输综合行政执法支队丰城水路执法大队大队长。参加工作以来，杨天友一直坚守在基层一线，主要从事海事管理和行政执法工作。他始终坚持海事核心价值观，奋战在基层海事安全监管一线。2021年是宜春市交通综合行政执法改革全面完成的第一年，他带头克服了疫情、人员、装备等方面的困难，铁肩担任，勇毅前行，在水上无线电管理秩序专项整治中表现尤为突出，被交通运输部海事局授予"2021年水上无线电秩序管理专项整治工作先进个人"。

（闵婕）

孙莺金

孙莺金，女，1982年出生，2003年参加工作，现任九江市公路发展中心武宁分中心副主任。工作18年来她始终把"勤勤恳恳做事，实实在在做人"作为自己工作和为人处世的座右铭。从"晴天一身灰，雨天一身泥"的养路工到昼夜轮班重复单一动作的收费员，从工程资料员、施工员、测量员到技术负责人再到公路养护管理者，在每一个岗位上她都无限热爱、极端负责，把青春献给了公路事业，在平凡的工作岗位上展现巾帼风采。在交通运输部"十三五"国评年，她事事亲力亲为，连续作战几个月，放弃了所有节假日休息，她用自己的行动和奉献得到了领导的赞誉和同事们的认可，2018年至2020年养护管理连续三年在市中心评比中获得第一名。孙莺金获省交通厅"十三五"公路养护管理先进个人，2022年又获得江西省五一巾帼标兵荣誉称号。

（胡晓 胡莎）

吴飞

吴飞，男，1987年2月，硕士研究生，高级工程师。2018年12月主持的科技项目获中国交通运输协会科学技术奖二等奖；2019年3月《BIM技术在抚州东外环高速公路的应用》获得江西省首届BIM大赛三等奖；2019年12月获江西省"江西公路优秀工程师"；2021年1月主持的科技项目获中国交通运输协会科学技术奖二等奖；2021年4月《BIM技术在钢混组合结构梁桥中的应用》获得江西省第二届BIM大赛二等奖；2021年9月主持的两项成果分获得中国公路学会第二届全国公路"微创新"大赛银奖、铜奖；2021年12月"吴飞钢混叠合梁预制桥面板施工工法"获江西省总工会以职工名字命名先进操作法；2021年12月获得第十一届中国公路百名优秀工程师称号。主持建造江西高速第一拱王安石抚河特大桥期间，他发扬艰苦奋斗、勇于创新、不畏风险、默默奉献的交通精神，成功打造出一座品质桥、文化桥、创新桥、经济桥，树立了省内桥梁建造的新标杆，成为新时代劳动者的典范。

（胡莎）

郑建国

郑建国，男，1979年11月出生，大学本科学历，中共党员，助理工程师，现任进贤县交通运输综合行政执法大队副中队长。该同志自2000年7月参加工作以来，一直扎根在交通运输执法一线，这些年来无论在哪个岗位，都时刻以党员标准严格要求自己，恪尽职守，勇于担当，始终冲在急难险重任务的最前线。2017年度至2021年度多次被中共南昌市公路事业发展中心党组评为"优秀共产党员"；2018年至2019年度多次被中共南昌市公路管理局委员会评为"先进工作者"；2022年7月，该同志入选省委组织部2022年度"新时代赣鄱先锋"群众身边好党员。

（闵婕）

刘龙军

刘龙军，男，1974年12月出生，1997年6月参加工作，1996年6月加入中国共产党，现任吉安市公路建设和养护中心井冈山分中心黄洋界养路队队长。刘龙军先后获得吉安市公路系统2021年度养护标兵、吉安市公路系统2022年度先进个人、2022年度江西省新时代赣鄱先锋等荣誉。1996年12月刘龙军从部队退伍后，1997年6月分配到吉安市公路建设和养护中心井冈山分中心黄洋界养路队工作至今。2006年2月，被任命为黄洋界养路队队长。黄洋界养路队管养S541茨坪至黄洋界景区公路。作为一名党员，他27年如一日坚守在公路养护工作一线，甘愿做一块默默无闻的"铺路石"，"嵌"在黄洋界公路的最底层。

他带领黄洋界养路队职工加强科学养护、日常养护、做好应急抢险和公路保洁，为过往游客和群众提供了"畅、安、舒、美"的公路交通环境，保障了景区公路的安全畅通。同时利用黄洋界公路驿站，为过往游客、群众提供了休息、如厕、充电、加水等一系列便捷服务，使黄洋界公路驿站成为了井冈山上的一道靓丽风景。

（胡晓）

杜宇剑

杜宇剑，男，1990年7月出生，浙江东阳人，中共党员。江西省高等级航道事务中心组织人事处（纪检监察室）四级调研员。杜宇剑同志作为一名90后的年轻党员干部，工作上，他以超乎其年龄的细心、耐心和温热的爱心，以点点滴滴的行动践行着"三牛"精神，2022年2月被省委组织部、省委老干部局授予全省先进老干部工作者称号，2022年6月被省委组织部授予新时代赣鄱先锋。生活中，他始终践行入党初心"但行好事，为民服务"，第一时间对需要帮扶的人伸出援助之手，获评南昌市东湖区第一届道德模范。

（鄢自康）

黄城

黄城，男，汉族，1988年11月出生，中共党员，大学本科，双学士学位，审计师，先后任江西宜春市政交通建设有限公司财务部会计、副部长、部长兼团支书，现任上高县和畅预制构件有限公司财务总监。工作十年来，他始终坚持政治理论学习，不断提高政治素养，发挥党员的先锋模范作用，于2018年荣获公司和2021年市荣获公路系统"优秀共产党员"；他始终严于律己，扎实推进团组织工作，提升凝聚力和向心力，带领公司团支部、检测中心和财务部先后荣获"五四红旗团支部""宜春市青年文明号""江西省青年文明

号"；他始终爱岗敬业，吃苦耐劳，协助分管领导做好各公路升级改造项目及养护大中修工程项目核算工作，于2019年被评为公司"先进工作者"，并先后荣获"宜春市青年岗位能手""江西省青年岗位能手"；他始终积极作为，勇敢担当，作风端正，热衷公益事业，服务回馈社会，充分展现了当代青年党员的精神风貌。2022年6月，黄城被共青团江西省委、江西省人力资源和社会保障厅联合授予2021-2022年度江西省"青年岗位能手"称号。

（胡　晓）

杨庆

杨庆，男，1965年10月出生，中共党员，大学本科学历，1985年9月参加工作，先后任江西水运集团干事，南昌市农村公路管理所书记、所长，南昌市港航管理处科长、副处长、处长，现任南昌市交通运输综合行政执法支队负责人。自2021年7月担任该支队负责人以来，通过统筹分析研判南昌交通运输发展现状，形成了南昌"两点、四线、八面"的交通执法工作格局，着力构建了交通运输执法与高速路政、高速交警、市公安交管局、城管、公路事业中心、水政等部门的跨部门跨区域执法联动协作机制，由此打开了南昌交通运输执法的新局面。在2021年江西省全省交通运输执法系统目标管理考核和大练兵大比武活动中，该支队荣获"双第一名"的优异成绩。

（闵婕）

张恺

张恺，男，1984年10月生，工学博士，省交通科学研究院有限公司科技发展部部长。先后荣获交通运输部"青年科技英才"，省直机关"青年五四奖章"等荣誉称号。他始终以求真务实的态度、开拓创新的品格、锐意进取的精神，致力于新型路面材料的研

发和路面损伤特性研究。近年来，张恺同志先后负责及参与国家重点基础研究计划（973计划）、交通运输部建设科技项目、江西省科技厅和省交通运输厅重大科技项目等20余项科技攻关，发表学术论文20余篇，授权国家专利10余项，出版学术专著3部，多项科技成果获省部级科技奖励，带领科研团队在工程建设中发现问题、解决问题，为推动交通强省建设作出了积极贡献。

（龚仁平）

刘祥

刘祥，男，汉族，1979年12月出生，本科学历、硕士学位，2015年7月1日加入中国共产党，现任江西省高等级航道事务中心科技安全处副处长，鄱阳县芦田乡泂原村驻村第一书记兼工作队长。该同志自2016年以来，连续8年担任驻村第一书记。脱贫攻坚期间，他带领鄱阳县侯家岗乡永丰村两委大力实施"党建＋扶贫"工程，建成扶贫产业800余亩，累计减贫257人，改善饮水条件218户，改善住房条件153户，使村集体收入在2020年超30万元，帮助永丰村于2018年实现高质量脱贫摘帽。乡村振兴以来，他团结带领泂源村四千多名干群实施一系列乡村产业、乡村建设、乡村治理工程，全力巩固脱贫攻坚成果，接续推进乡村振兴，建设提升乡村特色产业700亩。他所在帮扶村连续荣获县、乡"优秀基层党支部"，2019年获评全市基层党建"红旗示范点"。刘祥本人连续多年工作考核获评"优秀"，2022年度荣获省级乡村振兴优秀驻村干部。

（鄢自康）

2022年度全省交通运输系统先进个人

2021年全国感动交通年度人物

（交通运输部、中华全国总工会联合表彰　2022年5月颁发）

张金莲　赣州方通客运股份有限公司于都客运站副站长
涂文胜　宜春公路建设集团有限公司桥隧工程师

（杜平平）

2021年度"全国交通技术能手"称号

（交通运输部表彰　2022年1月颁发）

张伦喜　江西省赣东航道事务中心航标工
毛建峰　江西省交通高级技工学校汽车维修工
方向平　宜春公交集团有限公司汽车驾驶员
程　鹏　南昌轨道交通集团有限公司运营分公司轨道交通信号工
胡铁桥　江西省圆通速递有限公司快递业务员

（田慧）

交通运输部第一届"最美公路人"

（交通运输部表彰　2022年3月颁发）

吴新沙　吉安市公路局泰和分局原老营盘道班长
"啄木鸟"养护工匠室　江西省交通投资集团有限责任公司上饶管理中心鄱阳养护所
"春风"服务队　江西省交通投资集团有限责任公司宜春管理中心新余收费所

（聂玉洁　杜平平）

2021年度成绩突出的12328电话工作者

（交通运输部表彰　2022年8月颁发）

刘　娜　江西省12328电话服务中心

（田慧）

2021年最美出租汽车司机

（交通运输部、中华全国总工会表彰　2022年10月颁发）

肖　芬　南昌大众交通有限责任公司
吴宝喜　江西大众交通运输有限公司

（杜平平）

2016—2020 年全省普法工作先进个人
（江西省普法教育工作领导小组表彰　2022 年 1 月颁发）

温明辉　抚州市交通运输局政策法规科长
梁　波　江西省交通运输厅执法监督处（政策法规处）处长

（田慧）

江西省五一巾帼标兵
（江西省总工会表彰　2022 年 3 月 5 日颁发）

宋艳静　江西南昌公共交通运输集团有限责任公司南昌公交医保中心副主任
孙莺金　九江市公路发展中心武宁分中心副主任

（杜平平　胡莎）

江西省五一劳动奖章
（江西省总工会表彰　2022 年 4 月 26 日颁发）

吴　飞　江西省交通工程集团建设有限公司抚州东外环高速公路设计施工总承包项目经理

（胡莎）

2022 年度"新时代赣鄱先锋"一心为民好支书
（江西省委组织部表彰　2022 年 6 月颁发）

廖继伟　新余市交通运输局机关党委专职副书记

（聂玉洁　杜平平）

2022 年度"新时代赣鄱先锋"群众身边好党员
（江西省委组织部表彰　2022 年 6 月颁发）

郑建国　进贤县交通运输综合行政执法大队治超二中队副中队长
张海荣　九江市公共交通集团公司 25 路女子车队驾驶员
李跃红　江西赣南鸿达运输有限公司客车驾驶员
曾春香　赣州市公共交通有限责任公司一分公司 K2 路五星级驾驶员、线路长
刘龙军　吉安市公路建设和养护中心井冈山分中心黄洋界养路队队长
邓艳华　吉安长运客运中心站快运班班长
邱小燕　抚州市公共交通有限责任公司驾驶员
杜宇剑　省高等级航道事务中心组织人事处（纪委办公室）四级调研员

（聂玉洁　杜平平）

2022 年度"新时代赣鄱先锋"突出贡献好榜样

（江西省委组织部表彰　2022 年 6 月颁发）

刘光森　省交通运输与物流协会党支部书记、副会长，江西万佶物流有限公司党支部书记、总经理

（聂玉洁　杜平平）

2021-2022 年度江西省"青年岗位能手"

（共青团江西省委、江西省人力资源和社会保障厅表彰　2022 年 6 月颁发）

黄　城　宜春市公路事业发展中心上高县和畅预制构件有限公司

（杜平平）

全省职工诗词创作比赛优秀奖

（江西省总工会表彰　2022 年 11 月 9 日颁发）

江建华　江西交投九江管理中心都昌收费所

（胡莎）

新时代学员心中的好教练

（江西驾培协会表彰　2022 年 1 月颁发）

陈　强　上饶汽运信州驾驶员培训中心
林忠园　上饶汽运信州驾驶员培训中心
赵劲涛　上饶汽运信州驾驶员培训中心

（杜平平）

2022 年度全省交通运输系统先进单位

2020—2021 年度全国交通运输行业文明单位

（交通运输部表彰　2022 年 12 月颁发）

赣州市公路发展中心南康分中心
江西省交通高级技工学校
江西畅行高速公路服务区开发经营有限公司
上饶市交通运输综合行政执法支队
南昌龙行港口集团有限公司
江西省公路投资有限公司

（聂玉洁）

2020—2021 年度全国交通运输行业文明示范窗口
（交通运输部表彰　2022 年 12 月颁发）

江西省交通运输综合行政执法监督管理局八支队一大队
江西省交通监控指挥中心 12328 电话服务中心
宜春公交集团有限公司 7 路外线
江西省交通投资集团南昌东管理中心泾口收费所瑞洪收费站
江西省交通运输综合行政执法监督管理局九支队七大队
江西省交通投资集团抚州管理中心南昌东收费所

（聂玉洁）

新能源公交创新突破企业
（交通运输部表彰　2022 年 8 月颁发）

江西长运新余公共交通有限公司

（杜平平）

2021 年度成绩突出的 12328 电话服务中心
（交通运输部表彰　2022 年 8 月颁发）

江西省 12328 电话服务中心

（田慧）

2020-2021 年度全国"安康杯"竞赛优胜班组
（全国总工会、应急管理部、国家卫健委表彰　2022 年 6 月颁发）

吉安公交公司 22 路井冈女子公交班组

（杜平平）

第六届全国 119 消防先进集体
（中华人民共和国应急管理部表彰　2022 年 11 月 3 日颁发）

江西省南昌公交志愿服务队

（杜平平）

2022-2026 重点联系道路运输企业
（中国道路运输协会表彰　2022 年 8 月颁发）

江西长运股份有限公司

（杜平平）

2021 年度交通运输部重点联系道路运输企业经济运行分析工作先进单位
（中国道路运输协会表彰　2022 年 8 月颁发）

江西长运股份有限公司

（杜平平）

全国公交"红色公交，献礼百年"主题活动优秀组织单位
（中国交通职工思想政治工作研究会表彰　2022 年 10 月 15 日颁发）

江西南昌公共交通运输集团有限责任公司

（杜平平）

全国公交"永远跟党走，奋进新征程"主题宣讲比赛
（中国交通职工思想政治工作研究会　2022 年 10 月 16 日颁发）

江西南昌公共交通运输集团有限责任公司拍摄的《公交传奇》优胜奖

（杜平平）

2022 年度中国道路运输百强诚信企业
（中国道路运输协会表彰　2022 年 10 月颁发）

江西长运股份有限公司
江西抚州长运有限公司

（杜平平）

全国城市公交优秀文化品牌
（中国交通职工思想政治工作研究会表彰　2022 年 12 月 1 日颁发）

江西南昌公共交通运输集团有限责任公司"安全班组"文化品牌

（杜平平）

交通建设产业劳模和工匠人才创新工作室
（中国海员建设工会表彰　2022 年 12 月 28 日颁发）

江西省交通高级技工学校罗红彬汽车喷涂工匠创新工作室

（胡莎）

2016-2020 年全省普法工作先进单位
（江西省普法教育工作领导小组表彰　2022 年 1 月颁发）

萍乡市交通运输局

江西省交通运输厅直属机关党委（宣传处）

（田慧）

江西省五一巾帼标兵岗

（江西省总工会表彰　2022 年 3 月 5 日颁发）

江西省交通投资集团吉安西管理中心吉安北收费所
江西景德镇长运有限公司汽车总站"青花班组"

（杜平平　胡莎）

2021 年度江西省法治政府建设优秀单位

（江西省推进法治政府建设工作领导小组表彰　2022 年 4 月 6 日颁发）

江西省交通运输厅

（聂玉洁）

2020—2021 年度江西省青年文明号

（省直机关团工委表彰　2022 年 4 月 11 日颁发）

江西省交通投资集团有限责任公司党委宣传部
江西省交通投资集团有限责任公司宜春管理中心宜春管理所宜春收费站
江西省交通投资集团有限责任公司抚州管理中心瑶北收费所
江西省交通投资集团有限责任公司吉安管理中心兴国收费所鼎龙收费站
江西省交通投资集团有限责任公司景德镇管理中心景德镇北收费所
江西省交通投资集团有限责任公司上饶管理中心德兴收费所铜矿收费站
江西省交通工程集团建设有限公司寻乌至龙川高速公路（江西境内段）新建工程设计施工总承包 SSA
标项目经理部二分部
江西省交通投资集团有限责任公司宜春管理中心新余收费所"春风"服务队
江西省交通投资集团有限责任公司抚州管理中心金溪收费所
江西省交通投资集团有限责任公司抚州管理中心宜黄收费所
江西省交通投资集团有限责任公司吉安管理中心小港收费所
江西省交通投资集团有限责任公司宜春管理中心安福收费所
江西省交通投资集团有限责任公司景德镇管理中心江湾收费所
江西畅行高速公路服务区开发经营有限公司驿购便利店分公司
江西省交通工程集团有限公司财务管理部
江西省交通投资集团有限责任公司上饶管理中心上万收费所横峰收费站
江西畅行高速公路服务区开发经营有限公司泰和东服务区
江西省交通投资集团有限责任公司南昌西管理中心九龙湖收费所
江西省交通投资集团有限责任公司南昌东管理中心南昌南收费所南昌南收费站
江西畅行高速公路服务区开发经营有限公司横市服务区
江西省交通投资集团有限责任公司宜春管理中心袁州养护所株潭养护站
江西省交通投资集团有限责任公司吉安管理中心吉安东收费所青原南收费站

江西省交通投资集团有限责任公司上饶管理中心鄱阳养护所

江西畅行高速公路服务区开发经营有限公司三清山服务区

江西省交通工程集团有限公司海通公司赣西事业部宜春养护项目部

江西交投生态环保有限公司

江西省交通投资集团有限责任公司抚州管理中心南城养护所

江西省交通投资集团有限责任公司抚州管理中心南城养护所崇岗养护站

江西省交通投资集团有限责任公司上饶管理中心上万收费所弋阳北收费站

江西省公路桥梁工程有限公司宜春至遂川高速公路 D2 标项目经理部

江西省交通投资集团有限责任公司上饶管理中心万年收费所余干收费站

江西省交通工程集团建设有限公司抚州东外环高速公路设计施工总承包项目经理部路基三分部

江西省交通投资集团有限责任公司上饶管理中心万年收费所珠湖收费站

江西省交通投资集团有限责任公司景德镇管理中心婺源收费所

江西省交通投资集团有限责任公司景德镇管理中心婺源养护所

江西畅行高速公路服务区开发经营有限公司南城服务区

江西省交通工程集团有限公司江西省恒通交通工程检测有限公司

江西省交通工程集团有限公司市政分公司

江西省交通投资集团有限责任公司景德镇管理中心三清山收费所

江西省交通投资集团有限责任公司景德镇管理中心信息分中心

江西畅行高速公路服务区开发经营有限公司峡江服务区

江西高速传媒有限公司融媒体中心

江西省交通工程集团有限公司技术中心

江西畅行高速公路服务区开发经营有限公司军山湖服务区

江西省交通科学研究院有限公司博士服务团

江西省交通科学研究院有限公司智慧交通事业部

江西省交通科学研究院有限公司节能环保事业部

江西省交通科学研究院有限公司慧通科技

江西省交通监控指挥中心 12328 电话服务中心

赣州高速路政支队一大队

赣州高速路政支队十三大队

吉安高速路政支队五大队

江西交通质监青年志愿突击队

上饶高速公路路政支队八大队

江西省赣江船闸通航中心新干船闸通航所

江西省赣江船闸通航中心龙头山船闸通航所

江西省信江船闸通航中心信江通航青年志愿突击队

（聂玉洁）

江西省直属机关第十八届文明单位

（省直机关工委、省直机关文明委表彰　2022 年 4 月 14 日颁发）

省直单位：

江西省交通运输厅

江西省交通运输厅直属单位：

省交通运输综合行政执法监督管理局

江西交通职业技术学院

省公路投资有限公司

省交通建设工程质量监督管理局

江西公路开发有限责任公司

省交通工程集团有限公司

江西赣粤高速公路工程有限责任公司

省交通科学研究院有限公司

省交通工程集团建设有限公司

省天驰高速科技发展有限公司

省交通工会委员会

省水上救助服务中心

交通运输综合行政执法监督管理局八支队

省交通投资集团有限责任公司项目建设管理公司

江西交投咨询集团有限公司

省交通投资集团财务有限公司

省高速资产经营有限责任公司

省公路工程有限责任公司

省公路桥梁工程有限公司

省交通监控指挥中心

省综合交通运输发展研究中心

省公路路政管理总队

省交通运输综合行政执法监督管理局三支队

省交通运输综合行政执法监督管理局九支队

省交通运输综合行政执法监督管理局二支队

江西高速石化有限责任公司

省高速执法监督管理局二支队

省高速公路物资有限公司

省交通运输综合行政执法监督管理局一支队

省交通运输综合行政执法监督管理局十支队

省交通运输综合行政执法监督管理局七支队

省交通运输综合行政执法监督管理局五支队

省交通运输综合行政执法监督管理局六支队

省高速置业发展有限责任公司

省高速电建新能源有限责任公司

省交通运输厅规划办公室

省交通高级技工学校

省交通运输综合行政执法监督管理局十一支队

省智慧交通运输事务中心

江西畅行高速公路服务区开发经营有限公司

（聂玉洁）

2021 年度全面依法治省考评优秀等次

（中共江西省委全面依法治省委员会　2022 年 4 月 21 日颁发）

江西省交通运输厅

（聂玉洁）

江西省五一劳动奖状

（江西省总工会表彰　2022 年 4 月 26 日颁发）

江西省交通投资集团交通咨询公司

（胡莎）

江西省工人先锋号

（江西省总工会表彰　2022 年 4 月 26 日颁发）

江西省水上救助服务中心潜水组
宜春公交集团有限公司营运二分公司公交 2 路线
江西昌泰高速公路有限责任公司吉安南收费所吉安南收费站

（胡莎）

全省离退休干部"示范党支部"

（江西省委组织部、江西省委老干部局表彰　2022 年 7 月颁发）

江西省综合交通运输事业发展中心机关离退休党支部

（杜平平）

江西省劳模创新工作室

（江西省总工会表彰　2022 年 12 月 7 日颁发）

江西省交通工程集团建设有限公司吴飞劳模创新工作室
江西省交通投资集团吉安西管理中心刘艺劳模创新工作室

（胡莎）

第十届全省百万职工学法、用法知识答题竞赛暨"百万网民学法律"新就业形态劳动者专场知识竞赛优秀组织单位

（江西省总工会表彰　2022 年 12 月 12 日颁发）

江西省交通工会

（胡莎）

江西交通工匠创新工作室

（江西省交通运输厅表彰　2022 年 12 月 30 日颁发）

省综合交通运输事业发展中心何凌坚劳模创新工作室
省高等级航道事务中心刘宣旺工作室
省交通投资集团吴飞劳模创新工作室
省交通投资集团喻斌数字创新工作室
省交通投资集团"啄木鸟"养护工匠室
省交通投资集团汇智桥梁技术创新工作室
交通职业技术学院宋金博名师工作室
省港口集团港口品质工程设计工作室
省交通高级技工学校罗红彬汽车喷涂工匠创新工作室
九江市公路发展中心钱早军劳模创新工作室

（胡莎）

表 32：　　　　　　　**2022 年具备相应高级专业技术资格人员名单**

一、正高级工程师（交通）（23 人）

序号	姓名	工作单位	资格名称	专业名称
1	刘琦	江西省交通科学研究院有限公司	正高级工程师	交通工程
2	付凯敏	江西省交通投资集团有限责任公司	正高级工程师	交通工程
3	张嘉林	江西省交通投资集团有限责任公司	正高级工程师	交通工程
4	谭志兵	江西公路开发有限责任公司	正高级工程师	交通工程
5	陈广辉	江西赣粤高速公路股份有限公司	正高级工程师	交通工程
6	黄志刚	江西省交通工程集团有限公司	止高级工程师	交通工程
7	杨明	江西省交通工程集团有限公司	正高级工程师	交通工程
8	熊伟峰	江西交投咨询集团有限公司	正高级工程师	交通工程
9	薛志辉	江西交投咨询集团有限公司	正高级工程师	交通工程
10	朱文龙	江西省交通设计研究院有限责任公司	正高级工程师	交通工程
11	李和元	江西省公路工程监理有限公司	正高级工程师	交通工程
12	杨亚林	江西投资集团资溪高速公路投资开发有限公司	正高级工程师	交通工程
13	李晓宝	江西省华赣环境集团有限公司	正高级工程师	交通工程
14	许俊	江西省港口集团有限公司	正高级工程师	交通工程
15	秦小明	江西省公路投资有限公司	正高级工程师	交通工程
16	邹秋宝	江西省港航设计院有限公司	正高级工程师	交通工程
17	姚红良	江西省港航设计院有限公司	正高级工程师	交通工程
18	刘妍	九江长江港口集团有限公司	正高级工程师	交通工程
19	赖毅	江西省路港检测中心有限公司	正高级工程师	交通工程
20	王新田	江西省交通建设工程质量监督管理局	正高级工程师	交通工程
21	王胜华	江西省智慧交通运输事务中心	正高级工程师	交通工程
22	杜鹏广	江西省宏发路桥建筑工程有限公司	正高级工程师	交通工程

续表

序号	姓名	工作单位	资格名称	专业名称
23	易汉斌	中交长江桥隧特种技术有限公司	正高级工程师	交通工程

二、高级工程师（交通）（303 人）

序号	姓名	工作单位	资格名称	专业类别
1	谢兴璜	江西省就业创业服务中心（存档人员）	高级工程师	交通工程
2	涂勇	江西交通职业技术学院	高级工程师	交通工程
3	俞文彬	江西省交通科学研究院有限公司	高级工程师	交通工程
4	董焕焕	江西省交通科学研究院有限公司	高级工程师	交通工程
5	周家强	江西省交通科学研究院有限公司	高级工程师	交通工程
6	朱泽文	江西省交通科学研究院有限公司	高级工程师	交通工程
7	黄原	江西省交通科学研究院有限公司	高级工程师	交通工程
8	熊志朋	江西省交通科学研究院有限公司	高级工程师	交通工程
9	李冲	江西省交通科学研究院有限公司	高级工程师	交通工程
10	彭水根	江西省交通科学研究院有限公司	高级工程师	交通工程
11	黄涛	江西省交通科学研究院有限公司	高级工程师	交通工程
12	许凯泉	江西省交通科学研究院有限公司	高级工程师	交通工程
13	王建霞	江西省交通投资集团有限责任公司	高级工程师	交通工程
14	金杨柳	江西公路开发有限责任公司	高级工程师	交通工程
15	詹建英	江西公路开发有限责任公司	高级工程师	交通工程
16	魏巍	江西赣粤高速公路股份有限公司	高级工程师	交通工程
17	李娟	江西省交通工程集团有限公司	高级工程师	交通工程
18	李晓朔	江西省交通工程集团有限公司	高级工程师	交通工程
19	吴灵灵	江西省交通工程集团有限公司	高级工程师	交通工程
20	张超	江西省交通工程集团有限公司	高级工程师	交通工程
21	万里	江西省交通工程集团有限公司	高级工程师	交通工程
22	谭龙	江西省交通工程集团有限公司	高级工程师	交通工程
23	朱国斌	江西省交通工程集团有限公司	高级工程师	交通工程
24	谢长盛	江西省交通工程集团有限公司	高级工程师	交通工程
25	马占武	江西省交通工程集团有限公司	高级工程师	交通工程
26	谭专专	江西省交通工程集团有限公司	高级工程师	交通工程
27	樊江勇	江西省交通工程集团有限公司	高级工程师	交通工程
28	辜荣华	江西省交通工程集团有限公司	高级工程师	交通工程
29	姜霄	江西省交通工程集团有限公司	高级工程师	交通工程
30	魏小飙	江西省交通工程集团有限公司	高级工程师	交通工程
31	魏巍	江西省交通工程集团有限公司	高级工程师	交通工程
32	刘兴中	江西省交通工程集团有限公司	高级工程师	交通工程

续表

序号	姓名	工作单位	资格名称	专业类别
33	涂欣华	江西省交通工程集团有限公司	高级工程师	交通工程
34	万小芳	江西省交通工程集团有限公司	高级工程师	交通工程
35	熊林春	江西省交通工程集团有限公司	高级工程师	交通工程
36	张志海	江西省交通工程集团有限公司	高级工程师	交通工程
37	龙良辉	江西省交通工程集团有限公司	高级工程师	交通工程
38	周丽霞	江西省交通工程集团有限公司	高级工程师	交通工程
39	黄美花	江西省交通工程集团有限公司	高级工程师	交通工程
40	章小春	江西省交通工程集团有限公司	高级工程师	交通工程
41	桂国文	江西省交通工程集团有限公司	高级工程师	交通工程
42	何钢	江西省交通工程集团有限公司	高级工程师	交通工程
43	胡凯	江西省交通工程集团有限公司	高级工程师	交通工程
44	肖光电	江西省交通工程集团有限公司	高级工程师	交通工程
45	张青青	江西省交通工程集团有限公司	高级工程师	交通工程
46	王秧巾	江西省交通工程集团有限公司	高级工程师	交通工程
47	万清	江西省交通工程集团有限公司	高级工程师	交通工程
48	彭延洋	江西省交通工程集团有限公司	高级工程师	交通工程
49	朱之安	江西省交通工程集团有限公司	高级工程师	交通工程
50	桂良琦	江西省交通工程集团有限公司	高级工程师	交通工程
51	朱建	江西省交通工程集团有限公司	高级工程师	交通工程
52	周道君	江西省交通工程集团有限公司	高级工程师	交通工程
53	丁树楠	江西省交通工程集团有限公司	高级工程师	交通工程
54	罗蒙	江西省交通工程集团有限公司	高级工程师	交通工程
55	李练兵	江西省交通工程集团有限公司	高级工程师	交通工程
56	刘丽红	江西省交通工程集团有限公司	高级工程师	交通工程
57	万涛涛	江西省交通工程集团有限公司	高级工程师	交通工程
58	陶琦	江西交投咨询集团有限公司	高级工程师	交通工程
59	陈子龙	江西交投咨询集团有限公司	高级工程师	交通工程
60	严俊	江西交投咨询集团有限公司	高级工程师	交通工程
61	张赟	江西交投咨询集团有限公司	高级工程师	交通工程
62	程宝珠	江西交投咨询集团有限公司	高级工程师	交通工程
63	刘莲娟	江西交投咨询集团有限公司	高级工程师	交通工程
64	张海凤	江西交投咨询集团有限公司	高级工程师	交通工程
65	官盛树	江西交投咨询集团有限公司	高级工程师	交通工程
66	陈霞	江西交投咨询集团有限公司	高级工程师	交通工程
67	刘安	江西交投咨询集团有限公司	高级工程师	交通工程
68	黄胜强	江西交投咨询集团有限公司	高级工程师	交通工程

续表

序号	姓名	工作单位	资格名称	专业类别
69	毛国辉	江西交投咨询集团有限公司	高级工程师	交通工程
70	余根华	江西交投咨询集团有限公司	高级工程师	交通工程
71	温奇锐	江西交投咨询集团有限公司	高级工程师	交通工程
72	幸福	江西交投咨询集团有限公司	高级工程师	交通工程
73	胡伟	江西交投咨询集团有限公司	高级工程师	交通工程
74	翁贤杰	江西交投咨询集团有限公司	高级工程师	交通工程
75	王建	江西省交通设计研究院有限责任公司	高级工程师	交通工程
76	傅立新	江西省交通设计研究院有限责任公司	高级工程师	交通工程
77	颜涛	江西省交通设计研究院有限责任公司	高级工程师	交通工程
78	邓英	江西省交通设计研究院有限责任公司	高级工程师	交通工程
79	郭凯斌	江西省交通设计研究院有限责任公司	高级工程师	交通工程
80	谢毅石	江西省交通设计研究院有限责任公司	高级工程师	交通工程
81	杨阳	江西省交通设计研究院有限责任公司	高级工程师	交通工程
82	余辉	江西省交通投资集团有限责任公司赣州管理中心	高级工程师	交通工程
83	苏勇文	江西省交通投资集团有限责任公司赣州管理中心	高级工程师	交通工程
84	毕兴	江西省交通投资集团有限责任公司赣州管理中心	高级工程师	交通工程
85	闵伟	江西省交通投资集团有限责任公司抚州管理中心	高级工程师	交通工程
86	宋涛	江西省交通投资集团有限责任公司宜春管理中心	高级工程师	交通工程
87	谢艳	江西省交通投资集团有限责任公司宜春管理中心	高级工程师	交通工程
88	胡子全	江西省交通投资集团有限责任公司吉安东管理中心	高级工程师	交通工程
89	吴维平	江西省交通投资集团有限责任公司南昌西管理中心	高级工程师	交通工程
90	李庆	江西省交通投资集团有限责任公司南昌西管理中心	高级工程师	交通工程
91	黎欣兴	江西省交通投资集团有限责任公司南昌南管理中心	高级工程师	交通工程
92	张俊	江西省交通投资集团有限责任公司南昌南管理中心	高级工程师	交通工程
93	占宇	江西省交通投资集团有限责任公司南昌东管理中心	高级工程师	交通工程
94	刘斯浩	江西省航道工程局	高级工程师	交通工程
95	张浩文	江西省航道工程局	高级工程师	交通工程
96	张庆	江西省公路工程监理有限公司	高级工程师	交通工程
97	徐晖	江西省公路工程监理有限公司	高级工程师	交通工程
98	张守林	江西省公路科研设计院有限公司	高级工程师	交通工程
99	范小军	江西省公路科研设计院有限公司	高级工程师	交通工程
100	杨林恺	江西省公路科研设计院有限公司	高级工程师	交通工程
101	江治强	江西省公路科研设计院有限公司	高级工程师	交通工程
102	欧阳娜	江西省公路科研设计院有限公司	高级工程师	交通工程
103	陈小冬	江西省江投路桥投资有限公司	高级工程师	交通工程
104	曾旭辉	江西省瑞寻高速公路有限责任公司	高级工程师	交通工程

续表

序号	姓名	工作单位	资格名称	专业类别
105	邓继华	江西省交通规划勘察设计院有限公司	高级工程师	交通工程
106	龚磊	江西省交通规划勘察设计院有限公司	高级工程师	交通工程
107	宋晔	江西省交通监控指挥中心	高级工程师	交通工程
108	王宣	江西省交通监控指挥中心	高级工程师	交通工程
109	王佑取	江西科力咨询监理有限公司	高级工程师	交通工程
110	郭文	江西省交通投资集团有限责任公司项目建设管理公司	高级工程师	交通工程
111	俞日高	江西省交通投资集团有限责任公司项目建设管理公司	高级工程师	交通工程
112	梁华	江西省交通投资集团有限责任公司项目建设管理公司	高级工程师	交通工程
113	刘蕙婷	江西省交通投资集团有限责任公司项目建设管理公司	高级工程师	交通工程
114	周浩宇	江西省交通投资集团有限责任公司项目建设管理公司	高级工程师	交通工程
115	胡云卿	江西省港口集团有限公司	高级工程师	交通工程
116	刘小琼	江西省交投置业发展有限责任公司	高级工程师	交通工程
117	曹智骅	江西省公路投资有限公司	高级工程师	交通工程
118	郑铁牛	江西省公路投资有限公司	高级工程师	交通工程
119	杨扬	江西省公路投资有限公司	高级工程师	交通工程
120	涂海龙	江西省港航设计院有限公司	高级工程师	交通工程
121	傅阳	江西省港航设计院有限公司	高级工程师	交通工程
122	彭芬	江西省港航设计院有限公司	高级工程师	交通工程
123	杨远来	江西省信江船闸通航中心	高级工程师	交通工程
124	于俊生	江西省信江船闸通航中心	高级工程师	交通工程
125	郭辉	九江长江港口集团有限公司	高级工程师	交通工程
126	张建平	江西省路港检测中心有限公司	高级工程师	交通工程
127	李嘉	江西省赣南航道事务中心	高级工程师	交通工程
128	翁烈胜	江西省赣北航道事务中心	高级工程师	交通工程
129	冷杰	江西省赣中航道事务中心	高级工程师	交通工程
130	周国平	江西省水投建设集团有限公司	高级工程师	交通工程
131	朱军	江西省交通建设工程质量监督管理局	高级工程师	交通工程
132	郭宏	江西省交通建设工程质量监督管理局	高级工程师	交通工程
133	徐小信	江西省交通建设工程质量监督管理局	高级工程师	交通工程
134	黄勇	江西省路港工程有限公司	高级工程师	交通工程
135	毛括	江西省路港工程有限公司	高级工程师	交通工程
136	胡磊	江西省路港工程有限公司	高级工程师	交通工程
137	李建儒	江西省地质局工程地质大队	高级工程师	交通工程
138	刘瑞林	江西省地质局工程地质大队	高级工程师	交通工程
139	万文成	江西省地质局工程地质大队	高级工程师	交通工程
140	林永生	江西省地质局工程地质大队	高级工程师	交通工程

续表

序号	姓名	工作单位	资格名称	专业类别
141	张磊	江西省地质局工程地质大队	高级工程师	交通工程
142	徐彪	江西省地质局地理信息工程大队	高级工程师	交通工程
143	杜晓明	江西省地质局地理信息工程大队	高级工程师	交通工程
144	张诚	江西省煤田地质勘察研究院	高级工程师	交通工程
145	徐旸	江西省交通供应链有限公司	高级工程师	交通工程
146	胡勇	江西省交通供应链有限公司	高级工程师	交通工程
147	钟家亮	江西省交通投资集团有限责任公司吉安西管理中心	高级工程师	交通工程
148	李德贵	江西省交通投资集团有限责任公司南昌北管理中心	高级工程师	交通工程
149	曹林辉	江西省交通投资集团有限责任公司南昌北管理中心	高级工程师	交通工程
150	吴德红	江西省交通投资集团有限责任公司南昌北管理中心	高级工程师	交通工程
151	蔡裕	江西省交通投资集团有限责任公司九江管理中心	高级工程师	交通工程
152	黄涛	江西省智慧交通运输事务中心	高级工程师	交通工程
153	黄瑜玲	南昌市公路事业发展中心进贤分中心	高级工程师	交通工程
154	李红	南昌市公路事业发展中心南昌分中心	高级工程师	交通工程
155	徐小国	南昌市公路事业发展中心城郊分中心	高级工程师	交通工程
156	秦昇	南昌市公路勘察设计院	高级工程师	交通工程
157	安晓明	南昌市公路勘察设计院	高级工程师	交通工程
158	郭良	南昌市公路勘察设计院	高级工程师	交通工程
159	陈星	南昌轨道交通集团有限公司	高级工程师	交通工程
160	桂志鹏	南昌轨道交通设计研究院有限公司	高级工程师	交通工程
161	龚学栋	南昌市政建设集团有限公司	高级工程师	交通工程
162	伍小永	南昌城建集团有限公司	高级工程师	交通工程
163	彭取龙	南昌公路桥梁工程有限公司	高级工程师	交通工程
164	芦靓	南昌公路桥梁工程有限公司	高级工程师	交通工程
165	戴龙斌	南昌公路桥梁工程有限公司	高级工程师	交通工程
166	张阳骏	南昌路兴交通工程监理咨询有限公司	高级工程师	交通工程
167	涂定君	南昌路兴交通工程监理咨询有限公司	高级工程师	交通工程
168	王钥	南昌路兴交通工程监理咨询有限公司	高级工程师	交通工程
169	邱俊	江西省路桥工程集团有限公司	高级工程师	交通工程
170	周加俊	江西省路桥工程集团有限公司	高级工程师	交通工程
171	陈禹	江西省路桥工程集团有限公司	高级工程师	交通工程
172	陶莉萍	江西省园博建工集团有限公司	高级工程师	交通工程
173	邓引	上海市城市建设设计研究总院（集团）有限公司江西分公司	高级工程师	交通工程
174	程长国	江西省洪建交通工程有限公司	高级工程师	交通工程
175	黎霖	江西省宏发路桥建筑工程有限公司	高级工程师	交通工程
176	周翔	江西省宏发路桥建筑工程有限公司	高级工程师	交通工程

续表

序号	姓名	工作单位	资格名称	专业类别
177	彭延洪	江西省宏发路桥建筑工程有限公司	高级工程师	交通工程
178	冷斌	江西省宏发路桥建筑工程有限公司	高级工程师	交通工程
179	裘德荣	江西顺通交通工程有限公司	高级工程师	交通工程
180	李强	江西华道工程技术有限公司	高级工程师	交通工程
181	李罗晨	江西华道工程技术有限公司	高级工程师	交通工程
182	曾德荣	中交长大桥隧技术有限公司	高级工程师	交通工程
183	朱清亮	中交长大桥隧技术有限公司	高级工程师	交通工程
184	刘衡麟	中交长江桥隧特种技术有限公司	高级工程师	交通工程
185	韩涛	中交长江桥隧特种技术有限公司	高级工程师	交通工程
186	时海华	江西城际公路工程有限公司	高级工程师	交通工程
187	詹恩	景德镇市公路事业发展中心	高级工程师	交通工程
188	李游	景德镇市公路事业发展中心浮梁分中心	高级工程师	交通工程
189	余欣涛	景德镇市公路事业发展中心浮梁分中心	高级工程师	交通工程
190	方伟	景德镇市公路事业发展中心乐平分中心	高级工程师	交通工程
191	严朝	景德镇市公路养护应急服务中心	高级工程师	交通工程
192	赵建华	景德镇市公路事业发展中心珠山分中心	高级工程师	交通工程
193	程征	景德镇市公路事业发展中心珠山分中心	高级工程师	交通工程
194	余杰	景德镇市公路事业发展中心珠山分中心	高级工程师	交通工程
195	黄涛	景德镇市交通运输综合行政执法支队	高级工程师	交通工程
196	罗思贤	景德镇建华路桥工程管理有限公司	高级工程师	交通工程
197	朱玺	萍乡市安源公路事业发展中心	高级工程师	交通工程
198	黄云富	萍乡市芦溪公路事业发展中心	高级工程师	交通工程
199	崔源满	萍乡市上栗公路事业发展中心	高级工程师	交通工程
200	郭根炎	萍乡市莲花公路事业发展中心	高级工程师	交通工程
201	柳佳	萍乡市综合交通运输事业发展中心	高级工程师	交通工程
202	彭涛	萍乡公路勘察设计院	高级工程师	交通工程
203	黎建林	萍乡公路勘察设计院	高级工程师	交通工程
204	刘小明	江西赣北公路勘察设计院	高级工程师	交通工程
205	刘雁东	江西赣北公路工程有限公司	高级工程师	交通工程
206	徐延超	九江市港口航运管理局	高级工程师	交通工程
207	袁庆波	新余市公路桥梁工程局	高级工程师	交通工程
208	贺飞虎	新余公路勘察设计院	高级工程师	交通工程
209	王晓辉	赣州高速公路有限责任公司	高级工程师	交通工程
210	刘利生	赣州高速公路有限责任公司	高级工程师	交通工程
211	李文	赣州高速公路有限责任公司	高级工程师	交通工程
212	廖小林	赣州高速公路有限责任公司	高级工程师	交通工程

续表

序号	姓名	工作单位	资格名称	专业类别
213	罗怡	赣州高速公路有限责任公司	高级工程师	交通工程
214	甘招娣	赣州市交通运输综合行政执法支队	高级工程师	交通工程
215	胡春雨	赣州市交通运输综合行政执法支队	高级工程师	交通工程
216	王华英	赣州市公路发展中心南康分中心	高级工程师	交通工程
217	廖金红	赣州市公路发展中心安远分中心	高级工程师	交通工程
218	王家仁	赣州市公路发展中心信丰分中心	高级工程师	交通工程
219	郭秀良	赣州市公路发展中心崇义分中心	高级工程师	交通工程
220	刘承斌	江西省赣南公路勘察设计院有限公司	高级工程师	交通工程
221	张辉	江西省赣南公路勘察设计院有限公司	高级工程师	交通工程
222	黎峰	江西省赣南公路勘察设计院有限公司	高级工程师	交通工程
223	彭孝旺	江西省赣南公路勘察设计院有限公司	高级工程师	交通工程
224	李薇	赣州市综合交通运行指挥中心	高级工程师	交通工程
225	蔡秋英	赣州市综合交通运行指挥中心	高级工程师	交通工程
226	郭迪金	赣州忠信公路工程监理有限公司	高级工程师	交通工程
227	彭萍	赣州市赣县区交通运输事业发展中心	高级工程师	交通工程
228	方芳	兴国县交通运输综合行政执法大队	高级工程师	交通工程
229	彭青	江西凯创建设工程有限公司	高级工程师	交通工程
230	彭新平	中虔建设集团有限公司	高级工程师	交通工程
231	黄斌	华虔建设集团有限公司	高级工程师	交通工程
232	赖正金	江西通威公路建设集团有限公司	高级工程师	交通工程
233	胡蓉	吉安市公路建设和养护中心新干分中心	高级工程师	交通工程
234	王艳	吉安市公路建设和养护中心安福分中心	高级工程师	交通工程
235	刘俊	吉安市公路建设和养护中心安福分中心	高级工程师	交通工程
236	岩郎林	吉安市公路建设和养护中心永新分中心	高级工程师	交通工程
237	刘晔	吉安市公路建设和养护中心井冈山分中心	高级工程师	交通工程
238	陈建华	吉安市公路建设和养护中心吉安分中心	高级工程师	交通工程
239	肖成宇	吉安市公路勘察设计院	高级工程师	交通工程
240	罗斌	吉安市路桥工程局	高级工程师	交通工程
241	胡美南	吉安市路桥工程局	高级工程师	交通工程
242	肖慧媛	吉安市路桥工程局	高级工程师	交通工程
243	刘美健	吉安市路桥工程局	高级工程师	交通工程
244	张小山	吉安市青原区综合交通运输事业发展中心	高级工程师	交通工程
245	肖华文	井冈山市综合交通运输事业发展中心	高级工程师	交通工程
246	彭福桂	宜春市公路事业发展中心袁州分中心	高级工程师	交通工程
247	张相仁	宜春市公路事业发展中心袁州分中心	高级工程师	交通工程
248	蒋红	宜春市公路事业发展中心樟树分中心	高级工程师	交通工程

续表

序号	姓名	工作单位	资格名称	专业类别
249	熊勇	宜春市公路事业发展中心靖安分中心	高级工程师	交通工程
250	张萍	宜春市公路事业发展中心奉新分中心	高级工程师	交通工程
251	陈辉	宜春市公路事业发展中心高安分中心	高级工程师	交通工程
252	曹瑞瑛	宜春市公路事业发展中心高安分中心	高级工程师	交通工程
253	柳凯	宜春市公路事业发展中心宜丰分中心	高级工程师	交通工程
254	罗锋	宜春市公路事业发展中心铜鼓分中心	高级工程师	交通工程
255	李广建	宜春市公路事业发展中心万载分中心	高级工程师	交通工程
256	易建新	宜春市公路事业发展中心万载分中心	高级工程师	交通工程
257	袁可	宜春公路勘察设计院	高级工程师	交通工程
258	戴文涛	宜春公路勘察设计院	高级工程师	交通工程
259	彭福举	江西宜春市政交通建设有限公司	高级工程师	交通工程
260	邹无边	江西赣通工程检测咨询有限公司	高级工程师	交通工程
261	欧阳露	江西赣通工程检测咨询有限公司	高级工程师	交通工程
262	李琼	江西省宜春公路建设集团有限公司	高级工程师	交通工程
263	邓冬根	江西省宜春公路建设集团有限公司	高级工程师	交通工程
264	袁宁平	江西省宜春公路建设集团有限公司	高级工程师	交通工程
265	涂文胜	江西省宜春公路建设集团有限公司	高级工程师	交通工程
266	肖遥	江西省宜春公路建设集团有限公司	高级工程师	交通工程
267	宋福明	宜春交通投资集团有限公司	高级工程师	交通工程
268	罗洪庚	宜春通达路桥建设有限公司	高级工程师	交通工程
269	何敏	宜春通达路桥建设有限公司	高级工程师	交通工程
270	陈建文	宜春通达路桥建设有限公司	高级工程师	交通工程
271	吴波波	宜春通达路桥建设有限公司	高级工程师	交通工程
272	赵山	宜春市袁州区交通运输服务中心	高级工程师	交通工程
273	辛鹏远	万载县交通运输局	高级工程师	交通工程
274	徐柿根	江西赣东路桥建设集团有限公司	高级工程师	交通工程
275	熊磊	江西赣东路桥建设集团有限公司	高级工程师	交通工程
276	张丽红	江西赣东路桥建设集团有限公司	高级工程师	交通工程
277	叶伟锋	抚州市公路质量检测中心有限公司	高级工程师	交通工程
278	吴绍辉	抚州市恒通路桥工程有限公司	高级工程师	交通工程
279	钟国辉	抚州博信公路工程监理有限公司	高级工程师	交通工程
280	蔡莉	抚州博信公路工程监理有限公司	高级工程师	交通工程
281	徐武辉	抚州赣东公路设计院有限公司	高级工程师	交通工程
282	曾孟文	抚州赣东公路设计院有限公司	高级工程师	交通工程
283	龚方涛	抚州赣东公路设计院有限公司	高级工程师	交通工程
284	李燕华	抚州赣东公路设计院有限公司	高级工程师	交通工程

续表

序号	姓名	工作单位	资格名称	专业类别
285	梅湛璆	抚州市同鑫建设工程有限公司	高级工程师	交通工程
286	陈桂财	抚州市公路事业发展中心乐安分中心	高级工程师	交通工程
287	陈晓晶	江西海西交通工程有限公司	高级工程师	交通工程
288	刘丽敏	上饶市广丰公路事业发展中心	高级工程师	交通工程
289	杨建玲	上饶市玉山公路事业发展中心	高级工程师	交通工程
290	江元才	上饶市鄱阳公路事业发展中心	高级工程师	交通工程
291	丁启斌	上饶市铅山公路事业发展中心	高级工程师	交通工程
292	程小平	上饶市横峰公路事业发展中心	高级工程师	交通工程
293	蒋龙	上饶市交通运输综合服务中心	高级工程师	交通工程
294	潘振	上饶市交通运输综合服务中心	高级工程师	交通工程
295	李攀	上饶市交通建设投资集团有限公司	高级工程师	交通工程
296	何晋	上饶市宏优公路勘察设计院有限公司	高级工程师	交通工程
297	董文娟	上饶市赣东公路工程咨询有限公司	高级工程师	交通工程
298	潘求星	江西省现代路桥工程集团有限公司	高级工程师	交通工程
299	王剑卿	江西省现代路桥工程集团有限公司	高级工程师	交通工程
300	王丽凤	上饶市德兴公路事业发展中心	高级工程师	交通工程
301	高光美	上饶市德兴公路事业发展中心	高级工程师	交通工程
302	杨姿	江西九洲建设设计有限公司	高级工程师	交通工程
303	吴信杰	玉山县交通运输综合服务中心	高级工程师	交通工程

三、正高级会计师（1人）

序号	姓名	工作单位	资格名称	专业名称
1	缪立立	江西赣粤高速公路股份有限公司	正高级会计师	会计

四、高级会计师（19人）

序号	姓名	工作单位	资格名称	专业名称
1	罗新宇	江西省交通投资集团有限责任公司	高级会计师	会计
2	刘详扬	江西省交通投资集团有限责任公司	高级会计师	会计
3	陈志强	江西赣粤高速公路股份有限公司	高级会计师	会计
4	雷建红	江西省交通工程集团有限公司	高级会计师	会计
5	蔡火霞	江西省交通工程集团有限公司	高级会计师	会计
6	邹赟	江西省交通工程集团有限公司	高级会计师	会计
7	肖青	江西省交通设计研究院有限责任公司	高级会计师	会计
8	吴影	江西省交通设计研究院有限责任公司	高级会计师	会计
9	罗桂莲	江西畅行高速公路服务区开发经营有限公司	高级会计师	会计

续表

序号	姓名	工作单位	资格名称	专业名称
10	周彦卿	江西省高速资产经营有限责任公司	高级会计师	会计
11	武晶晶	江西路通科技有限公司	高级会计师	会计
12	李锡琳	江西省交通投资集团财务有限公司	高级会计师	会计
13	潘琰	江西省交通投资集团有限责任公司　项目建设管理公司	高级会计师	会计
14	蔡莹	江西省交投置业发展有限责任公司	高级会计师	会计
15	晏智丽	江西省公路投资有限公司	高级会计师	会计
16	刘彩云	江西省港航运输有限公司	高级会计师	会计
17	陈海兰	江西省公路路政管理总队	高级会计师	会计
18	文艳	江西省交通供应链有限公司	高级会计师	会计
19	吴珊	江西省交通投资集团有限责任公司　南昌北管理中心	高级会计师	会计

五、正高级经济师（1人）

序号	姓名	工作单位	资格名称	专业名称
1	熊长水	江西省交通投资集团有限责任公司　南昌西管理中心	正高级经济师	经济

六、高级经济师（7人）

序号	姓名	工作单位	资格名称	专业名称
1	谢兼法	江西省交通投资集团有限责任公司	高级经济师	经济
2	刘公银	江西省交通投资集团有限责任公司	高级经济师	经济
3	李丽	江西公路开发有限责任公司	高级经济师	经济
4	易瑛	江西赣粤高速公路股份有限公司	高级经济师	经济
5	朱志文	江西省交通投资集团有限责任公司　赣州管理中心	高级经济师	经济
6	刘红芳	江西省交通投资集团有限责任公司　宜春管理中心	高级经济师	经济
7	姚颖	江西省公路路政管理总队	高级经济师	经济

七、高级人力资源管理师（5人）

序号	姓名	工作单位	资格名称	专业名称
1	邹丽娟	江西交通职业技术学院	高级人力资源管理师	经济
2	付文明	江西省交通投资集团有限责任公司	高级人力资源管理师	经济
3	张学红	江西省交通投资集团有限责任公司宜春管理中心	高级人力资源管理师	经济
4	陈露	江西省交通投资集团有限责任公司南昌西管理中心	高级人力资源管理师	经济
5	龚平	江西省赣中航道事务中心	高级人力资源管理师	经济

八、技校高级讲师（1人）

序号	姓名	工作单位	资格名称	专业名称
1	刘志赟	江西省交通高级技工学校（江西省交通运输学校）	技校高级讲师	讲师

九、中专高级讲师（1人）

序号	姓名	工作单位	资格名称	专业名称
1	葛蓉蓉	江西省交通高级技工学校（江西省交通运输学校）	中专高级讲师	讲师
2	毛建峰	江西省交通高级技工学校（江西省交通运输学校）	中专高级讲师	讲师
3	陶国武	江西省交通高级技工学校（江西省交通运输学校）	中专高级讲师	讲师

十、高级工程师（建设）（10人）

序号	姓名	工作单位	资格名称	专业名称
1	袁鹏	江西省交通科学研究院有限公司	高级工程师	建设
2	周予进	江西省交通设计研究院有限责任公司	高级工程师	建设
3	赵晓琳	江西省交通设计研究院有限责任公司	高级工程师	建设
4	魏强	江西省交通设计研究院有限责任公司	高级工程师	建设
5	周金民	江西省交通设计研究院有限责任公司	高级工程师	建设
6	朱凤琪	江西省交通设计研究院有限责任公司	高级工程师	建设
7	黄琦	江西省交通投资集团有限责任公司抚州管理中心	高级工程师	建设
8	雷晶	江西省交投置业发展有限责任公司	高级工程师	建设
9	罗永林	江西省交投置业发展有限责任公司	高级工程师	建设
10	刘杰	江西省港航建设投资集团有限公司	高级工程师	建设

十一、副研究馆员（档案）（1人）

序号	姓名	工作单位	资格名称	专业名称
1	张正辉	江西交通职业技术学院	副研究馆员	档案

（厅人事处）

文献文件

公路水运工程监理企业资质管理规定

（2022年4月3日交通运输部令2022年第12号公布　自2022年6月1日起施行）

第一章　总　则

第一条　为加强公路、水运工程监理企业的资质管理，规范公路、水运建设市场秩序，保证公路、水运工程建设质量，根据《建设工程质量管理条例》，制定本规定。

第二条　公路、水运工程监理企业资质的取得及监督管理，适用本规定。

第三条　从事公路、水运工程监理活动，应当按照本规定取得相应的公路工程监理企业资质、水运工程监理企业资质，并在业务范围内开展监理业务。

第四条　交通运输部负责全国公路、水运工程监理企业资质监督管理工作。

县级以上地方人民政府交通运输主管部门根据职责负责本行政区域内公路、水运工程监理企业资质监督管理工作。

第二章　资质等级分类、业务范围和申请条件

第五条　公路、水运工程监理企业资质均分为甲级、乙级和机电专项。

第六条　公路工程监理企业资质的业务范围分为：

（一）甲级资质可在全国范围内从事一、二、三类公路工程的监理业务；

（二）乙级资质可在全国范围内从事二、三类公路工程的监理业务；

（三）机电专项资质可在全国范围内从事各类型公路机电工程的监理业务。

水运工程监理企业资质的业务范围分为：

（一）甲级资质可在全国范围内从事大、中、小型水运工程的监理业务；

（二）乙级资质可在全国范围内从事中、小型水运工程的监理业务；

（三）机电专项资质可在全国范围内从事各类

型水运机电工程的监理业务。

公路、水运工程监理业务的分类标准见附件 1。

第七条　申请公路、水运工程监理企业资质的单位，应当是经依法登记注册的企业法人，并具备**第八条**至**第十三条**规定的相应资质条件。

申请人作为工程质量安全事故当事人的，应当经有关主管部门认定无责任，或者虽受相关行政处罚但已履行完毕。

第八条　申请公路工程甲级监理企业资质的单位，应当具备下列条件：

（一）人员同时满足下列要求：

1. 企业负责人中不少于 1 人具备 10 年及以上公路工程建设经历，具备监理工程师资格；技术负责人中不少于 1 人具备 15 年及以上公路工程建设经历，具备一类公路工程监理业绩的总监理工程师经历，具备公路或者相关专业高级技术职称和监理工程师资格。上述人员与企业签订的劳动合同期限均不少于 3 年。

2. 企业拥有中级及以上技术职称专业技术人员不少于 50 人，其中持监理工程师资格证书的人员不少于 30 人，工程系列高级技术职称人员不少于 10 人，经济师、会计师或者造价工程师不少于 3 人。上述各类人员中，与企业签订 3 年及以上劳动合同的人数均不低于 70%。

（二）业绩满足下列要求之一：

1. 企业具备不少于 5 项二类公路工程监理业绩，其中桥梁、隧道工程监理业绩不超过 2 项。持监理工程师资格证书的人员中，不少于 10 人具备 2 项一类公路工程监理业绩，不少于 3 人具备一类公路工程监理业绩的总监理工程师或者驻地监理工程师经历，上述人员与企业签订的劳动合同期限均不少于 3 年。

2. 企业具备 1 项一类和不少于 2 项二类公路工程监理业绩。

3. 企业具备不少于 2 项一类公路工程监理业绩。

（三）拥有与业务范围相适应的试验检测仪器设备（见附件 2）。

（四）企业信誉良好。有两期及以上公路建设市场全国综合信用评价结果的，最近两期评价等级均不低于 B 级且其中一期不低于 A 级；只有一期评价结果的，评价等级不低于 B 级且申请前一年内未发现存在严重不良行为；无评价结果的，申请

前一年内未发现存在严重不良行为。

第九条　申请公路工程乙级监理企业资质的单位，应当具备下列条件：

（一）人员同时满足下列要求：

1. 企业负责人中不少于 1 人具备 5 年及以上公路工程建设经历，具备监理工程师资格；技术负责人中不少于 1 人具备 8 年及以上公路工程建设经历，具备公路工程监理业绩的总监理工程师经历，具备监理工程师资格。上述人员与企业签订的劳动合同期限均不少于 3 年。

2. 企业拥有中级及以上技术职称专业技术人员不少于 20 人，其中持监理工程师资格证书的人员不少于 10 人，工程系列高级技术职称人员不少于 3 人，经济师、会计师或者造价工程师不少于 1 人。上述各类人员中，与企业签订 3 年及以上劳动合同的人数均不低于 70%。

（二）业绩满足下列要求之一：

1. 持监理工程师资格证书的人员中，不少于 4 人具备 2 项公路工程监理业绩，且与企业签订的劳动合同期限不少于 3 年。

2. 企业具备不少于 1 项二类公路工程监理业绩或者不少于 2 项三类公路工程监理业绩。

（三）拥有与业务范围相适应的试验检测仪器设备（见附件 2）。

（四）企业信誉良好。有两期及以上公路建设市场全国综合信用评价结果的，最近两期评价等级均不低于 B 级；只有一期评价结果的，评价等级不低于 B 级且申请前一年内未发现存在严重不良行为；无评价结果的，申请前一年内或者企业成立至申请前未发现存在严重不良行为。

第十条　申请公路工程机电专项监理企业资质的单位，应当具备下列条件：

（一）人员同时满足下列要求：

1. 企业负责人中不少于 1 人具备 10 年及以上公路机电工程建设经历，具备监理工程师资格；技术负责人中不少于 1 人具备 15 年及以上公路机电工程建设经历，具备公路机电工程监理业绩的总监理工程师经历，具备机电专业高级技术职称和监理工程师资格。上述人员与企业签订的劳动合同期限均不少于 3 年。

2. 企业拥有中级及以上技术职称专业技术人员不少于 30 人，其中持监理工程师资格证书的人员不少于 12 人，工程系列高级技术职称人员不少

于 10 人，经济师、会计师或者造价工程师不少于 2 人。上述各类人员中，与企业签订 3 年及以上劳动合同的人数均不低于 70%。

（二）业绩满足下列要求之一：

1. 持监理工程师资格证书的人员中，不少于 6 人具备公路机电工程监理业绩，不少于 3 人具备公路机电工程监理业绩的总监理工程师或者驻地监理工程师经历，上述人员与企业签订的劳动合同期限均不少于 3 年。

2. 企业具备不少于 2 项公路机电工程监理业绩。

（三）拥有与业务范围相适应的试验检测仪器设备（见附件 2）。

（四）企业信誉良好。有两期及以上公路建设市场全国综合信用评价结果的，最近两期评价等级均不低于 B 级；只有一期评价结果的，评价等级不低于 B 级且申请前一年内未发现存在严重不良行为；无评价结果的，申请前一年内或者企业成立至申请前未发现存在严重不良行为。

第十一条　申请水运工程甲级监理企业资质的单位，应当具备下列条件：

（一）人员同时满足下列要求：

1. 企业负责人中不少于 1 人具备 10 年及以上水运工程建设经历，具备监理工程师资格；技术负责人中不少于 1 人具备 15 年及以上水运工程建设经历，具备大型水运工程监理业绩的总监理工程师经历，具备水运或者相关专业高级技术职称和监理工程师资格。上述人员与企业签订的劳动合同期限均不少于 3 年。

2. 企业拥有中级及以上技术职称专业技术人员不少于 40 人，其中持监理工程师资格证书的人员不少于 25 人，工程系列高级技术职称人员不少于 10 人，经济师、会计师或者造价工程师不少于 2 人。上述各类人员中，与企业签订 3 年及以上劳动合同的人数均不低于 70%。

（二）业绩满足下列要求之一：

1. 企业具备不少于 5 项中型水运工程监理业绩。持监理工程师资格证书的人员中，不少于 9 人具备大型水运工程监理业绩，不少于 3 人具备大型水运工程监理业绩的总监理工程师或者总监理工程师代表经历，上述人员与企业签订的劳动合同期限均不少于 3 年。

2. 企业具备 1 项大型和不少于 2 项中型水运

工程监理业绩。

3. 企业具备不少于 2 项大型水运工程监理业绩。

（三）拥有与业务范围相适应的试验检测仪器设备（见附件 2）。

（四）企业信誉良好。有两期及以上水运建设市场全国综合信用评价结果的，最近两期评价等级均不低于 B 级且其中一期不低于 A 级；只有一期评价结果的，评价等级不低于 B 级且申请前一年内未发现存在严重不良行为；无评价结果的，申请前一年内未发现存在严重不良行为。

第十二条　申请水运工程乙级监理企业资质的单位，应当具备下列条件：

（一）人员同时满足下列要求：

1. 企业负责人中不少于 1 人具备 5 年及以上水运工程建设经历，具备监理工程师资格；技术负责人中不少于 1 人具备 8 年及以上水运工程建设经历，具备水运工程监理业绩的总监理工程师经历，具备监理工程师资格。上述人员与企业签订的劳动合同期限均不少于 3 年。

2. 企业拥有中级及以上技术职称专业技术人员不少于 20 人，其中持监理工程师资格证书的人员不少于 10 人，工程系列高级技术职称人员不少于 3 人，经济师、会计师或者造价工程师不少于 1 人。上述各类人员中，与企业签订 3 年及以上劳动合同的人数均不低于 70%。

（二）业绩满足下列要求之一：

1. 持监理工程师资格证书的人员中，不少于 4 人具备水运工程监理业绩，不少于 2 人具备水运工程监理业绩的总监理工程师或者总监理工程师代表经历，不少于 1 人具备中型及以上水运工程监理业绩的总监理工程师或者总监理工程师代表经历。上述人员与企业签订的劳动合同期限均不少于 3 年。

2. 企业具备不少于 1 项中型水运工程监理业绩或者不少于 2 项小型水运工程监理业绩。

（三）拥有与业务范围相适应的试验检测仪器设备（见附件 2）。

（四）企业信誉良好。有两期及以上水运建设市场全国综合信用评价结果的，最近两期评价等级均不低于 B 级；只有一期评价结果的，评价等级不低于 B 级且申请前一年内未发现存在严重不良行为；无评价结果的，申请前一年内或者企业成立至申请前未发现存在严重不良行为。

第十三条　申请水运工程机电专项监理企业资质的单位，应当具备下列条件：

（一）人员同时满足下列要求：

1. 企业负责人中不少于1人具备10年及以上水运机电工程建设经历，具备监理工程师资格；技术负责人中不少于1人具备15年及以上水运机电工程建设经历，具备水运机电工程监理业绩的总监理工程师经历，具备机电专业高级技术职称和监理工程师资格。上述人员与企业签订的劳动合同期限均不少于3年。

2. 企业拥有中级及以上技术职称专业技术人员不少于25人，其中持监理工程师资格证书的人员不少于12人，工程系列高级技术职称人员不少于10人，经济师、会计师或者造价工程师不少于2人。上述各类人员中，与企业签订3年及以上劳动合同的人数均不低于70%。

（二）业绩满足下列要求之一：

1. 持监理工程师资格证书的人员中，不少于6人具备水运机电工程监理业绩，不少于3人具备水运机电工程监理业绩的总监理工程师或者总监理工程师代表经历，上述人员与企业签订的劳动合同期限均不少于3年。

2. 企业具备不少于2项水运机电工程监理业绩。

（三）拥有与业务范围相适应的试验检测仪器设备（见附件2）。

（四）企业信誉良好。有两期及以上水运建设市场全国综合信用评价结果的，最近两期评价等级均不低于B级；只有一期评价结果的，评价等级不低于B级且申请前一年内未发现存在严重不良行为；无评价结果的，申请前一年内或者企业成立至申请前未发现存在严重不良行为。

第三章　申请与许可

第十四条　交通运输部负责公路工程甲级和机电专项监理企业资质的行政许可工作。

申请人注册地的省级人民政府交通运输主管部门负责公路工程乙级监理企业资质，水运工程甲级、乙级和机电专项监理企业资质的行政许可工作。

第十五条　申请人申请公路、水运工程监理企业资质，应当向**第十四条**规定的许可机关提交下列申请材料或者信息：

（一）公路水运工程监理企业资质申请表；

（二）企业统一社会信用代码；

（三）相关的企业负责人、技术负责人以及专业技术人员名单；

（四）企业、人员从业业绩清单；

（五）试验检测仪器设备清单。

申请人应当通过全国公路、水运相关管理系统在线申请，将前款规定的材料或者信息相应录入系统，并对其提交材料或者信息的真实性负责。

全国公路、水运相关管理系统应当向社会公开，接受社会监督。

第十六条　许可机关应当按照《交通行政许可实施程序规定》开展许可工作。准予许可的，颁发相应的公路、水运工程监理企业资质纸质证书和电子证书。

电子证书与纸质证书全国通用，具有同等法律效力。

第十七条　许可机关在作出行政许可决定的过程中可以聘请专家对申请材料进行评审，并且将评审结果向社会公示。

专家评审的时间不计算在许可期限内，但应当将专家评审需要的时间告知申请人。专家评审的时间最长不得超过三十日。

第十八条　许可机关应当组建资质评审专家库，做好专家库的维护、使用和监督管理工作。

许可机关聘请的评审专家应当从其建立的资质评审专家库中选定，并符合回避要求。因回避等原因资质评审专家库难以满足需要的，许可机关可以从其他资质评审专家库中确定评审专家。

参与评审的专家应当履行公正评审、保守企业商业秘密的义务。

第十九条　许可机关作出的准予许可决定，应当向社会公开，公众有权查阅。

第二十条　资质证书有效期为五年。

资质证书有效期届满，企业拟继续从事监理业务的，应当在资质证书有效期届满六十日前，向许可机关提出延续申请。

第二十一条　许可机关对提出资质证书延续申请企业的各项条件进行审查，自收到申请之日起二十个工作日内作出是否准予延续的决定。符合资质条件的，许可机关准予资质证书延续五年。

第二十二条　监理企业在领取新的资质证书时，应当将原资质证书交回许可机关。

第二十三条　公路工程乙级监理企业资质、

水运工程乙级监理企业资质、水运工程机电专项监理企业资质实行告知承诺制，许可机关制作并公布告知承诺书格式文本，申请人可自主选择是否采用告知承诺制方式办理。

申请人自愿承诺符合资质条件并按要求提交材料的，许可机关应当当场作出许可决定。

申请人不愿承诺或者无法承诺的，按照本章规定的一般程序办理。

第二十四条 许可机关以告知承诺方式作出许可决定的，应当及时组织对申请人履行承诺情况进行检查。

发现申请人违反承诺的，许可机关应当责令限期整改。逾期不整改或者整改后仍不符合承诺的资质条件的，应当依照《中华人民共和国行政许可法》撤销其资质许可。

第四章　监督检查

第二十五条 各级人民政府交通运输主管部门根据职责对监理企业实施监督检查，强化动态核查，原则上采取随机抽取检查对象、检查人员的方式，通过信息化手段加强事中事后监管，监督检查结果及时向社会公布。

交通运输主管部门进行监督检查时，相关单位和个人应当配合。

第二十六条 已取得资质许可的监理企业不再符合相应资质条件的，许可机关应当责令其限期整改，并将整改要求、整改结果等相关情况向社会公布。

第二十七条 有下列情形之一的，监理企业应当及时将纸质证书交回许可机关，许可机关应当一并注销纸质证书和电子证书，并向社会公开：

（一）未按照规定期限申请延续或者延续申请未获批准的；

（二）企业依法终止的；

（三）资质许可依法被撤销、撤回或者资质证书依法被吊销的；

（四）法律、法规规定的应当注销资质许可的其他情形。

第二十八条 监理企业遗失资质证书，应当在公开媒体和许可机关指定的网站上声明作废，并向许可机关申请办理补证手续。

第二十九条 监理企业的名称、住所、法定代表人等一般事项发生变更的，应当在变更事项发生后十日内向许可机关申请签注变更。

监理企业发生合并、分立、重组、改制等情形需要承继原资质证书的，应当在十日内向许可机关申请重大事项变更。许可机关受理申请后，应当对申请人是否符合原资质条件进行核定，符合原资质条件的，可以承继原资质证书，但不得超过注明的有效期；不符合原资质条件的，应当重新提交资质申请。不再承继原资质证书的，应当及时办理注销手续。

第三十条 监理企业违反本规定，由交通运输主管部门依据《建设工程质量管理条例》及有关规定给予相应处罚。申请人在资质申请过程中的违法违规行为，纳入信用管理。

第三十一条 交通运输主管部门工作人员在资质许可和监督管理工作中玩忽职守、滥用职权、徇私舞弊等严重失职的，由所在单位或者其上级机关依照国家有关规定给予行政处分；构成犯罪的，依法追究刑事责任。

第五章　附　则

第三十二条 纸质证书由许可机关按照交通运输部规定的统一格式制作，电子证书的制作、使用和管理按照交通运输部有关规定执行。

第三十三条 本规定自2022年6月1日起施行。2018年5月17日以交通运输部令2018年第7号发布的《公路水运工程监理企业资质管理规定》、2019年11月28日以交通运输部令2019年第37号发布的《关于修改〈公路水运工程监理企业资质管理规定〉的决定》同时废止。

附件1　　　　　　　　　　　　　　**一、公路工程监理业务分类标准**

	一类	二类	三类
1.路基路面工程	高速公路	一级公路	除高速公路、一级公路外的其他公路
2.桥梁工程	特大桥	大桥、中桥	小桥、涵洞
3.隧道工程	特长隧道、长隧道	中隧道	短隧道

注：1.本标准使用术语含义与交通运输部《公路工程技术标准》（JTGB01—2014）规定一致。

2.分类标准中的工程，包含配套的交通安全设施、服务设施和管理养护设施，但不包含公路机电工程的内容。

二、水运工程监理业务分类标准

序号	建设项目		单位	大型	中型	小型
1	港口工程	集装箱码头 沿海	吨级	≥100000	10000～100000	<10000
		集装箱码头 内河	吨级	≥1000	<1000	—
		散货码头 沿海	吨级	≥50000	10000～50000	<10000
		散货码头 内河	吨级	≥1000	500～1000	<500
		件杂货、滚装、客运等多用途码头 沿海	吨级	≥10000	3000～10000	<3000
		件杂货、滚装、客运等多用途码头 内河	吨级	≥1000	500～1000	<500
		原油码头 沿海	吨级	≥50000	10000～50000	<10000
		原油码头 内河	吨级	≥1000	<1000	—
		化学品、成品油、气等危险品码头	吨级	≥3000	<3000	—
		舾装码头	吨级	≥50000	10000～50000	<10000
		防波堤、导流堤、海上人工岛等水上建筑	最大水深（米）	≥6	<6	—
		护岸、引堤、海墙等建筑防护	最大水深（米）	≥5	3～5	<3
		船坞 船舶吨位		≥50000	10000～50000	<10000
		船台、滑道 船体重量（吨）		≥5000	1000～5000	<1000
		港区堆场 沿海	万平方米	≥20	10～20	<10
		港区堆场 内河	万平方米	≥10	5～10	<5
		港口装卸工艺	港口项目规模	大型港口工程中相应装卸工艺	中型港口工程中相应装卸工艺	小型港口工程中相应装卸工艺
2	航道工程	沿海	通航吨级	≥100000	10000～100000	<10000
		内河整治	通航吨级	≥1000	500～1000	<500
		疏浚与吹填	工程量（万方）	≥200	50～200	<50
		渠化枢纽、船闸	通航吨级	≥1000	500～1000	<500
		升船机	通航吨级	≥1000	500～1000	<500
		航标工程	投资（万元）	≥1000	<1000	—
		船舶交通管理系统工程	投资（万元）	≥3000	<3000	—

注：1. 天然河流港口与航道工程中，潮汐河口的河口潮流段和口外海滨段的工程为沿海工程。

　　2. 分类标准中的工程不包含水运机电工程的内容。

附件2

公路水运工程监理企业资质试验检测仪器设备配备要求

一、公路工程

（一）甲级监理企业资质：

1. 土工试验：烘箱、天平、电子秤、标准筛、摇筛机、液塑限联合测定仪、标准击实仪；

2. 水泥混凝土、砂浆试验：坍落度仪、压力试验机（2000kN、300kN各1台）；

3. 沥青试验:针入度仪、延度仪、软化点试验仪、恒温水槽（控温精度 0.1℃）；

4. 无机结合料稳定材料试验:滴定设备、路面材料强度试验仪、标准养护箱；

5. 混凝土强度检测:回弹仪；

6. 路基路面检测:灌砂仪、路面取芯钻机、连续式平整度仪、贝克曼梁（含百分表）；

7. 钢材与连接接头试验:伺服万能试验机、弯曲装置（含弯头）、反向弯曲装置（含弯头）；

8. 测量设备:水准仪、全站仪。

（二）乙级监理企业资质:

1. 土工试验:烘箱、天平、电子秤、标准筛、摇筛机、液塑限联合测定仪、标准击实仪；

2. 水泥混凝土、砂浆试验:坍落度仪、压力试验机（2000kN、300kN 各 1 台）；

3. 沥青试验:针入度仪、延度仪、软化点试验仪、恒温水槽（控温精度 0.1℃）；

4. 石灰试验:滴定设备；

5. 混凝土强度检测:回弹仪；

6. 路基路面检测:灌砂仪、路面取芯钻机、连续式平整度仪；

7. 测量设备:经纬仪、水准仪。

（三）机电专项监理企业资质:

1. 光功率计 / 光源；

2. 光时域反射计；

3. 数字式地阻仪；

4. 钳形电流表；

5. 照度计；

6. 数字万用表；

7. 数显卡尺；

8. RCL 测试仪；

9. 涂镀层测厚仪（磁性、电涡流）；

10. 超声波测厚仪。

二、水运工程

（一）甲级监理企业资质:

1. 土工试验:烘箱、天平、电子秤、标准筛、摇筛机、液塑限联合测定仪、标准击实仪；

2. 水泥混凝土、砂浆试验:坍落度仪、压力试验机（2000kN、300kN 各 1 台）；

3. 集料试验:压碎指标测定仪；

4. 混凝土强度检测:回弹仪；

5. 钢材与连接接头试验:伺服万能试验机、弯曲装置（含弯头）、反向弯曲装置（含弯头）；

6. 测量设备:水准仪、全站仪。

（二）乙级监理企业资质:

1. 土工试验:烘箱、天平、电子秤、标准筛、摇筛机、液塑限联合测定仪、标准击实仪；

2. 水泥混凝土、砂浆试验:坍落度仪、压力试验机（2000kN、300kN 各 1 台）；

3. 集料试验:压碎指标测定仪；

4. 混凝土强度检测:回弹仪；

5. 测量设备:水准仪、全站仪。

（三）机电专项监理企业资质:

1. 经纬仪、水准仪、测距仪；

2. 拉压力传感器、荷重传感器；

3. 手持数字转速表；

4. 数字万用表、数字钳形电流表；

5. 绝缘电阻测试仪、接地电阻测试仪；

6. 照度计；

7. 超声波测厚仪、超声波探测仪、超声波涂层测厚仪；

8. 红外式温度计；

9. 噪声计、水平仪、风速仪；

10. 焊缝检验尺、厚薄规、螺纹量规、游标卡尺。

中华人民共和国高速客船安全管理规则

（2006 年 2 月 24 日交通部令 2006 年第 4 号发布　根据 2017 年 5 月 23 日交通运输部《关于修改〈中华人民共和国高速客船安全管理规则〉的决定》第一次修正　根据 2022 年 7 月 8 日交通运输部《关于修改〈中华人民共和国高速客船安全管理规则〉的决定》第二次修正）

第一章　总则

第一条　为加强对高速客船的安全监督管理，维护水上交通秩序，保障人命财产安全，依据《中华人民共和国海上交通安全法》、《中华人民共和国内河交通安全管理条例》等有关法律和行政法规，制定本规则。

第二条　本规则适用于在中华人民共和国通航水域航行、停泊和从事相关活动的高速客船及船舶所有人、经营人和相关人员。

第三条　中华人民共和国海事局是实施本规则的主管机关。

各海事管理机构负责在本辖区内实施本规则。

第二章　船公司

第四条　经营高速客船的船公司应依法取得相应的经营资质。

第五条　船公司从境外购置或光租的二手外国籍高速客船应满足《老旧运输船舶管理规定》的要求。

第六条　船公司在高速客船开始营运前，应编制下列资料：

（一）航线运行手册；

（二）船舶操作手册；

（三）船舶维修及保养手册；

（四）培训手册；

（五）安全营运承诺书。

上述各项手册所应包含的内容由主管机关确定。安全营运承诺书应包括船舶名称，船舶所有人、经营人或者管理人，营运水域或者航线等信息，并承诺依法合规安全营运。

船公司应将拟投入营运的高速客船在取得船舶国籍登记证书 7 日内，向主要营运地的海事管理机构备案，并附送本条第一款所列材料。

第七条　海事管理机构收到高速客船备案材料后，对材料齐全且符合要求的，应当向社会公布已备案的高速客船名单和相关信息并及时更新，便于社会查询和监督。

对材料不全或者不符合要求的，海事管理机构应当场或者自收到备案材料之日起 5 日内一次性书面通知备案人需要补充的全部内容。

第八条　高速客船备案事项发生变化的，应当向原办理备案的海事管理机构办理备案变更。

高速客船终止经营的，应当在终止经营之日 30 日前告知主要营运地的海事管理机构。

第九条　经营高速客船的船公司应当建立适合高速客船营运特点的安全管理制度，包括为防止船员疲劳的船员休息制度。

第三章　船舶

第十条　高速客船须经船舶检验合格，并办理船舶登记手续，持有有效的船舶证书。

第十一条　高速客船应随船携带最新的适合于本船的航线运行手册、船舶操作手册、船舶维修及保养手册和培训手册。

第十二条　高速客船必须按规定要求配备号灯、号型、声响信号、无线电通信设备、消防设备、救生设备和应急设备等。高速客船上所有的设备和设施均应处于完好备用状态。

第四章　船员

第十三条　在高速客船任职的船员应符合下列要求：

（一）经主管机关认可的基本安全培训并取得培训合格证，其中船长、驾驶员、轮机长、轮机员以及被指定为负有安全操作和旅客安全职责的普通船员还必须通过主管机关认可的特殊培训并取得特殊培训合格证。

（二）船长、驾驶员、轮机长、轮机员按规定持有相应的职务适任证书。

（三）取得高速客船船员职务适任证书者，在正式任职前见习航行时间不少于 10 小时和 20 个单航次。

（四）男性船长、驾驶员的年龄不超过 60 周岁，女性船长、驾驶员的年龄不超过 55 周岁。

在非高速客船上任职的船员申请高速客船船长、大副、轮机长职务适任证书时的年龄不超过 45 周岁。

（五）船长、驾驶员的健康状况，尤其是视力、听力和口语表达能力应符合相应的要求。

第十四条　主管机关授权的海事管理机构负责高速客船船员的培训管理和考试、发证工作。有关培训、考试、发证的规定由主管机关颁布实施。

第十五条　高速客船应向办理船舶登记手续的海事管理机构申领最低安全配员证书。高速客船的最低配员标准应满足本规则附录的要求。

第十六条　高速客船驾驶人员连续驾驶值班时间不得超过两个小时，两次驾驶值班之间应有足够的间隔休息时间，具体由当地海事管理机构确定。

第五章 航行安全

第十七条 高速客船航行时应使用安全航速，以防止发生碰撞和浪损。高速客船进出港口及航经特殊航段时，应遵守当地海事管理机构有关航速的规定。

高速客船在航时，须显示黄色闪光灯。

第十八条 高速客船在航时，值班船员必须在各自岗位上严格按职责要求做好安全航行工作。驾驶台负责了望的人员必须保持正规的了望。无关人员禁止进入驾驶台。

第十九条 高速客船在港口及内河通航水域航行时，应主动让清所有非高速船舶。高速客船在海上航行及高速客船与其它高速船舶之间避让时，应按避碰规则的规定采取措施。高速客船在特殊航段航行时，应遵守海事管理机构公布的特别航行规定。

第二十条 海事管理机构认为必要时可为高速客船推荐或指定航路。高速客船必须遵守海事管理机构有关航路的规定。

第二十一条 遇有恶劣天气或能见度不良时，海事管理机构可建议高速客船停航。

第二十二条 高速客船应按规定的乘客定额载客，禁止超载。高速客船禁止在未经批准的站、点上下旅客。

第六章 安全保障

第二十三条 高速客船应靠泊符合下列条件的码头：

（一）满足船舶安全靠泊的基本要求；

（二）高速客船靠泊时不易对他船造成浪损；

（三）避开港口通航密集区和狭窄航段；

（四）上下旅客设施符合安全条件；

（五）夜间有足够的照明；

（六）冬季有采取防冻防滑的安全保护措施。

第二十四条 海事管理机构应当定期公布符合上述条件的码头，督促高速客船在符合条件的码头靠泊，并落实各项安全管理措施。

第二十五条 高速客船对旅客携带物品应有尺度和数量限制，旅客的行李物品不得堵塞通道。严禁高速客船载运或旅客携带危险物品。

第二十六条 高速客船应每周进行一次应急消防演习和应急撤离演习，并做好演习记录；每次开航前，应向旅客讲解有关安全须知。

第二十七条 高速客船应建立开航前安全自查制度，制定开航前安全自查表并进行对照检查，海事管理机构可对开航前安全自查表进行监督抽查。

第二十八条 高速客船应当按规定办理进出港口手续。国内航行的高速客船应当按规定办理进出港报告手续。国际航行的高速客船可申请不超过7天的定期进出口岸许可证。

高速客船不得夜航。但航行特殊水域的高速客船确需夜航的，应当向当地海事管理机构申请船舶进出港口许可，经批准后方可夜航。

第二十九条 高速客船及人员遇险，应采取措施积极自救，同时立即向就近水上搜救中心报告。

第七章 法律责任

第三十条 违反本规则的，由海事管理机构依照有关法律、行政法规以及交通运输部的有关规定进行处罚。

第三十一条 高速客船违反本规则经海事管理机构处罚仍不改正的，海事管理机构可责令其停航。

第三十二条 海事管理机构工作人员违反规定，滥用职权，玩忽职守，给人民生命财产造成损失的，由所在单位或上级主管机关给予行政处分；构成犯罪的，依法追究其刑事责任。

第八章 附则

第三十三条 本规则所述"高速客船"系指载客12人以上，最大航速（米/秒）等于或大于以下数值的船舶：$3.7 \nabla 0.1667$，式中"∇"系指对应设计水线的排水体积（米3）。但不包括在非排水状态下船体由地效应产生的气动升力完全支承在水面上的船舶。

本规则所述"船公司"系指船舶所有人、经营人或者管理人以及其他已从船舶所有人处接受船舶的营运责任并承担船舶安全与防污染管理的所有义务和责任的组织。

第三十四条 外国籍高速客船不适用本规则第二、三、四章的规定，但应满足船旗国主管当局的要求。

第三十五条 本规则未尽事宜，按国家其他有关法规和我国加入的国际公约执行。

第三十六条 本规则自2006年6月1日起施行。交通部1996年12月24日发布的《中华人民共和国高速客船安全管理规则》（交通部令1996年第13号）同时废止。

附录：

高速客船最低安全配员

一、沿海及国际航线

安全配员	P<200 人	P ≥ 200 人
T<2H	船长 1 人　轮机长 1 人 驾驶员 1 人　轮机员 1 人 普通船员 1 人	船长 1 人　轮机长 1 人 驾驶员 1 人　轮机员 1 人 普通船员 2 人
2H ≤ T<4H	船长 1 人　轮机长 1 人 驾驶员 1 人　轮机员 1 人 普通船员 2 人	船长 1 人　轮机长 1 人 驾驶员 1 人　轮机员 1 人 普通船员 3 人
T ≥ 4H	船长 1 人　轮机长 1 人 驾驶员 2 人　轮机员 1 人 普通船员 2 人	船长 1 人　轮机长 1 人 驾驶员 2 人　轮机员 1 人 普通船员 3 人

注：1. 普通船员中应至少有 1 人为水手。

2. 客运部和无线电人员的配员参照《中华人民共和国船舶最低安全配员规则》的海船最低安全配员表进行核定。

3. T——单航次航行时间 P——载客定额 H——小时

二、内河航线

安全配员	P<200 人	P ≥ 200 人
T<2H	船长 1 人　轮机员 1 人 驾驶员 1 人	船长 1 人　轮机长 1 人 驾驶员 1 人　普通船员 1 人
2H ≤ T<4H	船长 1 人　轮机长 1 人 驾驶员 1 人　普通船员 1 人	船长 1 人　轮机长 1 人 驾驶员 1 人　普通船员 2 人
T ≥ 4H	船长 1 人　轮机长 1 人 驾驶员 2 人　轮机员 1 人 普通船员 2 人	船长 1 人　轮机长 1 人 驾驶员 2 人　轮机员 1 人 普通船员 2 人

注：1. 普通船员中应至少有 1 人为水手。

2. 客运部人员的配员参照《中华人民共和国船舶最低安全配员规则》的内河船舶最低安全配员表进行核定。

3. T——单航次航行时间 P——载客定额 H——小时

港口基础设施维护管理规定

（2022 年 6 月 30 日交通运输部令 2022 年第 19 号公布　自 2022 年 9 月 1 日起施行）

第一章　总　则

第一条　为了加强和规范港口基础设施维护管理，保障港口安全稳定运行，根据《中华人民共和国港口法》等法律、行政法规，制定本规定。

第二条　在中华人民共和国境内从事港口基础设施的维护活动，适用本规定。

本规定所称港口基础设施，是指在港口规划范围内，经验收合格后交付使用的码头及其同步立项的配套设施、防波堤、锚地、护岸等。

本规定所称港口基础设施维护，是指为了保持或者恢复港口基础设施良好技术状态而采取的检查、检测评估、维修等活动。

第三条　交通运输部负责指导全国港口基础设施维护管理工作。

省级人民政府交通运输主管部门负责指导本行政区域内港口基础设施维护管理工作。

港口所在地的港口行政管理部门负责具体实施港口基础设施维护的监督管理工作。

第四条　港口公用的防波堤、锚地等基础设施由县级以上人民政府确定的部门或者单位负责维护。其他港口基础设施由港口经营人负责维护。

前款负责港口基础设施维护的部门和单位，统称维护单位。

第五条　港口基础设施维护应当落实全生命周期维护要求，坚持预防为主、防治结合、规范及时、安全环保的原则，提高港口基础设施使用寿命。

第六条　维护单位应当落实安全生产责任制，按照核定功能、设计要求、使用说明书以及相关法规、标准规范等合理使用和维护港口基础设施。

鼓励港口基础设施维护采用新材料、新工艺、新装备，配置自动化监测监控设施，积极推进自动化、智能化技术的应用。

第二章　维护计划

第七条　港口基础设施维护计划是维护单位对港口基础设施的检查、检测评估、维修等活动作出的工作安排。

港口基础设施维护计划应当包括维护内容、维护标准、资金筹措方案等。

第八条　维护单位应当根据港口基础设施运行情况、使用年限等，按照有关强制性标准和技术规范的要求组织编制维护计划。

因港口基础设施技术状态等发生变化需要变更维护计划的，维护单位应当及时调整。

第九条　港口行政管理部门应当积极推动县级以上人民政府保证必要的资金投入，用于港口公用的防波堤、锚地等基础设施的维护。

第三章　检查和检测评估

第十条　维护单位应当按照港口基础设施维护计划、实际运行情况等开展检查，并做好记录。

对客运码头、危险化学品码头及其配套设施，或者遇台风、风暴潮、地震等自然灾害，维护单位应当加大检查频次。

第十一条　港口基础设施发生下列情况之一的，维护单位应当委托具有国家规定资质的检测单位进行检测评估：

（一）地基基础、主体结构有明显或者超过有关强制性标准和技术规范规定的沉降、位移、变形、开裂破损等现象的；

（二）达到设计使用年限或者有关强制性标准和技术规范规定的检测评估周期的。

港口基础设施达到设计使用年限后继续使用的，维护单位应当加大检测评估频次。

第十二条　检测单位应当在检测后出具检测评估报告。

检测评估报告应当包括检测评估依据、内容和方法，港口基础设施技术状态类别以及是否符合安全使用要求的结论等。

港口基础设施技术状态不符合安全使用要求的，检测评估报告应当明确提出停止使用的意见，并提出维修建议。经评估采用限制使用措施可满足安全使用要求的，检测评估报告应当明确具体的限制使用条件。

第十三条　检测评估报告涉及结构安全计算的，应当由具备相应资格的注册工程师出具计算书，或者委托具有国家规定资质的设计单位出具计算书。

第十四条 检测单位、注册工程师和设计单位对其出具的检测评估报告或者计算书的合法性、真实性、准确性负责。

第十五条 任何单位和个人不得干扰正常的检测评估工作，不得伪造、篡改检测评估报告。

第十六条 检测评估报告提出港口基础设施应当停止或者限制使用的，维护单位应当立即停止或者限制使用，并设置必要的安全警示标志。

第十七条 维护单位应当自收到检测评估报告10个工作日内，将检测评估报告和停止、限制使用情况报送港口所在地的港口行政管理部门。港口行政管理部门作为维护单位的，应当按照要求报送上一级港口行政管理部门。

涉及停止或者限制使用码头、锚地的，港口行政管理部门应当及时通报有关海事管理机构并向社会公布。

第四章 设施维修

第十八条 经检查或者检测评估发现港口基础设施损坏或者不满足使用要求的，维护单位应当及时维修，使其保持或者处于安全、适用状态。

港口基础设施维修规模较大、技术复杂且涉及结构安全的，维护单位应当开展专项维修。

港口基础设施维修不得改变港口基础设施的使用功能、泊位性质、靠泊等级等；确需改变的，应当按照港口工程建设管理相关规定履行改建或者扩建程序。

第十九条 维护单位开展专项维修进行设计的，应当委托港口基础设施原设计单位或者不低于原设计单位资质等级的单位设计。

设计文件应当依据检测评估报告、港口基础设施结构型式、使用要求等出具，明确专项维修的设计标准、方案以及环境保护、质量控制等要求。设计文件深度应当达到施工图设计要求。

维护单位应当组织有关专家对设计文件进行评审。评审不通过的，应当要求设计单位重新设计或者重新委托设计单位进行设计。

第二十条 鼓励对港口公用基础设施、客运码头、危险化学品码头等专项维修实施监理。

第二十一条 港口基础设施专项维修完工后，经维护单位组织核验后方可投入使用。

停止或者限制使用的港口基础设施专项维修完工后，维护单位在核验前应当委托具有国家规定资质的检测单位进行检测评估。

第二十二条 维护单位应当在核验通过后20个工作日内，将核验资料报送港口所在地的港口行政管理部门。港口行政管理部门作为维护单位的，应当按照要求报送上一级港口行政管理部门。

港口行政管理部门应当将核验资料通报有关海事管理机构。

第五章 档案与信息报送

第二十三条 维护单位应当制定港口基础设施台账，明确设施的类别、数量、建设和运行情况、历史维护情况等。

第二十四条 维护单位应当建立健全港口基础设施维护档案管理制度，保证档案资料真实、准确和完整。

第二十五条 维护单位应当按照档案管理有关规定，及时收集、整理和归档维护计划、检查、检测评估、设计、维修、核验等纸质或者电子技术档案资料。

检测评估、设计、监理等单位应当按照规定做好相关资料的收集、整理和归档。

第二十六条 维护单位应当按照有关统计、信息报送等制度要求定期报送港口基础设施技术状态等信息。

第六章 监督检查

第二十七条 港口行政管理部门原则上应当采取随机抽取检查对象、随机选派执法检查人员方式，对港口基础设施的维护活动进行监督检查。监督检查结果应当及时向社会公布。

第二十八条 维护单位违反本规定有关要求的，由港口行政管理部门责令整改。港口行政管理部门作为维护单位的，由其上级港口行政管理部门责令整改。

第二十九条 经检查或者调查证实，港口基础设施不符合港口经营许可条件要求的，由港口行政管理部门依照《港口经营管理规定》第四十二条第一款的规定予以处罚。

第三十条 检测单位及相关人员弄虚作假、出具虚假报告的，由有关部门依照相关法规予以处罚。

第三十一条 港口行政管理部门应当加强港口基础设施维护相关单位和人员的信用管理，并按照规定将有关信息纳入信用信息共享平台。

第七章 附 则

第三十二条 与港口相关的航道养护及航标维护管理不适用本规定，依照交通运输部有关规定执行。

第三十三条 本规定自 2022 年 9 月 1 日起施行。2012 年 12 月 14 日交通运输部发布的《关于印发〈港口设施维护管理规定（试行）〉的通知》（交水发〔2012〕728 号）同时废止。

中华人民共和国船舶安全监督规则

（2017 年 5 月 23 日交通运输部公布 根据 2020 年 3 月 16 日《交通运输部关于修改〈中华人民共和国船舶安全监督规则〉的决定》第一次修正 根据 2022 年 9 月 26 日《交通运输部关于修改〈中华人民共和国船舶安全监督规则〉的决定》第二次修正）

第一章 总 则

第一条 为了保障水上人命、财产安全，防止船舶造成水域污染，规范船舶安全监督工作，根据《中华人民共和国海上交通安全法》《中华人民共和国海洋环境保护法》《中华人民共和国港口法》《中华人民共和国内河交通安全管理条例》《中华人民共和国船员条例》等法律法规和我国缔结或者加入的有关国际公约的规定，制定本规则。

第二条 本规则适用于对中国籍船舶和水上设施以及航行、停泊、作业于我国管辖水域的外国籍船舶实施的安全监督工作。

本规则不适用于军事船舶、渔业船舶和体育运动船艇。

第三条 船舶安全监督管理遵循依法、公正、诚信、便民的原则。

第四条 交通运输部主管全国船舶安全监督工作。

国家海事管理机构统一负责全国船舶安全监督工作。

各级海事管理机构按照职责和授权开展船舶安全监督工作。

第五条 本规则所称船舶安全监督，是指海事管理机构依法对船舶及其从事的相关活动是否符合法律、法规、规章以及有关国际公约和港口国监督区域性合作组织的规定而实施的安全监督管理活动。船舶安全监督分为船舶现场监督和船舶安全检查。

船舶现场监督，是指海事管理机构对船舶实施的日常安全监督抽查活动。

船舶安全检查，是指海事管理机构按照一定的时间间隔对船舶的安全和防污染技术状况、船员配备及适任状况、海事劳工条件实施的安全监督检查活动，包括船旗国监督检查和港口国监督检查。

第六条 海事管理机构应当配备必要的人员、装备、资料等，以满足船舶安全监督管理工作的需要。

第七条 船舶现场监督应当由具备相应职责的海事行政执法人员实施。

第八条 从事船舶安全检查的海事行政执法人员应当取得相应等级的资格证书，并不断更新知识。

第九条 海事管理机构应当建立对船舶安全状况的社会监督机制，公布举报、投诉渠道，完善举报和投诉处理机制。

海事管理机构应当为举报人、投诉人保守秘密。

第二章 船舶进出港报告

第十条 中国籍船舶在我国管辖水域内航行应当按照规定实施船舶进出港报告。

第十一条 船舶应当在预计离港或者抵港 4 小时前向将要离泊或者抵达港口的海事管理机构报告进出港信息。航程不足 4 小时的，在驶离上一港口时报告。

船舶在固定航线航行且单次航程不超过 2 小时的，可以每天至少报告一次进出港信息。

船舶应当对报告的完整性和真实性负责。

第十二条 船舶报告的进出港信息应当包括航次动态、在船人员信息、客货载运信息、拟抵离时间和地点等。

第十三条 船舶可以通过互联网、传真、短信等方式报告船舶进出港信息，并在船舶航海或者航行日志内作相应的记载。

第十四条　海事管理机构与水路运输管理部门应当建立信息平台，共享船舶进出港信息。

第三章　船舶综合质量管理

第十五条　海事管理机构应当建立统一的船舶综合质量管理信息平台，收集、处理船舶相关信息，建立船舶综合质量档案。

第十六条　船舶综合质量管理信息平台应当包括下列信息：

（一）船舶基本信息；

（二）船舶安全与防污染管理相关规定落实情况；

（三）水上交通事故情况和污染事故情况；

（四）水上交通安全违法行为被海事管理机构行政处罚情况；

（五）船舶接受安全监督的情况；

（六）航运公司和船舶的安全诚信情况；

（七）船舶进出港报告或者办理进出港手续情况；

（八）按照相关规定缴纳相关费税情况；

（九）船舶检验技术状况。

第十七条　海事管理机构应当按照第十六条所述信息开展船舶综合质量评定，综合质量评定结果应当向社会公开。

第四章　船舶安全监督

第一节　安全监督目标船舶的选择

第十八条　海事管理机构对船舶实施安全监督，应当减少对船舶正常生产作业造成的不必要影响。

第十九条　国家海事管理机构应当制定安全监督目标船舶选择标准。

海事管理机构应当结合辖区实际情况，按照全面覆盖、重点突出、公开便利的原则，依据我国加入的港口国监督区域性合作组织和国家海事管理机构规定的目标船舶选择标准，综合考虑船舶类型、船龄、以往接受船舶安全监督的缺陷、航运公司安全管理情况等，按照规定的时间间隔，选择船舶实施船舶安全监督。

第二十条　按照目标船舶选择标准未列入选船目标的船舶，海事管理机构原则上不登轮实施船舶安全监督，但按照第二十一条规定开展专项检查的除外。

第二十一条　国家重要节假日、重大活动期间，或者针对特定水域、特定安全事项、特定船舶需要进行检查的，海事管理机构可以综合运用船舶安全检查和船舶现场监督等形式，开展专项检查。

第二节　船舶安全监督

第二十二条　船舶现场监督的内容包括：

（一）中国籍船舶自查情况；

（二）法定证书文书配备及记录情况；

（三）船员配备情况；

（四）客货载运及货物系固绑扎情况；

（五）船舶防污染措施落实情况；

（六）船舶航行、停泊、作业情况；

（七）船舶进出港报告或者办理进出港手续情况；

（八）按照相关规定缴纳相关费税情况。

第二十三条　船舶安全检查的内容包括：

（一）船舶配员情况；

（二）船舶、船员配备和持有有关法定证书文书及相关资料情况；

（三）船舶结构、设施和设备情况；

（四）客货载运及货物系固绑扎情况；

（五）船舶保安相关情况；

（六）船员履行其岗位职责的情况，包括对其岗位职责相关的设施、设备的维护保养和实际操作能力等；

（七）海事劳工条件；

（八）船舶安全管理体系运行情况；

（九）法律、法规、规章以及我国缔结、加入的有关国际公约要求的其他检查内容。

第二十四条　海事管理机构应当按照船舶安全监督的内容，制定相应的工作程序，规范船舶安全监督活动。

第二十五条　海事管理机构完成船舶安全监督后应当签发相应的《船舶现场监督报告》《船旗国监督检查报告》或者《港口国监督检查报告》，由船长或者履行船长职责的船员签名。

《船舶现场监督报告》《船旗国监督检查报告》《港口国监督检查报告》一式两份，一份由海事管理机构存档，一份留船备查。

第二十六条　船舶现场监督中发现船舶存在危及航行安全、船员健康、水域环境的缺陷或者水上交通安全违法行为的，应当按照规定进行处置。

发现存在需要进一步进行安全检查的船舶安

全缺陷的，应当启动船舶安全检查程序。

第三节　船舶安全缺陷处理

第二十七条　海事行政执法人员在船舶安全监督过程中发现船舶存在缺陷的，应当按照相关法律、法规、规章和公约的规定，提出下列处理意见：

（一）警示教育；

（二）开航前纠正缺陷；

（三）在开航后限定的期限内纠正缺陷；

（四）滞留；

（五）禁止船舶进港；

（六）限制船舶操作；

（七）责令船舶驶向指定区域；

（八）责令船舶离港。

第二十八条　安全检查发现的船舶缺陷不能在检查港纠正时，海事管理机构可以允许该船驶往最近的可以修理的港口，并及时通知修理港口的海事管理机构。

修理港口超出本港海事管理机构管辖范围的，本港海事管理机构应当通知修理港口海事管理机构进行跟踪检查。

修理港口海事管理机构在收到跟踪检查通知后，应当对船舶缺陷的纠正情况进行验证，并及时将验证结果反馈至发出通知的海事管理机构。

第二十九条　海事管理机构采取本规则第二十七条第（四）（五）（八）项措施的，应当将采取措施的情况及时通知中国籍船舶的船籍港海事管理机构，或者外国籍船舶的船旗国政府。

第三十条　由于存在缺陷，被采取本规则第二十七条第（四）（五）（六）（八）项措施的船舶，应当在相应的缺陷纠正后向海事管理机构申请复查。被采取其他措施的船舶，可以在相应缺陷纠正后向海事管理机构申请复查，不申请复查的，在下次船舶安全检查时由海事管理机构进行复查。海事管理机构收到复查申请后，决定不予本港复查的，应当及时通知申请人在下次船舶安全检查时接受复查。

复查合格的，海事管理机构应当及时解除相应的处理措施。

第三十一条　船舶有权对海事行政执法人员提出的缺陷和处理意见进行陈述和申辩。船舶对于缺陷和处理意见有异议的，海事行政执法人员应当告知船舶申诉的途径和程序。

第三十二条　海事管理机构在实施船舶安全监督中，发现航运公司安全管理存在问题的，应当要求航运公司改正，并将相关情况通报航运公司注册地海事管理机构。

第三十三条　海事管理机构应当将影响安全的重大船舶缺陷以及导致船舶被滞留的缺陷，通知航运公司、相关船舶检验机构或者组织。

船舶存在缺陷或者隐患，以及船舶安全管理存在较为严重问题，可能影响其运输资质条件的，海事管理机构应当将有关情况通知相关水路运输管理部门，水路运输管理部门应当将处理情况反馈相应的海事管理机构。

水路运输管理部门在市场监管中，发现可能影响到船舶安全的问题，应当将有关情况通知相应海事管理机构，海事管理机构应当将处理情况反馈相应水路运输管理部门。

第三十四条　船舶以及相关人员，应当按照海事管理机构签发的《船舶现场监督报告》《船旗国监督检查报告》《港口国监督检查报告》等的要求，对存在的缺陷进行纠正。

航运公司应当督促船舶按时纠正缺陷，并将纠正情况及时反馈实施检查的海事管理机构。

船舶检验机构应当核实有关缺陷纠正情况，需要进行临时检验的，应当将检验报告及时反馈实施检查的海事管理机构。

第三十五条　中国籍船舶的船长应当对缺陷纠正情况进行检查，并在航行或者航海日志中进行记录。

第三十六条　船舶应当妥善保管《船舶现场监督报告》《船旗国监督检查报告》《港口国监督检查报告》，在船上保存至少2年。

第三十七条　除海事管理机构外，任何单位和个人不得扣留、收缴《船舶现场监督报告》《船旗国监督检查报告》《港口国监督检查报告》，或者在上述报告中进行签注。

第三十八条　任何单位和个人，不得擅自涂改、故意损毁、伪造、变造、租借、骗取和冒用《船舶现场监督报告》《船旗国监督检查报告》《港口国监督检查报告》。

第三十九条　《船舶现场监督报告》《船旗国监督检查报告》《港口国监督检查报告》的格式由国家海事管理机构统一制定。

第四十条　中国籍船舶在境外发生水上交通事故，或者被滞留、禁止进港、禁止入境、驱逐出港（境）的，航运公司应当及时将相关情况向船籍港海事管理机构报告，海事管理机构应当做好相应的沟通协调和给予必要的协助。

第五章　船舶安全责任

第四十一条　航运公司应当履行安全管理与防止污染的主体责任，建立、健全船舶安全与防污染制度，对船舶及其设备进行有效维护和保养，确保船舶处于良好状态，保障船舶安全，防止船舶污染环境，为船舶配备满足最低安全配员要求的适任船员。

第四十二条　中国籍船舶应当建立开航前自查制度。船舶在离泊前应当对船舶安全技术状况和货物装载情况进行自查，按照国家海事管理机构规定的格式填写《船舶开航前安全自查清单》，并在开航前由船长签字确认。

船舶在固定航线航行且单次航程不超过2小时的，无须每次开航前均进行自查，但一天内应当至少自查一次。

《船舶开航前安全自查清单》应当在船上保存至少2年。

第四十三条　船长应当妥善安排船舶值班，遵守船舶航行、停泊、作业的安全规定。

第四十四条　船舶应当遵守港口所在地有关管理机构关于恶劣天气限制开航的规定。

航行于内河水域的船舶应当遵守海事管理机构发布的关于枯水季节通航限制的通告。

第四十五条　船舶检验机构应当确保检验的全面性、客观性、准确性和有效性，保证检验合格的船舶具备安全航行、安全作业的技术条件，并对出具的检验证书负责。

第四十六条　配备自动识别系统等通信、导助航设备的船舶应当始终保持相关设备处于正常工作状态，准确完整显示本船信息，并及时更新抵、离港名称和时间等相关信息。相关设备发生故障的，应当及时向抵达港海事管理机构报告。

第四十七条　拟交付船舶国际运输的载货集装箱，其托运人应当在交付船舶运输前，采取整体称重法或者累加计算法对集装箱的重量进行验证，确保集装箱的验证重量不超过其标称的最大营运总质量，与实际重量的误差不超过5%且最大误差不超过1吨，并在运输单据上注明验证重量、验证方法和验证声明等验证信息，提供给承运人、港口经营人。

采取累加计算法的托运人，应当制定符合交通运输部规定的重量验证程序，并按照程序进行载货集装箱重量验证。

未取得验证信息或者验证重量超过最大营运总质量的集装箱，承运人不得装船。

第四十八条　海事管理机构应当加强对船舶国际运输集装箱托运人、承运人的监督检查，发现存在违反本规则情形的，应当责令改正。

第四十九条　任何单位和个人不得阻挠、妨碍海事行政执法人员对船舶进行船舶安全监督。

第五十条　海事行政执法人员在开展船舶安全监督时，船长应当指派人员配合。指派的配合人员应当如实回答询问，并按照要求测试和操纵船舶设施、设备。

第五十一条　海事管理机构通过抽查实施船舶安全监督，不能代替或者免除航运公司、船舶、船员、船舶检验机构及其他相关单位和个人在船舶安全、防污染、海事劳工条件和保安等方面应当履行的法律责任和义务。

第六章　法律责任

第五十二条　违反本规则，有下列行为之一的，由海事管理机构对违法船舶所有人或者船舶经营人处1000元以上1万元以下罚款；情节严重的，处1万元以上3万元以下罚款。对船长或者其他责任人员处100元以上1000元以下罚款；情节严重的，处1000元以上3000元以下罚款：

（一）弄虚作假欺骗海事行政执法人员的；

（二）未按照《船舶现场监督报告》《船旗国监督检查报告》《港口国监督检查报告》的处理意见纠正缺陷或者采取措施的；

（三）按照第三十条第一款规定应当申请复查而未申请的。

第五十三条　船舶未按照规定开展自查或者未随船保存船舶自查记录的，对船舶所有人或者船舶经营人处1000元以上1万元以下罚款。

第五十四条　船舶进出内河港口，未按照规定向海事管理机构报告船舶进出港信息的，对船舶所有人或者船舶经营人处5000元以上5万元以下罚款。

船舶进出沿海港口，未按照规定向海事管理机构报告船舶进出港信息的，对船舶所有人或者船舶经营人、管理人处3000元以上3万元以下罚款。

第五十五条　违反本规则，在船舶国际集箱货物运输经营活动中，有下列情形之一的，由海事管理机构处 1000 元以上 3 万元以下罚款：

（一）托运人提供的验证重量与实际重量的误差超过 5% 或者 1 吨的；

（二）承运人载运未取得验证信息或者验证重量超过最大营运总质量的集装箱的。

第五十六条 实施船舶安全检查中发现船舶存在的缺陷与船舶检验机构有关的，海事管理机构应当按照相关规定进行处罚。

因船舶检验机构人员滥用职权、徇私舞弊、玩忽职守、严重失职，造成已签发检验证书的船舶存在严重缺陷或者发生重大事故的，海事管理机构应当撤销其检验资格。

第五十七条 海事管理机构工作人员不依法履行职责进行监督检查，有滥用职权、徇私舞弊、玩忽职守等行为的，由其所在机构或者上级机构依法给予行政处分；构成犯罪的，由司法机关依法追究刑事责任。

第七章　附　则

第五十八条 本规则所称船舶和相关设施的含义，与《中华人民共和国海上交通安全法》《中华人民共和国内河交通安全管理条例》中的船舶、水上设施含义相同。

本规则所称法定证书文书，是指船舶国籍证书、船舶配员证书、船舶检验证书、船舶营运证件、航海或者航行日志以及其他按照法律法规、技术规范及公约要求必须配备的证书文书。

本规则所称航运公司，是指船舶的所有人、经营人和管理人。

本规则所称最大营运总质量，是指在营运中允许的包括所载货物等在内的集装箱整体最大总质量，并在集装箱安全合格牌照上标注。

第五十九条 本规则自 2017 年 7 月 1 日起施行。2009 年 11 月 30 日以交通运输部令 2009 年第 15 号公布的《中华人民共和国船舶安全检查规则》同时废止。

道路运输从业人员管理规定

（2006 年 11 月 23 日交通部发布　根据 2016 年 4 月 21 日《交通运输部关于修改〈道路运输从业人员管理规定〉的决定》第一次修正　根据 2019 年 6 月 21 日《交通运输部关于修改〈道路运输从业人员管理规定〉的决定》第二次修正　根据 2022 年 11 月 10 日《交通运输部关于修改〈道路运输从业人员管理规定〉的决定》第三次修正）

第一章　总　则

第一条 为加强道路运输从业人员管理，提高道路运输从业人员职业素质，根据《中华人民共和国安全生产法》《中华人民共和国道路运输条例》《危险化学品安全管理条例》以及有关法律、行政法规，制定本规定。

第二条 本规定所称道路运输从业人员是指经营性道路客货运输驾驶员、道路危险货物运输从业人员、机动车维修技术技能人员、机动车驾驶培训教练员、道路运输企业主要负责人和安全生产管理人员、其他道路运输从业人员。

经营性道路客货运输驾驶员包括经营性道路旅客运输驾驶员和经营性道路货物运输驾驶员。

道路危险货物运输从业人员包括道路危险货物运输驾驶员、装卸管理人员和押运人员。

机动车维修技术技能人员包括机动车维修技术负责人员、质量检验人员以及从事机修、电器、钣金、涂漆、车辆技术评估（含检测）作业的技术技能人员。

机动车驾驶培训教练员包括理论教练员、驾驶操作教练员、道路客货运输驾驶员从业资格培训教练员和危险货物运输驾驶员从业资格培训教练员。

其他道路运输从业人员是指除上述人员以外的道路运输从业人员，包括道路客运乘务员、机动车驾驶员培训机构教学负责人及结业考核人员、机动车维修企业价格结算员及业务接待员。

第三条 道路运输从业人员应当依法经营，诚实信用，规范操作，文明从业。

第四条 道路运输从业人员管理工作应当公

平、公正、公开和便民。

第五条　交通运输部负责全国道路运输从业人员管理工作。

县级以上地方交通运输主管部门负责本行政区域内的道路运输从业人员管理工作。

第二章　从业资格管理

第六条　国家对经营性道路客货运输驾驶员、道路危险货物运输从业人员实行从业资格考试制度。其他实施国家职业资格制度的道路运输从业人员，按照国家职业资格的有关规定执行。

从业资格是对道路运输从业人员所从事的特定岗位职业素质的基本评价。

经营性道路客货运输驾驶员和道路危险货物运输从业人员必须取得相应从业资格，方可从事相应的道路运输活动。

鼓励机动车维修企业、机动车驾驶员培训机构优先聘用取得国家职业资格证书或者职业技能等级证书的从业人员从事机动车维修和机动车驾驶员培训工作。

第七条　道路运输从业人员从业资格考试应当按照交通运输部编制的考试大纲、考试题库、考核标准、考试工作规范和程序组织实施。

第八条　经营性道路客货运输驾驶员从业资格考试由设区的市级交通运输主管部门组织实施。

道路危险货物运输从业人员从业资格考试由设区的市级交通运输主管部门组织实施。

第九条　经营性道路旅客运输驾驶员应当符合下列条件：

（一）取得相应的机动车驾驶证1年以上；

（二）年龄不超过60周岁；

（三）3年内无重大以上交通责任事故；

（四）掌握相关道路旅客运输法规、机动车维修和旅客急救基本知识；

（五）经考试合格，取得相应的从业资格证件。

第十条　经营性道路货物运输驾驶员应当符合下列条件：

（一）取得相应的机动车驾驶证；

（二）年龄不超过60周岁；

（三）掌握相关道路货物运输法规、机动车维修和货物装载保管基本知识；

（四）经考试合格，取得相应的从业资格证件。

第十一条　道路危险货物运输驾驶员应当符合下列条件：

（一）取得相应的机动车驾驶证；

（二）年龄不超过60周岁；

（三）3年内无重大以上交通责任事故；

（四）取得经营性道路旅客运输或者货物运输驾驶员从业资格2年以上或者接受全日制驾驶职业教育的；

（五）接受相关法规、安全知识、专业技术、职业卫生防护和应急救援知识的培训，了解危险货物性质、危害特征、包装容器的使用特性和发生意外时的应急措施；

（六）经考试合格，取得相应的从业资格证件。

从事4500千克及以下普通货运车辆运营活动的驾驶员，申请从事道路危险货物运输的，应当符合前款第（一）（二）（三）（五）（六）项规定的条件。

第十二条　道路危险货物运输装卸管理人员和押运人员应当符合下列条件：

（一）年龄不超过60周岁；

（二）初中以上学历；

（三）接受相关法规、安全知识、专业技术、职业卫生防护和应急救援知识的培训，了解危险货物性质、危害特征、包装容器的使用特性和发生意外时的应急措施；

（四）经考试合格，取得相应的从业资格证件。

第十三条　机动车维修技术技能人员应当符合下列条件：

（一）技术负责人员

1.具有机动车维修或者相关专业大专以上学历，或者具有机动车维修或相关专业中级以上专业技术职称；

2.熟悉机动车维修业务，掌握机动车维修相关政策法规和技术规范。

（二）质量检验人员

1.具有高中以上学历；

2.熟悉机动车维修检测作业规范，掌握机动车维修故障诊断和质量检验的相关技术，熟悉机动车维修服务标准相关政策法规和技术规范。

（三）从事机修、电器、钣金、涂漆、车辆技术评估（含检测）作业的技术技能人员

1.具有初中以上学历；

2.熟悉所从事工种的维修技术和操作规范，并了解机动车维修相关政策法规。

第十四条　机动车驾驶培训教练员应当符合下列条件：

（一）理论教练员

1. 取得机动车驾驶证，具有 2 年以上安全驾驶经历；

2. 具有汽车及相关专业中专以上学历或者汽车及相关专业中级以上技术职称；

3. 掌握道路交通安全法规、驾驶理论、机动车构造、交通安全心理学、常用伤员急救等安全驾驶知识，了解车辆环保和节约能源的有关知识，了解教育学、教育心理学的基本教学知识，具备编写教案、规范讲解的授课能力。

（二）驾驶操作教练员

1. 取得相应的机动车驾驶证，符合安全驾驶经历和相应车型驾驶经历的要求；

2. 年龄不超过 60 周岁；

3. 熟悉道路交通安全法规、驾驶理论、机动车构造、交通安全心理学和应急驾驶的基本知识，了解车辆维护和常见故障诊断等有关知识，具备驾驶要领讲解、驾驶动作示范、指导驾驶的教学能力。

（三）道路客货运输驾驶员从业资格培训教练员

1. 具有汽车及相关专业大专以上学历或者汽车及相关专业高级以上技术职称；

2. 掌握道路旅客运输法规、货物运输法规以及机动车维修、货物装卸保管和旅客急救等相关知识，具备相应的授课能力；

3. 具有 2 年以上从事普通机动车驾驶员培训的教学经历，且近 2 年无不良的教学记录。

（四）危险货物运输驾驶员从业资格培训教练员

1. 具有化工及相关专业大专以上学历或者化工及相关专业高级以上技术职称；

2. 掌握危险货物运输法规、危险化学品特性、包装容器使用方法、职业安全防护和应急救援等知识，具备相应的授课能力；

3. 具有 2 年以上化工及相关专业的教学经历，且近 2 年无不良的教学记录。

第十五条 申请参加经营性道路客货运输驾驶员从业资格考试的人员，应当向其户籍地或者暂住地设区的市级交通运输主管部门提出申请，填写《经营性道路客货运输驾驶员从业资格考试申请表》（式样见附件 1），并提供下列材料：

（一）身份证明；

（二）机动车驾驶证；

（三）申请参加道路旅客运输驾驶员从业资格考试的，还应当提供道路交通安全主管部门出具的 3 年内无重大以上交通责任事故记录证明。

第十六条 申请参加道路危险货物运输驾驶员从业资格考试的，应当向其户籍地或者暂住地设区的市级交通运输主管部门提出申请，填写《道路危险货物运输从业人员从业资格考试申请表》（式样见附件 2），并提供下列材料：

（一）身份证明；

（二）机动车驾驶证；

（三）道路旅客运输驾驶员从业资格证件或者道路货物运输驾驶员从业资格证件或者全日制驾驶职业教育学籍证明（从事 4500 千克及以下普通货运车辆运营活动的驾驶员除外）；

（四）相关培训证明；

（五）道路交通安全主管部门出具的 3 年内无重大以上交通责任事故记录证明。

第十七条 申请参加道路危险货物运输装卸管理人员和押运人员从业资格考试的，应当向其户籍地或者暂住地设区的市级交通运输主管部门提出申请，填写《道路危险货物运输从业人员从业资格考试申请表》，并提供下列材料：

（一）身份证明；

（二）学历证明；

（三）相关培训证明。

第十八条 交通运输主管部门对符合申请条件的申请人应当在受理考试申请之日起 30 日内安排考试。

第十九条 交通运输主管部门应当在考试结束 5 日内公布考试成绩。实施计算机考试的，应当现场公布考试成绩。对考试合格人员，应当自公布考试成绩之日起 5 日内颁发相应的道路运输从业人员从业资格证件。

第二十条 道路运输从业人员从业资格考试成绩有效期为 1 年，考试成绩逾期作废。

第二十一条 申请人在从业资格考试中有舞弊行为的，取消当次考试资格，考试成绩无效。

第二十二条 交通运输主管部门应当建立道路运输从业人员从业资格管理档案，并推进档案电子化。

道路运输从业人员从业资格管理档案包括：从业资格考试申请材料，从业资格考试及从业资格证件记录，从业资格证件换发、补发、变更记录，违章、事故及诚信考核等。

第二十三条　交通运输主管部门应当向社会提供道路运输从业人员相关从业信息的查询服务。

第三章　从业资格证件管理

第二十四条　经营性道路客货运输驾驶员、道路危险货物运输从业人员经考试合格后，取得《中华人民共和国道路运输从业人员从业资格证》（纸质证件和电子证件式样见附件3）。

第二十五条　道路运输从业人员从业资格证件全国通用。

第二十六条　已获得从业资格证件的人员需要增加相应从业资格类别的，应当向原发证机关提出申请，并按照规定参加相应培训和考试。

第二十七条　道路运输从业人员从业资格证件由交通运输部统一印制并编号。

经营性道路客货运输驾驶员、道路危险货物运输从业人员从业资格证件由设区的市级交通运输主管部门发放和管理。

第二十八条　交通运输主管部门应当建立道路运输从业人员从业资格证件管理数据库，推广使用从业资格电子证件。

交通运输主管部门应当结合道路运输从业人员从业资格证件的管理工作，依托信息化系统，推进从业人员管理数据共享，实现异地稽查信息共享、动态资格管理和高频服务事项跨区域协同办理。

第二十九条　道路运输从业人员从业资格证件有效期为6年。道路运输从业人员应当在从业资格证件有效期届满30日前到原发证机关办理换证手续。

道路运输从业人员从业资格证件遗失、毁损的，应当到原发证机关办理证件补发手续。

道路运输从业人员服务单位等信息变更的，应当到交通运输主管部门办理从业资格证件变更手续。道路运输从业人员申请转籍的，受理地交通运输主管部门应当查询核实相应从业资格证件信息后，重新发放从业资格证件并建立档案，收回原证件并通报原发证机关注销原证件和归档。

第三十条　道路运输从业人员办理换证、补证和变更手续，应当填写《道路运输从业人员从业资格证件换发、补发、变更登记表》（式样见附件4）。

第三十一条　交通运输主管部门应当对符合要求的从业资格证件换发、补发、变更申请予以办理。

申请人违反相关从业资格管理规定且尚未接受处罚的，受理机关应当在其接受处罚后换发、补发、变更相应的从业资格证件。

第三十二条　道路运输从业人员有下列情形之一的，由发证机关注销其从业资格证件：

（一）持证人死亡的；

（二）持证人申请注销的；

（三）经营性道路客货运输驾驶员、道路危险货物运输从业人员年龄超过60周岁的；

（四）经营性道路客货运输驾驶员、道路危险货物运输驾驶员的机动车驾驶证被注销或者被吊销的；

（五）超过从业资格证件有效期180日未申请换证的。

凡被注销的从业资格证件，应当由发证机关予以收回，公告作废并登记归档；无法收回的，从业资格证件自行作废。

第三十三条　交通运输主管部门应当通过信息化手段记录、归集道路运输从业人员的交通运输违法违章等信息。尚未实现信息化管理的，应当将经营性道路客货运输驾驶员、道路危险货物运输从业人员的违章行为记录在《中华人民共和国道路运输从业人员从业资格证》的违章记录栏内，并通报发证机关。发证机关应当将相关信息作为道路运输从业人员诚信考核的依据。

第三十四条　道路运输从业人员诚信考核周期为12个月，从初次领取从业资格证件之日起计算。诚信考核等级分为优良、合格、基本合格和不合格，分别用AAA级、AA级、A级和B级表示。

省级交通运输主管部门应当将道路运输从业人员每年的诚信考核结果向社会公布，供公众查阅。

道路运输从业人员诚信考核具体办法另行制定。

第四章　从业行为规定

第三十五条　经营性道路客货运输驾驶员以及道路危险货物运输从业人员应当在从业资格证件许可的范围内从事道路运输活动。道路危险货物运输驾驶员除可以驾驶道路危险货物运输车辆外，还可以驾驶原从业资格证件许可的道路旅客运输车辆或者道路货物运输车辆。

第三十六条　道路运输从业人员在从事道路

运输活动时，应当携带相应的从业资格证件，并应当遵守国家相关法规和道路运输安全操作规程，不得违法经营、违章作业。

第三十七条　道路运输从业人员应当按照规定参加国家相关法规、职业道德及业务知识培训。

经营性道路客货运输驾驶员和道路危险货物运输驾驶员诚信考核等级为不合格的，应当按照规定参加继续教育。

第三十八条　经营性道路客货运输驾驶员和道路危险货物运输驾驶员不得超限、超载运输，连续驾驶时间不得超过4个小时，不得超速行驶和疲劳驾驶。

第三十九条　经营性道路旅客运输驾驶员和道路危险货物运输驾驶员应当按照规定填写行车日志。行车日志式样由省级交通运输主管部门统一制定。

第四十条　经营性道路旅客运输驾驶员应当采取必要措施保证旅客的人身和财产安全，发生紧急情况时，应当积极进行救护。

经营性道路货物运输驾驶员应当采取必要措施防止货物脱落、扬撒等。

严禁驾驶道路货物运输车辆从事经营性道路旅客运输活动。

第四十一条　道路危险货物运输驾驶员应当按照道路交通安全主管部门指定的行车时间和路线运输危险货物。

道路危险货物运输装卸管理人员应当按照安全作业规程对道路危险货物装卸作业进行现场监督，确保装卸安全。

道路危险货物运输押运人员应当对道路危险货物运输进行全程监管。

道路危险货物运输从业人员应当严格按照道路危险货物运输有关标准进行操作，不得违章作业。

第四十二条　在道路危险货物运输过程中发生燃烧、爆炸、污染、中毒或者被盗、丢失、流散、泄漏等事故，道路危险货物运输驾驶员、押运人员应当立即向当地公安部门和所在运输企业或者单位报告，说明事故情况、危险货物品名和特性，并采取一切可能的警示措施和应急措施，积极配合有关部门进行处置。

第四十三条　机动车维修技术技能人员应当按照维修规范和程序作业，不得擅自扩大维修项目，不得使用假冒伪劣配件，不得擅自改装机动车，不得承修已报废的机动车，不得利用配件拼装机动车。

第四十四条　机动车驾驶培训教练员应当按照全国统一的教学大纲实施教学，规范填写教学日志和培训记录，不得擅自减少学时和培训内容。

第四十五条　道路运输企业主要负责人和安全生产管理人员必须具备与本单位所从事的生产经营活动相应的安全生产知识和管理能力，由设区的市级交通运输主管部门对其安全生产知识和管理能力考核合格。考核不得收费。

道路运输企业主要负责人和安全生产管理人员考核管理办法另行制定。

第五章　法律责任

第四十六条　违反本规定，有下列行为之一的人员，由县级以上交通运输主管部门责令改正，处200元以上2000元以下的罚款：

（一）未取得相应从业资格证件，驾驶道路客运车辆的；

（二）使用失效、伪造、变造的从业资格证件，驾驶道路客运车辆的；

（三）超越从业资格证件核定范围，驾驶道路客运车辆的。

驾驶道路货运车辆违反前款规定的，由县级以上交通运输主管部门责令改正，处200元罚款。

第四十七条　违反本规定，有下列行为之一的人员，由设区的市级交通运输主管部门处5万元以上10万元以下的罚款：

（一）未取得相应从业资格证件，从事道路危险货物运输活动的；

（二）使用失效、伪造、变造的从业资格证件，从事道路危险货物运输活动的；

（三）超越从业资格证件核定范围，从事道路危险货物运输活动的。

第四十八条　道路运输从业人员有下列不具备安全条件情形之一的，由发证机关撤销其从业资格证件：

（一）经营性道路客货运输驾驶员、道路危险货物运输从业人员身体健康状况不符合有关机动车驾驶和相关从业要求且没有主动申请注销从业资格的；

（二）经营性道路客货运输驾驶员、道路危险货物运输驾驶员发生重大以上交通事故，且负主要责任的；

（三）发现重大事故隐患，不立即采取消除措施，继续作业的。

被撤销的从业资格证件应当由发证机关公告作废并登记归档。

第四十九条　道路运输企业主要负责人和安全生产管理人员未按照规定经考核合格的，由所在地设区的市级交通运输主管部门依照《中华人民共和国安全生产法》第九十七条的规定进行处罚。

第五十条　违反本规定，交通运输主管部门工作人员有下列情形之一的，依法给予行政处分：

（一）不按规定的条件、程序和期限组织从业资格考试的；

（二）发现违法行为未及时查处的；

（三）索取、收受他人财物及谋取其他不正当利益的；

（四）其他违法行为。

第六章　附　则

第五十一条　从业资格考试收费标准和从业资格证件工本费由省级以上交通运输主管部门会同同级财政部门、物价部门核定。

第五十二条　使用总质量 4500 千克及以下普通货运车辆的驾驶人员，不适用本规定。

第五十三条　本规定自 2007 年 3 月 1 日起施行。2001 年 9 月 6 日公布的《营业性道路运输驾驶员职业培训管理规定》（交通部令 2001 年第 7 号）同时废止。

交通运输部关于印发《网络预约出租汽车监管信息交互平台运行管理办法》的通知

交运规〔2022〕1 号

各省、自治区、直辖市、新疆生产建设兵团交通运输厅（局、委）：

现将《网络预约出租汽车监管信息交互平台运行管理办法》印发给你们，请遵照执行。

交通运输部
2022 年 5 月 24 日

网络预约出租汽车监管信息交互平台运行管理办法

第一章　总　则

第一条　为加强网络预约出租汽车监管信息交互平台（简称网约车监管信息交互平台）的运行管理工作，规范数据传输，提高网约车行业监管效能，营造良好的营商环境，根据《网络预约出租汽车经营服务管理暂行办法》（交通运输部 工业和信息化部 公安部 商务部 市场监管总局 国家网信办令 2019 年第 46 号）等相关规定，制定本办法。

第二条　本办法所称网约车监管信息交互平台，包括全行业层面的网约车监管信息交互平台（简称行业平台），省级层面的网约车监管信息交互平台（简称省级平台），城市层面的网约车监管信息交互平台（简称城市平台）。

第三条　网约车监管信息交互平台数据传输、运行维护、数据质量测评等工作，适用本办法。

第四条　交通运输部指导各级网约车监管信息交互平台的运行管理等工作。

各省、自治区交通运输主管部门负责省级平台运行管理，并指导和监督本行政区域内的城市平台运行管理工作。

直辖市、设区的市级交通运输主管部门（简称城市交通运输主管部门）负责本城市平台的使用、运行和维护管理工作。

各网约车平台公司（包括依托互联网技术提供信息服务，与网约车平台公司共同提供网络预约出租汽车服务的平台）按照相关规定，负责规范本平台的运行管理和数据传输工作。

第二章　数据传输

第五条　各城市交通运输主管部门应通过运政信息系统实时传输网约车平台公司、车辆、驾驶员相关许可信息，供行业平台实时共享。未能实时共享的，应通过行业平台及时录入上传网约车平台公司、车辆、驾驶员相关许可信息，原则上每周至少更新一次。

第六条　网约车平台公司在取得相应《网络预约出租汽车经营许可证》后，应自次日零时起向行业平台传输网约车平台公司、车辆、驾驶员等基础静态数据以及订单信息、经营信息、定位信息、服务质量信息等动态数据。

第七条　网约车平台公司应加强对数据信息的规范化管理，所传输的网约车运营服务相关数据，应直接接入行业平台，不得通过第三方平台或系统传输。

第八条　网约车平台公司数据传输至行业平台后，由行业平台将数据实时转发至相关省级平台及城市平台，各地交通运输主管部门不得要求网约车平台公司向省级平台或城市平台重复传输相同数据。

第九条　行业平台所接收的运营信息数据，保存期限不少于 2 年。

第十条　网约车平台公司应建立健全数据传输工作机制，指定专人负责数据传输工作，明确与行业平台对接工作的责任人、业务人员和系统技术人员，并告知行业平台。上述人员信息发生变动的，应及时告知。

第十一条　网约车平台公司因系统改造、服务器迁移等可预见原因，需要暂停网约车平台运行的，应提前 72 小时告知行业平台。

第十二条　因自然灾害、安全生产事故等不可预见的突发事件造成系统故障，无法正常传输数据的，网约车平台公司应及时告知行业平台，并采取有效处置措施，尽快恢复系统正常运行。系统故障排除后，网约车平台公司应及时将漏传数据补传，并提交处理情况书面报告。

第十三条　网约车平台公司在技术接入和数据传输过程中，存在可能危害行业平台系统安全的，行业平台有权暂停技术接入和数据传输；造成损失的，依法追究相关责任。

第三章　传输质量要求

第十四条　网约车平台公司应保证传输数据的完整性、规范性、及时性、真实性等，确保数据传输质量。

第十五条　传输数据质量满足以下方面要求：

（一）数据完整性：网约车平台公司传输的数据应符合《网络预约出租汽车监管信息交互平台总体技术要求（暂行）》相关要求，确保其基础静态数据、动态数据字段内容齐全完整，确保全量数据传输，不遗漏信息及字段。

（二）数据规范性：网约车平台公司传输的数据字段内容在元素名称、字段名称、数据类型、字段长度、取值范围、数据精度、编码规则等方面应符合《网络预约出租汽车监管信息交互平台总体技术要求（暂行）》相关要求。

（三）数据及时性：网约车平台公司基础静态数据变更的，应于变更后 24 小时内将数据传输至行业平台；订单信息、经营信息、服务质量信息等应实时传输，延迟不得超过 300 秒；定位信息应实时传输，延迟不得超过 60 秒。

（四）数据真实性：网约车平台公司传输的数据内容应真实有效，基础静态数据、动态数据间应相互关联，相关数据之间的逻辑关系应正确、真实和完整。

第四章　传输质量测评

第十六条　行业平台对网约车平台公司数据传输质量情况定期开展测评，测评内容包括数据完整性、规范性、及时性、真实性等方面。网络预约出租汽车监管信息交互平台数据传输质量测评指标及计算方式见附件，具体测评指标和计算方式将根据行业发展情况予以更新。

第十七条　数据传输质量测评工作分为月度、年度测评，月度、年度测评周期为每自然月、自然年。

第十八条　网约车平台公司数据传输质量测评结果由行业平台定期公布，年度测评结果纳入出租汽车企业服务质量信誉考核内容。行业平台定期向社会公布全国网约车行业基本运行情况、未按规定向行业平台传输数据的网约车平台公司等情况。

鼓励各级交通运输主管部门充分利用各级网约车监管信息交互平台，加强网约车行业运行监测分析并公开发布分析结果，接受社会监督。鼓励各地交通运输主管部门依托各级网约车监管信息交互平台，提高执法效能，提升监管执法精准化、智能化水平。

第五章 运行维护

第十九条 各地交通运输主管部门应明确行业平台使用的责任人及联系人，并告知行业平台；要加强行业平台登录账号的申请开通管理，并督促使用人员妥善保管账号信息，定期更换密码。

第二十条 各级交通运输主管部门应按照国家相关法律法规要求，加强网约车监管信息交互平台网络安全、数据安全和个人信息保护管理，实施网络安全等级保护，加强数据传输追踪，定期开展安全排查，对于发现的安全风险和漏洞，要及时整改，建立健全全流程数据安全管理制度，采取必要措施防止数据遭到篡改、破坏、泄漏或者非法获取、非法利用，不得将数据用于商业性经营活动。

第二十一条 各级网约车监管信息交互平台应建立平台系统运行管理和故障应急处理机制，对本系统的运行情况进行 7×24 小时实时监测，发现系统故障及时处理。

第二十二条 各地交通运输主管部门可根据网约车行业联合监管的需要，与其他管理部门相关信息系统进行技术对接，实现信息共享。

第二十三条 网络链路维护按照分级管理的原则，由各级网约车监管信息交互平台共同开展。部、省（自治区、直辖市）间的网络链路由行业平台、省级平台或直辖市城市平台共同维护；省（自治区）内网络链路由省级平台、城市平台负责维护。

第六章 附 则

第二十四条 开展私人小客车合乘业务的，按照各地有关规定传输数据信息。

第二十五条 负责行业平台运行维护的单位要做好运行维护、数据传输管理、数据安全等工作，确保平台系统安全稳定运行，不得擅自对外提供、加工使用有关数据信息。

第二十六条 本办法自 2022 年 7 月 1 日起施行。

附件：网络预约出租汽车监管信息交互平台数据传输质量测评指标及计算方式（略）

交通运输部关于加强公路水运工程建设质量安全监督管理工作的意见

交安监规〔2022〕7 号

各省、自治区、直辖市、新疆生产建设兵团交通运输厅（局、委），长江航务管理局、珠江航务管理局：

为深入贯彻落实党中央、国务院关于质量安全工作的决策部署，保证工程建设质量，保护人民群众生命财产安全，推动工程建设高质量发展，加快建设交通强国，全面加强经依法审批、核准或者备案的新改扩建公路、水运基础设施工程建设项目质量安全监督管理工作，现提出如下意见。

一、总体要求

（一）指导思想。

以习近平新时代中国特色社会主义思想为指导，全面贯彻党的十九大和十九届历次全会精神，深入贯彻落实习近平总书记关于全力打造精品工程、样板工程、平安工程、廉洁工程的重要指示精神，立足新发展阶段，完整、准确、全面贯彻新发展理念，服务构建新发展格局，推动高质量发展，按照《交通强国建设纲要》《国家综合立体交通网规划纲要》等部署要求，推进精品建造和精细管理，构建现代化工程建设质量安全管理体系，提高工程安全性、耐久性和服务品质，打造一流设施，加快建设交通强国。

（二）工作原则。

——质量为本、安全为先。充分认识质量安全是工程建设的核心，质量是工程安全的根本，安全是工程质量的前提。不断提高质量安全意识，落实质量安全责任，全面加强质量安全管理。

——源头防范、系统治理。优化营商环境，激发企业积极性和创造性，把质量安全工作贯穿于工程建设全过程。坚持系统观念，做好顶层设计，注重质量安全工作全局性谋划、整体性推进。

——依法监管、严守底线。健全完善法规制度和标准规范，加强工程建设监管工作的统筹指导，明确项目监督管理责任，严格监督执法，严守工程建设质量安全底线，遏制质量安全事故发生。

——示范引领、推动创新。积极发挥平安工地、平安百年品质工程等创建示范的引领作用，以理念创新、制度创新、管理创新、技术创新为动力，持续推动工程技术发展，不断提升工程建设质量安全水平。

二、树立新理念构建新格局

（三）全面树立工程建设质量安全新理念。坚持以人民为中心的发展思想，把质量安全作为交通基础设施建设的核心，不断增强人民群众获得感、幸福感、安全感。坚持高质量发展，推动交通基础设施建设现代化、专业化和智能化水平提升，落实加快建设交通强国目标任务，努力建设一流设施。坚持全生命周期建设发展理念，加强规划、设计、建设、运营等各环节全要素有机衔接，实现质量与效益相统一、短期投入与长期效益相统一、企业效益与社会效益相统一。坚持统筹发展和安全，将安全发展贯穿于交通基础设施建设各领域、全过程，不断提升本质安全水平。

（四）全面构建工程建设质量安全新格局。以建立完善现代化工程建设质量安全管理体系为核心，稳步提升交通基础设施安全性、耐久性水平。以落实企业主体责任为手段，提升企业责任意识和担当意识，筑牢工程建设全员质量安全责任防线。以落实省市县三级交通运输主管部门质量安全监管责任为保障，提高政府监管效能，守住工程建设质量安全底线。以建设统一开放、竞争有序的市场为导向，推动有效市场和有为政府协同融合，逐步构建公路水运工程建设质量安全发展新格局。

三、强化工程质量安全监管责任落实

（五）严格履行行业监管责任。严格落实法律法规明确的行业监管职责，强化公路水运工程建设质量安全工作的行业指导，完善工程质量监督、施工安全监管相关制度，采用调度提醒、专项督导、监督检查、重点约谈、挂牌督办等方式加大行业监

管力度。按照"谁审批、谁监管，谁主管、谁监管"的原则，明确工程项目质量安全监管部门，确保工程项目质量安全监管全覆盖、无遗漏。强化对多元化投融资建设工程项目行业监管，严格落实建设项目法人责任制度、招标投标制度、工程监理制度和合同管理制度，严禁出现对制度弱化、简化等变通行为。

（六）强化重点工程项目监管责任。厘清工程建设各环节责任，保证审批监管权责统一，强化设计、招标投标、施工许可、建设监督、验收等质量安全责任落实，实现事前事中事后全链条监管。根据工程项目建设规模、技术难度和质量安全风险等因素，制定本地区年度重点工程项目监管清单。强化重点工程项目现场监管，加大检查频次，加强监督检查深度。对管理薄弱、事故隐患频发、发生质量安全事故的工程项目要依法依规实行严管和惩戒。

（七）强化农村公路项目监管责任。依法依规落实县级人民政府交通运输主管部门农村公路质量安全监管责任，建立健全监管有效、覆盖全面的农村公路建设质量安全监管长效机制。加大对新改建农村公路交通安全设施与主体工程同时设计、同时施工、同时投入使用的监督检查力度。鼓励聘请技术专家、当地群众代表参与监督检查和项目验收。推动农村公路建设质量技术服务或志愿帮扶活动。

（八）全面提高质量安全监督行政执法效能。全面落实行政执法各项制度，推行工程建设"互联网＋监管"，提高质量安全监督执法的标准化、规范化、精准化、信息化水平。加强省市县三级负责质量安全监督的执法队伍建设，持续推动执法队伍职责落实到位、人员装备到位、资金保障到位、履职尽责到位。对专业性、技术性较强的执法岗位要专人专岗，提高执法队伍专业化水平。认真开展"打非治违"工作，严肃查处偷工减料、不按图纸施工等行为。对违法分包、转包和挂靠资质等典型违法行为，严肃追究相关方法律责任。对导致发生生产安全事故的，依法严肃追责。对事故发生单位负有事故责任的有关人员，依法暂停或者撤销其与安全生产有关的执业资格、岗位证书。

（九）提升工程质量安全监管技术水平。加强工程技术管理、监督检查、交（竣）工验收和事故调查鉴定等全过程技术管理与技术服务工作。鼓励

推行政府购买服务等方式，委托技术能力强、服务水平高和信用良好的技术服务机构为工程质量安全监管工作提供技术服务。技术服务机构要保证技术服务结果的真实性、科学性。要加强对技术服务工作的监管，明确技术服务工作职责和工作标准，保障工程质量安全监管工作技术水平不断提升。

（十）加强工程项目创建示范工作。深化平安工地建设，推进平安工地建设全覆盖，全面落实工程项目"零死亡"安全管理目标。加大红线问题的查处力度，按照事故隐患"零容忍"要求，强化整改措施，提高整改时效。加强对普通公路和小型水运工程项目平安工地建设考核评价工作。全力推动平安百年品质工程创建示范工作，将标准化设计、工厂化生产、智能化建造、智慧化管理作为实现精品建造和精细管理的路径，加强创新技术应用，形成一批可复制、可推广的技术创新成果。探索建立多方式激励机制，保障创建示范工作落地见效。

（十一）依法严格质量安全事故报告和调查处理。严格执行公路水运工程质量安全事故报告制度。严肃查处瞒报谎报迟报漏报事故行为。依法依规组织或参与公路水运建设领域事故调查，开展典型案件警示教育。建立质量安全事故（险情）原因深度技术调查分析和整改督办制度。按照事故处理"四不放过"原则，严肃追究责任。拓宽举报奖励宣传渠道，对举报重大质量安全风险隐患或者举报质量安全违法行为的有功人员实行奖励。

四、全面落实企业质量责任

（十二）落实质量终身责任制。全面落实参建各方主体及项目负责人的工程质量责任。强化建设单位工程质量首要责任和勘察、设计、施工、监理等单位主体责任。严格按规定落实设计使用期限内工程项目质量终身责任制。严格按规定执行工程质量终身责任书面承诺制、永久性标牌制、质量信息档案等制度，强化质量责任追溯追究机制。

（十三）落实建设单位工程质量首要责任。建设单位应依法依规履行工程管理责任，组建工程项目现场质量管理机构，健全管理制度，落实设计、施工、监理等单位的质量管理责任。实施工程质量管理标准化工作，加强工程建设全过程质量管理。加强工程质量检测管理，充分发挥检测的质量控制作用。保证合理工期、合理造价和按标准验收，对工程质量管理负责。

（十四）落实勘察设计单位勘察设计质量主体责任。勘察设计单位应依法依规开展勘察设计工作。加强工程安全性、耐久性设计，加快推进设计标准化、专业化、规范化，推动建筑信息模型等数字化设计应用。完善重大工程、高风险工程的设计交底制度和程序，深度参与工程建设重大风险隐患分析研判，强化动态设计，对勘察设计质量负责。

（十五）落实施工单位施工质量主体责任。施工单位应依法依规对现场项目管理机构进行全过程管控，保障人员、设备、材料、资金、技术和管理等全要素投入，切实提高工程质量安全工作保障。完善质量管理体系，将质量责任落实到岗到人。对工程分包单位、劳务合作单位、设备租赁单位实行无差别化质量管理。将所有班组纳入质量管理体系，开展统一的培训教育，实施规范化管理。加大工程材料、产品进场检验和质量管控力度，建立工程材料、产品采购管理制度和使用台账，健全缺陷工程材料、产品响应处理和质量追溯机制，积极应用新材料、新设备、新工艺、新技术。加强全方位、全过程质量管理，提高施工质量，对工程施工质量全面负责。

（十六）落实监理单位监理质量主体责任。监理单位应依法依规加强工程项目驻地监理工作的指导和管理，落实总监理工程师负责制，严格按合同要求落实监理的平行抽检责任，按规定的抽检比例和抽检指标独立完成抽检工作。鼓励采用视频监控、信息化监理等智能技术，加强对关键工序、关键部位、重要隐蔽工程的监理，切实提升监理旁站工作效能。支持提高高风险项目专业监理工程师配备比例，强化专项施工方案的审查落实。落实工程质量安全监理报告制度，发挥对工程质量的社会监督作用，对工程质量负监理责任。

（十七）落实质量检测单位检测质量责任。质量检测单位应依法依规全面加强工地试验室建设和管理，独立、公正出具试验检测数据和报告。鼓励建设单位委托第三方质量检测单位建立工地中心试验室，严格对工程材料、产品进行检验，对工程实体质量进行抽检，加强标准试验管理。质量检测单位对试验检测结果负责。

（十八）落实工程材料、产品生产供应单位质量责任。生产供应单位应加强影响结构强度和安全性、耐久性的关键工程材料质量管理，严格落实产品出厂检验制度，确保检验资料及合格证书完整准确，保障产品可追溯，提供检验合格的产品，对生产或供应的工程材料、产品质量负责。

五、全面落实企业安全生产责任

（十九）落实全员安全生产责任制。建设、勘察设计、施工、监理等从业单位依法依规加强工程项目安全生产责任落实。企业法定代表人、实际控制人、实际负责人要严格履行安全生产第一责任人责任，对本单位安全生产负总责。对建设技术难度大、安全风险高的工程项目，建设单位应依法依规设置安全生产管理机构。加强施工单位主要负责人、项目负责人、专职安全生产管理人员安全生产考核工作。项目参建单位要建立健全全员安全生产责任制，实现职责到岗、责任到人、工作到位。

（二十）严格落实安全生产条件。按照法律法规和有关标准落实安全生产条件，并严格履行审查程序，审核通过后方可组织施工。对危险性较大的分部分项工程，应按规定编制专项施工方案，并按程序审批或论证。切实加强劳务派遣和灵活用工人员安全管理，实行统一管理，强化安全教育培训和技术交底，危险岗位要按规定严格控制劳务派遣用工数量，未经安全知识培训或培训不合格的，不能上岗。

（二十一）推进安全生产标准化。大力推进工程项目参建各方安全生产标准化建设，强化项目驻地建设、安全管理、施工作业、设备管理等实现安全生产标准化管理。建立完善安全生产双重预防机制，对两区三厂建设、高墩大跨桥梁架设、大型沉箱围堰作业、复杂地质隧道掘进、高边坡深基坑开挖、大型沉箱浮运安装等可能造成群死群伤、风险高的施工环节，要加强风险管控和隐患排查治理，推行现场网格化管理，精准施策，强化闭环管控措施，提升安全生产标准化、规范化水平。

六、全面夯实工程质量安全管理基础

（二十二）完善工程管理法规制度体系。贯彻落实国家有关工程质量安全管理法律法规和规章制度，及时制修订相关配套制度，推动公路水运工程质量安全监督管理的地方立法工作，完善工程质量安全管理法规制度体系。

（二十三）推动技术标准修订完善。跟进公路水运工程建设领域新技术发展趋势，及时总结、推广保证工程质量安全的新技术、新材料、新设备、新工艺，加快修订调整已有标准。鼓励地方、相关社会团体和市场主体制定、推广应用高于行业标准的地方标准、团体标准和企业标准。

（二十四）加强先进建造技术推广应用。鼓励应用先进建造设备、智能建造技术，通过工程构件、部品部件集中预制生产，推动工程建设向智能建造转型。加强企业间、政企间数据共享和要素综合集成利用，建立协调协作机制，提高工程建设质量管理数字化水平。推动工程项目绿色低碳技术应用，加快淘汰严重危及公路水运工程质量安全环保的施工工艺、设备和材料。

（二十五）加强先进质量管理模式推广应用。不断完善工程质量指标体系和质量分级评价制度，推动质量管理小组活动，促进质量管理创新和发展。加快公路水运工程新时期产业工人队伍建设，培育更多"大国工匠"。

各级交通运输主管部门要切实提高政治站位，按照监管工作只能加强不能削弱的要求，加强组织领导，落实监管责任，加强宣传工作，做好正面引导和负面曝光，切实加强公路水运工程建设质量安全监督管理工作，为加快建设交通强国、当好中国现代化的开路先锋提供质量安全保障。

交通运输部

2022 年 8 月 5 日

交通运输部关于印发《城乡交通运输一体化示范县创建管理办法》的通知

交运发〔2022〕24号

各省、自治区、直辖市、新疆生产建设兵团交通运输厅（局、委）：

现将《城乡交通运输一体化示范县创建管理办法》印发给你们，请认真遵照执行。

交通运输部
2022年2月21日

（此件公开发布）

城乡交通运输一体化示范县创建管理办法

第一章 总 则

第一条 为贯彻落实《中共中央国务院关于全面推进乡村振兴加快农业农村现代化的意见》，加快推进城乡交通运输一体化发展，规范城乡交通运输一体化示范县（以下简称示范县）创建，制定本办法。

第二条 本办法适用于示范县申报、创建、组织实施、验收命名、动态评估等工作。

第三条 示范县创建应当遵循政府主导、部门协同、公众参与、人民满意的原则。

第四条 示范县创建以县（区、市）为实施主体，创建周期原则上为2年。

第五条 交通运输部负责组织示范县创建工作，建立示范县创建评估体系，加强相关政策支持。

省、市级交通运输主管部门负责指导、督促相关县（区、市）开展示范县创建，加强部门间工作协调、政策保障和资金支持。

县（区、市）交通运输主管部门在本级党委、政府统一领导下，会同相关部门负责具体实施示范县创建工作。

第二章 申报条件与程序

第六条 申报示范创建的县（区、市）原则上应当符合以下条件：

（一）具有较好发展基础。城乡交通运输一体化工作成效显著，原则上城乡交通运输一体化发展水平应达到AAAA级及以上水平（国家乡村振兴重点帮扶县、革命老区县达到AAA级及以上），并在城乡交通运输基础设施衔接、城乡客运服务、城乡货运与物流服务等方面处于省域领先水平。

（二）具备良好政策环境。建立了推进城乡交通运输一体化发展的有效工作机制，对推动城乡交通运输基础设施衔接、客运服务、货运与物流服务一体化发展及农村客货邮融合发展等有明确、稳定的扶持政策。

（三）具有良好社会基础。人民群众对城乡交通运输一体化发展的认可度、支持度较高，推进城乡交通运输一体化发展的社会氛围良好。

第七条 示范县创建申报程序包括县级申报、省级交通运输主管部门推荐、交通运输部确定：

（一）县级申报。省级交通运输主管部门组织本辖区符合申报条件的县（区、市）进行申报。相关县（区、市）结合本地发展特点，编制《城乡交通运输一体化示范创建实施方案》（以下简称《实施方案》，编制要点见附件1）。经市级交通运输主管部门同意后，报省级交通运输主管部门。直辖市所辖县（区、市）和省直辖县（区、市）《实施方案》直接报省级交通运输主管部门。

（二）省级交通运输主管部门推荐。省级交通运输主管部门应当遵循公平、公正、公开的原则，对各申报县《实施方案》进行审核，筛选出拟推荐的示范创建县，按推荐优先顺序排序后，将推荐名单、推荐意见和审核后的《实施方案》报交通运输部。

（三）交通运输部确定。交通运输部根据各省份城乡交通运输一体化工作推进情况确定分省份创建名额，并组织专家对各申报县《实施方案》进行综合评价。根据省级推荐排序、专家评议排序（权重各占50%），综合确定示范创建县名单，经公示后向社会公布。

第三章　创建内容与要求

第八条　示范创建县应当结合本地实际，聚焦农村客运公交化改造、农村客货邮融合发展、农村运输信息化服务等主题，持续推进城乡交通运输基础设施、客运服务、货运与物流服务一体化建设。

第九条　示范创建县应当明确创建总体目标、创建指标和创建任务。示范创建县应当将创建期内城乡交通运输一体化发展水平提高一个等级或保持最高等级纳入创建总体目标。应当明确具体创建指标（重点指标见附件2），以及重点实施项目、具体措施、时间节点等。

第四章　组织实施

第十条　省级交通运输主管部门应当根据部级评审情况，组织完善并批复辖区内示范创建县《实施方案》，批复后的《实施方案》报交通运输部备案。

第十一条　示范创建县应当建立交通运输与相关部门共同参与的创建工作机制，定期研究部署创建工作，严格按照批复的《实施方案》推进创建工作。对因规划调整等客观原因，确需变更相关创建任务的，应当充分论证、详细说明理由，报原批复单位同意后，及时修订《实施方案》，并报交通运输部备案。

第十二条　示范创建县应当完善城乡交通运输一体化发展保障政策体系，在规划、建设、用地、资金、财税等方面给予配套政策支持，保障创建工作有效推进。

第十三条　示范创建县应当在创建期内每年总结《实施方案》落实情况，形成《城乡交通运输一体化示范创建工作年度报告》（编制要点见附件3）。经省级交通运输主管部门审核后，于次年2月底前将年度报告报交通运输部。

第十四条　创建期间，省、市级交通运输主管部门应当加强对示范创建过程的监督指导，定期检查示范创建任务进度，及时掌握本辖区内示范创建县创建情况，协调解决示范创建过程中遇到的问题，督促创建工作按进度有序推进，确保创建工作取得实效。交通运输部通过召开会议、现场调研、经验推广等方式对创建工作进行指导。

第十五条　各级交通运输主管部门要加大对示范县创建的宣传力度，积极营造支持创建工作、体现创建成效的舆论氛围。

第五章　验收与命名

第十六条　创建期结束后，已完成《实施方案》各项目标任务的示范创建县，可申请验收。

第十七条　示范县验收程序包括县级申请、省级交通运输主管部门审核、交通运输部验收、社会公示，具体验收程序如下：

（一）县级申请。创建期满，示范创建县应当依据《实施方案》，对创建工作开展自查评估，并组织编制《城乡交通运输一体化示范创建验收申请报告》（以下简称《验收申请报告》，编制要点见附件4），经市级交通运输主管部门同意后，报省级交通运输主管部门。直辖市所辖县（区、市）和省直辖县（区、市）直接报省级交通运输主管部门。受客观原因影响未达到创建目标的，应当书面提出延期验收申请。

（二）省级交通运输主管部门审核。省级交通运输主管部门应当通过材料评审、实地核查等形式对示范创建县提交的《验收申请报告》进行审核。对于具备验收条件的示范创建县，将《验收申请报告》及推荐意见报交通运输部；对于申请延期验收及未通过省级审核的示范创建县，将相关情况说明报交通运输部。

（三）交通运输部验收。交通运输部负责成立验收专家组，通过集中评审、实地复核等形式，组织开展验收工作。

（四）社会公示。交通运输部对验收通过的示范创建县名单进行公示，公示期为5个工作日。交通运输部将根据公示期间收到的意见建议组织专家复核，确认验收结果。

第十八条　对验收合格的示范创建县，由交通运输部命名为"城乡交通运输一体化示范县"。

第十九条　对未通过验收的示范创建县，由交通运输部反馈未通过原因，提出整改要求，并给予 1 年的延续创建期，期满前按程序申请验收。

第二十条　对规定时限内未申请验收、延续创建期结束后验收仍不合格或发现弄虚作假的示范创建县，由交通运输部公告取消其创建资格。

第六章　动态评估

第二十一条　交通运输部组织对示范县城乡交通运输一体化建设情况开展动态评估，评估时间自获得示范县称号次年起，每 3 年评估一次。

第二十二条　示范县应当对每个动态评估期城乡交通运输一体化工作情况进行总结，形成自评报告，并于动态评估期末年的 6 月底前，报送省级交通运输主管部门。自评报告应当列明动态评估期各年度城乡交通运输一体化发展指标情况。

第二十三条　省级交通运输主管部门对示范县自评报告进行初审，并于评估期末年 8 月底前，将审核后的自评报告报送交通运输部。

第二十四条　交通运输部通过组织开展专家集中评议、现场调研检查等形式，形成动态评估结论。

第二十五条　动态评估合格的示范县，交通运输部公告保留其称号。动态评估不合格的，给予 3 个月整改期；整改后仍不合格的，由交通运输部公告取消"城乡交通运输一体化示范县"称号，并不得申报后续最近一次创建。称号取消后，不再享受交通运输部关于城乡交通运输一体化示范县的相关支持政策。

第七章　附　则

第二十六条　城乡交通运输一体化示范县支持政策按照《财政部　交通运输部关于印发〈车辆购置税收入补助地方资金管理暂行办法〉的通知》（财建〔2021〕50 号）有关规定执行。鼓励省、市级交通运输主管部门积极争取当地人民政府对示范创建工作给予政策、资金支持。

第二十七条　本办法自发布之日起施行。

附件（略）

交通运输部　公安部　商务部关于印发《城市绿色货运配送示范工程管理办法》的通知

交运发〔2022〕32 号

各省、自治区、直辖市、新疆生产建设兵团交通运输厅（局、委）、公安厅（局）、商务主管部门：

　　现将《城市绿色货运配送示范工程管理办法》印发给你们，请遵照执行。

交通运输部

公安部
商务部
2022 年 3 月 14 日

抄送：中央纪委国家监委驻交通运输部纪检监察组。

城市绿色货运配送示范工程管理办法

第一章　总　则

第一条　为加快推动城市货运配送体系绿色低碳发展，进一步加强城市绿色货运配送示范工程管理工作规范化、制度化，保障示范工程建设有力有序推进，不断提升城市绿色货运配送发展水平，更好服务加快建设交通强国等国家战略实施，制定本办法。

第二条　本办法适用于城市绿色货运配送示范工程的申报、组织实施、验收与命名、动态评估等工作。

前款所称城市绿色货运配送示范工程，是指经交通运输部、公安部、商务部按程序评审通过，并联合发文确定的城市绿色货运配送示范工程（以下简称示范工程）。

第三条 示范工程建设应当遵循公开、公平、公正的原则，统筹开展示范工程管理工作。

第四条 示范工程创建以城市人民政府为实施主体（以下简称创建城市），创建周期原则上为3年。

第二章 申报流程

第五条 交通运输部会同公安部、商务部，聚焦加快建设交通强国、实现碳达峰碳中和目标、新型城镇化建设等有关国家战略实施，结合推动城市绿色货运配送相关规划、政策任务部署，按照行业发展实际，印发示范工程申报工作通知，明确总体要求、申报条件、支持方向、工作安排等。

第六条 申报示范工程的城市，原则上应当同时满足以下条件：

（一）城市规模。地级及以上城市，优先考虑直辖市、省会城市和计划单列市。

（二）物流基础。物流枢纽站场等基础设施条件较好，信息化水平较高，物流需求旺盛，城市配送、甩挂运输、冷链物流等重点领域发展潜力大。

（三）政策环境。城市人民政府及相关管理部门关于城市货运配送基础设施建设、便利通行政策、新能源及清洁能源车辆推广等方面有具体、明确的支持政策。

第七条 省级交通运输主管部门会同公安、商务主管部门组织本省（区、市）有关城市进行申报。符合申报条件的城市人民政府，应结合城市发展特点，编制示范工程实施方案（以下简称《实施方案》，具体要求见附件1），报送省级交通运输主管部门，抄报省级公安、商务主管部门。

第八条 省级交通运输主管部门应会同公安、商务主管部门，对申报城市材料进行审核，形成审核报告。按照申报条件和要求确定推荐申报城市名单及优先顺序，并按要求向交通运输部、公安部、商务部报送申报城市名单、审核报告和申报材料。

第九条 交通运输部应会同公安部、商务部，组织专家对审核报告和城市申报材料进行综合评价，经公示后，按程序公布示范工程创建城市名单。

第三章 组织实施

第十条 省级交通运输主管部门应会同公安、商务主管部门根据部级评审意见，组织辖区内示范工程创建城市修改并正式印发《实施方案》，报交通运输部备案。

第十一条 创建城市应按照备案的《实施方案》中确定的有关内容开展创建，细化建设任务，明确各项任务项目载体、科学制定工作进度计划、落实责任分工和保障措施。创建城市对创建任务的完成和实施效果负主体责任，并按照示范工程相关管理要求开展数据报送、自查评估等工作。

第十二条 创建工作应争取城市人民政府的支持，应当建立交通运输、公安、商务等相关部门协同配合的工作机制，定期研究部署示范工程创建工作。鼓励建立示范工程创建工作考核机制，将创建任务完成情况和创建结果纳入城市人民政府年度绩效考核。

第十三条 创建城市应开展自查评估工作。自查评估每年开展一次，对照《城市绿色货运配送示范工程绩效考核评分细则》进行自评打分，并编写示范工程总结报告（具体要求见附件2），报省级交通运输、公安、商务主管部门审核。

第十四条 省级交通运输主管部门应会同公安、商务主管部门加强对创建城市的跟踪督导和绩效评估，定期开展集中督导，并结合创建城市上报材料，开展实地查验，进一步完善示范工程总结报告，并与本省份推进城市绿色货运配送发展所编制或发布的相关规划、政策文件、标准规范、典型案例、创新成果等材料，于次年2月底前报送交通运输部、公安部、商务部。

第十五条 交通运输部会同公安部、商务部适时组织专家对示范工程建设情况进行重点抽查和绩效评估。

第十六条 对因不可抗力或市场环境发生重大变化等客观因素，确需对示范工程实施内容、考核指标、实施期限等进行变更的，应当详细说明理由，经省级交通运输、公安、商务主管部门同意后，报交通运输部备案。书面变更申请应包括：

（一）变更的内容；

（二）变更的理由；

（三）承诺变更后不影响原定示范效果。

第十七条 交通运输部、公安部、商务部根据各自职责，加强部门协调和政策推进，支持示范工程建设。各地交通运输主管部门应积极争取省级和城市的财政资金支持，加大对示范工程中新能源车辆购置与运营、配送节点建设、先进组织模式推广应用、公共信息平台建设、末端配送车辆管理等方面的支持力度。

第十八条　各级交通运输主管部门应会同公安、商务主管部门，加大对示范工程创建的宣传力度，充分利用网络、报纸、电视、广播等多种方式宣传示范工程创建工作推进情况和建设成效，积极营造支持创建工作、体现创建成效的舆论氛围。

第四章　验收与命名

第十九条　创建期结束后，已完成《实施方案》确定的各项目标任务的示范工程，可申请验收。

第二十条　交通运输部会同公安部、商务部制定示范工程验收方案和验收考核指标，组织专家对申请验收的示范工程开展验收。验收工作按照"城市自评、省级审核、部级验收"等程序进行。

（一）城市自评。创建城市对照《实施方案》进行自查评估，经评估后达到验收条件的，向所在地省级交通运输、公安、商务主管部门提出验收申请，并提交验收申请报告（具体要求见附件3）；自查评估未达到验收标准的，应申请延期验收。

（二）省级审核。省级交通运输主管部门应会同公安、商务主管部门通过材料审核、实地勘察等方式对创建城市提交的验收申请报告进行审核。审核认为达到验收标准的，形成推荐意见报交通运输部、公安部、商务部；未达到验收标准的，督促创建城市进行整改，确需延期的按时办理延期手续。

（三）部级验收。交通运输部会同公安部、商务部按照验收工作程序，组织专家赴创建城市进行实地验收，开展量化打分，形成验收意见。

第二十一条　交通运输部会同公安部、商务部对通过验收的示范工程进行公示。根据公示期间收到的意见建议组织专家复核，确认验收结果后，联合公布验收合格的示范工程创建城市名单，授予"全国绿色货运配送示范城市"（以下简称示范城市）称号。示范城市按照有关要求，享受奖励政策。未通过验收的示范工程，交通运输部牵头反馈其未通过原因，提出整改要求，并给予1年的延续创建期，期满前创建城市按程序申请验收，验收仍未通过的，取消创建资格。

存在以下情形之一的，直接取消创建资格：

（一）提供的验收文件、资料、数据不真实。

（二）未经批准，擅自对示范工程实施内容进行重大调整，导致示范工程不再满足原定创建目标和示范效果的。

第二十二条　取消创建资格的示范工程，不享受示范工程部级相关政策，不得再以示范工程名义开展工作。

第五章　动态评估

第二十三条　交通运输部会同公安部、商务部，从示范城市获得称号次年起，按照"方向不变、力度不减、标准不降"的原则和"三年一评估"的要求，组织开展示范城市动态评估工作。动态评估期间，省级交通运输主管部门应会同公安、商务主管部门持续开展跟踪督导工作，组织示范城市开展年度评价工作。

第二十四条　动态评估工作每三年开展一次，按照"城市自评、省级初审、部级评估"程序进行。

（一）城市自评。示范城市应当按照相关要求总结动态评估期工作情况，并于每个动态评估期末年的6月底前，形成自评报告（报告格式参照附件3）报送省级交通运输、公安、商务主管部门。

（二）省级初审。省级交通运输主管部门应会同公安、商务主管部门对示范城市自评报告进行初审后，于评估期末年的8月底前，将审核后的自评报告报交通运输部、公安部、商务部。

（三）部级评估。交通运输部会同公安部、商务部通过组织采取实地暗访、专家评议等形式，形成评估结论。对于动态评估期评估合格的示范城市，交通运输部、公安部、商务部公告保留其称号；对于动态评估不合格的示范城市，交通运输部会同公安部、商务部，将整改要求通报示范城市所在省份的省级交通运输、公安、商务主管部门，由省级部门督促相关示范城市限期整改，整改期一般不超过3个月。整改后仍不合格的，将公告取消其称号，不再享受示范城市部级相关政策。

第六章　附　则

第二十五条　本办法由交通运输部、公安部、商务部负责解释。

第二十六条　本办法自发布之日起施行。

附件（略）

江西省人民政府办公厅关于印发贯彻落实推进多式联运发展优化调整运输结构工作实施方案（2021—2025年）的通知

赣府厅字〔2022〕75号

各市、县（区）人民政府，省政府各部门：

《贯彻落实推进多式联运发展优化调整运输结构工作实施方案（2021—2025年）》已经省政府同意，现印发给你们，请认真抓好贯彻落实。

2022年8月6日

（此件主动公开）

贯彻落实推进多式联运发展优化调整运输结构工作实施方案（2021—2025年）

为深入贯彻落实《国务院办公厅关于印发推进多式联运发展优化调整运输结构工作方案（2021-2025年）的通知》（国办发〔2021〕54号）文件精神，扎实推进江西省多式联运发展，推动多种交通运输方式深度融合，进一步优化调整运输结构，提升综合运输效率，降低社会物流成本，促进节能减排降碳，经省政府同意，制定以下实施方案。

一、总体要求

（一）指导思想。以习近平新时代中国特色社会主义思想为指导，深入贯彻党的十九大和十九届历次全会精神，立足新发展阶段，完整、准确、全面贯彻新发展理念，以推动高质量发展为主题，以深化供给侧结构性改革为主线，以加快建设交通强省为目标，以发展多式联运为抓手，提升基础设施联通水平，促进运输组织模式创新，推动技术装备升级，营造统一开放市场环境，加快构建安全、便捷、高效、绿色、经济的现代化综合交通体系，更好服务构建新发展格局，为落实碳达峰、碳中和目标要求作出交通贡献，助力打造美丽中国"江西样板"，助推全省高质量跨越式发展。

（二）工作目标。到2025年，多式联运发展水平明显提升，运输结构大幅优化，基本形成大宗货物及集装箱中长距离运输以铁路和水路为主的发展格局，铁路和水路货运量占比达到15%，全省铁路和水路货运量比2020年分别增长13%和12%

左右，集装箱铁水联运量年均增长15%以上。

二、提升多式联运承载能力和衔接水平

（三）完善多式联运骨干通道。紧密衔接国家综合运输通道布局，加快江西省"六纵六横"综合运输大通道建设。强化京九、沪昆"双轴"通道能力，实施京九和沪昆"大十字"主通道高速公路八车道扩容工程，全面完成赣江、信江三级航道达标建设，提升赣江、信江航道通行能力，加强与京津冀、长三角、粤港澳大湾区等高效互联；完善银福、合福、蒙吉泉、沿江、岳九衢、韶赣厦通道，建成兴泉铁路和赣皖界至婺源、上饶至浦城、信丰至南雄、通城（赣鄂界）至铜鼓等高速公路；提升渝长厦、咸井韶、阜鹰汕、衡吉温通道，建成武宁至通山（江西段）、宜春至遂川至大余、寻乌至龙川（江西段）等高速公路，开工建设瑞梅铁路、温武吉等干线铁路和弋阳至南丰、彭泽至东乡等高速公路。（省交通运输厅、省发展改革委、民航江西监管局、中国铁路南昌局集团有限公司按职责分工负责，地方各级人民政府落实。以下均需地方各级人民政府落实，不再列出）

（四）加快货运枢纽布局建设。提升南昌和九江国际性门户枢纽地位。加快南昌昌北国际机场航空物流枢纽基础设施建设，强化枢纽机场货物转运、保税监管、邮政快递、冷链物流等综合服务功能，大力推进南昌市轨道交通1号线北延工程建设；

提升南昌向塘国际陆港功能，加快补齐南昌向塘铁路枢纽联运转运衔接设施，推进陆港物流功能区建设，建成向塘国际陆港二期，强化国际货运班列（南昌）集结功能，加强陆港海港合作；提升九江江海直达区域性航运中心功能，加快重点港区现代化码头、疏港铁路公路建设，推进九江港和南昌港一体联动发展，探索航线资源共享，提高现代航运服务水平，进一步强化九江港与沿海港口联系，发挥在集装箱、滚装等高附加值货类运输优势。加快打造赣州、上饶、赣西组团全国枢纽，做大做强赣州国际陆港，加快完善货运物流配套设施，积极开拓跨国班列新空间，加强与沿海港口合作，加快打造对接融入粤港澳大湾区桥头堡；加快推进赣州黄金机场实现对外开放，完善航空口岸配套设施，大力拓展航空货运功能，积极发展临空产业；加快建设上饶国际陆港，推进上饶三清山机场改扩建，提升上饶枢纽对周边地区的辐射影响能力；加快建设新余港、宜春港、赣西（新余）综合货运枢纽和赣西（宜丰）国际物流园，提升赣西组团在全国的枢纽地位。加快建设一批区域性综合枢纽，打造鹰潭中童综合货运枢纽、抚州海西综合物流园等货运枢纽，提升对接海西经济区的辐射带动作用。积极争取鹰潭、九江入选国家物流枢纽建设名单，积极争取萍乡、吉安入选国家物流枢纽承载城市名单。依托国家物流枢纽、综合货运枢纽布局建设国际寄递枢纽和邮政快递集散分拨中心。（省交通运输厅、省发展改革委、省财政厅、中国铁路南昌局集团有限公司、省商务厅、南昌海关、民航江西监管局、省邮政管理局、省机场集团公司按职责分工负责）

（五）健全港区、园区等集疏运体系。完成九江港城西港区疏港铁路专用线建设，协调推进九江港彭泽港区、宜春港樟树港区河西作业区、赣西（宜丰）国际物流园、上高铁路经济产业园、德兴宏泰石公司等进港入园铁路专用线建设，加快南昌港姚湾港区、九江港都昌港区、宜春港樟树港区、吉安港中心城区港区、赣州港赣县港区、上饶港鄱阳港区、鹰潭港贵溪港区、景德镇港义城作业区等重点港区、作业区疏港公路建设，实现重要港区、园区与高速公路、铁路货运通道、厂矿企业、综合物流枢纽之间的公路和铁路连接，有效解决"最后一公里"问题，实现长江干线主要港口铁路进港全覆盖，重要港口港区二级及以上公路通达率达到100%。（省交通运输厅、省发展改革委、省生

态环境厅、中国铁路南昌局集团有限公司按职责分工负责）

三、创新多式联运组织模式

（六）丰富多式联运服务产品。推动在九江城西港、南昌龙头港码头推广实施进口货物"船边直提"和出口货物"抵港直装"模式。大力发展铁路快运，推动冷链、危品、国内邮件快件等专业化联运发展，鼓励支持省内重点城市申报绿色货运配送示范工程。充分挖掘省内城市铁路场站与线路资源，创新"外集内配"等生产生活物资公铁联运模式。支持南昌、九江、吉安等市结合城区老码头改造，发展生活物资水陆联运。（省交通运输厅、中国铁路南昌局集团有限公司牵头，省发展改革委、省商务厅、省生态环境厅、省公安厅、南昌海关、民航江西监管局、省邮政管理局等配合）

（七）培育多式联运市场主体。深入实施多式联运示范工程建设，支持南昌向塘国际陆港、九江红光国际港积极申报国家第五批多式联运示范工程，扎实推进省级多式联运示范工程建设，力争示范创新取得成效，引导江西省多式联运行业发展。鼓励港口航运、铁路货运、航空寄递、货代企业及平台企业等加快向多式联运经营人转型，积极引进国内外优秀多式联运经营企业在江西省设立营运中心和区域分拨中心，承接制造业企业多式联运需求；鼓励不同运输方式企业以资产重组、资源共享、网络共建、利益共享、风险共担的方式组成多式联运经营主体，重点支持公路、水路运输、港口经营企业与铁路物流企业深化铁公水联运合作；鼓励多式联运市场经营主体以联运线路、物流链为纽带组建企业联盟。（省交通运输厅、省发展改革委牵头，省商务厅、中国铁路南昌局集团有限公司、民航江西监管局、省邮政管理局等配合）

（八）推进运输服务规则衔接。强化对江西省多式联运服务规则标准体系的顶层设计，加快推动多式联运服务规则标准体系研究，实现水运与铁路之间、水运支线与干线运输之间的高效衔接。鼓励在多式联运票据单证格式、运费计价规则、货类品名代码、危险货物划分、包装与装载要求、安全管理制度、货物交接服务规范、报销理赔标准、责任识别等方面探索制定地方性运输规则标准，推动不同行业、运输方式、企业间服务规则衔接。深入推进多式联运"一单制"，引导企业建立全程"一次委托"、运单"一单到底"、结算"一次收取"的服

务方式，支持企业应用电子运单、网上结算等互联网服务新模式。（省交通运输厅、中国铁路南昌局集团有限公司牵头，省商务厅、南昌海关、民航江西监管局、省邮政管理局等配合）

（九）加大信息资源共享力度。加强铁路、港口、船公司、民航等企业信息系统对接和数据共享，开放列车到发时刻、货物装卸、船舶进离港等信息。按照"政府推动、市场化运作、多方参与"的原则，加快建设多式联运公共信息平台，为多式联运各关系方提供资质资格、认证认可、检验检疫、通关查验、税收征缴、违法违章、信用评价、政策动态等一站式服务；加快建立跨运输方式信息共享机制，引导企业开放枢纽站场、运力调配、班线计划、运行动态等数据资源；大力发展智慧供应链体系，充分利用移动互联网、物联网、云计算、大数据技术推进传统货物运输组织方式的改进和各种运输方式的有效整合。加快推进北斗系统在营运车船上的应用，到2025年基本实现运输全程可监测、可追溯。（省交通运输厅、中国铁路南昌局集团有限公司牵头，省发展改革委、民航江西监管局、省邮政管理局等配合）

四、促进重点区域运输结构调整

（十）推动大宗物资"公转铁、公转水"。优化铁路货运办理流程，持续建设和改善铁路货场仓库等设备设施，提升铁路货运服务能力和水平，以赣州国际陆港、南昌向塘国际陆港为中心，稳定开行至宁波、深圳、厦门等铁海联运线路。推动省港口集团靠大联强，认真做好港口资源整合"后半篇文章"。优化船舶运力结构，引导集装箱船、滚装船等专业化运输船的发展。鼓励工矿企业、粮食企业等将货物"散改集"，中长距离运输时主要采用铁路和水路运输，短距离运输优先采用封闭式皮带廊道或新能源车船。探索推广大宗固体废物公铁水协同联运模式。深入开展公路货运车辆超限超载治理，推动货运源头治超和科技治超，落实部门监管职责。（省交通运输厅、中国铁路南昌局集团有限公司、省商务厅牵头，省发展改革委、省工业和信息化厅、省公安厅、省自然资源厅、省生态环境厅、省市场监管局等配合）

（十一）加快铁水联运、江海联运发展。完善水水中转、干支中转航线，发展铁水联运、江海联运、干支直达运输，构建以九江港和南昌港为中心、赣江和信江沿线港口为支点的全省港口内支线网络，稳定开行南昌—九江"集装箱穿梭巴士"航线，不断开发精品航线，努力吸引上下游货物在九江港中转，强化九江港长江中下游枢纽港地位。鼓励航运企业与港口企业、铁路企业加强协作、信息互联，逐步建立以九江港为中心辐射省内铁路场站水铁联运通道，持续推进南昌、上饶国际陆港与宁波等沿海港口开展合作，为江西省铁海联运进出口货物开辟绿色通道，实施"全程提单"，优先作业，优先上船，推动铁水联运、江海联运高质量发展。（省交通运输厅、中国铁路南昌局集团有限公司牵头，省商务厅、省发展改革委配合）

五、加快技术装备升级

（十二）推广应用标准化运载单元。在集装箱运输和多式联运中积极推广应用标准化托盘（1200 mm×1000 mm）等单元化载器具，探索建立共享模式的"托盘池"循环共用及托盘服务运营网络，提升配送效率。到2025年，力争全省托盘租赁服务网点覆盖11个设区市，标准化托盘的使用率达30%，租赁率达40%，带托运输率达20%。加强对国家、行业等现行标准的宣贯，推进标准的实施应用，引导建立物流标准化载运单元租赁企业和托盘共用体系。（省交通运输厅、省商务厅、中国铁路南昌局集团有限公司牵头，省工业和信息化厅、省市场监管局按职责分工负责）

（十三）加强技术装备研发应用。积极研发推广冷链、危化品等专业运输车船应用，加快交通运输装备改造升级，提升标准化、专业化水平。推动新型模块化运载工具、快速转运和智能口岸查验等设备产业化应用。积极支持省内科研单位开展交通装备技术创新研发，助推江西省交通技术装备高端化、智能化发展。（省工业和信息化厅、省科技厅、省交通运输厅、中国铁路南昌局集团有限公司牵头，南昌海关、省邮政管理局等配合）

（十四）提高技术装备绿色化水平。进一步加大物流配送等领域新能源车辆推广使用，到2025年，城市物流配送领域新能源汽车占比达到20%。鼓励节能环保船舶建造，积极引导电力推进船、液化天然气（LNG）动力船等清洁能源船舶发展。推动港口设备油改电、油改气，推广绿色照明，逐步提高港口设备节能和清洁能源利用水平。开展绿色出行"续航工程"建设，推动在高速公路服务区统筹建设充电桩、充（换）电站及LNG加注站。协同推进船舶和港口岸电设施匹配改造，做好船舶和港口污染防治工作，实现船舶污染物接收转运处置闭环管理，依法合规处置率达到100%。深入推进船舶靠岸使用岸电，新建、改建、扩建码头（油气化工码头除外）岸电覆盖率达到100%，具备岸电使用条件的非清洁能源船舶靠港岸电使用率达到100%。（省交通运输厅、省工业和信息化厅、省发展改革委、省商务厅、省住房城乡建设厅、省生态环境厅、省能源局、中国铁路南昌局集团有限公司、省邮政管理局等按职责分工负责）

六、营造统一开放市场环境

（十五）深化重点领域改革。深化"放管服"改革，以多式联运各类市场经营主体、从业人员信用管理为基础，在安全管控、价格自律、责任担保、风险防范等方面加强评价监管，依法依规逐步建立多式联运经营信用评价体系，依托国家企业信用信息公示系统（江西），推进多式联运企业信用信息归集与共享，着力构建以信用管理为核心的多式联运行政管理全过程监管机制。按照国家有关工作部署，深化铁路市场化改革，促进铁路市场主体多元化，推进铁路、港口、航运等企业股权划转和交叉持股，规范道路货运平台经营，推动建立统一开放、竞争有序的运输服务市场。（省发展改革委、省交通运输厅、省市场监管局、民航江西监管局、中国铁路南昌局集团有限公司、省邮政管理局等按职责分工负责）

（十六）规范重点领域和环节收费。鼓励铁路货运企业与大型工矿和能源企业等签订"量价互保"协议，规范专用铁路、铁路专用线收费，明确线路使用、管理维护、运输服务等收费规则，进一步降低使用成本。推动各水运口岸对港口作业的流程及作业时限进行公示，畅通投诉反馈渠道，规范口岸各环节收费行为。（省发展改革委、省交通运输厅、省市场监管局、南昌海关、中国铁路南昌局集团有限公司等按职责分工负责）

（十七）认真落实法律法规和标准体系。根据《中华人民共和国港口法》和《江西省水路交通条例》等法律法规，加强行政执法监督，为推进多式联运发展优化调整运输结构提供法治保障。将交通运输作为重点领域列入《2022年度江西省地方标准立项指南》，支持多式联运、基础设施、交通装备等领域的地方标准制修订，鼓励企业、社会团体和教育、科研机构等开展相关标准化工作。积极探索江西省多式联运量统计的制度方法，为科学推进

江西省多式联运发展提供参考依据。（省交通运输厅、省司法厅、省商务厅、省市场监管局、省统计局、民航江西监管局、省邮政管理局、中国铁路南昌局集团有限公司等按职责分工负责）

七、完善政策保障体系

（十八）加大资金投入。积极争取车购税资金、中央预算内投资等中央资金，统筹省级交通运输发展专项现有资金，大力支持全省多式联运发展和运输结构调整。落实减税降费政策，持续实施收费公路差异化收费政策，落实鲜活农产品"绿通"政策。对符合条件的企业实行启运港退税政策。鼓励社会资本牵头设立多式联运产业基金，按照市场化方式运作管理。鼓励各地根据实际，进一步加大资金投入力度，推进多式联运发展，优化调整运输结构。（省财政厅、省发展改革委、省交通运输厅、省税务局、中国铁路南昌局集团有限公司、南昌海关、民航江西监管局、省邮政管理局按职责分工负责）

（十九）加强对重点项目的资源保障。在编制国土空间规划过程中，统筹考虑国家物流枢纽、综合货运枢纽、中转分拨基地、铁路专用线、封闭式皮带廊道等项目的规划布局，强化规划和用地服务。对不在国家重点保障范围内的多式联运发展项目，通过使用存量土地或者通过增存挂钩、增减挂钩指标保障项目合理的用地需求。对支撑多式联运发展、运输结构调整的规划和重点建设项目，开辟环评绿色通道，依法依规加快环评审查、审批。（省自然资源厅牵头，省生态环境厅、省住房城乡建设厅、省交通运输厅等配合）

（二十）完善交通运输绿色发展政策。认真贯彻落实推动多式联运发展和运输结构调整的碳减排政策，研究探索支持多种运输方式协同、提高综合运输效率、便利新能源和新能源车船通行等方面政策。在特殊敏感保护区域，鼓励创新推广绿色低碳运输组织模式，守住自然生态安全边界。（省发展改革委、省公安厅、省财政厅、省生态环境厅、省住房城乡建设厅、省交通运输厅按职责分工负责）

（二十一）做好组织实施工作。完善运输结构调整工作协调推进机制，加强综合协调和督促指导，强化动态跟踪和分析评估。各地、各有关部门和单位要将发展多式联运和调整运输结构作为"十四五"交通运输领域的重点事项，督促港口、工矿企业、铁路企业等落实责任，有力有序推进各

项工作。在推进过程中，要统筹好发展和安全的关系，切实保障煤炭、天然气等重点物资运输安全，改善道路货运，邮政快递等从业环境，进一步规范交通运输综合行政执法，畅通"12328"热线等交通运输服务监督渠道，做好政策宣传和舆论引导，切实维护经济社会发展稳定大局。（省交通运输厅、省发展改革委、中国铁路南昌局集团有限公司牵头，各有关部门和单位配合）

附件：江西省 2021—2025 年铁路货运增量分解表

附件

江西省 2021—2025 年铁路货运增量分解表

单位：万吨

序号	地市	主要品类	2020 年发运量	2025 年铁路货运增量		增量建议项目
				确保目标	力争目标	
1	南昌	百货	52	18	48	东北粮等水铁联运
		钢材	46	29	34	方大特钢钢铁
		铁矿石	63	12	17	新钢铁矿石
2	九江	百货	20	30	40	东北粮等水铁联运
		铁矿石	5	30	35	方大特钢钢铁
			55	5	15	萍钢铁矿石
			275	10	15	新钢铁矿石
		煤炭	161	4	9	景德镇电厂煤炭
			20	10	20	丰电一期煤炭
			27	8	18	丰电二期煤炭
			0	20	40	丰电三期煤炭
3	宜春	矿建	0	30	44	石芬砂石，高岭土项目
4	新余	矿建	20	30	50	分宜砂石项目
		钢材	264	56	66	新钢钢材
5	萍乡	钢材	220	70	80	萍钢钢材
6	鹰潭	钢材	253	22	27	江西铜业铜材
7	景德镇	矿建	0	45	50	砂石项目
8	上饶	矿建	0	100	200	德兴砂石项目
		太阳能配件	58	10	12	上饶晶科出口货物
9	吉安	百货	0	1	3	木家具、白水泥等货物
10	赣州	百货	18	24	27	木家具等出口货物
11	抚州	矿建	0	45	50	东乡砂石项目

江西省人民政府办公厅关于印发江西省加强危化品道路运输安全监管工作方案的通知

赣府厅字〔2022〕80号

各市、县（区）人民政府，省政府各部门：

《江西省加强危化品道路运输安全监管工作方案》已经省政府同意，现印发给你们，请认真贯彻执行。

2022年8月15日

（此件主动公开）

江西省加强危化品道路运输安全监管工作方案

为全面加强江西省危化品道路运输监管，有效防范化解危化品道路运输安全风险，进一步压紧压实各方安全责任，依据相关法律法规，结合江西省实际，制定本工作方案。

一、总体要求

以习近平新时代中国特色社会主义思想为指导，全面贯彻落实习近平总书记关于安全生产的重要论述和指示批示精神，按照依法监管、源头监管、重点监管、联合监管的工作原则，加强危化品道路运输全过程监管，引导危化品运输车辆优先通行高速公路，强化危化品运输车辆通行管理，强化危化品道路运输智能化监管，加大违法违规行为查处力度，坚决杜绝发生危化品道路运输重特大事故，推动危化品道路运输安全生产形势持续稳定向好，为全面建设社会主义现代化江西提供保障。

二、主要工作任务

（一）强化危化品道路运输源头管理。

各部门要依据法定职责，严格督促企业落实生产、运输、销售等环节的主体责任，重点打击危化品生产、储存、使用和经营企业非法托运行为。各级政府要按照"双随机"抽查机制，组织相关部门深入辖区企业，检查安全生产制度落实和运输车辆动态监管工作等情况，及时消除安全隐患，确保货物装载达标、运载工具和容器安全、人员资质合规。

（二）明确危化品道路运输重点管控路段、重点监管路段、重点监管县（市、区）以及常备通行路线。

1.依据全省饮用水水源保护区、自然保护区、人流密集区等基础信息，确定昌九发展大道、南昌枫生快速路、永武高速庐山西海沿柘林湖路段为重点管控路段。综合考量万载县、袁州区等地既是重点化工园区所在地，也是烟花爆竹生产重点县（市、区），危化品道路运输繁忙，且运输通行路段穿村过镇多、人口密度大等因素，确定G319上栗至萍乡段、G320万载至袁州区段、G320芦溪至湘东段为重点管控路段。

2.依据2022年以来全省危化品运输车辆通行数据，以及近3年危化品运输车辆发生道路交通事故情况，确定福银高速昌九段、福银高速乐温段、南昌绕城高速西外环段、沪昆高速梨温段、杭瑞高速九景段、济广高速景鹰段、大广高速赣定段7条路段为高速公路重点监管路段；确定G105樟树至吉安段、G105赣州至龙南段、G206万年至景德镇段、G206会昌至寻乌段、G320南昌至万载段、G323于都至南康段、G351九江至瑞昌省界段、G533樟树至新余段8条路段为普通国省道重点监管路段。

3.依据全省26个重点化工园区、13个危险化学品和4个烟花爆竹生产重点县（市、区）分布情况，确定安义县、九江经济技术开发区等30个县（市、区）为危化品道路运输重点监管县（市、区）（详见附件1）。

4.常备通行路线。根据江西省承东启西、连南接北的独特地理位置，以及外省籍车辆过境通行占比高等特点，确定贯穿东西的沪昆高速昌金段、梨温段和连接南北的福银高速昌九段、南昌西绕城高速等高速公路为常备通行路线。

今后，出现路网结构、产业发展布局、危化品道路运输实际流量等变化的情形，确需调整重点管控路段、重点监管路段、重点监管县（市、区）及常备通行路线的，由省公安厅商省交通运输厅后确定。

（三）分类确定危化品道路通行安全管控措施。

1. 重点管控路段安全管控措施。

（1）途经昌九发展大道车辆，北上从杨家湖收费站上高速，通行南昌绕城高速、福银高速；南下从昌九快速路九江收费站、九江东收费站上高速，通行九江绕城高速、福银高速。

（2）途经枫生快速路车辆，北上从九龙湖南、望城收费站上高速，通行南昌绕城高速；南下从南昌绕城高速通行。

以上2个路段所在地政府要提前发布危化品运输车辆禁行及绕行线路公告。公安交管部门要加强以上路段监控设施建设，实现重点路段全覆盖。要依托缉查布控系统，严查严处违反禁行规定等交通安全违法行为。

（3）永武高速庐山西海沿柘林湖路段，对需要进出武宁的危化品运输车辆，依法办理相关许可后，正常通行。对过境永武高速的危化品运输车辆采取禁行措施，行驶大广高速需途经永武高速通行的车辆，在大广高速天宝枢纽绕行杭长高速、福银高速通行；行驶福银高速需途经永武高速通行的车辆，在福银高速九江枢纽绕行杭瑞高速、大广高速通行。

公安交管部门要会同交通运输部门提前发布限行及绕行线路公告，充分发挥公安交通集成指挥平台的作用，加大危化品运输车辆违反禁限行规定、超速违法行为查处力度，提高现场执法的威慑力。高速公路运营单位要在大广高速赣鄂省界、武宁西枢纽、天宝枢纽、福银高速九江枢纽、军山枢纽前方相应的可变情报板进行动态提醒，对过境危化品运输车辆绕行分类指引。

（4）途经G319上栗至萍乡段车辆，北上从萍乡南收费站、萍乡收费站上高速，通行上莲高速；南下从上栗东收费站、上栗收费站上高速，通行上莲高速。

（5）途经G320万载至袁州区段车辆，由东往西从万载收费站、万载南收费站上高速，通行宜万高速至袁州区；由西往东从宜春收费站、宜春北收费站上高速，通行宜万高速至万载。

（6）途经G320芦溪至湘东段车辆，由东往西从芦溪收费站上高速，通行沪昆高速至湘东区；由西往东从湘东收费站、萍乡收费站上高速，通行沪昆高速至芦溪。

以上3个路段所在地政府要在进入高速公路前的沿线道路，渐进式设立提示引导牌，提前发布危化品运输车辆绕行线路公告，引导危化品运输车辆优先通行高速公路。公安交管部门要加强路段巡逻管控，通过鸣警报、喊话等方式，引导驾驶人优先通行高速公路。

2. 高速公路重点监管路段安全监管措施。

公安交管部门要加大执法检查力度，严查危化品运输车辆超速、疲劳驾驶、违法停车、不按规定车道行驶、违反禁限行规定等重点违法行为；进一步推进防疲劳唤醒区建设，完善一批防疲劳警示交通设施，有效预防疲劳驾驶导致的交通事故。高速公路运营单位要完善警示提示标志设置，按设计规范设置重点桥梁、临崖临水、水源和重点保护区等路段护栏，在高速公路沿途长隧道路域范围内按标准规范要求配备消防设施。

3. 普通国省道重点监管路段安全监管措施。

普通国省道重点监管路段所在地政府要根据道路状况和安全管理需要，分路段完善危化品运输车辆减速设施和限速标志，在桥梁、隧道以及平交路口、急弯陡坡、互通立交、长上下坡、临水临崖路段和水利堤防、渠堤等路堤结合段增设防疲劳、防追尾、防翻坠等安全防护设施设备和警示提示标志。公安交管部门要根据道路流量情况，合理设定限制危化品运输车辆通行的时段，切实防范化解危化品道路运输安全风险。要科学调整勤务部署，突出午间和夜间等重点时段的巡逻管控，严查危化品运输车辆超速、疲劳驾驶、违法停车、不按规定车道行驶等交通安全违法行为，并通过鸣警报、喊话等方式提醒驾驶人谨慎驾驶。

高速公路、普通国省道重点监管路段发生拥堵时，公安交管部门要根据辖区路网实际，采取"一地一策"，加强指挥疏导，优先引导危化品运输车辆驶出拥堵路段至安全地带。一旦发生交通事故导致泄漏时，要及时了解危化品种类、危害特性等信息，立即对事故现场周边道路实施临时交通管制措施，疏散周边群众，报告当地政府迅速开展事故现场应急处置工作。在隧道内发生交通事故导致泄漏时，要迅速封闭高速公路隧道入口；对未驶入隧道的车辆，综合采取借道通行、近端绕行、远端分流等措施，最大限度地减少次生灾害的影响。

4. 危化品道路运输重点监管县（市、区）安全监管措施。

重点监管县（市、区）政府要认真贯彻落实国务院安委会印发的安全生产 15 条硬措施，督促行业主管部门落实监管责任和企业主体责任。科学合理划定辖区危化品道路运输禁行和限行路线。属地公安交管部门、交通运输、应急管理部门要在危化品生产、销售和仓储企业周边道路设置联合检查点，严把出站、出城或上高速关。要网上与网下相结合，动态巡控与定点检查相结合，严管严查危化品运输车辆违法违规行为。

全省各县（市、区）政府均应根据本行政区域实际，确定危化品道路运输重点管控路段、重点监管路段，采取相应的安全管控措施，并报省公安厅备案。

5. 常备通行路线安全监管措施。

省公安厅会同省交通运输厅提前发布公告，引导过境危化品运输车辆优先通行高速公路。针对东西往返的危化品运输车辆，引导优先通行沪昆高速昌金段、东昌高速、沪昆高速梨温段。针对南北往返的危化品运输车辆，引导优先通行福银高速昌九段、南昌西绕城高速、沪昆高速昌樟段、樟吉高速、大广高速泰赣段、赣定段。

（四）强化危化品道路运输常压容器安全监管。

省市场监管局要依法加强对常压危险货物罐车以及罐体生产企业、认证机构的监督管理。建设省级罐体检验信息共享服务平台，督促罐体检验机构按要求及时将检验报告、检验合格证书、检验不合格记录等信息上传至共享服务平台。加大对罐体生产企业、检验机构的监督检查力度，严厉打击生产不合格罐体、出具虚假检验报告等违法违规行为。对于出具虚假检验报告的罐体检验机构，市场监管部门要将相关违法信息上传至国家信用信息公示系统（江西），及时向社会公布，相关管理部门不再采信其罐体检验结果。

交通运输部门要结合罐车年度审验工作，督促运输企业将所属罐车委托罐体检验机构进行定期检验，对罐体检验结论为不合格的罐车，应责令运输企业立即停止使用并在 6 个月内完成整改；经复检结论仍然为不合格的，应当依法依规更换同类型罐体或者报废。

（五）推进危化品道路运输智能监管。

省交通运输厅要会同省公安厅、省市场监管局、省应急厅、省生态环境厅等部门建成江西省危化品运输车辆智能管理平台，实现与省公安厅货运车辆安全管理云平台和道路交通态势监测平台、省市场监管局罐体检验信息共享服务平台、省生态环境厅危险废物监管平台等平台的互联互通。对危化品运输车辆智能管理平台分发的安全预警信息，各省级监管部门要建立闭环处置工作机制，及时严查危化品道路运输违法违规行为。

（六）完善危化品道路运输专用停车场建设。

危化品道路运输重点监管县（市、区）政府要根据危化品生产企业布局、路网结构等要素，科学规划建设至少 1 个危化品运输车辆专用停车场。高速公路运营单位要在具备条件的服务区根据需求及时增设危化品运输车辆专用停车区，划定专用停车位，完善基本应急处置设施设备，实现危化品运输车辆与普通车辆分开停放。庐山服务区、龙虎山服务区、万年西服务区、鄱阳服务区、三清山西服务区等危化品运输车辆专用停车位不少于 8 个。

（七）完善危化品道路运输防污染设施。

危化品道路运输重点监管县（市、区）政府要组织全面排查本区域县级及以上饮用水水源保护区范围内公路沿线防污染设施，在公路沿线设置实体密封防护栏，修建导流槽、拦截坝、应急池等防环境污染设施，有效防止危化品泄漏造成水环境污染。对道路运输危化品泄漏导致水库、山塘、水域岸线污染的，各地水利部门要及时报告当地政府和生态环境部门，依法处理。高速公路运营单位要排查跨越饮用水水源二级保护区、准保护区和二类以上水体的桥梁，确保桥梁径流雨污水收集系统符合标准要求、运行有效。

（八）加强危化品道路运输执法监管。

各地公安、交通运输、应急、市场监管等部门要建立联合执法协作机制，加大对危化品道路运输安全监管执法力度，依法严厉打击各类违法违规行为，对执法过程中发现非本部门处罚权限的违法违规行为要及时抄告其他有权限的管理部门，该部门要及时依法予以处罚；加大危化品道路运输违法信息抄报力度，定期将已实施行政处罚的危化品道路运输违法行为抄送至违法企业、车辆所在地监管部门，实现危化品运输违法发生地监管信息与违法行为企业和车辆源头监管部门信息的高效衔接。健全信用联合惩戒工作机制，推动建立企业违法违规行为"黑名单"制度，依法依规实施联合惩戒。

三、工作要求

各地各部门要按照"党政同责、一岗双责、齐抓共管、失职追责"和"三个必须"的要求，切实加强组织领导，密切部门间、区域间协同协作，形成联合监管合力，高效推进危化品道路运输监管各项工作。各设区市政府要对照本方案要求，结合实际细化实化危化品道路运输安全管理的任务措施，配套完善政策制度，确保各项工作落地见效。

附件：1. 江西省危化品道路运输重点监管县（市、区）名单

2. 江西省加强危化品道路运输监管工作方案责任清单

附件1

江西省危化品道路运输重点监管县（市、区）名单

安义县、九江经济技术开发区、永修县、湖口县、浔阳区、彭泽县、瑞昌市、濂溪区、乐平市、新余高新技术产业开发区、贵溪市、会昌县、龙南市、樟树市、丰城市、袁州区、上高县、万载县、德兴市、万年县、铅山县、新干县、吉水县、峡江县、永新县、金溪县、东乡区、临川区、芦溪县、上栗县

附件2

江西省加强危化品道路运输监管工作方案责任清单

序号	工作任务	完成时间	责任单位
1	制定检查方案，督促企业落实生产、运输、销售等环节的主体责任，重点打击危化生产、储存、使用	常态	省应急厅、省交通运输厅按职责负责，各级政府落实
2	发布昌九发展大道、南昌枫生快速路禁行及绕行线路公告	2022年8月	南昌，九江市政府
3	发布昌九发展大道、南昌枫生快速路禁行及绕行线路公告	2022年8月	南昌，九江市政府
4	对需要进出武宁的危化品运输车辆依法办理相关许可。发布永武高速庐山西海沿柘林湖路段限行及绕行线路公告	常态	省公安厅负责
5	在相应的可变情报板进行动态提醒，对经永武高速庐山西海沿柘林湖路段过境危化品运输车辆进行绕行指引	常态	省交通运输厅负责
6	在G319上栗至萍乡段、G320万载至袁州区段、G320芦溪至湘东段进入高速公路前的沿线道路，渐进式设立提示引导牌，提前发布危化品运输车辆绕行线路公告，引导危化品运输车辆优先通行高速公路	2022年8月	路段所在地政府落实
7	加大高速公路重点监管路段执法检查力度，严查重点违法行为	常态	省公安厅负责
8	推进高速公路重点监管路段防疲劳唤醒区建设	2022年9月	省公安厅负责
9	高速公路重点监管路段完善警示提示标志设置，按设计规范设置重点桥梁、临崖临水、水源和重点保护区等路段护栏，长隧道路域范围内按标准规范要求配备消防设施	常态	省交通运输厅负责
10	在普通国省道重点监管路段分路段完善危化品运输车辆减速设施和限速标志，增设安全防护设施设备和警示提示标志	2022年9月	普通国省道重点监管路段所在地政府落实
11	强化普通国省道重点监管路段巡逻管控措施	常态	省公安厅负责，路段所在地政府落实

续表

序号	工作任务	完成时间	责任单位
12	高速公路、普通国省道重点监管路段发生拥堵时，根据辖区路网实际，采取"一地一策"，加强指挥疏导，优先引导危化品运输车辆驶出拥堵路段至安全地带。发生泄漏时要立即采取措施，最大限度地减少次生灾害的影响	常态	省公安厅负责，路段所在地政府落实
13	重点监管县（市、区）科学合理划定危化品道路运输禁行和限行路线	常态	省公安厅负责，危化品道路运输重点监管县（市、区）政府落实
14	严把出站、出城或上高速关，设置联合检查点，开展联合执法检查	常态	省公安厅负责，省交通运输厅、省应急厅配合，危化品道路运输重点监管县（市、区）政府落实
15	根据行政区域实际，各地确定危化品道路运输重点监管区域，重点监管路段，采取相应的安全管控措施，并报省公安厅备案	2022年9月	各县（市、区）政府落实
16	引导过境危化品运输车辆优先通行高速公路，提前发布公告	常态	省公安厅牵头，省交通运输厅配合
17	建设省级罐体检验信息共享服务平台、督促罐体检验机构按要求及时将检验报告、检验合格证书、检验不合格记录等信息上传至共享服务平台	2022年12月	省市场监管局负责
18	严厉打击生产不合格罐体、出具虚假检验报告等违法违规行为。对于出具虚假检验报告的罐体检验机构，将相关信用信息上传至国家信用信息共享平台（江西），及时向社会公布	常态	省市场监管局负责
19	强化罐车年度审验工作	常态	省交通运输厅负责
20	建设江西省危化品运输车辆智能管理平台	2022年8月	省交通运输厅牵头，省公安厅、省市场监管局、省应急厅、省生态环境厅配合
21	实现智能管理平台与各监管部门平台互联互通	2022年10月	省交通运输厅牵头，省公安厅、省市场监管局、省生态环境厅配合
22	对智能监管平台分发的预警信息，各省级监管部门建立闭环处置工作机制	2022年11月	省交通运输厅牵头，省公安厅、省市场监管局、省应急厅、省生态环境厅分工负责
23	规划建设至少1个危化品运输车辆专用停车场	2022年12月	重点监管县（市、区）政府负责
24	在具备条件的服务区根据需求及时增设危化品运输车辆专用停车区，划定专用停车位，完善基本应急处置设施设备，实现危化品运输车辆与普通车辆分开停放。庐山服务区、龙虎山服务区、万年西服务区、鄱阳服务区、三清山西服务区等危化品专用停车位不少于8个	2022年11月	省交通运输厅负责
25	排查县级及以上饮用水水源保护区范围内公路沿线防污染设施情况	2022年9月	省生态环境厅、省交通运输厅牵头、重点监管县（市、区）政府落实
26	根据排查情况，增加公路相应防污染设施	常态	省交通运输厅牵头、重点监管县（市、区）政府落实

续表

序号	工作任务	完成时间	责任单位
27	对道路运输危化品泄漏导致水库、山塘、水域岸线污染的，及时报告	常态	省水利厅
28	按设计规范排查高速公路桥梁径流雨污水收集系统隐患，并整改消除隐患	2022年12月	省交通运输厅负责

2022年度交通运输部分文件、文献名称辑录

1. 交通运输部关于修改《民用航空器国籍登记规定》的决定（中华人民共和国交通运输部令2022年第1号）

2. 运输机场专业工程建设质量和安全生产监督管理规定（中华人民共和国交通运输部令2022年第2号）

3. 一般运行和飞行规则（中华人民共和国交通运输部令2022年第3号）

4. 小型商业运输和空中游览运营人运行合格审定规则（中华人民共和国交通运输部令2022年第4号）

5. 民用航空器驾驶员学校合格审定规则（中华人民共和国交通运输部令2022年第5号）

6. 特殊商业和私用大型航空器运营人运行合格审定规则（中华人民共和国交通运输部令2022年第6号）

7. 交通运输部关于修改《运输机场运行安全管理规定》的决定（中华人民共和国交通运输部令2022年第7号）

8. 民用航空器维修单位合格审定规则（中华人民共和国交通运输部令2022年第8号）

9. 民用航空器维修培训机构合格审定规则（中华人民共和国交通运输部令2022年第9号）

10. 交通运输部　公安部　应急管理部关于修改《道路运输车辆动态监督管理办法》的决定（中华人民共和国交通运输部令2022年第10号）

11. 公共交通企业信息公开规定（中华人民共和国交通运输部令2022年第11号）

12. 公路水运工程监理企业资质管理规定（中华人民共和国交通运输部令2022年第12号）

13. 通用航空安全保卫规则（中华人民共和国交通运输部令2022年第13号）

14. 交通运输部关于废止《非经营性通用航空登记管理规定》的决定（中华人民共和国交通运输部令2022年第14号）

15. 交通运输部关于修改《中华人民共和国海船船员适任考试和发证规则》的决定（中华人民共和国交通运输部令2022年第15号）

16. 正常类飞机适航规定（中华人民共和国交通运输部令2022年第16号）

17. 交通运输部关于修改《运输机场使用许可规定》的决定（中华人民共和国交通运输部令2022年第17号）

18. 交通运输部关于修改《民用航空安全信息管理规定》的决定（中华人民共和国交通运输部令2022年第18号）

19. 港口基础设施维护管理规定（中华人民共和国交通运输部令2022年第19号）

20. 交通运输部关于修改《中华人民共和国高速客船安全管理规则》的决定（中华人民共和国交通运输部令2022年第20号）

21. 载人自由气球适航规定（中华人民共和国交通运输部令2022年第21号）

22. 交通运输部关于修改《民用航空器国籍登记规定》的决定（中华人民共和国交通运输部令2022年第22号）

23. 民用航空飞行签派员执照和训练机构管理规则（中华人民共和国交通运输部令2022年第23号）

24. 铁路危险货物运输安全监督管理规定（中

华人民共和国交通运输部令2022年第24号）

25. 交通运输部关于修改《海运固体散装货物安全监督管理规定》的决定（中华人民共和国交通运输部令2022年第25号）

26. 交通运输部关于修改《中华人民共和国防治船舶污染内河水域环境管理规定》的决定（中华人民共和国交通运输部令2022年第26号）

27. 交通运输部关于修改《中华人民共和国船舶安全监督规则》的决定（中华人民共和国交通运输部令2022年第27号）

28. 交通运输部关于修改《中华人民共和国内河海事行政处罚规定》的决定（中华人民共和国交通运输部令2022年第28号）

29. 交通运输部关于修改《道路运输车辆技术管理规定》的决定（中华人民共和国交通运输部令2022年第29号）

30. 交通运输部关于修改《道路货物运输及站场管理规定》的决定（中华人民共和国交通运输部令2022年第30号）

31. 国际道路运输管理规定（中华人民共和国交通运输部令2022年第31号）

32. 机动车驾驶员培训管理规定（中华人民共和国交通运输部令2022年第32号）

33. 交通运输部关于修改《道路旅客运输及客运站管理规定》的决定（中华人民共和国交通运输部令2022年第33号）

34. 交通运输部关于修改《民用航空器事件调查规定》的决定（中华人民共和国交通运输部令2022年第34号）

35. 交通运输部关于修改《民用航空情报工作规则》的决定（中华人民共和国交通运输部令2022年第35号）

36. 交通运输部关于修改《民用航空空中交通管理规则》的决定（中华人民共和国交通运输部令2022年第36号）

37. 铁路旅客运输规程（中华人民共和国交通运输部令2022年第37号）

38. 交通运输部关于修改《道路运输从业人员管理规定》的决定（中华人民共和国交通运输部令2022年第38号）

39. 铁路旅客车票实名制管理办法（中华人民共和国交通运输部令2022年第39号）

40. 交通运输部关于修改《涡轮发动机飞机燃油排泄和排气排出物规定》的决定（中华人民共和国交通运输部令2022年第40号）

41. 交通运输部关于修改《航空器型号和适航合格审定噪声规定》的决定（中华人民共和国交通运输部令2022年第41号）

42. 交通运输部　工业和信息化部　公安部　商务部　市场监管总局　国家网信办关于修改《网络预约出租汽车经营服务管理暂行办法》的决定（交通运输部　工业和信息化部　公安部　商务部　市场监管总局　国家网信办令2022年第42号）

43. 交通运输部关于印发《网络预约出租汽车监管信息交互平台运行管理办法》的通知（交运规〔2022〕1号）

44. 交通运输部关于印发《出租汽车服务质量信誉考核办法》的通知（交运规〔2022〕2号）

45. 交通运输部　人民银行　国家发展改革委　公安部　市场监管总局　银保监会关于修订《交通运输新业态用户资金管理办法（试行）》的通知（交运规〔2022〕3号）

46. 交通运输部关于修订《城市轨道交通初期运营前安全评估管理暂行办法》的通知（交运规〔2022〕4号）

47. 交通运输部关于修订《城市轨道交通服务质量评价管理办法》的通知（交运规〔2022〕5号）

48. 交通运输部关于印发《道路运输驾驶员诚信考核办法》的通知（交运规〔2022〕6号）

49. 交通运输部关于印发《城市客运企业主要负责人和安全生产管理人员安全考核管理办法》的通知（交运规〔2022〕9号）

50. 交通运输部关于加强公路水运工程建设质量安全监督管理工作的意见（交安监规〔2022〕7号）

51. 交通运输部关于修订《公路工程建设项目评标工作细则》的通知（交公路规〔2022〕8号）

52. 交通运输部关于印发《城乡交通运输一体化示范县创建管理办法》的通知（交运发〔2022〕24号）

53. 交通运输部　国家发展改革委关于印发《多式联运示范工程管理办法（暂行）》的通知（交运发〔2022〕30号）

54. 交通运输部　公安部　商务部关于印发《城市绿色货运配送示范工程管理办法》的通知（交运发〔2022〕32号）

55. 交通运输部关于印发《国家公交都市建设

示范工程管理办法》的通知（交运发〔2022〕38 号）

56. 交通运输部关于进一步加强交通运输安全生产体系建设的意见（交安监发〔2022〕4 号）

57. 交通运输部办公厅　工业和信息化部办公厅　公安部办公厅　人力资源社会保障部办公厅　中国人民银行办公厅　国家税务总局办公厅　国家市场监督管理总局办公厅　国家网信办秘书局关于加强网络预约出租汽车行业事前事中事后全链条联合监管有关工作的通知（交办运〔2022〕6 号）

58. 交通运输部办公厅　公安部办公厅关于印发《公路安全设施和交通秩序管理精细化提升行动方案》的通知（交办公路〔2022〕14 号）

59. 交通运输部办公厅关于修订发布《道路普通货物运输车辆网上年度审验工作规范》的通知（交办运〔2022〕18 号）

60. 交通运输部办公厅关于做好道路客运电子客票推广普及有关工作的通知（交办运函〔2022〕546 号）

61. 江西省人民政府关于江西省内河航道与港口布局规划（2021—2050 年）的批复（赣府字〔2022〕22 号）

62. 江西省人民政府办公厅关于同意实行收费公路差异化收费政策的函（赣府厅字〔2022〕60 号）

63. 江西省人民政府办公厅关于印发贯彻落实推进多式联运发展优化调整运输结构工作实施方案（2021—2025 年）的通知（赣府厅字〔2022〕75 号）

64. 江西省人民政府办公厅关于印发江西省加强危化品道路运输安全监管工作方案的通知（赣府厅字〔2022〕80 号）

65. 江西省人民政府办公厅关于同意建立江西省交通运输新业态协同监管联席会议制度的函（赣府厅字〔2022〕99 号）

66. 江西省交通运输厅印发《关于建立健全交通运输行政执法规范化长效机制实施方案》的通知（赣交法规字〔2022〕2 号）

67. 江西省交通运输厅关于印发《江西省交通运输行政执法文书格式（2022 调整版）》的通知（赣交法规字〔2022〕4 号）

68. 江西省交通运输厅关于印发《江西省交通运输厅行政规范性文件管理办法》的通知（赣交法规字〔2022〕7 号）

69. 江西省交通运输厅关于印发全面提升全省道路运输从业资格高频服务事项"跨省通办"服务水平工作方案的通知（赣交运输字〔2022〕3 号）

70. 江西省交通运输厅关于印发《江西省12328 交通运输服务监督热线管理办法》的通知（赣交运输字〔2022〕13 号）

71. 江西省交通运输厅　江西省公安厅　江西省市场监督管理局关于印发《全省充分利用信息化手段切实加强道路旅客运输非法违规运营精准协同治理工作的实施方案》的通知（赣交运输字〔2022〕20 号）

72. 江西省交通运输厅关于规范摩托车驾驶员培训有关工作的通知（赣交运输字〔2022〕30 号）

73. 江西省交通运输厅关于印发《2022 年全省高速公路服务区管理提升实施方案》的通知（赣交高速字〔2022〕18 号）

74. 江西省交通运输厅关于印发《江西省高速公路 ETC 服务提升工作实施方案》的通知（赣交高速字〔2022〕22 号）

75. 江西省交通运输厅关于印发《2022 年全省高速公路养护管理提升实施方案》的通知（赣交高速字〔2022〕25 号）

76. 江西省交通运输厅关于印发《江西省高速公路车辆救援服务监督管理办法》的通知（赣交高速字〔2022〕34 号）

77. 江西省交通运输厅关于印发江西省高速公路建设损坏普通公路补偿管理规定的通知（赣交高速字〔2022〕38 号）

78. 江西省交通运输厅印发《关于进一步加强港口岸线资源利用管控的实施意见》的通知（赣交港航字〔2022〕47 号）

79. 江西省交通运输厅关于印发《江西省高等级航道养护管理办法》的通知（赣交港航字〔2022〕75 号）

80. 江西省交通运输厅　江西省公安厅关于印发《公路安全设施和交通秩序管理精细化提升行动方案》的通知（赣交公路字〔2022〕12 号）

81. 江西省交通运输厅　江西省财政厅　江西省农业农村厅　江西省乡村振兴局关于印发《江西省"四好农村路"示范县创建评定标准（修订版）》的通知（赣交公路字〔2022〕17 号）

82. 江西省交通运输厅　江西省财政厅　江西省农业农村厅　江西省乡村振兴局关于印发《江西省"四好农村路"示范县动态考核管理办法》的通

知（赣交公路字〔2022〕18号）

83. 江西省交通运输厅关于印发《江西省省级公路技术状况监测实施办法》的通知（赣交公路字〔2022〕28号）

84. 江西省交通运输厅关于印发《江西省普通国省干线公路建设管理办法》的通知（赣交公路字〔2022〕56号）

85. 江西省交通运输厅关于印发建立防治内河船舶非法从事海上运输长效管理机制指导意见的通知（赣交水运字〔2022〕3号）

86. 江西省交通运输厅关于印发《信江流域恶劣天气等条件下船舶禁限航管理参考指南（试行）》

的通知（赣交水运字〔2022〕5号）

87. 江西省交通运输厅关于修订《江西省公路施工企业信用评价实施细则》的通知（赣交建管字〔2022〕10号）

88. 江西省交通运输厅关于加强公路水运工程建设质量安全监督管理工作的实施意见（赣交建管字〔2022〕15号）

89. 江西省交通运输厅关于印发《江西省公路水运工程建设领域重点监管名单管理办法（试行）》的通知（赣交建管字〔2022〕16号）

90. 江西省交通运输厅关于印发科技示范工程管理办法的通知（赣交科教字〔2022〕11号）

附 录

航空运输

【概况】 2022 年，省机场集团有限公司所属各机场飞机起降架次 8 万架次，同比下降 42%；旅客吞吐量 673 万人次，同比下降 51%；货邮吞吐量 4.4 万吨，同比下降 76%。其中，南昌昌北国际机场飞机起降架次 4.9 万架次，同比下降 42%；旅客吞吐量 472.4 万人次，同比下降 52%；货邮吞吐量 4 万吨，同比下降 77%。

2022 年，东航江西分公司实现安全飞行 33 周年。全年共安全飞行 24990 小时，11678 架次，同比分别下降 39.6% 和 38.9%，约为 2019 年五成水平。东航江西分公司全年、飞行系统连续 5 年未发生人为原因公司一般差错及以上事件。连续 6 年被评为江西省平安建设综治工作先进单位，从 2005 年起连续 17 年保留"全国文明单位"荣誉称号。完成两会、援沪援渝援琼医疗队、国际远程非常规客班、国际入境分流航班等重大运输保障。民航局投诉率空地保持领先，其中空中全年保持零投诉。

（王若羊 徐婷）

【航运生产恢复缓慢】 受疫情影响，全年航运生产恢复缓慢。客运方面，争取了民航局对换季航班增量的最大支持。2022 年，南昌机场累计通航 76 个国内航点。恢复国际正班曼谷-南昌航线。货运方面，南昌至欧美原有全货机航线停航，东航、海航开通南昌至布鲁塞尔客改货航班。营销方面，参与江西"百城百夜"文化和旅游消费季活动和首届"江西风景独好"云端旅游推介会；推出南昌机场红色纪念登机牌，宣传推广江西红色旅游。联合航司打造天津、石家庄、太原、遵义、郴州 5 条红色旅游航线。

（王若羊）

【重点项目建设稳步推进】 2022 年，省机场集团有限公司认真贯彻全国民用机场建设管理工作会议精神，落实"规投融建营"一体化等现代工程理念，有序推进各重点项目建设。南昌机场 T2C 指廊及飞行区配套工程陆续完成非民航专业工程竣工验收、民航专业工程竣工验收、消防工程验收和行业验收。南昌机场三期扩建先行工程和前期相关工作有序开展，可研文本正式上报国家发改委审核，主进场路跨线桥工程完工并通车，两站一池迁改工程全面开展主体工程建设。

（王若羊）

【航线网络加速拓宽】 2022 年冬航季航班换季后，南昌机场航班计划每周 2680 架次（日均 383 架次）。换季后，新开通了包头、日照、郴州、宜昌、达州 5 个航点。加密了成都天府、广州、海口、南宁、石家庄、兰州、银川、重庆、西双版纳、保山、贵阳、遵义茅台、长春、沈阳、大连等 15 个航点。航线网络覆盖面加速拓宽。

（王若羊）

【航运服务质量持续提升】 2022 年，南昌机场放行正常率为 96.25%，在全国旅客吞吐量占 1% 的机场排名第 5，高于目标值 8.25 个百分点，在全国旅客吞吐量占 0.2% 的机场中排名第 6，高于目标值 14 位。对接民航局"服务规划实施年"工作部署，形成服务质量管理体系建设实施全景图。服务产品有效创新，南昌机场增设九元航空离港设备，实现所有运营航司旅客均可在隔离区内中转，中转服务功能持续完善。联合顺丰快递推出"行李港到门"服务，有效改善旅客乘机体验。完成全国两会、党的二十大等重要会议和活动期间的重大运输保障任务。

（王若羊）

【中国东航南昌—襄阳—西宁航线首航圆满成功】
2 月 17 日 08 时 05 分，中国东航执飞的空中客车 A320 飞机从南昌昌北机场起飞，于 09 时 10 分平稳降落在襄阳刘集机场。襄阳机场在机坪举行了首航仪式，首航机组与襄阳市交通运输局、湖北机场集团襄阳机场、东航武汉公司、东航江西分公司相关代表参加了仪式。此次东航执飞南昌—襄阳—西宁航线，填补了襄阳航空市场空白，对提升襄阳机场通达性，助力襄阳市经济和社会发展起到积极作用。

（东航江西分公司）

【东航江西分公司签约进驻江西"赣服通"政务平台】 2 月 24 日，东航江西分公司与江西省政务服务管理办公室、江西省信息中心共同举办"赣服通"合作暨 NDC 签约仪式，携手共建数字政务和智慧航空服务平台。"赣服通"是江西省政府打造的集约化、一体化、便民化的新型电子政务平台，是江西省最大的唯一综合性政务平台。签约后，预计疫情过后，东航每天超过 3000 个航班、30 万人次服务机会都可以通过赣服通平台得到展示和连接，产品和服务场景得到延伸，营销渠道进一步拓宽。

（东航江西分公司）

【东航江西分公司南昌至布鲁塞尔货运航线成功首航】 3 月 12 日，东航江西分公司南昌至布鲁塞尔货运航线成功首航。7 时 46 分，满载各种商品的东航 MU7393 航班从南昌昌北国际机场顺利起航，飞往比利时首都布鲁塞尔。这是东航首次开通南昌至布鲁塞尔货运航线，也是江西分公司实施的第一个非常规货运航班，由空客 330 飞机执行，每周飞行三班，周二、周四、周六从南昌出发。东航江西以本次南昌至布鲁塞尔货运航线开通为契机，客货并举、客货联动，继续稳步拓展其他国际货运业务，为公司打赢效益翻身仗贡献力量，实现自身发展和促进地方发展"双赢"格局。

（东航江西分公司）

【中国东航进驻"云游江西"助力数字旅游】 6 月，中国东方航空股份有限公司江西分公司与中国移动通信集团江西有限公司签署合作协议，东航 NDC（New Distribution Capability）平台进驻"云游江西"微信小程序，助力江西发展数字经济、数字旅游，各项技术准备工作正有序推进。双方整合资源优势，打造江西权威全域旅游智慧化平台，开启"产品推介 + 景区直播"功能，借助东航庞大的航线网络，让大家通过云游江西平台便捷地获得东航服务和产品，更好地体验到江西丰富的红色旅游和绿色生态特色，推动实现"引客入赣"。

（东航江西分公司）

【东航江西分公司全新升级"首乘旅客"服务】 8月，东航江西分公司全新升级"首乘旅客"服务，结合旅客乘机触点，全流程提供"一对一"爱心服务。公司制作首乘标识，增设服务柜台，开通服务预约热线，为首乘出行旅客提供更为细致的服务。从地面引导办理值机、行李托运、安检、登机到空中引导入座、设施设备介绍、安全提醒、机上关怀等，细化各环节服务保障措施，切实解决首乘旅客出行困扰，使旅客出行更顺畅、更便捷、更温暖。同时，为进一步践行真情服务理念和"人民航空为人民"的行业宗旨，持续推进爱心服务专区。通过爱心柜台、爱心专区、爱心用品、专属陪伴，为特殊人群的航空出行提供更加便捷、舒心的服务。

（东航江西分公司）

铁路

【概况】 2022 年，中国铁路南昌局集团有限公司（以下简称"南昌局集团公司"）管辖赣闽两省全部和湘鄂浙皖四省部分铁路。管辖营业里程 9237.7 千米（江西境内 4822.0 千米），其中，国家铁路营业里程 3738.8 千米（江西境内 2485.0 千米），合资铁路营业里程 5499.0 千米（江西境内 2337.0 千米）。管辖 494 个车站（江西境内 224 个）、36 个线路所（江西境内 23 个）。

（曾　进）

【铁路分界站（点）】 京九线北端（蔡山站）K1277+000 处与武汉局集团公司分界，京九线南端（定南站）K2008+200 处与广州局集团公司分界；沪昆线东端（新塘边站）K502+200 处与上海局集团公司分界，沪昆线西端（灯芯桥站）上行线 K1043+446 处下行线 K1043+445 与广州局集团公司分界；皖赣线（倒湖站）K342+500 处与上海局集团公司分界；武九线（西河村站）K185+809 处与武汉局集团公司分界；合九线（孔垄站）K278+871 处与上海局集团公司分界；铜九线（香隅站）K164+000 处与上海局集团公司分界；吉衡线（睦村站）K127+508 处与广州局集团公司分界；赣韶线（珠玑巷站）K66+819 处与广州局集团公司分界；沪昆高速线东端（江山站）K429+202 处与上海局集团公司分界；沪昆高速线西端（醴陵东站）K1006+798 处与广州局集团公司分界；合福高速线（黄山北站）K1307+230 处与上海局集团公司分界；武九客专（枫林站）K153+696 处与武汉局集团公司分界；衢九线（德兴东站）K96+416 处与上海局集团公司分界；分茶线（茶陵站）K206+349 处与广州局集团公司分界；浩吉线（吉安站）K1813+460 处与武汉局集团公司分界；河下联络线（河下站）上行线 K0+058 处下行线 K0+055 与武汉局集团公司分界；京港高速线（黄梅东站）K1347+973 处与上海局集团公司分界；京港高速线（定南南站）K2058+881 处与广州局集团公司分界。

（曾　进）

【客货运输】 2022 年，南昌局集团公司旅客发送 12429.4 万人，完成计划的 79.0%，同比下降 27.5%（江西铁路旅客发送 6217.0 万人，同比下降 30.5%）；货物发送 9113.7 万吨，完成计划的 98.4%，同比增长 2.4%（江西铁路货物发送 5150.6 万吨，同比增长 8.0%）。换算周转量 1410.05 亿吨千米，完成计划的 83.9%，同比下降 7.7%。其中，旅客周转量 590.91 亿人千米，完成计划的 66.8%，同比下降 21.3%；货物周转量 819.14 亿吨千米，完成计划的 103.0%，同比增长 5.3%。

（曾　进）

【赣西地区开行首趟中欧班列】 9 月 5 日，赣西地区开行首趟中欧班列，装载 50 个 40 英尺集装箱的 75040/75039 次中欧班列从江西省萍乡市赣西国际港驶出。该班列主要装载婴儿用品、鞋帽、机械设备等货物，经由满洲里口岸出境，直达俄罗斯莫斯科，用时约 16 天。

（曾　进）

【赣州国际陆港开行首趟出口汽车中欧班列】 10月1日10时，装载50个集装箱的汽车专列从赣州国际陆港驶出，货物货值达1897万元。该班列为赣州国际陆港开行的首趟出口汽车中欧班列，经由二连浩特口岸出境，途经蒙古国和俄罗斯，直达白俄罗斯若季诺站。为确保出口汽车专列高质量开行，赣州国际港站与中铁集装箱运输有限责任公司协作，制定运输服务保障方案，开辟绿色通道。

（曾　进）

【江西首列通过"铁路快通"模式报关中欧班列开行】 11月5日，江西首列通过"铁路快通"模式报关的中欧班列从南昌国际陆港驶出，班列从二连浩特口岸出境，终到俄罗斯莫斯科。该趟班列运送集装箱50个，货物总重624吨，总价值约2200万元。"铁路快通"模式实现铁路、海关、运营企业数据互通，对班列所载进出口货物转关运输监管，无需运营企业另行申报并办理转关手续，简化班列进出境监管手续。班列整体运行时间缩短1~2天，实现智能化监管、数字化通关、加速度验放。南昌局集团公司加强与海关和省市地方相关部门协作，提前做好与班列公司、场站运营方、进出口企业、出境海关互联互通，细化各项监管节点，实现全过程精准对接。

（曾　进）

【鹰潭国际陆港开通运营】 5月29日，江西鹰潭国际陆港开通运营，搭载50个40英尺货柜的75026/5次中欧班列从国际陆港驶出。鹰潭国际陆港位于素有"铜都"之称的江西省鹰潭市贵溪市城区西北侧，地处"公铁水"多种交通运输方式交会的核心地带，通过铁路专用线与皖赣铁路的贵溪北站接轨。鹰潭国际陆港依托区位交通优势、产业集聚优势、综合物流成本低优势，承担赣东北铜、铝等有色金属、五金建材等生产物资以及大宗货物的仓储和中转，并为华东地区生活物资集结组提供便捷服务。鹰潭市是陆港型国家物流枢纽承载城市，鹰潭国际陆港的开通，实现鹰潭与沿海港口海铁双向通道无缝对接，将沿海港口管理体系和港口功能内移；依托鹰潭市产业经济基础和资源条件，构建"国际陆港＋综合保税区"发展模式，成为赣东北多式联运国家枢纽示范区。

（曾　进）

【"复兴号"智能动车组列车落户江西】 10月1日至2日，5组CR400AF-Z型"复兴号"智能动车组陆续驶抵南昌局集团公司南昌西动车二所，"复兴号"智能动车组列车正式落户江西。作为具有完全自主知识产权的中国标准动车组，"复兴号"动车组分为CR400、CR300、CR200三个系列。其中，CR是中国铁路的英文缩写，其后的数字表示最高运营速度，而这三个系列持续运营速度分别为350千米／小时、250千米／小时和160千米／小时，分别适应高速铁路（高铁）、快速铁路（快铁）、城际铁路（城铁）。"复兴号"动车组是完全按照中国技术标准制造的新一代统型动车组列车，在车体设计、走行装置、牵引供电、列车网络标准、运用维修等十多个方面，均达到国际先进水平。南昌局集团公司成为继北京、成都和武汉局集团公司之后第四个配属该高端车型的集团公司。自2022年10月11日新列车运行图实施后，5组CR400AF-Z型"复兴号"智能动车组投入到南昌至北京间运营。

（曾　进）

【昌景黄高铁江西段进入全线铺轨阶段】 12月15日，昌景黄高铁江西段进入全线铺轨阶段。昌景黄高铁是国家高速铁路网重要组成部分，西起江西省南昌市，途经江西省上饶市、景德镇市，东至安徽省黄山市，全长289.908千米。其中，江西段长200.27千米，设计时速350千米，共设瑶里、景德镇北、乐平北、鄱阳南、余干、军山湖、南昌东7个车站。线路多次跨越大江大湖，横跨鄱阳湖平原，贯穿黄山山脉，是一条旅游风光线。昌景黄高铁江西段全线桥梁总长158.171千米，占比78.98%，铺轨过程中交叉作业多，行车组织协调难度大。为保证铺轨作业效率和施工安全，铺轨施工单位中铁十四局设置行车调度中心，引进国内先进行车调度系统，实现现场管理智能可视、安全自动预警；施工采用多线铺轨一体机，作业效率提升50%以上。

（曾　进）

邮政快递

【概况】 2022 年，全省邮政行业业务总量和业务收入分别完成 243.64 亿元和 227.48 亿元，同比增长 15.64% 和 13.21%，增速均位居全国第 3 名。全年邮政行业寄递业务量累计完成 26 亿件，同比增长 9.77%，增速位居全国第 7 名。其中，快递业务量和业务收入分别完成 18.23 亿件和 161.71 亿元，同比增长 13.85% 和 12.05%，增速分别位居全国第 6 名和第 1 名。行业在攻坚克难中稳中向好，进中提质，为全省经济社会发展作出积极贡献。

（范志奇）

【统筹推进疫情防控和保通保畅】 扎实推进从业人员疫苗接种，从业人员疫苗完成接种率 99.6%、加强免疫接种率 98.8%，建立行业疫情防控坚实屏障。全省系统严格履行部门监管责任，及时消除疫情传播隐患，妥善处置涉疫突发事件，全行业疫情三年未发生重大聚集性疫情。成立保通保畅工作领导小组并纳入省物流保通保畅工作机制，协调省疫情防控指挥部，将邮政快递业纳入省重点民生物资运输保障范围，做好重点企业关闭封停的协调指导，加速推动复工达产，将疫情影响降至最低。争取邮件快件进社区、增设无接触投递设施等政策，有效缓解疫情地区投递压力。切实畅通保障民生和医疗物资寄递服务，全力做好农村地区医疗物资寄递服务及应急处置。疫情期间，邮政、顺丰、京东等企业主动承担社会责任，积极运递防疫物资和民生物资，为地方保通保畅工作发挥重要支撑作用。

（范志奇）

【数字赋能基础设施建设】 2022 年，全省拥有快递企业总部在建和确定投资项目 31 个，投资总额超 112 亿元，总用地面积 3236 亩。江西顺丰丰泰电商产业园正式投入使用，获国家物流枢纽建设专项资金 2600 万元。菜鸟中国智能骨干网南昌项目标准化供应链仓配服务再升级。全省主要快递品牌企业全部实现自动化分拣作业，配置自动化（半自动化）分拣设备 400 余套，同比增长 32%。全省建成 20 个具备自动化分拣能力的县级共配中心，南昌经开区快递企业自筹建设专业快递物流园，年处理能力超亿件。全省自营快递网点标准化率超 97%，处理场所 X 光安检机和信息化系统普遍应用。全行业共开通 4 条全货机航线，顺丰、京东等品牌"高铁 + 寄递"业务规模持续扩大，寄递综合运输服务效能持续显现。

（范志奇）

【行业绿色发展水平不断提升】 大力实施"9917"工程，制定行业生态环保工作要点，截至目前，全省行业采购使用符合标准的包装材料比例达 92.81%，按照规范封装操作比例 91.64%，可循环快递箱（盒）数量 19 万，回收复用瓦楞纸箱 1958 万，各项指标均超额完成年度目标。加大新能源、清洁能源车辆推广应用，探索绿色网点、绿色分拨中心建设，拥有新能源或清洁能源车 1031 辆，建成绿色网点 382 个，绿色分拨中心 9 个。强化快递包装绿色治理，推进包装减量化、标准化、循环化，积极宣贯《固废法》《邮件快件包装管理办法》，推动省政府办公厅转发《关于加快推进快递包装绿色转型的若干措施》。强化行业生态环保领域执法检查，一年来累计立案查处 50 起，办案数量位居全国前列。全省邮政快递业生态环保工作成效获省人大充分肯定。

（范志奇）

【从业人员权益保障有力】 全面开展快递末端派费核算，萍乡局开展快递员劳动定额试点，提高快递员合理收入有一定实效。将快递员培训纳入省重点产业专项技能培训范围，累计培训 6524 人次，获得财政补贴 132 万元。115 名从业人员通过快递工程技术人员职称评审和认定。新增从业人员优先办理工伤保险 19118 人。联合总工会、团委等部门持续开展"暖蜂行动"和"快递从业青年服务月"等活动，全省设立快递员爱心驿站、关爱站等服务阵地 222 个，开展各类慰问活动 263 次，联合省总工会举行全省快递行业集体合同签约仪式，向快递企业赠送总价值 56 万元的职工互助保险和物资。首次成功举办"天工杯"全省邮政行业职业技能竞赛，弘扬行业工匠精神。

（范志奇）

【产业协同发展步伐加快】 2022 年，全省打造快递服务现代农业项目 64 个，业务量超 1.5 亿件，带动农产品销售额 64.7 亿元。赣南脐橙、宜春竹木制品、萍乡豆制品入选全国快递服务农业金牌项目。落实快递服务先进制造业"5312"工程要求，打造快递服务制造业项目 50 个，业务量超 2 亿件，带动制造业产值 115.5 亿元，业务规模实现较快增长。加快推动"快递出海"，充分发挥"三关合一"优势，促进跨境电商寄递服务高质量发展。2022 年，全省国际及港澳台快递业务累计完成 1398.19 万件，同比增长 50.52%，业务收入累计完成 3.19 亿元，同比增长 43.04%，国际快递业务规模持续扩大。

（范志奇）

【省快递行业党委成立】 6 月 22 日，江西召开省快递行业党委成立大会暨快递行业党建工作试点部署会，省委组织部副部长、省委两新工委书记周训国出席会议并讲话。省邮政管理局党组书记、局长周慧锋主持会议。会议宣读了《关于同意成立中国共产党江西省快递行业委员会的批复》，新余市邮政管理局代表新余市就试点工作进行了表态发言。省委组织部、省公安厅、省人社厅、省交通运输厅、省商务厅、省邮政管理局等省快递行业党委成员单位及江西顺丰速运有限公司有关同志，新余市委组织部（市委两新工委）、新余市邮政管理局负责同志参加会议。

（范志奇）

【快递进村提档升级】 将"快递进村"列为年度"一号工程"，全省共建成村级寄递物流综合服务站 15681 个，实现村级站点全覆盖。完成"交邮融合"推动农村寄递物流高质量发展研究项目，49 个县开展交邮合作，开通交邮合作线路 72 条，11 个县

入驻交通场站，年上下行邮件快件量达到 1000 万件，年物流成本下降 600 万元。鹰潭、新余、萍乡、赣州、上饶 5 个市局县域三级寄递物流体系建设被评为全省数字乡村优秀创新案例典型。赣州市局助力精准脱贫、服务乡村振兴主题直报工作连续三年获国家局通报表扬。新余市渝水区"整合供销交邮电商资源，助力乡村振兴"项目入选交通运输部、国家邮政局第三批农村物流服务品牌。

（范志奇）

【法治邮政建设稳步推进】 2022 年，省局获评全面依法治省优秀单位和平安建设工作先进单位。开展涉邮地方性法规清理，协调保障 394 台邮车高速公路通行政策。夯实农村邮政普遍服务基础，实现乡镇营投合一单人局所、委代办局所双清零。机要通信连续 27 年质量全红。推动邮政综合服务平台建设，警邮、税邮、政邮等邮政综合服务实现县区全覆盖。巩固提升县级城市《人民日报》当日见报率，全力保障巡视巡察等专用信箱邮件和高考录取通知书寄递服务工作。"放管服"改革不断深化，包容审慎推进新业态监管。开展分支机构名录寄递服务，巩固许可备案"一网通办""一次不跑"成果。持续开展快递市场秩序整顿，斩断快递"黄牛"利益链条。加强对企业履行服务承诺事项监督检查，重点整治末端服务违规收费等突出问题。深入实施"双随机、一公开"监管，强化落实"照单履职"责任，全省办理行政处罚案件 370 起，有效履行了监管责任。

（范志奇）

【创新智慧监管支撑体系】 加快完善县级机构建设，横峰邮政管理局正式运行，有效提升了赣东北区域快递分拨中心的监管服务水平。持续健全省、市邮政业安全中心体系，强化"绿盾"线上监管运用，印发各类监管信息和行业通报 213 期，移交疑似违法违规线索 1143 条。开展实名监管信息监测分析，整治实名收寄问题，全省快递员违规自寄件和实名异常件比例大幅降低。组织企业安检员专项培训 3 次超 150 人，颁发省人社厅认证的《邮政快递业安检专项能力证书》。推动邮政业 12305 申诉热线归并至省 12345 热线，实现全年"7×24 小时"人工服务，制定《江西省 12305 热线运行规则（试行）》，完善申诉与监管等工作联动机制。及时发布

《江西省邮政业消费者申诉情况通告》，全年接受群众来电 11 万余次，为消费者挽回经济损失 219 万余元，有效申诉处理满意率 98%。

（范志奇）

【寄递渠道安全畅通】 深入实施寄递安保"一号工程"，开展聚焦收寄验视专项整治行动，严厉惩治"三项制度"执行不力行为,坚决把好收寄关口。开展安全生产专项整治三年行动"巩固提升"攻坚战，狠抓"十五条硬措施"落实，企业安全管理水平整体提升。强化"四不"问题整治和安全生产大检查，联合多部门开展个人信息安全治理专项行动，统筹做好寄递渠道涉枪涉爆、涉毒涉危、打击侵权假冒、野生动植物保护等工作，有力维护公共安全和社会稳定。加强突发事件监测预警，妥善做好应急处突，有序组织"双 11"等旺季服务保障，全年未发生作业场地亡人事故和较大以上安全生产责任事故，行业总体运行平稳。

（范志奇）

【2022 年江西省"天工杯"劳动和技能竞赛——邮政行业技能竞赛顺利举行】 10 月 29 日—10 月 30 日，由江西省总工会主办、江西省邮政管理局承办、江西交通职业技术学院、江西省快递行业协会、江西省邮政行业职业技能鉴定中心协办的 2022 年江西省"天工杯"劳动和技能竞赛——邮政行业技能竞赛在江西交通职业技术学院顺利举行，来自各设区市邮政快递行业的 23 个单位共计 33 名选手参加。本次竞赛是江西省"天工杯"劳动和技能竞赛的一类赛事，是围绕省总工会 2022 年新就业形态劳动者工会工作重点项目开展的劳动和技能竞赛，共设有理论知识竞赛、多物品收寄、派送路线设计和智能快件箱操作等 4 个模块。经过激烈角逐，最终王松、熊伟、王新才分别获得竞赛第一、二、三名。

（范志奇）

索　引

【说　明】

1. 本索引内容为条目主题词及相关人名、地名、单位名、文件与事务名称。

2. 词条按汉语拼音首字母顺序排列。

3. 词条后的数字表示所在页码，a代表左栏，b代表右栏。重复出现的词以多个页码表示。

4. 年鉴的特载、专文、文献文件与附录未编入索引。

G

K

X